BECK'SCHE TEXTAUSGABEN
Bundessozialhilfegesetz

Bundessozialhilfegesetz

mit Ausführungsgesetzen der Länder, Verordnung zur
Kriegsopferfürsorge, Unterhaltssicherungsgesetz
und anderen ergänzenden Vorschriften

TEXTAUSGABE
mit Verweisungen und Sachverzeichnis

24., völlig neubearbeitete Auflage
Stand: 15. August 1990

C. H. BECK'SCHE VERLAGSBUCHHANDLUNG
MÜNCHEN 1990

CIP-Titelaufnahme der Deutschen Bibliothek

Bundessozialhilfegesetz : [(BSHG)]. Mit Ausführungsgesetzen der Länder, Verordnung zur Kriegsopferfürsorge
[u. a.]. Textausgabe mit Verweisungen und Sachverzeichnis. – München : Beck.
  (Beck'sche Textausgaben)
NE: BSHG; beigef. Werk

[Hauptbd.]. [In der Fassung der Bekanntmachung vom
  20. Januar 1987]. – 24., völlig neubearb. Aufl.,
  Stand: 15. August 1990. – 1990
  ISBN 3 406 34430 5

ISBN 3 406 34430 5

Druck der C. H. Beck'schen Buchdruckerei Nördlingen

Inhaltsverzeichnis

A. Bundesrechtliche Vorschriften

1. **Bundessozialhilfegesetz** (BSHG) in der Fassung der Bekanntmachung vom 20. Januar 1987 1
2. Verordnung zur Durchführung des § 22 des Bundessozialhilfegesetzes (**Regelsatzverordnung**) vom 20. Juli 1962 60
2a. Zusammenstellung der **Regelsätze aller Bundesländer** 63
3. Verordnung zur Durchführung des § 24 Abs. 2 Satz 1 des Bundessozialhilfegesetzes vom 28. Juni 1974 64
4. Verordnung nach § 47 des Bundessozialhilfegesetzes (**Eingliederungshilfe-Verordnung**) in der Fassung der Bekanntmachung vom 1. Februar 1975 66
4a. **Verordnung zur Durchführung des § 72 des Bundessozialhilfegesetzes** vom 9. Juni 1976 77
5. **Verordnung zur Durchführung des § 76 des Bundessozialhilfegesetzes** vom 28. November 1962 82
5a. Verordnung über den Wert der Sachbezüge in der Sozialversicherung für das Kalenderjahr 1990 (**Sachbezugsverordnung 1990** – SachBezV 1990) 95
6. **Verordnung zur Durchführung des § 81 Abs. 1 Nr. 3 des Bundessozialhilfegesetzes** vom 12. Mai 1975 99
7. **Verordnung zur Durchführung des § 88 Abs. 2 Nr. 8 des Bundessozialhilfegesetzes** vom 11. Februar 1988 100
8. Anordnung des Bundesministers des Innern über die Wahrnehmung von Zuständigkeiten auf dem Gebiet der Sozialhilfe durch das Bundesverwaltungsamt vom 22. Juni 1962 102
9. Erstes Gesetz zur Überleitung von Lasten und Deckungsmitteln auf den Bund (**Erstes Überleitungsgesetz**) in der Fassung der Bekanntmachung vom 28. April 1955 (Auszug) 104
9a. Erste Durchführungsverordnung zum Ersten Überleitungsgesetz vom 27. Februar 1955 116
10. Gesetz über die Versorgung der Opfer des Krieges (**Bundesversorgungsgesetz – BVG**) in der Fassung der Bekanntmachung vom 22. Januar 1982 (Auszug) 124
11. **Verordnung zur Kriegsopferfürsorge** – KFürsV – vom 16. Januar 1979 154

Inhaltsverzeichnis

12. Gesetz über die Sicherung des Unterhalts der zum Wehrdienst einberufenen Wehrpflichtigen und ihrer Angehörigen **(Unterhaltssicherungsgesetz – USG)** in der Fassung der Bekanntmachung vom 14. Dezember 1987 189

13. Sozialgesetzbuch (SGB) – Allgemeiner Teil – vom 11. Dezember 1975. 209

14. Sozialgesetzbuch (SGB) – Verwaltungsverfahren – vom 18. August 1980 und vom 4. November 1982 245

15. *Nicht belegt*

16. Gesetz zur Bekämpfung der Geschlechtskrankheiten vom 23. Juli 1953 (Auszug). 316

17. Erste Verordnung zur Durchführung des Gesetzes zur Bekämpfung der Geschlechtskrankheiten vom 28. Dezember 1954 324

18. Gesetz über den Lastenausgleich **(Lastenausgleichsgesetz – LAG –)** in der Fassung der Bekanntmachung vom 1. Oktober 1969 (Auszug) 328

19. Dritte Verordnung über Ausgleichsleistungen nach dem Lastenausgleichsgesetz **(3. LeistungsDV-LA)** in der Fassung der Bekanntmachung vom 14. Juni 1977 (Auszug) 356

20. Gesetz über die Angelegenheiten der Vertriebenen und Flüchtlinge **(Bundesvertriebenengesetz – BVFG)** in der Fassung der Bekanntmachung vom 3. September 1971 (Auszug) 364

21., 22. *Nicht belegt*

23. Gesetz zu dem Europäischen Fürsorgeabkommen vom 11. Dezember 1953 und dem Zusatzprotokoll zu dem Europäischen Fürsorgeabkommen vom 15. Mai 1956 366

B. Landesrechtliche Vorschriften

Baden-Württemberg

24. Gesetz zur Ausführung des Bundessozialhilfegesetzes vom 23. April 1963. 388

24a. Verordnung des Innenministeriums zur Durchführung des Bundessozialhilfegesetzes vom 29. November 1962 393

Bayern

25. Gesetz zur Ausführung des Bundessozialhilfegesetzes (AGBSHG) in der Fassung der Bekanntmachung vom 21. September 1982. 394

Inhaltsverzeichnis

Berlin
26. Gesetz zur Ausführung des Bundessozialhilfegesetzes vom 21. Mai 1962 407

Bremen
27. Bremisches Ausführungsgesetz zum Bundessozialhilfegesetz – BrAGBSHG – vom 5. Juni 1962 409

Hamburg
28. Anordnung zur Durchführung des Bundessozialhilfegesetzes vom 14. Dezember 1971 414

Hessen
29. Hessisches Ausführungsgesetz zum Bundessozialhilfegesetz (HAG/BSHG) in der Fassung der Bekanntmachung vom 16. September 1970 419

Niedersachsen
30. Niedersächsisches Gesetz zur Ausführung des Bundessozialhilfegesetzes (Nds. AGBSHG) in der Fassung der Bekanntmachung vom 12. November 1987 426

Nordrhein-Westfalen
31. Gesetz zur Ausführung des Bundessozialhilfegesetzes (AG-BSHG) vom 25. Juni 1962 432
32. Verordnung über Zuständigkeiten nach dem Bundessozialhilfegesetz vom 18. März 1975 438

Rheinland-Pfalz
33. Landesgesetz zur Ausführung des Bundessozialhilfegesetzes (BSHG) vom 30. Juni 1961 (BGBl. I S. 815) – AGBSHG – vom 8. März 1963 440

Saarland
34. Gesetz zur Ausführung des Bundessozialhilfegesetzes in der Fassung vom 1. Juni 1974 449

Schleswig-Holstein
35. Gesetz zur Ausführung des Bundessozialhilfegesetzes (AG-BSHG) in der Fassung der Bekanntmachung vom 21. Januar 1985 456

Inhaltsverzeichnis

C. Verwaltungsabkommen

36. **Fürsorgerechtsvereinbarung** vom 26. Mai 1965 460
37. **Verfahrensordnung der Spruchstellen für Fürsorgestreitigkeiten** vom 9. Dezember 1965 468

Sachverzeichnis 475

Abkürzungsverzeichnis

Abs.	Absatz
Amtl. Anz.	Amtlicher Anzeiger
Anm.	Anmerkung
AVAVG	Gesetz über Arbeitsvermittlung und Arbeitslosenversicherung
BayRS	Bayerische Rechtssammlung
Bek.	Bekanntmachung
BGB	Bürgerliches Gesetzbuch
BGBl.	Bundesgesetzblatt
BMA	Bundesarbeitsminister
BMdI	Bundesminister des Innern
BSHG	Bundessozialhilfegesetz
BVFG	Bundesvertriebenengesetz
BVG	Bundesversorgungsgesetz
DVO	Durchführungsverordnung
FRV	Fürsorgerechtsvereinbarung
G	Gesetz
GBl., GesBl.	Gesetzblatt
GG	Grundgesetz
GMBl.	Gemeinsames Ministerialblatt
GVBl., GVOBl.	Gesetz- und Verordnungsblatt
GV NW	Gesetz- und Verordnungsblatt Nordrhein-Westfalen
i. d. F.	in der Fassung
KFürsV	Verordnung zur Kriegsopferfürsorge
LAG	Lastenausgleichsgesetz
Mtbl. BAA	Mitteilungsblatt des Bundesausgleichsamts
RdErl.	Runderlaß
RdSchr.	Rundschreiben
RGBl.	Reichsgesetzblatt
RVO	Reichsversicherungsordnung
SaBremR	Sammlung des bremischen Rechts
SGG	Sozialgerichtsgesetz
UVNG	Unfallversicherungs-Neuregelungsgesetz
VO	Verordnung
ZPO	Zivilprozeßordnung

A. Bundesrechtliche Vorschriften

1. Bundessozialhilfegesetz (BSHG)

In der Fassung der Bekanntmachung vom 20. Januar 1987
(BGBl. I S. 401, ber. S. 494)*

Zuletzt geändert durch Gesetz vom 9. 7. 1990
(BGBl. I S. 1354)

(BGBl. III 2170–1)

Inhaltsübersicht

	§§
Abschnitt 1. Allgemeines	1 bis 10
Abschnitt 2. Hilfe zum Lebensunterhalt	
Unterabschnitt 1. Personenkreis, Gegenstand der Hilfe	11 bis 16
Unterabschnitt 2. Hilfe zur Arbeit	18 bis 20
Unterabschnitt 3. Form und Maß der Leistungen	21 bis 24
Unterabschnitt 4. Ausschluß des Anspruchs auf Hilfe, Einschränkung der Hilfe	25 und 26
Abschnitt 3. Hilfe in besonderen Lebenslagen	
Unterabschnitt 1. Allgemeines	27 bis 29a
Unterabschnitt 2. Hilfe zum Aufbau oder zur Sicherung der Lebensgrundlage	30
Unterabschnitt 3. *(weggefallen)*	
Unterabschnitt 4. Vorbeugende Gesundheitshilfe	36
Unterabschnitt 5. Krankenhilfe, sonstige Hilfe	37 und 37a
Unterabschnitt 5a. Hilfe zur Familienplanung	37b
Unterabschnitt 6. Hilfe für werdende Mütter und Wöchnerinnen	38
Unterabschnitt 7. Eingliederungshilfe für Behinderte	39, 40, 43, 44, 46 und 47
Unterabschnitt 8. *(weggefallen)*	
Unterabschnitt 9. Blindenhilfe	67

* Neubekanntmachung des Bundessozialhilfegesetzes (BSHG) vom 30. 6. 1961 (BGBl. I S. 815, ber. S. 1875). – Diese Fassung gilt mit Wirkung vom 1. 1. 1987.

1 BSHG § 1 Bundessozialhilfegesetz

	§§
Unterabschnitt 10. Hilfe zur Pflege	68 und 69
Unterabschnitt 11. Hilfe zur Weiterführung des Haushalts	70 und 71
Unterabschnitt 12. Hilfe zur Überwindung besonderer sozialer Schwierigkeiten	72
Unterabschnitt 13. Altenhilfe	75
Abschnitt 4. Einsatz des Einkommens und des Vermögens	
Unterabschnitt 1. Allgemeine Bestimmungen über den Einsatz des Einkommens	76 bis 78
Unterabschnitt 2. Einkommensgrenzen für die Hilfe in besonderen Lebenslagen	79, 81 bis 85 und 87
Unterabschnitt 3. Einsatz des Vermögens	88 und 89
Abschnitt 5. Verpflichtungen anderer	90 bis 91a
Abschnitt 6. Kostenersatz	92, 92a, 92c
Abschnitt 7. Einrichtungen, Arbeitsgemeinschaften	93 und 95
Abschnitt 8. Träger der Sozialhilfe	96 bis 102
Abschnitt 9. Kostenerstattung zwischen den Trägern der Sozialhilfe	103 bis 112
Abschnitt 10. Verfahrensbestimmungen	114 und 116
Abschnitt 11. Sonstige Bestimmungen	119 bis 122
Abschnitt 12. Sonderbestimmungen zur Sicherung der Eingliederung Behinderter	123 bis 126b
Abschnitt 13. *(weggefallen)*	
Abschnitt 14. Übergangs- und Schlußbestimmungen	139 und 140, 144 bis 152

Abschnitt 1. Allgemeines

§ 1 Inhalt und Aufgabe der Sozialhilfe

(1) Die Sozialhilfe umfaßt Hilfe zum Lebensunterhalt und Hilfe in besonderen Lebenslagen.

(2) Aufgabe der Sozialhilfe ist es, dem Empfänger der Hilfe die Führung eines Lebens zu ermöglichen, das der Würde des Menschen entspricht. Die Hilfe soll ihn soweit wie möglich

befähigen, unabhängig von ihr zu leben; hierbei muß er nach seinen Kräften mitwirken.

§ 2 Nachrang der Sozialhilfe

(1) Sozialhilfe erhält nicht, wer sich selbst helfen kann oder wer die erforderliche Hilfe von anderen, besonders von Angehörigen oder von Trägern anderer Sozialleistungen, erhält.

(2) Verpflichtungen anderer, besonders Unterhaltspflichtiger oder der Träger anderer Sozialleistungen, werden durch dieses Gesetz nicht berührt. Auf Rechtsvorschriften beruhende Leistungen anderer, auf die jedoch kein Anspruch besteht, dürfen nicht deshalb versagt werden, weil nach diesem Gesetz entsprechende Leistungen vorgesehen sind.

§ 3 Sozialhilfe nach der Besonderheit des Einzelfalles

(1) Art, Form und Maß der Sozialhilfe richten sich nach der Besonderheit des Einzelfalles, vor allem nach der Person des Hilfempfängers, der Art seines Bedarfs und den örtlichen Verhältnissen.

(2) Wünschen des Hilfempfängers, die sich auf die Gestaltung der Hilfe richten, soll entsprochen werden, soweit sie angemessen sind. Wünschen des Hilfempfängers, die Hilfe in einer Anstalt, einem Heim oder einer gleichartigen Einrichtung zu erhalten, soll nur entsprochen werden, wenn dies nach der Besonderheit des Einzelfalls erforderlich ist, weil andere Hilfen nicht möglich sind oder nicht ausreichen. Der Träger der Sozialhilfe braucht Wünschen nicht zu entsprechen, deren Erfüllung mit unverhältnismäßigen Mehrkosten verbunden wäre.

(3) Auf seinen Wunsch soll der Hilfempfänger in einer solchen Einrichtung untergebracht werden, in der er durch Geistliche seines Bekenntnisses betreut werden kann.

§ 3a Vorrang der offenen Hilfe

Der Träger der Sozialhilfe soll darauf hinwirken, daß die erforderliche Hilfe soweit wie möglich außerhalb von Anstalten, Heimen oder gleichartigen Einrichtungen gewährt werden kann.

§ 4 Anspruch auf Sozialhilfe

(1) Auf Sozialhilfe besteht ein Anspruch, soweit dieses Gesetz bestimmt, daß die Hilfe zu gewähren ist. Der Anspruch kann nicht übertragen, verpfändet oder gepfändet werden.

(2) Über Form und Maß der Sozialhilfe ist nach pflichtmäßigem Ermessen zu entscheiden, soweit dieses Gesetz das Ermessen nicht ausschließt.

§ 5 Einsetzen der Sozialhilfe

Die Sozialhilfe setzt ein, sobald dem Träger der Sozialhilfe oder den von ihm beauftragten Stellen bekannt wird, daß die Voraussetzungen für die Gewährung vorliegen.

§ 6 Vorbeugende Hilfe, nachgehende Hilfe

(1) Die Sozialhilfe soll vorbeugend gewährt werden, wenn dadurch eine dem einzelnen drohende Notlage ganz oder teilweise abgewendet werden kann. Die Sonderbestimmung des § 36 geht der Regelung des Satzes 1 vor.

(2) Die Sozialhilfe soll auch nach Beseitigung einer Notlage gewährt werden, wenn dies geboten ist, um die Wirksamkeit der zuvor gewährten Hilfe zu sichern. Die Sonderbestimmung des § 40 geht der Regelung des Satzes 1 vor.

§ 7 Familiengerechte Hilfe

Bei Gewährung der Sozialhilfe sollen die besonderen Verhältnisse in der Familie des Hilfesuchenden berücksichtigt werden. Die Sozialhilfe soll die Kräfte der Familie zur Selbsthilfe anregen und den Zusammenhalt der Familie festigen.

§ 8 Formen der Sozialhilfe

(1) Formen der Sozialhilfe sind persönliche Hilfe, Geldleistung oder Sachleistung.

(2) Zur persönlichen Hilfe gehört außer der Beratung in Fragen der Sozialhilfe (§ 14 des Ersten Buches Sozialgesetzbuch) auch die Beratung in sonstigen sozialen Angelegenheiten, so-

weit letztere nicht von anderen Stellen oder Personen wahrzunehmen ist. Wird Beratung in sonstigen sozialen Angelegenheiten auch von Verbänden der freien Wohlfahrtspflege wahrgenommen, ist der Ratsuchende zunächst hierauf hinzuweisen.

§ 9 Träger der Sozialhilfe

Die Sozialhilfe wird von örtlichen und überörtlichen Trägern gewährt.

§ 10 Verhältnis zur freien Wohlfahrtspflege

(1) Die Stellung der Kirchen und Religionsgesellschaften des öffentlichen Rechts sowie der Verbände der freien Wohlfahrtspflege als Träger eigener sozialer Aufgaben und ihre Tätigkeit zur Erfüllung dieser Aufgaben werden durch dieses Gesetz nicht berührt.

(2) Die Träger der Sozialhilfe sollen bei der Durchführung dieses Gesetzes mit den Kirchen und Religionsgesellschaften des öffentlichen Rechts sowie den Verbänden der freien Wohlfahrtspflege zusammenarbeiten und dabei deren Selbständigkeit in Zielsetzung und Durchführung ihrer Aufgaben achten.

(3) Die Zusammenarbeit soll darauf gerichtet sein, daß sich die Sozialhilfe und die Tätigkeit der freien Wohlfahrtspflege zum Wohle des Hilfesuchenden wirksam ergänzen. Die Träger der Sozialhilfe sollen die Verbände der freien Wohlfahrtspflege in ihrer Tätigkeit auf dem Gebiet der Sozialhilfe angemessen unterstützen.

(4) Wird die Hilfe im Einzelfalle durch die freie Wohlfahrtspflege gewährleistet, sollen die Träger der Sozialhilfe von der Durchführung eigener Maßnahmen absehen; dies gilt nicht für die Gewährung von Geldleistungen.

(5) Die Träger der Sozialhilfe können allgemein an der Durchführung ihrer Aufgaben nach diesem Gesetz die Verbände der freien Wohlfahrtspflege beteiligen oder ihnen die Durchführung solcher Aufgaben übertragen, wenn die Verbände mit der Beteiligung oder Übertragung einverstanden sind. Die Träger der Sozialhilfe bleiben dem Hilfesuchenden gegenüber verantwortlich.

Abschnitt 2. Hilfe zum Lebensunterhalt

Unterabschnitt 1. Personenkreis, Gegenstand der Hilfe

§ 11 Personenkreis

(1) Hilfe zum Lebensunterhalt ist dem zu gewähren, der seinen notwendigen Lebensunterhalt nicht oder nicht ausreichend aus eigenen Kräften und Mitteln, vor allem aus seinem Einkommen und Vermögen, beschaffen kann. Bei nicht getrennt lebenden Ehegatten sind das Einkommen und das Vermögen beider Ehegatten zu berücksichtigen; soweit minderjährige unverheiratete Kinder, die dem Haushalt ihrer Eltern oder eines Elternteiles angehören, den notwendigen Lebensunterhalt aus ihrem Einkommen und Vermögen nicht beschaffen können, sind auch das Einkommen und das Vermögen der Eltern oder des Elternteiles zu berücksichtigen.

(2) Hilfe zum Lebensunterhalt kann in begründeten Fällen auch insoweit gewährt werden, als der notwendige Lebensunterhalt aus dem nach Absatz 1 zu berücksichtigenden Einkommen und Vermögen beschafft werden kann. In diesem Umfange haben die in Absatz 1 genannten Personen dem Träger der Sozialhilfe die Aufwendungen zu ersetzen; mehrere Verpflichtete haften als Gesamtschuldner.

(3) Hilfe zum Lebensunterhalt kann auch dem gewährt werden, der ein für den notwendigen Lebensunterhalt ausreichendes Einkommen oder Vermögen hat, jedoch einzelne für seinen Lebensunterhalt erforderliche Tätigkeiten nicht verrichten kann; von dem Hilfeempfänger kann ein angemessener Kostenbeitrag verlangt werden.

§ 12 Notwendiger Lebensunterhalt

(1) Der notwendige Lebensunterhalt umfaßt besonders Ernährung, Unterkunft, Kleidung, Körperpflege, Hausrat, Heizung und persönliche Bedürfnisse des täglichen Lebens. Zu den persönlichen Bedürfnissen des täglichen Lebens gehören in vertretbarem Umfange auch Beziehungen zur Umwelt und eine Teilnahme am kulturellen Leben.

(2) Bei Kindern und Jugendlichen umfaßt der notwendige Lebensunterhalt auch den besonderen, vor allem den durch das Wachstum bedingten Bedarf.

Bundessozialhilfegesetz §§ 13–15a **BSHG 1**

§ 13[1] Übernahme von Krankenversicherungsbeiträgen

(1) Für Weiterversicherte im Sinne des § 9 Abs. 1 Nr. 1 des Fünften Buches Sozialgesetzbuch sowie für Rentenantragsteller, die nach § 189 des Fünften Buches Sozialgesetzbuch als Mitglied einer Krankenkasse gelten, sind die Krankenversicherungsbeiträge zu übernehmen, soweit die genannten Personen die Voraussetzungen des § 11 Abs. 1 erfüllen. § 76 Abs. 2 Nr. 2 und 3 gilt insoweit nicht.

(2) In sonstigen Fällen können Beiträge für eine freiwillige Krankenversicherung übernommen werden, soweit sie angemessen sind; zur Aufrechterhaltung einer freiwilligen Krankenversicherung sind solche Beiträge zu übernehmen, wenn laufende Hilfe zum Lebensunterhalt voraussichtlich nur für kurze Dauer zu gewähren ist. § 76 Abs. 2 Nr. 3 gilt insoweit nicht.

§ 14 Alterssicherung

Als Hilfe zum Lebensunterhalt können auch die Kosten übernommen werden, die erforderlich sind, um die Voraussetzungen eines Anspruchs auf eine angemessene Alterssicherung oder auf ein angemessenes Sterbegeld zu erfüllen.

§ 15 Bestattungskosten

Die erforderlichen Kosten einer Bestattung sind zu übernehmen, soweit dem hierzu Verpflichteten nicht zugemutet werden kann, die Kosten zu tragen.

§ 15a Hilfe zum Lebensunterhalt in Sonderfällen

Hilfe zum Lebensunterhalt kann in Fällen, in denen nach den vorstehenden Bestimmungen die Gewährung von Hilfe nicht möglich ist, gewährt werden, wenn dies zur Sicherung der Unterkunft oder zur Behebung einer vergleichbaren Notlage gerechtfertigt ist. Geldleistungen können als Beihilfe oder bei vorübergehender Notlage als Darlehen gewährt werden.

---

[1] § 13 Abs. 1 Satz 1 neu gefaßt durch Gesundheits-Reformgesetz vom 20. 12. 1988 (BGBl. I S. 2477).

§ 15 b Darlehen bei vorübergehender Notlage

Sind laufende Leistungen zum Lebensunterhalt voraussichtlich nur für kurze Dauer zu gewähren, können Geldleistungen als Darlehen gewährt werden.

§ 16 Haushaltsgemeinschaft

Lebt ein Hilfesuchender in Haushaltsgemeinschaft mit Verwandten oder Verschwägerten, so wird vermutet, daß er von ihnen Leistungen zum Lebensunterhalt erhält, soweit dies nach ihrem Einkommen und Vermögen erwartet werden kann. Soweit jedoch der Hilfesuchende von den in Satz 1 genannten Personen Leistungen zum Lebensunterhalt nicht erhält, ist ihm Hilfe zum Lebensunterhalt zu gewähren.

§ 17 *(weggefallen)*

Unterabschnitt 2. Hilfe zur Arbeit

§ 18 Beschaffung des Lebensunterhalts durch Arbeit

(1) Jeder Hilfesuchende muß seine Arbeitskraft zur Beschaffung des Lebensunterhalts für sich und seine unterhaltsberechtigten Angehörigen einsetzen.

(2) Es ist darauf hinzuwirken, daß der Hilfesuchende sich um Arbeit bemüht und Gelegenheit zur Arbeit erhält; hierbei ist besonders mit den Dienststellen der Bundesanstalt für Arbeit zusammenzuwirken. Dies gilt nicht für Hilfesuchende, denen eine Arbeitserlaubnis nicht erteilt werden kann; § 19 bleibt unberührt, soweit kein Arbeitsverhältnis im Sinne des Arbeitsrechts begründet wird.

(3) Dem Hilfesuchenden darf eine Arbeit nicht zugemutet werden, wenn er körperlich oder geistig hierzu nicht in der Lage ist oder wenn ihm die künftige Ausübung seiner bisherigen überwiegenden Tätigkeit wesentlich erschwert würde oder wenn der Arbeit ein sonstiger wichtiger Grund entgegensteht. Ihm darf eine Arbeit vor allem nicht zugemutet werden, soweit dadurch die geordnete Erziehung eines Kindes gefährdet würde; auch sonst sind die Pflichten zu berücksichtigen, die dem Hilfesuchenden die Führung eines Haushalts oder die Pflege eines Angehörigen auferlegt. Eine Arbeit ist insbesondere nicht allein deshalb unzumutbar, weil

Bundessozialhilfegesetz §§ 19, 20 **BSHG 1**

1. sie nicht einer früheren beruflichen Tätigkeit des Hilfeempfängers entspricht,
2. sie im Hinblick auf die Ausbildung des Hilfeempfängers als geringerwertig anzusehen ist,
3. der Beschäftigungsort vom Wohnort des Hilfeempfängers weiter entfernt ist als ein früherer Beschäftigungs- oder Ausbildungsort,
4. die Arbeitsbedingungen ungünstiger sind als bei den bisherigen Beschäftigungen des Hilfeempfängers.

§ 19 Schaffung von Arbeitsgelegenheiten

(1) Für Hilfesuchende, die keine Arbeit finden können, sollen nach Möglichkeit Arbeitsgelegenheiten geschaffen werden.

(2) Wird für den Hilfesuchenden Gelegenheit zu gemeinnütziger und zusätzlicher Arbeit geschaffen, kann ihm entweder das übliche Arbeitsentgelt oder Hilfe zum Lebensunterhalt zuzüglich einer angemessenen Entschädigung für Mehraufwendungen gewährt werden; zusätzlich ist nur die Arbeit, die sonst nicht, nicht in diesem Umfang oder nicht zu diesem Zeitpunkt verrichtet werden würde.

(3) Wird im Falle des Absatzes 2 Hilfe zum Lebensunterhalt gewährt, so wird kein Arbeitsverhältnis im Sinne des Arbeitsrechts und kein Beschäftigungsverhältnis im Sinne der gesetzlichen Kranken- und Rentenversicherung begründet. Die Vorschriften über den Arbeitsschutz finden jedoch Anwendung.

§ 20 Gewöhnung an Arbeit, Prüfung der Arbeitsbereitschaft

(1) Ist es im Einzelfall erforderlich, einen arbeitsentwöhnten Hilfesuchenden an Arbeit zu gewöhnen oder die Bereitschaft eines Hilfesuchenden zur Arbeit zu prüfen, soll ihm eine hierfür geeignete Tätigkeit angeboten werden.

(2) Während dieser Tätigkeit werden dem Hilfesuchenden Hilfe zum Lebensunterhalt und eine angemessene Entschädigung für Mehraufwendungen gewährt. § 19 Abs. 3 gilt entsprechend.

1 BSHG §§ 21, 22 — Bundessozialhilfegesetz

Unterabschnitt 3. Form und Maß der Leistungen

§ 21 Laufende und einmalige Leistungen

(1) Hilfe zum Lebensunterhalt kann durch laufende und einmalige Leistungen gewährt werden.

(2) Einmalige Leistungen sind auch zu gewähren, wenn der Hilfesuchende zwar keine laufenden Leistungen zum Lebensunterhalt benötigt, den Lebensunterhalt jedoch aus eigenen Kräften und Mitteln nicht voll beschaffen kann. In diesem Falle kann das Einkommen berücksichtigt werden, das die in § 11 Abs. 1 genannten Personen innerhalb eines Zeitraums von bis zu 6 Monaten nach Ablauf des Monats erwerben, in dem über die Hilfe entschieden worden ist.

(3) Die Hilfe zum Lebensunterhalt in einer Anstalt, einem Heim oder einer gleichartigen Einrichtung umfaßt auch einen angemessenen Barbetrag zur persönlichen Verfügung, es sei denn, daß dessen bestimmungsmäßige Verwendung durch oder für den Hilfempfänger nicht möglich ist. Hilfempfänger, die das 18. Lebensjahr vollendet haben, erhalten den Barbetrag in Höhe von mindestens 30 vom Hundert des Regelsatzes eines Haushaltsvorstandes. Für Hilfempfänger, die das 18. Lebensjahr noch nicht vollendet haben, setzen die zuständigen Landesbehörden[1] oder die von ihnen bestimmten Stellen für die in ihrem Bereich vorhandenen Einrichtungen die Höhe des Barbetrages fest. Trägt der Hilfempfänger einen Teil der Kosten des Aufenthalts in der Einrichtung selbst, erhält er einen zusätzlichen Barbetrag in Höhe von 5 vom Hundert seines Einkommens, höchstens jedoch in Höhe von 15 vom Hundert des Regelsatzes eines Haushaltsvorstandes. Bei Hilfempfängern mit Einkünften aus Renten der gesetzlichen Rentenversicherung oder aus Versorgungsbezügen des öffentlichen Dienstes oder mit sonstigem regelmäßigem Einkommen kann anstelle des im Einzelfalle maßgebenden Barbetrages ein entsprechender Teil dieser Einkünfte unberücksichtigt gelassen werden.

§ 22 Regelbedarf

(1) Laufende Leistungen zum Lebensunterhalt außerhalb von Anstalten, Heimen und gleichartigen Einrichtungen werden

---

[1] **Schleswig-Holstein:** Landesverordnung vom 30. 1. 1975 (GVOBl. S. 23).

Bundessozialhilfegesetz § 23 **BSHG 1**

nach Regelsätzen gewährt. Sie sind abweichend von den Regelsätzen zu bemessen, soweit dies nach der Besonderheit des Einzelfalles geboten ist.

(2) Der Bundesminister für Jugend, Familie, Frauen und Gesundheit erläßt im Einvernehmen mit dem Bundesminister für Arbeit und Sozialordnung und dem Bundesminister der Finanzen durch Rechtsverordnung[1] mit Zustimmung des Bundesrates Vorschriften über Inhalt und Aufbau der Regelsätze; die Rechtsverordnung kann einzelne laufende Leistungen von der Gewährung nach Regelsätzen ausnehmen und über ihre Gestaltung Näheres bestimmen.

(3) Die zuständigen Landesbehörden oder die von ihnen bestimmten Stellen setzen die Höhe der Regelsätze im Rahmen der Rechtsverordnung nach Absatz 2 fest; dabei sind die tatsächlichen Lebenshaltungskosten und örtliche Unterschiede zu berücksichtigen. Bei der Festsetzung der Regelsätze ist darauf Bedacht zu nehmen, daß sie zusammen mit den Durchschnittsbeträgen für die Kosten der Unterkunft unter dem im Geltungsbereich der jeweiligen Regelsätze erzielten durchschnittlichen Netto-Arbeitsentgelt unterer Lohngruppen zuzüglich Kindergeld und Wohngeld bleiben, soweit nicht die Verpflichtung, den Lebensunterhalt durch die Regelsätze im notwendigen Umfang zu sichern, bei größeren Haushaltsgemeinschaften dem entgegensteht. Notwendig werdende Neufestsetzungen der Regelsätze sind zu dem Zeitpunkt vorzunehmen, von dem an Rentenerhöhungen nach den Vorschriften der gesetzlichen Rentenversicherungen über die Anpassung der Renten auf die Leistungen nach diesem Gesetz anzurechnen sind; zu einem anderen Zeitpunkt notwendig werdende Neufestsetzungen der Regelsätze sind nicht ausgeschlossen.

§ 23 Mehrbedarf

(1) Ein Mehrbedarf von 20 vom Hundert des maßgebenden Regelsatzes ist anzuerkennen

---

[1] Verordnung zur Durchführung des § 22 BSHG (Regelsatzverordnung) vom 20. 7. 1962 (BGBl. I S. 515); abgedruckt unter Nr. **2**. Beachte hierzu auch die tabellarische Zusammenstellung der Regelsätze aller Bundesländer; abgedruckt unter Nr. **2a**, sowie die Ausführungsvorschriften der Länder; abgedruckt unter Nr. **24ff**.

1 BSHG § 24 Bundessozialhilfegesetz

1. für Personen, die das 60. Lebensjahr vollendet haben,
2. für Personen unter 60 Jahren, die erwerbsunfähig im Sinne der gesetzlichen Rentenversicherung sind,
3. für werdende Mütter vom Beginn des 6. Schwangerschaftsmonats an,
4. für Tuberkulosekranke während der Dauer der Heilbehandlung,

soweit nicht im Einzelfalle ein abweichender Bedarf besteht.

(2) Für Personen, die mit einem Kind unter 7 Jahren oder die mit 2 oder 3 Kindern unter 16 Jahren zusammenleben und allein für deren Pflege und Erziehung sorgen, ist ein Mehrbedarf von 20 vom Hundert des maßgebenden Regelsatzes anzuerkennen, soweit nicht im Einzelfall ein abweichender Bedarf besteht; bei 4 oder mehr Kindern erhöht sich der Mehrbedarf auf 40 vom Hundert des maßgebenden Regelsatzes.

(3) Für Behinderte, die das 15. Lebensjahr vollendet haben und denen Eingliederungshilfe nach § 40 Abs. 1 Nr. 3 bis 5 gewährt wird, ist ein Mehrbedarf von 40 vom Hundert des maßgebenden Regelsatzes anzuerkennen, soweit nicht im Einzelfall ein abweichender Bedarf besteht. Satz 1 kann auch nach Beendigung der in § 40 Abs. 1 Nr. 3 bis 5 genannten Maßnahmen während einer angemessenen Übergangszeit, vor allem einer Einarbeitungszeit, angewendet werden.

(4) Ein Mehrbedarf in angemessener Höhe ist anzuerkennen

1. für Erwerbstätige, vor allem für Personen, die trotz beschränkten Leistungsvermögens einem Erwerb nachgehen,
2. für Kranke, Genesene, Behinderte oder von einer Krankheit oder Behinderung Bedrohte, die einer kostenaufwendigeren Ernährung bedürfen.

(5) In den Fällen des Absatzes 3 findet Absatz 1 Nr. 2 und Absatz 4 Nr. 1 keine Anwendung. Im übrigen sind Absatz 1 Nr. 1 bis 4, die Absätze 2 und 3 sowie Absatz 4 Nr. 1 und 2 nebeneinander anzuwenden.

§ 24 Mehrbedarf für Blinde und Behinderte

(1) Der Mehrbedarf nach § 23 Abs. 4 Nr. 1 ist für erwerbstätige Blinde in Höhe des Erwerbseinkommens anzuerkennen, wenn es 50 vom Hundert des Regelsatzes eines Haushaltsvorstandes monatlich nicht übersteigt; übersteigt es diesen Betrag,

Bundessozialhilfegesetz § 25 **BSHG 1**

so beträgt der Mehrbedarf 50 vom Hundert des Regelsatzes eines Haushaltsvorstandes zuzüglich 25 vom Hundert des diesen Betrag übersteigenden Erwerbseinkommens. Satz 1 findet auch Anwendung auf Personen,

1. deren Sehschärfe auf dem besseren Auge nicht mehr als ¹/₅₀ beträgt,
2. bei denen durch Nummer 1 nicht erfaßte, nicht nur vorübergehende Störungen des Sehvermögens von einem solchen Schweregrad vorliegen, daß sie der Beeinträchtigung der Sehschärfe nach Nummer 1 gleichzuachten sind.

(2) Absatz 1 Satz 1 findet auch Anwendung auf Behinderte, deren Behinderung so schwer ist, daß sie als Beschädigte die Pflegezulage nach den Stufen III bis VI nach § 35 Abs. 1 Satz 2 des Bundesversorgungsgesetzes erhielten. Die Bundesregierung bestimmt durch Rechtsverordnung[1] mit Zustimmung des Bundesrates Näheres über die Abgrenzung des Personenkreises.

Unterabschnitt 4. Ausschluß des Anspruchs auf Hilfe, Einschränkung der Hilfe

§ 25

(1) Wer sich weigert, zumutbare Arbeit zu leisten, hat keinen Anspruch auf Hilfe zum Lebensunterhalt.

(2) Die Hilfe kann bis auf das zum Lebensunterhalt Unerläßliche eingeschränkt werden

1. bei einem Hilfesuchenden, der nach Eintritt der Geschäftsfähigkeit sein Einkommen oder Vermögen vermindert hat in der Absicht, die Voraussetzungen für die Gewährung oder Erhöhung der Hilfe herbeizuführen,
2. bei einem Hilfeempfänger, der trotz Belehrung sein unwirtschaftliches Verhalten fortsetzt,
3. bei einem Hilfesuchenden, der sein Arbeitsverhältnis gelöst oder durch ein vertragswidriges Verhalten Anlaß für die Kündigung des Arbeitgebers gegeben hat oder der sich weigert, an einer Maßnahme zur beruflichen Ausbildung, Fort-

---

[1] Verordnung zur Durchführung des § 24 Abs. 2 Satz 1 BSHG vom 28. 6. 1974 (BGBl. I S. 1365); abgedruckt unter Nr. **3**.

bildung oder Umschulung teilzunehmen, oder der die Teilnahme an einer der genannten Maßnahmen abgebrochen hat, ohne für sein Verhalten einen wichtigen Grund zu haben.

(3) Soweit wie möglich ist zu verhüten, daß die unterhaltsberechtigten Angehörigen der in den Absätzen 1 und 2 genannten Personen oder andere mit ihnen in Haushaltsgemeinschaft lebende Hilfeempfänger durch die Versagung oder die Einschränkung der Hilfe mitbetroffen werden.

§ 26 Sonderregelung für Auszubildende

Auszubildende, deren Ausbildung im Rahmen des Bundesausbildungsförderungsgesetzes oder des Arbeitsförderungsgesetzes dem Grunde nach förderungsfähig ist, haben keinen Anspruch auf Hilfe zum Lebensunterhalt. In besonderen Härtefällen kann Hilfe zum Lebensunterhalt gewährt werden.

Abschnitt 3. Hilfe in besonderen Lebenslagen

Unterabschnitt 1. Allgemeines

§ 27 Arten der Hilfe

(1) Die Hilfe in besonderen Lebenslagen umfaßt
1. Hilfe zum Aufbau oder zur Sicherung der Lebensgrundlage,
2. *(weggefallen)*
3. vorbeugende Gesundheitshilfe,
4. Krankenhilfe, sonstige Hilfe,
4a. Hilfe zur Familienplanung,
5. Hilfe für werdende Mütter und Wöchnerinnen,
6. Eingliederungshilfe für Behinderte,
7. *(weggefallen)*
8. Blindenhilfe,
9. Hilfe zur Pflege,
10. Hilfe zur Weiterführung des Haushalts,
11. Hilfe zur Überwindung besonderer sozialer Schwierigkeiten,
12. Altenhilfe.

(2) Hilfe kann auch in anderen besonderen Lebenslagen gewährt werden, wenn sie den Einsatz öffentlicher Mittel recht-

Bundessozialhilfegesetz §§ 28–30 **BSHG 1**

fertigen. Geldleistungen können als Beihilfe oder als Darlehen gewährt werden.

(3) Wird die Hilfe in einer Anstalt, einem Heim oder einer gleichartigen Einrichtung oder in einer Einrichtung zur teilstationären Betreuung gewährt, umfaßt die Hilfe in besonderen Lebenslagen auch den in der Einrichtung gewährten Lebensunterhalt.

§ 28 Personenkreis

Hilfe in besonderen Lebenslagen wird nach den Bestimmungen dieses Abschnitts gewährt, soweit dem Hilfesuchenden, seinem nicht getrennt lebenden Ehegatten und, wenn er minderjährig und unverheiratet ist, auch seinen Eltern die Aufbringung der Mittel aus dem Einkommen und Vermögen nach den Bestimmungen des Abschnitts 4 nicht zuzumuten ist.

§ 29 Erweiterte Hilfe, Aufwendungsersatz

In begründeten Fällen kann Hilfe über § 28 hinaus auch insoweit gewährt werden, als den dort genannten Personen die Aufbringung der Mittel aus dem Einkommen oder Vermögen zuzumuten ist. In diesem Umfange haben sie dem Träger der Sozialhilfe die Aufwendungen zu ersetzen; mehrere Verpflichtete haften als Gesamtschuldner.

§ 29a Einschränkung der Hilfe

Die Hilfe kann bei einem Hilfesuchenden, auf den die Voraussetzungen des § 25 Abs. 2 Nr. 1 zutreffen, eingeschränkt werden, soweit dadurch der Gesundheit dienende Maßnahmen nicht gefährdet werden.

Unterabschnitt 2. Hilfe zum Aufbau oder zur Sicherung der Lebensgrundlage

§ 30

(1) Personen, denen eine ausreichende wirtschaftliche Lebensgrundlage fehlt oder bei denen sie gefährdet ist, kann Hilfe gewährt werden. Die Hilfe soll dazu dienen, ihnen den Aufbau

1 BSHG §§ 36, 37 Bundessozialhilfegesetz

oder die Sicherung einer Lebensgrundlage durch eigene Tätigkeit zu ermöglichen.

(2) Die Hilfe soll in der Regel nur gewährt werden, wenn dem Hilfesuchenden sonst voraussichtlich Hilfe zum Lebensunterhalt gewährt werden müßte.

(3) Geldleistungen können als Beihilfe oder Darlehen gewährt werden.

Unterabschnitt 3 *(weggefallen)*

Unterabschnitt 4. Vorbeugende Gesundheitshilfe
§ 36[1]

(1) Personen, bei denen nach ärztlichem Urteil eine Erkrankung oder ein sonstiger Gesundheitsschaden einzutreten droht, soll vorbeugende Gesundheitshilfe gewährt werden. Außerdem können zur Früherkennung von Krankheiten Vorsorgeuntersuchungen gewährt werden; sie sind zu gewähren, soweit Versicherte nach den Vorschriften der gesetzlichen Krankenversicherung Anspruch auf Leistungen zur Förderung der Gesundheit sowie zur Verhütung und Früherkennung von Krankheiten haben.

(2) Zu den Maßnahmen der vorbeugenden Gesundheitshilfe gehören vor allem die nach dem Gutachten des Gesundheitsamtes oder des Medizinischen Dienstes der Krankenversicherung im Einzelfall erforderlichen Erholungskuren, besonders für Kinder, Jugendliche und alte Menschen sowie für Mütter in geeigneten Müttergenesungsheimen. Die Leistungen sollen in der Regel den Leistungen entsprechen, die nach den Vorschriften über die gesetzliche Krankenversicherung gewährt werden.

(3) Die gesetzlichen Aufgaben der Gesundheitsämter bleiben unberührt.

Unterabschnitt 5. Krankenhilfe, sonstige Hilfe
§ 37 Krankenhilfe

(1) Kranken ist Krankenhilfe zu gewähren.

---

[1] § 36 Abs. 1 Satz 1 2. Halbsatz neugefaßt und Abs. 2 Satz 1 geändert durch Gesundheits-Reformgesetz vom 20. 12. 1988 (BGBl. I S. 2477).

Bundessozialhilfegesetz §§ 37a, 37b **BSHG 1**

(2) Die Krankenhilfe umfaßt ärztliche und zahnärztliche Behandlung, Versorgung mit Arzneimitteln, Verbandmitteln und Zahnersatz, Krankenhausbehandlung sowie sonstige zur Genesung, zur Besserung oder zur Linderung der Krankheitsfolgen erforderliche Leistungen. Die Leistungen sollen in der Regel den Leistungen entsprechen, die nach den Vorschriften über die gesetzliche Krankenversicherung gewährt werden.

(3) Ärzte und Zahnärzte haben für ihre Leistungen Anspruch auf die Vergütung, welche die Ortskrankenkasse, in deren Bereich der Arzt oder der Zahnarzt niedergelassen ist, für ihre Mitglieder zahlt. Der Kranke hat die freie Wahl unter den Ärzten und Zahnärzten, die sich zur ärztlichen oder zahnärztlichen Behandlung im Rahmen der Krankenhilfe zu der in Satz 1 genannten Vergütung bereit erklären.

(4) Absatz 3 gilt entsprechend bei ärztlichen oder zahnärztlichen Leistungen in den Fällen der §§ 36, 37a, 37b, 38 und 40 Abs. 1 Nr. 1 und 2.

§ 37a Hilfe bei Schwangerschaft oder bei Sterilisation

Bei einem nicht rechtswidrigen Abbruch einer Schwangerschaft oder bei einer nicht rechtswidrigen Sterilisation ist Hilfe zu gewähren, wenn der Eingriff von einem Arzt vorgenommen wird. Die Hilfe umfaßt die in § 200f Satz 2 der Reichsversicherungsordnung genannten Leistungen.

Unterabschnitt 5a. Hilfe zur Familienplanung

§ 37b

Zur Familienplanung ist Hilfe zu gewähren. Maßnahmen der Hilfe sind vor allem Übernahme der Kosten

1. der notwendigen ärztlichen Beratung einschließlich der erforderlichen Untersuchung und Verordnung,
2. der ärztlich verordneten empfängnisregelnden Mittel.

Unterabschnitt 6. Hilfe für werdende Mütter und Wöchnerinnen

§ 38[1]

(1) Werdenden Müttern und Wöchnerinnen ist Hilfe zu gewähren.

(2) Die Hilfe umfaßt
1. ärztliche Betreuung und Hilfe sowie Hebammenhilfe,
2. Versorgung mit Arznei-, Verband- und Heilmitteln,
3. *(aufgehoben)*
4. Pflege in einer Anstalt oder einem Heim sowie häusliche Wartung und Pflege nach den Bestimmungen des § 69 Abs. 2,
5. Entbindungsgeld.

Die Leistungen sollen in der Regel den Leistungen entsprechen, die nach den Vorschriften über die gesetzliche Krankenversicherung gewährt werden. Satz 1 Nr. 5 und § 23 Abs. 1 Nr. 3 sind nebeneinander anzuwenden.

Unterabschnitt 7. Eingliederungshilfe für Behinderte

§ 39 Personenkreis und Aufgabe

(1)[2] Personen, die nicht nur vorübergehend körperlich, geistig oder seelisch wesentlich behindert sind, ist Eingliederungshilfe zu gewähren. Personen mit einer anderen körperlichen, geistigen oder seelischen Behinderung kann sie gewährt werden.

(2) Den Behinderten stehen die von einer Behinderung Bedrohten gleich. Dies gilt bei Personen, bei denen Maßnahmen der in den §§ 36 und 37 genannten Art erforderlich sind, nur, wenn auch bei Durchführung dieser Maßnahmen eine Behinderung einzutreten droht.

(3) Aufgabe der Eingliederungshilfe ist es, eine drohende Behinderung zu verhüten oder eine vorhandene Behinderung oder deren Folgen zu beseitigen oder zu mildern und den Behinder-

---

[1] § 38 Abs. 2 Satz 1 geändert und Satz 2 neugefaßt durch Gesundheits-Reformgesetz vom 20. 12. 1988 (BGBl. I S. 2477).

[2] Vgl. dazu §§ 1 ff. Eingliederungshilfe-Verordnung i. d. F. der Bek. vom 1. 2. 1975 (BGBl. I S. 433); abgedruckt unter Nr. **4**.

ten in die Gesellschaft einzugliedern. Hierzu gehört vor allem, dem Behinderten die Teilnahme am Leben in der Gemeinschaft zu ermöglichen oder zu erleichtern, ihm die Ausübung eines angemessenen Berufs oder einer sonstigen angemessenen Tätigkeit zu ermöglichen oder ihn soweit wie möglich unabhängig von Pflege zu machen.

(4) Eingliederungshilfe wird gewährt, wenn und solange nach der Besonderheit des Einzelfalles, vor allem nach Art und Schwere der Behinderung, Aussicht besteht, daß die Aufgabe der Eingliederungshilfe erfüllt werden kann.

§ 40 Maßnahmen der Hilfe

(1)[1] Maßnahmen der Eingliederungshilfe sind vor allem
1. ambulante oder stationäre Behandlung oder sonstige ärztliche oder ärztlich verordnete Maßnahmen zur Verhütung, Beseitigung oder Milderung der Behinderung,
2. Versorgung mit Körperersatzstücken sowie mit orthopädischen oder anderen Hilfsmitteln,
2a. heilpädagogische Maßnahmen für Kinder, die noch nicht im schulpflichtigen Alter sind,
3. Hilfe zu einer angemessenen Schulbildung, vor allem im Rahmen der allgemeinen Schulpflicht und durch Hilfe zum Besuch weiterführender Schulen einschließlich der Vorbereitung hierzu; die Bestimmungen über die Ermöglichung der Schulbildung im Rahmen der allgemeinen Schulpflicht bleiben unberührt,
4. Hilfe zur Ausbildung für einen angemessenen Beruf oder für eine sonstige angemessene Tätigkeit,
5. Hilfe zur Fortbildung im früheren oder einem diesem verwandten Beruf oder zur Umschulung für einen angemessenen Beruf oder eine sonstige angemessene Tätigkeit; Hilfe kann auch zum Aufstieg im Berufsleben gewährt werden, wenn die Besonderheit des Einzelfalles dies rechtfertigt,
6. Hilfe zur Erlangung eines geeigneten Platzes im Arbeitsleben,
6a. Hilfe bei der Beschaffung und Erhaltung einer Wohnung, die den besonderen Bedürfnissen des Behinderten entspricht,

---

[1] Vgl. dazu §§ 6ff. Eingliederungshilfe-Verordnung i.d.F. der Bek. vom 1. 2. 1975 (BGBl. I S. 433); abgedruckt unter Nr. **4**.

7. nachgehende Hilfe zur Sicherung der Wirksamkeit der ärztlichen oder ärztlich verordneten Maßnahmen und zur Sicherung der Eingliederung des Behinderten in das Arbeitsleben,
8. Hilfe zur Teilnahme am Leben in der Gemeinschaft.

(2) Behinderten, bei denen wegen Art oder Schwere ihrer Behinderung arbeits- und berufsfördernde Maßnahmen nach Absatz 1 mit dem Ziel der Eingliederung auf dem allgemeinen Arbeitsmarkt nicht in Betracht kommen, soll nach Möglichkeit Gelegenheit zur Ausübung einer der Behinderung entsprechenden Beschäftigung, insbesondere in einer Werkstatt für Behinderte, gegeben werden.

(3) Der Begriff der Werkstatt für Behinderte und ihre fachlichen Anforderungen richten sich nach den Vorschriften des Schwerbehindertengesetzes.

(4) Soweit es im Einzelfall gerechtfertigt ist, können Beihilfen an den Behinderten oder seine Angehörigen zum Besuch während der Durchführung der Maßnahmen der Eingliederungshilfe in einer Anstalt, einem Heim oder einer gleichartigen Einrichtung gewährt werden.

§§ 41 und 42 *(weggefallen)*

§ 43 Erweiterte Hilfe

(1) Erfordert die Behinderung Gewährung der Hilfe in einer Anstalt, einem Heim oder einer gleichartigen Einrichtung, einer Tageseinrichtung für Behinderte oder ärztliche oder ärztlich verordnete Maßnahmen, ist die Hilfe hierfür auch dann in vollem Umfang zu gewähren, wenn den in § 28 genannten Personen die Aufbringung der Mittel zu einem Teil zuzumuten ist. In Höhe dieses Teils haben sie zu den Kosten der Hilfe beizutragen; mehrere Verpflichtete haften als Gesamtschuldner.

(2) Hat der Behinderte das 21. Lebensjahr noch nicht vollendet, so ist den in § 28 genannten Personen die Aufbringung der Mittel nur für die Kosten des Lebensunterhalts zuzumuten

1. bei heilpädagogischen Maßnahmen für Kinder, die noch nicht im schulpflichtigen Alter sind (§ 40 Abs. 1 Nr. 2a),
2. bei der Hilfe zu einer angemessenen Schulbildung einschließlich der Vorbereitung hierzu (§ 40 Abs. 1 Nr. 3),
3. bei der Hilfe, die dem Behinderten die für ihn erreichbare

Teilnahme am Leben in der Gemeinschaft ermöglichen soll, wenn die Behinderung eine Schulbildung voraussichtlich nicht zulassen wird oder nicht zuläßt,
4. bei der Hilfe zur Ausbildung für einen angemessenen Beruf oder für eine sonstige angemessene Tätigkeit (§ 40 Abs. 1 Nr. 4), wenn die hierzu erforderlichen Maßnahmen in besonderen Einrichtungen für Behinderte durchgeführt werden.

Die Kosten des in einer Einrichtung gewährten Lebensunterhalts sind nur in Höhe der für den häuslichen Lebensunterhalt ersparten Aufwendungen anzusetzen; dies gilt nicht für den Zeitraum, in dem gleichzeitig mit den Maßnahmen nach Satz 1 in der Einrichtung durchgeführte andere Maßnahmen überwiegen. Die zuständigen Landesbehörden können Näheres über die Bemessung der für den häuslichen Lebensunterhalt ersparten Aufwendungen bestimmen. Die Sätze 1 bis 3 sollen auch dann Anwendung finden, wenn die Maßnahmen erst nach Vollendung des 21. Lebensjahres des Behinderten abgeschlossen werden können; in anderen Fällen können sie Anwendung finden, wenn dies aus besonderen Gründen des Einzelfalles gerechtfertigt ist.

(3) Hat ein anderer als ein nach bürgerlichem Recht Unterhaltspflichtiger nach sonstigen Vorschriften Leistungen für denselben Zweck zu gewähren, dem die in Absatz 2 genannten Maßnahmen dienen, wird seine Verpflichtung durch Absatz 2 nicht berührt. Soweit er solche Leistungen gewährt, kann abweichend von Absatz 2 von den in § 28 genannten Personen die Aufbringung der Mittel verlangt werden.

§ 44 Vorläufige Hilfeleistung

Steht spätestens 4 Wochen nach Bekanntwerden des Bedarfs beim Träger der Sozialhilfe nicht fest, ob ein anderer als der Träger der Sozialhilfe oder welcher andere zur Hilfe verpflichtet ist, hat der Träger der Sozialhilfe die notwendigen Maßnahmen unverzüglich durchzuführen, wenn zu befürchten ist, daß sie sonst nicht oder nicht rechtzeitig durchgeführt werden.

§ 45 *(weggefallen)*

1 BSHG §§ 46–67 Bundessozialhilfegesetz

§ 46 Gesamtplan

(1) Der Träger der Sozialhilfe stellt so frühzeitig wie möglich einen Gesamtplan zur Durchführung der einzelnen Maßnahmen auf.

(2) Bei der Aufstellung des Gesamtplans und der Durchführung der Maßnahmen wirkt der Träger der Sozialhilfe mit dem Behinderten und den sonst im Einzelfalle Beteiligten, vor allem mit dem behandelnden Arzt, dem Gesundheitsamt, dem Landesarzt (§ 126a), dem Jugendamt und den Dienststellen der Bundesanstalt für Arbeit, zusammen.

§ 47 Bestimmungen über die Durchführung der Hilfe

Die Bundesregierung kann durch Rechtsverordnung[1] mit Zustimmung des Bundesrates Bestimmungen über die Abgrenzung des Personenkreises der Behinderten, über Art und Umfang der Maßnahmen der Eingliederungshilfe sowie über das Zusammenwirken mit anderen Stellen, die der Eingliederungshilfe entsprechende Maßnahmen durchführen, erlassen.

Unterabschnitt 8. *(weggefallen)*

Unterabschnitt 9. Blindenhilfe

§ 67[2]

(1) Blinden, die das 1. Lebensjahr vollendet haben, ist zum Ausgleich der durch die Blindheit bedingten Mehraufwendungen Blindenhilfe zu gewähren, soweit sie keine gleichartigen Leistungen nach anderen Rechtsvorschriften[3] erhalten.

(2) Die Blindenhilfe wird Blinden nach Vollendung des 18. Lebensjahres in Höhe eines Betrages von *750*[4] Deutsche

---

[1] Vgl. dazu §§ 6ff. Eingliederungshilfe-Verordnung i. d. F. der Bek. vom 1. 2. 1975 (BGBl. I S. 433); abgedruckt unter Nr. **4**.

[2] § 67 Abs. 6 erster Halbsatz mit Wirkung vom 1. 1. 1992 neu gefaßt durch Rentenreformgesetz 1992 vom 18. 12. 1989 (BGBl. I S. 2261).

[3] Z. B. § 35 BVG, § 558 RVO und landesrechtliche Vorschriften.

[4] Aufgrund der in § 67 Abs. 6 getroffenen Regelung beträgt mit Wirkung vom 1. 7. 1990 an die Blindenhilfe 883 DM bei Blinden, die das 18. Lebensjahr noch nicht vollendet haben vom 1. 7. 1990 an 440 DM monatlich.

Bundessozialhilfegesetz § 67 **BSHG 1**

Mark, Blinden, die das 18. Lebensjahr noch nicht vollendet haben, in Höhe eines Betrages von *375*[4] Deutsche Mark gewährt.

(3) Befindet sich der Blinde in einer Anstalt, einem Heim oder einer gleichartigen Einrichtung und werden die Kosten des Aufenthalts ganz oder teilweise aus Mitteln öffentlich-rechtlicher Leistungsträger getragen, so verringert sich die Blindenhilfe nach Absatz 2 um die aus diesen Mitteln getragenen Kosten, höchstens jedoch um 50 vom Hundert der Beträge nach Absatz 2; dies gilt von dem ersten Tage des zweiten Monats an, der auf den Eintritt in die Einrichtung folgt, für jeden vollen Kalendermonat des Aufenthalts in der Einrichtung. Für jeden vollen Tag vorübergehender Abwesenheit von der Einrichtung wird die Blindenhilfe in Höhe von je einem Dreißigstel des Betrages nach Absatz 2 gewährt, wenn die vorübergehende Abwesenheit länger als 6 volle zusammenhängende Tage dauert; der Betrag nach Satz 1 wird im gleichen Verhältnis gekürzt.

(4) Ein Blinder, der sich weigert, eine ihm zumutbare Arbeit zu leisten oder sich zu einem angemessenen Beruf oder zu einer sonstigen angemessenen Tätigkeit ausbilden, fortbilden oder umschulen zu lassen, hat keinen Anspruch auf Blindenhilfe. Die Blindenhilfe kann versagt werden, soweit ihre bestimmungsmäßige Verwendung durch oder für den Blinden nicht möglich ist.

(5) Neben der Blindenhilfe werden Hilfe zur Pflege wegen Blindheit (§§ 68 und 69) außerhalb von Anstalten, Heimen und gleichartigen Einrichtungen sowie ein Barbetrag (§ 21 Abs. 3) nicht gewährt. Neben Absatz 1 ist § 23 Abs. 1 Nr. 2 nur anzuwenden, wenn der Blinde nicht allein wegen Blindheit erwerbsunfähig ist. Die Sätze 1 und 2 gelten entsprechend für Blinde, die nicht Blindenhilfe, sondern gleichartige Leistungen nach anderen Rechtsvorschriften[1] erhalten.

Fassung § 67 Abs. 6 bis 31. 12. 1991:

(6) Die Blindenhilfe nach Absatz 2 verändert sich jeweils, erstmals mit Wirkung vom 1. Juli 1984 an, um den Vomhundertsatz, um den Versorgungsbezüge nach § 56 des Bundesversorgungsgesetzes angepaßt werden; ein nicht auf volle Deutsche Mark errechneter Betrag ist bis zu 0,49 Deutsche Mark abzurunden und von 0,50 Deutsche Mark an aufzurunden.

---

[1] Z. B. § 35 BVG und landesrechtliche Vorschriften.

1 BSHG §§ 68, 69   Bundessozialhilfegesetz

Fassung § 67 Abs. 6 ab 1. 1. 1992:

(6) Die Blindenhilfe nach Absatz 2 verändert sich jeweils, erstmals mit Wirkung vom 1. Juli 1992 an, um den Vomhundertsatz, um den sich der aktuelle Rentenwert in der gesetzlichen Rentenversicherung verändert; ein nicht auf volle Deutsche Mark errechneter Betrag ist bis zu 0,49 Deutsche Mark abzurunden und von 0,50 Deutsche Mark an aufzurunden.

(7) Die Absätze 1 bis 6 finden auch Anwendung auf die in § 24 Abs. 1 Satz 2 genannten Personen, die das 1. Lebensjahr vollendet haben.

Unterabschnitt 10. Hilfe zur Pflege

§ 68 Inhalt

(1) Personen, die infolge Krankheit oder Behinderung so hilflos sind, daß sie nicht ohne Wartung und Pflege bleiben können, ist Hilfe zur Pflege zu gewähren.

(2) Dem Pflegebedürftigen sollen auch die Hilfsmittel zur Verfügung gestellt werden, die zur Erleichterung seiner Beschwerden wirksam beitragen. Ferner sollen ihm nach Möglichkeit angemessene Bildung und Anregungen kultureller oder sonstiger Art vermittelt werden.

§ 69[1] Häusliche Pflege, Pflegegeld

(1) Reichen im Falle des § 68 Abs. 1 häusliche Wartung und Pflege aus, gelten die Absätze 2 bis 6.

(2) Der Träger der Sozialhilfe soll darauf hinwirken, daß Wartung und Pflege durch Personen, die dem Pflegebedürftigen nahestehen, oder im Wege der Nachbarschaftshilfe übernommen werden. In diesen Fällen sind dem Pflegebedürftigen die angemessenen Aufwendungen der Pflegeperson zu erstatten; auch können angemessene Beihilfen gewährt und Beiträge der Pflegeperson für eine angemessene Alterssicherung über-

---

[1] § 69 Abs. 5 Satz 2 geändert durch Gesundheits-Reformgesetz vom 20. 12. 1988 (BGBl. I S. 2477), Abs. 3 geändert durch Gesetz vom 28. 6. 1990 (BGBl. I S. 1221), Abs. 6 geändert mit Wirkung vom 1. 1. 1992 durch Rentenreformgesetz 1992 vom 18. 12. 1989 (BGBl. I S. 2261).

Bundessozialhilfegesetz **§ 69 BSHG 1**

nommen werden, wenn diese nicht anderweitig sichergestellt ist. Ist neben oder anstelle der Wartung und Pflege nach Satz 1 die Heranziehung einer besonderen Pflegekraft erforderlich, so sind die angemessenen Kosten hierfür zu übernehmen.

(3) Ist ein Pflegebedürftiger, der das 1. Lebensjahr vollendet hat, so hilflos, daß er für die gewöhnlichen und regelmäßig wiederkehrenden Verrichtungen im Ablauf des täglichen Lebens in erheblichem Umfange der Wartung und Pflege dauernd bedarf, so ist ihm ein Pflegegeld zu gewähren. Zusätzlich zum Pflegegeld sind dem Pflegebedürftigen die Aufwendungen für die Beiträge einer Pflegeperson oder einer besonderen Pflegekraft für eine angemessene Alterssicherung zu erstatten, wenn diese nicht anderweitig sichergestellt ist. Leistungen nach den Sätzen 1 und 2 werden nicht gewährt, soweit der Pflegebedürftige gleichartige Leistungen nach anderen Rechtsvorschriften erhält. Auf das Pflegegeld sind Leistungen nach § 67 oder gleichartige Leistungen nach anderen Rechtsvorschriften mit 70 vom Hundert anzurechnen.

(4) Das Pflegegeld beträgt *276*[1] Deutsche Mark monatlich; es ist angemessen zu erhöhen, wenn der Zustand des Pflegebedürftigen außergewöhnliche Pflege erfordert. Für die in § 24 Abs. 2 genannten Personen beträgt das Pflegegeld *750*[1] Deutsche Mark monatlich; bei ihnen sind die Voraussetzungen für die Gewährung eines Pflegegeldes stets als erfüllt anzusehen. Bei teilstationärer Betreuung des Pflegebedürftigen kann das Pflegegeld angemessen gekürzt werden.

(5) Die Leistungen nach Absatz 2 Satz 2 und 3 werden neben den Leistungen nach Absatz 3 Satz 1 und 2 gewährt. Werden Leistungen nach Absatz 2 Satz 2 und 3 oder gleichartige Leistungen nach anderen Rechtsvorschriften gewährt, kann das Pflegegeld um bis zu 50 vom Hundert gekürzt werden.

Fassung § 69 Abs. 6 bis 31. 12. 1991:

(6) Das Pflegegeld nach Absatz 4 verändert sich jeweils, erstmals mit Wirkung vom 1. Juli 1984 an, um den Vomhundertsatz, um den Versorgungsbezüge nach § 56 des Bundesversorgungsgesetzes angepaßt werden; ein nicht auf volle Deutsche

---

[1] Auf Grund der in § 69 Abs. 6 getroffenen Regelung beträgt mit Wirkung vom 1. 7. 1990 an das Pflegegeld nach § 69 Abs. 4 Satz 1 325 DM, das Pflegegeld nach § 69 Abs. 4 Satz 2 883 DM monatlich.

1 BSHG §§ 70–72 Bundessozialhilfegesetz

Mark errechneter Betrag ist bis zu 0,49 Deutsche Mark abzurunden und von 0,50 Deutsche Mark an aufzurunden.

Fassung § 69 Abs. 6 ab 1. 1. 1992:

(6) Für die Veränderung des Pflegegeldes gilt § 67 Abs. 6 entsprechend.

Unterabschnitt 11. Hilfe zur Weiterführung des Haushalts

§ 70 Inhalt und Aufgabe

(1) Personen mit eigenem Haushalt soll Hilfe zur Weiterführung des Haushalts gewährt werden, wenn keiner der Haushaltsangehörigen den Haushalt führen kann und die Weiterführung des Haushalts geboten ist. Die Hilfe soll in der Regel nur vorübergehend gewährt werden.

(2) Die Hilfe umfaßt die persönliche Betreuung von Haushaltsangehörigen sowie die sonstige zur Weiterführung des Haushalts erforderliche Tätigkeit.

(3) § 69 Abs. 2 gilt entsprechend.

§ 71 Hilfe durch anderweitige Unterbringung Haushaltsangehöriger

Die Hilfe kann auch durch Übernahme der angemessenen Kosten für eine vorübergehende anderweitige Unterbringung von Haushaltsangehörigen gewährt werden, wenn diese Unterbringung in besonderen Fällen neben oder statt der Weiterführung des Haushalts geboten ist.

Unterabschnitt 12. Hilfe zur Überwindung besonderer sozialer Schwierigkeiten

§ 72

(1) Personen, bei denen besondere soziale Schwierigkeiten der Teilnahme am Leben in der Gemeinschaft entgegenstehen, ist Hilfe zur Überwindung dieser Schwierigkeiten zu gewähren, wenn sie aus eigener Kraft hierzu nicht fähig sind. Andere Bestimmungen dieses Gesetzes und die Bestimmungen des Gesetzes für Jugendwohlfahrt gehen der Regelung des Satzes 1 vor.

Bundessozialhilfegesetz §§ 73–75 **BSHG 1**

(2) Die Hilfe umfaßt alle Maßnahmen, die notwendig sind, um die Schwierigkeiten abzuwenden, zu beseitigen, zu mildern oder ihre Verschlimmerung zu verhüten, vor allem Beratung und persönliche Betreuung des Hilfesuchenden und seiner Angehörigen, sowie Maßnahmen bei der Beschaffung und Erhaltung einer Wohnung.

(3) Die Hilfe wird ohne Rücksicht auf Einkommen und Vermögen gewährt, soweit im Einzelfalle persönliche Hilfe erforderlich ist; im übrigen ist Einkommen und Vermögen der in § 28 genannten Personen nicht zu berücksichtigen sowie von der Inanspruchnahme nach bürgerlichem Recht Unterhaltspflichtiger abzusehen, soweit dies den Erfolg der Hilfe gefährden würde.

(4) Die Träger der Sozialhilfe sollen mit den Vereinigungen, die sich die gleichen Aufgaben zum Ziel gesetzt haben, und mit den sonst beteiligten Stellen zusammenarbeiten und darauf hinwirken, daß sich die Sozialhilfe und die Tätigkeit dieser Vereinigungen und Stellen wirksam ergänzen. In geeigneten Fällen ist ein Gesamtplan zur Durchführung der erforderlichen Maßnahmen aufzustellen.

(5) Der Bundesminister für Jugend, Familie, Frauen und Gesundheit kann durch Rechtsverordnung[1] mit Zustimmung des Bundesrates Bestimmungen über die Abgrenzung des Personenkreises sowie über Art und Umfang der Maßnahmen nach Absatz 2 erlassen.

§§ 73, 74 *(weggefallen)*

Unterabschnitt 13. Altenhilfe

§ 75

(1) Alten Menschen soll außer der Hilfe nach den übrigen Bestimmungen dieses Gesetzes Altenhilfe gewährt werden. Sie soll dazu beitragen, Schwierigkeiten, die durch das Alter entstehen, zu verhüten, zu überwinden oder zu mildern und alten Menschen die Möglichkeit zu erhalten, am Leben in der Gemeinschaft teilzunehmen.

---

[1] Verordnung zur Durchführung des § 72 BSHG vom 9. 6. 1976 (BGBl. I S. 1469); abgedruckt unter Nr. **4a**.

1 BSHG § 76   Bundessozialhilfegesetz

(2) Als Maßnahmen der Hilfe kommen vor allem in Betracht:
1. Hilfe bei der Beschaffung und zur Erhaltung einer Wohnung, die den Bedürfnissen des alten Menschen entspricht,
2. Hilfe in allen Fragen der Aufnahme in eine Einrichtung, die der Betreuung alter Menschen dient, insbesondere bei der Beschaffung eines geeigneten Heimplatzes,
3. Hilfe in allen Fragen der Inanspruchnahme altersgerechter Dienste,
4. Hilfe zum Besuch von Veranstaltungen oder Einrichtungen, die der Geselligkeit, der Unterhaltung, der Bildung oder den kulturellen Bedürfnissen alter Menschen dienen,
5. Hilfe, die alten Menschen die Verbindung mit nahestehenden Personen ermöglicht,
6. Hilfe zu einer Betätigung, wenn sie vom alten Menschen gewünscht wird.

(3) Hilfe nach Absatz 1 soll auch gewährt werden, wenn sie der Vorbereitung auf das Alter dient.

(4) Altenhilfe soll ohne Rücksicht auf vorhandenes Einkommen oder Vermögen gewährt werden, soweit im Einzelfall persönliche Hilfe erforderlich ist.

Abschnitt 4. Einsatz des Einkommens und des Vermögens

Unterabschnitt 1. Allgemeine Bestimmungen über den Einsatz des Einkommens

§ 76[1] Begriff des Einkommens

(1) Zum Einkommen im Sinne dieses Gesetzes gehören alle Einkünfte in Geld oder Geldeswert mit Ausnahme der Leistungen nach diesem Gesetz, der Grundrente nach dem Bundesversorgungsgesetz und der Renten oder Beihilfen, die nach dem Bundesentschädigungsgesetz für Schaden an Leben sowie an Körper oder Gesundheit gewährt werden, bis zur Höhe der

---

[1] Die Fassung des § 76 Abs. 1 des Bundessozialhilfegesetzes ist auch auf die Ansprüche anzuwenden, die bei Inkrafttreten dieses Gesetzes noch nicht unanfechtbar abgelehnt sind oder gegen deren Ablehnung bei Inkrafttreten dieses Gesetzes ein Verfahren beim Bundesverfassungsgericht anhängig ist (Art. 3 des Gesetzes vom 28. 10. 1986 (BGBl. I S. 1657).

Bundessozialhilfegesetz §§ 77, 78 **BSHG 1**

vergleichbaren Grundrente nach dem Bundesversorgungsgesetz.

(2) Von dem Einkommen sind abzusetzen
1. auf das Einkommen entrichtete Steuern,
2. Pflichtbeiträge zur Sozialversicherung einschließlich der Arbeitslosenversicherung,
3. Beiträge zu öffentlichen oder privaten Versicherungen oder ähnlichen Einrichtungen, soweit diese Beiträge gesetzlich vorgeschrieben oder nach Grund und Höhe angemessen sind,
4. die mit der Erzielung des Einkommens verbundenen notwendigen Ausgaben.

(3) Die Bundesregierung kann durch Rechtsverordnung[1] mit Zustimmung des Bundesrates Näheres über die Berechnung des Einkommens, besonders der Einkünfte aus Land- und Forstwirtschaft, aus Gewerbebetrieb und aus selbständiger Arbeit, bestimmen.

§ 77 Nach Zweck und Inhalt bestimmte Leistungen

(1) Leistungen, die auf Grund öffentlich-rechtlicher Vorschriften zu einem ausdrücklich genannten Zweck gewährt werden, sind nur soweit als Einkommen zu berücksichtigen, als die Sozialhilfe im Einzelfall demselben Zweck dient.

(2) Eine Entschädigung, die wegen eines Schadens, der nicht Vermögensschaden ist, nach § 847 des Bürgerlichen Gesetzbuchs geleistet wird, ist nicht als Einkommen zu berücksichtigen.

§ 78 Zuwendungen

(1) Zuwendungen der freien Wohlfahrtspflege bleiben als Einkommen außer Betracht; dies gilt nicht, soweit die Zuwendung die Lage des Empfängers so günstig beeinflußt, daß daneben Sozialhilfe ungerechtfertigt wäre.

(2) Zuwendungen, die ein anderer gewährt, ohne hierzu eine rechtliche oder sittliche Pflicht zu haben, sollen als Einkommen außer Betracht bleiben, soweit ihre Berücksichtigung für den Empfänger eine besondere Härte bedeuten würde.

---

[1] Verordnung zur Durchführung des § 76 BSHG vom 28. 11. 1962 (BGBl. I S. 692); abgedruckt unter Nr. **5**.

1 BSHG § 79 Bundessozialhilfegesetz

Unterabschnitt 2. Einkommensgrenzen für die Hilfe in besonderen Lebenslagen

§ 79 Allgemeine Einkommensgrenze

(1) Bei der Hilfe in besonderen Lebenslagen ist dem Hilfesuchenden und seinem nicht getrennt lebenden Ehegatten die Aufbringung der Mittel nicht zuzumuten, wenn während der Dauer des Bedarfs ihr monatliches Einkommen zusammen eine Einkommensgrenze nicht übersteigt, die sich ergibt aus

1. einem Grundbetrag in Höhe von 736[1] Deutsche Mark,
2. den Kosten der Unterkunft, soweit die Aufwendungen hierfür der Besonderheit des Einzelfalles angemessenen Umfang nicht übersteigen, und
3. einem Familienzuschlag in Höhe des auf volle Deutsche Mark aufgerundeten Betrages von 80 vom Hundert des Regelsatzes eines Haushaltsvorstandes für den nicht getrennt lebenden Ehegatten und für jede Person, die vom Hilfesuchenden oder seinem nicht getrennt lebenden Ehegatten bisher überwiegend unterhalten worden ist oder der sie nach der Entscheidung über die Gewährung der Sozialhilfe unterhaltspflichtig werden.

(2) Ist der Hilfesuchende minderjährig und unverheiratet, so ist ihm und seinen Eltern die Aufbringung der Mittel nicht zuzumuten, wenn während der Dauer des Bedarfs das monatliche Einkommen des Hilfesuchenden und seiner Eltern zusammen eine Einkommensgrenze nicht übersteigt, die sich ergibt aus

1. einem Grundbetrag in Höhe von 736[1] Deutsche Mark,
2. den Kosten der Unterkunft, soweit die Aufwendungen hierfür der Besonderheit des Einzelfalles angemessenen Umfang nicht übersteigen, und
3. einem Familienzuschlag in Höhe des auf volle Deutsche Mark aufgerundeten Betrages von 80 vom Hundert des Regelsatzes eines Haushaltsvorstandes für einen Elternteil, wenn die Eltern zusammenleben, sowie für den Hilfesuchenden und für jede Person, die von den Eltern oder dem Hilfe-

---

[1] Auf Grund des § 1 der Vierten Verordnung über die Neufestsetzung der Grundbeträge der Einkommensgrenzen nach dem Bundessozialhilfegesetz vom 12. 5. 1989 (BGBl. I S. 940) beträgt mit Wirkung vom 1. 7. 1989 an der Grundbetrag nach § 79 Abs. 1 und 2 840 Deutsche Mark.

Bundessozialhilfegesetz §§ 80, 81 **BSHG 1**

suchenden bisher überwiegend unterhalten worden ist oder der sie nach der Entscheidung über die Gewährung der Sozialhilfe unterhaltspflichtig werden.

Leben die Eltern nicht zusammen, richtet sich die Einkommensgrenze nach dem Elternteil, bei dem der Hilfesuchende lebt; lebt er bei keinem Elternteil, bestimmt sich die Einkommensgrenze nach Absatz 1.

(3) Der für den Familienzuschlag maßgebende Regelsatz bestimmt sich nach dem Ort, an dem der Hilfeempfänger die Hilfe erhält. Bei der Hilfe in einer Anstalt, einem Heim oder einer gleichartigen Einrichtung sowie bei Unterbringung in einer anderen Familie oder bei den in § 104 genannten anderen Personen bestimmt er sich nach dem gewöhnlichen Aufenthalt des Hilfeempfängers oder, wenn im Falle des Absatzes 2 auch das Einkommen seiner Eltern oder eines Elternteils maßgebend ist, nach deren gewöhnlichem Aufenthalt; ist ein gewöhnlicher Aufenthalt im Geltungsbereich dieses Gesetzes nicht vorhanden oder nicht zu ermitteln, gilt Satz 1.

(4) Die Länder und, soweit nicht landesrechtliche Vorschriften entgegenstehen, auch die Träger der Sozialhilfe sind nicht gehindert, für bestimmte Arten der Hilfe in besonderen Lebenslagen der Einkommensgrenze einen höheren Grundbetrag zugrunde zu legen.

§ 80 *(weggefallen)*

§ 81 Besondere Einkommensgrenze

(1) An die Stelle des Grundbetrages nach § 79 tritt ein Grundbetrag in Höhe von *1104*[1] Deutsche Mark
1. bei der Eingliederungshilfe für Behinderte nach § 39 Abs. 1 Satz 1 und Abs. 2, wenn die Hilfe in einer Anstalt, einem Heim oder einer gleichartigen Einrichtung oder in einer Einrichtung zur teilstationären Betreuung gewährt wird,
2. bei der ambulanten Behandlung der in § 39 Abs. 1 Satz 1 und

---

[1] Auf Grund des § 1 der Vierten Verordnung über die Neufestsetzung der Grundbeträge der Einkommensgrenzen nach dem Bundessozialhilfegesetz vom 12. 5. 1989 (BGBl. I S. 940) beträgt der Grundbetrag nach § 81 Abs. 1 mit Wirkung vom 1. 7. 1989 an 1250 Deutsche Mark.

1 BSHG § 81 Bundessozialhilfegesetz

Abs. 2 genannten Personen sowie bei den für diese durchzuführenden sonstigen ärztlichen und ärztlich verordneten Maßnahmen (§ 40 Abs. 1 Nr. 1),
3. bei der Versorgung der in § 39 Abs. 1 Satz 1 und Abs. 2 genannten Personen mit Körperersatzstücken sowie mit größeren orthopädischen oder größeren anderen Hilfsmitteln (§ 40 Abs. 1 Nr. 2),
4. *(weggefallen)*
5. bei der Pflege (§ 68) in einer Anstalt, einem Heim oder einer gleichartigen Einrichtung, wenn sie voraussichtlich auf längere Zeit erforderlich ist, sowie bei der häuslichen Pflege (§ 69), wenn der in § 69 Abs. 3 Satz 1 genannte Schweregrad der Hilflosigkeit besteht,
6. bei der Krankenhilfe (§ 37), nachdem die Krankheit während eines zusammenhängenden Zeitraumes von 3 Monaten entweder dauerndes Krankenlager oder wegen ihrer besonderen Schwere ständige ärztliche Betreuung erfordert hat, außerdem bei der Heilbehandlung für Tuberkulosekranke.

(2) An die Stelle des Grundbetrages nach § 79 tritt bei der Blindenhilfe nach § 67 und bei dem Pflegegeld nach § 69 Abs. 4 Satz 2 ein Grundbetrag in Höhe von *2208*[1] Deutsche Mark. Absatz 1 Nr. 5 gilt insoweit nicht.

(3) Der Familienzuschlag beträgt in den Fällen des Absatzes 2 für den nicht getrennt lebenden Ehegatten die Hälfte des Grundbetrages nach Absatz 1, wenn jeder Ehegatte blind oder behindert im Sinne des § 24 Abs. 1 Satz 2 oder Abs. 2 ist.

(4) § 79 Abs. 4 gilt nicht.

(5) Die Bundesregierung kann durch Rechtsverordnung mit Zustimmung des Bundesrates bestimmen, welche orthopädischen und anderen Hilfsmittel die Voraussetzungen des Absatzes 1 Nr. 3 erfüllen.[2]

---

[1] Auf Grund des § 1 der Vierten Verordnung über die Neufestsetzung der Grundbeträge der Einkommensgrenzen nach dem Bundessozialhilfegesetz vom 12. 5. 1989 (BGBl. I S. 940) beträgt der Grundbetrag nach § 81 Abs. 2 mit Wirkung vom 1. 7. 1989 an 2502 Deutsche Mark.

[2] Verordnung zur Durchführung des § 81 Abs. 1 Nr. 3 BSHG vom 12. 5. 1975 (BGBl. I S. 1109); abgedruckt unter Nr. **6.**

Bundessozialhilfegesetz §§ 82–84 **BSHG 1**

§ 82[1] Änderung der Grundbeträge

Die Grundbeträge nach den §§ 79 und 81 Abs. 1 und 2 verändern sich jeweils um den Vomhundertsatz, um den sich die allgemeine Bemessungsgrundlage in der gesetzlichen Rentenversicherung (§ 1255 Abs. 2 der Reichsversicherungsordnung) verändert; ein nicht auf volle Deutsche Mark errechneter Betrag ist bis zu 0,49 Deutsche Mark abzurunden und von 0,50 Deutsche Mark an aufzurunden.

§ 83 Zusammentreffen mehrerer Einkommensgrenzen

Kann dieselbe Leistung gleichzeitig nach mehreren Bestimmungen gewährt werden, für die unterschiedliche Einkommensgrenzen maßgebend sind, so wird sie nach der Bestimmung gewährt, für welche die höhere Einkommensgrenze maßgebend ist.

§ 84 Einsatz des Einkommens über der Einkommensgrenze

(1) Soweit das zu berücksichtigende Einkommen die maßgebende Einkommensgrenze übersteigt, ist die Aufbringung der Mittel in angemessenem Umfang zuzumuten. Bei der Prüfung, welcher Umfang angemessen ist, sind vor allem die Art des Bedarfs, die Dauer und Höhe der erforderlichen Aufwendungen sowie besondere Belastungen des Hilfesuchenden und seiner unterhaltsberechtigten Angehörigen zu berücksichtigen.

(2) Verliert der Hilfesuchende durch den Eintritt eines Bedarfsfalles sein Einkommen ganz oder teilweise und ist sein Bedarf nur von kurzer Dauer, so kann die Aufbringung der Mittel auch aus dem Einkommen verlangt werden, das er innerhalb eines angemessenen Zeitraumes nach dem Wegfall des Bedarfs erwirbt und das die maßgebende Einkommensgrenze übersteigt, jedoch nur insoweit, als ihm ohne den Verlust des Einkommens die Aufbringung der Mittel zuzumuten gewesen wäre.

(3) Bei einmaligen Leistungen zur Beschaffung von Bedarfsgegenständen, deren Gebrauch für mindestens ein Jahr be-

---

[1] § 82 neu gefaßt durch Gesetz vom 28. 6. 1990 (BGBl. I S. 1221).

stimmt ist, kann die Aufbringung der Mittel nach Maßgabe des Absatzes 1 auch aus dem Einkommen verlangt werden, das die in § 28 genannten Personen innerhalb eines Zeitraumes von bis zu 3 Monaten nach Ablauf des Monats, in dem über die Hilfe entschieden worden ist, erwerben.

§ 85 Einsatz des Einkommens unter der Einkommensgrenze

Die Aufbringung der Mittel kann, auch soweit das Einkommen unter der Einkommensgrenze liegt, verlangt werden,

1. soweit von einem anderen Leistungen für einen besonderen Zweck gewährt werden, für den sonst Sozialhilfe zu gewähren wäre,
2. wenn zur Deckung des Bedarfs nur geringfügige Mittel erforderlich sind,
3. soweit bei der Hilfe in einer Anstalt, einem Heim oder einer gleichartigen Einrichtung oder in einer Einrichtung zur teilstationären Betreuung Aufwendungen für den häuslichen Lebensunterhalt erspart werden. Darüber hinaus soll in angemessenem Umfange die Aufbringung der Mittel verlangt werden von Personen, die auf voraussichtlich längere Zeit der Pflege in einer Anstalt, einem Heim oder einer gleichartigen Einrichtung bedürfen, solange sie nicht einen anderen überwiegend unterhalten.

§ 86 *(weggefallen)*

§ 87 Einsatz des Einkommens bei mehrfachem Bedarf

(1) Wird im Einzelfalle der Einsatz eines Teils des Einkommens zur Deckung eines bestimmten Bedarfs zugemutet oder verlangt, darf dieser Teil des Einkommens bei der Prüfung, inwieweit der Einsatz des Einkommens für einen anderen, gleichzeitig bestehenden Bedarf zuzumuten ist oder verlangt werden kann, nicht berücksichtigt werden.

(2) Sind im Falle des Absatzes 1 für die Bedarfsfälle unterschiedliche Einkommensgrenzen maßgebend, so ist zunächst über die Hilfe zu entscheiden, für welche die niedrigere Einkommensgrenze maßgebend ist.

Bundessozialhilfegesetz § 88 **BSHG 1**

(3) Sind im Falle des Absatzes 1 für die Bedarfsfälle gleiche Einkommensgrenzen maßgebend, jedoch für die Gewährung der Hilfe verschiedene Träger der Sozialhilfe zuständig, so hat die Entscheidung über die Hilfe für den zuerst eingetretenen Bedarf den Vorrang; treten die Bedarfsfälle gleichzeitig ein, so ist das über der Einkommensgrenze liegende Einkommen zu gleichen Teilen bei den Bedarfsfällen zu berücksichtigen.

Unterabschnitt 3. Einsatz des Vermögens

§ 88 Einzusetzendes Vermögen, Ausnahmen

(1) Zum Vermögen im Sinne dieses Gesetzes gehört das gesamte verwertbare Vermögen.

(2) Die Sozialhilfe darf nicht abhängig gemacht werden vom Einsatz oder von der Verwertung

1. eines Vermögens, das aus öffentlichen Mitteln zum Aufbau oder zur Sicherung einer Lebensgrundlage oder zur Gründung eines Hausstandes gewährt wird,
2. *(weggefallen)*
3. eines angemessenen Hausrats; dabei sind die bisherigen Lebensverhältnisse des Hilfesuchenden zu berücksichtigen,
4. von Gegenständen, die zur Aufnahme oder Fortsetzung der Berufsausbildung oder der Erwerbstätigkeit unentbehrlich sind,
5. von Familien- und Erbstücken, deren Veräußerung für den Hilfesuchenden oder seine Familie eine besondere Härte bedeuten würde,
6. von Gegenständen, die zur Befriedigung geistiger, besonders wissenschaftlicher oder künstlerischer Bedürfnisse dienen und deren Besitz nicht Luxus ist,
7. eines kleinen Hausgrundstücks, besonders eines Familienheims, wenn der Hilfesuchende das Hausgrundstück allein oder zusammen mit Angehörigen, denen es nach seinem Tode weiter als Wohnung dienen soll, ganz oder teilweise bewohnt,

8. kleinerer Barbeträge oder sonstiger Geldwerte; dabei ist eine besondere Notlage des Hilfesuchenden zu berücksichtigen.[1]

(3) Die Sozialhilfe darf ferner nicht vom Einsatz oder von der Verwertung eines Vermögens abhängig gemacht werden, soweit dies für den, der das Vermögen einzusetzen hat, und für seine unterhaltsberechtigten Angehörigen eine Härte bedeuten würde. Dies ist bei der Hilfe in besonderen Lebenslagen vor allem der Fall, soweit eine angemessene Lebensführung oder die Aufrechterhaltung einer angemessenen Alterssicherung wesentlich erschwert würde.

(4) Der Bundesminister für Jugend, Familie, Frauen und Gesundheit kann durch Rechtsverordnung[1] mit Zustimmung des Bundesrates die Höhe der Barbeträge oder sonstigen Geldwerte im Sinne des Absatzes 2 Nr. 8 bestimmen.

§ 89 Darlehen

Soweit nach § 88 für den Bedarf des Hilfesuchenden Vermögen einzusetzen ist, jedoch der sofortige Verbrauch oder die sofortige Verwertung des Vermögens nicht möglich ist oder für den, der es einzusetzen hat, eine Härte bedeuten würde, soll die Sozialhilfe als Darlehen gewährt werden. Die Gewährung kann davon abhängig gemacht werden, daß der Anspruch auf Rückzahlung dinglich oder in anderer Weise gesichert wird.

---

[1] Verordnung zur Durchführung des § 88 Abs. 2 Nr. 8 BSHG vom 11. 2. 1988 (BGBl. I S. 150); abgedruckt unter Nr. **7.**

Abschnitt 5. Verpflichtungen anderer

§ 90 Übergang von Ansprüchen

(1) Hat ein Hilfeempfänger oder haben Personen nach § 28 für die Zeit, für die Hilfe gewährt wird, einen Anspruch gegen einen anderen, der kein Leistungsträger im Sinne von § 12 des Ersten Buches Sozialgesetzbuch ist, kann der Träger der Sozialhilfe durch schriftliche Anzeige an den anderen bewirken, daß dieser Anspruch bis zur Höhe seiner Aufwendungen auf ihn übergeht. Er kann den Übergang dieses Anspruchs auch wegen seiner Aufwendungen für diejenige Hilfe zum Lebensunterhalt bewirken, die er gleichzeitig mit der Hilfe für den in Satz 1 genannten Hilfeempfänger dessen nicht getrennt lebendem Ehegatten und dessen minderjährigen unverheirateten Kindern gewährt. Der Übergang des Anspruchs darf nur insoweit bewirkt werden, als bei rechtzeitiger Leistung des anderen entweder die Hilfe nicht gewährt worden wäre oder in den Fällen des § 11 Abs. 2, des § 29 und des § 43 Abs. 1 Aufwendungsersatz oder ein Kostenbeitrag zu leisten wäre. Der Übergang ist nicht dadurch ausgeschlossen, daß der Anspruch nicht übertragen, verpfändet oder gepfändet werden kann.

(2) Die schriftliche Anzeige bewirkt den Übergang des Anspruchs für die Zeit, für die dem Hilfeempfänger die Hilfe ohne Unterbrechung gewährt wird; als Unterbrechung gilt ein Zeitraum von mehr als 2 Monaten.

(3) Widerspruch und Anfechtungsklage gegen den Verwaltungsakt, der den Übergang des Anspruchs bewirkt, haben keine aufschiebende Wirkung.

(4) Absatz 1 gilt nicht, wenn in den Fällen des § 19 Abs. 2 und des § 20 Abs. 2 Hilfe zum Lebensunterhalt zuzüglich einer Entschädigung für Mehraufwendungen gewährt wird. Die §§ 115 und 116 des Zehnten Buches Sozialgesetzbuch[1] gehen der Regelung des Absatzes 1 vor.

---

[1] Abgedruckt unter Nr. **14**.

1 BSHG §§ 91, 91a — Bundessozialhilfegesetz

§ 91 Ansprüche gegen einen nach bürgerlichem Recht Unterhaltspflichtigen

(1) Der Träger der Sozialhilfe darf den Übergang eines Anspruchs nach § 90 gegen einen nach bürgerlichem Recht Unterhaltspflichtigen nicht bewirken, wenn der Unterhaltspflichtige mit dem Hilfeempfänger im zweiten oder in einem entfernteren Grade verwandt ist. In den übrigen Fällen darf er den Übergang nur in dem Umfange bewirken, in dem ein Hilfeempfänger nach den Bestimmungen des Abschnitts 4 mit Ausnahme des § 84 Abs. 2 und des § 85 Nr. 3 Satz 2 sein Einkommen und Vermögen einzusetzen hätte.

(2) Für die Vergangenheit kann ein Unterhaltspflichtiger außer unter den Voraussetzungen des bürgerlichen Rechts nur in Anspruch genommen werden, wenn ihm die Gewährung der Sozialhilfe unverzüglich schriftlich mitgeteilt worden ist.

(3) Der Träger der Sozialhilfe soll davon absehen, einen nach bürgerlichem Recht Unterhaltspflichtigen in Anspruch zu nehmen, soweit dies eine Härte bedeuten würde; er soll vor allem von der Inanspruchnahme unterhaltspflichtiger Eltern absehen, soweit einem Behinderten, einem von einer Behinderung Bedrohten oder einem Pflegebedürftigen nach Vollendung des 21. Lebensjahres Eingliederungshilfe für Behinderte oder Hilfe zur Pflege gewährt wird. Der Träger der Sozialhilfe kann davon absehen, einen Unterhaltspflichtigen in Anspruch zu nehmen, wenn anzunehmen ist, daß der mit der Inanspruchnahme des Unterhaltspflichtigen verbundene Verwaltungsaufwand in keinem angemessenen Verhältnis zu der Unterhaltsleistung stehen wird.

§ 91a Feststellung der Sozialleistungen

Der erstattungsberechtigte Träger der Sozialhilfe kann die Feststellung einer Sozialleistung betreiben sowie Rechtsmittel einlegen. Der Ablauf der Fristen, die ohne sein Verschulden verstrichen sind, wirkt nicht gegen ihn; dies gilt nicht für die Verfahrensfristen, soweit der Träger der Sozialhilfe das Verfahren selbst betreibt.

Abschnitt 6. Kostenersatz

§ 92 Allgemeines

(1) Eine Verpflichtung zum Ersatz der Kosten der Sozialhilfe nach diesem Gesetz besteht nur in den Fällen der §§ 92a und 92c; eine Verpflichtung zum Kostenersatz nach anderen Rechtsvorschriften bleibt unberührt.

(2) Eine Verpflichtung zum Kostenersatz besteht in den Fällen der §§ 92a und 92c nicht, wenn nach § 19 Abs. 2 oder nach § 20 Abs. 2 Hilfe zum Lebensunterhalt zuzüglich einer Entschädigung für Mehraufwendungen gewährt wird.

§ 92a Kostenersatz bei schuldhaftem Verhalten

(1) Zum Ersatz der Kosten der Sozialhilfe ist verpflichtet, wer nach Vollendung des 18. Lebensjahres die Voraussetzungen für die Gewährung der Sozialhilfe an sich selbst oder an seine unterhaltsberechtigten Angehörigen durch vorsätzliches oder grobfahrlässiges Verhalten herbeigeführt hat. Von der Heranziehung zum Kostenersatz kann abgesehen werden, soweit sie eine Härte bedeuten würde; es ist davon abzusehen, soweit die Heranziehung die Fähigkeit des Ersatzpflichtigen beeinträchtigen würde, künftig unabhängig von Sozialhilfe am Leben in der Gemeinschaft teilzunehmen.

(2) Eine nach Absatz 1 eingetretene Verpflichtung zum Ersatz der Kosten geht auf den Erben über. Der Erbe haftet nur mit dem Nachlaß.

(3) Der Anspruch auf Kostenersatz erlischt in 3 Jahren vom Ablauf des Jahres an, in dem die Hilfe gewährt worden ist. Die Bestimmungen des Bürgerlichen Gesetzbuchs über die Hemmung und Unterbrechung der Verjährung gelten entsprechend; der Erhebung der Klage steht der Erlaß eines Leistungsbescheides gleich.

§ 92b *(weggefallen)*

§ 92c Kostenersatz durch Erben

(1) Der Erbe des Hilfeempfängers oder seines Ehegatten, falls dieser vor dem Hilfeempfänger stirbt, ist zum Ersatz der Kosten der Sozialhilfe mit Ausnahme der vor dem 1. Januar 1987 entstandenen Kosten der Tuberkulosehilfe verpflichtet. Die Ersatzpflicht besteht nur für die Kosten der Sozialhilfe, die innerhalb eines Zeitraumes von 10 Jahren vor dem Erbfall aufgewendet worden sind und die das Zweifache des Grundbetrages nach § 81 Abs. 1 übersteigen. Die Ersatzpflicht des Erben des Ehegatten besteht nicht für die Kosten der Sozialhilfe, die während des Getrenntlebens der Ehegatten gewährt worden ist. Ist der Hilfeempfänger der Erbe seines Ehegatten, so ist er zum Ersatz der Kosten nach Satz 1 nicht verpflichtet.

(2) Die Ersatzpflicht des Erben gehört zu den Nachlaßverbindlichkeiten; der Erbe haftet nur mit dem Nachlaß.

(3) Der Anspruch auf Kostenersatz ist nicht geltend zu machen,
1. soweit der Wert des Nachlasses unter dem Zweifachen des Grundbetrages nach § 81 Abs. 1 liegt,
2. soweit der Wert des Nachlasses unter dem Betrage von 30000 Deutsche Mark liegt, wenn der Erbe der Ehegatte des Hilfeempfängers oder mit diesem verwandt ist und nicht nur vorübergehend bis zum Tode des Hilfeempfängers mit diesem in häuslicher Gemeinschaft gelebt und ihn gepflegt hat,
3. soweit die Inanspruchnahme des Erben nach der Besonderheit des Einzelfalles eine besondere Härte bedeuten würde.

(4) Der Anspruch auf Kostenersatz erlischt in 3 Jahren nach dem Tode des Hilfeempfängers oder seines Ehegatten. § 92a Abs. 3 Satz 2 gilt entsprechend.

Abschnitt 7. Einrichtungen, Arbeitsgemeinschaften

§ 93 Einrichtungen

(1) Zur Gewährung von Sozialhilfe sollen die Träger der Sozialhilfe eigene Einrichtungen nicht neu schaffen, soweit geeignete Einrichtungen der in § 10 Abs. 2 genannten Träger der

Bundessozialhilfegesetz §§ 94–96 **BSHG 1**

freien Wohlfahrtspflege vorhanden sind, ausgebaut oder geschaffen werden können.

(2) Der Träger der Sozialhilfe ist zur Übernahme der Kosten der Hilfe in einer Einrichtung eines anderen Trägers nur verpflichtet, wenn mit dem Träger der Einrichtung oder seinem Verband eine Vereinbarung über die Höhe der zu übernehmenden Kosten besteht; in anderen Fällen soll er die Kosten übernehmen, wenn dies nach der Besonderheit des Einzelfalles geboten ist, um angemessenen Wünschen des Hilfeempfängers (§ 3 Abs. 2 und 3) zu entsprechen. Die Vereinbarungen und die Kostenübernahme müssen den Grundsätzen der Wirtschaftlichkeit, Sparsamkeit und Leistungsfähigkeit Rechnung tragen. Sind sowohl Einrichtungen der in § 10 genannten Träger als auch anderer Träger vorhanden, die zur Gewährung von Sozialhilfe in gleichem Maße geeignet sind, soll der Träger der Sozialhilfe Vereinbarungen nach Satz 1 vorrangig mit den in § 10 genannten Trägern abschließen. § 95 des Zehnten Buches Sozialgesetzbuch und landesrechtliche Vorschriften über die zu übernehmenden Kosten bleiben unberührt.

§ 94 *(weggefallen)*

§ 95 Arbeitsgemeinschaften

Die Träger der Sozialhilfe sollen die Bildung von Arbeitsgemeinschaften anstreben, wenn es geboten ist, die gleichmäßige oder gemeinsame Durchführung von Maßnahmen zu beraten oder zu sichern. In den Arbeitsgemeinschaften sollen vor allem die Stellen vertreten sein, deren gesetzliche Aufgaben dem gleichen Ziel dienen oder die an der Durchführung der Maßnahmen beteiligt sind, besonders die Verbände der freien Wohlfahrtspflege.

Abschnitt 8. Träger der Sozialhilfe

§ 96 Örtliche und überörtliche Träger

(1) Örtliche Träger der Sozialhilfe sind die kreisfreien Städte und die Landkreise. Die Länder können bestimmen, daß und

1 BSHG §§ 97, 98 Bundessozialhilfegesetz

inwieweit die Landkreise ihnen zugehörige Gemeinden oder Gemeindeverbände zur Durchführung von Aufgaben nach diesem Gesetz heranziehen und ihnen dabei Weisungen erteilen können; in diesen Fällen erlassen die Landkreise den Widerspruchsbescheid nach der Verwaltungsgerichtsordnung.

(2) Die Länder bestimmen die überörtlichen Träger. Sie können bestimmen, daß und inwieweit die überörtlichen Träger örtliche Träger sowie diesen zugehörige Gemeinden und Gemeindeverbände zur Durchführung von Aufgaben nach diesem Gesetz heranziehen und ihnen dabei Weisungen erteilen können; in diesen Fällen erlassen die überörtlichen Träger den Widerspruchsbescheid nach der Verwaltungsgerichtsordnung.

§ 97 Örtliche Zuständigkeit

(1) Für die Sozialhilfe örtlich zuständig ist der Träger der Sozialhilfe, in dessen Bereich sich der Hilfesuchende tatsächlich aufhält. In den Fällen des § 15 ist örtlich zuständig der Träger, in dessen Bereich der Bestattungsort liegt; § 100 Abs. 2 bleibt unberührt.

(2) Die nach Absatz 1 Satz 1 begründete Zuständigkeit bleibt bestehen, wenn der Träger der Sozialhilfe oder die von ihm beauftragte Stelle die Unterbringung des Hilfeempfängers zur Hilfegewährung außerhalb seines Bereichs veranlaßt hat oder ihr zustimmt. Die Zuständigkeit endet, wenn dem Hilfeempfänger für einen zusammenhängenden Zeitraum von 2 Monaten Hilfe nicht zu gewähren war.

§ 98 Örtliche Zuständigkeit bei der Gewährung von Sozialhilfe an Personen in Einrichtungen zum Vollzug richterlich angeordneter Freiheitsentziehung

Für Personen, die sich in Einrichtungen zum Vollzug richterlich angeordneter Freiheitsentziehung aufhalten, ist örtlich zuständig der Träger der Sozialhilfe, in dessen Bereich der Hilfesuchende seinen gewöhnlichen Aufenthalt im Zeitpunkt der Aufnahme in die Einrichtung hat oder in den 2 Monaten vor der Aufnahme zuletzt gehabt hat. Ist ein gewöhnlicher Aufenthalt im Bereich dieses Gesetzes nicht vorhanden oder nicht zu ermit-

Bundessozialhilfegesetz §§ 99, 100 **BSHG 1**

teln, richtet sich die örtliche Zuständigkeit nach § 97 Abs. 1 Satz 1; § 106 gilt entsprechend.

§ 99 Sachliche Zuständigkeit des örtlichen Trägers

Für die Sozialhilfe sachlich zuständig ist der örtliche Träger der Sozialhilfe, soweit nicht nach § 100 oder nach Landesrecht der überörtliche Träger sachlich zuständig ist.

§ 100 Sachliche Zuständigkeit des überörtlichen Trägers

(1) Der überörtliche Träger der Sozialhilfe ist sachlich zuständig, soweit nicht nach Landesrecht der örtliche Träger sachlich zuständig ist,

1. für die Hilfe in besonderen Lebenslagen für die in § 39 Abs. 1 Satz 1 und Abs. 2 genannten Personen, für Geisteskranke, Personen mit einer sonstigen geistigen oder seelischen Behinderung oder Störung, Anfallskranke und Suchtkranke, wenn es wegen der Behinderung oder des Leidens dieser Personen in Verbindung mit den Besonderheiten des Einzelfalles erforderlich ist, die Hilfe in einer Anstalt, einem Heim oder einer gleichartigen Einrichtung oder in einer Einrichtung zur teilstationären Betreuung zu gewähren; dies gilt nicht, wenn die Hilfegewährung in der Einrichtung überwiegend aus anderem Grunde erforderlich ist,
2. für die Versorgung Behinderter mit Körperersatzstücken, größeren orthopädischen und größeren anderen Hilfsmitteln im Sinne des § 81 Abs. 1 Nr. 3,
3. *(weggefallen)*
4. für die Blindenhilfe nach § 67,
5. für die Hilfe zur Überwindung besonderer sozialer Schwierigkeiten nach § 72, wenn es erforderlich ist, die Hilfe in einer Anstalt, einem Heim oder einer gleichartigen Einrichtung oder in einer Einrichtung zur teilstationären Betreuung zu gewähren,
6. für die Hilfe zum Besuch einer Hochschule im Rahmen der Eingliederungshilfe für Behinderte.

(2) In den Fällen des Absatzes 1 Nr. 1 und 5 erstreckt sich die Zuständigkeit des überörtlichen Trägers auf alle Leistungen an

den Hilfeempfänger, für welche die Voraussetzungen nach diesem Gesetz gleichzeitig vorliegen, sowie auf die Hilfe nach § 15; dies gilt nicht, wenn die Hilfe in einer Einrichtung zur teilstationären Betreuung gewährt wird.

§ 101 Allgemeine Aufgaben des überörtlichen Trägers

Die überörtlichen Träger sollen zur Weiterentwicklung von Maßnahmen der Sozialhilfe, vor allem bei verbreiteten Krankheiten, beitragen; hierfür können sie die erforderlichen Einrichtungen schaffen oder fördern.

§ 102 Fachkräfte

Bei der Durchführung dieses Gesetzes sollen Personen beschäftigt werden, die sich hierfür nach ihrer Persönlichkeit eignen und in der Regel entweder eine ihren Aufgaben entsprechende Ausbildung erhalten haben oder besondere Erfahrungen im Sozialwesen besitzen.

Abschnitt 9. Kostenerstattung zwischen den Trägern der Sozialhilfe

§ 103 Kostenerstattung bei Aufenthalt in einer Anstalt

(1) Kosten, die ein Träger der Sozialhilfe für den Aufenthalt eines Hilfeempfängers in einer Anstalt, einem Heim oder einer gleichartigen Einrichtung oder im Zusammenhang hiermit aufgewendet hat, sind von dem sachlich zuständigen Träger zu erstatten, in dessen Bereich der Hilfeempfänger seinen gewöhnlichen Aufenthalt im Zeitpunkt der Aufnahme in die Einrichtung hat oder in den 2 Monaten vor der Aufnahme zuletzt gehabt hat. Tritt jemand aus einer Anstalt, einem Heim oder einer gleichartigen Einrichtung in eine andere Einrichtung oder von dort in weitere Einrichtungen über, richtet sich der zur Kostenerstattung verpflichtete Träger nach dem gewöhnlichen Aufenthalt, der für die erste Einrichtung maßgebend ist.

(2) Als Aufenthalt in einer Anstalt, einem Heim oder einer gleichartigen Einrichtung gilt auch, wenn jemand außerhalb der

Bundessozialhilfegesetz §§ 104, 105 **BSHG 1**

Einrichtung untergebracht wird, aber in ihrer Betreuung bleibt, oder aus der Einrichtung beurlaubt wird.

(3) Die Verpflichtung zur Kostenerstattung nach Absatz 1 besteht auch, wenn jemand beim Verlassen einer Einrichtung oder innerhalb von 2 Wochen danach der Sozialhilfe bedarf, solange er sich nach dem Verlassen der Einrichtung ununterbrochen im Bereich des örtlichen Trägers, in dem die Einrichtung liegt, außerhalb einer Anstalt, eines Heimes oder einer gleichartigen Einrichtung aufhält; die Verpflichtung zur Erstattung fällt weg, wenn für einen zusammenhängenden Zeitraum von einem Monat Hilfe nicht zu gewähren war.

(4) Anstalten, Heime oder gleichartige Einrichtungen im Sinne der Absätze 1 bis 3 sind alle Einrichtungen, die der Pflege, der Behandlung oder sonstigen in diesem Gesetz vorgesehenen Maßnahmen oder der Erziehung dienen.

§ 104[1] Kostenerstattung bei Unterbringung in einer anderen Familie

§ 103 gilt entsprechend, wenn ein Kind oder ein Jugendlicher in einer anderen Familie oder bei anderen Personen als bei seinen Eltern oder bei einem Elternteil untergebracht ist.

§ 105 Kostenerstattung bei Geburt in einer Anstalt

Wird ein Kind in einer Anstalt, einem Heim oder einer gleichartigen Einrichtung geboren, so gilt § 103 entsprechend; an die Stelle des gewöhnlichen Aufenthalts des Hilfeempfängers tritt der gewöhnliche Aufenthalt der Mutter des Kindes. Die nach Satz 1 begründete Verpflichtung zur Kostenerstattung bleibt bestehen, wenn das Kind die Einrichtung verläßt und vor Ablauf von 2 Monaten nach der Geburt in einer Anstalt, einem Heim oder einer gleichartigen Einrichtung, in einer anderen Familie oder bei den in § 104 genannten anderen Personen untergebracht wird.

---

[1] § 104 geändert mit Wirkung vom 1. 1. 1991 durch Gesetz vom 26. 6. 1990 (BGBl. I S. 1163).

§ 106 Kostenerstattungspflicht des überörtlichen Trägers

Ist in Fällen der §§ 103 bis 105 ein gewöhnlicher Aufenthalt im Geltungsbereich dieses Gesetzes nicht vorhanden oder nicht zu ermitteln, so sind dem örtlichen Träger der Sozialhilfe die aufgewendeten Kosten von dem überörtlichen Träger der Sozialhilfe zu erstatten, zu dessen Bereich der örtliche Träger gehört.

§ 107 Kostenerstattung bei pflichtwidriger Handlung

(1) Ein Träger der Sozialhilfe hat einem anderen Träger die aufgewendeten Kosten zu erstatten, wenn diese Kosten durch eine pflichtwidrige Handlung des Trägers der Sozialhilfe oder der von ihm beauftragten Stelle entstanden sind.

(2) Gewährt ein Träger der Sozialhilfe einem Hilfesuchenden Reisegeld, so handelt er nicht pflichtwidrig, wenn dadurch die Reise an den Ort des gewöhnlichen Aufenthalts ermöglicht wird oder wenn dadurch die Notlage des Hilfesuchenden beseitigt oder wesentlich gemindert wird oder wenn die Reise zur Zusammenführung naher Angehöriger geboten und eine Unterkunft für den Hilfesuchenden gesichert ist.

(3) Im Falle des Absatzes 1 hat der erstattungspflichtige Träger der Sozialhilfe auf Verlangen des anderen Trägers außerdem einen Betrag in Höhe eines Drittels der aufgewendeten Kosten, mindestens jedoch 50 Deutsche Mark, zu zahlen.

(4) Die Verpflichtung nach den Absätzen 1 und 3 besteht nicht oder fällt weg, wenn für einen zusammenhängenden Zeitraum von 3 Monaten Hilfe nicht zu gewähren war.

§ 108 Kostenerstattung bei Übertritt aus dem Ausland

(1) Tritt jemand, der weder im Ausland noch im Geltungsbereich dieses Gesetzes einen gewöhnlichen Aufenthalt hat, aus dem Ausland in den Geltungsbereich dieses Gesetzes über und bedarf er innerhalb eines Monats nach seinem Übertritt der Sozialhilfe, so sind die aufgewendeten Kosten von dem überörtlichen Träger der Sozialhilfe zu erstatten, in dessen Bereich der Hilfesuchende geboren ist. Satz 1 gilt auch für Personen, die

Bundessozialhilfegesetz § 108 **BSHG 1**

aus den zum Staatsgebiet des Deutschen Reiches nach dem Stand vom 31. Dezember 1937 gehörenden Gebieten östlich der Oder-Neiße-Linie in den Geltungsbereich dieses Gesetzes übertreten.

(2) Liegt der Geburtsort des Hilfesuchenden nicht im Geltungsbereich dieses Gesetzes oder ist er nicht zu ermitteln, wird der zur Kostenerstattung verpflichtete überörtliche Träger der Sozialhilfe von einer Schiedsstelle bestimmt. Hierbei hat die Schiedsstelle die Einwohnerzahl und die Belastungen, die sich im vorangegangenen Haushaltsjahr nach den Absätzen 1 bis 4 und nach § 119 ergeben haben, zu berücksichtigen. Die Schiedsstelle wird durch Verwaltungsvereinbarung der Länder gebildet.[1]

(3) Leben Ehegatten, Verwandte und Verschwägerte bei Eintritt des Bedarfs an Sozialhilfe zusammen, richtet sich der erstattungspflichtige Träger nach dem ältesten von ihnen, der im Geltungsbereich dieses Gesetzes geboren ist. Ist keiner von ihnen im Geltungsbereich dieses Gesetzes geboren, so ist ein gemeinsamer erstattungspflichtiger Träger nach Absatz 2 zu bestimmen.

(4) Ist ein Träger der Sozialhilfe nach Absatz 1, Absatz 2 oder Absatz 3 zur Erstattung der für einen Hilfempfänger aufgewendeten Kosten verpflichtet, so hat er auch die für den Ehegatten oder die minderjährigen Kinder des Hilfeempfängers aufgewendeten Kosten zu erstatten, wenn diese Personen später in den Geltungsbereich dieses Gesetzes übertreten und innerhalb eines Monats der Sozialhilfe bedürfen.

(5) Die Verpflichtung zur Erstattung der für einen Hilfeempfänger aufgewendeten Kosten fällt weg, wenn ihm inzwischen für einen zusammenhängenden Zeitraum von 3 Monaten Sozialhilfe nicht zu gewähren war.

(6) Die Absätze 1 bis 5 gelten nicht für Personen, deren Unterbringung nach dem Übertritt in den Geltungsbereich dieses Gesetzes bundesrechtlich oder durch Vereinbarung zwischen Bund und Ländern geregelt ist.

---

[1] Beachte die Übergangsvorschrift in § 147.

§ 109 Ausschluß des gewöhnlichen Aufenthalts

Als gewöhnlicher Aufenthalt im Sinne dieses Abschnitts gelten nicht der Aufenthalt in einer Einrichtung der in § 103 Abs. 4 genannten Art, die Unterbringung im Sinne des § 104, der in § 105 Satz 2 genannte vorübergehende Aufenthalt des Kindes sowie der auf richterlich angeordneter Freiheitsentziehung beruhende Aufenthalt in einer Einrichtung.

§ 110 Übernahme der Hilfe

(1) Der Träger der Sozialhilfe, der die Hilfe gewährt, kann von dem kostenerstattungspflichtigen Träger verlangen, daß dieser die Gewährung der Hilfe in seinem Bereich übernimmt. Der kostenerstattungspflichtige Träger kann verlangen, daß die Hilfe von ihm in seinem Bereich gewährt wird. Der kostenerstattungspflichtige Träger hat die Kosten zu tragen, die durch den Wechsel des Aufenthaltsortes des Hilfeempfängers entstehen.

(2) Die Übernahme der Hilfe kann nicht verlangt werden, wenn der Hilfeempfänger dem Wechsel seines Aufenthaltsortes nicht zustimmt oder wenn sonst ein wichtiger Grund entgegensteht, besonders wenn der erstrebte Erfolg der Hilfe beeinträchtigt oder ihre Dauer wesentlich verlängert würde.

(3) Absatz 1 gilt nicht im Falle des § 106.

§ 111 Umfang der Kostenerstattung

(1) Die aufgewendeten Kosten sind zu erstatten, soweit die Hilfe diesem Gesetz entspricht. Dabei gelten die Grundsätze für die Gewährung von Sozialhilfe, die am Aufenthaltsort des Hilfeempfängers zur Zeit der Hilfegewährung bestehen.

(2) Kosten unter 400 Deutsche Mark sind außer im Falle des § 107 Abs. 1 nicht zu erstatten; im Falle des § 108 tritt an die Stelle des Betrages von 400 Deutsche Mark der Betrag von 200 Deutsche Mark. Verzugszinsen können nicht verlangt werden.

§ 112 Frist zur Geltendmachung des Anspruchs auf Kostenerstattung

Will ein Träger der Sozialhilfe von einem anderen Träger Kostenerstattung verlangen, hat er ihm dies innerhalb von

6 Monaten nach der Entscheidung über die Gewährung der Hilfe mitzuteilen. Unterläßt er die Mitteilung innerhalb dieser Frist, kann er nur die Erstattung der Kosten verlangen, die in den 6 Monaten vor der Mitteilung entstanden sind und nachher entstehen. Kann er den erstattungspflichtigen Träger der Sozialhilfe trotz sorgfältiger Ermittlungen nicht feststellen, so wird die Frist nach Satz 1 gewahrt, wenn er vor ihrem Ablauf den Erstattungsanspruch bei der zuständigen Behörde anmeldet.

§ 113 *(weggefallen)*

Abschnitt 10. Verfahrensbestimmungen

§ 114 Beteiligung sozial erfahrener Personen

(1) Vor dem Erlaß allgemeiner Verwaltungsvorschriften und der Festsetzung der Regelsätze sind sozial erfahrene Personen zu hören, besonders aus Vereinigungen, die Bedürftige betreuen, oder aus Vereinigungen von Sozialleistungsempfängern.

(2) Vor dem Erlaß des Bescheides über einen Widerspruch gegen die Ablehnung der Sozialhilfe oder gegen die Festsetzung ihrer Art und Höhe sind Personen, wie sie in Absatz 1 bezeichnet sind, beratend zu beteiligen.

§ 115 *(weggefallen)*

§ 116[1] Pflicht zur Auskunft

(1) Die Unterhaltspflichtigen und die Kostenersatzpflichtigen sind verpflichtet, dem Träger der Sozialhilfe über ihre Einkommens- und Vermögensverhältnisse Auskunft zu geben, soweit die Durchführung dieses Gesetzes es erfordert. Die Pflicht zur Auskunft umfaßt die Verpflichtung, auf Verlangen des Trägers der Sozialhilfe Beweisurkunden vorzulegen oder ihrer Vorlage zuzustimmen.

(2) Der Arbeitgeber ist verpflichtet, dem Träger der Sozialhilfe über die Art und Dauer der Beschäftigung, die Arbeitsstätte und den Arbeitsverdienst des bei ihm beschäftigten Hilfesu-

---

[1] § 116 Abs. 1 Satz 2 angefügt durch Gesetz vom 28. 6. 1990 (BGBl. I S. 1221).

chenden oder Hilfeempfängers, Unterhaltspflichtigen oder Kostenersatzpflichtigen Auskunft zu geben, soweit die Durchführung dieses Gesetzes es erfordert.

(3) Die nach den Absätzen 1 und 2 zur Erteilung einer Auskunft Verpflichteten können Angaben verweigern, die ihnen oder ihnen nahestehenden Personen (§ 383 Abs. 1 Nr. 1 bis 3 der Zivilprozeßordnung) die Gefahr zuziehen würden, wegen einer Straftat oder einer Ordnungswidrigkeit verfolgt zu werden.

(4) Ordnungswidrig handelt, wer als Arbeitgeber vorsätzlich oder fahrlässig die Auskunft nach Absatz 2 nicht, unrichtig, unvollständig oder nicht fristgemäß erteilt. Die Ordnungswidrigkeit kann mit einer Geldbuße geahndet werden.

§§ 117 und 118 *(weggefallen)*

Abschnitt 11. Sonstige Bestimmungen

§ 119[1] Sozialhilfe für Deutsche im Ausland

(1) Deutschen, die ihren gewöhnlichen Aufenthalt im Ausland haben und im Ausland der Hilfe bedürfen, soll, vorbehaltlich der Regelung in Absatz 2 Nr. 1, Hilfe zum Lebensunterhalt, Krankenhilfe und Hilfe für werdende Mütter und Wöchnerinnen gewährt werden. Sonstige Sozialhilfe kann ihnen gewährt werden, wenn die besondere Lage des Einzelfalles dies rechtfertigt.

(2) Soweit es im Einzelfall der Billigkeit entspricht, kann folgenden Personen, die ihren gewöhnlichen Aufenthalt im Ausland haben und im Ausland der Hilfe bedürfen, Sozialhilfe gewährt werden:

1. Deutschen, die gleichzeitig die Staatsangehörigkeit ihres Aufenthaltsstaates besitzen, wenn auch ihr Vater oder ihre Mutter die Staatsangehörigkeit dieses Staates besitzt oder besessen hat, sowie ihren Abkömmlingen,
2. Familienangehörigen von Deutschen, wenn sie mit diesen in Haushaltsgemeinschaft leben,
3. ehemaligen Deutschen, zu deren Übernahme die Bundesrepublik Deutschland auf Grund zwischenstaatlicher Ab-

---

[1] Beachte hierzu auch I. Nr. 2 der Anordnung des BMdI vom 22. 6. 1962 (BAnz. Nr. 124); abgedruckt unter Nr. **8**.

Bundessozialhilfegesetz § 120 **BSHG 1**

kommen verpflichtet wäre, sowie ihren Familienangehörigen.

(3) Hilfe wird nicht gewährt, soweit sie von dem hierzu verpflichteten Aufenthaltsland oder von anderen gewährt wird oder zu erwarten ist. Hilfe wird ferner nicht gewährt, wenn die Heimführung des Hilfesuchenden geboten ist.

(4) Art, Form und Maß der Hilfe sowie der Einsatz des Einkommens und des Vermögens richten sich nach den besonderen Verhältnissen im Aufenthaltsland unter Berücksichtigung der notwendigen Lebensbedürfnisse eines dort lebenden Deutschen.

(5) Für die Gewährung der Hilfe sachlich zuständig ist der überörtliche Träger der Sozialhilfe. Örtlich zuständig ist der Träger, in dessen Bereich der Hilfesuchende geboren ist; § 108 Abs. 2 und 3 gilt entsprechend; die nach § 108 Abs. 3 begründete Zuständigkeit bleibt bestehen, solange noch eine der dort genannten Personen der Sozialhilfe bedarf.

(6) Die Träger der Sozialhilfe arbeiten mit den deutschen Dienststellen im Ausland zusammen.

(7) Die Vorschriften der Absätze 1 bis 6 finden entsprechende Anwendung auf Deutsche, die ihren gewöhnlichen Aufenthalt in den zum Staatsgebiet des Deutschen Reiches nach dem Stand vom 31. Dezember 1937 gehörenden Gebieten östlich der Oder-Neiße-Linie haben. Dabei gilt als Aufenthaltsstaat oder als Aufenthaltsland im Sinne der genannten Vorschriften der Staat, der die Verwaltung ausübt.

§ 120[1] Sozialhilfe für Ausländer

(1) Personen, die nicht Deutsche im Sinne des Artikels 116 Abs. 1 des Grundgesetzes[2] sind und die sich im Geltungsbereich dieses Gesetzes tatsächlich aufhalten, ist Hilfe zum Lebensunter-

---

[1] § 120 Abs. 2 geändert und Abs. 4 angefügt durch Gesetz vom 9. 7. 1990 (BGBl. I S. 1354).
[2] Art. 116 Abs. 1 Grundgesetz lautet:
„**Art. 116.** (1) Deutscher im Sinne dieses Grundgesetzes ist vorbehaltlich anderweitiger gesetzlicher Regelung, wer die deutsche Staatsangehörigkeit besitzt oder als Flüchtling oder Vertriebener deutscher Volkszugehörigkeit oder als dessen Ehegatte oder Abkömmling in dem Gebiete des Deutschen Reiches nach dem Stande vom 31. Dezember 1937 Aufnahme gefunden hat."

halt, Krankenhilfe, Hilfe für werdende Mütter und Wöchnerinnen und Hilfe zur Pflege nach diesem Gesetz zu gewähren; wer sich in den Geltungsbereich dieses Gesetzes begeben hat, um Sozialhilfe zu erlangen, hat keinen Anspruch. Im übrigen kann Sozialhilfe gewährt werden, soweit dies im Einzelfall gerechtfertigt ist. Rechtsvorschriften, nach denen außer den in Satz 1 genannten Leistungen auch sonstige Sozialhilfe zu gewähren ist oder gewährt werden soll, bleiben unberührt.

(2) Abweichend von Absatz 1 Satz 1 beschränkt sich der Anspruch bei folgenden Personen auf die Hilfe zum Lebensunterhalt:

1. Asylsuchenden Ausländern, deren Asylverfahren noch nicht unanfechtbar abgeschlossen ist und die keine Aufenthaltsgenehmigung besitzen,
2. zur Ausreise verpflichteten Ausländern, deren Aufenthalt aus völkerrechtlichen, politischen, humanitären oder aus den in § 14 Abs. 1 Satz 1 des Ausländergesetzes genannten Gründen geduldet wird,
3. sonstigen Ausländern, die zur Ausreise verpflichtet sind.

Sonstige Sozialhilfe kann gewährt werden. Die Hilfe soll, soweit dies möglich ist, als Sachleistung gewährt werden; sie kann auch durch Aushändigung von Wertgutscheinen gewährt werden. Die Hilfe kann auf das zum Lebensunterhalt Unerläßliche eingeschränkt werden.

(3) Der Bundesminister für Jugend, Familie, Frauen und Gesundheit kann durch Rechtsverordnung mit Zustimmung des Bundesrates bestimmen, daß außer den in Absatz 1 Satz 1 genannten Leistungen auch sonstige Sozialhilfe zu gewähren ist oder gewährt werden soll.

(4) Ausländern darf in den Teilen des Geltungsbereichs dieses Gesetzes, in denen sie sich einer ausländerrechtlichen räumlichen Beschränkung zuwider aufhalten, der für den tatsächlichen Aufenthaltsort zuständige Träger der Sozialhilfe nur die nach den Umständen unabweisbar gebotene Hilfe leisten. Das gleiche gilt für Ausländer, die eine räumlich nicht beschränkte Aufenthaltsbefugnis besitzen, wenn sie sich außerhalb des Landes aufhalten, in dem die Aufenthaltsbefugnis erteilt worden ist.

§ 121 Erstattung von Aufwendungen anderer

Hat jemand in einem Eilfall einem anderen Hilfe gewährt, die der Träger der Sozialhilfe bei rechtzeitiger Kenntnis nach die-

Bundessozialhilfegesetz §§ 122–124 **BSHG 1**

sem Gesetz gewährt haben würde, sind ihm auf Antrag die Aufwendungen in gebotenem Umfange zu erstatten, wenn er sie nicht auf Grund rechtlicher oder sittlicher Pflicht selbst zu tragen hat. Dies gilt nur, wenn er den Antrag innerhalb angemessener Frist stellt.

§ 122 Eheähnliche Gemeinschaft

Personen, die in eheähnlicher Gemeinschaft leben, dürfen hinsichtlich der Voraussetzungen sowie des Umfanges der Sozialhilfe nicht besser gestellt werden als Ehegatten. § 16 gilt entsprechend.

Abschnitt 12. Sonderbestimmungen zur Sicherung der Eingliederung Behinderter

§ 123 Allgemeines

Bis zu einer anderweitigen gesetzlichen Regelung gelten zur Sicherung der Eingliederung Behinderter die §§ 124 bis 126b. Sie gelten nicht für Personen, die für sich oder ihre Familienangehörigen Leistungen von der gesetzlichen Krankenversicherung erhalten oder die wegen ihrer Behinderung Leistungen zur Rehabilitation von der gesetzlichen Unfallversicherung oder der gesetzlichen Rentenversicherung oder als Beschädigte nach dem Bundesversorgungsgesetz oder nach Gesetzen, die das Bundesversorgungsgesetz für anwendbar erklären, Entschädigungsleistungen erhalten. Den Behinderten im Sinne der §§ 124 bis 126b stehen die von einer Behinderung Bedrohten gleich.

§ 124 Sicherung der Beratung Behinderter

(1) Eltern und Vormünder, die bei einer ihrer Personensorge anvertrauten Person eine Behinderung wahrnehmen oder durch die in Absatz 2 genannten Personen hierauf hingewiesen werden, haben den Behinderten unverzüglich dem Gesundheitsamt oder einem Arzt zur Beratung über die geeigneten Eingliederungsmaßnahmen vorzustellen.

(2) Hebammen, Medizinalpersonen außer Ärzten, Lehrer, Sozialarbeiter (Wohlfahrtspfleger), Jugendleiterinnen, Kindergärtnerinnen, Hortnerinnen und Heimerzieher, die bei Ausübung ihres Berufs bei den in Absatz 1 genannten Behinderten eine Behinderung wahrnehmen, haben die Personensorgeberechtigten auf die Behinderung und auf ihre Verpflichtung nach

Absatz 1 hinzuweisen. Stellen die Personensorgeberechtigten auch nach wiederholtem Hinweis auf ihre Verpflichtung den Behinderten nicht dem Gesundheitsamt oder einem Arzt zur Beratung vor, haben die in Satz 1 genannten Personen das Gesundheitsamt zu benachrichtigen.

(3) Nehmen Medizinalpersonen außer Ärzten und Sozialarbeiter (Wohlfahrtspfleger) bei Ausübung ihres Berufs eine Behinderung bei volljährigen Personen wahr, die nicht unter Vormundschaft stehen, so haben sie diesen Personen anzuraten, das Gesundheitsamt oder einen Arzt zur Beratung über die geeigneten Eingliederungsmaßnahmen aufzusuchen. Mit ausdrücklicher Zustimmung dieser Personen haben sie das Gesundheitsamt und, wenn berufliche Eingliederungsmaßnahmen in Betracht kommen, das Arbeitsamt zu benachrichtigen.

(4) Behinderungen im Sinne der Absätze 1 bis 3 sind

1. eine nicht nur vorübergehende erhebliche Beeinträchtigung der Bewegungsfähigkeit, die auf dem Fehlen oder auf Funktionsstörungen von Gliedmaßen oder auf anderen Ursachen beruht,
2. Mißbildungen, Entstellungen und Rückgratverkrümmungen, wenn die Behinderungen erheblich sind,
3. eine nicht nur vorübergehende erhebliche Beeinträchtigung der Seh-, Hör- und Sprachfähigkeit,
4. eine erhebliche Beeinträchtigung der geistigen oder seelischen Kräfte

oder drohende Behinderungen dieser Art.

§ 125 Aufgaben der Ärzte

(1) Ärzte haben die in § 124 Abs. 1 genannten Personensorgeberechtigten sowie die in § 124 Abs. 3 genannten Behinderten über die nach Art und Schwere der Behinderung geeigneten ärztlichen und sonstigen Eingliederungsmaßnahmen zu beraten oder sie auf die Möglichkeit der Beratung durch das Gesundheitsamt und, wenn berufliche Eingliederungsmaßnahmen in Betracht kommen, durch das Arbeitsamt hinzuweisen; sie haben ihnen ein amtliches Merkblatt auszuhändigen, das über die Möglichkeiten gesetzlicher Hilfe einschließlich der Berufsberatung und über die Durchführung von Eingliederungsmaßnahmen, insbesondere ärztlicher, schulischer und beruflicher Art, unterrichtet.

Bundessozialhilfegesetz **§ 126 BSHG 1**

(2) Zur Sicherung der in § 126 Nr. 3 genannten Zwecke haben die Ärzte die ihnen nach Absatz 1 bekannt werdenden Behinderungen und wesentliche Angaben zur Person des Behinderten alsbald dem Gesundheitsamt mitzuteilen; dabei sind die Namen der Behinderten und der Personensorgeberechtigten nicht anzugeben.

(3) Läßt ein Personensorgeberechtigter trotz wiederholter Aufforderung durch den Arzt die zur Eingliederung erforderlichen ärztlichen Maßnahmen nicht durchführen oder vernachlässigt er sie, so hat der Arzt das Gesundheitsamt alsbald zu benachrichtigen; er kann das Gesundheitsamt benachrichtigen, wenn ein Personensorgeberechtigter zur Eingliederung erforderliche sonstige Maßnahmen nicht durchführen läßt oder vernachlässigt.

(4) Der Bundesminister für Jugend, Familie, Frauen und Gesundheit erläßt im Einvernehmen mit dem Bundesminister für Arbeit und Sozialordnung sowie mit Zustimmung des Bundesrates Verwaltungsvorschriften[1] zur Durchführung der Absätze 1 und 2.

§ 126 Aufgaben des Gesundheitsamtes

Das Gesundheitsamt hat die Aufgabe,

1. Behinderte oder Personensorgeberechtigte über die nach Art und Schwere der Behinderung geeigneten ärztlichen und sonstigen Eingliederungsmaßnahmen im Benehmen mit dem behandelnden Arzt auch während und nach der Durchführung von Heil- und Eingliederungsmaßnahmen zu beraten; die Beratung ist mit Zustimmung des Behinderten oder des Personensorgeberechtigten im Benehmen mit den an der Durchführung der Eingliederungsmaßnahmen beteiligten Stellen oder Personen vorzunehmen. Steht der Behinderte schon in ärztlicher Behandlung, setzt sich das Gesundheitsamt mit dem behandelnden Arzt in Verbindung. Bei der Beratung ist ein amtliches Merkblatt (§ 125 Abs. 1 Halbsatz 2) auszuhändigen. Für die Beratung sind im Benehmen mit den Landesärzten die erforderlichen Sprechtage durchzuführen;

---

[1] Allgemeine Verwaltungsvorschrift zur Durchführung des § 125 Abs. 1 und 2 des Bundessozialhilfegesetzes vom 21. 7. 1970 (GMBl. S. 364).

2. zur Einleitung der erforderlichen Eingliederungsmaßnahmen den zuständigen Sozialleistungsträger und, wenn berufliche Eingliederungsmaßnahmen in Betracht kommen, auch die Bundesanstalt für Arbeit mit Zustimmung des Behinderten oder des Personensorgeberechtigten zu verständigen;
3. die Unterlagen auszuwerten und sie zur Planung der erforderlichen Einrichtungen und zur weiteren wissenschaftlichen Auswertung nach näherer Bestimmung der zuständigen obersten Landesbehörden weiterzuleiten. Bei der Weiterleitung der Unterlagen sind die Namen der Behinderten und der Personensorgeberechtigten nicht anzugeben.

§ 126a Landesärzte

(1) In den Ländern sind Landesärzte zu bestellen, die über besondere Erfahrungen in der Hilfe für Behinderte verfügen.

(2) Die Landesärzte haben vor allem die Aufgabe,
1. die Gesundheitsämter bei der Einrichtung und Durchführung der erforderlichen Sprechtage zur Beratung Behinderter und Personensorgeberechtigter zu unterstützen und sich an den Sprechtagen zu beteiligen,
2. Gutachten für die Landesbehörden, die für das Gesundheitswesen und die Sozialhilfe zuständig sind, sowie für die zuständigen Sozialleistungsträger zu erstatten,
3. die für das Gesundheitswesen zuständigen Landesbehörden über den Erfolg der Erfassungs-, Vorbeugungs- und Bekämpfungsmaßnahmen in der Hilfe für Behinderte regelmäßig zu unterrichten.

§ 126b Unterrichtung der Bevölkerung

Die Bevölkerung ist über die Möglichkeiten der Eingliederung von Behinderten und über die nach diesem Abschnitt bestehenden Verpflichtungen in geeigneter Weise regelmäßig zu unterrichten.

§ 126c *(weggefallen)*

Abschnitt 13. *(weggefallen)*

Abschnitt 14. Übergangs- und Schlußbestimmungen

§ 139 Bestimmungen und Bezeichnungen in anderen Vorschriften

(1) Soweit in anderen Vorschriften auf Bestimmungen verwiesen wird oder Bezeichnungen verwendet werden, die durch dieses Gesetz aufgehoben oder geändert werden, treten an ihre Stelle die entsprechenden Bestimmungen und Bezeichnungen dieses Gesetzes.

(2) Soweit nach anderen Vorschriften die Fürsorgeverbände Aufgaben durchzuführen haben, treten an ihre Stelle die Träger der Sozialhilfe.

§ 140 Ersatzansprüche der Träger der Sozialhilfe nach sonstigen Vorschriften

Bestimmt sich das Recht des Trägers der Sozialhilfe, Ersatz seiner Aufwendungen von einem anderen zu verlangen, gegen den der Empfänger von Sozialhilfe einen Anspruch hat, nach sonstigen gesetzlichen Vorschriften, die dem § 90 vorgehen, so gelten als Aufwendungen außer den Kosten der Hilfe für denjenigen, der den Anspruch gegen den anderen hat, auch die Kosten der gleichzeitig mit dieser Hilfe seinem nicht getrennt lebenden Ehegatten und seinen minderjährigen unverheirateten Kindern gewährten Hilfe zum Lebensunterhalt.

§§ 141 bis 143 *(weggefallen)*

§ 144 Übergangsregelung für die Kostenerstattung

Auf die Kostenerstattung zwischen den Trägern der Sozialhilfe sind die bei Inkrafttreten dieses Gesetzes geltenden Regelungen weiter anzuwenden

1. bei allen Leistungen, die für eine vor dem Inkrafttreten dieses Gesetzes liegende Zeit gewährt worden sind,
2. in den Fällen, in denen vor Inkrafttreten dieses Gesetzes die Pflicht zur Kostenerstattung durch Anerkennung oder rechtskräftige Entscheidung festgestellt worden ist.

§ 145 Kostenerstattung bei Evakuierten

Wird ein Evakuierter im Sinne des § 1 des Bundesevakuiertengesetzes in der im Bundesgesetzblatt Teil III, Gliederungsnummer 241–1, veröffentlichten bereinigten Fassung, zuletzt geändert durch Artikel 90 des Gesetzes vom 2. März 1974 (BGBl. I S. 469), an den Ausgangsort rückgeführt oder kehrt er an den Ausgangsort zurück, wird hierdurch eine Kostenerstattungspflicht nach den §§ 103 bis 105 nicht begründet.

§ 146[1] Zuständigkeit auf Grund der deutsch-schweizerischen Fürsorgevereinbarung

Die in der Erklärung der Bevollmächtigten der Regierung der Bundesrepublik zum Schlußprotokoll zur Vereinbarung zwischen der Bundesrepublik Deutschland und der Schweizerischen Eidgenossenschaft über die Fürsorge für Hilfsbedürftige vom 14. Juli 1952 (BGBl. 1953 II S. 31) genannten deutschen Fürsorgestellen sind die überörtlichen Träger der Sozialhilfe, die für die Gewährung von Sozialhilfe für Deutsche im Ausland nach § 119 Abs. 5 örtlich zuständig wären.

§ 147 Übergangsregelung bei Nichtbestehen der Schiedsstelle

Solange die Schiedsstelle nach § 108 Abs. 2 nicht gebildet ist, nimmt der Bundesminister für Jugend, Familie, Frauen und Gesundheit oder die von ihm beauftragte Stelle[2] die Aufgaben der Schiedsstelle wahr.

§ 147a Übergangsregelung aus Anlaß des Zweiten Rechtsbereinigungsgesetzes

(1) Erhalten am 31. Dezember 1986 Tuberkulosekranke, von Tuberkulose Bedrohte oder von Tuberkulose Genesene laufende Leistungen nach Vorschriften, die durch das Zweite Rechtsbereinigungsgesetz außer Kraft treten, sind diese Leistungen nach den bisher maßgebenden Vorschriften weiterzugewähren,

---

[1] Beachte hierzu auch I. Nr. 1 Anordnung des BMdI vom 22. 6. 1962 (BAnz. Nr. 124); abgedruckt unter Nr. **8**.

[2] Mit der Wahrnehmung der Befugnisse auf Grund des § 147 ist das Bundesverwaltungsamt beauftragt; vgl. I. Nr. 1 Anordnung des BMdI vom 22. 6. 1962 (BAnz. Nr. 124), abgedruckt unter Nr. **8**.

Bundessozialhilfegesetz §§ 148–152 **BSHG 1**

längstens jedoch bis zum 31. Dezember 1987. Sachlich zuständig bleibt der überörtliche Träger der Sozialhilfe, soweit nicht nach Landesrecht der örtliche Träger zuständig ist.

(2) Die Länder können für die Verwaltung der im Rahmen der bisherigen Tuberkulosehilfe gewährten Darlehen andere Behörden bestimmen

§§ 148 bis 150 *(Änderung von Gesetzen)*

§ 151 Behördenbestimmung und Stadtstaaten-Klausel

(1) Welche Stellen zuständige Behörden im Sinne dieses Gesetzes sind, bestimmt, soweit eine landesrechtliche Regelung nicht besteht, die Landesregierung.

(2) Die Senate der Länder Berlin, Bremen und Hamburg werden ermächtigt, die Vorschriften dieses Gesetzes über die Zuständigkeit von Behörden dem besonderen Verwaltungsaufbau ihrer Länder anzupassen.

§ 152 Berlin-Klausel

Dieses Gesetz gilt nach Maßgabe des § 13 Abs. 1 des Dritten Überleitungsgesetzes auch im Land Berlin.[1] Rechtsverordnungen, die auf Grund dieses Gesetzes erlassen werden, gelten im Land Berlin nach § 14 des Dritten Überleitungsgesetzes.

---

[1] In **Berlin** übernommen durch Gesetz vom 7. 7. 1971 (GVBl. S. 888). Die Neufassung wurde in Berlin durch Bek. vom 20. 1. 1987 (GVBl. S. 538) veröffentlicht.

2. Verordnung zur Durchführung des § 22 des Bundessozialhilfegesetzes (Regelsatzverordnung)

Vom 20. Juli 1962 (BGBl. I S. 515)

(BGBl. III 2170–1–3)

Geändert durch Verordnung vom 10. 5. 1971 (BGBl. I S. 451) und Verordnung vom 21. 3. 1990 (BGBl. I S. 502)

Auf Grund des § 22 Abs. 2 des Bundessozialhilfegesetzes vom 30. Juni 1961 (Bundesgesetzbl. I S. 815) wird im Einvernehmen mit dem Bundesminister für Arbeit und Sozialordnung und dem Bundesminister der Finanzen mit Zustimmung des Bundesrates verordnet:

§ 1[1] [Regelsätze für laufende Leistungen]

(1) Die Regelsätze umfassen die laufenden Leistungen für Ernährung, hauswirtschaftlichen Bedarf einschließlich Haushaltsenergie sowie für persönliche Bedürfnisse des täglichen Lebens. Dazu gehören auch die laufenden Leistungen für die Beschaffung von Wäsche und Hausrat von geringem Anschaffungswert, für die Instandsetzung von Kleidung, Schuhen und Hausrat in kleinerem Umfang sowie für Körperpflege und für Reinigung.

(2) Laufende Leistungen der in Absatz 1 genannten Art sind nach Regelsätzen zu gewähren, soweit nicht das Gesetz oder diese Verordnung anderes bestimmt.

§ 2[1] [Festsetzung der Regelsätze]

(1) Regelsätze sind für den Haushaltsvorstand und für sonstige Haushaltsangehörige festzusetzen. Die Regelsätze für den Haushaltsvorstand gelten auch für den Alleinstehenden. Für Alleinstehende vom Beginn des 19. bis zur Vollendung des 25. Le-

---

[1] § 1 Abs. 1 geändert und § 2 Abs. 3 neu gefaßt durch Verordnung vom 10. 5. 1971 (BGBl. I S. 451), § 1 Abs. 1 neu gefaßt, § 2 Abs. 1 Satz 3 angefügt, Abs. 2 aufgehoben, Abs. 3 neu gefaßt, Abs. 4 angefügt durch Verordnung vom 21. 3. 1990 (BGBl. I S. 562).

bensjahres ist der Regelsatz in Höhe von 90 vom Hundert des Regelsatzes für einen Haushaltsvorstand festzusetzen, sofern nach Landesrecht kein höherer Regelsatz gilt.

(2) *(aufgehoben)*

(3) Die Regelsätze für sonstige Haushaltsangehörige betragen
1. bis zur Vollendung des 7. Lebensjahres 50 vom Hundert, beim Zusammenleben mit einer Person, die allein für die Pflege und Erziehung des Kindes sorgt, 55 vom Hundert,
2. vom Beginn des 8. bis zur Vollendung des 14. Lebensjahres 65 vom Hundert,
3. vom Beginn des 15. bis zur Vollendung des 18. Lebensjahres 90 vom Hundert und
4. vom Beginn des 19. Lebensjahres an 80 vom Hundert

des Regelsatzes für einen Haushaltsvorstand.

(4) Beträge nach den Absätzen 1 und 3, die nicht volle Deutsche Mark ergeben, sind bis zu 0,49 Deutsche Mark abzurunden und von 0,50 Deutsche Mark an aufzurunden.

§ 3 [Laufende Leistungen für Unterkunft, Heizung und Unterbringung]

(1) Laufende Leistungen für die Unterkunft werden in Höhe der tatsächlichen Aufwendungen gewährt. Soweit die Aufwendungen für die Unterkunft den der Besonderheit des Einzelfalles angemessenen Umfang übersteigen, sind sie als Bedarf der Personen, deren Einkommen und Vermögen nach § 11 Abs. 1 des Gesetzes zu berücksichtigen sind, so lange anzuerkennen, als es diesen Personen nicht möglich oder nicht zuzumuten ist, durch einen Wohnungswechsel, durch Vermieten oder auf andere Weise die Aufwendungen zu senken.

(2) Sind laufende Leistungen für Heizung zu gewähren, gilt Absatz 1 entsprechend.

(3) Wird jemand in einer anderen Familie oder bei anderen Personen als bei seinen Eltern oder einem Elternteil untergebracht, so werden in der Regel die laufenden Leistungen zum Lebensunterhalt abweichend von den Regelsätzen in Höhe der tatsächlichen Kosten der Unterbringung gewährt, sofern sie einen angemessenen Umfang nicht übersteigen.

2 VO zu § 22 BSHG §§ 4–7 Regelsatzverordnung

§ 4[1] *(aufgehoben)*

§ 5 [Geltung im Land Berlin]

Diese Verordnung gilt nach § 14 des Dritten Überleitungsgesetzes vom 4. Januar 1952 (Bundesgesetzbl. I S. 1) in Verbindung mit § 152 des Bundessozialhilfegesetzes auch im Land Berlin.[2]

§ 6 [Aufhebung von Vorschriften]

Die Verwaltungsvorschriften über den Aufbau der Fürsorgerichtsätze und ihr Verhältnis zum Arbeitseinkommen vom 23. Dezember 1955 (Bundesanzeiger Nr. 251 vom 29. Dezember 1955) treten außer Kraft.

§ 7 [Inkrafttreten]

Diese Verordnung tritt am 1. Oktober 1962, § 6 jedoch mit Wirkung vom 1. Juni 1962 in Kraft.

---

[1] § 4 aufgehoben durch Verordnung vom 21. 3. 1990 (BGBl. I S. 562).

[2] In **Berlin** veröffentlicht durch Verordnung vom 9. 8. 1962 (GVBl. S. 974).

2a. Regelsätze nach § 22 des Bundessozialhilfegesetzes im Bundesgebiet und in Berlin

– gültig ab 1. Juli 1990 –

Land	Haushalts-vorstand DM	Allein-stehende vom 19.–25. LJ DM	Haushaltsangehörige bis zur Voll. des 7. LJ DM	8.–14. LJ DM	15.–18. LJ DM	ab 19. LJ DM
Baden-Württemberg	447	402	246 *	291	402	358
Bayern	435	392	239	283	392	348
Bremen	451	406	248	293	406	361
Hamburg	457	411	251	297	411	366
Hessen	449	404	247	292	404	359
Niedersachsen***	440	396	242	286	396	352
Nordrhein-Westfalen	449	404	247 224 **	292	404	359
Rheinland-Pfalz	447	402	246	291	402	358
Saarland****	440	396	242 220	286	396	352
Schleswig-Holstein****	440	396	242 220	286	396	352
Berlin (West)	462	–	254 231	300	416	370
Rechnerischer Durchschnitt	447	401	246 224	291	402	358

* beim Zusammenleben mit einer Person, die allein für die Pflege und Erziehung sorgt
** in allen übrigen Fällen
*** Alleinstehende vom Beginn des 26. LJ an erhalten 440 DM
**** bis zur Vollendung des 18. und vom Beginn des 26. LJ an 440 DM

3. Verordnung zur Durchführung des § 24 Abs. 2 Satz 1 des Bundessozialhilfegesetzes

Vom 28. Juni 1974 (BGBl. I S. 1365)

(BGBl. III 2170-1-13)

Auf Grund des § 24 Abs. 2 Satz 2 des Bundessozialhilfegesetzes in der Fassung der Bekanntmachung vom 18. September 1969 (Bundesgesetzbl. I S. 1688), zuletzt geändert durch das Gesetz zur Weiterentwicklung des Schwerbeschädigtenrechts vom 24. April 1974 (Bundesgesetzbl. I S. 981), verordnet die Bundesregierung mit Zustimmung des Bundesrates:

§ 1

Behinderte im Sinne des § 24 Abs. 2 Satz 1 des Gesetzes sind

1. Personen mit Verlust beider Beine im Oberschenkel, bei denen eine prothetische Versorgung nicht möglich ist oder die eine weitere wesentliche Behinderung haben,
2. Ohnhänder,
3. Personen mit Verlust dreier Gliedmaßen,
4. Personen mit Lähmungen oder sonstigen Bewegungsbehinderungen, wenn diese Behinderungen denjenigen der in den Nummern 1 bis 3 genannten Personen gleichkommen,
5. Hirnbeschädigte mit schweren körperlichen und schweren geistigen oder seelischen Störungen und Gebrauchsbehinderung mehrerer Gliedmaßen,
6. Personen mit schweren geistigen oder seelischen Behinderungen, die wegen dauernder und außergewöhnlicher motorischer Unruhe ständiger Aufsicht bedürfen,
7. andere Personen, deren dauerndes Krankenlager erfordernder Leidenszustand oder deren Pflegebedürftigkeit so außergewöhnlich ist, daß ihre Behinderung der Behinderung der in den Nummern 1 bis 5 genannten Personen vergleichbar ist.

Als Gliedmaße gilt mindestens die ganze Hand oder der ganze Fuß.

§ 2 Berlin-Klausel

Diese Verordnung gilt nach § 14 des Dritten Überleitungsgesetzes vom 4. Januar 1952 (Bundesgesetzbl. I S. 1) in Verbindung mit § 152 des Bundessozialhilfegesetzes auch im Land Berlin.[1]

§ 3 Inkrafttreten

Diese Verordnung tritt mit Wirkung vom 1. April 1974 in Kraft. Gleichzeitig tritt die Verordnung zur Durchführung des § 24 Abs. 2 Satz 1 des Bundessozialhilfegesetzes vom 24. Februar 1970 (Bundesgesetzbl. I S. 213) außer Kraft.

---

[1] In **Berlin** veröffentlicht durch Bek. vom 9. 7. 1974 (GVBl. S. 1743).

4. Verordnung nach § 47 des Bundessozialhilfegesetzes (Eingliederungshilfe-Verordnung)

In der Fassung der Bekanntmachung vom 1. Februar 1975 (BGBl. I S. 433)[1]

(BGBl. III 2170–1–6)

Abschnitt I. Personenkreis

§ 1 Körperlich wesentlich Behinderte

Körperlich wesentlich behindert im Sinne des § 39 Abs. 1 Satz 1 des Gesetzes sind Personen, bei denen infolge einer körperlichen Regelwidrigkeit die Fähigkeit zur Eingliederung in die Gesellschaft in erheblichem Umfange beeinträchtigt ist. Die Voraussetzung des Satzes 1 ist erfüllt bei

1. Personen, deren Bewegungsfähigkeit durch eine Beeinträchtigung des Stütz- oder Bewegungssystems in erheblichem Umfange eingeschränkt ist,
2. Personen mit erheblichen Spaltbildungen des Gesichts oder des Rumpfes oder mit abstoßend wirkenden Entstellungen vor allem des Gesichts,
3. Personen, deren körperliches Leistungsvermögen infolge Erkrankung, Schädigung oder Fehlfunktion eines inneren Organs oder der Haut in erheblichem Umfange eingeschränkt ist,
4. Blinden oder solchen Sehbehinderten, bei denen mit Gläserkorrektion ohne besondere optische Hilfsmittel
   a) auf dem besseren Auge oder beidäugig im Nahbereich bei einem Abstand von mindestens 30 cm oder im Fernbereich eine Sehschärfe von nicht mehr als 0,3 besteht oder

---

[1] Neubekanntmachung der Verordnung nach § 47 des Bundessozialhilfegesetzes (Eingliederungshilfe-Verordnung) vom 27. 5. 1964 (BGBl. I S. 339).

b) durch Buchstabe a nicht erfaßte Störungen der Sehfunktion von entsprechendem Schweregrad vorliegen,
5. Personen, die gehörlos sind oder denen eine sprachliche Verständigung über das Gehör nur mit Hörhilfen möglich ist,
6. Personen, die nicht sprechen können, Seelentauben und Hörstummen, Personen mit erheblichen Stimmstörungen sowie Personen, die stark stammeln, stark stottern oder deren Sprache stark unartikuliert ist.

§ 2 Geistig wesentlich Behinderte

Geistig wesentlich behindert im Sinne des § 39 Abs. 1 Satz 1 des Gesetzes sind Personen, bei denen infolge einer Schwäche ihrer geistigen Kräfte die Fähigkeit zur Eingliederung in die Gesellschaft in erheblichem Umfange beeinträchtigt ist.

§ 3 Seelisch wesentlich Behinderte

Seelisch wesentlich behindert im Sinne des § 39 Abs. 1 Satz 1 des Gesetzes sind Personen, bei denen infolge seelischer Störungen die Fähigkeit zur Eingliederung in die Gesellschaft in erheblichem Umfange beeinträchtigt ist. Seelische Störungen, die eine Behinderung im Sinne des Satzes 1 zur Folge haben können, sind
1. körperlich nicht begründbare Psychosen,
2. seelische Störungen als Folge von Krankheiten oder Verletzungen des Gehirns, von Anfallsleiden oder von anderen Krankheiten oder körperlichen Beeinträchtigungen,
3. Suchtkrankheiten,
4. Neurosen und Persönlichkeitsstörungen.

§ 4 Dauer der Behinderung

Als nicht nur vorübergehend im Sinne des § 39 Abs. 1 Satz 1 des Gesetzes ist ein Zeitraum von mehr als 6 Monaten anzusehen.

§ 5 Von Behinderung Bedrohte

Von Behinderung bedroht im Sinne des § 39 Abs. 2 Satz 1 des Gesetzes sind Personen, bei denen der Eintritt der Behinderung nach allgemeiner ärztlicher oder sonstiger fachlicher Erkenntnis mit hoher Wahrscheinlichkeit zu erwarten ist.

Abschnitt II. Maßnahmen der Eingliederungshilfe

§ 6 Kuren, Leibesübungen

Zu den Maßnahmen im Sinne des § 40 Abs. 1 Nr. 1 des Gesetzes gehören auch

1. Kuren in geeigneten Kur- oder Badeorten oder in geeigneten Sondereinrichtungen, wenn andere Maßnahmen nicht ausreichen und die Kur im Einzelfall nach ärztlichem Gutachten zur Verhütung, Beseitigung oder Milderung der Behinderung oder ihrer Folgen erforderlich ist,
2. Leibesübungen, die ärztlich verordnet sind und für Behinderte sowie für von einer Behinderung bedrohte Personen unter ärztlicher Überwachung in Gruppen durchgeführt werden.

§ 7 Krankenfahrzeug

Zu den orthopädischen Hilfsmitteln im Sinne des § 40 Abs. 1 Nr. 2 des Gesetzes gehören auch handbetriebene oder motorisierte Krankenfahrzeuge für den häuslichen Gebrauch und für den Straßengebrauch.

§ 8 Hilfe zur Beschaffung eines Kraftfahrzeuges

(1) Die Hilfe zur Beschaffung eines Kraftfahrzeuges gilt als Hilfe im Sinne des § 40 Abs. 1 Nr. 2 des Gesetzes. Sie wird in angemessenem Umfange gewährt, wenn der Behinderte wegen Art und Schwere seiner Behinderung zum Zwecke seiner Eingliederung, vor allem in das Arbeitsleben, auf die Benutzung eines Kraftfahrzeuges angewiesen ist.

(2) Die Hilfe nach Absatz 1 kann auch als Darlehen gewährt werden.

(3) Die Hilfe nach Absatz 1 ist in der Regel davon abhängig, daß der Behinderte das Kraftfahrzeug selbst bedienen kann.

(4) Eine erneute Hilfe zur Beschaffung eines Kraftfahrzeuges soll in der Regel nicht vor Ablauf von 5 Jahren nach Gewährung der letzten Hilfe gewährt werden.

§ 9 Andere Hilfsmittel

(1) Andere Hilfsmittel im Sinne des § 40 Abs. 1 Nr. 2 des Gesetzes sind nur solche Hilfsmittel, die dazu bestimmt sind, zum Ausgleich der durch die Behinderung bedingten Mängel beizutragen.

(2) Zu den anderen Hilfsmitteln im Sinne des Absatzes 1 gehören auch

1. Schreibmaschinen für Blinde, Ohnhänder und solche Behinderte, die wegen Art und Schwere ihrer Behinderung auf eine Schreibmaschine angewiesen sind,
2. Verständigungsgeräte für Taubblinde,
3. Blindenschrift-Bogenmaschinen,
4. Blindenuhren mit Zubehör, Blindenweckuhren,
5. Tonbandgeräte mit Zubehör für Blinde,
6. Blindenführhunde mit Zubehör,
7. besondere optische Hilfsmittel, vor allem Fernrohrlupenbrillen,
8. Hörgeräte, Hörtrainer,
9. Weckuhren für Hörbehinderte,
10. Sprachübungsgeräte für Sprachbehinderte,
11. besondere Bedienungseinrichtungen und Zusatzgeräte für Kraftfahrzeuge, wenn der Behinderte wegen Art und Schwere seiner Behinderung auf ein Kraftfahrzeug angewiesen ist,
12. Gebrauchsgegenstände des täglichen Lebens und zur nichtberuflichen Verwendung bestimmte Hilfsgeräte für Behinderte, wenn der Behinderte wegen Art und Schwere seiner Behinderung auf diese Gegenstände angewiesen ist.

(3) Die Versorgung mit einem anderen Hilfsmittel im Sinne des § 40 Abs. 1 Nr. 2 des Gesetzes wird nur gewährt, wenn das Hilfsmittel im Einzelfall erforderlich und geeignet ist, zu dem in Absatz 1 genannten Ausgleich beizutragen, und wenn der Behinderte das Hilfsmittel bedienen kann.

4 VO zu § 47 BSHG §§ 10, 11   EingliederungshilfeVO

§ 10 Umfang der Versorgung mit Körperersatzstücken, orthopädischen oder anderen Hilfsmitteln

(1) Zu der Versorgung mit Körperersatzstücken sowie mit orthopädischen oder anderen Hilfsmitteln im Sinne des § 40 Abs. 1 Nr. 2 des Gesetzes gehört auch eine notwendige Unterweisung in ihrem Gebrauch.

(2) Soweit im Einzelfall erforderlich, wird eine Doppelausstattung mit Körperersatzstücken, orthopädischen oder anderen Hilfsmitteln gewährt.

(3) Zu der Versorgung mit Körperersatzstücken sowie mit orthopädischen oder anderen Hilfsmitteln gehört auch deren notwendige Instandhaltung oder Änderung. Die Versorgung mit einem anderen Hilfsmittel umfaßt auch ein Futtergeld für einen Blindenführhund in Höhe des Betrages, den blinde Beschädigte nach dem Bundesversorgungsgesetz zum Unterhalt eines Führhundes erhalten, sowie die Kosten für die notwendige tierärztliche Behandlung des Führhundes und für eine angemessene Haftpflichtversicherung, soweit die Beiträge hierfür nicht nach § 76 Abs. 2 Nr. 3 des Gesetzes vom Einkommen abzusetzen sind.

(4) Eine erneute Versorgung wird gewährt, wenn sie infolge der körperlichen Entwicklung des Behinderten notwendig oder wenn aus anderen Gründen das Körperersatzstück oder Hilfsmittel ungeeignet oder unbrauchbar geworden ist.

(5) Bei der Hilfe nach § 7 umfaßt die Versorgung auch die Betriebskosten des motorisierten Krankenfahrzeuges.

(6) Als Versorgung kann Hilfe in angemessenem Umfange auch zur Erlangung der Fahrerlaubnis, zur Instandhaltung sowie durch Übernahme von Betriebskosten eines Kraftfahrzeuges gewährt werden, wenn der Behinderte wegen seiner Behinderung auf die regelmäßige Benutzung eines Kraftfahrzeuges angewiesen ist oder angewiesen sein wird.

§ 11 Heilpädagogische Maßnahmen

Heilpädagogische Maßnahmen im Sinne des § 40 Abs. 1 Nr. 2a des Gesetzes werden gewährt, wenn nach allgemeiner ärztlicher oder sonstiger fachlicher Erkenntnis zu erwarten ist, daß hierdurch eine drohende Behinderung im Sinne des § 39

Abs. 1 des Gesetzes verhütet werden kann oder die Folgen einer solchen Behinderung beseitigt oder gemildert werden können. Sie werden auch gewährt, wenn die Behinderung eine spätere Schulbildung oder eine Ausbildung für einen angemessenen Beruf oder für eine sonstige angemessene Tätigkeit voraussichtlich nicht zulassen wird.

§ 12 Schulbildung

Die Hilfe zu einer angemessenen Schulbildung im Sinne des § 40 Abs. 1 Nr. 3 des Gesetzes umfaßt auch

1. heilpädagogische sowie sonstige Maßnahmen zugunsten behinderter Kinder und Jugendlicher, wenn die Maßnahmen erforderlich und geeignet sind, dem Behinderten den Schulbesuch im Rahmen der allgemeinen Schulpflicht zu ermöglichen oder zu erleichtern,

2. Maßnahmen der Schulbildung zugunsten behinderter Kinder und Jugendlicher, wenn die Maßnahmen erforderlich und geeignet sind, dem Behinderten eine im Rahmen der allgemeinen Schulpflicht üblicherweise erreichbare Bildung zu ermöglichen,

3. Hilfe zum Besuch einer Realschule, eines Gymnasiums, einer Fachoberschule oder einer Ausbildungsstätte, deren Ausbildungsabschluß dem einer der oben genannten Schulen gleichgestellt ist, oder, soweit im Einzelfalle der Besuch einer solchen Schule oder Ausbildungsstätte nicht zumutbar ist, sonstige Hilfe zur Vermittlung einer entsprechenden Schulbildung; die Hilfe wird nur gewährt, wenn nach den Fähigkeiten und den Leistungen des Behinderten zu erwarten ist, daß er das Bildungsziel erreichen wird.

§ 13 Ausbildung für einen Beruf oder für eine sonstige Tätigkeit

(1) Die Hilfe zur Ausbildung für einen angemessenen Beruf im Sinne des § 40 Abs. 1 Nr. 4 des Gesetzes umfaßt vor allem Hilfe

1. zur Berufsausbildung im Sinne des Berufsbildungsgesetzes,

2. zur Ausbildung an einer Berufsfachschule,

4 VO zu § 47 BSHG § 14   EingliederungshilfeVO

3. zur Ausbildung an einer Berufsaufbauschule,
4. zur Ausbildung an einer Fachschule oder höheren Fachschule,
5. zur Ausbildung an einer Hochschule oder einer Akademie,
6. zum Besuch sonstiger öffentlicher, staatlich anerkannter oder staatlich genehmigter Ausbildungsstätten,
7. zur Ableistung eines Praktikums, das Voraussetzung für den Besuch einer Fachschule oder einer Hochschule oder für die Berufszulassung ist,
8. zur Teilnahme am Fernunterricht; § 34 Satz 2 des Arbeitsförderungsgesetzes gilt entsprechend,
9. zur Teilnahme an Maßnahmen, die geboten sind, um die Ausbildung für einen angemessenen Beruf vorzubereiten.

(2) Die Hilfe nach Absatz 1 wird nur gewährt, wenn

1. nach den körperlichen und geistigen Fähigkeiten und den Leistungen des Behinderten zu erwarten ist, daß er das Ziel der Ausbildung oder der Vorbereitungsmaßnahmen erreichen wird,
2. der beabsichtigte Ausbildungsweg erforderlich ist,
3. der Beruf oder die Tätigkeit voraussichtlich eine ausreichende Lebensgrundlage bieten oder, falls dies wegen Art und Schwere der Behinderung nicht möglich ist, zur Lebensgrundlage in angemessenem Umfange beitragen wird.

(3) Die Hilfe zur Ausbildung für eine sonstige angemessene Tätigkeit im Sinne des § 40 Abs. 1 Nr. 4 des Gesetzes wird insbesondere gewährt, wenn die Ausbildung für einen Beruf aus besonderen Gründen, vor allem wegen Art und Schwere der Behinderung, unterbleibt. Absatz 2 gilt entsprechend.

§ 14 Fortbildung, Umschulung

(1) Für die Gewährung der Hilfe zur Fortbildung oder Umschulung im Sinne des § 40 Abs. 1 Nr. 5 des Gesetzes gilt § 13 entsprechend.

(2) Hilfe zur Fortbildung im früheren oder einem diesem verwandten Beruf wird gewährt, wenn der Behinderte ohne die Fortbildung den früheren Beruf wegen der Behinderung nicht oder nur unzureichend ausüben kann.

(3) Hilfe zur Umschulung für einen angemessenen Beruf oder eine sonstige angemessene Tätigkeit wird gewährt, wenn der Behinderte den früheren Beruf oder die frühere sonstige Tätigkeit wegen der Behinderung nicht oder nur unzureichend ausüben kann.

§ 15 Besondere Maßnahmen außerhalb der Hilfe nach den §§ 11 bis 14

Kommen wegen der Art oder der Schwere der Behinderung Maßnahmen nach den §§ 11 bis 14 nicht in Betracht, so umfaßt die Hilfe auch Maßnahmen zum Erwerb praktischer Kenntnisse und Fähigkeiten, die erforderlich und geeignet sind, dem Behinderten die für ihn erreichbare Teilnahme am Leben in der Gemeinschaft zu ermöglichen.

§ 16 Allgemeine Ausbildung

Zu den Maßnahmen der Eingliederungshilfe für Behinderte gehören auch

1. die blindentechnische Grundausbildung,
2. Kurse und ähnliche Maßnahmen zugunsten der in § 1 Nr. 5 und 6 genannten Personen, wenn die Maßnahmen erforderlich und geeignet sind, die Verständigung mit anderen Personen zu ermöglichen oder zu erleichtern,
3. hauswirtschaftliche Lehrgänge, die erforderlich und geeignet sind, dem Behinderten die Besorgung des Haushalts ganz oder teilweise zu ermöglichen,
4. Lehrgänge und ähnliche Maßnahmen, die erforderlich und geeignet sind, den Behinderten zu befähigen, sich ohne fremde Hilfe sicher im Verkehr zu bewegen.

§ 17 Eingliederung in das Arbeitsleben

(1) Zu der Hilfe im Sinne des § 40 Abs. 1 Nr. 6 und 7 des Gesetzes gehören auch die Hilfe zur Beschaffung von Gegenständen sowie andere Leistungen, wenn sie wegen der Behinderung zur Aufnahme oder Fortsetzung einer angemessenen Tätigkeit im Arbeitsleben erforderlich sind; für die Hilfe zur Beschaffung eines Kraftfahrzeuges ist § 8, für die Hilfe zur Be-

schaffung von Gegenständen, die zugleich Gegenstände im Sinne des § 9 Abs. 2 Nr. 12 sind, ist § 9 maßgebend. Die Hilfe nach Satz 1 kann auch als Darlehen gewährt werden.

(2) Die Hilfe zur Ausübung einer der Behinderung entsprechenden Tätigkeit im Sinne des § 40 Abs. 2 des Gesetzes umfaßt auch die Hilfe zu einer Tätigkeit in einer Einrichtung, die nicht Werkstatt für Behinderte im Sinne des § 52 des Schwerbehindertengesetzes ist, oder zu einer Tätigkeit in der Wohnung des Behinderten.

§ 18 Wohnungsmäßige Unterbringung Behinderter

Die Hilfe bei der Beschaffung und Erhaltung einer Wohnung im Sinne des § 40 Abs. 1 Nr. 6a des Gesetzes umfaßt auch notwendige Umbauten. Kommen für die Hilfe nach § 40 Abs. 1 Nr. 6a des Gesetzes Geldleistungen in Betracht, können sie als Beihilfe oder als Darlehen gewährt werden.

§ 19 Hilfe zur Teilnahme am Leben in der Gemeinschaft

Die Hilfe zur Teilnahme am Leben in der Gemeinschaft im Sinne des § 40 Abs. 1 Nr. 8 des Gesetzes umfaßt vor allem

1. Maßnahmen, die geeignet sind, dem Behinderten die Begegnung und den Umgang mit nichtbehinderten Personen zu ermöglichen oder zu erleichtern,
2. Hilfe zum Besuch von Veranstaltungen oder Einrichtungen, die der Geselligkeit, der Unterhaltung oder kulturellen Zwecken dienen,
3. die Bereitstellung von Hilfsmitteln, die der Unterrichtung über das Zeitgeschehen und über kulturelle Ereignisse dienen, wenn wegen der Schwere der Behinderung eine Teilnahme am Leben in der Gemeinschaft nicht oder nur unzureichend möglich ist.

§ 20 Anleitung von Betreuungspersonen

Bedarf ein Behinderter wegen der Schwere der Behinderung in erheblichem Umfange der Betreuung, so gehört zu den Maßnahmen der Eingliederungshilfe auch, Personen, denen die Betreuung obliegt, mit den durch Art und Schwere der Behinderung bedingten Besonderheiten der Betreuung vertraut zu machen.

§ 21 Verständigung mit der Umwelt

Bedürfen Gehörlose oder andere Personen mit besonders starker Beeinträchtigung der Hörfähigkeit oder Sprachfähigkeit aus besonderem Anlaß, vor allem im Verkehr mit Behörden, zur Verständigung mit der Umwelt der Hilfe eines anderen, sind ihnen die angemessenen Aufwendungen hierfür zu erstatten.

§ 22 Kosten der Begleitpersonen

Erfordern die Maßnahmen der Eingliederungshilfe die Begleitung des Behinderten, so gehören zu seinem Bedarf auch

1. die notwendigen Fahrtkosten und die sonstigen mit der Fahrt verbundenen notwendigen Auslagen der Begleitperson,
2. weitere Kosten der Begleitperson, soweit sie nach den Besonderheiten des Einzelfalles notwendig sind.

§ 23 Eingliederungsmaßnahmen im Ausland

Maßnahmen der Eingliederungshilfe für Behinderte können auch im Ausland durchgeführt werden, wenn dies im Interesse der Eingliederung des Behinderten geboten ist, die Dauer der Eingliederungsmaßnahmen durch den Auslandsaufenthalt nicht wesentlich verlängert wird und keine unvertretbaren Mehrkosten entstehen.

§ 24 Anhörung von Sachverständigen

Bei der Prüfung von Art und Umfang der in Betracht kommenden Maßnahmen der Eingliederungshilfe sollen, soweit nach den Besonderheiten des Einzelfalles geboten, ein Arzt, ein Pädagoge, jeweils der entsprechenden Fachrichtung, ein Psychologe oder sonstige sachverständige Personen gehört werden.

Abschnitt III. Schlußbestimmungen

§ 25 Berlin-Klausel

Diese Verordnung gilt nach § 14 des Dritten Überleitungsgesetzes vom 4. Januar 1952 (Bundesgesetzbl. I S. 1) in Verbindung mit § 152 des Bundessozialhilfegesetzes auch im Land Berlin.[1]

---

[1] In **Berlin** veröffentlicht durch Bek. vom 19. 2. 1975 (GVBl. S. 849).

4a. Verordnung zur Durchführung des § 72 des Bundessozialhilfegesetzes

Vom 9. Juni 1976 (BGBl. I S. 1469)

(BGBl. III 2170-1-17)

Auf Grund des § 72 Abs. 5 des Bundessozialhilfegesetzes in der Fassung der Bekanntmachung vom 13. Februar 1976 (Bundesgesetzbl. I S. 289, 1150) wird mit Zustimmung des Bundesrates verordnet:

Abschnitt 1. Personenkreis

§ 1 Allgemeine Abgrenzung

(1) Personen im Sinne des § 72 Abs. 1 Satz 1 des Gesetzes sind Hilfesuchende, deren besondere Lebensverhältnisse zu sozialen Schwierigkeiten, vor allem in der Familie, in der Nachbarschaft oder am Arbeitsplatz, führen, so daß eine Teilnahme am Leben in der Gemeinschaft nicht möglich oder erheblich beeinträchtigt ist, und die diese Schwierigkeiten aus eigenen Kräften und Mitteln nicht überwinden können. Besondere Lebensverhältnisse im Sinne des Satzes 1 können ihre Ursache in nachteiligen äußeren Umständen oder in der Person des Hilfesuchenden haben.

(2) Besondere Lebensverhältnisse können vor allem bestehen bei

1. Personen ohne ausreichende Unterkunft (§ 2),

2. Landfahrern (§ 3),

3. Nichtseßhaften (§ 4),

4. aus Freiheitsentziehung Entlassenen (§ 5),

5. verhaltensgestörten jungen Menschen, denen Hilfe zur Erziehung nicht gewährt werden kann (§ 6).

Bestehen besondere Lebensverhältnisse, wird Hilfe nur gewährt, wenn auch die sonstigen Voraussetzungen des Absatzes 1 Satz 1 erfüllt sind und § 72 Abs. 1 Satz 2 des Gesetzes nicht entgegensteht.

4a VO zu § 72 BSHG §§ 2–6

§ 2 Personen ohne ausreichende Unterkunft

Personen ohne ausreichende Unterkunft im Sinne des § 1 Abs. 2 Satz 1 Nr. 1 sind Personen, die in Obdachlosen- oder sonstigen Behelfsunterkünften oder in vergleichbaren Unterkünften leben.

§ 3 Landfahrer

(1) Landfahrer im Sinne des § 1 Abs. 2 Satz 1 Nr. 2 sind Personen, die im Sippen- oder Familienverband oder in sonstigen Gruppen nach besonderen, vor allem ethnisch bedingten, gemeinsamen Wertvorstellungen leben und mit einer beweglichen Unterkunft zumindest zeitweise umherziehen.

(2) Den Landfahrern stehen Personen gleich, die als frühere Landfahrer oder als deren Angehörige auf Wohnplätzen oder in für sie bestimmten Siedlungen wohnen.

§ 4 Nichtseßhafte

Nichtseßhafte im Sinne des § 1 Abs. 2 Satz 1 Nr. 3 sind Personen, die ohne gesicherte wirtschaftliche Lebensgrundlage umherziehen oder die sich zur Vorbereitung auf eine Teilnahme am Leben in der Gemeinschaft oder zur dauernden persönlichen Betreuung in einer Einrichtung für Nichtseßhafte aufhalten.

§ 5 Aus Freiheitsentziehung Entlassene

Aus Freiheitsentziehung Entlassene im Sinne des § 1 Abs. 2 Satz 1 Nr. 4 sind Personen, die aus einer richterlich angeordneten Freiheitsentziehung in ungesicherte Lebensverhältnisse entlassen werden oder entlassen worden sind.

§ 6 Verhaltensgestörte junge Menschen

Personen im Sinne des § 1 Abs. 2 Satz 1 Nr. 5 sind Minderjährige und junge Volljährige mit erheblichen Verhaltensstörungen, denen nach dem Gesetz für Jugendwohlfahrt Hilfe zur Erziehung nicht oder nicht mehr gewährt werden kann.

Abschnitt 2. Art und Umfang der Maßnahmen

§ 7 Beratung, persönliche Betreuung

(1) Zur Beratung im Sinne des § 72 Abs. 2 des Gesetzes gehört es vor allem, den Hilfeempfänger über die zur Überwindung seiner sozialen Schwierigkeiten in Betracht kommenden Maßnahmen zu unterrichten.

(2) Die persönliche Betreuung im Sinne des § 72 Abs. 2 des Gesetzes umfaßt vor allem Maßnahmen, die darauf gerichtet sind,

1. die Ursachen der Schwierigkeiten des Hilfeempfängers festzustellen, sie ihm bewußt zu machen und auf die Inanspruchnahme der für ihn in Betracht kommenden Sozialleistungen hinzuwirken,
2. die Bereitschaft und Fähigkeit des Hilfeempfängers zu entwickeln und zu festigen, bei der Überwindung seiner Schwierigkeiten nach seinen Kräften mitzuwirken und soweit wie möglich unabhängig von der Hilfe am Leben in der Gemeinschaft teilzunehmen.

(3) Soweit es im Einzelfall erforderlich ist, erstreckt sich die persönliche Betreuung auch darauf, in der Umgebung des Hilfeempfängers

1. Verständnis für seine Schwierigkeiten zu wecken und Vorurteilen entgegenzuwirken,
2. Einflüssen zu begegnen, die seine Bereitschaft oder Fähigkeit zur Teilnahme am Leben in der Gemeinschaft beeinträchtigen.

(4) Hilfeempfänger können auch in Gruppen betreut werden, wenn diese Art der Hilfegewährung besonders geeignet ist, den Erfolg der Maßnahmen herbeizuführen.

§ 8 Beschaffung und Erhaltung einer Wohnung

Zu den Maßnahmen bei der Beschaffung und Erhaltung einer Wohnung im Sinne des § 72 Abs. 2 des Gesetzes gehören auch die Übernahme der Kosten für den Umzug in eine ausreichende Wohnung sowie Maßnahmen, die den Hilfeempfänger befähigen sollen, die Wohngewohnheiten seiner Umgebung anzunehmen. Kommen als Maßnahmen bei der Beschaffung und Erhaltung einer Wohnung im Sinne des § 72 Abs. 2 des Gesetzes Geldleistungen in Betracht, können sie als Beihilfe oder als Darlehen gewährt werden.

§ 9 Erlangung und Sicherung eines Platzes im Arbeitsleben

Zu den Maßnahmen im Sinne des § 72 Abs. 2 des Gesetzes gehört auch die Hilfe zur Erlangung und Sicherung eines Platzes im Arbeitsleben. Die Hilfe umfaßt vor allem Maßnahmen, die darauf gerichtet sind,
1. die Bereitschaft des Hilfeempfängers zu entwickeln und zu festigen, einer geregelten Arbeit nachzugehen und den Lebensbedarf für sich und seine Angehörigen aus regelmäßigem Erwerbseinkommen zu bestreiten,
2. einen geeigneten Arbeits- oder Ausbildungsplatz zu erlangen und zu sichern,
3. dem drohenden Verlust eines Arbeits- oder Ausbildungsplatzes entgegenzuwirken.

Bei der Gewährung der Hilfe sollen die schulische und berufliche Bildung des Hilfeempfängers, seine besonderen Fähigkeiten und Neigungen sowie Besonderheiten, die ihm als Angehörigen einer bestimmten Personengruppe eigen sind, berücksichtigt werden.

§ 10 Ausbildung

Zu den Maßnahmen im Sinne des § 72 Abs. 2 des Gesetzes gehören auch Hilfen,
1. die es dem Hilfeempfänger erleichtern, den Ausbildungsabschluß allgemeinbildender Schulen nachzuholen,
2. die den Hilfeempfänger zu einer Ausbildung für einen angemessenen Beruf oder für eine sonstige angemessene Tätigkeit anregen oder seine Teilnahme an ihr sichern.

§ 11 Hilfe zur Begegnung und zur Gestaltung der Freizeit

Zu den Maßnahmen im Sinne des § 72 Abs. 2 des Gesetzes gehört auch die Hilfe zur Begegnung und zur Gestaltung der Freizeit. Sie umfaßt vor allem Maßnahmen der persönlichen Hilfe,

1. welche die Begegnung und den Umgang des Hilfeempfängers mit anderen Personen anregen oder ermöglichen,
2. die dem Hilfeempfänger den Besuch von Einrichtungen oder Veranstaltungen der Gemeinschaft ermöglichen, die der Geselligkeit, der Unterhaltung oder kulturellen Zwecken dienen,
3. die den Hilfeempfänger zur geselligen, sportlichen oder kulturellen Betätigung anregen.

Abschnitt 3. Schlußbestimmungen

§ 12 Berlin-Klausel

Diese Verordnung gilt nach § 14 des Dritten Überleitungsgesetzes vom 4. Januar 1952 (Bundesgesetzbl. I S. 1) in Verbindung mit § 152 des Bundessozialhilfegesetzes auch im Land Berlin.[1]

§ 13 Inkrafttreten

Diese Verordnung tritt am Tage nach der Verkündung[2] in Kraft.

---

[1] In **Berlin** veröffentlicht durch Bek. vom 24. 6. 1976 (GVBl. S. 1396).
[2] Verkündet am 16. 6. 1976.

5. Verordnung zur Durchführung des § 76 des Bundessozialhilfegesetzes

Vom 28. November 1962 (BGBl. I S. 692)

(BGBl. III 2170–1–4)

Geändert durch Verordnung vom 23. 11. 1976 (BGBl. I S. 3234)

Auf Grund des § 76 Abs. 3 des Bundessozialhilfegesetzes vom 30. Juni 1961 (Bundesgesetzbl. I S. 815) verordnet die Bundesregierung mit Zustimmung des Bundesrates:

§ 1 Einkommen

Bei der Berechnung der Einkünfte in Geld oder Geldeswert, die nach § 76 Abs. 1 des Gesetzes zum Einkommen gehören, sind alle Einnahmen ohne Rücksicht auf ihre Herkunft und Rechtsnatur sowie ohne Rücksicht darauf, ob sie zu den Einkunftsarten im Sinne des Einkommensteuergesetzes gehören und ob sie der Steuerpflicht unterliegen, zugrunde zu legen.

§ 2 Bewertung von Sachbezügen

(1) Für die Bewertung von Einnahmen, die nicht in Geld bestehen (Kost, Wohnung und sonstige Sachbezüge), sind die auf Grund des *§ 160 Abs. 2 der Reichsversicherungsordnung*[1] für die Sozialversicherung zuletzt festgesetzten Werte der Sachbezüge[2] maßgebend; soweit der Wert der Sachbezüge nicht festgesetzt ist, sind der Bewertung die üblichen Mittelpreise des Verbrauchsortes zugrunde zu legen. Die Verpflichtung, den notwendigen Lebensunterhalt im Einzelfall nach Abschnitt 2 des Gesetzes sicherzustellen, bleibt unberührt.

(2) Absatz 1 gilt auch dann, wenn in einem Tarifvertrag, einer Tarifordnung, einer Betriebs- oder Dienstordnung, einer Betriebsvereinbarung, einem Arbeitsvertrag oder einem sonstigen Vertrag andere Werte festgesetzt worden sind.

---

[1] § 160 Abs. 2 der Reichsversicherungsordnung aufgehoben durch Gesetz vom 23. 12. 1976 (BGBl. I S. 3845); jetzt § 14 SGB IV (abgedruckt in Aichberger, SGB, RVO unter Nr. **4**).

[2] Sachbezugsverordnung 1990; abgedruckt unter Nr. **5a**.

§ 3 VO zu § 76 BSHG

§ 3[1] Einkünfte aus nichtselbständiger Arbeit

(1) Welche Einkünfte zu den Einkünften aus nichtselbständiger Arbeit gehören, bestimmt sich nach § 19 Abs. 1 Ziff. 1 des Einkommensteuergesetzes.

(2) Als nichtselbständige Arbeit gilt auch die Arbeit, die in einer Familiengemeinschaft von einem Familienangehörigen des Betriebsinhabers gegen eine Vergütung geleistet wird. Wird die Arbeit nicht nur vorübergehend geleistet, so ist in Zweifelsfällen anzunehmen, daß der Familienangehörige eine Vergütung erhält, wie sie einem Gleichaltrigen für eine gleichartige Arbeit gleichen Umfangs in einem fremden Betrieb ortsüblich gewährt wird.

(3) Bei der Berechnung der Einkünfte ist von den monatlichen Bruttoeinnahmen auszugehen. Einmalige Einnahmen sind von dem Monat an zu berücksichtigen, in dem sie anfallen; sie sind, soweit nicht im Einzelfall eine andere Regelung angezeigt ist, auf einen angemessenen Zeitraum aufzuteilen und monatlich mit einem entsprechenden Teilbetrag anzusetzen. Satz 2 gilt auch für Sonderzuwendungen, Gratifikationen und gleichartige Bezüge und Vorteile, die in größeren als monatlichen Zeitabständen gewährt werden.

(4) Zu den mit der Erzielung der Einkünfte aus nichtselbständiger Arbeit verbundenen Ausgaben im Sinne des § 76 Abs. 2 Nr. 4 des Gesetzes gehören vor allem

1. notwendige Aufwendungen für Arbeitsmittel,
2. notwendige Aufwendungen für Fahrten zwischen Wohnung und Arbeitsstätte,
3. notwendige Beiträge für Berufsverbände,
4. notwendige Mehraufwendungen infolge Führung eines doppelten Haushalts nach näherer Bestimmung des Absatzes 7.

Ausgaben im Sinne des Satzes 1 sind nur insoweit zu berücksichtigen, als sie von dem Bezieher des Einkommens selbst getragen werden.

(5) Als Aufwendungen für Arbeitsmittel (Absatz 4 Nr. 1) kann ein monatlicher Pauschbetrag von zehn Deutsche Mark

---

[1] § 3 Abs. 1, Abs. 6 Nr. 2 und Abs. 7 Satz 1 geändert, Abs. 3 Satz 3 angefügt durch Verordnung vom 23. 11. 1976 (BGBl. I S. 3234).

berücksichtigt werden, wenn nicht im Einzelfall höhere Aufwendungen nachgewiesen werden.

(6) Wird für die Fahrt zwischen Wohnung und Arbeitsstätte (Absatz 4 Nr. 2) ein eigenes Kraftfahrzeug benutzt, gilt folgendes:
1. Wäre bei Nichtvorhandensein eines Kraftfahrzeuges die Benutzung eines öffentlichen Verkehrsmittels notwendig, so ist ein Betrag in Höhe der Kosten der tariflich günstigsten Zeitkarte abzusetzen.
2. Ist ein öffentliches Verkehrsmittel nicht vorhanden oder dessen Benutzung im Einzelfall nicht zumutbar und deshalb die Benutzung eines Kraftfahrzeuges notwendig, so sind folgende monatliche Pauschbeträge abzusetzen:
   a) bei Benutzung eines Kraftwagens   10,– Deutsche Mark,
   b) bei Benutzung eines Kleinstkraftwagens (drei- oder vierrädiges Kraftfahrzeug, dessen Motor einen Hubraum von nicht mehr als 500 ccm hat)   7,20 Deutsche Mark,
   c) bei Benutzung eines Motorrades oder eines Motorrollers
       4,40 Deutsche Mark,
   d) bei Benutzung eines Fahrrades mit Motor
       2,40 Deutsche Mark

   für jeden vollen Kilometer, den die Wohnung von der Arbeitsstätte entfernt liegt, jedoch für nicht mehr als 40 Kilometer. Bei einer Beschäftigungsdauer von weniger als einem Monat sind die Beträge anteilmäßig zu kürzen.

(7) Ist der Bezieher des Einkommens außerhalb des Ortes beschäftigt, an dem er einen eigenen Hausstand unterhält, und kann ihm weder der Umzug noch die tägliche Rückkehr an den Ort des eigenen Hausstandes zugemutet werden, so sind die durch Führung des doppelten Haushalts ihm nachweislich entstehenden Mehraufwendungen, höchstens ein Betrag von zweihundertfünfzig Deutsche Mark monatlich, sowie die unter Ausnutzung bestehender Tarifvergünstigungen entstehenden Aufwendungen für Fahrtkosten der zweiten Wagenklasse für eine Familienheimfahrt im Kalendermonat abzusetzen. Ein eigener Hausstand ist dann anzunehmen, wenn der Bezieher des Einkommens eine Wohnung mit eigener oder selbstbeschaffter Möbelausstattung besitzt. Eine doppelte Haushaltsführung kann auch dann anerkannt werden, wenn der Bezieher des Ein-

§ 4 VO zu § 76 BSHG 5

kommens nachweislich ganz oder überwiegend die Kosten für einen Haushalt trägt, den er gemeinsam mit nächsten Angehörigen führt.

§ 4[1] Einkünfte aus Land- und Forstwirtschaft, Gewerbebetrieb und selbständiger Arbeit

(1) Welche Einkünfte zu den Einkünften aus Land- und Forstwirtschaft, Gewerbebetrieb und selbständiger Arbeit gehören, bestimmt sich nach § 13 Abs. 1 und 2, § 15 Abs. 1 und § 18 Abs. 1 des Einkommensteuergesetzes;[2] der Nutzungswert der Wohnung im eigenen Haus bleibt unberücksichtigt.

---

[1] § 4 Abs. 1 geändert, Abs. 5 Satz 1 Nr. 2 neu gefaßt und Nr. 4 geändert durch Verordnung vom 23. 11. 1976 (BGBl. I S. 3234).

[2] In der Fassung vom 27. 2. 1987 (BGBl. I S. 657). Diese Vorschriften lauten:

„**§ 13. Einkünfte aus Land- und Forstwirtschaft.** (1) Einkünfte aus Land- und Forstwirtschaft sind

1. Einkünfte aus dem Betrieb von Landwirtschaft, Forstwirtschaft, Weinbau, Gartenbau, Obstbau, Gemüsebau, Baumschulen und aus allen Betrieben, die Pflanzen und Pflanzenteile mit Hilfe der Naturkräfte gewinnen. Zu diesen Einkünften gehören auch die Einkünfte aus der Tierzucht und Tierhaltung, wenn im Wirtschaftsjahr

für die ersten 20 Hektar	nicht mehr als 10 Vieheinheiten,
für die nächsten 10 Hektar	nicht mehr als 7 Vieheinheiten,
für die nächsten 10 Hektar	nicht mehr als 3 Vieheinheiten,
und für die weitere Fläche	nicht mehr als 1,5 Vieheinheiten

je Hektar der vom Inhaber des Betriebs regelmäßig landwirtschaftlich genutzten Fläche erzeugt oder gehalten werden. Die Tierbestände sind nach dem Futterbedarf in Vieheinheiten umzurechnen. § 51 Abs. 2 bis 5 des Bewertungsgesetzes und die auf Grund des § 122 Abs. 2 des Bewertungsgesetzes vom Senat von Berlin (West) erlassenen Rechtsverordnungen sind anzuwenden. Die Einkünfte aus Tierzucht und Tierhaltung einer Gesellschaft, bei der die Gesellschafter als Unternehmer (Mitunternehmer) anzusehen sind, gehören zu den Einkünften im Sinne des Satzes 1, wenn die Voraussetzungen des § 51a des Bewertungsgesetzes erfüllt sind und andere Einkünfte der Gesellschafter aus dieser Gesellschaft zu den Einkünften aus Land- und Forstwirtschaft gehören;
2. Einkünfte aus Binnenfischerei, Teichwirtschaft, Fischzucht für Binnenfischerei und Teichwirtschaft, Imkerei und Wanderschäferei;
3. Einkünfte aus Jagd, wenn diese mit dem Betrieb einer Landwirtschaft oder einer Forstwirtschaft im Zusammenhang steht;
4. Einkünfte von Hauberg-, Wald-, Forst- und Laubgenossenschaften und ähnlichen Realgemeinden im Sinne des § 3 Abs. 2 des Körperschaftsteuergesetzes.

5 VO zu § 76 BSHG § 4

(2) Die Einkünfte sind für das Jahr zu berechnen, in dem der Bedarfszeitraum liegt (Berechnungsjahr).

(3) Als Einkünfte ist bei den einzelnen Einkunftsarten ein Betrag anzusetzen, der auf der Grundlage früherer Betriebsergebnisse aus der Gegenüberstellung der im Rahmen des Betrie-

---

(2) Zu den Einkünften im Sinne des Absatzes 1 gehören auch
1. Einkünfte aus einem land- und forstwirtschaftlichen Nebenbetrieb. Als Nebenbetrieb gilt ein Betrieb, der dem land- und forstwirtschaftlichen Hauptbetrieb zu dienen bestimmt ist;
2. der Nutzungswert der Wohnung des Steuerpflichtigen, wenn die Wohnung die bei Betrieben gleicher Art übliche Größe nicht überschreitet;
3. die Produktionsaufgaberente nach dem Gesetz zur Förderung der Einstellung der landwirtschaftlichen Erwerbstätigkeit.

(3)–(5) ...

§ 15. Einkünfte aus Gewerbebetrieb. (1) Einkünfte aus Gewerbebetrieb sind
1. Einkünfte aus gewerblichen Unternehmen. Dazu gehören auch Einkünfte aus gewerblicher Bodenbewirtschaftung, z. B. aus Bergbauunternehmen und aus Betrieben zur Gewinnung von Torf, Steinen und Erden, soweit sie nicht land- oder forstwirtschaftliche Nebenbetriebe sind;
2. die Gewinnanteile der Gesellschafter einer Offenen Handelsgesellschaft, einer Kommanditgesellschaft und einer anderen Gesellschaft, bei der der Gesellschafter als Unternehmer (Mitunternehmer) anzusehen ist, und die Vergütungen, die der Gesellschafter von der Gesellschaft für seine Tätigkeit im Dienst der Gesellschaft oder für die Hingabe von Darlehen oder für die Überlassung von Wirtschaftsgütern bezogen hat;
3. die Gewinnanteile der persönlich haftenden Gesellschafter einer Kommanditgesellschaft auf Aktien, soweit sie nicht auf Anteile am Grundkapital entfallen, und die Vergütungen, die der persönlich haftende Gesellschafter von der Gesellschaft für seine Tätigkeit im Dienst der Gesellschaft oder für die Hingabe von Darlehen oder für die Überlassung von Wirtschaftsgütern bezogen hat.

Satz 1 Nr. 1 und 3 gilt auch für Vergütungen, die als nachträgliche Einkünfte (§ 24 Nr. 2) bezogen werden.

(2) Eine selbständige nachhaltige Betätigung, die mit der Absicht, Gewinn zu erzielen, unternommen wird und sich als Beteiligung am allgemeinen wirtschaftlichen Verkehr darstellt, ist Gewerbebetrieb, wenn die Betätigung weder als Ausübung von Land- und Forstwirtschaft noch als Ausübung eines freien Berufs noch als eine andere selbständige Arbeit anzusehen ist. Eine durch die Betätigung verursachte Minderung der Steuern vom Einkommen ist kein Gewinn im Sinne des Satzes 1. Ein Gewerbebetrieb liegt, wenn seine Voraussetzungen im übrigen gegeben sind, auch dann vor, wenn die Gewinnerzielungsabsicht nur ein Nebenzweck ist.

§ 4 VO zu § 76 BSHG

bes im Berechnungsjahr bereits erzielten Einnahmen und geleisteten notwendigen Ausgaben sowie der im Rahmen des Be-

> (3) Als Gewerbebetrieb gilt in vollem Umfange die mit Einkünfteerzielungsabsicht unternommene Tätigkeit
> 1. einer offenen Handelsgesellschaft, einer Kommanditgesellschaft oder einer anderen Personengesellschaft, wenn die Gesellschaft auch eine Tätigkeit im Sinne des Absatzes 1 Nr. 1 ausübt,
> 2. einer Personengesellschaft, die keine Tätigkeit im Sinne des Absatzes 1 Nr. 1 ausübt, und bei der ausschließlich eine oder mehrere Kapitalgesellschaften persönlich haftende Gesellschafter sind und nur diese oder Personen, die nicht Gesellschafter sind, zur Geschäftsführung befugt sind (gewerblich geprägte Personengesellschaft als persönlich haftender Gesellschafter an einer anderen Personengesellschaft beteiligt, so steht für die Beurteilung, ob die Tätigkeit dieser Personengesellschaft als Gewerbebetrieb gilt, die gewerblich geprägte Personengesellschaft einer Kapitalgesellschaft gleich.
> (4) Verluste aus gewerblicher Tierzucht oder gewerblicher Tierhaltung dürfen weder mit anderen Einkünften aus Gewerbebetrieb noch mit Einkünften aus anderen Einkunftsarten ausgeglichen werden; sie dürfen auch nicht nach § 10d abgezogen werden. Die Verluste mindern jedoch nach Maßgabe des § 10d die Gewinne, die der Steuerpflichtige in vorangegangenen und in späteren Wirtschaftsjahren aus gewerblicher Tierzucht oder gewerblicher Tierhaltung erzielt hat oder erzielt.
>
> **§ 18.** (1) Einkünfte aus selbständiger Arbeit sind
> 1. Einkünfte aus freiberuflicher Tätigkeit. Zu der freiberuflichen Tätigkeit gehören die selbständig ausgeübte wissenschaftliche, künstlerische, schriftstellerische, unterrichtende oder erzieherische Tätigkeit, die selbständige Berufstätigkeit der Ärzte, Zahnärzte, Tierärzte, Rechtsanwälte, Notare, Patentanwälte, Vermessungsingenieure, Ingenieure, Architekten, Handelschemiker, Wirtschaftsprüfer, Steuerberater, beratenden Volks- und Betriebswirte, vereidigten Buchprüfer (vereidigten Bücherrevisoren), Steuerbevollmächtigten, Heilpraktiker, Dentisten, Krankengymnasten, Journalisten, Bildberichterstatter, Dolmetscher, Übersetzer, Lotsen und ähnlicher Berufe. Ein Angehöriger eines freien Berufs im Sinne der Sätze 1 und 2 ist auch dann freiberuflich tätig, wenn er sich der Mithilfe fachlich vorgebildeter Arbeitskräfte bedient; Voraussetzung ist, daß er auf Grund eigener Fachkenntnisse leitend und eigenverantwortlich tätig wird. Eine Vertretung im Fall vorübergehender Verhinderung steht der Annahme einer leitenden und eigenverantwortlichen Tätigkeit nicht entgegen;
> 2. Einkünfte der Einnehmer einer staatlichen Lotterie, wenn sie nicht Einkünfte aus Gewerbebetrieb sind;
> 3. Einkünfte aus sonstiger selbständiger Arbeit, z. B. Vergütungen für die Vollstreckung von Testamenten, für Vermögensverwaltung und für die Tätigkeit als Aufsichtsratsmitglied.
>
> (2)–(5) ..."

5 VO zu § 76 BSHG §5

triebes im Berechnungsjahr noch zu erwartenden Einnahmen und notwendigen Ausgaben zu errechnen ist. Bei der Ermittlung früherer Betriebsergebnisse (Satz 1) kann ein durch das Finanzamt festgestellter Gewinn berücksichtigt werden.

(4) Soweit im Einzelfall geboten, kann abweichend von der Regelung des Absatzes 3 als Einkünfte ein Betrag angesetzt werden, der nach Ablauf des Berechnungsjahres aus der Gegenüberstellung der im Rahmen des Betriebes im Berechnungsjahr erzielten Einnahmen und geleisteten notwendigen Ausgaben zu errechnen ist. Als Einkünfte im Sinne des Satzes 1 kann auch der vom Finanzamt für das Berechnungsjahr festgestellte Gewinn angesetzt werden.

(5) Wird der vom Finanzamt festgestellte Gewinn nach Absatz 3 Satz 2 berücksichtigt oder nach Absatz 4 Satz 2 als Einkünfte angesetzt, so sind Absetzungen, die bei Gebäuden und sonstigen Wirtschaftsgütern durch das Finanzamt nach

1. den §§ 7, 7b und 7e des Einkommensteuergesetzes,
2. den Vorschriften des Berlinförderungsgesetzes,[1]
3. den §§ 76, 77 und 78 Abs. 1 der Einkommensteuer-Durchführungsverordnung,
4. der Verordnung über Steuervergünstigungen zur Förderung des Baues von Landarbeiterwohnungen in der Fassung der Bekanntmachung vom 6. August 1974 (Bundesgesetzbl. I S. 1869)

vorgenommen worden sind, dem durch das Finanzamt festgestellten Gewinn wieder hinzuzurechnen. Soweit jedoch in diesen Fällen notwendige Ausgaben für die Anschaffung oder Herstellung der in Satz 1 genannten Wirtschaftsgüter im Feststellungszeitraum geleistet worden sind, sind sie vom Gewinn abzusetzen.

§ 5[2] Sondervorschrift für die Einkünfte aus Land- und Forstwirtschaft

(1) Die Träger der Sozialhilfe können mit Zustimmung der zuständigen Landesbehörde die Einkünfte aus Land- und Forst-

---

[1] Gesetz zur Förderung der Berliner Wirtschaft (Berlinförderungsgesetz 1990 – BerlinFG 1990) i. d. F. der Bek. vom 2. Februar 1990 (BGBl. I S. 174).

[2] § 5 neu gefaßt durch Verordnung vom 23. 11. 1976 (BGBl. I S. 3234).

§ 6 VO zu § 76 BSHG 5

wirtschaft abweichend von § 4 nach § 7 der Dritten Verordnung über Ausgleichsleistungen nach dem Lastenausgleichsgesetz (3. LeistungsDV-LA)[1] berechnen; der Nutzungswert der Wohnung im eigenen Haus bleibt jedoch unberücksichtigt.

(2) Von der Berechnung der Einkünfte nach Absatz 1 ist abzusehen,

1. wenn sie im Einzelfall offenbar nicht den besonderen persönlichen oder wirtschaftlichen Verhältnissen entspricht oder
2. wenn der Bezieher der Einkünfte zur Einkommensteuer veranlagt wird, es sei denn, daß der Gewinn auf Grund von Durchschnittssätzen ermittelt wird.

§ 6[2] Einkünfte aus Kapitalvermögen

(1) Welche Einkünfte zu den Einkünften aus Kapitalvermögen gehören, bestimmt sich nach § 20 Abs. 1 bis 3 des Einkommensteuergesetzes.[3]

---

[1] Abgedruckt unter Nr. **19**.
[2] § 6 Abs. 1 geändert durch Verordnung vom 23. 11. 1976 (BGBl. I S. 3234).
[3] In der Fassung vom 27. 2. 1987 (BGBl. I S. 657). Diese Vorschrift lautet:
„**§ 20.** (1) Zu den Einkünften aus Kapitalvermögen gehören
1. Gewinnanteile (Dividenden), Ausbeuten und sonstige Bezüge aus Aktien, Kuxen, Genußrechten, mit denen das Recht an Gewinn und Liquidationserlös einer Kapitalgesellschaft verbunden ist, aus Anteilen an Gesellschaften mit beschränkter Haftung, an Erwerbs- und Wirtschaftsgenossenschaften, Kolonialgesellschaften und an bergbautreibenden Vereinigungen, die die Rechte einer juristischen Person haben. Zu den sonstigen Bezügen gehören auch verdeckte Gewinnausschüttungen. Die Bezüge gehören nicht zu den Einnahmen, soweit sie aus Ausschüttungen einer unbeschränkt steuerpflichtigen Körperschaft stammen, für die Eigenkapital im Sinne des § 30 Abs. 2 Nr. 4 des Körperschaftsteuergesetzes als verwendet gilt;
2. Bezüge, die auf Grund einer Kapitalherabsetzung oder nach der Auflösung unbeschränkt steuerpflichtiger Körperschaften oder Personenvereinigungen im Sinne der Nummer 1 anfallen, soweit bei diesen für Ausschüttungen verwendbares Eigenkapital im Sinne des § 29 des Körperschaftsteuergesetzes als verwendet gilt und die Bezüge nicht zu den Einnahmen im Sinne der Nummer 1 gehören. Nummer 1 Satz 3 gilt entsprechend;
3. die nach § 36 Abs. 2 Nr. 3 anzurechnende oder nach den §§ 36b bis 36e dieses Gesetzes oder nach § 52 des Körperschaftsteuergesetzes zu vergütende Körperschaftsteuer. Die anzurechnende oder zu vergütende Körperschaftsteuer gilt außer in den Fällen des § 36e dieses Gesetzes und des § 52

5 VO zu § 76 BSHG § 6

(2) Als Einkünfte aus Kapitalvermögen sind die Jahresroheinnahmen anzusetzen, vermindert um die Kapitalertragsteuer sowie um die mit der Erzielung der Einkünfte verbundenen notwendigen Ausgaben (§ 76 Abs. 2 Nr. 4 des Gesetzes).

---

des Körperschaftsteuergesetzes als zusammen mit den Einnahmen im Sinne der Nummern 1 oder 2 oder des Absatzes 2 Nr. 2 Buchstabe a bezogen;
4. Einnahmen aus der Beteiligung an einem Handelsgewerbe als stiller Gesellschafter und aus partiarischen Darlehen, es sei denn, daß der Gesellschafter oder Darlehnsgeber als Mitunternehmer anzusehen ist. Auf Anteile des stillen Gesellschafters am Verlust des Betriebs ist § 15a sinngemäß anzuwenden;
5. Zinsen aus Hypotheken und Grundschulden und Renten aus Rentenschulden. Bei Tilgungshypotheken und Tilgungsgrundschulden ist nur der Teil der Zahlungen anzusetzen, der als Zins auf den jeweiligen Kapitalrest entfällt;
6. außerrechnungsmäßige und rechnungsmäßige Zinsen aus den Sparanteilen, die in den Beiträgen zu Versicherungen auf den Erlebens- oder Todesfall enthalten sind. Dies gilt nicht für Zinsen aus Versicherungen im Sinne des § 10 Abs. 1 Nr. 2 Buchstabe b, die mit Beiträgen verrechnet oder im Versicherungsfall oder im Fall des Rückkaufs des Vertrags nach Ablauf von zwölf Jahren seit dem Vertragsabschluß ausgezahlt werden. Die Sätze 1 und 2 sind auf Kapitalerträge aus fondsgebundenen Lebensversicherungen entsprechend anzuwenden;
7. Zinsen aus sonstigen Kapitalforderungen jeder Art, z. B. aus Einlagen und Guthaben bei Kreditinstituten, aus Darlehen und Anleihen;
8. Diskontbeträge von Wechseln und Anweisungen einschließlich der Schatzwechsel.

(2) Zu den Einkünften aus Kapitalvermögen gehören auch
1. besondere Entgelte oder Vorteile, die neben den in Absatz 1 bezeichneten Einnahmen oder an deren Stelle gewährt werden;
2. Einnahmen aus der Veräußerung
   a) von Dividendenscheinen und sonstigen Ansprüchen durch den Anteilseigner,
   b) von Zinsscheinen durch den Inhaber der Schuldverschreibung,
   wenn die dazugehörigen Aktien, sonstigen Anteile oder Schuldverschreibungen nicht mitveräußert werden. Anteilseigner ist derjenige, dem nach § 39 der Abgabenordnung die Anteile an dem Kapitalvermögen im Sinne des Absatzes 1 Nr. 1 zuzurechnen sind. Sind einem Nießbraucher oder Pfandgläubiger die Einnahmen im Sinne des Absatzes 1 Nr. 1 oder 2 zuzurechnen, so gilt er als Anteilseigner;
3. Einnahmen aus der Veräußerung von Zinsscheinen, wenn die dazugehörigen Schuldverschreibungen mitveräußert werden und das Entgelt für die auf den Zeitraum bis zur Veräußerung der Schuldverschreibung entfallen-

§ 7 VO zu § 76 BSHG 5

(3) Die Einkünfte sind auf der Grundlage der vor dem Berechnungsjahr erzielten Einkünfte unter Berücksichtigung der im Berechnungsjahr bereits eingetretenen und noch zu erwartenden Veränderungen zu errechnen. Soweit im Einzelfall geboten, können hiervon abweichend die Einkünfte für das Berechnungsjahr auch nachträglich errechnet werden.

§ 7 Einkünfte aus Vermietung und Verpachtung

(1) Welche Einkünfte zu den Einkünften aus Vermietung und Verpachtung gehören, bestimmt sich nach § 21 Abs. 1 und 3 des Einkommensteuergesetzes.[1]

---

den Zinsen des laufenden Zinszahlungszeitraums (Stückzinsen) besonders in Rechnung gestellt ist. Die bei der Einlösung oder Weiterveräußerung der Zinsscheine vom Erwerber der Zinsscheine vereinnahmten Zinsen sind um das Entgelt für den Erwerb der Zinsscheine zu kürzen.
Die Nummern 2 und 3 gelten sinngemäß für die Einnahmen aus der Abtretung von Dividenden- oder Zinsansprüchen oder sonstigen Ansprüchen im Sinne der Nummer 2, wenn die dazugehörigen Anteilsrechte oder Schuldverschreibungen nicht in einzelnen Wertpapieren verbrieft sind. Satz 2 gilt auch bei der Abtretung von Zinsansprüchen aus Schuldbuchforderungen, die in ein öffentliches Schuldbuch eingetragen sind;
4. Kapitalerträge aus der Veräußerung oder Abtretung von abgezinsten oder aufgezinsten Schuldverschreibungen, Schuldbuchforderungen und ähnliche Kapitalforderungen, soweit die Kapitalerträge rechnerisch auf die Zeit der Innehabung dieser Wertpapiere oder Forderungen entfallen.

(3) Soweit Einkünfte der in den Absätzen 1 und 2 bezeichneten Art zu den Einkünften aus Land- und Forstwirtschaft, aus Gewerbebetrieb, aus selbständiger Arbeit oder aus Vermietung und Verpachtung gehören, sind sie diesen Einkünften zuzurechnen.

(4) ..."

[1] In der Fassung vom 27. 2. 1987 (BGBl. I S. 657). Diese Vorschrift lautet:
„§ 21. (1) Einkünfte aus Vermietung und Verpachtung sind
1. Einkünfte aus Vermietung und Verpachtung von unbeweglichem Vermögen, insbesondere von Grundstücken, Gebäuden, Gebäudeteilen, Schiffen, die in ein Schiffsregister eingetragen sind, und Rechten, die den Vorschriften des bürgerlichen Rechts über Grundstücke unterliegen (z. B. Erbbaurecht, Mineralgewinnungsrecht);
2. Einkünfte aus Vermietung und Verpachtung von Sachinbegriffen, insbesondere von beweglichem Betriebsvermögen;
3. Einkünfte aus zeitlich begrenzter Überlassung von Rechten, insbesondere von schriftstellerischen, künstlerischen und gewerblichen Urheberrechten, von gewerblichen Erfahrungen und von Gerechtigkeiten und Gefällen;

5 VO zu § 76 BSHG § 7

(2) Als Einkünfte aus Vermietung und Verpachtung ist der Überschuß der Einnahmen über die mit ihrer Erzielung verbundenen notwendigen Ausgaben (§ 76 Abs. 2 Nr. 4 des Gesetzes) anzusetzen; zu den Ausgaben gehören

1. Schuldzinsen und dauernde Lasten,
2. Steuern vom Grundbesitz, sonstige öffentliche Abgaben und Versicherungsbeiträge,
3. Leistungen auf die Hypothekengewinnabgabe und die Kreditgewinnabgabe, soweit es sich um Zinsen nach § 211 Abs. 1 Nr. 2 des Lastenausgleichsgesetzes handelt,
4. der Erhaltungsaufwand,
5. sonstige Aufwendungen zur Bewirtschaftung des Haus- und Grundbesitzes, ohne besonderen Nachweis Aufwendungen in Höhe von 1 vom Hundert der Jahresroheinnahmen.

Zum Erhaltungsaufwand im Sinne des Satzes 1 Nr. 4 gehören die Ausgaben für Instandsetzung und Instandhaltung, nicht jedoch die Ausgaben für Verbesserungen; ohne Nachweis können bei Wohngrundstücken, die vor dem 1. Januar 1925 bezugsfähig geworden sind, 15 vom Hundert, bei Wohngrundstücken, die nach dem 31. Dezember 1924 bezugsfähig geworden sind, 10 vom Hundert der Jahresroheinnahmen als Erhaltungsaufwand berücksichtigt werden.

(3) Die in Absatz 2 genannten Ausgaben sind von den Einnahmen insoweit nicht abzusetzen, als sie auf den vom Vermieter oder Verpächter selbst genutzten Teil des vermieteten oder verpachteten Gegenstandes entfallen.

---

4. Einkünfte aus der Veräußerung von Miet- und Pachtzinsforderungen, auch dann, wenn die Einkünfte im Veräußerungspreis von Grundstücken enthalten sind und die Miet- oder Pachtzinsen sich auf einen Zeitraum beziehen, in dem der Veräußerer noch Besitzer war.

§ 15a ist sinngemäß anzuwenden.

(2) Zu den Einkünften aus Vermietung und Verpachtung gehört auch der Nutzungswert der Wohnung im eigenen Haus oder der Nutzungswert einer dem Steuerpflichtigen ganz oder teilweise unentgeltlich überlassenen Wohnung einschließlich der zugehörigen sonstigen Räume und Gärten. Beträgt das Entgelt für die Überlassung einer Wohnung zu Wohnzwecken weniger als 50 vom Hundert der ortsüblichen Marktmiete, so ist die Nutzungsüberlassung in einen entgeltlichen und einen unentgeltlichen Teil aufzuteilen.

(3) Einkünfte der in den Absätzen 1 und 2 bezeichneten Art sind Einkünften aus anderen Einkunftsarten zuzurechnen, soweit sie zu diesen gehören."

§§ 8–10 VO zu § 76 BSHG

(4) Als Einkünfte aus der Vermietung von möblierten Wohnungen und von Zimmern sind anzusetzen

bei möblierten Wohnungen	80 vom Hundert,
bei möblierten Zimmern	70 vom Hundert,
bei Leerzimmern	90 vom Hundert

der Roheinnahmen. Dies gilt nicht, wenn geringere Einkünfte nachgewiesen werden.

(5) Die Einkünfte sind als Jahreseinkünfte, bei der Vermietung von möblierten Wohnungen und von Zimmern jedoch als Monatseinkünfte zu berechnen. Sind sie als Jahreseinkünfte zu berechnen, gilt § 6 Abs. 3 entsprechend.

§ 8[1] Andere Einkünfte

(1) Andere als die in den §§ 3, 4, 6 und 7 genannten Einkünfte sind, wenn sie nicht monatlich oder wenn sie monatlich in unterschiedlicher Höhe erzielt werden, als Jahreseinkünfte zu berechnen. Zu den anderen Einkünften im Sinne des Satzes 1 gehören auch die in § 19 Abs. 1 Ziff. 2 des Einkommensteuergesetzes genannten Bezüge sowie Renten und sonstige wiederkehrende Bezüge. § 3 Abs. 3 Satz 2 und 3 gilt entsprechend.

(2) Sind die Einkünfte als Jahreseinkünfte zu berechnen, gilt § 6 Abs. 3 entsprechend.

§ 9 Einkommensberechnung in besonderen Fällen

Ist der Bedarf an Sozialhilfe einmalig oder nur von kurzer Dauer und duldet die Entscheidung über die Hilfe keinen Aufschub, so kann der Träger der Sozialhilfe nach Anhörung des Beziehers des Einkommens die Einkünfte schätzen.

§ 10 Verlustausgleich

Ein Verlustausgleich zwischen einzelnen Einkunftsarten ist nicht vorzunehmen. In Härtefällen kann jedoch die gesamtwirtschaftliche Lage des Beziehers des Einkommens berücksichtigt werden.

---

[1] § 8 Satz 2 geändert und Satz 3 angefügt durch Verordnung vom 23. 11. 1976 (BGBl. I S. 3234).

5 VO zu § 76 BSHG §§ 11–14

§ 11[1] Maßgebender Zeitraum

(1) Soweit die Einkünfte als Jahreseinkünfte berechnet werden, gilt der zwölfte Teil dieser Einkünfte zusammen mit den monatlich berechneten Einkünften als monatliches Einkommen im Sinne des Gesetzes. § 8 Abs. 1 Satz 3 geht der Regelung des Satzes 1 vor.

(2) Ist der Betrieb oder die sonstige Grundlage der als Jahreseinkünfte zu berechnenden Einkünfte nur während eines Teils des Jahres vorhanden oder zur Einkommenserzielung genutzt, so sind die Einkünfte aus der betreffenden Einkunftsart nur für diesen Zeitraum zu berechnen; für ihn gilt als monatliches Einkommen im Sinne des Gesetzes derjenige Teil der Einkünfte, der der Anzahl der in den genannten Zeitraum fallenden Monate entspricht. Satz 1 gilt nicht für Einkünfte aus Saisonbetrieben und andere ihrer Natur nach auf einen Teil des Jahres beschränkte Einkünfte, wenn die Einkünfte den Hauptbestandteil des Einkommens bilden.

§ 12 Ausgaben nach § 76 Abs. 2 Nrn. 1 bis 3 des Gesetzes

Die in § 76 Abs. 2 Nrn. 1 bis 3 des Gesetzes bezeichneten Ausgaben sind von der Summe der Einkünfte abzusetzen, soweit sie nicht bereits nach den Bestimmungen dieser Verordnung bei den einzelnen Einkunftsarten abzuziehen sind.

§ 13 Berlin-Klausel

Diese Verordnung gilt nach § 14 des Dritten Überleitungsgesetzes vom 4. Januar 1952 (Bundesgesetzbl. I S. 1) in Verbindung mit § 152 des Bundessozialhilfegesetzes vom 30. Juni 1961 (Bundesgesetzblatt I S. 815) auch im Land Berlin.[2]

§ 14 Inkrafttreten

Diese Verordnung tritt am 1. Januar 1963 in Kraft.

---

[1] § 11 Abs. 1 Satz 2 angefügt durch Verordnung vom 23. 11. 1976 (BGBl. I S. 3234).

[2] In **Berlin** veröffentlicht durch Verordnung vom 14. 12. 1962 (GVBl. S. 1306).

5a. Verordnung
über den Wert der Sachbezüge in der Sozialversicherung für das Kalenderjahr 1990 (Sachbezugsverordnung 1990 – SachBezV 1990)[1]

In der Fassung der Bekanntmachung vom 18. Dezember 1984
(BGBl. I S. 1642)

Zuletzt geändert durch Verordnung vom 12. 12. 1989 (BGBl. I S. 2177)

§ 1[1] Freie Kost und Wohnung

(1) Der Wert der freien Kost und Wohnung einschließlich Heizung und Beleuchtung wird auf monatlich 540,– DM festgesetzt. Für die Berechnung des Wertes für kürzere Zeiträume als einen Monat sind für jeden Tag ein Dreißigstel des Wertes nach Satz 1 zugrunde zu legen. Für Jugendliche bis zur Vollendung des 18. Lebensjahres und Auszubildende vermindert sich der Wert nach Satz 1 um 15 vom Hundert.

(2) Wird freie Kost und Wohnung teilweise zur Verfügung gestellt, so sind anzusetzen:

für die Wohnung	34 vom Hundert,
für Heizung	10 vom Hundert,
für Beleuchtung	2 vom Hundert,
für Frühstück	12 vom Hundert,
für Mittagessen	21 vom Hundert,
für Abendessen	21 vom Hundert

des Wertes nach Absatz 1.

(3) Ist mehreren Beschäftigten ein Wohnraum zur Verfügung gestellt, so vermindert sich der für Wohnung, Heizung und Beleuchtung nach Absatz 2 in Verbindung mit Absatz 1 ergebende Wert
bei Belegung
mit zwei Beschäftigten   um 20 vom Hundert,

---

[1] Überschrift, Kurzbezeichnung sowie Abkürzung der Verordnung und § 1 Abs. 1 Satz 1 zuletzt geändert sowie Abs. 6 neu gefaßt durch Verordnung vom 12. 12. 1989 (BGBl. I S. 2177).

5a SachBezV 1990 § 1

bei Belegung
mit drei Beschäftigten um 30 vom Hundert,
bei Belegung
mit mehr als drei Beschäftigten um 50 vom Hundert.

(4) Wird freie Kost und Wohnung nicht nur dem Beschäftigten, sondern auch seinen nicht bei demselben Arbeitgeber beschäftigten Familienangehörigen zur Verfügung gestellt, so erhöhen sich die nach den Absätzen 1 bis 3 anzusetzenden Werte
für den Ehegatten um 80 vom Hundert,
für jedes Kind
bis zum 6. Lebensjahr um 30 vom Hundert
und
für jedes Kind über 6 Jahre um 40 vom Hundert.

Bei der Berechnung des Wertes für Kinder bleibt das Lebensalter des Kindes im ersten Lohnzahlungszeitraum des Kalenderjahres maßgebend. Sind beide Ehegatten bei demselben Arbeitgeber beschäftigt, so sind die Erhöhungswerte nach den Sätzen 1 und 2 für Kost und Wohnung der Kinder beiden Ehegatten je zur Hälfte zuzurechnen.

(5) Wird als Sachbezug ausschließlich freie Wohnung zur Verfügung gestellt, so ist für die Bewertung der Wohnung der ortsübliche Mietpreis unter Berücksichtigung der sich aus der Lage der Wohnung zum Betrieb ergebenden Beeinträchtigungen und für Heizung der übliche Mittelpreis des Verbrauchsorts anzusetzen. Satz 1 gilt auch, wenn dem Beschäftigten neben freier Wohnung lediglich ein freies oder verbilligtes Mittagessen im Betrieb (Kantinenessen) gewährt wird. Ist im Einzelfall die Feststellung des ortsüblichen Mietpreises mit außergewöhnlichen Schwierigkeiten verbunden, so ist die Wohnung mit 2,50 DM pro Quadratmeter monatlich, bei einfacher Ausstattung (ohne Zentralheizung, fließendes Wasser oder Toilette) mit 1,50 DM pro Quadratmeter monatlich, mindestens jedoch mit 34 vom Hundert des Wertes nach Absatz 1, zu bewerten. Für Beleuchtung sind 2 vom Hundert des Wertes nach Absatz 1 anzusetzen.

(6) Bei kürzeren Zeiträumen als einem Monat ist zunächst der Wert des jeweiligen Sachbezugs für einen Tag zu ermitteln; dabei sind die Prozentsätze der Absätze 2 bis 4 auf den Tageswert nach Absatz 1 anzuwenden. Die Berechnungen werden jeweils auf 2 Dezimalstellen durchgeführt. Die nach den Absät-

zen 1 bis 5 anzusetzenden Werte sind nach dem letzten Berechnungsschritt auf volle 10 Deutsche Pfennige aufzurunden. Bei Mahlzeiten nach § 40 Abs. 2 Nr. 1 des Einkommensteuergesetzes ist der Tageswert auf volle 10 Deutsche Pfennige aufzurunden.

§ 2 Verbilligte Kost und Wohnung

Wird Kost und Wohnung verbilligt als Sachbezug zur Verfügung gestellt, so ist der Unterschiedsbetrag zwischen dem vereinbarten Preis und dem Wert, der sich bei freiem Bezug nach § 1 ergeben würde, dem Arbeitsentgelt zuzurechnen. Wird ausschließlich die Wohnung verbilligt zur Verfügung gestellt, so ist der Unterschiedsbetrag zwischen dem vereinbarten und dem ortsüblichen Mietpreis unter Berücksichtigung der sich aus der Lage der Wohnung zum Betrieb ergebenden Beeinträchtigungen und für Heizung der Unterschiedsbetrag zwischen dem vereinbarten Preis und dem üblichen Mittelpreis des Verbrauchsorts dem Arbeitsentgelt zuzurechnen; § 1 Abs. 5 Satz 2 bis 4 gilt entsprechend.

§ 3[1] Sonstige Sachbezüge

(1) Werden Sachbezüge, die nicht von § 1 erfaßt werden, unentgeltlich zur Verfügung gestellt, ist als Wert für diese Sachbezüge der übliche Endpreis am Abgabeort anzusetzen. Sind auf Grund des § 8 Abs. 2 Satz 4 des Einkommensteuergesetzes Durchschnittswerte festgesetzt worden, sind diese Werte maßgebend. Findet § 8 Abs. 3 Satz 1 des Einkommensteuergesetzes Anwendung, sind die dort genannten Werte maßgebend.

(2) Werden Sachbezüge, die nicht von § 1 erfaßt werden, verbilligt zur Verfügung gestellt, ist als Wert der Unterschiedsbetrag zwischen dem vereinbarten Preis und dem Wert nach Absatz 1 anzusetzen.

(3) Waren und Dienstleistungen, die vom Arbeitgeber nicht überwiegend für den Bedarf seiner Arbeitnehmer hergestellt, vertrieben oder erbracht werden und die nach § 40 Abs. 1 Satz 1 Nr. 1 des Einkommensteuergesetzes pauschal versteuert wer-

---

[1] § 3 neu gefaßt durch Verordnung vom 12. 12. 1989 (BGBl. I S. 2177).

den, können mit dem Durchschnittsbetrag der pauschal versteuerten Waren und Dienstleistungen angesetzt werden; dabei kann der Durchschnittsbetrag des Vorjahres angesetzt werden. Besteht das Beschäftigungsverhältnis nur während eines Teils des Kalenderjahres, ist für jeden Tag des Beschäftigungsverhältnisses der dreihundertsechzigste Teil des Durchschnittswertes nach Satz 1 anzusetzen. Satz 1 gilt nur, wenn der Arbeitgeber den von dem Beschäftigten zu tragenden Teil des Gesamtsozialversicherungsbeitrags übernimmt.

§ 4[1] Übergangsvorschrift

An Stelle des in § 1 Abs. 1 Satz 1 genannten Wertes von 540,– DM monatlich treten in den Ländern
Baden-Württemberg, Bayern, Hessen,
Rheinland-Pfalz, Schleswig-Holstein
und Niedersachsen   530,– DM.

§ 5 Berlin-Klausel

Diese Verordnung gilt nach § 14 des Dritten Überleitungsgesetzes in Verbindung mit Artikel II § 20 des Sozialgesetzbuchs (SGB) – Gemeinsame Vorschriften für die Sozialversicherung – und § 250 des Arbeitsförderungsgesetzes auch im Land Berlin.

§ 6[1] Inkrafttreten

(1) [Inkrafttreten]

(2) Die in dieser Verordnung festgesetzten Werte gelten
1. bei laufendem Arbeitsentgelt für das Arbeitsentgelt, das für die im Jahre 1990 endenden Lohnzahlungszeiträume gewährt wird,
2. bei einmaligen Einnahmen für das Arbeitsentgelt, das im Jahre 1990 gewährt wird.

(3) Für die Bewertung von Sachbezügen, die vor dem Jahr 1990 gewährt worden sind, bleiben die im Zeitpunkt der Gewährung geltenden Regelungen maßgebend.

---

[1] § 4 und § 6 Abs. 2 Nr. 1 und 2 sowie Abs. 3 zuletzt geändert durch Verordnung vom 12. 12. 1989 (BGBl. I S. 2177).

6. Verordnung zur Durchführung des § 81 Abs. 1 Nr. 3 des Bundessozialhilfegesetzes

Vom 12. Mai 1975 (BGBl. I S. 1109)

(BGBl. III 2170–1–16)

Auf Grund des § 81 Abs. 6 des Bundessozialhilfegesetzes in der Fassung der Bekanntmachung vom 18. September 1969 (Bundesgesetzbl. I S. 1688), zuletzt geändert durch das Gesetz zur Änderung des Einführungsgesetzes zum Strafgesetzbuch vom 15. August 1974 (Bundesgesetzbl. I S. 1942), verordnet die Bundesregierung mit Zustimmung des Bundesrates:

§ 1

(1) Größere orthopädische oder größere andere Hilfsmittel im Sinne des § 81 Abs. 1 Nr. 3 des Gesetzes sind solche, deren Preis mindestens 350 Deutsche Mark beträgt.

(2) Die Hilfe zur Beschaffung eines Kraftfahrzeuges nach § 8 Abs. 1 der Eingliederungshilfe-Verordnung in der Fassung der Bekanntmachung vom 1. Februar 1975 (Bundesgesetzbl. I S. 433)[1] gilt als Hilfe im Sinne des § 81 Abs. 1 Nr. 3 des Gesetzes; das gleiche gilt für Leistungen nach § 10 Abs. 6 der Eingliederungshilfe-Verordnung.

§ 2

Diese Verordnung gilt nach § 14 des Dritten Überleitungsgesetzes vom 4. Januar 1952 (Bundesgesetzbl. I S. 1) in Verbindung mit § 152 des Bundessozialhilfegesetzes auch im Land Berlin.[2]

§ 3

Diese Verordnung tritt am Tage nach der Verkündung[3] in Kraft. Gleichzeitig tritt die Verordnung zur Durchführung des § 81 Abs. 1 Satz 1 Nr. 3 des Bundessozialhilfegesetzes vom 28. Mai 1971 (Bundesgesetzbl. I S. 727) außer Kraft.

---

[1] Abgedruckt unter Nr. **4**.
[2] In **Berlin** veröffentlicht durch Bek. vom 26. 5. 1975 (GVBl. S. 1339).
[3] Verkündet am 17. 5. 1975.

7. Verordnung zur Durchführung des § 88 Abs. 2 Nr. 8 des Bundessozialhilfegesetzes

Vom 11. Februar 1988 (BGBl. I S. 150)

(BGBl. III 2170–1–10)

Auf Grund des § 88 Abs. 4 des Bundessozialhilfegesetzes in der Fassung der Bekanntmachung vom 20. Januar 1987 (BGBl. I S. 401) wird mit Zustimmung des Bundesrates verordnet:

§ 1[1] **[Kleinere Barbeträge oder sonstige Geldwerte]**

(1) Kleinere Barbeträge oder sonstige Geldwerte im Sinne des § 88 Abs. 2 Nr. 8 des Gesetzes sind,

1. wenn die Sozialhilfe vom Vermögen des Hilfesuchenden abhängig ist,
   a) bei der Hilfe zum Lebensunterhalt 2500 Deutsche Mark,
   b) bei der Hilfe in besonderen Lebenslagen 4500 Deutsche Mark, im Falle des § 67 und des § 69 Abs. 4 Satz 2 des Gesetzes jedoch 8000 Deutsche Mark,
   zuzüglich eines Betrages von 500 Deutsche Mark für jede Person, die vom Hilfesuchenden überwiegend unterhalten wird,
2. wenn die Sozialhilfe vom Vermögen des Hilfesuchenden und seines nicht getrennt lebenden Ehegatten abhängig ist,
   der nach Nummer 1 Buchstabe a oder b maßgebende Betrag zuzüglich eines Betrages von 1200 Deutsche Mark für den Ehegatten und eines Betrages von 500 Deutsche Mark für jede Person, die vom Hilfesuchenden oder seinem Ehegatten überwiegend unterhalten wird,
3. wenn die Sozialhilfe vom Vermögen eines minderjährigen unverheirateten Hilfesuchenden und seiner Eltern abhängig ist,
   der nach Nummer 1 Buchstabe a oder b maßgebende Betrag zuzüglich eines Betrages von 1200 Deutsche Mark für einen Elternteil und eines Betrages von 500 Deutsche Mark für den Hilfesuchenden und für jede Person, die von den Eltern oder vom Hilfesuchenden überwiegend unterhalten wird.

§§ 2–4 VO zu § 88 Abs. 2 Nr. 8 BSHG 7

Im Falle des § 67 und des § 69 Abs. 4 Satz 2 des Gesetzes tritt an die Stelle des in Satz 1 genannten Betrages von 1200 Deutsche Mark ein Betrag von 3000 Deutsche Mark, wenn beide Eheleute (Nummer 2) oder beide Elternteile (Nummer 3) blind oder behindert im Sinne des § 24 Abs. 1 Satz 2 oder Abs. 2 Satz 1 des Gesetzes sind.

(2) Ist im Falle des Absatzes 1 Satz 1 Nr. 3 das Vermögen nur eines Elternteils zu berücksichtigen, so ist der Betrag von 1200 Deutsche Mark, im Falle des § 67 und des § 69 Abs. 4 Satz 2 des Gesetzes von 3000 Deutsche Mark, nicht anzusetzen. Leben im Falle der Hilfe in besonderen Lebenslagen die Eltern nicht zusammen, so ist das Vermögen des Elternteils zu berücksichtigen, bei dem der Hilfesuchende lebt; lebt er bei keinem Elternteil, so ist Absatz 1 Satz 1 Nr. 1 anzuwenden.

§ 2 [Erhöhung oder Herabsetzung des Betrages]

(1) Der nach § 1 Abs. 1 Satz 1 Nr. 1 Buchstabe a oder b maßgebende Betrag ist angemessen zu erhöhen, wenn im Einzelfall eine besondere Notlage des Hilfesuchenden besteht. Bei der Prüfung, ob eine besondere Notlage besteht, sowie bei der Entscheidung über den Umfang der Erhöhung sind vor allem Art und Dauer des Bedarfs sowie besondere Belastungen zu berücksichtigen.

(2) Der nach § 1 Abs. 1 Satz 1 Nr. 1 Buchstabe a oder b maßgebende Betrag kann angemessen herabgesetzt werden, wenn die Voraussetzungen des § 92a Abs. 1 Satz 1 des Gesetzes vorliegen.

§ 3 [Geltung im Land Berlin]

Diese Verordnung gilt nach § 14 des Dritten Überleitungsgesetzes in Verbindung mit § 152 des Bundessozialhilfegesetzes auch im Land Berlin.

§ 4 [Inkrafttreten]

Diese Verordnung tritt am 1. April 1988 in Kraft. Gleichzeitig tritt die Verordnung zur Durchführung des § 88 Abs. 2 Nr. 8 des Bundessozialhilfegesetzes vom 9. November 1970 (BGBl. I S. 1529), zuletzt geändert durch die Verordnung vom 6. Dezember 1979 (BGBl. I S. 2004), außer Kraft.

8. Anordnung des Bundesministers des Innern über die Wahrnehmung von Zuständigkeiten auf dem Gebiet der Sozialhilfe durch das Bundesverwaltungsamt

Vom 22. Juni 1962 (BAnz. Nr. 124)

I.

Auf Grund des § 1 Abs. 3 des Gesetzes über die Errichtung des Bundesverwaltungsamtes vom 28. Dezember 1959 (Bundesgesetzbl. I S. 829) beauftrage ich das Bundesverwaltungsamt mit der Durchführung folgender Verwaltungsaufgaben des Bundes:

1. Wahrnehmung der Befugnisse des Bundesministers des Innern auf Grund des § 147 des Bundessozialhilfegesetzes vom 30. Juni 1961 (Bundesgesetzbl. I S. 815);
2. Abrechnung mit den überörtlichen Trägern der Sozialhilfe über die für Leistungen nach den §§ 119 und 146 des Bundessozialhilfegesetzes zugesicherten Bundesmittel;
3. Mitwirkung bei der Verwaltung von Ersatzansprüchen – Artikel 4 der deutsch-schweizerischen Fürsorgevereinbarung vom 14. Juli 1952 (Bundesgesetzbl. 1953 II S. 32) in Verbindung mit dem zugehörigen Schlußprotokoll – aus Unterstützungsfällen, die beim Inkrafttreten der genannten Vereinbarung noch nicht abgeschlossen waren oder nach diesem Zeitpunkt eingeleitet worden sind, und zwar soweit diese Mitwirkung im Zusammenwirken mit den überörtlichen Trägern der Sozialhilfe erforderlich ist;
4. Verwaltung der für die Deutsche Interessenvertretung in der Schweiz (errichtet durch Beschluß des schweizerischen Bundesrates vom 8./18. Mai 1945) begründeten Ersatzansprüche aus Unterstützungsfällen, die vor dem Inkrafttreten der deutsch-schweizerischen Fürsorgevereinbarung abgeschlossen waren;
5. Mitwirkung bei der Geltendmachung von Ersatzansprüchen

auf Grund des Europäischen Fürsorgeabkommens vom 11. Dezember 1953 (Bundesgesetzbl. 1956 II S. 564).[1]

II.

Soweit sich diese Anordnung auf die Wahrnehmung der Befugnisse auf Grund des § 147 des Bundessozialhilfegesetzes bezieht (Abschnitt I Nr. 1), tritt sie am 1. Juni 1962 in Kraft. Im übrigen tritt die Anordnung mit ihrer Verkündung[2] im Bundesanzeiger in Kraft. Gleichzeitig tritt die Anordnung vom 29. Januar 1960 (Bundesanzeiger Nr. 23 vom 4. Februar 1960) außer Kraft.

---

[1] Abgedruckt unter Nr. **23**.
[2] Verkündet am 5. 7. 1962.

9. Erstes Gesetz zur Überleitung von Lasten und Deckungsmitteln auf den Bund (Erstes Überleitungsgesetz)[1]

In der Fassung der Bekanntmachung vom 28. April 1955
(BGBl. I S. 193)*

(BGBl. III 603-3)

Geändert durch Gesetz vom 21. 2. 1964 (BGBl. I S. 85), Gesetz vom 30. 8. 1971 (BGBl. I S. 1426), Gesetz vom 9. 6. 1975 (BGBl. I S. 1321) und Gesetz vom 8. 6. 1977 (BGBl. I S. 801)

(Auszug)

I. Allgemeiner Teil

§ 1[2]

(1) Der Bund trägt nach Maßgabe der §§ 21, 21a und 21b

1. die Aufwendungen für Besatzungskosten und Auftragsausgaben (§ 5),
2. die in § 6 bezeichneten Aufwendungen,
3. die Aufwendungen für die Kriegsfolgenhilfe (§§ 7 bis 13); für die in § 7 Abs. 2 Ziff. 3 genannten Personen trägt der Bund nur 80 vom Hundert der Fürsorgekosten (§§ 8 bis 10),

---

* Neubekanntmachung des Ersten Gesetzes zur Überleitung von Lasten und Deckungsmitteln auf den Bund (Erstes Überleitungsgesetz) vom 28. 11. 1950 (BGBl. S. 773).

[1] Im **Saarland** gilt dieses Gesetz teilweise in anderer Fassung; vgl. § 1 Gesetz zur Überleitung von Lasten und Deckungsmitteln vom Saarland auf den Bund (Fünftes Überleitungsgesetz) vom 30. 6. 1959 (BGBl. I S. 335) mit Änderung durch § 24 Nr. 6 Gesetz vom 22. 12. 1971 (BGBl. I S. 2104).

[2] § 1 Abs. 1 Einleitungsworte geändert durch Gesetz vom 8. 6. 1977 (BGBl. I S. 801), Abs. 1 Nr. 8 neu gefaßt durch Gesetz vom 21. 2. 1964 (BGBl. I S. 85) und geändert durch Gesetz vom 9. 6. 1975 (BGBl. I S. 1321), Abs. 3 Satz 1 neu gefaßt durch Finanzanpassungsgesetz vom 30. 8. 1971 (BGBl. I S. 1426).

Erstes Überleitungsgesetz §1 **ÜberleitG 9**

4. die Aufwendungen für die Umsiedlung Heimatvertriebener und für die Auswanderung von Kriegsfolgenhilfe-Empfängern (§§ 14 und 14a),
5. die Aufwendungen für die Rückführung von Deutschen (§ 15),
6. die Aufwendungen für Grenzdurchgangslager (§ 16),
6a. die Zuschüsse zur Kriegsgräberfürsorge, zum Suchdienst für Kriegsgefangene, Heimatvertriebene und heimatlose Ausländer und die Aufwendungen für den Rechtsschutz von Deutschen, die von ausländischen Behörden oder Gerichten im Zusammenhang mit den Kriegsereignissen verfolgt werden oder verurteilt worden sind,
7. die Aufwendungen für verdrängte Angehörige des öffentlichen Dienstes und für ehemalige berufsmäßige Wehrmachtsangehörige,
8. die Aufwendungen für Kriegsbeschädigte, Kriegshinterbliebene, ihnen gleichgestellte Personen und für Angehörige von Kriegsgefangenen, jedoch die Aufwendungen für die Kriegsopferfürsorge nach den §§ 25 bis 27e des Bundesversorgungsgesetzes nur zu 80 vom Hundert, soweit nicht die Leistungen der Kriegsopferfürsorge an Empfänger außerhalb des Geltungsbereiches dieses Gesetzes gewährt werden; die Aufwendungen umfassen auch die Kosten der Heilbehandlung in Versorgungskuranstalten, Versorgungsheilstätten für Tuberkulöse und in Versorgungskrankenhäusern innerhalb des Geltungsbereiches des Gesetzes nach näherer Bestimmung einer Rechtsverordnung der Bundesregierung, die der Zustimmung des Bundesrates bedarf,
9. die Aufwendungen der *Arbeitslosenfürsorge,*[1]
10. die Zuschüsse zur Arbeitslosenversicherung,
11. die Zuschüsse zu den Lasten der Sozialversicherung (§ 17).

(2) Aufwendungen sind die Beträge, um die die nachgewiesenen Ausgaben die mit ihnen zusammenhängenden Einnahmen übersteigen.

(3) Die bei den Behörden der Gebietskörperschaften einschließlich der selbständigen landesunmittelbaren Verwaltungs-

---

[1] Nunmehr ,,Arbeitslosenhilfe".

träger entstehenden Verwaltungsausgaben werden nicht übernommen. Der Bund trägt jedoch

1. bei den in Absatz 1 Ziffern 3 bis 6 genannten Aufwendungen diejenigen persönlichen und sächlichen Verwaltungskosten, die im Zusammenhang mit der Unterbringung, Verpflegung und Heilbehandlung in Einrichtungen der geschlossenen Fürsorge oder in Durchgangs- oder Wohnlagern stehen,
2. bei den in Absatz 1 Ziffer 8 bezeichneten Aufwendungen die Kosten für Bauvorhaben, die vor dem 1. April 1955 für Rechnung des Bundes begonnen, aber noch nicht beendet worden sind.

§ 4

(1) Die am 31. März 1950 in Geltung gewesenen bundes- und landesrechtlichen Bestimmungen über die in § 1 Abs. 1 aufgeführten Sachgebiete sind weiter anzuwenden, soweit in diesem Gesetz nichts anderes bestimmt ist oder nicht bundesgesetzliche Regelungen seit dem 1. April 1950 getroffen worden sind oder noch getroffen werden.

(2) Soweit die Länder oder Gemeinden (Gemeindeverbände) Ausgaben für die in § 1 Abs. 1 aufgeführten Sachgebiete nach § 21 für Rechnung des Bundes leisten, gilt folgendes:

1. Auf die für Rechnung des Bundes geleisteten Ausgaben und die mit ihnen zusammenhängenden Einnahmen sind die Vorschriften über das Haushaltsrecht des Bundes anzuwenden. Zur Vereinfachung des Verwaltungsverfahrens kann die Bundesregierung durch Rechtsverordnung, die der Zustimmung des Bundesrates bedarf, für bestimmte Sachgebiete Ausnahmen zulassen. Die für die Ausführung des Haushalts verantwortlichen Bundesbehörden können ihre Befugnisse auf die zuständigen obersten Landesbehörden übertragen und zulassen, daß auf die für Rechnung des Bundes zu leistenden Ausgaben und die mit ihnen zusammenhängenden Einnahmen die landesrechtlichen Vorschriften über die Kassen- und Buchführung der zuständigen Landes- und Gemeindebehörden angewendet werden.
2. In Angelegenheiten von grundsätzlicher oder erheblicher finanzieller Bedeutung sind die obersten Landesbehörden hinsichtlich der wirtschaftlichen Verwaltung der Bundesmittel

Erstes Überleitungsgesetz §§ 7, 8 **ÜberleitG 9**

an die Weisungen der obersten Bundesbehörden gebunden. Der Vollzug der Weisungen ist durch die obersten Landesbehörden sicherzustellen.

II. Besonderer Teil

2. Kriegsfolgenhilfe[1]

§ 7[2]

(1) Aufwendungen der Kriegsfolgenhilfe sind die auf Grund gesetzlicher Anordnung von den *Bezirksfürsorgeverbänden,* den *Landesfürsorgeverbänden* oder den Ländern geleisteten Fürsorgekosten für Kriegsfolgenhilfe-Empfänger.

(2) Kriegsfolgenhilfe-Empfänger sind

1. Heimatvertriebene,
2. Evakuierte,
3. Zugewanderte aus der sowjetischen Besatzungszone und der Stadt Berlin,
4. Ausländer und Staatenlose,
5. Angehörige von Kriegsgefangenen und Vermißten sowie Heimkehrer,
6. *(aufgehoben)*

§ 8

Fürsorgekosten sind die Pflichtleistungen, die im Rahmen *der Verordnung über die Fürsorgepflicht in der Fassung vom 20. August 1953 (Bundesgesetzbl. I S. 967), der Reichsgrundsätze über Voraussetzung, Art und Maß der öffentlichen Fürsorge in der Fassung vom 20. August 1953 (Bundesgesetzbl. I S. 967)*[3] und der hierzu ergangenen Ausführungsvorschriften in Verbindung mit den durch die Fürsorgerechtsprechung entwickelten Grundsätzen nach den örtlich maßgebenden, über Anordnungen des Landes nicht

---

[1] Siehe dazu die Erste Durchführungsverordnung zum Ersten Überleitungsgesetz vom 27. 2. 1955 (BGBl. I S. 88); abgedruckt unter Nr. **9a.**

[2] § 7 Abs. 2 Nr. 6 aufgehoben durch Gesetz vom 21. 2. 1964 (BGBl. I S. 85).

[3] Jetzt Bundessozialhilfegesetz; abgedruckt unter Nr. **1.**

hinausgehenden Richtsätzen und Richtlinien der öffentlichen Fürsorge gewährt werden.

§ 9

Fürsorgekosten sind sowohl Geldleistungen (laufende und einmalige Unterstützungen) als auch Sachleistungen *der offenen und geschlossenen Fürsorge*.

§ 10

Fürsorgekosten sind auch

1. *(durch Artikel 4 des Gesetzes über die Änderung und Ergänzung fürsorgerechtlicher Bestimmungen vom 20. August 1953 – Bundesgesetzbl. I S. 967 – überholt);*
2. die Kosten der Erholungsfürsorge für Mütter, Kinder und Jugendliche aus dem Kreise der Kriegsfolgenhilfe-Empfänger, wenn die Erholungsfürsorge nach Bescheinigung des Gesundheitsamtes zur Wiederherstellung der Gesundheit oder zur Verhütung einer erkennbar drohenden Gesundheitsschädigung notwendig ist;
3. die auf Grund der folgenden Sonderbestimmungen auf dem Gebiet des Fürsorge- und Gesundheitswesens an die Personengruppen der Kriegsfolgenhilfe geleisteten Zahlungen, auch soweit diese über den örtlich maßgebenden Sätzen der allgemeinen öffentlichen Fürsorge liegen:
    a) *Verordnung über Tuberkulosehilfe vom 8. September 1942 (Reichsgesetzbl. I S. 549)*,[1]
    b) *Verordnung über die Fürsorge für Kriegsblinde und hirnverletzte Kriegsbeschädigte vom 28. Juni 1940 (Reichsgesetzbl. I S. 937)*,[2]
    c) *Gesetz zur Bekämpfung der Geschlechtskrankheiten vom 23. Juli 1953 (Bundesgesetzbl. I S. 700)*[3]
    mit ihren Ausführungsbestimmungen.

---

[1] Aufgehoben und ersetzt durch Gesetz über die Tuberkulosehilfe vom 23. 7. 1959 (BGBl. I S. 513). Seit 1. 6. 1962 im Bundessozialhilfegesetz geregelt.

[2] Aufgehoben und ersetzt durch Verordnung vom 30. 5. 1961 (BGBl. I S. 653). Vgl. jetzt Verordnung zur Kriegsopferfürsorge vom 16. 1. 1979 (BGBl. I S. 80); abgedruckt unter Nr. **11**.

[3] Abgedruckt unter Nr. **16**.

Erstes Überleitungsgesetz §§ 11–13 ÜberleitG 9

§ 11

(1) Zur Kriegsfolgenhilfe gehören auch – soweit nicht die Bestimmung des § 15 oder des § 16 in Betracht kommt – die Kosten allgemeiner Fürsorgemaßnahmen für den Transport und für die lagermäßige Unterbringung und Versorgung von Heimatvertriebenen, Evakuierten, Zugewanderten aus der sowjetischen Besatzungszone und der Stadt Berlin, von Ausländern und Staatenlosen und von Heimkehrern bis zur wohnungsgemäßen Unterbringung am Übernahmeort. Diese Kosten gelten als Kriegsfolgenhilfe ohne Rücksicht darauf, ob sie für unterstützte oder nichtunterstützte Personen aufgewendet worden sind.

(2) Zur Kriegsfolgenhilfe gehören auch die gemäß §§ 2 und 3 des Gesetzes über Hilfsmaßnahmen für Heimkehrer (Heimkehrergesetz) vom 19. Juni 1950 (Bundesgesetzbl. S. 221) in der Fassung der Änderungsgesetze vom 30. Oktober 1951 (Bundesgesetzbl. I S. 875, 994) und vom 17. August 1953 (Bundesgesetzbl. I S. 931) gewährten Entlassungsgelder und Übergangsbeihilfen.

§ 12

Werden auf Grund landesrechtlicher Bestimmungen, die nach dem 8. Mai 1945 erlassen sind, an Stelle von Fürsorgeleistungen Leistungen gewährt, die nach anderen Grundsätzen als denen *der Verordnung über die Fürsorgepflicht in der Fassung vom 20. August 1953 (Bundesgesetzbl. I S. 967)*[1] bemessen, insbesondere nicht von der im Einzelfall nachgewiesenen Hilfsbedürftigkeit abhängig gemacht worden sind, so übernimmt der Bund nur die Kosten, die bei Anwendung der Vorschriften der *Fürsorgepflichtverordnung*[1] aufzuwenden gewesen wären. Das gleiche gilt für Fürsorgeleistungen, die Kriegsfolgenhilfe-Empfängern nach anderen Richtsätzen oder Richtlinien (§ 8) gewährt werden als den übrigen Empfängern der öffentlichen Fürsorge.

§ 13[2]

Die Bundesregierung wird ermächtigt, mit Zustimmung des Bundesrates

---

[1] Jetzt Bundessozialhilfegesetz; abgedruckt unter Nr. **1**.
[2] Vgl. hierzu die Erste Durchführungsverordnung zum Ersten Überleitungsgesetz vom 27. 2. 1955 (BGBl. I S. 88); abgedruckt unter Nr. **9a**.

1. die in § 7 genannten Personengruppen,
2. die in den §§ 8 bis 12 aufgeführten Fürsorgekosten näher zu bestimmen.

3. Umsiedlung und Auswanderung

§ 14

(1) Der Bund trägt die Kosten der Umsiedlung Heimatvertriebener im Sinne des § 2 der Verordnung über die Umsiedlung vom Heimatvertriebenen aus den Ländern Bayern, Niedersachsen und Schleswig-Holstein vom 29. November 1949 (Bundesgesetzbl. 1950 S. 4) und der Personen, die durch Gesetz oder durch Rechtsverordnung auf Grund des Artikels 119 des Grundgesetzes in die Umsiedlung einbezogen werden.

(2) Als Umsiedlung gilt die Umsiedlung von Land zu Land, die Umsiedlung zum Zwecke der Familienzusammenführung und die Umsiedlung innerhalb des Landes, sowohl im Wege des Sammeltransportes wie des Einzeltransportes. Entsprechendes gilt für etwaige Umsiedlungen aus Gebieten außerhalb des Bundes in das Bundesgebiet.

(3) Kosten der Umsiedlung sind die Kosten des Transportes vom bisherigen Aufenthaltsort zum neuen Aufenthaltsort, der Verpflegung während der Reise, des Begleitpersonals und ein Überbrückungsgeld zur Deckung der ersten Bedürfnisse am Aufnahmeort, soweit diese Kosten nicht von anderer Seite, insbesondere von der Arbeitslosenversicherung zu tragen sind.

§ 14a

(1) Der Bund trägt die Kosten der Auswanderung von Kriegsfolgenhilfe-Empfängern. Als Kriegsfolgenhilfe-Empfänger gelten die in § 7 Abs. 2 genannten Personen auch dann, wenn sie nicht von den *Fürsorgeverbänden* unterstützt werden, aber andere Sozialleistungen erhalten, oder wenn sie hilfsbedürftig im Sinne der *Fürsorgepflichtverordnung*[1] (§ 8) sind.

(2) Kosten der Auswanderung sind die Kosten des Transportes vom bisherigen Aufenthaltsort bis zum Grenzübertritt oder bis zur Einschiffung, der Verpflegung während der Reise, des

---

[1] Jetzt Bundessozialhilfegesetz.

Begleitpersonals, der vorgeschriebenen amtlichen Überprüfung und ärztlichen Untersuchung sowie der lagermäßigen Unterbringung und Versorgung.

4. Rückführung

§ 15

(1) Der Bund trägt die Kosten der Rückführung von Deutschen aus dem Ausland und aus den unter fremder Verwaltung stehenden deutschen Gebietsteilen und die Kosten der Durchführung der Verordnung über die Bereitstellung von Lagern und über die Verteilung der in das Bundesgebiet aufgenommenen Deutschen aus den unter fremder Verwaltung stehenden deutschen Gebietsteilen, aus Polen und der Tschechoslowakei auf die Länder des Bundesgebietes.

(2) Die Bundesregierung wird ermächtigt, mit Zustimmung des Bundesrates die Kosten der Rückführung im Sinne des Absatzes 1 näher zu bestimmen.

5. Grenzdurchgangslager

§ 16

Der Bund trägt die Kosten für die von der Bundesregierung als Grenzdurchgangslager von übergebietlicher Bedeutung anerkannten Einrichtungen.

6. Zuschüsse zu den Lasten der Sozialversicherung

§ 17

Zuschüsse zu den Lasten der Sozialversicherung (§ 1 Abs. 1 Ziff. 11) sind die auf Grund der folgenden Bestimmungen und der Verordnung über die Erstreckung von Sozialversicherungsrecht der Verwaltung des Vereinigten Wirtschaftsgebietes auf die Länder Baden, Rheinland-Pfalz, Württemberg-Hohenzollern und den bayerischen Kreis Lindau vom 12. Mai 1950 (Bundesgesetzbl. S. 179) zu leistenden Ausgaben:

a) Grundbeträge der Rentenversicherung der Arbeiter *(§ 1 Abs. 2 des Sozialversicherungs-Anpassungsgesetzes vom 17. Juni 1949 – WiGBl. S. 99 –);*

b) Beträge in Höhe der Grundbeträge der Rentenversicherung der Arbeiter von jeder Knappschaftsvollrente, Witwenvollrente und Waisenrente der knappschaftlichen Rentenversicherung *(§ 1 Abs. 2 und § 5 Abs. 2 des Knappschaftsversicherungs-Anpassungsgesetzes vom 30. Juni 1949 – WiGBl. S. 202 –);*
c) Beträge, die zur dauernden Aufrechterhaltung der Leistungen der knappschaftlichen Rentenversicherung erforderlich sind *(§ 18 des Sozialversicherungs-Anpassungsgesetzes und § 5 Abs. 4 des Knappschaftsversicherungs-Anpassungsgesetzes);*
d) Gemeinschaftshilfe des früheren Reichsstocks für Arbeitseinsatz an die knappschaftliche Krankenversicherung *(§ 15 des Sozialversicherungs-Anpassungsgesetzes und § 5 Abs. 3 des Knappschaftsversicherungs-Anpassungsgesetzes);*
e) Mehraufwendungen der Sozialversicherungsträger aus den Vorschriften des Gesetzes über die Behandlung der Verfolgten des Nationalsozialismus in der Sozialversicherung (§ 7 des Gesetzes über die Behandlung der Verfolgten des Nationalsozialismus in der Sozialversicherung vom 22. August 1949 – WiGBl. S. 263 –);
f) *(entfällt);*
g) Kosten der Unfallversicherung für ehemalige Reichsbetriebe und für Betriebe der britischen Zone (Sozialversicherungsordnung Nr. 9 vom 9. Juni 1947 – Arbeitsblatt für die britische Zone S. 233 –);
h) Aufwendungen der Sozialversicherungsträger für Ausgleichsbeträge an die im Bundesgebiet wohnenden Berechtigten saarländischer Sozialversicherungsträger;
i) Rentenauslagen für im Land Rheinland-Pfalz wohnende Berechtigte der früheren Lothringer Knappschaft.

III. Übergangs- und Schlußbestimmungen
§ 21

(1) Ausgaben für die in § 1 Abs. 1 Ziff. 1, 2, 7 bis 10 aufgeführten Sachgebiete sind für Rechnung des Bundes zu leisten. Die damit zusammenhängenden Einnahmen (§ 1 Abs. 2) sind an den Bund abzuführen.

(2) Die Vorschrift des Absatzes 1 gilt auch für die in § 1 Abs. 1 Ziff. 3 zweiter Halbsatz bezeichneten Aufwendungen.

§ 21a[1]

(1) Die im Geltungsbereich des Gesetzes entstehenden Aufwendungen für die in § 1 Abs. 1 Ziff 3 bis 6 aufgeführten Sachgebiete werden vom Bund durch Leistung von Pauschbeträgen an die Länder abgegolten. Die Abgeltung erfolgt in den Fällen des § 1 Abs. 1 Ziff. 3 zweiter Halbsatz gemäß § 21b, im übrigen gemäß den nachfolgenden Absätzen.

(2) Der einem Land nach Absatz 1 zustehende Pauschbetrag wird nach einem Grundbetrag errechnet. Der Grundbetrag eines Landes ist die Summe der in den Monaten Juli 1953 bis Juni 1954 (Bezugszeitraum) in seinem Gebiet entstandenen Aufwendungen (Absatz 1). Hierbei werden die Aufwendungen für die in § 10 Ziff. 1, 2, 3a und 3c bezeichneten Sachgebiete mit 110 vom Hundert angesetzt; zu den Aufwendungen in diesem Sinne gehören auch die Aufwendungen für die in § 7 Abs. 2 Ziff. 3 genannten Personen.

(3) Maßgebend für die Errechnung der Grundbeträge sind

1. die nach den Vorschriften dieses Gesetzes für den Bezugszeitraum verrechneten und von den Landesabrechnungsstellen als sachlich richtig bestätigten Aufwendungen und

2. die in dem Bezugszeitraum von den Trägern der gesetzlichen Rentenversicherung nach dem Erlaß des Reichsarbeitsministers vom 3. Juni 1944 (Amtliche Nachrichten des Reichsversicherungsamtes 1944 S. 150) geleisteten Aufwendungen der Tuberkulosehilfe für die in § 7 Abs. 2 genannten Personen, soweit diese Aufwendungen auf die Landesfürsorgeverbände übergegangen sind.

Erhebt der Bundesrechnungshof auf Grund seiner Prüfung Erinnerungen, gilt § 20 Abs. 1 Sätze 2 und 3 und Abs. 2 entsprechend.

(4) Der Pauschbetrag beträgt in vom Hundert des Grundbetrages:

im Rechnungsjahr 1955:	100
im Rechnungsjahr 1956:	95
im Rechnungsjahr 1957:	90
im Rechnungsjahr 1958:	85
im Rechnungsjahr 1959:	80

---

[1] § 21a Abs. 1 neu gefaßt durch Gesetz vom 8. 6. 1977 (BGBl. I S. 801).

9 ÜberleitG § 21 b Erstes Überleitungsgesetz

im Rechnungsjahr 1960:	75
im Rechnungsjahr 1961:	70
im Rechnungsjahr 1962:	65
im Rechnungsjahr 1963:	60
im Rechnungsjahr 1964:	55
im Rechnungsjahr 1965:	45
im Rechnungsjahr 1966:	35
im Rechnungsjahr 1967:	25
im Rechnungsjahr 1968:	15

Ab 1. April 1969 fällt die Leistung von Pauschbeträgen weg.

(5) Die vorstehenden Bestimmungen gelten für die ab 1. April 1955 geleisteten Ausgaben und eingegangenen Einnahmen im Sinne des Absatzes 1. Die Pauschbeträge sind den Ländern in monatlichen Teilbeträgen zu überweisen; die Länder überweisen die Pauschbeträge den *Landes-* und *Bezirksfürsorgeverbänden* und den gegebenenfalls sonst beteiligten Aufgabenträgern zur Deckung der von ihnen zu gewährenden Leistungen der Kriegsfolgenhilfe.

(6) Die Bundesregierung setzt die Höhe der den einzelnen Ländern nach den vorstehenden Bestimmungen zustehenden Pauschbeträge durch Rechtsverordnung[1] fest, die der Zustimmung des Bundesrates bedarf. Wird die Rechtsverordnung nicht vor dem 1. April 1955 verkündet, leistet der Bund monatlich Abschlagszahlungen in Höhe eines Zwölftels der in dem Bezugszeitraum zu Lasten des Bundeshaushalts verrechneten Aufwendungen.

(7) Führt die politische oder wirtschaftliche Entwicklung im Geltungsbereich des Gesetzes zu einer erheblichen Steigerung oder Minderung der in Absatz 1 bezeichneten Aufwendungen, sind die Pauschbeträge durch Rechtsverordnung der Bundesregierung, die der Zustimmung des Bundesrates bedarf, dieser Änderung anzupassen.

§ 21 b[2]

(1) Für die in § 1 Abs. 1 Ziff. 3 zweiter Halbsatz bezeichneten Fürsorgekosten stehen den Ländern jährliche Pauschbeträge in

---

[1] Dritte Durchführungsverordnung zum Ersten Gesetz zur Überleitung von Lasten und Deckungsmitteln auf den Bund vom 14. 11. 1978 (BGBl. I S. 1762).

[2] § 21 b eingefügt durch Gesetz vom 8. 6. 1977 (BGBl. I S. 801).

Höhe der in ihrem Gebiet im Haushaltsjahr 1975 entstandenen Aufwendungen zu. Als Aufwendungen gelten auch Leistungen nach § 12 dieses Gesetzes und 75 vom Hundert der Leistungen nach den §§ 276 und 276a des Lastenausgleichsgesetzes in der Fassung der Bekanntmachung vom 1. Oktober 1969 (BGBl. I S. 1909), zuletzt geändert durch Artikel 35 des Einführungsgesetzes zur Abgabenordnung vom 14. Dezember 1976 (BGBl. I S. 3341), für die in § 7 Abs. 2 Ziff. 3 genannten Personen.

(2) Die Pauschbeträge sind in den Haushaltsjahren 1976 bis einschließlich 1981 in vierteljährlich im voraus fälligen Teilbeträgen an die Länder zu überweisen. Soweit die Länder nicht selbst Aufgabenträger sind, überweisen sie die Zahlungen an die beteiligten Aufgabenträger zur pauschalen Abgeltung der von ihnen zu gewährenden Leistungen. Ab 1. Januar 1982 fällt die Leistung von Pauschbeträgen weg.

(3) Für die Feststellung der Pauschbeträge gilt § 21a Abs. 3, Abs. 6 Satz 1 und Abs. 7 entsprechend; danach entfällt eine nachträgliche Verrechnung von Einnahmen und Ausgaben der pauschalierten Leistungsbereiche aus der Zeit vor dem 1. Januar 1976.

§ 22

Die Ansprüche des Bundes auf den Ausgleich von Vorteilen, die den Ländern aus den Aufwendungen des Bundes auf Grund dieses Gesetzes zuwachsen, werden durch dieses Gesetz nicht berührt.

9a. Erste Durchführungsverordnung zum Ersten Überleitungsgesetz

Vom 27. Februar 1955 (BGBl. I S. 88)

(BGBl. III 603–3–1)

Auf Grund des § 13 des Ersten Gesetzes zur Überleitung von Lasten und Deckungsmitteln auf den Bund (Erstes Überleitungsgesetz) *in der Fassung vom 21. August 1951 (Bundesgesetzbl. I S. 779)*[1] verordnet die Bundesregierung zur Durchführung des § 7 Abs. 2 und der §§ 8 bis 12 des Gesetzes mit Zustimmung des Bundesrates:

Abschnitt I. Personenkreis der Kriegsfolgenhilfe-Empfänger

§ 1 Heimatvertriebene

Heimatvertriebene (§ 7 Abs. 2 Ziff. 1 des Gesetzes) sind die nach den §§ 1, 2 und 7 des Bundesvertriebenengesetzes vom 19. Mai 1953 (Bundesgesetzbl. I S. 201)[2] als Vertriebene (Heimatvertriebene) anerkannten Personen, soweit sie nach den Vorschriften dieses Gesetzes zur Inanspruchnahme von Rechten und Vergünstigungen berechtigt sind.

§ 2 Evakuierte

(1) Evakuierte (§ 7 Abs. 2 Ziff. 2 des Gesetzes) sind Personen deutscher und fremder Staatsangehörigkeit und Staatenlose, die vor dem 8. Mai 1945 aus kriegsursächlichen Gründen ihren Wohnsitz freiwillig oder auf behördliche Anordnung aufgegeben und in einem anderen Ort Zuflucht gefunden haben,

---

[1] Nunmehr i. d. F. der Bek. vom 28. 4. 1955 (BGBl. I S. 193); abgedruckt unter Nr. **9.**

[2] Nunmehr i. d. F. der Bek. vom 3. 9. 1971 (BGBl. I S. 1565).

oder

nach dem 8. Mai 1945 infolge von Maßnahmen der Militärregierungen der drei westlichen Besatzungsmächte den Ort ihres Wohnsitzes oder dauernden Aufenthaltes auf unbestimmte Zeit haben aufgeben müssen,

oder

nach ihrer Entlassung aus der Kriegsgefangenschaft oder Internierung am Zufluchtsort ihrer evakuierten Angehörigen ihren ständigen Aufenthalt genommen haben.

(2) Die Zugehörigkeit zu dem in Absatz 1 genannten Personenkreis erlischt:

1. wenn der Evakuierte am letzten Zufluchtsort ununterbrochen drei Jahre keine Fürsorgeleistungen, *Arbeitslosenfürsorgeunterstützung,*[1] Sozialversicherungsrenten, Renten nach dem Bundesversorgungsgesetz, Unterhaltsbeihilfe für Angehörige von Kriegsgefangenen und Unterhaltshilfe nach dem Soforthilfegesetz oder dem Lastenausgleichsgesetz erhalten hat,

oder

2. drei Jahre nach Rückkehr in den Ort des früheren Wohnsitzes oder dauernden Aufenthalts (Ausgangsort) oder des Ersatzausgangsorts im Sinne des § 6 des Bundesevakuiertengesetzes vom 14. Juli 1953 (Bundesgesetzbl. I S. 586),[2] sofern nicht die Aufnahme eines Hilfsbedürftigen in ein Altersheim erfolgt.

Die in Satz 1 Ziffern 1 und 2 bestimmten Fristen beginnen frühestens am 1. Oktober 1951.

(3) Absatz 2 gilt nicht für die Kosten der Rückführung oder Rückkehr von Evakuierten (§ 8 Abs. 2 des Bundesevakuiertengesetzes).

§ 3 Zugewanderte

(1) Zugewanderte aus der sowjetischen Besatzungszone und der Stadt Berlin (§ 7 Abs. 2 Ziff. 3 des Gesetzes) sind Personen deutscher Staatsangehörigkeit oder Volkszugehörigkeit, die

1. in der sowjetischen Besatzungszone oder in der Stadt Berlin am 31. Dezember 1944 ihren Wohnsitz hatten, diesen aber

---

[1] Nunmehr ,,Arbeitslosenhilfe".
[2] Nunmehr i. d. F. der Bek. vom 13. 10. 1961 (BGBl. I S. 1865).

aus kriegsursächlichen oder politischen Gründen bis zum 11. Juli 1945 aufgegeben und im Bundesgebiet ihren ständigen Aufenthalt genommen haben,

2. in der sowjetischen Besatzungszone oder in Berlin-Ost am 11. Juli 1945 ihren Wohnsitz hatten, diesen aber aus politischen Gründen aufgegeben und im Bundesgebiet oder in Berlin-West (amerikanischer, britischer und französischer Sektor) ihren ständigen Aufenthalt genommen haben.

(2) Absatz 1 gilt auch für Personen, die nach ihrer Entlassung aus der Kriegsgefangenschaft oder Internierung an ihren früheren Wohnsitz nicht zurückgekehrt sind.

(3) § 2 Abs. 2 Satz 1 Ziff. 1 und Satz 2 gilt entsprechend.

§ 4 Ausländer und Staatenlose

(1) Ausländer und Staatenlose sind Kriegsfolgenhilfe-Empfänger im Sinne des § 7 Abs. 2 Ziff. 4 des Gesetzes, wenn sie

1. ihren Wohnsitz im Ausland aus kriegsursächlichen oder politischen Gründen nach dem 31. August 1939 freiwillig oder auf behördliche Anordnung aufgegeben haben,

2. im Bundesgebiet oder im Land Berlin Aufenthalt genommen haben,

solange ihre Rückkehr in das Herkunftsland oder Heimatland nicht möglich oder nicht zumutbar oder ihre Ausweisung nicht möglich ist.

(2) § 2 Abs. 2 Satz 1 Ziff. 1 und Satz 2 gilt entsprechend.

§ 5 Angehörige von Kriegsgefangenen und Vermißten, Heimkehrer

(1) Angehörige von Kriegsgefangenen (§ 7 Abs. 2 Ziff. 5 des Gesetzes) sind Personen, die nach dem Gesetz über die Unterhaltsbeihilfe für Angehörige von Kriegsgefangenen *in der Fassung vom 30. April 1952 (Bundesgesetzbl. I S. 262)*[1] Unterhaltsbeihilfe beziehen.

(2) Vermißte im Sinne des § 7 Abs. 2 Ziff. 5 des Gesetzes sind Personen, die seit der Ausübung eines militärischen oder militärähnlichen Dienstes im Sinne des § 1 des Gesetzes über die

---

[1] Nunmehr i. d. F. der Bek. vom 18. 3. 1964 (BGBl. I S. 219).

Verschollenheit, die Todeserklärung und die Feststellung der Todeszeit in der Fassung vom 15. Januar 1951 (Bundesgesetzbl. I S. 63) verschollen sind. Angehörige von Vermißten (§ 7 Abs. 2 Ziff. 5 des Gesetzes) sind Personen, die nach geltendem Recht als Kriegshinterbliebene des Vermißten Anspruch auf Versorgung hätten, solange sie keine Verschollenheitsrente nach dem Bundesversorgungsgesetz *in der Fassung der Bekanntmachung vom 7. August 1953 (Bundesgesetzbl. I S. 866) und des Dritten Gesetzes zur Änderung und Ergänzung des Bundesversorgungsgesetzes vom 19. Januar 1955 (Bundesgesetzbl. I S. 25)*[1] beziehen.

(3) Heimkehrer (§ 7 Abs. 2 Ziff. 5 des Gesetzes) sind Personen, die Heimkehrer im Sinne des Gesetzes über Hilfsmaßnahmen für Heimkehrer (Heimkehrergesetz) vom 19. Juni 1950 (Bundesgesetzbl. S. 221) in der Fassung der Änderungsgesetze vom 30. Oktober 1951 (Bundesgesetzbl. I S. 875, 994) und 17. August 1953 (Bundesgesetzbl. I S. 931) sind, solange sie Barleistungen nach dem Heimkehrergesetz erhalten; als Barleistungen gelten auch alle nach § 3 des Heimkehrergesetzes gewährten Leistungen.

§ 6 Kriegsbeschädigte, Kriegshinterbliebene und ihnen gleichgestellte Personen

Kriegsbeschädigte, Kriegshinterbliebene und ihnen gleichgestellte Personen (§ 7 Abs. 2 Ziff. 6 des Gesetzes) sind Personen, die nach dem Bundesversorgungsgesetz Versorgungsleistungen beziehen, Kriegsbeschädigte und ihnen gleichgestellte Personen jedoch nur insoweit, als die Voraussetzungen für die Gewährung der Fürsorgeleistungen auf der anerkannten Schädigung beruhen.

Abschnitt II. Verrechnungsfähigkeit der Fürsorgekosten

§ 7 Verrechnungsfähige Kosten

(1) Verrechnungsfähige Fürsorgekosten (§§ 8 bis 12 des Gesetzes) sind auch Fürsorgeleistungen, die den Angehörigen des

---

[1] Nunmehr i. d. F. der Bek. vom 22. 1. 1982 (BGBl. I S. 21).

9a DVO ÜberleitG § 7

Kriegsfolgenhilfe-Empfängers gewährt werden, soweit sie mit ihm in Familiengemeinschaft leben. Angehörige in diesem Sinne sind Verwandte in gerader Linie, Ehegatten, Stiefkinder und Adoptivkinder. Ein nur vorübergehendes Ausscheiden aus der Familiengemeinschaft hebt diese nicht auf; als vorübergehend gilt das Ausscheiden auch dann, wenn sich der Angehörige in Berufsausbildung befindet oder durch den Fürsorgeverband anderweitig untergebracht ist.

(2) Leistungen der *geschlossenen Fürsorge* sind die Kosten der Unterbringung, Verpflegung, Heilbehandlung und Pflege sowie die notwendigen Nebenleistungen und Barleistungen (Taschengeld) einschließlich der unmittelbar durch die Gewährung dieser Leistungen entstehenden und rechnungsmäßig nicht ausgliederbaren Verwaltungskosten. Die Höhe der zu erstattenden Kosten der Unterbringung, Verpflegung, Heilbehandlung und Pflege richtet sich nach den für die einzelnen Anstalten festgesetzten Pflegesätzen.

(3) Verrechnungsfähig sind ferner

1. die Leistungen der Arbeits- und Berufsförderung, welche Kriegsbeschädigten oder ihnen gleichgestellten Personen auf Grund der *Verordnung zur Durchführung des § 26 des Bundesversorgungsgesetzes vom 10. Dezember 1951 (Bundesgesetzbl. I S. 951)*[1] gewährt werden;
2. die Leistungen der sozialen Fürsorge, die auf Grund der *Verwaltungsvorschriften zur Durchführung der §§ 25 bis 27 des Bundesversorgungsgesetzes vom 10. Dezember 1951 (Bundesanzeiger Nr. 26 vom 7. Februar 1952)*[1] gewährt werden, soweit nicht in den §§ 8 und 9 dieser Verordnung Abweichendes bestimmt ist;
3. die Kosten der Fürsorgeerziehung im Sinne der *§§ 62 und 70 des Reichsgesetzes für Jugendwohlfahrt vom 9. Juli 1922 (Reichsgesetzbl. I S. 633) in der Fassung der Änderungsgesetze vom 1. Februar 1939 (Reichsgesetzbl. I S. 109) und 28. August 1953 (Bundesgesetzbl. I S. 1035)*.[2]

---

[1] Nunmehr Verordnung zur Kriegsopferfürsorge vom 16. 1. 1979 (BGBl. I S. 80); abgedruckt unter Nr. **11**.

[2] Nunmehr §§ 62 ff. Gesetz für Jugendwohlfahrt i. d. F. der Bek. vom 25. 4. 1977 (BGBl. I S. 633, ber. S. 795).

Ersten Überleitungsgesetz §§ 8–10 DVO ÜberleitG **9a**

§ 8 Besondere Voraussetzungen der Verrechnungsfähigkeit

(1)[1] *(gegenstandslos)*

(2) Die Kosten der Erholungsfürsorge nach *den Verwaltungsvorschriften zur Durchführung der §§ 25 bis 27 des Bundesversorgungsgesetzes vom 10. Dezember 1951*[2] sind nur dann verrechnungsfähig, wenn

1. die Erholung zur Erhaltung oder Erreichung der Arbeitsfähigkeit erforderlich ist und
2. die Erholungsbedürftigkeit durch die anerkannte Schädigung bedingt ist.

Die Notwendigkeit der Erholung zur Erhaltung oder Erreichung der Arbeitsfähigkeit und der ursächliche Zusammenhang der Erholungsbedürftigkeit mit der anerkannten Schädigung sind vom Gesundheitsamt zu bestätigen.

(3) Die Kosten der Erholungsfürsorge für Mütter, Kinder und Jugendliche (§ 10 Ziff. 2 des Gesetzes) sind nur verrechnungsfähig, wenn die Erholungsfürsorge in Heimen durchgeführt wird, welche die Landesregierung oder die von ihr ermächtigte Stelle anerkannt hat.

§ 9 Nichtverrechnungsfähige Kosten

Nicht verrechnungsfähig sind Kosten der Wohnungs- und Siedlungsfürsorge nach *den Verwaltungsvorschriften zur Durchführung der §§ 25 bis 27 des Bundesversorgungsgesetzes vom 10. Dezember 1951.*[2]

§ 10 Durchgangs- und Wohnlager

(1) Durchgangs- und Wohnlager sind Sammelunterkünfte, in welche Kriegsfolgenhilfe-Empfänger vorübergehend bis zu ihrer Unterbringung in einer Wohnung eingewiesen und die durchschnittlich mit mindestens 20 Personen belegt sind.

(2) Als Aufwendungen der Kriegsfolgenhilfe verrechnungsfähig sind die Gesamtkosten, die sich unmittelbar durch die

---

[1] § 8 Abs. 1 gegenstandslos infolge Wegfalls der Vorschriften in § 10 Nr. 1 des Ersten Überleitungsgesetzes (abgedruckt unter Nr. **9**).
[2] Nunmehr Verordnung zur Kriegsopferfürsorge vom 16. 1. 1979 (BGBl. I S. 80); abgedruckt unter Nr. **11.**

9a DVO ÜberleitG § 10   Erste DVO zum

Unterhaltung der Lager nach Abzug der Einnahmen ergeben, unter der Voraussetzung, daß

1. die Einnahmen und Ausgaben für jedes Lager getrennt haushaltsmäßig veranschlagt und durch eine Haushaltsrechnung nachgewiesen werden;
2. die Lagerinsassen für die ihnen gewährten Leistungen ein angemessenes Entgelt zu entrichten haben;
3. bei einer auch nur teilweisen Änderung des Verwendungszwecks der Bund an der Nutzung oder an dem Erlös aus der Veräußerung von Grundstücken, Gebäuden und Gegenständen aller Art im Verhältnis des Kostenanteils beteiligt wird, den der Bund bei dem Erwerb der Grundstücke, Gebäude und Gegenstände oder bei der Errichtung oder Erweiterung oder Instandsetzung der Gebäude und Gegenstände getragen hat.

(3) Zu den Kosten gehören die Geld- und Sachleistungen an Kriegsfolgenhilfe-Empfänger im Rahmen des notwendigen Lebensbedarfs *(§ 6 der Reichsgrundsätze über Voraussetzung, Art und Maß der öffentlichen Fürsorge in der Fassung der Bekanntmachung vom 1. August 1931 – Reichsgesetzbl. I S. 441 –, der Änderungsverordnung vom 26. Mai 1933 – Reichsgesetzbl. I S. 316 – und des Gesetzes über die Änderung und Ergänzung fürsorgerechtlicher Bestimmungen vom 20. August 1953 – Bundesgesetzbl. I S. 967),*[1] die persönlichen und sächlichen Verwaltungsausgaben für das unmittelbar mit der Unterhaltung und Führung des Lagers betraute Lagerpersonal, die rechnungsmäßig aus den Lagerkosten nicht ausgliederbaren allgemeinen Haushaltsausgaben und die Kosten für die laufende bauliche Unterhaltung des Lagers.

(4) Der Bundesminister des Innern kann mit Zustimmung des Bundesministers der Finanzen Ausgaben für besondere Einrichtungen, namentlich Lagerschulen, Kindergärten, Werk- und Nähstuben, Krankenreviere, Lesestuben, Sporteinrichtungen und Wärmehallen, ganz oder teilweise als verrechnungsfähige Aufwendungen der Kriegsfolgenhilfe anerkennen, wenn diese Einrichtungen nach Lage, Größe und Art des Lagers unabweisbar notwendig sind.

(5) Die Kosten der erstmaligen Instandsetzung, Errichtung, Erweiterung, des Umbaues und der Verlegung von Durch-

---

[1] Nunmehr § 12 Bundessozialhilfegesetz.

gangs- und Wohnlagern kann der Bundesminister des Innern mit Zustimmung des Bundesministers der Finanzen in begründeten Fällen als verrechnungsfähig anerkennen.

(6) Zu den Einnahmen im Sinne des Absatzes 2 gehören insbesondere die Entgelte, welche die im Lager untergebrachten Personen und das Lagerpersonal für Unterbringung, Verpflegung und sonstige Leistungen zahlen, und die von Dritten erstatteten Beträge.

Abschnitt III. Übergangsvorschriften, Inkrafttreten

§ 11 Übergangsvorschrift

Zugewanderte aus der sowjetischen Besatzungszone und der Stadt Berlin (§ 3) gelten bis auf weiteres als Kriegsfolgenhilfe-Empfänger nach § 7 Abs. 2 Ziff. 3 des Gesetzes auch dann, wenn sie nicht im Besitz einer nach bundes-, landes- oder besatzungsrechtlichen Vorschriften erforderlichen Zuzugs- oder Aufenthaltsgenehmigung sind.

§ 12 Geltung in Berlin

Diese Verordnung gilt gemäß § 14 des Dritten Überleitungsgesetzes vom 4. Januar 1952 (Bundesgesetzbl. I S. 1) auch im Land Berlin.[1]

§ 13 Inkrafttreten

(1) Diese Verordnung tritt mit Wirkung vom 1. April 1950 in Kraft.

(2) Soweit bis zum Tage nach der Verkündung dieser Verordnung nach den bisherigen Erstattungsgrundsätzen verfahren worden ist, bewendet es dabei.

---

[1] In **Berlin** veröffentlicht durch Verordnung vom 28. 3. 1955 (GVBl. S. 245).

10. Gesetz über die Versorgung der Opfer des Krieges (Bundesversorgungsgesetz – BVG)

In der Fassung der Bekanntmachung vom 22. Januar 1982
(BGBl. I S. 21)

(BGBl. III 830–2)

Zuletzt geändert durch Gesetz vom 20. 12. 1988 (BGBl. I S. 2343), vom 22. 12. 1988 (BGBl. I S. 2477), vom 30. 6. 1989 (BGBl. I S. 1288), vom 30. 6. 1989 (BGBl. I S. 1294), vom 18. 12. 1989 (BGBl. I S. 2261) und vom 23. 3. 1990 (BGBl. I S. 582)

(Auszug)

Kriegsopferfürsorge[1]

§ 25[2] [Kriegsopferfürsorge für Beschädigte und Hinterbliebene]

(1) Leistungen der Kriegsopferfürsorge erhalten Beschädigte und Hinterbliebene zur Ergänzung der übrigen Leistungen nach diesem Gesetz als besondere Hilfen im Einzelfall (§ 24 Abs. 1 Nr. 2 des Ersten Buches Sozialgesetzbuch).

(2) Aufgabe der Kriegsopferfürsorge ist es, sich der Beschädigten und ihrer Familienmitglieder sowie der Hinterbliebenen in allen Lebenslagen anzunehmen, um die Folgen der Schädigung oder des Verlustes des Ehegatten, Elternteils, Kindes oder Enkelkinds angemessen auszugleichen oder zu mildern.

(3) Leistungen der Kriegsopferfürsorge erhalten nach Maßgabe der nachstehenden Vorschriften
1. Beschädigte, die Grundrente nach § 31 beziehen oder Anspruch auf Heilbehandlung nach § 10 Abs. 1 haben,

---

[1] Beachte hierzu Verordnung zur Kriegsopferfürsorge vom 16. 1. 1979 (BGBl. I S. 80); abgedruckt unter Nr. **11**.

[2] § 25 Abs. 4 Satz 2 frühere Nr. 4 aufgehoben, bisherige Nr. 5 wurde Nr. 4 durch Gesetz vom 20. 12. 1982 (BGBl. I S. 1857), Abs. 4 Satz 2 geändert durch Gesetz vom 24. 6. 1985 (BGBl. I S. 1144), Abs. 4 Satz 1 geändert durch Gesetz vom 16. 12. 1986 (BGBl. I S. 2441) und durch Gesetz vom 21. 6. 1988 (BGBl. I S. 826), Abs. 4 Satz 2 Nr. 3 geändert durch Gesetz vom 23. 3. 1990 (BGBl. I S. 582).

Bundesversorgungsgesetz § 25a **BVG 10**

2. Hinterbliebene, die Hinterbliebenenrente, Witwen- oder Waisenbeihilfe nach diesem Gesetz beziehen, Eltern auch dann, wenn ihnen wegen der Höhe ihres Einkommens Elternrente nicht zusteht und die Voraussetzungen der §§ 49 und 50 erfüllt sind.

Leistungen der Kriegsopferfürsorge werden auch gewährt, wenn der Anspruch auf Versorgung nach § 65 ruht, der Anspruch auf Zahlung von Grundrente wegen Abfindung erloschen oder übertragen ist oder Witwenversorgung auf Grund der Anrechnung nach § 44 Abs. 5 entfällt.

(4) Beschädigte erhalten Leistungen der Kriegsopferfürsorge auch für Familienmitglieder, soweit diese ihren nach den nachstehenden Vorschriften anzuerkennenden Bedarf nicht aus eigenem Einkommen und Vermögen decken können. Als Familienmitglieder gelten

1. der Ehegatte des Beschädigten,
2. die Kinder des Beschädigten,
3. die Kinder, die nach § 33b Abs. 2 als Kinder des Beschädigten gelten und seine Pflegekinder im Sinne des § 2 Abs. 1 Satz 1 Nr. 2 des Bundeskindergeldgesetzes,
4. sonstige Angehörige, die mit dem Beschädigten in häuslicher Gemeinschaft leben,
5. Personen, deren Ausschluß eine offensichtliche Härte bedeuten würde,

wenn der Beschädigte den Lebensunterhalt des Familienmitglieds überwiegend bestreitet, vor der Schädigung bestritten hat oder ohne die Schädigung wahrscheinlich bestreiten würde.

(5) Leistungen der Kriegsopferfürsorge können auch gewährt werden, wenn über Art und Umfang der Versorgung noch nicht rechtskräftig entschieden, mit der Anerkennung eines Versorgungsanspruchs aber zu rechnen ist.

§ 25a[1] **[Leistungsvoraussetzungen]**

(1) Leistungen der Kriegsopferfürsorge werden gewährt, wenn und soweit die Beschädigten infolge der Schädigung und

---

[1] § 25a Abs. 2 Satz 3 Nr. 2 neu gefaßt, frühere Nr. 2 wird Nr. 3 durch Gesetz vom 21. 6. 1988 (BGBl. I S. 826), Nr. 3 geändert mit Wirkung vom 1. 1. 1992 durch Rentenreformgesetz 1992 vom 18. 12. 1989 (BGBl. I S. 2261).

die Hinterbliebenen infolge des Verlustes des Ehegatten, Elternteils, Kindes oder Enkelkinds nicht in der Lage sind, den nach den nachstehenden Vorschriften anzuerkennenden Bedarf aus den übrigen Leistungen nach diesem Gesetz und dem sonstigen Einkommen und Vermögen zu decken.

(2) Ein Zusammenhang zwischen der Schädigung oder dem Verlust des Ehegatten, Elternteils, Kindes oder Enkelkinds und der Notwendigkeit der Leistung wird vermutet, sofern nicht das Gegenteil offenkundig oder nachgewiesen ist. Leistungen der Kriegsopferfürsorge können auch gewährt werden, wenn ein Zusammenhang zwischen der Schädigung oder dem Verlust des Ehegatten, Elternteils, Kindes oder Enkelkinds und der Notwendigkeit der Leistung nicht besteht, die Leistung jedoch im Einzelfall durch besondere Gründe der Billigkeit gerechtfertigt ist. Der Zusammenhang wird stets angenommen

1. bei Beschädigten, die Beschädigtenrente eines Erwerbsunfähigen und Berufsschadensausgleich oder die eine Pflegezulage erhalten; § 25 Abs. 3 Satz 2 gilt entsprechend,
2. bei Schwerbeschädigten, die das 60. Lebensjahr vollendet haben,

Fassung § 25a Abs. 2 Nr. 3 bis 31. 12. 1991:

3. bei Hinterbliebenen, die erwerbsunfähig im Sinne des § 1247 Abs. 2 der Reichsversicherungsordnung sind oder das 60. Lebensjahr vollendet haben.

Fassung § 25a Abs. 2 Nr. 3 ab 1. 1. 1992:

3. bei Hinterbliebenen, die erwerbsunfähig im Sinne des Sechsten Buches Sozialgesetzbuch sind oder das 60. Lebensjahr vollendet haben.

§ 25 b[1] [Leistungen]

(1) Leistungen der Kriegsopferfürsorge sind
1. Hilfen zur beruflichen Rehabilitation (§§ 26 und 26a),
2. Krankenhilfe (§ 26b),
3. Hilfe zur Pflege (§ 26c),

---

[1] § 25b Abs. 1 Satz 1 neu gefaßt durch Gesetz vom 23. 6. 1986 (BGBl. I S. 915).

Bundesversorgungsgesetz § 25b **BVG 10**

4. Hilfe zur Weiterführung des Haushalts (§ 26 d),
5. Altenhilfe (§ 26 e),
6. Erziehungsbeihilfe (§ 27),
7. ergänzende Hilfe zum Lebensunterhalt (§ 27 a),
8. Erholungshilfe (§ 27 b),
9. Wohnungshilfe (§ 27 c),
10. Hilfen in besonderen Lebenslagen (§ 27 d).

Wird die Hilfe in einer Anstalt, einem Heim oder einer gleichartigen Einrichtung oder in einer Einrichtung zur teilstationären Betreuung gewährt, umfaßt sie auch den in der Einrichtung gewährten Lebensunterhalt.

(2) Leistungsarten der Kriegsopferfürsorge sind persönliche Hilfe, Sach- und Geldleistungen.

(3) Zur persönlichen Hilfe gehören insbesondere die Beratung in Fragen der Kriegsopferfürsorge sowie die Erteilung von Auskünften in sonstigen sozialen Angelegenheiten, soweit sie nicht von anderen Stellen oder Personen wahrzunehmen sind.

(4) Geldleistungen werden als einmalige Beihilfen, laufende Beihilfen oder als Darlehen gewährt. Darlehen können gegeben werden, wenn diese Art der Hilfe zur Erreichung des Leistungszwecks ausreichend oder zweckmäßiger ist. Anstelle von Geldleistungen können Sachleistungen gewährt werden, wenn diese Art der Hilfe im Einzelfall zweckmäßiger ist.

(5) Art, Ausmaß und Dauer der Leistungen der Kriegsopferfürsorge richten sich nach der Besonderheit des Einzelfalls, vor allem nach der Person des Hilfesuchenden, der Art des Bedarfs und den örtlichen Verhältnissen. Dabei sind Art und Schwere der Schädigung, Gesundheitszustand und Lebensalter sowie die Lebensstellung vor Eintritt der Schädigung oder vor Auswirkung der Folgen der Schädigung oder vor dem Verlust des Ehegatten, Elternteils, Kindes oder Enkelkinds besonders zu berücksichtigen. Wünschen des Hilfesuchenden, die sich auf die Gestaltung der Hilfe richten, soll entsprochen werden, soweit sie angemessen sind und keine unvertretbaren Mehrkosten erfordern.

BVG §§ 25c, 25d Bundesversorgungsgesetz

§ 25 c[1] [Umfang der Leistungen]

(1) Die Höhe der Geldleistungen bemißt sich nach dem Unterschied zwischen dem anzuerkennenden Bedarf und dem einzusetzenden Einkommen und Vermögen; § 26 Abs. 6 und § 26a bleiben unberührt. Darüber hinaus können in begründeten Fällen Geldleistungen auch insoweit erteilt werden, als zur Deckung des Bedarfs Einkommen oder Vermögen des Hilfsuchenden einzusetzen oder zu verwerten ist; in diesem Umfang hat der Hilfempfänger dem Träger der Kriegsopferfürsorge die Aufwendungen zu erstatten.

(2) Kommt eine Sachleistung in Betracht, hat der Hilfempfänger den Aufwand für die Sachleistung in Höhe des einzusetzenden Einkommens und Vermögens zu tragen.

(3) Einkommen ist insoweit nicht einzusetzen, als der Einsatz des Einkommens im Einzelfall bei Berücksichtigung der besonderen Lage der Beschädigten oder Hinterbliebenen vor allem nach Art und Schädigungsnähe des Bedarfs, Dauer und Höhe der erforderlichen Aufwendungen sowie nach der besonderen Belastung des Hilfsuchenden und seiner unterhaltsberechtigten Angehörigen unbillig wäre. Bei ausschließlich schädigungsbedingtem Bedarf ist Einkommen nicht einzusetzen.

(4) *(aufgehoben)*

§ 25 d [Einkommen]

(1) Einkommen im Sinne der Vorschriften über die Kriegsopferfürsorge sind alle Einkünfte in Geld oder Geldeswert mit Ausnahme der Leistungen der Kriegsopferfürsorge; § 26a Abs. 9 bleibt unberührt. Als Einkommen gelten nicht die Grundrente und die Schwerstbeschädigtenzulage sowie ein Betrag in Höhe der Grundrente, soweit nach § 44 Abs. 5 Leistungen auf die Witwengrundrente angerechnet werden oder soweit die Grundrente nach § 65 ruht. Satz 2 gilt auch für den der Witwen- und Waisenbeihilfe nach § 48 zugrunde liegenden Betrag der Grundrente.

---

[1] § 25c Abs. 1 Satz 2 Halbsatz 2 geändert und Abs. 4 aufgehoben durch Gesetz vom 4. 11. 1982 (BGBl. I S. 1450), Abs. 3 Satz 2 angefügt durch Gesetz vom 21. 6. 1988 (BGBl. I S. 826).

Bundesversorgungsgesetz § 25d **BVG 10**

(2) Als Einkommen des Hilfesuchenden gilt auch das Einkommen seines nicht getrennt lebenden Ehegatten, soweit es die für den Hilfesuchenden maßgebende Einkommensgrenze des § 25e Abs. 1 übersteigt. Leistungen anderer auf Grund eines bürgerlich-rechtlichen Unterhaltsanspruchs sind insoweit Einkommen des Hilfesuchenden, als das Einkommen des Unterhaltspflichtigen die für ihn nach § 25e Abs. 1 zu ermittelnde Einkommensgrenze übersteigt; ist ein Unterhaltsbetrag gerichtlich festgesetzt, sind die darauf beruhenden Leistungen Einkommen des Hilfesuchenden. § 25e Abs. 2 bleibt unberührt.

(3) Vom Einkommen sind abzusetzen

1. auf das Einkommen entrichtete Steuern,
2. Pflichtbeiträge zur Sozialversicherung einschließlich der Arbeitslosenversicherung,
3. Beiträge zu öffentlichen oder privaten Versicherungen oder ähnlichen Einrichtungen, soweit diese Beiträge gesetzlich vorgeschrieben oder nach Grund und Höhe angemessen sind,
4. die mit der Erzielung des Einkommens verbundenen notwendigen Ausgaben.

(4) Leistungen, die auf Grund öffentlich-rechtlicher Vorschriften zu einem ausdrücklich genannten Zweck gewährt werden, sind nur insoweit Einkommen, als die Leistung der Kriegsopferfürsorge im Einzelfall demselben Zweck dient. Eine Entschädigung, die wegen eines Schadens, der nicht Vermögensschaden ist, nach § 847 des Bürgerlichen Gesetzbuchs geleistet wird, gilt nicht als Einkommen.

(5) Zuwendungen der Freien Wohlfahrtspflege gelten nicht als Einkommen, soweit sie nicht die Lage des Empfängers so günstig beeinflussen, daß daneben Leistungen der Kriegsopferfürsorge ungerechtfertigt wären. Zuwendungen, die ein anderer gewährt, ohne hierzu eine rechtliche oder sittliche Pflicht zu haben, sollen als Einkommen außer Betracht bleiben, soweit ihre Berücksichtigung für den Empfänger eine besondere Härte bedeuten würde.

(6) Vermögen im Sinne der Vorschriften über die Kriegsopferfürsorge ist das gesamte verwertbare Vermögen.

§ 25e[1] [Einsatz von Einkommen]

(1) Einkommen der Hilfesuchenden ist zur Bedarfsdeckung nur einzusetzen, soweit es im Monat eine Einkommensgrenze übersteigt, die sich ergibt aus

1. einem Grundbetrag in Höhe von 2,65 vom Hundert des Bemessungsbetrags des § 33 Abs. 1 Satz 2 Buchstabe a (Bemessungsbetrag),
2. den Kosten der Unterkunft,
3. einem Familienzuschlag in Höhe von 40 vom Hundert des Grundbetrags für den vom Hilfesuchenden überwiegend unterhaltenen Ehegatten sowie für jede weitere vom Hilfesuchenden allein oder zusammen mit seinem Ehegatten überwiegend unterhaltene Person,

höchstens jedoch aus einem Betrag in Höhe von einem Zwölftel des Bemessungsbetrags zuzüglich eines Betrages in Höhe von 75 vom Hundert des jeweiligen Familienzuschlags.

(2) Bei minderjährigen unverheirateten Beschädigten ist zur Deckung des Bedarfs auch Einkommen der Eltern einzusetzen. Für den Einsatz des Einkommens gilt Absatz 1 entsprechend mit der Maßgabe, daß ein Familienzuschlag für einen Elternteil, wenn die Eltern zusammenleben, sowie für den Beschädigten und für jede weitere Person anzusetzen ist, die von den Eltern oder dem Beschädigten bisher überwiegend unterhalten worden ist oder der sie nach der Entscheidung über die Gewährung der Kriegsopferfürsorge unterhaltspflichtig werden. Leben die Eltern nicht zusammen, richtet sich die Einkommensgrenze nach dem Elternteil, bei dem der Beschädigte lebt; leben die Eltern nicht zusammen und lebt der Beschädigte bei keinem Elternteil, bestimmt sich die Einkommensgrenze nach Absatz 1; § 25d Abs. 2 Satz 2 ist anzuwenden.

(3) Die Absätze 1 und 2 gelten nicht in den Fällen der §§ 26a, 27 Abs. 2 Satz 4 sowie des § 27a; § 26 Abs. 6 Satz 2, § 26b Abs. 4, § 26c Abs. 8, § 27 Abs. 2 letzter Satz und § 27d Abs. 5 bleiben unberührt.

---

[1] § 25e Abs. 2 Satz 2 früherer Halbsatz 2 aufgehoben durch Gesetz vom 20. 12. 1982 (BGBl. I S. 1857), Abs. 3 geändert durch Gesetz vom 21. 6. 1988 (BGBl. I S. 826).

Bundesversorgungsgesetz §25f **BVG 10**

(4) Bei Aufenthalt in einer Anstalt, einem Heim oder einer gleichartigen Einrichtung oder in einer Einrichtung zur teilstationären Betreuung ist nach Ablauf von zwei Monaten nach Aufnahme in die Einrichtung Einkommen in Höhe der Aufwendungen, die für den häuslichen Lebensunterhalt erspart werden, auch insoweit einzusetzen, als es unter der maßgebenden Einkommensgrenze liegt und es unbillig wäre, vom Einsatz des Einkommens abzusehen; darüber hinaus kann der Einsatz von Einkommen, das unter der Einkommensgrenze liegt, verlangt werden, wenn der Hilfesuchende auf voraussichtlich längere Zeit der Pflege in einer Anstalt, einem Heim oder einer gleichartigen Einrichtung bedarf, solange er nicht einen anderen überwiegend unterhält.

(5) Soweit im Einzelfall Einkommen zur Deckung eines bestimmten Bedarfs einzusetzen ist, kann der Einsatz dieses Einkommens zur Deckung eines anderen, gleichzeitig bestehenden Bedarfs nicht verlangt werden. Sind unterschiedliche Einkommensgrenzen maßgebend, ist zunächst über die Hilfe zu entscheiden, für welche die niedrigere Einkommensgrenze maßgebend ist. Sind gleiche Einkommensgrenzen maßgebend und verschiedene Träger der Kriegsopferfürsorge zuständig, hat die Entscheidung über die Hilfe für den zuerst eingetretenen Bedarf den Vorrang; treten die Bedarfsfälle gleichzeitig ein, ist das über der Einkommensgrenze liegende Einkommen zu gleichen Teilen bei den Bedarfsfällen zu berücksichtigen.

§25f[1] [Einsatz und Verwertung von Vermögen]

(1) Für den Einsatz und für die Verwertung von Vermögen der Hilfesuchenden gelten § 88 Abs. 2 und 3, § 89 des Bundessozialhilfegesetzes und § 25c Abs. 3 dieses Gesetzes entsprechend.

(2) Kleinere Barbeträge oder sonstige Geldwerte sind

1. bei der ergänzenden Hilfe zum Lebensunterhalt zehn vom Hundert,
2. bei den übrigen Hilfen 20 vom Hundert, in den Fällen des § 26c Abs. 6 Satz 2 und des § 27d Abs. 1 Nr. 8 sowie bei Sonderfürsorgeberechtigten (§ 27e) 40 vom Hundert

---

[1] § 25f Abs. 2 Nr. 2 neu gefaßt durch Gesetz vom 23. 6. 1986 (BGBl. I S. 915) und geändert durch Gesetz vom 21. 6. 1988 (BGBl. I S. 826).

10 BVG § 26   Bundesversorgungsgesetz

des Bemessungsbetrags zuzüglich eines Betrages in Höhe von vier vom Hundert des Bemessungsbetrags für den überwiegend unterhaltenen Ehegatten und in Höhe von zwei vom Hundert für jede weitere vom Hilfesuchenden allein oder zusammen mit seinem Ehegatten überwiegend unterhaltene Person.

(3) Ein Familienheim im Sinne des § 7 des Zweiten Wohnungsbaugesetzes, das vom Hilfesuchenden ganz oder teilweise allein oder zusammen mit Angehörigen bewohnt wird, denen es nach dem Tod des Hilfesuchenden als Wohnung dienen soll, ist nicht zu verwerten.

(4) Bei minderjährigen unverheirateten Beschädigten ist zur Deckung des Bedarfs auch Vermögen der Eltern einzusetzen oder zu verwerten. Für den Einsatz und für die Verwertung von Vermögen gilt Absatz 2 entsprechend mit der Maßgabe, daß ein Betrag in Höhe von vier vom Hundert des Bemessungsbetrags für einen Elternteil, wenn die Eltern zusammenleben, sowie in Höhe von zwei vom Hundert für den Beschädigten und für jede Person, die von den Eltern oder dem Beschädigten überwiegend unterhalten wird, anzusetzen ist. Leben die Eltern nicht zusammen, ist nur Vermögen des Elternteils einzusetzen oder zu verwerten, bei dem der Beschädigte lebt. Leben die Eltern nicht zusammen und lebt der Beschädigte bei keinem Elternteil, gilt für den Einsatz und für die Verwertung von Vermögen Absatz 2.

(5) Ist der Beschädigte und sein Ehegatte oder sind beide Elternteile des minderjährigen unverheirateten Beschädigten blind oder behindert im Sinne des § 24 Abs. 1 Satz 2 oder Abs. 2 Satz 1 des Bundessozialhilfegesetzes, gelten die Absätze 2 und 4 mit der Maßgabe, daß für den Ehegatten des Beschädigten und für den Elternteil des minderjährigen unverheirateten Beschädigten ein Betrag in Höhe von 12 vom Hundert des Bemessungsbetrags anzusetzen ist.

§ 26[1] [Hilfen zur beruflichen Rehabilitation]

Fassung § 26 Abs. 1 bis 31. 12. 1991:

(1) Beschädigten sind als berufsfördernde Leistungen zur Rehabilitation alle Hilfen zu gewähren, die erforderlich sind, um

---

[1] § 26 Abs. 5 Satz 2 geändert durch Gesetz vom 20. 12. 1982 (BGBl. I S. 1857), Abs. 2 Sätze 5 und 6 eingefügt, Satz 7 geändert und Abs. 3 Nr. 2 neu

Bundesversorgungsgesetz § 26 BVG **10**

die Erwerbsfähigkeit der Beschädigten entsprechend ihrer Leistungsfähigkeit zu erhalten, zu bessern, herzustellen oder wiederherzustellen und sie hierdurch möglichst auf Dauer beruflich einzugliedern. Dabei sind Eignung, Neigung und bisherige Tätigkeit angemessen zu berücksichtigen. Hilfen sind auch zum beruflichen Aufstieg zu gewähren, wenn den Beschädigten erst hierdurch die Erlangung einer angemessenen Lebensstellung ermöglicht wird. Im übrigen können Hilfen zum beruflichen Aufstieg gewährt werden.

Fassung § 26 Abs. 1 ab 1. 1. 1992:

(1) Beschädigten sind als berufsfördernde Leistungen zur Rehabilitation alle Hilfen zu gewähren, die erforderlich sind, um die Erwerbsfähigkeit der Beschädigten entsprechend ihrer Leistungsfähigkeit zu erhalten, zu bessern, herzustellen oder wiederherzustellen und sie hierdurch möglichst auf Dauer beruflich einzugliedern. Dabei sind Eignung, Neigung und bisherige Tätigkeit angemessen zu berücksichtigen. Das Verfahren zur Auswahl der Hilfen schließt, soweit erforderlich, eine Berufsfindung oder Arbeitserprobung ein; dabei gelten Absatz 2 Satz 4 und 5 sowie Absatz 3 Nr. 3, 4 und 6 entsprechend. Hilfen sind auch zum beruflichen Aufstieg zu gewähren, wenn den Beschädigten erst hierdurch die Erlangung einer angemessenen Lebensstellung ermöglicht wird. Im übrigen können Hilfen zum beruflichen Aufstieg gewährt werden.

(2) Als Hilfen im Sinne des Absatzes 1 kommen insbesondere in Betracht

1. Hilfen zur Erhaltung oder Erlangung eines Arbeitsplatzes einschließlich Hilfen zur Förderung der Arbeitsaufnahme sowie Eingliederungshilfen an Arbeitgeber,

Fassung § 26 Abs. 2 Nr. 2 bis 31. 12. 1991:

2. Berufsfindung und Arbeitserprobung, Berufsvorbereitung einschließlich einer wegen der Schädigung erforderlichen Grundausbildung,

---

gefaßt durch Gesetz vom 22. 12. 1983 (BGBl. I S. 1532), Abs. 2 Satz 3 geändert durch Gesetz vom 21. 6. 1988 (BGBl. I S. 826), Abs. 1 Satz 3 eingefügt, Abs. 2 Nr. 2 und Abs. 3 Nr. 2 geändert mit Wirkung vom 1. 1. 1992 durch Rentenreformgesetz 1992 vom 18. 12. 1989 (BGBl. I S. 2261).

10 BVG § 26 Bundesversorgungsgesetz

Fassung § 26 Abs. 2 Nr. 2 ab 1. 1. 1992:
2. Berufsvorbereitung einschließlich einer wegen der Schädigung erforderlichen Grundausbildung,
3. berufliche Anpassung, Fortbildung, Ausbildung und Umschulung, einschließlich eines zur Teilnahme an diesen Maßnahmen erforderlichen schulischen Abschlusses,
4. sonstige Hilfen der Arbeits- und Berufsförderung, um Beschädigten eine angemessene und geeignete Erwerbs- oder Berufstätigkeit auf dem allgemeinen Arbeitsmarkt oder in einer Werkstatt für Behinderte zu ermöglichen.

Zur Teilnahme an Maßnahmen im Eingangsverfahren und im Arbeitstrainingsbereich anerkannter Werkstätten für Behinderte werden Hilfen gewährt, und zwar
1. im Eingangsverfahren, wenn die Maßnahmen erforderlich sind, um die Eignung des Beschädigten für die Aufnahme in die Werkstatt festzustellen,
2. im Arbeitstrainingsbereich, wenn die Maßnahmen erforderlich sind, um die Leistungsfähigkeit oder Erwerbsfähigkeit des Beschädigten zu entwickeln, zu erhöhen oder wiederzugewinnen. Beschädigte werden in diesem Bereich nur gefördert, sofern erwartet werden kann, daß sie nach Teilnahme an diesen Maßnahmen in der Lage sind, wenigstens ein Mindestmaß wirtschaftlich verwertbarer Arbeitsleistung im Sinne des § 54 Abs. 3 des Schwerbehindertengesetzes zu erbringen.

Zu den Hilfen gehört auch die Übernahme der erforderlichen Kosten für Unterkunft und Verpflegung, wenn für die Teilnahme an der Maßnahme eine Unterbringung außerhalb des eigenen oder des elterlichen Haushalts wegen Art oder Schwere der Schädigung oder zur Sicherung des Erfolges der Rehabilitation notwendig ist. Maßnahmen in Einrichtungen der beruflichen Rehabilitation werden nur gefördert, wenn Art oder Schwere der Schädigung oder die Sicherung des Rehabilitationserfolgs die besonderen Hilfen dieser Einrichtungen erforderlich machen. Die Förderung setzt voraus, daß die Maßnahme
1. nach Dauer, Gestaltung des Lehrplans, Unterrichtsmethode, Ausbildung und Berufserfahrung des Leiters und der Lehrkräfte eine erfolgreiche berufliche Rehabilitation erwarten läßt,

Bundesversorgungsgesetz § 26 BVG 10

2. angemessene Teilnahmebedingungen bietet und schädigungsgerecht ist,
3. nach den Grundsätzen der Wirtschaftlichkeit und Sparsamkeit geplant ist und durchgeführt wird, insbesondere die Kostensätze angemessen sind.

Bei Unterbringung des Beschädigten in einer Einrichtung der beruflichen Rehabilitation werden dort enstehende Aufwendungen vom Träger der Kriegsopferfürsorge als Sachleistungen getragen.

(3) Die Hilfen nach Absatz 2 sollen durch folgende Hilfen ergänzt werden (ergänzende Hilfen):

1. Übergangsgeld und Unterhaltsbeihilfe nach Maßgabe des § 26a,

Fassung § 26 Abs. 3 Nr. 2 bis 31. 12. 1991:

2. Entrichtung von Beiträgen zur gesetzlichen Rentenversicherung nach den §§ 1385 und 1385b Abs. 1 der Reichsversicherungsordnung, den §§ 112 und 112b Abs. 1 des Angestelltenversicherungsgesetzes und den §§ 130 und 130b Abs. 1 des Reichsknappschaftsgesetzes, Erstattung der Aufwendungen zur Alterssicherung von nicht rentenversicherungspflichtigen Beschädigten für freiwillige Beiträge zur gesetzlichen Rentenversicherung, für Beiträge zu öffentlich-rechtlichen berufsständischen Versicherungs- und Versorgungseinrichtungen und zu öffentlichen oder privaten Versicherungsunternehmen auf Grund von Lebensversicherungsverträgen bis zur Höhe der Beiträge, die nach § 1385b Abs. 1 der Reichsversicherungsordnung, § 112b Abs. 1 des Angestelltenversicherungsgesetzes oder § 130b Abs. 1 des Reichsknappschaftsgesetzes zu entrichten wären, sowie Entrichtung von Beiträgen zur Bundesanstalt für Arbeit,

Fassung § 26 Abs. 3 Nr. 2 ab 1. 1. 1992:

2. Entrichtung von Beiträgen zur gesetzlichen Rentenversicherung für Zeiten des Bezugs von Übergangsgeld, Erstattung der Aufwendungen zur Alterssicherung von nicht rentenversicherungspflichtigen Beschädigten für freiwillige Beiträge zur gesetzlichen Rentenversicherung, für Beiträge zu öffentlich-rechtlichen berufsständischen Versicherungs- und Versorgungseinrichtungen und zu öffentlichen oder privaten

Versicherungsunternehmen auf Grund von Lebensversicherungsverträgen bis zur Höhe der Beiträge, die zur gesetzlichen Rentenversicherung für Zeiten des Bezugs von Übergangsgeld zu entrichten wären, sowie Entrichtung von Beiträgen zur Bundesanstalt für Arbeit,

3. Übernahme der erforderlichen Kosten, die mit einer berufsfördernden Maßnahme in unmittelbarem Zusammenhang stehen, insbesondere für Prüfungsgebühren, Lernmittel, Arbeitskleidung und Arbeitsgerät sowie Ausbildungszuschüsse an Arbeitgeber, wenn die Maßnahme im Betrieb durchgeführt wird,

4. Haushaltshilfe, wenn der Beschädigte wegen der Teilnahme an einer berufsfördernden Maßnahme außerhalb des eigenen Haushalts untergebracht ist und ihm aus diesem Grunde die Weiterführung des Haushalts nicht möglich ist; Voraussetzung ist ferner, daß eine andere im Haushalt lebende Person den Haushalt nicht weiterführen kann und im Haushalt ein Kind lebt, das das achte Lebensjahr noch nicht vollendet hat oder das behindert und auf Hilfe angewiesen ist. Als Haushaltshilfe ist eine Ersatzkraft zu stellen. Kann eine Ersatzkraft nicht gestellt werden oder besteht Grund, von der Gestellung einer Ersatzkraft abzusehen, so sind die Kosten für eine selbstbeschaffte Ersatzkraft in angemessener Höhe zu erstatten,

5. sonstige Hilfen, die unter Berücksichtigung von Art oder Schwere der Schädigung erforderlich sind, um das Ziel der Rehabilitation zu erreichen oder zu sichern,

6. Übernahme der im Zusammenhang mit der Teilnahme an einer berufsfördernden Maßnahme erforderlichen Fahr-, Verpflegungs- und Übernachtungskosten; hierzu gehören auch die Kosten für eine wegen der Schädigung erforderliche Begleitperson sowie des erforderlichen Gepäcktransports. Reisekosten können auch übernommen werden für im Regelfall eine Familienheimfahrt je Monat, wenn der Beschädigte an einer berufsfördernden Maßnahme teilnimmt. Anstelle der Kosten für eine Familienheimfahrt können für die Fahrt eines Angehörigen vom Wohnort zum Aufenthaltsort des Beschädigten Reisekosten übernommen werden.

(4) Zu den Hilfen im Sinne des Absatzes 1 gehören auch Hilfen zur Gründung und Erhaltung einer selbständigen Existenz;

Bundesversorgungsgesetz § 26a **BVG 10**

Geldleistungen hierfür sollen in der Regel als Darlehen gewährt werden.

(5) Die Hilfen nach Absatz 2 sollen für die Zeit gewährt werden, die vorgeschrieben oder allgemein üblich ist, um das angestrebte Berufsziel zu erreichen; Leistungen für die berufliche Umschulung und Fortbildung sollen in der Regel nur gewährt werden, wenn die Maßnahme bei ganztägigem Unterricht nicht länger als zwei Jahre dauert, es sei denn, daß der Beschädigte nur über eine längerdauernde Maßnahme eingegliedert werden kann. Die Leistungen werden im Eingangsverfahren und im Arbeitstrainingsbereich anerkannter Werkstätten für Behinderte insgesamt bis zu zwei Jahren erbracht.

(6) Soweit nach Absatz 2 oder Absatz 3 Nr. 5 Hilfen zum Erreichen des Arbeitsplatzes oder des Ortes einer berufsfördernden Maßnahme, insbesondere Hilfen zur Beschaffung und Unterhaltung eines Kraftfahrzeugs, in Betracht kommen, kann zur Angleichung dieser Leistungen der beruflichen Rehabilitation im Rahmen einer Rechtsverordnung nach § 27f der Einsatz von Einkommen abweichend von § 25e Abs. 1 und 2 sowie § 27d Abs. 5 bestimmt und von Einsatz und Verwertung von Vermögen ganz oder teilweise abgesehen werden.[1] Im übrigen ist bei den Hilfen nach Absatz 2 und nach Absatz 3 Nr. 1 bis 4 und 6 Einkommen und Vermögen nicht zu berücksichtigen; § 26a bleibt unberührt.

(7) Witwen, die zur Erhaltung oder zur Erlangung einer angemessenen Lebensstellung erwerbstätig sein wollen, sind in begründeten Fällen Hilfen in sinngemäßer Anwendung der Absätze 2 bis 6 mit Ausnahme des Absatzes 3 Nr. 5 zu gewähren.

§ 26a[2,3] [Übergangsgeld bei Teilnahme an berufsfördernden Maßnahmen]

Fassung § 26a Abs. 1 bis 31. 12. 1991:

(1) Übergangsgeld wird gewährt, wenn der Beschädigte wegen Teilnahme an einer berufsfördernden Maßnahme nach § 26 Abs. 2 keine ganztägige Erwerbstätigkeit ausüben kann.

---

[1] Verordnung über Kraftfahrzeughilfe zur beruflichen Rehabilitation (Kraftfahrzeughilfe-Verordnung – KfzHV) vom 28. 9. 1987 (BGBl. I S. 2251).
[2] § 26a Abs. 2 Satz 2 und 3 geändert, Satz 4 eingefügt, bisheriger Satz 4

Fassung § 26a Abs. 1 ab 1. 1. 1992:

(1) Übergangsgeld wird gewährt, wenn der Beschädigte wegen Teilnahme an einer berufsfördernden Maßnahme nach § 26 Abs. 2 keine ganztägige Erwerbstätigkeit ausüben kann oder wegen Teilnahme an einer Berufsfindung oder Arbeitserprobung kein oder ein geringeres Arbeitsentgelt erzielt.

(2) Der Berechnung des Übergangsgelds sind 80 vom Hundert des Regelentgelts, höchstens jedoch das entgangene regelmäßige Nettoarbeitsentgelt zugrunde zu legen. Das Übergangsgeld beträgt

1. bei einem Beschädigten, der mindestens ein Kind im Sinne von § 25 Abs. 4 Satz 2 Nr. 2 oder 3 hat, das die Voraussetzungen des § 33b Abs. 4 erfüllt, oder dessen Ehegatte, mit dem er in häuslicher Gemeinschaft lebt, eine Erwerbstätigkeit nicht ausüben kann, weil er den Beschädigten wegen der Schwere der Schädigung oder einer sonstigen Behinderung pflegt oder selbst der Pflege bedarf, 80 vom Hundert,
2. bei den übrigen Beschädigten 70 vom Hundert

des nach Satz 1 oder Absatz 4 maßgebenden Betrages; im übrigen gelten für die Berechnung des Übergangsgelds die §§ 16a, 16b und 16f entsprechend. War der Beschädigte gegen Entgelt beschäftigt und hat er unmittelbar vor Beginn der berufsfördernden Maßnahme kein Versorgungskrankengeld, Krankengeld, Verletztengeld oder Übergangsgeld bezogen, so ist für die Berechnung des Regelentgelts das von dem Beschädigten im letzten vor Beginn der Maßnahme abgerechneten Entgeltabrechnungszeitraum, mindestens während der letzten abgerechneten vier Wochen (Bemessungszeitraum) erzielte und um einmalig gezahltes Arbeitsentgelt verminderte Entgelt zugrunde

---

wurde Satz 5 und geändert, Abs. 5 Satz 1 und 3 geändert durch Gesetz vom 20. 12. 1982 (BGBl. I S. 1857), Abs. 2 Satz 2 und 3 sowie Abs. 8 Satz 2 geändert durch Gesetz vom 22. 12. 1983 (BGBl. I S. 1532), Abs. 2 Satz 2 Nr. 1 geändert durch Gesetz vom 24. 6. 1985 (BGBl. I S. 1144), Nr. 1 und 2 geändert durch Gesetz vom 20. 12. 1985 (BGBl. I S. 2484), Abs. 3 Satz 1, 3 und 5 geändert durch Gesundheits-Reformgesetz vom 20. 12. 1988 (BGBl. I S. 2477), Abs. 10 angefügt durch Gesetz vom 20. 12. 1988 (BGBl. I S. 2343), Abs. 1 und Abs. 6 geändert mit Wirkung vom 1. 1. 1992 durch Rentenreformgesetz 1992 vom 18. 12. 1989 (BGBl. I S. 2261).

[3] Beachte hierzu auch die Übergangsvorschrift des § 84 Abs. 2 BVG.

Bundesversorgungsgesetz § 26a **BVG 10**

zu legen; ist das Entgelt nach Monaten bemessen oder ist eine Berechnung des Regelentgelts nach dem vorangehenden Halbsatz nicht möglich, so gilt der 30. Teil des in dem letzten vor Beginn der Maßnahme abgerechneten Kalendermonat erzielten und um einmalig gezahltes Arbeitsentgelt verminderten Entgelts als Regelentgelt. Hat der Beschädigte Einkünfte im Sinne von § 16b Abs. 1 Satz 1 erzielt und unmittelbar vor Beginn der berufsfördernden Maßnahme kein Versorgungskrankengeld, Krankengeld, Verletztengeld oder Übergangsgeld bezogen, so gilt für die Berechnung des Übergangsgelds § 16b Abs. 1 Satz 2 bis 12 entsprechend. Bei Beschädigten, die Versorgung auf Grund einer Wehrdienstbeschädigung oder einer Zivildienstbeschädigung erhalten, sind der Berechnung des Regelentgelts die vor der Beendigung des Wehrdienstes bezogenen Einkünfte (Geld- und Sachbezüge) als Soldat, für Soldaten, die Wehrsold bezogen haben, und für Zivildienstleistende, zehn Achtel der vor der Beendigung des Wehrdienstes oder Zivildienstes bezogenen Einkünfte (Geld- und Sachbezüge) als Soldat oder Zivildienstleistender zugrunde zu legen, wenn

a) der Beschädigte vor Beginn des Wehrdienstes oder Zivildienstes kein Arbeitseinkommen erzielt hat oder
b) das nach Satz 1, 3 oder 4 zu berücksichtigende Entgelt niedriger ist.

(3) Hat der Beschädigte Versorgungskrankengeld, Krankengeld, Verletztengeld oder Übergangsgeld bezogen und wird im Anschluß daran eine berufsfördernde Maßnahme durchgeführt, so ist bei der Berechnung des Übergangsgelds von dem bisher zugrunde gelegten Entgelt auszugehen.

(4) Sofern

1. der letzte Tag des Bemessungszeitraums zu Beginn der Maßnahme länger als drei Jahre zurückliegt oder
2. kein Entgelt nach Absatz 2 oder keine Einkünfte nach § 16b Abs. 1 erzielt worden sind oder
3. es unbillig hart wäre, das Entgelt nach Absatz 2 oder die Einkünfte nach § 16b Abs. 1 der Bemessung des Übergangsgelds zugrunde zu legen,

ist das Übergangsgeld aus 65 vom Hundert des auf ein Jahr bezogenen tariflichen oder, wenn es an einer tariflichen Regelung fehlt, des ortsüblichen Arbeitsentgelts zu berechnen, das für den Wohnsitz oder gewöhnlichen Aufenthaltsort des Beschädigten gilt. Maßgebend ist das Arbeitsentgelt in dem letzten Kalendermonat vor dem Beginn der Maßnahme (Bemessungszeitraum) für diejenige Beschäftigung, für die der Beschädigte ohne die Schädigung nach seinen beruflichen Fähigkeiten und nach seinem Lebensalter in Betracht käme. Für den Kalendertag ist der 360. Teil dieses Betrages anzusetzen.

(5) Beschädigte, die vor Beginn der berufsfördernden Maßnahme beruflich nicht tätig gewesen sind, erhalten anstelle des Übergangsgelds eine Unterhaltsbeihilfe; dies gilt nicht für Beschädigte im Sinne des § 26 a Abs. 2 Satz 5. Für die Bemessung der Unterhaltsbeihilfe sind die Vorschriften über Leistungen für den Lebensunterhalt bei Gewährung von Erziehungsbeihilfe entsprechend anzuwenden; § 25 d Abs. 2 gilt nicht bei volljährigen Beschädigten. Unterhaltsbeihilfe wird nur bis zur Höhe des Übergangsgelds, das ein ehemaliger wehrpflichtiger Soldat der Wehrsoldgruppe 1 nach § 26 a Abs. 2 Satz 5 erhält, gewährt. Bei Unterbringung des Beschädigten in einer Rehabilitationseinrichtung ist der Berechnung der Unterhaltsbeihilfe lediglich ein angemessener Betrag zur Abgeltung zusätzlicher weiterer Bedürfnisse und Aufwendungen aus weiterlaufenden unabweislichen Verpflichtungen zugrunde zu legen.

Fassung § 26 a Abs. 6 bis 31. 12. 1991:

(6) Das Übergangsgeld erhöht sich jeweils nach Ablauf eines Jahres seit dem Ende des Bemessungszeitraums um den Vomhundertsatz, um den die Renten der gesetzlichen Rentenversicherungen zuletzt vor diesem Zeitpunkt nach dem jeweiligen Rentenanpassungsgesetz angepaßt worden sind; es darf nach der Anpassung 80 vom Hundert der Leistungsbemessungsgrenze (§ 16 a Abs. 3) nicht übersteigen.

Fassung § 26 a Abs. 6 ab 1. 1. 1992:

(6) Das Übergangsgeld erhöht sich jeweils nach Ablauf eines Jahres seit dem Ende des Bemessungszeitraums um den Vomhundertsatz, um den die Renten der gesetzlichen Rentenversicherungen zuletzt vor diesem Zeitpunkt ohne Berücksichtigung der Veränderung der Belastung bei Renten anzupassen gewesen wären; es darf nach der Anpassung 80 vom Hundert der Leistungsbemessungsgrenze (§ 16 a Abs. 3) nicht übersteigen.

(7) Kann der Beschädigte an einer berufsfördernden Maßnahme aus gesundheitlichen Gründen nicht weiter teilnehmen,

Bundesversorgungsgesetz § 26b BVG 10

werden das Übergangsgeld und die Unterhaltsbeihilfe bis zu sechs Wochen, längstens jedoch bis zum Tage der Beendigung der Maßnahme, weitergewährt.

(8) Ist der Beschädigte im Anschluß an eine abgeschlossene berufsfördernde Maßnahme arbeitslos, werden Übergangsgeld und Unterhaltsbeihilfe während der Arbeitslosigkeit bis zu sechs Wochen weitergezahlt, wenn er sich beim Arbeitsamt arbeitslos gemeldet hat und zur beruflichen Eingliederung zur Verfügung steht. In diesem Falle beträgt das Übergangsgeld

1. bei einem Beschädigten, bei dem die Voraussetzungen des Absatzes 2 Satz 2 Nr. 1 vorliegen, 68 vom Hundert,
2. bei den übrigen Beschädigten 63 vom Hundert

des sich aus Absatz 2 Satz 1 oder Absatz 4 ergebenden Betrages; zwischenzeitliche Erhöhungen des Übergangsgelds nach Absatz 6 sind zu berücksichtigen.

(9) Kommen neben Hilfen nach § 26 weitere Hilfen der Kriegsopferfürsorge in Betracht, gelten das Übergangsgeld und die Unterhaltsbeihilfe als Einkommen.

(10) Der Anspruch auf Übergangsgeld ruht, solange ein Anspruch auf Mutterschaftsgeld besteht.

§ 26b[1] [Krankenhilfe]

(1) Krankenhilfe erhalten Beschädigte und Hinterbliebene in Ergänzung der Leistungen der Heil- und Krankenbehandlung nach diesem Gesetz. Die §§ 10 bis 24a bleiben unberührt.

(2) Die Krankenhilfe umfaßt ärztliche und zahnärztliche Behandlung, Versorgung mit Arzneimitteln, Verbandmitteln und Zahnersatz, Krankenhausbehandlung sowie sonstige zur Genesung, zur Besserung oder zur Linderung der Krankheitsfolgen erforderliche Leistungen. Die Leistungen sollen in der Regel den Leistungen entsprechen, die nach den Vorschriften über die gesetzliche Krankenversicherung gewährt werden.

(3) Ärzte und Zahnärzte haben für ihre Leistungen Anspruch auf die Vergütung, welche die Ortskrankenkasse, in deren Bereich der Arzt oder der Zahnarzt niedergelassen ist, für ihre Mitglieder zahlt. Der Kranke hat die freie Wahl unter den Ärzten und Zahnärzten, die sich zur ärztlichen oder zahnärztlichen

---

[1] § 26b eingefügt durch Gesetz vom 23. 6. 1986 (BGBl. I S. 915).

Behandlung im Rahmen der Krankenhilfe zu der in Satz 1 genannten Vergütung bereit erklären.

(4) Nachdem die Krankheit während eines zusammenhängenden Zeitraums von drei Monaten entweder dauerndes Krankenlager oder wegen ihrer besonderen Schwere ständige ärztliche Betreuung erfordert hat, ist bei der Festsetzung der Einkommensgrenze § 27d Abs. 5 Satz 1 Buchstabe a entsprechend anzuwenden.

§ 26c[1] [Hilfe zur Pflege]

(1) Hilfe zur Pflege erhalten Beschädigte und Hinterbliebene, die infolge Krankheit oder Behinderung so hilflos sind, daß sie nicht ohne Wartung und Pflege bleiben können; § 35 bleibt unberührt.

(2) Dem Pflegebedürftigen sollen auch die Hilfsmittel zur Verfügung gestellt werden, die zur Erleichterung seiner Beschwerden wirksam beitragen. Ferner sollen ihm nach Möglichkeit angemessene Bildung und Anregungen kultureller oder sonstiger Art vermittelt werden.

(3) Reichen häusliche Wartung und Pflege aus, gelten die Absätze 4 bis 7.

(4) Der Träger der Kriegsopferfürsorge soll darauf hinwirken, daß Wartung und Pflege durch Personen, die dem Pflegebedürftigen nahestehen, oder im Wege der Nachbarschaftshilfe übernommen werden. In diesen Fällen sind dem Pflegebedürftigen die angemessenen Aufwendungen der Pflegeperson zu erstatten; auch können angemessene Beihilfen gewährt und Beiträge der Pflegeperson für eine angemessene Alterssicherung übernommen werden, wenn diese nicht anderweitig sichergestellt ist. Ist neben oder anstelle der Wartung und Pflege nach Satz 1 die Heranziehung einer besonderen Pflegekraft erforderlich, so sind die angemessenen Kosten hierfür zu übernehmen.

(5) Ist ein Pflegebedürftiger, der das 1. Lebensjahr vollendet hat, so hilflos, daß er für die gewöhnlichen und regelmäßig wiederkehrenden Verrichtungen im Ablauf des täglichen Le-

---

[1] § 26c eingefügt durch Gesetz vom 23. 6. 1986 (BGBl. I S. 915), Abs. 5 geändert durch Gesetz vom 23. 3. 1990 (BGBl. I S. 582), Abs. 6 Sätze 1 und 2 geändert durch Gesetz vom 27. 6. 1987 (BGBl. I S. 1545), Abs. 7 geändert durch Gesundheits-Reformgesetz vom 20. 12. 1988 (BGBl. I S. 2477).

bens in erheblichem Umfang der Wartung und Pflege dauernd bedarf, so ist ihm ein Pflegegeld zu gewähren. Zusätzlich zum Pflegegeld sind dem Pflegebedürftigen die Aufwendungen für die Beiträge einer Pflegeperson oder einer besonderen Pflegekraft für eine angemessene Alterssicherung zu erstatten, wenn diese nicht anderweitig sichergestellt ist. Leistungen nach den Sätzen 1 und 2 werden nicht gewährt, soweit der Pflegebedürftige gleichartige Leistungen nach anderen Rechtsvorschriften erhält. Auf das Pflegegeld sind Leistungen nach § 27d Abs. 1 Nr. 7 oder ihnen gleichartige Leistungen nach anderen Rechtsvorschriften mit 70 vom Hundert anzurechnen. Bei der Anwendung der Sätze 3 und 4 bleibt § 2 des Bundessozialhilfegesetzes unberührt.

(6) Das Pflegegeld beträgt 308 Deutsche Mark monatlich; es ist angemessen zu erhöhen, wenn der Zustand des Pflegebedürftigen außergewöhnliche Pflege erfordert. Bei Pflegebedürftigen, deren Hilflosigkeit so erheblich ist, daß sie als Beschädigte die Pflegezulage nach den Stufen III bis VI nach § 35 Abs. 1 Satz 2 erhielten, beträgt das Pflegegeld 836 Deutsche Mark monatlich; bei ihnen sind die Voraussetzungen für die Gewährung eines Pflegegeldes stets als erfüllt anzusehen. Bei teilstationärer Betreuung des Pflegebedürftigen kann das Pflegegeld angemessen gekürzt werden.

(7) Die Leistungen nach Absatz 4 Satz 2 und 3 oder Sachleistungen bei Pflegebedürftigkeit nach anderen Rechtsvorschriften werden neben den Leistungen nach Absatz 5 Satz 1 und 2 gewährt. Werden Leistungen nach Absatz 4 Satz 2 und 3 gewährt, kann das Pflegegeld um bis zu 50 vom Hundert gekürzt werden.

(8) Bei der Festsetzung der Einkommensgrenze ist

a) bei Pflege in einer Anstalt, einem Heim oder einer gleichartigen Einrichtung, wenn sie voraussichtlich auf längere Zeit erforderlich ist, sowie bei häuslicher Pflege, wenn der in Absatz 5 Satz 1 genannte Schweregrad der Hilflosigkeit besteht, § 27d Abs. 5 Satz 1 Buchstabe a und Satz 2,

b) bei dem Pflegegeld nach Absatz 6 Satz 2 § 27d Abs. 5 Satz 1 Buchstabe b sowie § 27d Abs. 5 Satz 2 und 3

entsprechend anzuwenden.

§ 26d[1] [Hilfe zur Haushaltsführung]

(1) Hilfe zur Weiterführung des Haushalts soll Beschädigten und Hinterbliebenen mit eigenem Haushalt gewährt werden, wenn keiner der Haushaltsangehörigen den Haushalt führen kann und die Weiterführung des Haushalts geboten ist. Die Hilfe soll in der Regel nur vorübergehend gewährt werden, es sei denn, daß durch die Hilfe die Unterbringung in einem Alten- oder Pflegeheim vermieden oder verzögert werden kann.

(2) Die Hilfe umfaßt die persönliche Betreuung von Haushaltsangehörigen sowie die sonstige zur Weiterführung des Haushalts erforderliche Tätigkeit.

(3) § 26c Abs. 4 gilt entsprechend.

(4) Die Hilfe kann auch durch Übernahme der angemessenen Kosten für eine vorübergehende anderweitige Unterbringung von Haushaltsangehörigen gewährt werden, wenn diese Unterbringung in besonderen Fällen neben oder statt der Weiterführung des Haushalts geboten ist.

§ 26e[1] [Altenhilfe]

(1) Altenhilfe soll außer der Hilfe nach den übrigen Bestimmungen dieses Gesetzes Beschädigten und Hinterbliebenen gewährt werden. Sie soll dazu beitragen, Schwierigkeiten, die durch das Alter entstehen, zu verhüten, zu überwinden oder zu mildern und Beschädigten und Hinterbliebenen im Alter die Möglichkeit zu erhalten, am Leben in der Gemeinschaft teilzunehmen.

(2) Als Maßnahmen der Hilfe kommen vor allem in Betracht:
1. Hilfe bei der Beschaffung und zur Erhaltung einer Wohnung, die den Bedürfnissen des alten Menschen entspricht,
2. Hilfe in allen Fragen der Aufnahme in eine Einrichtung, die der Betreuung alter Menschen dient, insbesondere bei der Beschaffung eines geeigneten Heimplatzes,
3. Hilfe in allen Fragen der Inanspruchnahme altersgerechter Dienste,
4. Hilfe zum Besuch von Veranstaltungen oder Einrichtungen, die der Geselligkeit, der Unterhaltung, der Bildung oder den kulturellen Bedürfnissen alter Menschen dienen,

---

[1] §§ 26d und e eingefügt durch Gesetz vom 23. 6. 1986 (BGBl. I S. 915), § 26d Abs. 1 Satz 2 ergänzt durch Gesetz vom 23. 3. 1990 (BGBl. I S. 582).

Bundesversorgungsgesetz § 27 **BVG 10**

5. Hilfe, die alten Menschen die Verbindung mit nahestehenden Personen ermöglicht,
6. Hilfe zu einer Betätigung, wenn sie vom Hilfesuchenden gewünscht wird.

(3) Hilfe nach Absatz 1 soll auch gewährt werden, wenn sie der Vorbereitung auf das Alter dient.

(4) Altenhilfe soll ohne Rücksicht auf vorhandenes Einkommen oder Vermögen gewährt werden, soweit im Einzelfall persönliche Hilfe erforderlich ist.

§ 27[1] [Erziehungsbeihilfe]

(1) Erziehungsbeihilfe erhalten

a) Waisen, die Rente oder Waisenbeihilfe nach diesem Gesetz beziehen, und
b) Beschädigte, die Grundrente nach § 31 beziehen, für ihre Kinder sowie für Kinder im Sinne von § 25 Abs. 4 Satz 2 Nr. 3.

§ 25 Abs. 3 Satz 2 gilt entsprechend.
Die Erziehungsbeihilfe soll eine Erziehung zu körperlicher, geistiger und sittlicher Tüchtigkeit sowie eine angemessene, den Anlagen und Fähigkeiten entsprechende allgemeine und berufliche Ausbildung sicherstellen.

(2) Erziehungsbeihilfe wird gewährt, soweit der angemessene Bedarf für Erziehung, Ausbildung und Lebensunterhalt durch das einzusetzende Einkommen und Vermögen des Hilfesuchenden sowie des Kindes des Beschädigten und des Elternteils der Waise nicht gedeckt ist. Bei der Ermittlung des Bedarfs für den Lebensunterhalt bleiben Kosten der Unterkunft in der Familie unberücksichtigt. § 25e Abs. 1 ist mit der Maßgabe anzuwenden, daß für das Kind oder die Waise, für die Erziehungsbeihilfe beantragt ist oder gewährt wird, ein Familienzuschlag nicht anzusetzen ist; das gilt auch in den Fällen von Satz 5 erster Halbsatz sowie bei der Feststellung der Einkommensgrenze für den Ehegatten des Beschädigten und den Ehegatten der Waise

---

[1] § 27 Abs. 2 Satz 3 und Abs. 3 Satz 1 neu gefaßt durch Gesetz vom 20. 6. 1984 (BGBl. I S. 761), Abs. 1 Satz 1 Buchst. b neu gefaßt durch Gesetz vom 24. 6. 1985 (BGBl. I S. 1144), Abs. 1 Satz 1 Buchst. a geändert durch Gesetz vom 21. 6. 1988 (BGBl. I S. 826).

nach § 25d Abs. 2 Satz 1. Einkommen der Waise und des Kindes des Beschädigten ist uneingeschränkt einzusetzen mit Ausnahme des während der Ausbildung erzielten Arbeitseinkommens, soweit es nicht Ausbildungsvergütung ist und im Kalenderjahr sieben vom Hundert des Bemessungsbetrags nicht übersteigt. Als Einkommen des Kindes gilt auch das Einkommen seines Ehegatten, soweit es die für ihn nach § 25e Abs. 1 zu ermittelnde Einkommensgrenze übersteigt; ist ein Unterhaltsbetrag gerichtlich festgesetzt, sind die darauf beruhenden Leistungen Einkommen des Kindes. Beschädigten, die eine Pflegezulage erhalten, ist Erziehungsbeihilfe mindestens in Höhe der Kosten der Erziehung und Ausbildung zu gewähren.

(3) Übersteigt das Einkommen des Elternteils der Waise, das Einkommen des Beschädigten, das Einkommen des Ehegatten der Waise oder das Einkommen des Ehegatten des Kindes des Beschädigten die für sie maßgebende Einkommensgrenze, ist der übersteigende Betrag auf

a) die Waise und die weiteren gegenüber dem Elternteil Unterhaltsberechtigten,
b) das Kind des Beschädigten und die weiteren gegenüber dem Beschädigten Unterhaltsberechtigten,
c) die Waise und die weiteren gegenüber dem Ehegatten der Waise Unterhaltsberechtigten,
d) das Kind des Beschädigten und die weiteren gegenüber dem Ehegatten des Kindes des Beschädigten Unterhaltsberechtigten

gleichmäßig aufzuteilen. Der auf die Waise oder das Kind des Beschädigten entfallende Anteil ist als Einkommen einzusetzen.

(4) Erziehungsbeihilfe ist Beschädigten längstens bis zur Vollendung des siebenundzwanzigsten Lebensjahrs des Kindes zu gewähren. Im Falle der Unterbrechung oder Verzögerung der Schul- oder Berufsausbildung durch Erfüllung der gesetzlichen Wehr- oder Zivildienstpflicht des Kindes ist die Erziehungsbeihilfe jedoch über das siebenundzwanzigste Lebensjahr hinaus für einen der Zeit dieses Dienstes entsprechenden Zeitraum weiterzugewähren. Satz 2 gilt entsprechend für den auf den Grundwehrdienst anzurechnenden Wehrdienst, den ein Soldat auf Zeit auf Grund freiwilliger Verpflichtung für eine Dienstzeit von nicht mehr als drei Jahren geleistet hat, für einen diesem freiwilligen Wehrdienst entsprechenden Vollzugsdienst

der Polizei bei Verpflichtung auf nicht mehr als drei Jahre sowie für die vom Wehr- und Zivildienst befreiende Tätigkeit als Entwicklungshelfer im Sinne des § 1 Abs. 1 des Entwicklungshelfer-Gesetzes für einen der Dauer des Grundwehrdienstes entsprechenden Zeitraum.

(5) Erziehungsbeihilfe kann gewährt werden, wenn anstelle der Beschädigtenrente, Waisenrente oder Waisenbeihilfe ein Ausgleich nach § 89 gezahlt wird.

(6) Kann die übliche Ausbildung aus Gründen, die der Beschädigte, das Kind des Beschädigten oder die Waise nicht zu vertreten haben, nicht mit Vollendung des 27. Lebensjahrs abgeschlossen werden, kann Erziehungsbeihilfe auch über diesen Zeitpunkt hinaus weitergewährt werden.

§ 27a [Ergänzende Hilfe zum Lebensunterhalt]

Ergänzende Hilfe zum Lebensunterhalt ist Beschädigten und Hinterbliebenen zu gewähren, soweit der Lebensunterhalt nicht aus den übrigen Leistungen nach diesem Gesetz und dem einzusetzenden Einkommen und Vermögen bestritten werden kann. Für die ergänzende Hilfe zum Lebensunterhalt gelten die Bestimmungen des Abschnitts 2 des Bundessozialhilfegesetzes unter Berücksichtigung der besonderen Lage der Beschädigten oder Hinterbliebenen entsprechend. § 18 des Bundessozialhilfegesetzes gilt nicht für Empfänger einer Ausgleichsrente.

§ 27b [Erholungshilfe]

(1) Erholungshilfe erhalten Beschädigte für sich und ihren Ehegatten sowie Hinterbliebene als Erholungsaufenthalt, wenn die Erholungsmaßnahme zur Erhaltung der Gesundheit oder Arbeitsfähigkeit notwendig, die beabsichtigte Form des Erholungsaufenthalts zweckmäßig und, soweit es sich um Beschädigte handelt, die Erholungsbedürftigkeit durch die anerkannten Schädigungsfolgen bedingt ist; bei Schwerbeschädigten wird der Zusammenhang zwischen den anerkannten Schädigungsfolgen und der Erholungsbedürftigkeit stets angenommen.

(2) Die Dauer des Erholungsaufenthalts ist so zu bemessen, daß der Erholungserfolg möglichst nachhaltig ist; sie soll drei Wochen betragen, darf jedoch diesen Zeitraum in der Regel

10 BVG §§ 27c, 27d   Bundesversorgungsgesetz

nicht übersteigen. Weitere Erholungshilfe soll in der Regel nicht vor Ablauf von zwei Jahren gewährt werden.

(3) Aufwendungen, die während des Erholungsaufenthalts für den häuslichen Lebensunterhalt erspart werden, sind als Einkommen des Hilfesuchenden einzusetzen. Zusätzliche kleinere Aufwendungen, die dem Erholungssuchenden durch den Erholungsaufenthalt entstehen, sind als besonderer Bedarf zu berücksichtigen und können durch Pauschbeträge abgegolten werden.

(4) Während der Durchführung der Erholungsmaßnahme ist sicherzustellen, daß für Kinder und solche Haushaltsangehörige, die der Pflege bedürfen, hinreichend gesorgt wird.

(5) Bedarf der Erholungssuchende einer ständigen Begleitung, umfaßt der Bedarf für die Erholungshilfe auch den Bedarf aus der Mitnahme der Begleitperson.

§ 27c [Wohnungshilfe]

Wohnungshilfe erhalten Beschädigte und Hinterbliebene. Die Wohnungshilfe besteht in der Beratung in Wohnungs- und Siedlungsangelegenheiten sowie in der Mitwirkung bei der Beschaffung und Erhaltung ausreichenden und gesunden Wohnraums. Geldleistungen werden nur gewährt, wenn die Wohnung eines Schwerbeschädigten mit Rücksicht auf Art und Schwere der Schädigung besonderer Ausgestaltung oder baulicher Veränderung bedarf oder wenn Schwerbeschädigte oder Witwen innerhalb von fünf Jahren nach ihrem erstmaligen Eintreffen im Geltungsbereich dieses Gesetzes Wohnungshilfe beantragen und eine Geldleistung durch die Besonderheit des Einzelfalls gerechtfertigt ist. Geldleistungen sollen in der Regel als Darlehen gewährt werden.

§ 27d[1] [Hilfe in besonderen Lebenslagen]

(1) Als Hilfen in besonderen Lebenslagen erhalten Beschädigte und Hinterbliebene

---

[1] § 27d Abs. 1 und Abs. 3 Satz 1 neu gefaßt durch Gesetz vom 23. 6. 1986 (BGBl. I S. 915), Abs. 1 und Abs. 4 geändert durch Gesetz vom 16. 12. 1986 (BGBl. I S. 2441), Abs. 7 aufgehoben durch Gesetz vom 20. 12. 1982 (BGBl. I S. 1857).

1. Hilfen zum Aufbau oder zur Sicherung der Lebensgrundlage,
2. vorbeugende Gesundheitshilfe,
3. Hilfe bei Schwangerschaft oder bei Sterilisation,
4. Hilfe zur Familienplanung,
5. Hilfe für werdende Mütter und Wöchnerinnen,
6. Eingliederungshilfe für Behinderte,
7. Blindenhilfe,
8. Hilfe zur Überwindung besonderer sozialer Schwierigkeiten.

(2) Hilfe kann auch in anderen besonderen Lebenslagen gewährt werden, wenn sie den Einsatz öffentlicher Mittel unter Berücksichtigung des Zweckes der Kriegsopferfürsorge rechtfertigen.

(3) Für die Hilfen in besonderen Lebenslagen gilt Abschnitt 3 des Bundessozialhilfegesetzes unter Berücksichtigung der besonderen Lage der Beschädigten oder Hinterbliebenen entsprechend. Die §§ 10 bis 24a bleiben unberührt.

(4) Die Absätze 1 bis 3 gelten auch für Hinterbliebene, die wegen Behinderung der Hilfe bedürfen.

(5) Bei der Festsetzung der Einkommensgrenze tritt an die Stelle des Grundbetrags nach § 25e Abs. 1 Nr. 1 ein Grundbetrag

a) in den Fällen des § 81 Abs. 1 des Bundessozialhilfegesetzes in Höhe von 4,25 vom Hundert,
b) in den Fällen des § 81 Abs. 2 des Bundessozialhilfegesetzes in Höhe von 8,5 vom Hundert

des Bemessungsbetrags. Der Familienzuschlag beträgt 40 vom Hundert des Grundbetrags des § 25e Abs. 1 Nr. 1. Für den nicht getrennt lebenden Ehegatten beträgt der Familienzuschlag in den Fällen des Satzes 1 Buchstabe b die Hälfte des Grundbetrags des Satzes 1 Buchstabe a, wenn beide Ehegatten blind oder behindert im Sinne des § 24 Abs. 1 Satz 2 oder Abs. 2 des Bundessozialhilfegesetzes sind.

(6) Was größere orthopädische und größere andere Hilfsmittel im Sinne des § 81 Abs. 1 Nr. 3 des Bundessozialhilfegesetzes sind, bestimmt sich nach der auf Grund des § 81 Abs. 5 des Bundessozialhilfegesetzes erlassenen Rechtsverordnung.

(7) *(aufgehoben)*

10 BVG §§ 27e–27g Bundesversorgungsgesetz

§ 27e [Sonderfürsorge für Schwerstbeschädigte]

Kriegsblinden, Ohnhändern, Querschnittgelähmten, die eine Pflegezulage beziehen, und sonstigen Empfängern einer Pflegezulage sowie Hirnbeschädigten und Beschädigten, deren Minderung der Erwerbsfähigkeit allein wegen Erkrankung an Tuberkulose oder wegen einer Gesichtsentstellung wenigstens 50 vom Hundert beträgt, ist durch die Hauptfürsorgestellen eine wirksame Sonderfürsorge zu gewähren.

§ 27f [Rechtsverordnungen der Bundesregierung]

Die Bundesregierung wird ermächtigt, mit Zustimmung des Bundesrates durch Rechtsverordnung Art, Ausmaß und Dauer der Leistungen der Kriegsopferfürsorge (§§ 25 bis 27e) sowie das Verfahren zu bestimmen.[1]

§ 27g[2] [Überleitung von Ansprüchen auf den Träger der Kriegsopferfürsorge]

(1) Haben Beschädigte oder Hinterbliebene für die Zeit, für die Leistungen der Kriegsopferfürsorge gewährt werden, einen Anspruch gegen einen anderen, der kein Leistungsträger im Sinne von § 12 des Ersten Buches Sozialgesetzbuch ist, kann der Träger der Kriegsopferfürsorge durch schriftliche Anzeige an den anderen bewirken, daß dieser Anspruch bis zur Höhe seiner Aufwendungen auf ihn übergeht. Der Übergang des Anspruchs darf nur insoweit bewirkt werden, als die Hilfe bei rechtzeitiger Leistung des anderen nicht gewährt worden wäre oder als der Hilfeempfänger nach § 25c Abs. 1 Satz 2 oder Abs. 2 die Aufwendungen zu ersetzen oder zu tragen hat. Der Übergang ist nicht dadurch ausgeschlossen, daß die Ansprüche nicht übertragen, verpfändet oder gepfändet werden können. § 115 des Zehnten Buches Sozialgesetzbuch geht der Regelung des Absatzes 1 Satz 1 vor.

---

[1] Verordnung zur Kriegsopferfürsorge vom 16. 1. 1979 (BGBl. I S. 80); abgedruckt unter Nr. **11.**

[2] § 27g Abs. 1 Satz 1 neu gefaßt und Satz 4 angefügt durch Gesetz vom 4. 11. 1982 (BGBl. I S. 1450), Abs. 3 Satz 2 und Abs. 4 Satz 1 geändert durch Gesetz vom 23. 6. 1986 (BGBl. I S. 915).

Bundesversorgungsgesetz §§ 27h, 27i **BVG 10**

(2) Die schriftliche Anzeige bewirkt den Übergang der Ansprüche für die Zeit, für die den Beschädigten oder Hinterbliebenen Leistungen der Kriegsopferfürsorge ohne Unterbrechung gewährt werden; als Unterbrechung gilt ein Zeitraum von mehr als zwei Monaten.

(3) Der Träger der Kriegsopferfürsorge darf den Übergang eines Anspruchs gegen einen nach bürgerlichem Recht Unterhaltspflichtigen nicht bewirken, wenn der Unterhaltspflichtige mit dem Beschädigten oder Hinterbliebenen im zweiten oder in einem entfernteren Grade verwandt ist. In den übrigen Fällen darf er den Übergang nur in dem Umfang bewirken, in dem Beschädigte oder Hinterbliebene nach den Bestimmungen des § 25e Abs. 1, § 25f Abs. 1 bis 4, § 26b Abs. 4, § 26c Abs. 8 sowie § 27d Abs. 5 Einkommen und Vermögen einzusetzen hätten.

(4) Der Träger der Kriegsopferfürsorge soll davon absehen, einen nach bürgerlichem Recht Unterhaltspflichtigen in Anspruch zu nehmen, soweit dies eine Härte bedeuten würde; er soll vor allem von der Inanspruchnahme unterhaltspflichtiger Eltern absehen, soweit einem Beschädigten oder Hinterbliebenen nach Vollendung des 21. Lebensjahres Hilfe zur Pflege nach § 26c oder Eingliederungshilfe für Behinderte nach § 27d gewährt wird. Er kann davon absehen, wenn anzunehmen ist, daß der mit der Inanspruchnahme des Unterhaltspflichtigen verbundene Verwaltungsaufwand in keinem angemessenen Verhältnis zu der Unterhaltsleistung stehen wird.

§ 27h[1] *(aufgehoben)*

§ 27i[2] **[Rechte des Trägers der Kriegsopferfürsorge]**

Der erstattungsberechtigte Träger der Kriegsopferfürsorge kann die Feststellung einer Sozialleistung betreiben sowie Rechtsmittel einlegen. Der Ablauf der Fristen, die ohne sein Verschulden verstrichen sind, wirkt nicht gegen ihn; dies gilt nicht für die Verfahrensfristen, soweit der Träger der Kriegsopferfürsorge das Verfahren selbst betreibt.

---

[1] § 27h aufgehoben durch Gesetz vom 23. 3. 1990 (BGBl. I S. 582).
[2] § 27i angefügt durch Gesetz vom 4. 11. 1982 (BGBl. I S. 1450), Satz 1 geändert durch Gesetz vom 22. 12. 1983 (BGBl. I S. 1532), Satz 2 geändert durch Gesetz vom 21. 6. 1988 (BGBl. I S. 826).

§ 28 *(weggefallen)*

Versorgung bei Unterbringung

§ 71 [Unterbringung zum Vollzug einer Strafe oder freiheitsentziehenden Maßregel der Besserung und Sicherung]

Bei Unterbringung des Leistungsberechtigten (§ 49 des Ersten Buches Sozialgesetzbuch)[1] zum Vollzug einer Freiheitsstrafe oder einer freiheitsentziehenden Maßregel der Besserung und Sicherung sind bei der Bemessung der Versorgungsbezüge Einkünfte, die durch die Unterbringung gemindert werden, in der bis zur Unterbringung bezogenen Höhe zugrunde zu legen; sie sind im Zeitpunkt der Anpassung der Versorgungsbezüge (§ 56) um den Vomhundertsatz, um den die laufenden Rentenleistungen angepaßt werden, zu erhöhen. Schließt der Vollzug einer Freiheitsstrafe oder einer freiheitsentziehenden Maßregel der Besserung und Sicherung unmittelbar an eine Untersuchungshaft an, so ist Satz 1 mit der Maßgabe anzuwenden, daß durch die Untersuchungshaft geminderte Einkünfte in der bis zum Beginn der Untersuchungshaft bezogenen Höhe zugrunde zu legen sind.

§ 71a *(weggefallen)*

Übertragung kraft Gesetzes

§ 71b[2] [Übergang von Sozialversicherungsansprüchen]

Hat die zuständige Verwaltungsbehörde Versorgungsbezüge geleistet, gelten, wenn der Versorgungsberechtigte Ansprüche gegen einen Träger der Sozialversicherung oder eine öffentlich-rechtliche Kasse hat, §§ 104 sowie 106 bis 114 des Zehnten Buches Sozialgesbuch[3] und, wenn der Versorgungsberechtigte Ansprüche gegen einen öffentlich-rechtlichen Dienstherrn

---

[1] Abgedruckt unter Nr. **13**.
[2] § 71b Satz 1 neu gefaßt durch Gesetz vom 4. 11. 1982 (BGBl. I S. 1450).
[3] Abgedruckt unter Nr. **14**.

hat, § 115 des Zehnten Buches Sozialgesetzbuch mit der Maßgabe, daß die Ansprüche dem Kostenträger der Kriegsopferversorgung zustehen. Das gilt auch, wenn der Kostenträger der Kriegsopferversorgung auch diese Leistungen zu tragen hat.

§ 84[1] [Übergangsvorschriften zu § 26a Abs. 2 Satz 2 Nr. 1 und 2]

(1) Vor dem 1. Juli 1985 bewilligte Witwen- und Waisenbeihilfen bleiben von der am 1. Juli 1985 in Kraft getretenen Änderung des § 48 unberührt.

(2) Haben Berechtigte mit Wohnsitz oder gewöhnlichem Aufenthalt im Ausland im Monat Juni 1988 Anspruch auf Berufsschadensausgleich oder Schadensausgleich unter Zugrundelegung ausländischer Vergleichseinkommen, gilt § 64c in der bis zum 30. Juni 1988 geltenden Fassung, solange dies günstiger ist. Dabei ist dem derzeitigen Einkommen das für den Monat Juli 1988 maßgebende ausländische Vergleichseinkommen gegenüberzustellen; dieses Vergleichseinkommen wird in den Folgejahren jeweils zum 1. Juli in dem gleichen Umfang wie der Bemessungsbetrag (§ 33 Abs. 1) verändert.

---

[1] § 84 eingefügt durch Gesetz vom 30. 12. 1982 (BGBl. I S. 1857, ber. 1983 S. 311), Abs. 2 angefügt durch Gesetz vom 22. 12. 1983 (BGBl. I S. 1532), Abs. 3 angefügt durch Gesetz vom 4. 6. 1985 (BGBl. I S. 910), Abs. 4 angefügt durch Gesetz vom 16. 12. 1986 (BGBl. I S. 2441), Abs. 5 angefügt durch Gesetz vom 21. 6. 1988 (BGBl. I S. 826), Abs. 1, 2 und 4 aufgehoben, Abs. 3 wird Abs. 1, Abs. 5 wird Abs. 2 durch Gesetz vom 23. 3. 1990 (BGBl. I S. 582).

11. Verordnung zur Kriegsopferfürsorge – KFürsV

Vom 16. Januar 1979 (BGBl. I S. 80)[1]

(BGBl. III 830–2–14)

Geändert durch Gesetz vom 18. 8. 1980 (BGBl. I S. 1469), Verordnung vom 28. 9. 1987 (BGBl. I S. 2251) und Gesetz vom 26. 6. 1990 (BGBl. I S. 1163)

Inhaltsübersicht

	§§		§§
Abschnitt 1. Hilfen zur beruflichen Rehabilitation		Berufsfindung und Arbeitserprobung	3
Allgemeine Bestimmungen	1	Berufsvorbereitung	4
Hilfen zur Erhaltung oder Erlangung eines Arbeitsplatzes und zur Förderung der Arbeitsaufnahme; Eingliederungshilfen an Arbeitgeber	2	Berufliche Anpassung	5
		Berufliche Fortbildung	6
		Berufliche Ausbildung	7
		Berufliche Umschulung	8
		Schulausbildung	9

[1] Zur Verordnung zur Kriegsopferfürsorge i. d. F. der Bek. vom 27. 8. 1965 (BGBl. I S. 1032) wurden von den Ländern die folgenden Vorschriften erlassen: In **Baden-Württemberg** Gesetz vom 14. 5. 1963 (GBl. S. 71, ber. S. 82) mit Änderung durch Gesetz vom 11. 4. 1972 (GBl. S. 135) und VO vom 19. 3. 1985 (GBl. S. 71), in **Bayern** Gesetz i. d. F. der Bek. vom 5. 10. 1982 (BayRS 830–2–A) mit Änderung durch Gesetz vom 20. 12. 1983 (GVBl. S. 1107), in **Berlin** Ausführungsvorschriften vom 15. 12. 1971 (ABl. 1972 S. 383) mit Änderung durch Verwaltungsvorschriften vom 29. 5. 1974 (ABl. S. 848), in **Bremen** Verordnung vom 17. 4. 1962 (SaBremR 830-a-1) mit Änderung durch Verordnung vom 31. 8. 1965 (GBl. S. 123), Bek. vom 20. 11. 1973 (GBl. S. 235), Bek. vom 4. 6. 1984 (GBl. S. 173), Verordnung vom 28. 1. 1986 (GBl. S. 13), Verordnung vom 25. 3. 1986 (GBl. S. 68) und Verordnung vom 9. 12. 1986 (GBl. S. 291), sowie Verwaltungsanweisung vom 1. 11. 1965 (Amtsbl. S. 325), in **Hamburg** Anordnung vom 22. 10. 1963 (Amtl. Anz. S. 1127) mit Änderung durch Anordnung vom 27. 2. 1967 (Amtl. Anz. S. 239) und vom 18. 2. 1969 (Amtl. Anz. S. 217), in **Hessen** Gesetz vom 9. 10. 1962 (GVBl. I S. 429) mit Änderung durch Gesetz vom 30. 11. 1977 (GVBl. I S. 449) und Gesetz vom 10. 7. 1979 (GVBl. I S. 179), in **Niedersachsen** Gesetz i. d. F. der Bek. vom 12. 11. 1987 (GVBl. S. 205), in **Nordrhein-Westfalen** Gesetz i. d. F. der Bek. vom 1. 11. 1987 (GV NW 401), in **Rheinland-Pfalz** Gesetz vom 8. 3. 1963 (GVBl. S. 82) mit Änderung durch Gesetz vom 24. 2. 1971 (GVBl. S. 68), vom 15. 12. 1972 (GVBl. S. 374), vom 7. 2. 1983 (GVBl. S. 17) und vom 16. 4. 1985 (GVBl. S. 117), in **Schleswig-Holstein** Gesetz vom 21. 1. 1985 (GVBl. S. 29).

VO zur Kriegsopferfürsorge KFürsV **11**

§§

Sonstige berufsfördernde Maßnahmen 10
Gründung und Erhaltung einer selbständigen Existenz 11
Gegenstand der Förderung 12
Dauer der Förderung 13
Berufsfördernde Maßnahmen außerhalb des Geltungsbereichs des Bundesversorgungsgesetzes 14
Pauschalierte Abgeltung von Kosten 15
Unterhaltsbeihilfe 16
Förderungsmaßnahmen für Witwen und Witwer 17

Abschnitt 2. Erziehungsbeihilfe

Gegenstand der Förderung 18
Dauer der Förderung 19
Erziehungs- und Ausbildungsbedarf 20
Unterhaltsbedarf 21
Leistungen für weitere Auszubildende 22
Erhöhung des Einkommens ... 23

Abschnitt 3. Ergänzende Hilfe zum Lebensunterhalt

Mehrbedarf bei Erwerbstätigkeit 24

Abschnitt 4. Erholungshilfe

Nachweis der Voraussetzungen 25
Erholungsbedingte Aufwendungen 26

Abschnitt 5. Wohnungshilfe

Geldleistungen 27

Abschnitt 6. Hilfen in besonderen Lebenslagen

Besondere Hilfen für Beschädigte 28

§§

Abschnitt 7. Sonderfürsorge

Leistungen an Sonderfürsorgeberechtigte 29

Abschnitt 8. Einkommen; Einkommensberechnung

Einkommen 30
Bewertung von Sachbezügen .. 31
Einkünfte aus nichtselbständiger Arbeit 32
Einkünfte aus Land- und Forstwirtschaft, Gewerbebetrieb und selbständiger Arbeit ... 33
Einkünfte von Land- und Forstwirten, deren Gewinn nach Durchschnittssätzen ermittelt wird 34
Einkünfte aus Kapitalvermögen 35
Einkünfte aus Vermietung und Verpachtung 36
Andere Einkünfte 37
Einkommensberechnung in besonderen Fällen 38
Verlustausgleich 39
Maßgebender Zeitraum 40

Abschnitt 9. Einsatz von Einkommen; Einsatz und Verwertung von Vermögen

Unterabschnitt 1. Ausschluß des Einsatzes von Einkommen aus Billigkeitsgründen

Einzelfallprüfung 41
Geminderte Lebensstellung ... 42
Art und Schwere der Schädigung 43
Schädigungsnähe des Bedarfs .. 44
Besondere Tatkraft bei Erzielung von Erwerbseinkommen . 45
Besondere wirtschaftliche Belastungen 46
Dauer des Bedarfs 47
Freibeträge bei Anstaltsaufenthalt 48

VO zur Kriegsopferfürsorge

§§	
Unterabschnitt 2. Sonstige Vorschriften	
Überwiegender Unterhalt	49
Einkommens- und Vermögenseinsatz bei Leistungen für Familienmitglieder	50
Einschränkung der Hilfe; Ausschluß des Anspruchs auf Hilfe	51
Abrundungsvorschriften	52
Abschnitt 10. Verfahren	
Örtliche Zuständigkeit	53
Dauer der Leistungen; Leistungen von Amts wegen	54
Nachweispflicht der Hilfeempfänger	55
Beteiligung anderer Dienststellen	56
(aufgehoben)	57
Nachweis bestimmter Voraussetzungen bei Eltern	58
Abschnitt 11. Übergangs- und Schlußbestimmungen	
Übergangsregelung	59
Berlin-Klausel	60
Inkrafttreten	61

Auf Grund des § 27f des Bundesversorgungsgesetzes in der Fassung der Bekanntmachung vom 22. Juni 1976 (BGBl. I S. 1633), der durch Artikel 1 Nr. 18 und 19 des Gesetzes vom 10. August 1978 (BGBl. I S. 1217) geändert worden ist, verordnet die Bundesregierung mit Zustimmung des Bundesrates:

Abschnitt 1. Hilfen zur beruflichen Rehabilitation

§ 1 Allgemeine Bestimmungen

(1) Die berufsfördernden Leistungen zur Rehabilitation nach § 26 des Bundesversorgungsgesetzes sind darauf auszurichten, durch Hilfen zur Erhaltung oder Erlangung einer der Eignung, Neigung und bisherigen Tätigkeit des Beschädigten entsprechenden beruflichen Tätigkeit die Folgen der Schädigung angemessen auszugleichen oder zu mildern. Sie umfassen auch Maßnahmen zur Vorbereitung der Arbeits- und Berufsförderung sowie Maßnahmen zur Sicherung der beruflichen Eingliederung.

(2) Die Einleitung berufsfördernder Maßnahmen setzt voraus, daß

1. das Leistungsvermögen des Beschädigten erwarten läßt, daß er das Ziel der berufsfördernden Maßnahmen erreichen wird,
2. die berufsfördernden Maßnahmen der Eignung, Neigung und Fähigkeit des Beschädigten entsprechen,

3. der beabsichtigte Ausbildungsweg zweckmäßig ist,
4. der Beruf oder die Tätigkeit voraussichtlich eine ausreichende Lebensgrundlage vermittelt oder wenigstens dazu beiträgt, die Folgen der Schädigung zu mildern, wenn der Beschädigte infolge Art oder Schwere der Schädigung eine ausreichende Lebensgrundlage nicht mehr erlangen kann.

(3) Von Maßnahmen nach § 6 Abs. 2 und § 8 soll abgesehen werden, wenn die Unterbringung im erlernten, ausgeübten oder in einem diesem verwandten und gleichwertigen Beruf, gegebenenfalls nach Beschaffung von Hilfsmitteln, Vorrichtungen an Maschinen oder anderen geeigneten Hilfen, noch möglich ist.

(4) Berufsfördernde Maßnahmen können auch während einer stationären Behandlung begonnen oder fortgeführt werden; dem Beschädigten soll zumindest die Erhaltung seiner beruflichen Kenntnisse ermöglicht werden.

(5) Berufsfördernde Maßnahmen werden auch durchgeführt, wenn der Beschädigte schon nach § 26 des Bundesversorgungsgesetzes gefördert worden ist. Die Einleitung neuer Maßnahmen hängt jedoch davon ab, daß der Beschädigte den Beruf, für den er bereits gefördert wurde, infolge der Schädigung nicht mehr ausüben kann oder daß frühere Maßnahmen aus Gründen, die der Beschädigte nicht zu vertreten hat, nicht zu einer ausreichenden Lebensgrundlage geführt haben.

(6) Kann eine berufsfördernde Maßnahme aus Gründen, die der Beschädigte nicht zu vertreten hat, nicht zu dem in Aussicht genommenen Ziel geführt werden, sind weitere Maßnahmen nicht ausgeschlossen.

(7) Wird eine berufsfördernde Maßnahme in Abschnitten durchgeführt, ist die Leistung für den jeweiligen Abschnitt festzustellen.

§ 2 Hilfen zur Erhaltung oder Erlangung eines Arbeitsplatzes und zur Förderung der Arbeitsaufnahme; Eingliederungshilfen an Arbeitgeber

(1) Hilfen zur Erhaltung oder Erlangung eines Arbeitsplatzes und zur Förderung der Arbeitsaufnahme sind insbesondere
1. persönliche Hilfen, einschließlich der Beratung der Vorgesetzten und Mitarbeiter des Beschädigten,

11 KFürsV § 2 VO zur Kriegsopferfürsorge

2. Übernahme der Kosten für Arbeitsausrüstung, wenn die Kosten hierfür sonst üblicherweise vom Arbeitnehmer zu tragen sind; Arbeitsausrüstung umfaßt Arbeitskleidung und Arbeitsgerät,

3. Übernahme der Kosten für technische Arbeitshilfen, die in das Eigentum des Beschädigten übergehen, soweit sie nicht nach § 11 Abs. 3 des Schwerbehindertengesetzes vom Arbeitgeber zu stellen sind,

4. Übernahme der Umzugskosten.

Die Hilfen umfassen auch Leistungen an den Arbeitgeber.

(2) Erzielt der Beschädigte nach Durchführung einer berufsfördernden Maßnahme im Sinne der §§ 6 bis 8 an seinem Arbeitsplatz während einer Einarbeitungszeit nicht den vollen Arbeitsverdienst, erhält er als Ausgleich eine Beihilfe in Höhe des Unterschiedes zwischen dem Einkommen während der Einarbeitungszeit und dem voraussichtlichen Einkommen nach Ablauf der Einarbeitungszeit; die Dauer der Beihilfe soll sechs Monate nicht überschreiten.

(3) Leistungen an den Arbeitgeber sind insbesondere

1. Zuschüsse zu den monatlichen Kosten einer betrieblichen Ausbildung und Umschulung des Beschädigten bis zur Höhe der vom Arbeitgeber geltend gemachten und vom Arbeitsamt als angemessen anerkannten Kosten. Der Zuschuß soll die vom Arbeitgeber im letzten Jahr der betrieblichen Ausbildung und Umschulung zu zahlende monatliche Vergütung nicht übersteigen. Beträgt die monatliche Vergütung weniger als 300 Deutsche Mark, kann ein monatlicher Zuschuß bis zu 300 Deutsche Mark gezahlt werden.

2. Eingliederungshilfe, wenn der Arbeitgeber dem Beschädigten die zum Erreichen der vollen Leistungsfähigkeit notwendigen beruflichen Kenntnisse und Fertigkeiten an einem Arbeitsplatz vermittelt oder dem Beschädigten einen seinem Leistungsvermögen angemessenen Dauerarbeitsplatz bietet. Die Eingliederungshilfe soll in der Regel 60 vom Hundert des Arbeitsentgeltes nicht übersteigen. Sie wird als Zuschuß und in der Regel nicht länger als zwei Jahre gezahlt.

3. Hilfen zur Einrichtung und Unterhaltung eines beschädigtengerechten Arbeitsplatzes, soweit nicht der Arbeitgeber

hierzu nach § 11 Abs. 3 des Schwerbehindertengesetzes verpflichtet ist.
4. Übernahme der Kosten für eine befristete Probebeschäftigung, wenn dadurch die Möglichkeiten einer vollständigen und dauerhaften beruflichen Eingliederung verbessert werden oder nur dadurch eine vollständige und dauerhafte berufliche Eingliederung zu erreichen ist.

§ 3 Berufsfindung und Arbeitserprobung

Durch Maßnahmen der Berufsfindung und Arbeitserprobung ist Beschädigten die Möglichkeit zu geben, eine ihrer Leistungsfähigkeit entsprechende berufliche Tätigkeit zu finden.

§ 4 Berufsvorbereitung

(1) Durch Maßnahmen der Berufsvorbereitung ist Beschädigten der Zugang zur beruflichen Ausbildung oder Umschulung sowie zu einer beruflichen Tätigkeit zu ermöglichen oder zu erleichtern.

(2) Maßnahmen der Berufsvorbereitung sind insbesondere
1. Grundausbildungslehrgänge zur Vorbereitung auf bestimmte Berufsbereiche,
2. Förderungslehrgänge für noch nicht berufsreife Beschädigte, von denen zu erwarten ist, daß sie nach Abschluß des Lehrganges eine Ausbildung aufnehmen können,
3. Lehrgänge zur Verbesserung der Eingliederungsmöglichkeiten für Beschädigte, die den Anforderungen eines anerkannten Ausbildungsberufes nicht und der Arbeitsaufnahme oder einer Tätigkeit in einer Werkstatt für Behinderte noch nicht gewachsen sind,
4. blindentechnische und vergleichbare spezielle Grundausbildungen.

§ 5 Berufliche Anpassung

Durch Maßnahmen der beruflichen Anpassung sind Beschädigten vor allem Fähigkeiten und Kenntnisse zu vermitteln, die notwendig sind, um die infolge der Schädigung eingetretenen Lücken im beruflichen Wissen zu schließen, berufliche Fertigkeiten wieder zu erlangen, Fähigkeiten und Fertigkeiten an die fortgeschrittene Entwicklung der Technik anzupassen oder einer anderen Tätigkeit im erlernten oder ausgeübten Beruf nachzugehen.

§ 6 Berufliche Fortbildung

(1) Die berufliche Fortbildung soll Beschädigten mit abgeschlossener Berufsausbildung oder angemessener Berufserfahrung dazu verhelfen, berufliche Kenntnisse und Fertigkeiten festzustellen, zu erhalten oder zu erweitern.

(2) Beschädigte erhalten Hilfe zur beruflichen Fortbildung, wenn und solange sie infolge der Schädigung in der Ausübung des erlernten oder ausgeübten Berufes so beeinträchtigt sind, daß sie sich am Arbeitsplatz und im Wettbewerb mit Nichtbeschädigten nicht behaupten können.

(3) Die Hilfe zur beruflichen Fortbildung umfaßt auch Hilfen zum Aufstieg im Beruf. Hilfen sind zu gewähren, wenn den Beschädigten erst hierdurch die Erlangung einer angemessenen Lebensstellung ermöglicht wird. Im übrigen können sie gewährt werden, wenn die Beschädigten in ihrem beruflichen Fortkommen infolge der Schädigung benachteiligt sind und ihre Fähigkeiten eine berufliche Fortbildung rechtfertigen.

§ 7 Berufliche Ausbildung

(1) Die berufliche Ausbildung soll den Beschädigten die notwendigen Fertigkeiten und Kenntnisse für die Ausübung einer ihren Kräften und Fähigkeiten angemessenen qualifizierten beruflichen Tätigkeit vermitteln.

(2) Beschädigte erhalten Hilfe zur beruflichen Ausbildung, wenn sie infolge der Schädigung eine Berufsausbildung nicht beginnen, fortsetzen oder beenden konnten oder das Ausbildungsziel ändern müssen und ihnen durch die Änderung Mehraufwendungen für die berufliche Ausbildung entstehen, die ohne die Schädigung nicht entstanden wären. Hilfe zur beruflichen Ausbildung erhalten Beschädigte auch dann, wenn die angestrebte Ausbildung infolge der Schädigung nicht ohne besondere Maßnahmen durchgeführt werden kann.

§ 8 Berufliche Umschulung

Die berufliche Umschulung soll Beschädigten, die infolge der Schädigung ihrem erlernten oder ausgeübten Beruf nicht mehr nachgehen können, Fähigkeiten und Kenntnisse vermitteln, die den Übergang in eine andere berufliche Tätigkeit ermöglichen. Der neue Beruf soll dem erlernten oder ausgeübten Beruf gleichwertig sein. Die Umschulung soll mit einem qualifizierenden Abschluß enden.

§ 9 Schulausbildung

(1) Beschädigte erhalten Hilfe
1. zum Besuch einer mittleren oder höheren Schule, wenn der in Aussicht genommene Beruf dies erfordert,
2. zum Besuch einer sonstigen allgemein- oder berufsbildenden Schule, wenn und soweit infolge der Schädigung ein besonderer Aufwand entsteht.

(2) Hilfe zu sonstigen Maßnahmen zur Vermittlung schulischen Wissens erhalten Beschädigte, wenn ihnen wegen Art oder Schwere der Schädigung der Besuch einer allgemein- oder berufsbildenden Schule nicht möglich ist.

§ 10[1] Sonstige berufsfördernde Maßnahmen

(1) Sonstige berufsfördernde Maßnahmen sind alle Hilfen, die erforderlich sind, um die Beschädigten beruflich einzugliedern oder die Eingliederung zu sichern, soweit dies durch die Hilfen nach den §§ 2 bis 9 nicht oder nicht vollständig erreicht werden kann.

(2) Zu den sonstigen berufsfördernden Maßnahmen gehören auch Hilfen zur Beschaffung, zur schädigungsbedingten Zusatzausstattung, zum Betrieb, zur Unterhaltung, zum Unterstellen und zum Abstellen eines Kraftfahrzeuges sowie zur Erlangung der Fahrerlaubnis, wenn der Beschädigte zur Erreichung seines Arbeitsplatzes infolge der Schädigung auf die Benutzung eines Kraftfahrzeuges angewiesen ist. Die Hilfen zur Beschaffung eines Kraftfahrzeugs, zu einer schädigungsbedingten Zusatzausstattung und zur Erlangung der Fahrerlaubnis richten sich nach der Kraftfahrzeughilfe-Verordnung.

---

[1] § 10 Abs. 2 Satz 1 geändert und Satz 2 angefügt durch Verordnung vom 28. 9. 1987 (BGBl. I S. 2251).

§ 11 Gründung und Erhaltung einer selbständigen Existenz

Beschädigte erhalten Hilfen zur Gründung und Erhaltung einer selbständigen beruflichen Existenz, wenn sie

1. die erforderlichen persönlichen und fachlichen Voraussetzungen für die Ausübung der Tätigkeit erfüllen,
2. ihren Lebensunterhalt und den ihrer unterhaltsberechtigten Angehörigen durch die Tätigkeit voraussichtlich auf Dauer im wesentlichen sicherstellen können und
3. infolge der Schädigung eine ausreichende Lebensgrundlage zweckmäßiger durch eine selbständige berufliche Tätigkeit erlangen und die angestrebte selbständige berufliche Existenz ohne fremde Hilfe nicht gründen können oder bei der Ausübung einer selbständigen beruflichen Tätigkeit im Wettbewerb mit Nichtbeschädigten benachteiligt sind.

§ 12 Gegenstand der Förderung

Als berufsfördernde Maßnahmen kommen in Betracht

1. Ausbildung für Berufe, die einen bestimmten Ausbildungsgang voraussetzen,
2. Besuch öffentlicher, staatlich anerkannter oder genehmigter Ausbildungsstätten sowie von Hochschulen; private Ausbildungsstätten stehen öffentlichen gleich, wenn sie zu einer für den betreffenden Ausbildungsgang anerkannten Abschlußprüfung führen,
3. Besuch sonstiger Ausbildungsstätten sowie von Einrichtungen und Betrieben, wenn es im Einzelfall zweckmäßiger erscheint als der Besuch der unter Nummer 2 aufgeführten Ausbildungsstätten oder wenn das Ziel der Förderung auf andere Weise nicht erreicht werden kann,
4. Teilnahme am Fernunterricht, wenn dieser insbesondere wegen Art oder Schwere der Schädigung geeigneter als andere Maßnahmen ist, das Ziel der Fortbildung, Umschulung oder Ausbildung zu erreichen. Förderungsfähig ist die Teilnahme an Lehrgängen, die nach § 12 des Fernunterrichtsschutzgesetzes vom 24. August 1976 (BGBl. I S. 2525) zugelassen sind oder von einer öffentlich-rechtlichen Stelle veranstaltet werden, ohne unter die Bestimmungen des Fernunterrichtsschutzgesetzes zu fallen. Als Schulausbildung sind Fernunterrichtslehrgänge nur förderungsfähig, wenn sie unter densel-

ben Zugangsvoraussetzungen auf denselben Abschluß vorbereiten wie die in § 2 Abs. 1 und 3 des Bundesausbildungsförderungsgesetzes bestimmten Ausbildungsstätten,

5. Vorbereitung auf den Erwerb des Doktorgrades, wenn die Promotion üblicherweise die einzige Abschlußprüfung darstellt oder Voraussetzung für die Habilitation ist und die Erreichung dieses Zieles auf Grund einer besonderen Befähigung des Doktoranden zu wissenschaftlicher Arbeit erwartet werden kann, oder wenn der Beschädigte ohne den Doktorgrad im Wettbewerb mit Nichtbeschädigten benachteiligt wäre oder der Erwerb des Doktorgrades in einem bestimmten akademischen Beruf allgemein üblich ist.

§ 13 Dauer der Förderung

Die Dauer der Förderung soll die übliche oder vorgeschriebene Ausbildungszeit nicht überschreiten, sofern nicht infolge der Schädigung eine längere Ausbildung geboten ist.

§ 14 Berufsfördernde Maßnahmen außerhalb des Geltungsbereichs des Bundesversorgungsgesetzes

Bei Beschädigten, die ihren gewöhnlichen Aufenthalt im Geltungsbereich des Bundesversorgungsgesetzes haben, können berufsfördernde Maßnahmen auch außerhalb des Geltungsbereichs des Bundesversorgungsgesetzes durchgeführt werden, wenn es der Erreichung des Zwecks der Maßnahme förderlich ist, dadurch die Dauer der Maßnahme nicht wesentlich verlängert wird und keine unvertretbaren Mehrkosten entstehen.

§ 15 Pauschalierte Abgeltung von Kosten

Von den Kosten im Sinne des § 26 Abs. 3 Nr. 3 des Bundesversorgungsgesetzes können die Kosten für Lernmittel, Arbeitskleidung und Arbeitsgerät durch Pauschbeträge abgegolten werden. Das gleiche gilt für die Kosten für Unterkunft und Verpflegung im Sinne des § 26 Abs. 2 Satz 2 des Bundesversorgungsgesetzes.

§ 16 Unterhaltsbeihilfe

(1) Der Höchstbetrag der Unterhaltsbeihilfe nach § 26a Abs. 5 des Bundesversorgungsgesetzes bemißt sich nach dem

11 KFürsV §§ 17, 18   VO zur Kriegsopferfürsorge

Übergangsgeld, das ein wehrpflichtiger Soldat der Wehrsoldgruppe 1, der unmittelbar bis zum Beginn der berufsfördernden Maßnahme Dienst geleistet hat, auf Grund seiner Einkünfte als Soldat erhält. § 26 a Abs. 6 Satz 1 des Bundesversorgungsgesetzes gilt für den Höchstbetrag entsprechend.

(2) Der Betrag zur Abgeltung zusätzlicher weiterer Bedürfnisse (§ 26 a Abs. 5 letzter Satz des Bundesversorgungsgesetzes) soll das nach § 21 Abs. 3 des Bundessozialhilfegesetzes von den zuständigen Landesbehörden festgesetzte Taschengeld nicht übersteigen.

§ 17 Förderungsmaßnahmen für Witwen und Witwer

(1) Für berufsfördernde Maßnahmen für Witwen und Witwer gelten vorstehende Vorschriften entsprechend.

(2) Bei der Prüfung, welche Lebensstellung für die Witwe oder für den Witwer angemessen ist, soll neben der Lebensstellung des gestorbenen Ehegatten auch die Lebensstellung der Witwe oder des Witwers vor der Eheschließung berücksichtigt werden, wenn diese günstiger gewesen ist.

Abschnitt 2. Erziehungsbeihilfe

§ 18[1] Gegenstand der Förderung

(1) Mit der Erziehungsbeihilfe nach § 27 des Bundesversorgungsgesetzes werden Maßnahmen der Erziehung sowie der Schul- und Berufsausbildung, in besonders begründeten Fällen auch Maßnahmen der beruflichen Fortbildung im Sinne von § 6 Abs. 2 gefördert.

(2) Zu fördern ist eine Schul- und Berufsausbildung, die dem Auszubildenden dazu verhelfen soll, einen seiner Eignung, Neigung und Fähigkeit angemessenen Beruf zu erlangen. § 12 Nr. 1 bis 3 gilt entsprechend. Für die Förderung einer Teilnahme am Fernunterricht sind die §§ 3 und 15 Abs. 2 des Bundesausbildungsförderungsgesetzes entsprechend anzuwenden. Bei Waisen sind auch sonstige Maßnahmen zur Vermittlung schulischen Wissens zu fördern, wenn der Waise der Besuch einer allgemein- oder berufsbildenden Schule wegen Behinderung nicht möglich ist.

---
[1] § 18 Abs. 4 geändert durch Gesetz vom 26. 6. 1990 (BGBl. I S. 1163).

(3) Vor Beendigung der Vollzeitschulpflicht ist eine Schulausbildung an allgemeinbildenden Schulen nur insoweit zu fördern, als der Schulbesuch einen Aufwand erfordert, der den während des Besuchs der Grund- und Hauptschule üblicherweise entstehenden Aufwand übersteigt. Entsprechendes gilt für notwendige vorschulische Erziehungsmaßnahmen.

(4) Mit der Erziehungsbeihilfe sind auch Maßnahmen, die zwischen der Schulentlassung und dem Beginn der Berufsausbildung überwiegend der Erziehung, Erwerbsbefähigung und der Hinführung zum Beruf dienen, sowie Hilfen zur Erziehung nach dem Achten Buch Sozialgesetzbuch zu fördern.

(5) Bei Auszubildenden, die ihren gewöhnlichen Aufenthalt im Geltungsbereich des Bundesversorgungsgesetzes haben, umfaßt die Erziehungsbeihilfe auch Ausbildungsmaßnahmen außerhalb des Geltungsbereichs des Bundesversorgungsgesetzes, wenn es der Erreichung des Ausbildungsziels förderlich ist, dadurch die Dauer der Förderung nicht wesentlich verlängert wird und keine unvertretbaren Mehrkosten entstehen.

§ 19 Dauer der Förderung

(1) Die Dauer der Förderung soll die übliche oder vorgeschriebene Ausbildungszeit nicht überschreiten. Wird die Ausbildung in Abschnitten durchgeführt, ist die Leistung für den jeweiligen Ausbildungsabschnitt festzustellen. Erziehungsbeihilfe ist bis zum Erwerb des Doktorgrades zu zahlen, wenn die Promotion üblicherweise die einzige Abschlußprüfung darstellt oder Voraussetzung für die Habilitation ist und die Erreichung dieses Zieles auf Grund einer besonderen Befähigung des Doktoranden zu wissenschaftlicher Arbeit erwartet werden kann.

(2) Kann eine Ausbildungsmaßnahme aus Gründen, die der Auszubildende nicht zu vertreten hat, nicht zu dem in Aussicht genommenen Ziel geführt werden, sind weitere Maßnahmen nicht ausgeschlossen.

§ 20 Erziehungs- und Ausbildungsbedarf

(1) Bei Maßnahmen der Erziehung ist als Bedarf der infolge der Schädigung oder des Verlustes eines Elternteils notwendige besondere Bedarf für die Erziehung anzuerkennen.

(2) Der Bedarf für die Ausbildung umfaßt insbesondere
1. Kosten für notwendige Lernmittel,

2. Kosten für die übliche Arbeitsausrüstung und das übliche Arbeitsmaterial,
3. Ausbildungs- und Prüfungsgebühren einschließlich der üblichen Kosten für Prüfungsstücke,
4. notwendige Fahrtkosten einschließlich der Kosten für Familienheimfahrten in einem der Ausbildungsart und dem Alter des Auszubildenden angemessenen Umfang,
5. notwendige Kosten einer Versicherung gegen Krankheit,
6. Sonderbedarf für Studienfahrten nach den Grundsätzen des § 5 Abs. 1 und 2 der Verordnung über Zusatzleistungen in Härtefällen nach dem Bundesausbildungsförderungsgesetz vom 15. Juli 1974 (BGBl. I S. 1449), geändert durch Verordnung vom 17. Dezember 1974 (BGBl. I S. 3630),
7. kleinere mit der Ausbildung zusammenhängende Ausgaben.

Die Kosten nach Satz 1 Nr. 1, 2, 4 und 7 können durch Pauschbeträge abgegolten werden.

§ 21 Unterhaltsbedarf

(1) Der Bedarf für den Lebensunterhalt des Auszubildenden während der Erziehung und Ausbildung umfaßt

1. bei Verbleib in der Familie einen Betrag in Höhe des Zweifachen des für ihn maßgebenden Regelsatzes nach dem Bundessozialhilfegesetz,
2. bei Unterbringung in einer Anstalt, einem Heim, einer gleichartigen Einrichtung oder einer Pflegestelle die Kosten der Unterbringung und Verpflegung, zusätzlich kleinere Ausgaben bis zur Höhe des nach § 21 Abs. 3 des Bundessozialhilfegesetzes von den zuständigen Landesbehörden festgesetzten Taschengeldes sowie Kosten aus der Erfüllung weiterlaufender unabweislicher Verpflichtungen,
3. bei sonstiger Unterbringung außerhalb der Familie einen Betrag in Höhe des Regelsatzes nach dem Bundessozialhilfegesetz für den Haushaltsvorstand und für einen dem Auszubildenden gleichaltrigen Haushaltsangehörigen sowie die Kosten der Unterkunft am Ausbildungsort; hierbei sind die jeweiligen höchsten Regelsätze des Landes zugrunde zu legen, in dem sich die Ausbildungsstätte befindet. Die Kosten der Unterkunft am Ausbildungsort können durch Pauschbeträge abgegolten werden.

VO zur Kriegsopferfürsorge §§ 22–24 **KFürsV 11**

Ein etwaiger Sonderbedarf ist in die Bedarfsberechnung mit aufzunehmen.

(2) In den Fällen des § 18 Abs. 3 umfaßt der Bedarf nur den besonderen Aufwand; bei der Festsetzung der Einkommensgrenze des § 25e Abs. 1 des Bundesversorgungsgesetzes ist für das Kind oder die Waise ein Familienzuschlag anzusetzen.

§ 22 Leistungen für weitere Auszubildende

Bei der Entscheidung über die Gewährung von Erziehungsbeihilfe für weitere Auszubildende ist die Erziehungsbeihilfe für alle Leistungsfälle neu zu berechnen; das gilt nicht für die Fälle des § 18 Abs. 3.

§ 23 Erhöhung des Einkommens

Wegen einer Erhöhung des Einkommens darf die Erziehungsbeihilfe während eines Ausbildungsabschnittes nicht entzogen oder gekürzt werden, wenn sich das monatliche Einkommen um nicht mehr als 50 Deutsche Mark gegenüber dem nach § 25d des Bundesversorgungsgesetzes bei der Bewilligung berücksichtigten monatlichen Einkommen erhöht hat.

Abschnitt 3. Ergänzende Hilfe zum Lebensunterhalt

§ 24 Mehrbedarf bei Erwerbstätigkeit

(1) Bei der ergänzenden Hilfe zum Lebensunterhalt nach § 27a des Bundesversorgungsgesetzes ist für Erwerbstätige, vor allem wenn sie trotz beschränkten Leistungsvermögens einem Erwerb nachgehen, ein Mehrbedarf in angemessener Höhe anzuerkennen (§ 27a Satz 2 des Bundesversorgungsgesetzes in Verbindung mit § 23 Abs. 3 des Bundessozialhilfegesetzes). Satz 1 gilt auch bei einer Unterbrechung der Erwerbstätigkeit bis zu 6 Monaten, wenn das Arbeitsverhältnis fortbesteht und bis zur Unterbrechung der Erwerbstätigkeit ein Mehrbedarf anerkannt war.

(2) Bei Hilfesuchenden, für die nicht bereits ein Mehrbedarf nach § 27a Satz 2 des Bundesversorgungsgesetzes in Verbindung mit § 23 Abs. 3 und § 24 des Bundessozialhilfegesetzes anzuerkennen ist, ist als Mehrbedarf ein Betrag in Höhe des Erwerbseinkommens anzuerkennen, wenn es 40 vom Hundert

des Regelsatzes nach dem Bundessozialhilfegesetz für den Haushaltsvorstand nicht übersteigt, sonst ein Betrag bis zur Höhe von 40 vom Hundert dieses Regelsatzes.

(3) Übersteigt das Erwerbseinkommen des Hilfesuchenden 40 vom Hundert des Regelsatzes nach dem Bundessozialhilfegesetz für den Haushaltsvorstand, ist ein Betrag
1. bei Empfängern einer Pflegezulage nach Stufe I oder II bis zur Höhe von 20 vom Hundert,
2. bei Beschädigten mit einer Minderung der Erwerbsfähigkeit um 80 bis 100 vom Hundert bis zur Höhe von 15 vom Hundert,
3. bei Beschädigten mit einer Minderung der Erwerbsfähigkeit um 50 bis 70 vom Hundert, Witwen, Witwern, Vollwaisen und Elternpaaren, auch wenn nur ein Elternteil erwerbstätig ist, bis zur Höhe von 10 vom Hundert,
4. bei Beschädigten mit einer Minderung der Erwerbsfähigkeit um 30 oder 40 vom Hundert, Halbwaisen und Elternteilen bis zur Höhe von 5 vom Hundert

des übersteigenden Betrages als zusätzlicher Mehrbedarf anzuerkennen.

(4) Ist bei Beschädigten das Leistungsvermögen durch nichtschädigungsbedingte Gesundheitsstörungen zusätzlich eingeschränkt oder gehen Hinterbliebene trotz beschränkten Leistungsvermögens einem Erwerb nach, kann der in den Fällen des Absatzes 3 anzuerkennende Mehrbedarf um bis zu 10 vom Hundert erhöht werden.

(5) Der in den Fällen des Absatzes 3 anzuerkennende Mehrbedarf soll bei Sonderfürsorgeberechtigten 175 vom Hundert, im übrigen 125 vom Hundert des Regelsatzes nach dem Bundessozialhilfegesetz für den Haushaltsvorstand nicht übersteigen. Der Mehrbedarf nach den Absätzen 2 und 3 soll für Elternteile 25 vom Hundert und für Elternpaare 50 vom Hundert dieses Regelsatzes nicht unterschreiten.

Abschnitt 4. Erholungshilfe

§ 25 Nachweis der Voraussetzungen

(1) Die Notwendigkeit und Zweckmäßigkeit einer Erholungsmaßnahme nach § 27b des Bundesversorgungsgesetzes

VO zur Kriegsopferfürsorge §§ 26, 27 **KFürsV 11**

und bei Beschädigten mit einer Minderung der Erwerbsfähigkeit um weniger als 50 vom Hundert der Zusammenhang zwischen Erholungsbedürftigkeit und anerkannten Schädigungsfolgen sind durch ärztliches Zeugnis, in Zweifelsfällen durch Bestätigung des Versorgungsamtes oder des Gesundheitsamtes nachzuweisen.

(2) Die Notwendigkeit der Mitnahme einer Begleitperson ist in der Regel durch Vorlage eines amtlichen Ausweises mit einem entsprechenden Vermerk nachzuweisen; im übrigen ist der Nachweis durch ärztliches Zeugnis, in Zweifelsfällen durch Bestätigung des Versorgungsamtes oder des Gesundheitsamtes zu führen.

§ 26 Erholungsbedingte Aufwendungen

Zusätzliche kleinere Aufwendungen, die dem Erholungssuchenden durch die Erholungsmaßnahme entstehen, sind je Erholungstag mit einem Pauschbetrag in Höhe von 1,5 vom Hundert des Regelsatzes nach dem Bundessozialhilfegesetz für den Haushaltsvorstand abzugelten; der Gesamtbetrag der Pauschbeträge ist auf volle Deutsche Mark nach oben abzurunden. Neben dem Pauschbetrag sind Kosten für Gepäckbeförderung und Kurtaxe als Bedarf zu berücksichtigen. Sonstige Aufwendungen für Gegenstände, die üblicherweise für einen Gebrauch über den Zeitraum des Erholungsaufenthaltes hinaus bestimmt sind, gehören nicht zum Bedarf nach § 27 b des Bundesversorgungsgesetzes, auch wenn die Gegenstände anläßlich der Erholungsmaßnahme beschafft werden.

Abschnitt 5. Wohnungshilfe

§ 27 Geldleistungen

Geldleistungen der Wohnungshilfe nach § 27 c des Bundesversorgungsgesetzes erhalten

1. Schwerbeschädigte zur besonderen Ausgestaltung oder baulichen Veränderung vorhandenen Wohnraums, wenn dies nach Art und Schwere der Schädigung notwendig ist,
2. Schwerbeschädigte beim Bau oder Erwerb eines Eigenheimes oder einer Eigentumswohnung, zur Finanzierung einer Mietwohnung, einer Mietvorauszahlung oder einer Kaution,

wenn die Wohnung des Schwerbeschädigten mit Rücksicht auf Art und Schwere der Schädigung besonderer Ausgestaltung bedarf,
3. Schwerbeschädigte, Witwen und Witwer
   a) beim Bau oder Erwerb eines Eigenheimes oder einer Eigentumswohnung,
   b) zur Finanzierung einer Mietwohnung, einer Mietvorauszahlung oder einer Kaution,
   c) zur Erhaltung oder Verbesserung bestehenden Wohnraums,
   wenn sie die Hilfe innerhalb von fünf Jahren nach ihrem erstmaligen Eintreffen im Geltungsbereich des Bundesversorgungsgesetzes beantragen,

sofern eine Geldleistung durch die Besonderheit des Einzelfalles gerechtfertigt ist. In den Fällen des Satzes 1 Nr. 3 Buchstaben a und b kommt eine Leistung vor allem in Betracht, wenn die Wohnraumbeschaffung zur Erlangung oder Erhaltung eines Arbeitsplatzes notwendig ist.

Abschnitt 6. Hilfen in besonderen Lebenslagen

§ 28 Besondere Hilfen für Beschädigte

(1) Beschädigte erhalten als Hilfen in besonderen Lebenslagen nach § 27d des Bundesversorgungsgesetzes auch
1. Hilfen zur Teilnahme am Leben in der Gemeinschaft, insbesondere am öffentlichen und kulturellen Geschehen, sofern dem Beschädigten ohne diese Hilfen eine Teilnahme infolge der Schädigung nicht möglich oder nicht zumutbar ist,
2. Hilfen zur Beschaffung, zum Betrieb, zur Unterhaltung, zum Unterstellen und zum Abstellen eines Kraftfahrzeuges sowie zur Erlangung der Fahrerlaubnis, sofern der Beschädigte infolge der Schädigung zur Teilnahme am Leben in der Gemeinschaft, insbesondere am öffentlichen und kulturellen Geschehen, auf die Benutzung eines Kraftfahrzeuges angewiesen ist.

(2) Die gesundheitlichen Voraussetzungen für die Gewährung von Hilfen nach Absatz 1 Nr. 2 gelten als erfüllt bei Beschädigten, die zum Personenkreis des § 5 Abs. 1 Nr. 1 und 2 der Verordnung zur Durchführung des § 11 Abs. 3 und des § 13

des Bundesversorgungsgesetzes in der Fassung der Bekanntmachung vom 19. Januar 1971 (BGBl. I S. 43), zuletzt geändert durch Verordnung vom 23. August 1976 (BGBl. I S. 2422), gehören; im übrigen sind sie durch ärztliches Zeugnis, in Zweifelsfällen durch Bestätigung des Versorgungsamtes oder des Gesundheitsamtes nachzuweisen.

Abschnitt 7. Sonderfürsorge

§ 29 Leistungen an Sonderfürsorgeberechtigte

(1) Die Leistungen der Kriegsopferfürsorge an Beschädigte, die zu dem Personenkreis des § 27e des Bundesversorgungsgesetzes gehören (Sonderfürsorgeberechtigte), sind der Schwere und Eigenart der Schädigung anzupassen und mit Rücksicht auf die erschwerten Lebensbedingungen des Beschädigten und seiner Familie in Ausmaß und Dauer besonders wirksam zu gestalten.

(2) Sofern sich die Zugehörigkeit Beschädigter zu dem Personenkreis der Sonderfürsorgeberechtigten aus dem Bescheid des Versorgungsamtes nicht ergibt, stellt das Versorgungsamt dem Beschädigten auf seinen Antrag eine Bescheinigung zum Nachweis seiner Zugehörigkeit zu den Sonderfürsorgeberechtigten aus.

Abschnitt 8. Einkommen; Einkommensberechnung

§ 30 Einkommen

(1) Einkommen im Sinne des § 25d Abs. 1 des Bundesversorgungsgesetzes sind alle Einkünfte in Geld oder Geldeswert ohne Rücksicht auf ihre Quelle und Rechtsnatur, soweit nicht das Bundesversorgungsgesetz, diese Verordnung oder andere Rechtsvorschriften vorschreiben, daß bestimmte Einkünfte bei der Feststellung von Leistungen der Kriegsopferfürsorge nicht zum Einkommen gehören. Dabei ist es unerheblich, ob sie zu den Einkünften des Einkommensteuergesetzes gehören und ob sie der Steuerpflicht unterliegen.

(2) Als Einkommen gelten nicht

1. ein der Grundrente und der Schwerstbeschädigtenzulage entsprechender Betrag, wenn anstelle von Grundrente oder

Schwerstbeschädigtenzulage ein Ausgleich nach § 89 des Bundesversorgungsgesetzes gewährt wird; entsprechendes gilt in den übrigen Fällen des § 25d Abs. 1 Satz 2 des Bundesversorgungsgesetzes sowie in den Fällen des § 25d Abs. 1 Satz 3 des Bundesversorgungsgesetzes,

2. Wohngeld; soweit bei der Feststellung von Leistungen der Kriegsopferfürsorge Kosten der Unterkunft zu berücksichtigen sind, sind diese um das Wohngeld zu mindern,

3. das Sterbegeld nach § 37 des Bundesversorgungsgesetzes sowie beim Tode des Beschädigten gezahlte gleichartige Leistungen,

4. Weihnachts- und Neujahrsgratifikationen bis zu einem Betrag von 400 Deutsche Mark,

5. ein freies Wohnrecht.

(3) Kindergeld oder Leistungen im Sinne des § 8 Abs. 1 Nr. 1 des Bundeskindergeldgesetzes sowie Kinderzuschlag und Zuschlag nach § 33b Abs. 1 und 6 des Bundesversorgungsgesetzes gelten als Einkommen desjenigen, in dessen Person der Anspruch auf diese Leistungen besteht; werden sie für Stiefkinder gezahlt, gelten sie als Einkommen des Stiefkindes.

§ 31 Bewertung von Sachbezügen

(1) Für die Bewertung von Einkünften, die nicht in Geld bestehen, sind die durch Rechtsverordnung auf Grund des § 17 Satz 1 Nr. 3 des Vierten Buches Sozialgesetzbuch zuletzt bestimmten Werte der Sachbezüge maßgebend; soweit der Wert von Sachbezügen nicht bestimmt ist, sind der Bewertung die üblichen Mittelpreise des Verbrauchsortes zugrunde zu legen.

(2) Absatz 1 gilt auch dann, wenn in einem Tarifvertrag, einer Tarifordnung, einer Betriebs- oder Dienstordnung, einer Betriebsvereinbarung, einem Arbeitsvertrag oder einem sonstigen Vertrag andere Werte festgesetzt worden sind.

(3) Absatz 1 gilt nicht, soweit durch den Wert eines Sachgutes die Höhe einer Geldleistung festgelegt wird oder ein Sachbezug nach Art und Menge nicht zum Verbrauch durch den Berechtigten, sondern zur Erzielung eines Geldbetrages bestimmt ist. Als Einkommen ist die Geldleistung oder der erzielte Geldbetrag anzusetzen.

VO zur Kriegsopferfürsorge § 32 **KFürsV 11**

§ 32 Einkünfte aus nichtselbständiger Arbeit

(1) Welche Einkünfte zu den Einkünften aus nichtselbständiger Arbeit gehören, bestimmt sich nach § 19 Abs. 1 Nr. 1 des Einkommensteuergesetzes.

(2) Die auf Gewinn gerichtete Arbeit, die von einem Familienangehörigen eines land- und forstwirtschaftlichen oder gewerblichen Unternehmers oder eines in selbständiger Arbeit Stehenden geleistet wird, gilt als nichtselbständige Arbeit im Sinne des § 19 Abs. 1 Nr. 1 des Einkommensteuergesetzes. Wird keine oder eine unverhältnismäßig geringe Vergütung gewährt, ist der Wert der Arbeitsleistung unter Berücksichtigung der Gesamtverhältnisse zu schätzen. Dabei dient die einem Gleichaltrigen für eine gleichartige Arbeit gleichen Umfangs in einem fremden Unternehmen ortsüblich gewährte Vergütung als Bewertungsmaßstab. In angemessenem Umfang sind verwertbare Arbeitskraft des Beziehers des Einkommens und wirtschaftliche Leistungsfähigkeit des Unternehmens zu berücksichtigen. Unternehmer im Sinne des Satzes 1 ist derjenige, für dessen Rechnung das Unternehmen geht.

(3) Bei der Berechnung der Einkünfte ist von den monatlichen Bruttoeinnahmen auszugehen. Einmalige Einnahmen und Einnahmen, die in größeren als monatlichen Zeitabständen erzielt werden, sind in dem Monat zu berücksichtigen, in dem sie gezahlt werden, soweit nicht im Einzelfall eine andere Regelung angezeigt ist.

(4) Zu den mit der Erzielung der Einkünfte aus nichtselbständiger Arbeit verbundenen Ausgaben im Sinne des § 25d Abs. 3 Nr. 4 des Bundesversorgungsgesetzes gehören vor allem

1. notwendige Aufwendungen für Arbeitsmittel,
2. notwendige Aufwendungen für Fahrten zwischen Wohnung und Arbeitsstätte,
3. notwendige Beiträge für Berufsverbände,
4. notwendige Mehraufwendungen infolge Führung eines doppelten Haushalts nach näherer Bestimmung des Absatzes 7.

Ausgaben im Sinne des Satzes 1 sind nur insoweit vom Einkommen abzusetzen, als sie von dem Bezieher des Einkommens selbst getragen werden.

11 KFürsV § 32 VO zur Kriegsopferfürsorge

(5) Als Aufwendungen für Arbeitsmittel kann ein monatlicher Pauschbetrag von zehn Deutsche Mark abgesetzt werden, wenn nicht im Einzelfall höhere Aufwendungen nachgewiesen werden.

(6) Wird für die Fahrt zwischen Wohnung und Arbeitsstätte ein eigenes Kraftfahrzeug benutzt und wäre sonst die Benutzung eines öffentlichen Verkehrsmittels notwendig, ist ein Betrag in Höhe der tariflich günstigsten Zeitkarte abzusetzen. Ist ein öffentliches Verkehrsmittel nicht vorhanden oder die Benutzung eines öffentlichen Verkehrsmittels im Einzelfall nicht zumutbar und deshalb die Benutzung eines eigenen Kraftfahrzeuges notwendig, sind als monatliche Pauschbeträge

1. bei Benutzung eines Kraftwagens 10,00 Deutsche Mark,
2. bei Benutzung eines Kleinkraftwagens (drei- oder vierrädriges Kraftfahrzeug, dessen Motor einen Hubraum von nicht mehr als 500 ccm hat) 7,20 Deutsche Mark,
3. bei Benutzung eines Motorrades oder eines Motorrollers 4,40 Deutsche Mark,
4. bei Benutzung eines Fahrrades mit Motor 2,40 Deutsche Mark

für jeden vollen Kilometer, den die Wohnung von der Arbeitsstätte entfernt liegt, abzusetzen. Bei einer Beschäftigungsdauer von weniger als einem Monat sind die Beträge anteilmäßig zu kürzen.

(7) Ist der Bezieher des Einkommens außerhalb des Ortes beschäftigt, an dem er einen eigenen Hausstand unterhält, und kann ihm weder der Umzug noch die tägliche Rückkehr an den Ort des eigenen Hausstandes zugemutet werden, sind die durch Führung des doppelten Haushalts nachweislich entstehenden Mehraufwendungen sowie die unter Ausnutzung bestehender Tarifvergünstigungen entstehenden Aufwendungen für Fahrtkosten der zweiten Wagenklasse für eine Familienheimfahrt im Kalendermonat abzusetzen. Ein eigener Hausstand ist dann anzunehmen, wenn der Bezieher des Einkommens eine Wohnung mit eigener oder selbstbeschaffter Möbelausstattung besitzt. Eine doppelte Haushaltsführung kann auch dann anerkannt werden, wenn der Bezieher des Einkommens nachweislich ganz oder überwiegend die Kosten für einen Haushalt trägt, den er gemeinsam mit nächsten Angehörigen führt.

VO zur Kriegsopferfürsorge § 33 **KFürsV 11**

§ 33 Einkünfte aus Land- und Forstwirtschaft, Gewerbebetrieb und selbständiger Arbeit

(1) Welche Einkünfte zu den Einkünften aus Land- und Forstwirtschaft, Gewerbebetrieb und selbständiger Arbeit gehören, bestimmt sich nach § 13 Abs. 1 und 2, § 15 Abs. 1 und § 18 Abs. 1 des Einkommensteuergesetzes; der Nutzungswert der Wohnung im eigenen Haus bleibt unberücksichtigt.

(2) Die Einkünfte sind für das Jahr zu berechnen, in dem der Bedarfszeitraum liegt (Berechnungsjahr).

(3) Für die Berechnung der Einkünfte im Berechnungsjahr ist von den Gewinnen auszugehen, die der letzten Veranlagung zur Einkommensteuer zugrunde gelegt worden sind. Den Gewinnen sind erhöhte Absetzungen, Sonderabschreibungen und steuerfreie Rücklagen nach Maßgabe des § 8 Abs. 1 Satz 3 und 4 der Verordnung zur Durchführung des § 33 des Bundesversorgungsgesetzes in der Fassung der Bekanntmachung vom 1. Juli 1975 (BGBl. I S. 1769), zuletzt geändert durch Verordnung vom 22. Dezember 1978 (BGBl. I S. 2089), hinzuzurechnen. Der danach ermittelte Betrag ist um die Vomhundertsätze zu erhöhen, um die die laufenden Rentenleistungen nach § 56 des Bundesversorgungsgesetzes seit dem Ende des Jahres angepaßt worden sind, für das die letzte Veranlagung zur Einkommensteuer vorliegt.

(4) Macht der Hilfesuchende glaubhaft oder werden Tatsachen bekannt, daß das Einkommen im Berechnungsjahr voraussichtlich von dem nach Absatz 3 errechneten Betrag wesentlich abweicht, ist ein Betrag anzusetzen, der auf der Grundlage der durch das Finanzamt festgestellten Gewinne aus der Gegenüberstellung der im Rahmen des Betriebes im Berechnungsjahr bereits erzielten Einnahmen und geleisteten Ausgaben sowie der im Rahmen des Betriebes im Berechnungsjahr noch zu erwartenden Einnahmen und Ausgaben zu errechnen ist.

(5) Findet eine Veranlagung zur Einkommensteuer nicht statt, hat der Hilfesuchende die Gewinne nachzuweisen. Ist er hierzu nicht in der Lage, sind die Gewinne im Benehmen mit dem Finanzamt zu schätzen.

§ 34 Einkünfte von Land- und Forstwirten, deren Gewinn nach Durchschnittsätzen ermittelt wird

Die Berechnung der Einkünfte von Land- und Forstwirten, deren Gewinn auf Grund von Vorschriften des Einkommensteuerrechts nach Durchschnittsätzen zu ermitteln ist, richtet sich nach § 9 der Verordnung zur Durchführung des § 33 des Bundesversorgungsgesetzes mit der Maßgabe, daß ein Nutzungswert der Wohnung im eigenen Haus nicht anzusetzen und § 9 Abs. 9 Satz 2 der vorgenannten Verordnung nicht anzuwenden ist.

§ 35 Einkünfte aus Kapitalvermögen

(1) Welche Einkünfte zu den Einkünften aus Kapitalvermögen gehören, bestimmt sich nach § 20 Abs. 1 bis 3 des Einkommensteuergesetzes.

(2) Als Einkünfte aus Kapitalvermögen sind die Jahreseinnahmen anzusetzen, vermindert um die Kapitalertragsteuer sowie um die mit der Erzielung der Einkünfte verbundenen notwendigen Ausgaben (§ 25d Abs. 3 Nr. 4 des Bundesversorgungsgesetzes).

(3) Die Einkünfte sind auf der Grundlage der vor dem Berechnungsjahr erzielten Einkünfte unter Berücksichtigung der im Berechnungsjahr bereits eingetretenen und noch zu erwartenden Veränderungen zu errechnen. Soweit im Einzelfall geboten, können hiervon abweichend die Einkünfte für das Berechnungsjahr auch nachträglich errechnet werden.

§ 36 Einkünfte aus Vermietung und Verpachtung

(1) Welche Einkünfte zu den Einkünften aus Vermietung und Verpachtung gehören, bestimmt sich nach § 21 Abs. 1 und 3 des Einkommensteuergesetzes.

(2) Als Einkünfte aus Vermietung und Verpachtung ist der Überschuß der Einnahmen über die mit ihrer Erzielung verbunden notwendigen Ausgaben (§ 25d Abs. 3 Nr. 4 des Bundesversorgungsgesetzes) anzusetzen; zu den Ausgaben gehören

1. Schuldzinsen und sonstige dauernde Lasten, soweit sie mit den Einnahmen aus Vermietung und Verpachtung in wirtschaftlichem Zusammenhang stehen,

VO zur Kriegsopferfürsorge **§ 36 KFürsV 11**

2. Steuern vom Grundbesitz, sonstige öffentliche Abgaben und Versicherungsbeiträge, soweit solche Ausgaben sich auf Gebäude und Gegenstände beziehen, die zur Einnahmeerzielung dienen,
3. Leistungen auf die Hypothekengewinnabgabe und die Kreditgewinnabgabe, soweit es sich um Zinsen nach § 211 Abs. 1 Nr. 2 des Lastenausgleichsgesetzes handelt,
4. der Erhaltungsaufwand,
5. sonstige Aufwendungen zur Bewirtschaftung des Haus- und Grundbesitzes, ohne besonderen Nachweis Aufwendungen in Höhe von 1 vom Hundert der Jahresroheinnahmen.

(3) Zu den Schuldzinsen im Sinne des Absatzes 2 Nr. 1 gehören bei gewährter Kapitalabfindung nach den §§ 72 bis 80 des Bundesversorgungsgesetzes oder bei einer Rentenkapitalisierung nach dem Rentenkapitalisierungsgesetz-KOV vom 27. April 1970 (BGBl. I S. 413) für die Dauer des Abfindungszeitraums ein Zehntel des der Kapitalabfindung zugrunde liegenden Jahresbetrages.

(4) Zum Erhaltungsaufwand im Sinne des Absatzes 2 Nr. 4 gehören die Ausgaben für Instandsetzung und Instandhaltung, nicht jedoch Ausgaben für Verbesserungen; ohne Nachweis können bei Wohngrundstücken, die vor dem 1. Januar 1925 bezugsfähig geworden sind, 15 vom Hundert, bei Wohngrundstücken, die nach dem 31. Dezember 1924 bezugsfähig geworden sind, 10 vom Hundert der Jahresroheinnahmen als Erhaltungsaufwand berücksichtigt werden.

(5) Die in Absatz 2 genannten Ausgaben sind von den Einnahmen insoweit nicht abzusetzen, als sie auf den vom Vermieter oder Verpächter selbst genutzten Teil des vermieteten oder verpachteten Gegenstandes entfallen.

(6) Als Einkünfte aus der Vermietung von möblierten Wohnungen und von Zimmern sind anzusetzen

bei möblierten Wohnungen	80 vom Hundert,
bei möblierten Zimmern	70 vom Hundert,
bei Leerzimmern	90 vom Hundert

der Roheinnahmen. Dies gilt nicht, wenn geringere Einkünfte nachgewiesen werden.

(7) Die Einkünfte sind als Jahreseinkünfte, bei der Vermie-

tung von möblierten Wohnungen und von Zimmern jedoch als Monatseinkünfte zu berechnen. Sind sie als Jahreseinkünfte zu berechnen, gilt § 35 Abs. 3 entsprechend.

§ 37 Andere Einkünfte

(1) Andere als die in den §§ 32 bis 36 genannten Einkünfte sind, wenn sie nicht monatlich oder wenn sie monatlich in unterschiedlicher Höhe erzielt werden, als Jahreseinkünfte zu berechnen. Zu den anderen Einkünften im Sinne des Satzes 1 gehören auch die in § 19 Abs. 1 Nr. 2 des Einkommensteuergesetzes genannten Bezüge sowie Renten und sonstige wiederkehrende Bezüge.

(2) Einmalige Einnahmen sowie Sonderzuwendungen, Gratifikationen und gleichartige Bezüge und Vorteile, die in größeren als monatlichen Zeitabständen gewährt werden, sind nicht als Jahreseinkünfte zu berechnen; für sie gilt § 32 Abs. 3 Satz 2 entsprechend.

(3) Sind die Einkünfte als Jahreseinkünfte zu berechnen, gilt § 35 Abs. 3 entsprechend.

§ 38 Einkommensberechnung in besonderen Fällen

Ist der Bedarf einmalig oder nur von kurzer Dauer und duldet die Entscheidung über die Hilfe keinen Aufschub, kann der Träger der Kriegsopferfürsorge nach Anhörung des Beziehers des Einkommens die Einkünfte schätzen.

§ 39 Verlustausgleich

Ein Verlustausgleich zwischen einzelnen Einkunftsarten ist nicht vorzunehmen. In Härtefällen kann jedoch die wirtschaftliche Lage des Beziehers des Einkommens berücksichtigt werden.

§ 40 Maßgebender Zeitraum

(1) Soweit die Einkünfte als Jahreseinkünfte berechnet werden, gilt der zwölfte Teil dieser Einkünfte zusammen mit den monatlich berechneten Einkünften als monatliches Einkommen.

(2) Ist der Betrieb oder die sonstige Grundlage der als Jahreseinkünfte zu berechnenden Einkünfte nur während eines Teils des Jahres vorhanden oder zur Einkommenserzielung genutzt, sind die Einkünfte aus der betreffenden Einkunftsart nur für diesen Zeitraum zu berechnen; für ihn gilt als monatliches Einkommen derjenige Teil der Einkünfte, der der Anzahl der in den genannten Zeitraum fallenden Monate entspricht. Satz 1 gilt nicht für Einkünfte aus Saisonbetrieben und andere ihrer Natur nach auf einen Teil des Jahres beschränkte Einkünfte, wenn die Einkünfte den Hauptbestandteil des Einkommens bilden.

Abschnitt 9. Einsatz von Einkommen; Einsatz und Verwertung von Vermögen

Unterabschnitt 1. Ausschluß des Einsatzes von Einkommen aus Billigkeitsgründen

§ 41 Einzelfallprüfung

Die Feststellung, ob und inwieweit Einkommen aus Billigkeitsgründen im Sinne des § 25c Abs. 3 des Bundesversorgungsgesetzes nicht einzusetzen ist, richtet sich nach der Besonderheit des Einzelfalls. Hierbei sind vor allem die in den §§ 42 bis 47 aufgeführten Billigkeitsgründe zu berücksichtigen.

§ 42 Geminderte Lebensstellung

(1) Bei Schwerbeschädigten und Hinterbliebenen ist zum allgemeinen Ausgleich der durch die Schädigung geminderten Lebensstellung vom einzusetzenden Einkommen ein Freibetrag bis zur Höhe von 0,4 vom Hundert, bei Empfängern von Berufsschadens- oder Schadensausgleich bis zu 0,8 vom Hundert des Bemessungsbetrags des § 33 Abs. 1 Satz 2 Buchstabe a des Bundesversorgungsgesetzes (Bemessungsbetrag) abzusetzen. Bei der ergänzenden Hilfe zum Lebensunterhalt nach § 27a des Bundesversorgungsgesetzes und bei den Hilfen in besonderen Lebenslagen nach § 27d des Bundesversorgungsgesetzes, die den Lebensunterhalt umfassen, ist vom einzusetzenden Einkommen ein Freibetrag bis zur Höhe der Hälfte des Freibetrags nach Satz 1 abzusetzen.

(2) Trifft ein Freibetrag nach Absatz 1 mit einem nach § 27a des Bundesversorgungsgesetzes in Verbindung mit § 23 Abs. 3 und § 24 des Bundessozialhilfegesetzes anzuerkennenden Mehrbedarf für Erwerbstätige oder mit einem Freibetrag nach § 45 Abs. 1 zusammen, darf der Freibetrag zusammen mit dem anzuerkennenden Mehrbedarf einen Betrag in Höhe von 2,25 vom Hundert, bei Empfängern von Pflegezulage nach § 35 des Bundesversorgungsgesetzes mindestens der Stufe III von 3,2 vom Hundert und bei sonstigen Sonderfürsorgeberechtigten von 2,6 vom Hundert des Bemessungsbetrags nicht übersteigen.

(3) Bei Eltern ist vom einzusetzenden Einkommen neben dem Freibetrag nach Absatz 1 für einen Elternteil ein Freibetrag bis zur Höhe von 0,33 vom Hundert des Bemessungsbetrags und für ein Elternpaar ein Freibetrag bis zur Höhe des Zweifachen des Freibetrags für einen Elternteil abzusetzen. Satz 1 findet keine Anwendung bei der ergänzenden Hilfe zum Lebensunterhalt, soweit in Anwendung des § 27a des Bundesversorgungsgesetzes in Verbindung mit § 23 Abs. 3 und § 24 des Bundessozialhilfegesetzes ein Mehrbedarf wegen Erwerbstätigkeit anzuerkennen ist.

§ 43 Art und Schwere der Schädigung

Bei Beschädigten, die wegen Art oder Schwere der Folgen der Schädigung zu dem Personenkreis des § 27e des Bundesversorgungsgesetzes gehören (Sonderfürsorgeberechtigte), ist vom einzusetzenden Einkommen ein zusätzlicher Freibetrag bis zu 0,5 vom Hundert, bei Empfängern von Pflegezulage nach § 35 des Bundesversorgungsgesetzes mindestens der Stufe III bis zu 1 vom Hundert und bei sonstigen Pflegezulageempfängern bis zu 0,75 vom Hundert des Bemessungsbetrags abzusetzen. § 42 bleibt unberührt.

§ 44 Schädigungsnähe des Bedarfs

Ist bei Beschädigten der anzuerkennende Bedarf ausschließlich durch Art oder Schwere der Schädigung bedingt, kann vom Einsatz des Einkommens nach Lage des Einzelfalls ganz oder teilweise abgesehen werden.

§ 45 Besondere Tatkraft bei Erzielung von Erwerbseinkommen

(1) Sind Beschädigte, Witwen, Witwer oder Waisen erwerbstätig, ist zum Ausgleich der besonderen Tatkraft bei Erzielung von Erwerbseinkommen vom einzusetzenden Einkommen ein der Art oder Schwere der Folgen der Schädigung angemessener Freibetrag abzusetzen. Satz 1 gilt auch bei einer Unterbrechung der Erwerbstätigkeit bis zu 6 Monaten, wenn das Arbeitsverhältnis fortbesteht und bis zur Unterbrechung der Erwerbstätigkeit ein Freibetrag abgesetzt war.

(2) Als Freibetrag im Sinne des Absatzes 1 ist abzusetzen

1. bei Empfängern einer Pflegezulage nach § 35 des Bundesversorgungsgesetzes mindestens der Stufe III ein Betrag bis zur Höhe des Erwerbseinkommens, wenn es 0,6 vom Hundert des Bemessungsbetrags nicht übersteigt, sonst 0,6 vom Hundert des Bemessungsbetrags zuzüglich bis zu 25 vom Hundert des diesen Betrag übersteigenden Erwerbseinkommens,
2. bei anderen Beschädigten sowie bei Witwen, Witwern und Waisen ein Betrag bis zur Höhe des Erwerbseinkommens, wenn es 0,5 vom Hundert des Bemessungsbetrags nicht übersteigt, sonst 0,5 vom Hundert des Bemessungsbetrags zuzüglich
   a) bei Empfängern einer Pflegezulage der Stufe I oder II bis zu 20 vom Hundert,
   b) bei Beschädigten mit einer Minderung der Erwerbsfähigkeit von 80 bis 100 vom Hundert bis zu 15 vom Hundert,
   c) bei Beschädigten mit einer Minderung der Erwerbsfähigkeit von 50 bis 70 vom Hundert sowie für Witwen, Witwer und Vollwaisen bis zu 10 vom Hundert,
   d) bei Beschädigten mit einer Minderung der Erwerbsfähigkeit von 30 bis 40 vom Hundert und für Halbwaisen bis zu 5 vom Hundert

des diesen Betrag übersteigenden Erwerbseinkommens.

(3) Ist bei Beschädigten das Leistungsvermögen durch schädigungsunabhängige Gesundheitsstörungen zusätzlich eingeschränkt oder sind Hinterbliebene trotz eingeschränkten Leistungsvermögens erwerbstätig, kann der Freibetrag nach Absatz 2 um bis zu 10 vom Hundert erhöht werden.

(4) Der Freibetrag nach Absatz 2 und 3 soll einen Höchstbetrag nicht übersteigen, der sich ergibt aus einem Betrag
1. bei Berechtigten im Sinne von Absatz 2 Nr. 1 in Höhe von 2,6 vom Hundert,
2. bei sonstigen Sonderfürsorgeberechtigten in Höhe von 2,2 vom Hundert,
3. bei Berechtigten im Sinne von Absatz 2 Nr. 2 in Höhe von 1,6 vom Hundert des Bemessungsbetrags.

(5) Ein Freibetrag nach Absatz 2 ist nicht abzusetzen vom einzusetzenden Einkommen der Waise und des Kindes des Beschädigten bei der Erziehungsbeihilfe nach § 27 des Bundesversorgungsgesetzes sowie vom einzusetzenden Einkommen bei der ergänzenden Hilfe zum Lebensunterhalt nach § 27a des Bundesversorgungsgesetzes und bei den Hilfen in besonderen Lebenslagen nach § 27d des Bundesversorgungsgesetzes, die den Lebensunterhalt umfassen.

§ 46 Besondere wirtschaftliche Belastungen

Aufwendungen, die den Hilfesuchenden wirtschaftlich besonders belasten und nicht durch Leistungen der Kriegsopferfürsorge oder durch Leistungen nach anderen Rechtsvorschriften gedeckt werden können, können vom einzusetzenden Einkommen des Hilfesuchenden in angemessenem Umfang abgesetzt werden.

§ 47 Dauer des Bedarfs

Bei Leistungen der Kriegsopferfürsorge für einen Zeitraum von mehr als 6 Monaten kann vom einzusetzenden Einkommen ein Betrag bis zu 0,6 vom Hundert des Bemessungsbetrags abgesetzt werden. Das gilt nicht bei der Erziehungsbeihilfe nach § 27 des Bundesversorgungsgesetzes, bei der ergänzenden Hilfe zum Lebensunterhalt nach § 27a des Bundesversorgungsgesetzes und bei den Hilfen in besonderen Lebenslagen nach § 27d des Bundesversorgungsgesetzes, die den Lebensunterhalt umfassen.

§ 48 Freibeträge bei Anstaltsaufenthalt

Bei Aufenthalt in einer Anstalt, einem Heim oder einer gleichartigen Einrichtung sind Freibeträge nach § 42 Abs. 1 und

VO zur Kriegsopferfürsorge §§ 49, 50 KFürsV **11**

2 sowie nach den §§ 43 bis 47 nur in besonders begründeten Fällen abzusetzen.

Unterabschnitt 2. Sonstige Vorschriften

§ 49 Überwiegender Unterhalt

(1) Der Ehegatte wird vom Hilfesuchenden überwiegend unterhalten im Sinne des § 25e Abs. 1 Nr. 3 und des § 25f Abs. 2 des Bundesversorgungsgesetzes, wenn der Hilfesuchende zu dessen Lebensunterhalt mehr als die Hälfte beiträgt. Entsprechendes gilt für weitere Personen, wenn sie vom Hilfesuchenden allein oder zusammen mit seinem Ehegatten oder von den Eltern eines minderjährigen unverheirateten Beschädigten (§ 25e Abs. 2 und § 25f Abs. 4 des Bundesversorgungsgesetzes) unterhalten werden.

(2) Personen, deren Einkommen einen Betrag in Höhe des Familienzuschlags nach § 25e Abs. 1 Nr. 3 des Bundesversorgungsgesetzes zuzüglich des auf sie entfallenden Anteils an den Kosten der Unterkunft nicht übersteigt, gelten als überwiegend unterhalten.

§ 50 Einkommens- und Vermögenseinsatz bei Leistungen für Familienmitglieder

(1) Bei der Feststellung von Leistungen an Beschädigte für Familienmitglieder ist Einkommen des Familienmitglieds zur Deckung seines anzuerkennenden Bedarfs vorrangig einzusetzen. Einkommen des Familienmitglieds ist nur insoweit einzusetzen, als es einen Betrag in Höhe des Familienzuschlags nach § 25e Abs. 1 Nr. 3 des Bundesversorgungsgesetzes zuzüglich des auf das Familienmitglied entfallenden Anteils an den Kosten der Unterkunft übersteigt; das gilt nicht bei der Erziehungsbeihilfe nach § 27 des Bundesversorgungsgesetzes und bei der ergänzenden Hilfe zum Lebensunterhalt nach § 27a des Bundesversorgungsgesetzes.

(2) Für den Einsatz des Einkommens des Familienmitglieds gilt § 25c Abs. 3 des Bundesversorgungsgesetzes entsprechend, soweit nicht diese Vorschrift aus demselben Grund bei der Bemessung des einzusetzenden Einkommens des Hilfesuchenden anzuwenden ist. Einkommen des Ehegatten des Hilfesuchenden

gilt insoweit nicht als Einkommen des Hilfesuchenden, als es zur Deckung des Bedarfs nach Absatz 1 einzusetzen ist.

(3) Für den Einsatz und für die Verwertung von Vermögen des Familienmitglieds ist § 25f Abs. 1 und 2 des Bundesversorgungsgesetzes entsprechend anzuwenden mit der Maßgabe, daß kleinere Barbeträge oder sonstige Geldwerte nur einzusetzen sind, soweit sie zusammen mit den kleineren Barbeträgen und sonstigen Geldwerten des Beschädigten die in § 25f Abs. 2 des Bundesversorgungsgesetzes genannten Beträge übersteigen. Steht das Eigentum an einem Familienheim dem Hilfesuchenden gemeinschaftlich mit Familienangehörigen zu, gilt § 25f Abs. 3 des Bundesversorgungsgesetzes auch für den Anteil des Familienangehörigen.

§ 51 Einschränkung der Hilfe; Ausschluß des Anspruchs auf Hilfe

Hat ein Hilfesuchender nach Eintritt der Geschäftsfähigkeit sein Einkommen oder Vermögen in der Absicht vermindert, die Voraussetzungen für die Gewährung oder Erhöhung von Leistungen der Kriegsopferfürsorge herbeizuführen, können die Leistungen unter Berücksichtigung der besonderen Lage der Beschädigten oder Hinterbliebenen bis auf den zur Erreichung des Zwecks der Hilfe im Einzelfall unerläßlichen Umfang eingeschränkt werden. Für die ergänzende Hilfe zum Lebensunterhalt nach § 27a des Bundesversorgungsgesetzes gilt § 25 des Bundessozialhilfegesetzes und für die Hilfen in besonderen Lebenslagen nach § 27d des Bundesversorgungsgesetzes § 29a des Bundessozialhilfegesetzes unter Berücksichtigung der besonderen Lage der Beschädigten oder Hinterbliebenen entsprechend.

§ 52 Abrundungsvorschriften

(1) Bei der Feststellung der Einkommensgrenze sind die Beträge nach § 25e Abs. 1 Nr. 1 bis 3 des Bundesversorgungsgesetzes und § 27d Abs. 5 des Bundesversorgungsgesetzes jeweils auf volle Deutsche Mark abzurunden. Entsprechendes gilt für die Feststellung des Höchstbetrags der Einkommensgrenze nach § 25e Abs. 1 des Bundesversorgungsgesetzes und der kleineren Barbeträge und sonstigen Geldwerte nach § 25f Abs. 2 des Bundesversorgungsgesetzes.

VO zur Kriegsopferfürsorge § 53 KFürsV **11**

(2) Die Freibeträge nach den Vorschriften des Unterabschnitts 1 sowie die Mehrbedarfsbeträge nach § 24 sind auf volle Deutsche Mark abzurunden. Das gilt beim Zusammentreffen von Freibeträgen auch hinsichtlich der einzelnen Freibeträge.

(3) Bei der Abrundung sind Beträge bis zu 0,49 Deutsche Mark auf volle Deutsche Mark nach unten und von 0,50 Deutsche Mark an auf volle Deutsche Mark nach oben abzurunden.

Abschnitt 10. Verfahren

§ 53 Örtliche Zuständigkeit

(1) Für Leistungen der Kriegsopferfürsorge ist örtlich zuständig die für die Durchführung der Kriegsopferfürsorge sachlich zuständige Stelle, in deren Bereich der Hilfesuchende seinen gewöhnlichen Aufenthalt hat. Bei Aufnahme in eine Anstalt, ein Heim oder eine gleichartige Einrichtung gilt als gewöhnlicher Aufenthalt derjenige, den der Hilfesuchende im Zeitpunkt der Aufnahme in die Einrichtung hat oder in den zwei Monaten vor der Aufnahme zuletzt gehabt hat. Tritt ein Hilfesuchender aus einer Anstalt, einem Heim oder einer gleichartigen Einrichtung in eine andere Einrichtung oder von dort in weitere Einrichtungen über, gilt als gewöhnlicher Aufenthalt derjenige, der für die erste Einrichtung maßgebend ist. Ist ein gewöhnlicher Aufenthalt nicht vorhanden, richtet sich die örtliche Zuständigkeit nach dem Ort des tatsächlichen Aufenthalts des Hilfesuchenden im Geltungsbereich des Bundesversorgungsgesetzes.

(2) Bei Erziehungsbeihilfen an Waisen ist örtlich zuständig die für die Durchführung der Kriegsopferfürsorge sachlich zuständige Stelle, in deren Bereich der Unterhaltspflichtige, dessen Haushalt die Waise vor Beginn der Ausbildung angehört hat, seinen gewöhnlichen Aufenthalt hat. Ist ein gewöhnlicher Aufenthalt nicht vorhanden oder hat die Waise vor Beginn der Ausbildung nicht dem Haushalt eines Unterhaltspflichtigen angehört, richtet sich die örtliche Zuständigkeit nach dem gewöhnlichen Aufenthalt der Waise im Geltungsbereich des Bundesversorgungsgesetzes.

(3) Solange nicht feststeht, ob oder wo der Hilfesuchende oder der Unterhaltspflichtige im Sinne des Absatzes 2 einen gewöhnlichen Aufenthalt hat oder ob die Waise vor Beginn der

11 KFürsV § 54 VO zur Kriegsopferfürsorge

Ausbildung dem Haushalt eines Unterhaltspflichtigen angehört hat, ist für Leistungen der Kriegsopferfürsorge örtlich zuständig die für die Durchführung der Kriegsopferfürsorge sachlich zuständige Stelle, in deren Bereich sich der Hilfesuchende tatsächlich aufhält. Sie kann von der Stelle, in deren Bereich der Hilfesuchende oder der Unterhaltspflichtige im Sinne des Absatzes 2 seinen gewöhnlichen Aufenthalt hat, Erstattung der aufgewendeten Kosten verlangen. § 112 des Bundessozialhilfegesetzes gilt entsprechend.

(4) Hat ein Hilfesuchender seinen gewöhnlichen Aufenthalt außerhalb des Geltungsbereichs des Bundesversorgungsgesetzes, ist örtlich zuständig die Hauptfürsorgestelle, in deren Bereich sich das Versorgungsamt befindet, das nach der Verordnung über die Zuständigkeit der Verwaltungsbehörden der Kriegsopferversorgung für Berechtigte außerhalb des Geltungsbereichs des Grundgesetzes vom 9. Juni 1964 (BGBl. I S. 349), geändert durch Verordnung vom 22. Dezember 1966 (BGBl. I S. 772), für die Versorgung des Hilfesuchenden zuständig ist. Absatz 1 Satz 4 und Absatz 2 Satz 2 finden keine Anwendung.

§ 54 Dauer der Leistungen; Leistungen von Amts wegen

(1) § 60 Abs. 1, 2 und 4 und § 61 Buchstabe a des Bundesversorgungsgesetzes gelten für Leistungen der Kriegsopferfürsorge mit der Maßgabe, daß laufende Beihilfen nur für die Zeiträume zu erbringen sind, in denen die Voraussetzungen für die Leistungen erfüllt sind. Unterhaltsbeihilfe nach § 26a Abs. 5 und Erziehungsbeihilfe nach § 27 des Bundesversorgungsgesetzes werden bis zum Ablauf des Monats gewährt, in dem die Förderungsmaßnahme endet.

(2) Leistungen der Kriegsopferfürsorge sind von Amts wegen zu erbringen, wenn die anspruchsbegründenden Tatsachen dem Träger der Kriegsopferfürsorge bekannt sind und der Beschädigte oder Hinterbliebene dem zustimmt. Laufende Beihilfen sind frühestens vom Ersten des Monats an zu zahlen, in dem die der Leistung zugrunde liegenden Tatsachen bekannt geworden sind. Werden Tatsachen bekannt, die auf die Notwendigkeit von Maßnahmen der Kriegsopferfürsorge schließen lassen, hat der Träger der Kriegsopferfürsorge die Antragstellung anzuregen.

VO zur Kriegsopferfürsorge §§ 55–59 **KFürsV 11**

§ 55 Nachweispflicht der Hilfeempfänger

Bei berufsfördernden Leistungen zur Rehabilitation nach § 26 des Bundesversorgungsgesetzes und bei der Erziehungsbeihilfe nach § 27 des Bundesversorgungsgesetzes haben die Hilfeempfänger den Erfolg der Maßnahme, gegebenenfalls abschnittsweise, durch Leistungsnachweise zu belegen.

§ 56 Beteiligung anderer Dienststellen

Vor Einleitung berufsfördernder Maßnahmen nach § 26 des Bundesversorgungsgesetzes sind die Dienststellen der Bundesanstalt für Arbeit zu beteiligen. Vor der Entscheidung über Maßnahmen zur Förderung der Schul- oder Berufsausbildung nach § 27 des Bundesversorgungsgesetzes sind die Schule oder die Hochschule oder die Dienststellen der Bundesanstalt für Arbeit zu beteiligen, wenn Zweifel an der Eignung des Auszubildenden bestehen.

§ 57[1] *(aufgehoben)*

§ 58 Nachweis bestimmter Voraussetzungen bei Eltern

Sofern sich bei Eltern, denen wegen der Höhe ihres Einkommens Elternrente nicht zusteht, aus dem Bescheid des Versorgungsamtes nicht ergibt, daß die Voraussetzungen der §§ 49 und 50 des Bundesversorgungsgesetzes erfüllt sind, stellt das Versorgungsamt den Eltern auf deren Antrag eine Bescheinigung zum Nachweis dieser Voraussetzungen aus. Das gilt nicht für den Nachweis der Vollendung des 60. Lebensjahres.

Abschnitt 11. Übergangs- und Schlußbestimmungen

§ 59 Übergangsregelung

(1) Soweit auf Grund dieser Verordnung Leistungen, die bei Verkündung dieser Verordnung laufend gezahlt werden, neu festzustellen sind, ist die Neufeststellung von Amts wegen durchzuführen. Die Zahlung der neuen Leistungen beginnt mit

---

[1] § 57 aufgehoben durch Sozialgesetzbuch – Verwaltungsverfahren – vom 18. 8. 1980 (BGBl. I S. 1469).

dem 1. Januar 1979, frühestens mit dem Monat, in dem die Voraussetzungen erfüllt sind.

(2) Neue Ansprüche auf laufende Leistungen, die sich auf Grund dieser Verordnung ergeben, werden nur auf Antrag festgestellt. Wird der Antrag binnen eines Jahres nach Verkündung dieser Verordnung gestellt, beginnt die Zahlung mit dem 1. Januar 1979, frühestens mit dem Monat, in dem die Voraussetzungen erfüllt sind.

(3) Sind bis zum Inkrafttreten dieser Verordnung laufende Leistungen der Kriegsopferfürsorge gezahlt worden, die höher sind, als sie nach dieser Verordnung zu erbringen wären, läuft die Zahlung der höheren Beträge bei Leistungen, die nach Bewilligungsabschnitten festgestellt werden, mit Beendigung des laufenden Bewilligungsabschnitts, andernfalls sechs Monate nach Verkündung dieser Verordnung aus.

§ 60 Berlin-Klausel

Diese Verordnung gilt nach § 14 des Dritten Überleitungsgesetzes in Verbindung mit § 92 des Bundesversorgungsgesetzes auch im Land Berlin.[1]

§ 61 Inkrafttreten

Diese Verordnung tritt mit Wirkung vom 1. Januar 1979 in Kraft; mit ihrem Inkrafttreten tritt die Verordnung zur Kriegsopferfürsorge in der Fassung der Bekanntmachung vom 27. August 1965 (BGBl. I S. 1031) außer Kraft.

---

[1] In **Berlin** veröffentlicht durch Bek. vom 26. 1. 1979 (GVBl. S. 328).

12. Gesetz über die Sicherung des Unterhalts der zum Wehrdienst einberufenen Wehrpflichtigen und ihrer Angehörigen (Unterhaltssicherungsgesetz – USG)

In der Fassung der Bekanntmachung vom 14. Dezember 1987 (BGBl. I S. 2614)*

(BGBl. III 53–3)

Geändert durch Gesetz vom 15. Dezember 1989 (BGBl. I S. 2205) und durch Gesetz vom 25. 4. 1990 (BGBl. I S. 769)

Inhaltsübersicht

§§

Erster Abschnitt. Allgemeine Grundsätze

	§§
Sicherung des Unterhalts	1
Leistungsarten	2
Familienangehörige	3
Anspruchsvoraussetzungen	4

Zweiter Abschnitt. Leistungen zur Unterhaltssicherung

I. Leistungen nach § 2 Nr. 1

	§§
Allgemeine Leistungen	5
Überbrückungsgeld	5a
Besondere Zuwendung	5b
Beihilfe bei Geburt eines Kindes	5c
Einzelleistungen	6
Sonderleistungen	7
Mietbeihilfe	7a
Wirtschaftsbeihilfe	7b
Antrag	8
Empfangsberechtigte	9
Bemessungsgrundlage	10
Anrechnung von Einkommen	11
Ersatzansprüche	12

II. Leistungen nach § 2 Nr. 2

	§§
Leistungen für grundwehrdienstleistende Sanitätsoffiziere	12a

III. Leistungen nach § 2 Nr. 3 und 4

	§§
Verdienstausfallentschädigung	13
Verdienstausfallentschädigung bei Wehrdienst von nicht länger als drei Tagen	13a

IV. Gemeinsame Vorschriften

	§§
Ruhen der Leistungen	14
Steuerfreiheit	15
Überzahlungen	16

Dritter Abschnitt. Zuständigkeit und Verfahren

	§§
Zuständigkeit	17

* Neubekanntmachung des Gesetzes über die Sicherung des Unterhalts für Angehörige der zum Wehrdienst einberufenen Wehrpflichtigen (Unterhaltssicherungsgesetz) vom 26. 7. 1957 (BGBl. I S. 1046).

12 USG §§ 1, 2   Unterhaltssicherungsgesetz

§§	§§
Zahlungsart und Dauer 18	**Vierter Abschnitt. Sonstige Vorschriften**
Kosten 19	
Auskunfts- und Mitteilungspflicht 20	Härteausgleich 23
	Ordnungswidrigkeit 24
Amtshilfe 21	Erlaß von Rechtsverordnungen . 25
Rechtsweg ...... (aufgehoben)	Inkrafttreten 26

Erster Abschnitt. Allgemeine Grundsätze

§ 1[1] Sicherung des Unterhalts

(1) Der zur Erfüllung der Wehrpflicht einberufene Wehrpflichtige und seine Familienangehörigen erhalten Leistungen zur Sicherung ihres Lebensbedarfs (Unterhaltssicherung) nach Maßgabe dieses Gesetzes. Dies gilt auch, wenn der Wehrdienst freiwillig geleistet wird.

(2) Ein Anspruch auf Unterhaltssicherung nach diesem Gesetz besteht nicht, wenn der Wehrpflichtige Dienstbezüge als Berufssoldat oder Soldat auf Zeit erhält. Das gleiche gilt mit Ausnahme des § 13c Abs. 2 soweit der Wehrpflichtige als Beamter oder Richter Dienstbezüge oder Unterhaltszuschuß oder als Arbeitnehmer Arbeitsentgelt erhält.

§ 2[1,2] Leistungsarten

Zur Unterhaltssicherung werden gewährt,

1. wenn der Wehrpflichtige Grundwehrdienst leistet,
   a) allgemeine Leistungen (§ 5),
   b) Überbrückungsgeld (§ 5a),
   c) besondere Zuwendung (§ 5b),
   d) Beihilfe bei Geburt eines Kindes (§ 5c),
   e) Einzelleistungen (§ 6),
   f) Sonderleistungen (§ 7),
   g) Mietbeihilfe (§ 7a),
   h) Wirtschaftsbeihilfe (§ 7b);

2. wenn der Wehrpflichtige Grundwehrdienst leistet und als Sanitätsoffizier militärfachlich verwendet wird (§ 40 des Wehrpflichtgesetzes),

---

[1] § 1 Abs. 2 Satz 2, § 2 Nr. 3 geändert, Nr. 4 aufgehoben durch Gesetz vom 15. 12. 1989 (BGBl. I S. 2205), Nr. 1 neu gefaßt durch Gesetz vom 25. 4. 1990 (BGBl. I S. 769).

[2] Beachte hierzu auch die Hinweise zur Durchführung des Unterhaltssicherungsgesetzes vom 10. 6. 1986 (VMBl. S. 209).

Unterhaltssicherungsgesetz §§ 3, 4 USG 12

Leistungen für grundwehrdienstleistende Sanitätsoffiziere (§ 12a);
3. wenn der Wehrpflichtige Wehrdienst in der Verfügungsbereitschaft, eine Wehrübung oder unbefristeten Wehrdienst leistet,
Leistungen nach den §§ 13 bis 13 d.

§ 3 Familienangehörige

(1) Familienangehörige des Wehrpflichtigen im Sinne dieses Gesetzes sind
1. die Ehefrau,
2. die Kinder,
3. *(aufgehoben)*
4. Stiefkinder,
5. *(aufgehoben)*
6. die Ehefrau, deren Ehe geschieden, für nichtig erklärt oder aufgehoben ist,
7. Verwandte der aufsteigenden Linie,
8. Enkel,
9. *(aufgehoben)*
10. Stiefeltern und Pflegeeltern,
11. Pflegekinder,
12. Geschwister des Wehrpflichtigen.

(2) Die in Absatz 1 Nr. 1 bis 4 genannten Personen sind Familienangehörige im engeren Sinne, die übrigen Personen sonstige Familienangehörige. Zu den sonstigen Familienangehörigen gehören auch die Kinder aus einer geschiedenen, für nichtig erklärten oder aufgehobenen Ehe des Wehrpflichten, wenn ihm die Sorge für die Person des Kindes nicht zusteht, sowie seine nichtehelichen Kinder.

§ 4 Anspruchsvoraussetzungen

(1) Familienangehörige nach § 3 Abs. 1 Nr. 1 und 2 und 6 bis 8 haben Anspruch auf Leistungen zur Unterhaltssicherung,
1. wenn sie nach bürgerlichem Recht einen Unterhaltsanspruch gegen den Wehrpflichtigen haben oder

2. wenn sie nach bürgerlichem Recht einen Unterhaltsanspruch gegen den Wehrpflichtigen hätten, falls er nicht eingezogen worden wäre.

(2) Familienangehörige nach § 3 Abs. 1 Nr. 4 und 10 bis 12 haben Anspruch auf Leistungen zur Unterhaltssicherung,

1. wenn sie von dem Wehrpflichtigen ganz oder überwiegend unterhalten worden sind oder
2. wenn sie von dem Wehrpflichtigen ganz oder überwiegend unterhalten worden wären, falls er nicht eingezogen worden wäre.

§ 4a[1] Antrag

(1) Die Leistungen zur Unterhaltssicherung werden auf Antrag gewährt.

(2) Antragsberechtigt sind
1. die anspruchsberechtigten Familienangehörigen,
2. der Wehrpflichtige.

(3) Als Antrag gilt auch die schriftliche Anzeige eines Trägers der Sozialhilfe nach § 90 des Bundessozialhilfegesetzes.

(4) Das Antragsrecht erlischt drei Monate nach Beendigung des auf Grund der Wehrpflicht geleisteten Wehrdienstes, im Falle des § 7b Abs. 2 drei Monate nach Zustellung des letzten maßgeblichen Einkommensteuerbescheides. Ist gegen den Wehrpflichtigen ein Verfahren auf Unterhaltsleistung anhängig, so erlischt das Antragsrecht erst mit Ablauf eines Monats nach Abschluß des Verfahrens oder nach Rechtskraft der Entscheidung.

Zweiter Abschnitt.
Leistungen zur Unterhaltssicherung

I. Leistungen nach § 2 Nr. 1

§ 5 Allgemeine Leistungen

(1) Anspruchsberechtigte Familienangehörige im engeren Sinne erhalten zur Unterhaltssicherung allgemeine Leistungen.

---

[1] § 4a eingefügt durch Gesetz vom 15. 12. 1989 (BGBl. I S. 2205).

Unterhaltssicherungsgesetz §§ 5a–5c USG 12

(2) Die allgemeinen Leistungen betragen
1. für die Ehefrau 60 vom Hundert der Bemessungsgrundlage, höchstens 1872 Deutsche Mark monatlich,
2. für jedes Kind 12 vom Hundert der Bemessungsgrundlage, höchstens 375 Deutsche Mark monatlich; werden allgemeine Leistungen nach Nummer 1 nicht gewährt, erhöht sich der Anspruch für jedes Kind auf 20 vom Hundert der Bemessungsgrundlage, höchstens 624 Deutsche Mark monatlich.

Die Beträge nach den Nummern 1 und 2 zusammen dürfen 90 vom Hundert der Bemessungsgrundlage nicht überschreiten.

(3) Als Mindestleistungen werden gewährt
1. der Ehefrau 650 Deutsche Mark monatlich
2. dem ersten Kind 210 Deutsche Mark, dem zweiten Kind 180 Deutsche Mark, dem dritten und jedem weiteren Kind je 150 Deutsche Mark monatlich.

Der Betrag nach Nummer 1 erhöht sich auf 960 Deutsche Mark, wenn die Ehefrau mit einem oder mehreren minderjährigen Kindern in einem gemeinsamen Haushalt lebt und für deren Pflege und Erziehung sorgt.

§ 5a[1] Überbrückungsgeld

Anspruchsberechtigte Familienangehörige im engeren Sinne erhalten bei Entlassung des Wehrpflichtigen nach einem Grundwehrdienst von mindestens einem Monat ein Überbrückungsgeld. Das Überbrückungsgeld beträgt für die Ehefrau 700 Deutsche Mark und für jedes Kind 200 Deutsche Mark.

§ 5b[1] Besondere Zuwendung

Anspruchsberechtigte Familienangehörige im engeren Sinne erhalten für den Monat Dezember neben den allgemeinen Leistungen eine besondere Zuwendung, wenn das Wehrdienstverhältnis des Wehrpflichtigen spätestens im Oktober begonnen hat. Die besondere Zuwendung beträgt für die Ehefrau 390 Deutsche Mark und für jedes Kind 50 Deutsche Mark.

§ 5c[1] Beihilfe bei Geburt eines Kindes

Einem Kind, das während des Grundwehrdienstes des Wehrpflichtigen geboren wird und Anspruch auf allgemeine Leistun-

---

[1] §§ 5a, 5b und 5c eingefügt durch Gesetz vom 25. 4. 1990 (BGBl. I S. 769).

gen hat, wird zu den Kosten seiner Erstausstattung eine einmalige Beihilfe von 250 Deutsche Mark gewährt.

§ 6[1] Einzelleistungen

(1) Anspruchsberechtigte sonstige Familienangehörige erhalten zur Unterhaltssicherung Einzelleistungen. Für nichteheliche Kinder, für die der Wehrpflichtige das Sorgerecht hat, gelten die §§ 5a bis 5c entsprechend.

(2) Die Einzelleistungen bemessen sich nach den Unterhaltsleistungen, die der Wehrpflichtige bis zu seiner Einberufung gewährt hat oder zu deren Gewährung er verpflichtet wäre, wenn er nicht eingezogen worden wäre. War der Wehrpflichtige vor der Einberufung infolge Arbeitslosigkeit, Kurzarbeit oder Krankheit oder aus Gründen, denen er sich nicht entziehen konnte, zur Gewährung des Unterhalts außerstande, so bemessen sich die Einzelleistungen nach den Unterhaltsleistungen, zu deren Gewährung er verpflichtet gewesen wäre, wenn diese Umstände nicht vorgelegen hätten.

(3) Die Einzelleistungen dürfen zusammen mit den allgemeinen Leistungen 90 vom Hundert der Bemessungsgrundlage nicht überschreiten. Reicht dieser Betrag zur vollen Befriedigung der Ansprüche nicht aus, sind die Einzelleistungen zu kürzen.

§ 7 Sonderleistungen

(1) Die anspruchsberechtigten Familienangehörigen im engeren Sinne erhalten Sonderleistungen nach Absatz 2 Nr. 1, 3 und 6. Der Wehrpflichtige erhält Sonderleistungen nach Absatz 2 Nr. 2 und 4 bis 6. Die Sonderleistungen werden neben den allgemeinen Leistungen nach § 5 gewährt.

(2) Als Sonderleistungen werden gewährt
1. Krankenhilfe, Hilfe bei Maßnahmen zur Früherkennung von Krankheiten, Mutterschaftshilfe sowie sonstige Hilfen im Sinne der gesetzlichen Krankenversicherung, wenn sie nicht nach sozialversicherungsrechtlichen oder anderen gesetzlichen Vorschriften gewährt werden oder soweit die Kosten nicht von einer privaten Krankenversicherung ersetzt werden; die Hilfe hat die Leistungen sicherzustellen, die den Familienangehörigen nach den Vorschriften der gesetzlichen Krankenversicherung zustehen;

---

[1] § 6 Abs. 1 Satz 2 angefügt durch Gesetz vom 25. 4. 1990 (BGBl. I S. 769).

Unterhaltssicherungsgesetz §7a USG 12

2. Ersatz der Ruhensbeiträge zu einer privaten Krankenversicherung zugunsten nichtkrankenversicherungspflichtiger Wehrpflichtiger;

3. Ersatz der Beiträge zu einer Krankenversicherung, die zugunsten von Familienangehörigen ohne eigenes Einkommen an ein privates Krankenversicherungsunternehmen oder an einen Träger der gesetzlichen Krankenversicherung gezahlt werden;

4. Ersatz der Beiträge zu Versicherungen gegen Vermögensnachteile mit Ausnahme von Versicherungen, die mit dem Führen und Halten von Kraftfahrzeugen zusammenhängen;

5. Ersatz der Aufwendungen für den Bau oder Kauf von Eigenheimen oder eigengenutzten Eigentumswohnungen;

6. Ersatz der notwendigen Aufwendungen für die Bestattung von Familienangehörigen, soweit diese Aufwendungen nicht durch Ansprüche gegen Versicherungen oder ähnliche Einrichtungen gedeckt sind;

7. *(aufgehoben)*

(3) Die Sonderleistungen nach Absatz 2 Nr. 4 dürfen höchstens 6 vom Hundert, die nach Absatz 2 Nr. 5 höchstens 25 vom Hundert der Bemessungsgrundlage betragen. Diese Sonderleistungen dürfen außerdem zusammen mit den allgemeinen Leistungen und den Einzelleistungen 90 vom Hundert der Bemessungsgrundlage nicht überschreiten. Reicht dieser Betrag zur vollen Befriedigung der Ansprüche nicht aus, sind zuerst die Einzelleistungen, dann die Sonderleistungen zu kürzen.

(4) Die Sonderleistungen nach Absatz 2 Nr. 4 und 5 werden nur gewährt, wenn die den Aufwendungen zugrunde liegenden Verträge bei Beginn des Wehrdienstes mindestens zwölf Monate bestehen und den Wehrpflichtigen für diesen Zeitraum zu Aufwendungen in einer Höhe verpflichten, die mindestens dem geltend gemachten Betrag entspricht.

§ 7a Mietbeihilfe

(1) Wehrpflichtige, die alleinstehend und Mieter von Wohnraum sind, erhalten Mietbeihilfe nach Maßgabe der Absätze 2 bis 4. Alleinstehend sind Wehrpflichtige, die nicht mit Familienangehörigen im engeren Sinne oder mit Familienangehöri-

gen nach § 3 Abs. 1 Nr. 7 in einer Wohn- und Wirtschaftsgemeinschaft leben.

(2) Als Mietbeihilfe wird gewährt

1. Ersatz der vollen Miete, jedoch monatlich nicht mehr als 510 Deutsche Mark, wenn der Wehrpflichtige die Anspruchsvoraussetzungen nach Absatz 1 bei Beginn des Wehrdienstes bereits sechs Monate erfüllt oder den Wohnraum dringend benötigt;
2. Ersatz von 70 vom Hundert der Miete, jedoch monatlich nicht mehr als 357 Deutsche Mark, in allen anderen Fällen des Absatzes 1.

Überschreitet in den Fällen der Nummer 1 die Miete den Höchstbetrag und beträgt die Bemessungsgrundlage mehr als 2040 Deutsche Mark, erhöht sich die Mietbeihilfe bis zu 25 vom Hundert der Bemessungsgrundlage, höchstens jedoch auf 780 Deutsche Mark monatlich. Als Miete gelten das Entgelt für die Gebrauchsüberlassung des Wohnraums und die sonstigen Aufwendungen, soweit sie zur Aufrechterhaltung des Mietverhältnisses unabweisbar notwendig sind.

(3) Wird der Wohnraum von anderen als den in Absatz 1 Satz 2 genannten Personen mitbenutzt, ist für die Gewährung der Mietbeihilfe der Anteil der erstattungsfähigen Aufwendungen zugrunde zu legen, der nach der Gesamtzahl der Wohnraumbenutzer auf den Wehrpflichtigen entfällt.

(4) Soweit Wohngeld nach § 41 des Wohngeldgesetzes weitergewährt wird, wird es auf die Mietbeihilfe angerechnet.

§ 7 b[1] Wirtschaftsbeihilfe

(1) Wehrpflichtige, die bei Beginn des Wehrdienstes mindestens zwölf Monate Inhaber eines Gewerbebetriebes oder Betriebes der Land- und Forstwirtschaft sind oder eine andere selbständige Tätigkeit ausüben, erhalten zur Sicherung dieser Erwerbsgrundlage Wirtschaftsbeihilfe nach Absatz 2 oder 3.

(2) Wird der Betrieb oder die selbständige Tätigkeit des Wehrpflichtigen während des Wehrdienstes fortgeführt, erhält der Wehrpflichtige Ersatz der angemessenen Aufwendungen

---

[1] § 7b Abs. 1 geändert durch Gesetz vom 15. 12. 1989 (BGBl. I S. 2205).

für Ersatzkräfte, soweit diese Aufwendungen nicht aus dem Geschäftsergebnis gedeckt werden können. Ersatzkraft im Sinne des Satzes 1 ist, wer mit Rücksicht auf die wehrdienstbedingte Abwesenheit des Betriebs- oder Praxisinhabers eingestellt worden ist und an dessen Stelle tätig wird. Als Geschäftsergebnis gelten die in der Zeit der Beschäftigung der Ersatzkräfte erzielten Einkünfte aus dem Betrieb oder der selbständigen Tätigkeit zuzüglich der Aufwendungen für diese Ersatzkräfte; die Einkünfte während der Beschäftigungszeit sind nach dem Durchschnitt der durch Einkommensteuerbescheid festgestellten Einkünfte aus den Steuerjahren zu errechnen, in denen der Wehrpflichtige die Ersatzkräfte beschäftigt hat. Den nach § 13a des Einkommensteuergesetzes ermittelten Einkünften sind die Aufwendungen für Ersatzkräfte nur bis zur Höhe des Betrages hinzuzurechnen, der sich für den Wert der Arbeitsleistung des Betriebsinhabers ergibt.

(3) Ruht der Betrieb oder die selbständige Tätigkeit während des Wehrdienstes, erhält der Wehrpflichtige Ersatz der Aufwendungen für die Miete der Berufsstätte sowie der sonstigen unabwendbaren Aufwendungen zur Sicherung der Fortführung des Betriebes oder der selbständigen Tätigkeit.

§ 8[1] *(aufgehoben)*

§ 9[2] Empfangsberechtigte

Die Einzelleistungen und die Sonderleistungen sind an die Anspruchsberechtigten, die allgemeinen Leistungen sowie das Überbrückungsgeld, die besondere Zuwendung und die Beihilfe bei Geburt eines Kindes an die Ehefrau oder, wenn eine anspruchsberechtigte Ehefrau nicht vorhanden ist, an die von dem Wehrpflichtigen bestimmte anspruchsberechtigte Person auszuzahlen.

§ 10 Bemessungsgrundlage

(1) Bemessungsgrundlage im Sinne dieses Gesetzes ist der monatliche Durchschnitt des Nettoeinkommens des Wehrpflichtigen.

(2) Nettoeinkommen ist

---

[1] § 8 aufgehoben durch Gesetz vom 15. 12. 1989 (BGBl. I S. 2205).
[2] § 9 geändert durch Gesetz vom 25. 4. 1990 (BGBl. I S. 769).

12 USG § 11 Unterhaltssicherungsgesetz

1. bei einem Wehrpflichtigen, der zur Einkommensteuer zu veranlagen ist, der Gesamtbetrag der von ihm erzielten Einkünfte, der sich aus dem letzten Einkommensteuerbescheid nach Abzug der auf diese Einkünfte entfallenden Steuern vom Einkommen ergibt; nach den §§ 7b bis 7e des Einkommensteuergesetzes abgesetzte Beträge sind den Einkünften wieder hinzuzurechnen; ist der Wehrpflichtige wegen Vorliegens der Voraussetzungen des § 46 des Einkommensteuergesetzes zu veranlagen, bestimmt sich das Nettoeinkommen nach Nummer 2;
2. bei einem Wehrpflichtigen, der nicht zur Einkommensteuer zu veranlagen ist, der Arbeitslohn in dem Jahre, das dem Kalendermonat vor der Einberufung vorausgeht, nach Abzug der entrichteten Steuern vom Einkommen und der Arbeitnehmeranteile zur gesetzlichen Sozial- und Arbeitslosenversicherung sowie seine Einkünfte im Sinne des § 2 Abs. 1 Nr. 1 bis 3 und 5 bis 7 des Einkommensteuergesetzes; decken sich die Lohnzahlungszeiträume nicht mit diesem Jahr, sind die Lohnzahlungszeiträume maßgebend, die in diesem Jahr geendet haben.

(3) Zeiten des Verdienstausfalls infolge Arbeitslosigkeit, Kurzarbeit oder Krankheit oder aus Gründen, denen der Wehrpflichtige sich nicht entziehen konnte, bleiben unberücksichtigt. Betragen diese Zeiten im Falle des Absatzes 2 Nr. 2 mehr als ein Jahr, so ist der monatliche Durchschnitt des Nettoeinkommens in dem vor dieser Zeit liegenden Jahr maßgebend.

§ 11 Anrechnung von Einkommen

(1) Die Leistungen zur Unterhaltssicherung sind um die einkommensteuerpflichtigen Einkünfte des Wehrpflichtigen zu kürzen, die er während des Wehrdienstes erhält. Hierbei sind die Einkünfte um die Steuern vom Einkommen sowie um die Arbeitnehmeranteile zur gesetzlichen Sozialversicherung und den Beitrag des Arbeitnehmers zur Bundesanstalt für Arbeit zu mindern. Einkünfte im Sinne des § 2 Abs. 1 Nr. 1 bis 3 des Einkommensteuergesetzes sind nach den durchschnittlich auf den Bewilligungszeitraum entfallenden Einkünften zu ermitteln, wie sie sich aus den für diese Zeit maßgebenden Einkommensteuerbescheiden ergeben. Außer Ansatz bleiben

Unterhaltssicherungsgesetz §§ 12, 12a **USG 12**

1. Teile der Einkünfte, soweit sie bei der Gewährung der Wirtschaftsbeihilfe nach § 7b Abs. 2 bereits angerechnet worden sind;
2. die Einkünfte des Wehrpflichtigen aus seiner Tätigkeit vor der Einberufung, die während des Wehrdienstes eingehen und nicht regelmäßig wiederkehrende feste Vergütungen sind, sofern die Erwerbstätigkeit während des Wehrdienstes ruht.

(2) Die Gewährung von Leistungen zur Unterhaltssicherung darf nicht von dem Verbrauch oder der Verwertung des Vermögens abhängig gemacht werden.

§ 12 Ersatzansprüche

(1) Steht anspruchsberechtigten Familienangehörigen infolge eines Ereignisses, durch das die Gewährung oder die Erhöhung von Leistungen zur Unterhaltssicherung erforderlich wird, ein gesetzlicher Schadensersatzanspruch gegen Dritte zu, so geht dieser Anspruch auf die Bundesrepublik Deutschland über, soweit diese den anspruchsberechtigten Familienangehörigen Leistungen zur Unterhaltssicherung wegen des Ereignisses gewährt.

(2) Der Bund kann von den Trägern der Sozialversicherung entsprechend den §§ 103 bis 114 des Zehnten Buches Sozialgesetzbuch Erstattung verlangen.

II. Leistungen nach § 2 Nr. 2

§ 12a[1] Leistungen für grundwehrdienstleistende Sanitätsoffiziere

(1) Wehrpflichtige, bei denen die Voraussetzungen des § 2 Nr. 2 vorliegen, erhalten einen Betrag von monatlich 1600 Deutsche Mark. Sind unterhaltsberechtigte Familienangehörige im engeren Sinne vorhanden, erhöht sich dieser Betrag auf monatlich 2050 Deutsche Mark.

(2) § 7b Abs. 1 in Verbindung mit Absatz 3 sowie § 8 gilt entsprechend. Für Wehrpflichtige, die Leistungen nach Absatz 1 Satz 2 erhalten, gelten die §§ 5a bis 5c entsprechend.

---

[1] § 12a Abs. 2 geändert durch Gesetz vom 15. 12. 1989 (BGBl. I S. 2205), Satz 2 angefügt durch Gesetz vom 25. 4. 1990 (BGBl. I S. 769).

III.[1] Leistungen nach § 2 Nr. 3

§ 13 Verdienstausfallentschädigung

(1) Wehrpflichtige, die infolge des Wehrdienstes Einkünfte aus nichtselbständiger Arbeit oder Lohnersatzleistungen einbüßen, erhalten eine Verdienstausfallentschädigung nach Absatz 2 oder 3.

(2) Arbeitnehmern, deren Arbeitsverhältnis nach dem Arbeitsplatzschutzgesetz während des Wehrdienstes ruht, wird das entfallende Arbeitsentgelt ersetzt. Als Arbeitsentgelt im Sinne des Satzes 1 gilt das Bruttoarbeitsentgelt, das dem Arbeitnehmer für die Zeit des Wehrdienstes im Falle eines Erholungsurlaubs zugestanden hätte, nach Abzug der Steuern vom Einkommen und der Arbeitnehmeranteile zur gesetzlichen Sozial- und Arbeitslosenversicherung; zum Arbeitsentgelt gehören nicht besondere Zuwendungen, die mit Rücksicht auf den Erholungsurlaub gewährt werden.

(3) Liegen die Voraussetzungen des Absatzes 2 nicht vor, erhält der Wehrpflichtige für jeden Wehrdiensttag $\frac{1}{360}$ des Arbeitslohns, der in dem Jahre erzielt wurde, das dem Kalendermonat vor der Einberufung vorausgeht, nach Abzug der entrichteten Steuern vom Einkommen und der Arbeitnehmeranteile zur gesetzlichen Sozial- und Arbeitslosenversicherung. § 10 Abs. 2 Nr. 2 zweiter Halbsatz und § 10 Abs. 3 gelten entsprechend.

(4) Die Verdienstausfallentschädigung beträgt je Wehrdiensttag höchstens

a) für Wehrpflichtige mit unterhaltsberechtigten Familienangehörigen im engeren Sinne 360 Deutsche Mark,
b) für die übrigen Wehrpflichtigen 300 Deutsche Mark.

§ 13a Leistungen für Selbständige

(1) Wehrpflichtigen, die Inhaber von Gewerbebetrieben oder Betrieben der Land- und Forstwirtschaft sind oder andere selbständige Tätigkeiten ausüben, werden Leistungen nach Absatz 2 oder 3 gewährt.

---

[1] Kapitel III des Zweiten Abschnitts neu gefaßt durch Gesetz vom 15. 12. 1989 (BGBl. I S. 2205).

Unterhaltssicherungsgesetz §§ 13b, 13c **USG 12**

(2) Zur Fortführung des Betriebs oder der selbständigen Tätigkeit während des Wehrdienstes werden dem Wehrpflichtigen die angemessenen Aufwendungen für eine Ersatzkraft, die an seiner Stelle tätig wird, oder die angemessenen Mehraufwendungen, die dadurch entstehen, daß der Wehrpflichtige seine Aufgaben im Betrieb für die Zeit seiner wehrdienstbedingten Abwesenheit teilweise oder ganz auf Betriebsangehörige überträgt, bis zu 600 Deutsche Mark je Wehrdiensttag erstattet.

(3) Ist eine Fortführung des Betriebs oder der selbständigen Tätigkeit nach Absatz 2 aus Gründen, die der Wehrpflichtige nicht zu vertreten hat, nicht möglich mit der Folge, daß die betriebliche oder selbständige Tätigkeit während des Wehrdienstes ruht, erhält der Wehrpflichtige für die ihm entfallenden Einkünfte eine Entschädigung. Sie beträgt für jeden Wehrdiensttag $1/360$ der Summe der Einkünfte im Sinne des § 2 Abs. 1 Nr. 1 bis 3 des Einkommensteuergesetzes, die sich aus dem letzten Einkommensteuerbescheid ergibt, höchstens jedoch 600 Deutsche Mark. § 10 Abs. 3 gilt entsprechend. Daneben werden dem Wehrpflichtigen die Miete für die Berufsstätte sowie die sonstigen Betriebsausgaben im Sinne des Einkommensteuergesetzes erstattet, sofern entsprechende laufende Zahlungsverpflichtungen für die Dauer des Wehrdienstes bestehen.

§ 13b Entschädigung bei Ausfall sonstiger Einkünfte

Wehrpflichtige, denen Einkünfte im Sinne des § 2 Abs. 1 Nr. 7 des Einkommensteuergesetzes infolge des Wehrdienstes entfallen, erhalten als Entschädigung für jeden Wehrdiensttag $1/360$ der sonstigen Einkünfte, die sich aus dem letzten Einkommensteuerbescheid ergeben, nach Abzug der während des Wehrdienstes weiterlaufenden sonstigen Einkünfte, höchstens jedoch 600 Deutsche Mark.

§ 13c Mindestleistung

(1) Unterschreiten die Leistungen nach den §§ 13 bis 13b zusammen den Betrag, der sich für den Wehrpflichtigen auf Grund seines Dienstgrades und Familienstandes nach der als Anlage beigefügten Tabelle[1] ergibt, wird die Tabellenleistung gewährt. Diese Mindestleistung steht auch Wehrpflichtigen zu, die keine Leistungen nach den §§ 13 bis 13b erhalten.

---

[1] Abgedruckt auf S. 207 und 208.

(2) Beamte, Richter und Arbeitnehmer im öffentlichen Dienst erhalten die Mindestleistung nur, soweit sie höher ist, als die nach dem Arbeitsplatzschutzgesetz gewährten Bezüge, Gehälter und Löhne, gemindert um die Steuern vom Einkommen und die Arbeitnehmeranteile zur gesetzlichen Sozial- und Arbeitslosenversicherung.

(3) Beamte, Richter und Berufssoldaten, die sich im Ruhestand befinden, erhalten als Mindestleistung den Unterschiedsbetrag zwischen ihren Versorgungsbezügen nach Abzug der entrichteten Lohnsteuern und den ruhegehaltfähigen Dienstbezügen nach der Endstufe der Besoldungsgruppe, aus der das Ruhegehalt berechnet ist, gemindert um den Betrag, der als Lohnsteuer von den Dienstbezügen abzuziehen wäre.

§ 13d Zusammentreffen mehrerer Ansprüche

Leistungen nach den §§ 13a und 13b werden zusammen nur bis zu dem in § 13a Abs. 2 festgelegten Höchstbetrag gewährt. Verdienstausfallentschädigung nach § 13 wird daneben nur insoweit gewährt, als sie die Hälfte des nach Satz 1 nicht in Anspruch genommenen Höchstbetrags nicht übersteigt.

IV. Gemeinsame Vorschriften

§ 14 Ruhen der Leistungen

(1) Die Leistungen zur Unterhaltssicherung ruhen, wenn der Wehrpflichtige unter Fortfall der Geld- und Sachbezüge beurlaubt wird, wenn er eigenmächtig die Truppe oder Dienststelle verläßt, ihr fernbleibt und länger als eine Woche abwesend ist oder wenn er eine Freiheitsstrafe von wenigstens drei Monaten verbüßt.

(2) Verbüßt ein anspruchsberechtigter Familienangehöriger eine Freiheitsstrafe von wenigstens drei Monaten oder ist er für den gleichen Zeitraum auf Grund einer Maßregel der Besserung und Sicherung untergebracht, so ruhen die auf ihn entfallenden Leistungen zur Unterhaltssicherung.

§ 15[1] Steuerfreiheit

(1) Leistungen nach diesem Gesetz sind steuerfrei. Dies gilt nicht für Leistungen nach § 7b und den §§ 13a, 13b.

---

[1] § 15 Abs. 1 geändert durch Gesetz vom 15. 12. 1989 (BGBl. I S. 2205).

Unterhaltssicherungsgesetz §§ 16, 17 **USG 12**

(2) Aufwendungen im Sinne des § 7 Abs. 2 Nr. 2 bis 4 sind insoweit nicht als Sonderausgaben nach § 10 des Einkommensteuergesetzes abzugsfähig, als für sie Sonderleistungen nach § 7 gewährt werden.

§ 16 Überzahlungen

(1) Zu Unrecht empfangene Leistungen zur Unterhaltssicherung sind zu erstatten, soweit im folgenden nichts anderes bestimmt ist. Der Einwand der nicht mehr vorhandenen Bereicherung ist ausgeschlossen.

(2) Soweit die Überzahlung auf einer wesentlichen Änderung der Verhältnisse beruht, kann der zu Unrecht gezahlte Betrag nur zurückgefordert werden, wenn der Empfänger wußte oder wissen mußte, daß ihm die gewährten Leistungen im Zeitpunkt der Zahlung nicht oder nicht in der bisherigen Höhe zustanden.

(3) Von der Rückforderung der zu Unrecht empfangenen Leistungen kann ganz oder teilweise abgesehen werden, wenn sie eine besondere Härte für den Empfänger bedeutet oder wenn daraus in unverhältnismäßigem Umfang Kosten oder Verwaltungsaufwand entstehen.

Dritter Abschnitt. Zuständigkeit und Verfahren

§ 17 Zuständigkeit

(1) Die Länder führen dieses Gesetz im Auftrage des Bundes durch.

(2) Die Landesregierungen bestimmen die für die Feststellung und Bewilligung der Leistungen zur Unterhaltssicherung zuständigen Behörden.[1]

---

[1] **Baden-Württemberg:** Verordnung vom 2. 6. 1958 (GBl. S. 157) mit Änderung durch Verordnung vom 19. 3. 1984 (GBl. S. 281). **Bayern:** Verordnung vom 31. 1. 1958 (BayRS 520-1-I). **Bremen:** Verordnung vom 29. 10. 1957 (SaBremR 5-b-1) mit Änderung durch Bek. vom 20. 11. 1973 (GBl. S. 235), durch Verordnung vom 4. 6. 1984 (GBl. S. 173) und Verordnung vom 10. 3. 1987 (GBl. S. 60). **Hamburg:** Anordnung vom 7. 9. 1965 (Amtl. Anz. S. 1015). **Hessen:** Verordnung vom 22. 10. 1957 (GVBl. S. 143). **Nordrhein-Westfalen:** Verordnung vom 2. 9. 1980 (GV NW S. 825) mit Änderung durch Verordnung vom 21. 7. 1981 (GV NW S. 424). **Rheinland-Pfalz:** Verordnung vom 20. 4. 1982 (GVBl. S. 127). **Schleswig-Holstein:** Landesverordnung vom 2. 3. 1971 (GVOBl. S. 106).

§ 18[1] Zahlungsart und Dauer

(1) Die Leistungen zur Unterhaltssicherung werden in der festgesetzten Höhe vom Tage des Beginns bis zum Tage der Beendigung des Wehrdienstes gewährt, sofern nicht zwischenzeitlich eine Änderung in den Verhältnissen des Wehrpflichtigen oder seiner Familienangehörigen eintritt, durch welche die Voraussetzungen zur Weitergewährung der Leistungen sich ändern oder entfallen.

(2) Die laufenden Leistungen zur Unterhaltssicherung werden monatlich im voraus gezahlt. Bei einer Zahlung nach Tagen wird der Monat zu 30 Tagen gerechnet.

(3) Das Überbrückungsgeld (§ 5 a) wird zu dem auf die Entlassung des Wehrpflichtigen aus dem Grundwehrdienst oder einer unmittelbar anschließenden Wehrübung folgenden Tag gezahlt, die besondere Zuwendung (§ 5 b) und die Beihilfe bei Geburt eines Kindes (§ 5 c) werden zusammen mit den allgemeinen Leistungen gezahlt.

§ 19 Kosten

(1) Die Leistungen zur Unterhaltssicherung trägt der Bund. Die Ausgaben sind für Rechnung des Bundes zu leisten. Die damit zusammenhängenden Einnahmen sind an den Bund abzuführen.

(2) Auf die für Rechnung des Bundes geleisteten Ausgaben und die mit ihnen zusammenhängenden Einnahmen sind die Vorschriften über das Haushaltsrecht des Bundes anzuwenden. Die für die Durchführung des Haushalts verantwortlichen Bundesbehörden können ihre Befugnisse auf die zuständigen obersten Landesbehörden übertragen und zulassen, daß auf die für Rechnung des Bundes zu leistenden Ausgaben und die mit ihnen zusammenhängenden Einnahmen die landesrechtlichen Vorschriften über die Kassen- und Buchführung der zuständigen Landes- und Gemeindebehörden angewendet werden.

§ 20[2] Auskunfts- und Mitteilungspflicht

(1) Wehrpflichtige und die Familienangehörigen sind auf Verlangen der zuständigen Behörden (§ 17) verpflichtet, diesen

---

[1] § 18 Abs. 3 angefügt durch Gesetz vom 25. 4. 1990 (BGBl. I S. 769).
[2] Erlaß des Bundesministers der Verteidigung über Mitteilungspflicht der Truppe *nach § 21 Abs. 4* USG vom 10. 9. 1976 (VMBl. S. 340).

Unterhaltssicherungsgesetz **§§ 21, 22 USG 12**

die zur Feststellung der Leistungen zur Unterhaltssicherung erforderlichen Auskünfte zu erteilen. Sie sind ferner verpflichtet, jede Änderung der Verhältnisse, die für die Bemessung dieser Leistungen von Einfluß ist, unverzüglich anzuzeigen.

(2) Die Arbeitgeber haben auf Verlangen der zuständigen Behörde Auskunft über Art und Dauer der Beschäftigung, über die Arbeitsstätte und über den Arbeitsverdienst des zum Wehrdienst einberufenen Wehrpflichtigen und der Familienangehörigen zu erteilen.

(3) Die Sozialversicherungsträger sind verpflichtet, über alle das Beschäftigungsverhältnis des Wehrpflichtigen und der Familienangehörigen betreffenden ihnen bekannten Tatsachen Auskunft zu erteilen.

(4) Die Finanzbehörden haben den zur Gewährung der Leistungen zur Unterhaltssicherung zuständigen Behörden, soweit erforderlich, über die ihnen bekannten Einkommens- und Vermögensverhältnisse des Wehrpflichtigen und seiner Familienangehörigen Auskunft zu erteilen.

(5) Die für die Einberufung und Entlassung eines Wehrpflichtigen zuständigen Stellen haben den nach § 17 zuständigen Behörden die Tatsachen unverzüglich mitzuteilen, die für die Gewährung oder Einstellung der Leistungen zur Unterhaltssicherung erheblich sind.

§§ 21[1], **22** *(aufgehoben)*

---

[1] Für Berlin gilt § 21 (Amtshilfe) in seiner ursprünglichen Fassung weiter:

§ 21 Amtshilfe

(1) Alle Behörden haben den nach § 17 zuständigen Behörden Amtshilfe zu leisten.

(2) Die Sozialversicherungsträger sind verpflichtet, über alle das Beschäftigungsverhältnis des Wehrpflichtigen und der Familienangehörigen betreffenden ihnen bekannten Tatsachen Auskunft zu erteilen.

(3) Die Finanzbehörden haben den zur Gewährung der Leistungen zur Unterhaltssicherung zuständigen Behörden, soweit erforderlich, über die ihnen bekannten Einkommens- und Vermögensverhältnisse des Wehrpflichtigen und seiner Familienangehörigen Auskunft zu erteilen.

(4) Die für die Einberufung und Entlassung eines Wehrpflichtigen zuständigen Stellen haben den nach § 17 zuständigen Behörden die Tatsachen unverzüglich mitzuteilen, die für die Gewährung oder Einstellung der Leistungen zur Unterhaltssicherung erheblich sind.

Vierter Abschnitt. Sonstige Vorschriften

§ 23 Härteausgleich

(1) Sofern sich in einzelnen Fällen aus den Vorschriften dieses Gesetzes besondere Härten ergeben, kann ein Ausgleich gewährt werden. Hierzu bedarf es des Einvernehmens der obersten Landesbehörde[1] und des Bundesministers der Verteidigung.

(2) In bestimmten Fällen kann der Bundesminister der Verteidigung die Gewährung eines Härteausgleichs allgemein zulassen. In diesen Fällen bedarf es des Einvernehmens mit der obersten Landesbehörde nicht.

§ 24 Ordnungswidrigkeit

(1) Ordnungswidrig handelt, wer vorsätzlich oder fahrlässig

1. bei Erteilung der Auskunft nach § 20 Abs. 1 Satz 1 unrichtige oder unvollständige Angaben macht oder
2. die in § 20 Abs. 1 Satz 2 vorgeschriebene Anzeige nicht oder nicht rechtzeitig erstattet,
3. Auskünfte, zu denen er nach § 20 Abs. 2 verpflichtet ist, ganz oder teilweise verweigert oder nicht rechtzeitig erteilt oder unrichtige oder unvollständige Angaben macht.

(2) Die Ordnungswidrigkeit kann mit einer Geldbuße geahndet werden.

§ 25 Erlaß von Rechtsverordnungen

Die Bundesregierung bestimmt das Nähere über den Inhalt und Umfang der in den §§ 6 und 7 genannten Leistungen durch Rechtsverordnung mit Zustimmung des Bundesrates.

---

[1] **Baden-Württemberg:** Verordnung vom 10. 10. 1961 (GBl. S. 338) mit Änderung durch Verordnung vom 14. 7. 1967 (GesBl. S. 129). **Hessen:** Verordnung vom 29. 1. 1974 (GVBl. I S. 86), Verordnung vom 17. 5. 1974 (GVBl. I S. 259) sowie Verordnung vom 1. 7. 1965 (GVBl. I S. 158) mit Änderung durch Gesetz vom 5. 10. 1970 (GVBl. I S. 598). **Nordrhein-Westfalen:** Verordnung vom 15. 7. 1964 (GV NW S. 266) mit Änderung durch Verordnung vom 26. 1. 1965 (GV NW S. 20), vom 17. 1. 1966 (GV NW S. 12), vom 31. 3. 1966 (GV NW S. 260), vom 6. 10. 1967 (GV NW S. 184), vom 29. 8. 1968 (GV NW S. 300), vom 25. 2. 1971 (GV NW S. 68), vom 12. 6. 1972 (GV NW S. 179) und vom 23. 10. 1973 (GV NW S. 513). **Rheinland-Pfalz:** Landesverordnung vom 20. 4. 1982 (GVBl. S. 127). **Schleswig-Holstein:** Landesverordnung vom 12. 3. 1971 (GVOBl. S. 106).

Unterhaltssicherungsgesetz § 26, Anlage USG 12

§ 26 Inkrafttreten

Anlage (zu § 13 c USG)

Dienstgrad	Tagessatz in DM				
	ledig*	verheiratet	verheiratet**		
			1 Kind	2 Kinder	3 und mehr Kinder
Grenadier, Flieger, Matrose, Gefreiter	37,50	46,50	49,—	52,50	56,—
Obergefreiter	38,—	47,—	49,50	53,50	57,—
Hauptgefreiter	39,50	47,50	50,—	54,—	57,50
Unteroffizier, Maat, Fahnenjunker, Seekadett	40,—	48,50	51,50	54,50	58,50
Stabsunteroffizier, Obermaat	41,50	49,50	53,50	56,—	59,50
Feldwebel, Bootsmann, Fähnrich	43,50	51,50	54,50	58,50	61,—
Oberfeldwebel, Oberbootsmann	45,—	52,50	56,—	59,50	63,—
Hauptfeldwebel, Hauptbootsmann, Oberfähnrich	47,—	55,50	58,50	61,50	65,50
Leutnant, Stabsfeldwebel, Stabsbootsmann	50,—	59,50	63,—	66,50	70,—

* Diesen Satz erhalten auch sonstige Wehrpflichtige im Sinne des § 13 Abs. 4 Buchstabe b.
** Diesen Satz erhalten auch sonstige Wehrpflichtige im Sinne des § 13 Abs. 4 Buchstabe a.

12 USG Anlage — Unterhaltssicherungsgesetz

Dienstgrad	Tagessatz in DM				
	ledig*	verheiratet	verheiratet**		
			1 Kind	2 Kinder	3 und mehr Kinder
Oberleutnant, Oberstabsfeldwebel, Oberstabsbootsmann	52,50	63,50	66,—	70,—	73,—
Hauptmann, Kapitänleutnant	58,50	70,—	74,—	77,50	81,—
Major, Korvettenkapitän, Stabsarzt	66,50	82,50	87,—	89,50	94,—
Oberstleutnant, Fregattenkapitän, Oberstabsarzt	68,—	85,—	91,—	92,50	96,50
Oberfeldarzt, Flottillenarzt	74,—	92,50	96,50	99,50	104,—
Oberst, Kapitän zur See, Oberstarzt, Flottenarzt und höhere Dienstgrade	80,—	101,50	104,50	108,—	111,50

* Diesen Satz erhalten auch sonstige Wehrpflichtige im Sinne des § 13 Abs. 4 Buchstabe b.

** Diesen Satz erhalten auch sonstige Wehrpflichtige im Sinne des § 13 Abs. 4 Buchstabe a.

13. Sozialgesetzbuch (SGB)
– Allgemeiner Teil –

Vom 11. Dezember 1975 (BGBl. I S. 3015)

(BGBl. III 86–7–1)

Zuletzt geändert durch Gesetz vom 20. 12. 1988 (BGBl. I S. 2330), Gesundheits-Reformgesetz vom 20. 12. 1988 (BGBl. I S. 2477), Gesetz vom 30. 6. 1989 (BGBl. I S. 1294), Gesetz vom 18. 12. 1989 (BGBl. I S. 2261) und Gesetz vom 26. 6. 1990 (BGBl. I S. 1163)

Der Bundestag hat mit Zustimmung des Bundesrates das folgende Gesetz beschlossen:

Artikel I. Sozialgesetzbuch (SGB)

Erstes Buch (I). Allgemeiner Teil

Erster Abschnitt. Aufgaben des Sozialgesetzbuchs und soziale Rechte

§ 1 Aufgaben des Sozialgesetzbuchs

(1) Das Recht des Sozialgesetzbuchs soll zur Verwirklichung sozialer Gerechtigkeit und sozialer Sicherheit Sozialleistungen einschließlich sozialer und erzieherischer Hilfen gestalten. Es soll dazu beitragen,

ein menschenwürdiges Dasein zu sichern,
gleiche Voraussetzungen für die freie Entfaltung der Persönlichkeit, insbesondere auch für junge Menschen, zu schaffen,
die Familie zu schützen und zu fördern,
den Erwerb des Lebensunterhalts durch eine frei gewählte Tätigkeit zu ermöglichen und
besondere Belastungen des Lebens, auch durch Hilfe zur Selbsthilfe, abzuwenden oder auszugleichen.

(2) Das Recht des Sozialgesetzbuchs soll auch dazu beitragen, daß die zur Erfüllung der in Absatz 1 genannten Aufgaben erforderlichen sozialen Dienste und Einrichtungen rechtzeitig und ausreichend zur Verfügung stehen.

§ 2 Soziale Rechte

(1) Der Erfüllung der in § 1 genannten Aufgaben dienen die nachfolgenden sozialen Rechte. Aus ihnen können Ansprüche nur insoweit geltend gemacht oder hergeleitet werden, als deren Voraussetzungen und Inhalt durch die Vorschriften der besonderen Teile dieses Gesetzbuchs im einzelnen bestimmt sind.

(2) Die nachfolgenden sozialen Rechte sind bei der Auslegung der Vorschriften dieses Gesetzbuchs und bei der Ausübung von Ermessen zu beachten; dabei ist sicherzustellen, daß die sozialen Rechte möglichst weitgehend verwirklicht werden.

§ 3 Bildungs- und Arbeitsförderung

(1) Wer an einer Ausbildung teilnimmt, die seiner Neigung, Eignung und Leistung entspricht, hat ein Recht auf individuelle Förderung seiner Ausbildung, wenn ihm die hierfür erforderlichen Mittel nicht anderweitig zur Verfügung stehen.

(2) Wer am Arbeitsleben teilnimmt oder teilnehmen will, hat ein Recht auf

1. Beratung bei der Wahl des Bildungswegs und des Berufs,
2. individuelle Förderung seiner beruflichen Weiterbildung (Fortbildung und Umschulung),
3. Hilfe zur Erlangung und Erhaltung eines angemessenen Arbeitsplatzes und
4. wirtschaftliche Sicherung bei Arbeitslosigkeit und bei Zahlungsunfähigkeit des Arbeitgebers.

§ 4 Sozialversicherung

(1) Jeder hat im Rahmen dieses Gesetzbuchs ein Recht auf Zugang zur Sozialversicherung.

(2) Wer in der Sozialversicherung versichert ist, hat im Rahmen der gesetzlichen Kranken-, Unfall- und Rentenversicherung einschließlich der Altershilfe für Landwirte ein Recht auf

1. die notwendigen Maßnahmen zum Schutz, zur Erhaltung, zur Besserung und zur Wiederherstellung der Gesundheit und der Leistungsfähigkeit und
2. wirtschaftliche Sicherung bei Krankheit, Mutterschaft, Minderung der Erwerbsfähigkeit und Alter.

1. Buch. Allgemeiner Teil §§ 5–9 SGB I

Ein Recht auf wirtschaftliche Sicherung haben auch die Hinterbliebenen eines Versicherten.

§ 5 Soziale Entschädigung bei Gesundheitsschäden

Wer einen Gesundheitsschaden erleidet, für dessen Folgen die staatliche Gemeinschaft in Abgeltung eines besonderen Opfers oder aus anderen Gründen nach versorgungsrechtlichen Grundsätzen einsteht, hat ein Recht auf

1. die notwendigen Maßnahmen zur Erhaltung, zur Besserung und zur Wiederherstellung der Gesundheit und der Leistungsfähigkeit und

2. angemessene wirtschaftliche Versorgung.

Ein Recht auf angemessene wirtschaftliche Versorgung haben auch die Hinterbliebenen eines Beschädigten.

§ 6 Minderung des Familienaufwands

Wer Kindern Unterhalt zu leisten hat oder leistet, hat ein Recht auf Minderung der dadurch entstehenden wirtschaftlichen Belastungen.

§ 7 Zuschuß für eine angemessene Wohnung

Wer für eine angemessene Wohnung Aufwendungen erbringen muß, die ihm nicht zugemutet werden können, hat ein Recht auf Zuschuß zur Miete oder zu vergleichbaren Aufwendungen.

§ 8[1] Kinder- und Jugendhilfe

Junge Menschen und Personensorgeberechtigte haben im Rahmen dieses Gesetzbuchs ein Recht, Leistungen der öffentlichen Jugendhilfe in Anspruch zu nehmen. Sie sollen die Entwicklung junger Menschen fördern und die Erziehung in der Familie unterstützen und ergänzen.

§ 9 Sozialhilfe

Wer nicht in der Lage ist, aus eigenen Kräften seinen Lebensunterhalt zu bestreiten oder in besonderen Lebenslagen sich selbst zu helfen, und auch von anderer Seite keine ausreichende Hilfe erhält, hat ein Recht auf persönliche und wirtschaftliche Hilfe, die seinem besonderen Bedarf entspricht, ihn zur Selbst-

---

[1] § 8 neu gefaßt mit Wirkung vom 1. 1. 1991 durch Gesetz vom 26. 6. 1990 (BGBl. I S. 1163).

hilfe befähigt, die Teilnahme am Leben in der Gemeinschaft ermöglicht und die Führung eines menschenwürdigen Lebens sichert.

§ 10[1] Eingliederung Behinderter

Wer körperlich, geistig oder seelisch behindert ist oder wem eine solche Behinderung droht, hat unabhängig von der Ursache der Behinderung ein Recht auf die Hilfe, die notwendig ist, um

1. die Behinderung abzuwenden, zu beseitigen, zu bessern, ihre Verschlimmerung zu verhüten oder ihre Folgen zu mildern,
2. ihm einen seinen Neigungen und Fähigkeiten entsprechenden Platz in der Gemeinschaft, insbesondere im Arbeitsleben, zu sichern.

Zweiter Abschnitt. Einweisungsvorschriften

Erster Titel. Allgemeines über Sozialleistungen und Leistungsträger

§ 11 Leistungsarten

Gegenstand der sozialen Rechte sind die in diesem Gesetzbuch vorgesehenen Dienst-, Sach- und Geldleistungen (Sozialleistungen). Die persönliche und erzieherische Hilfe gehört zu den Dienstleistungen.

§ 12 Leistungsträger

Zuständig für die Sozialleistungen sind die in den §§ 18 bis 29 genannten Körperschaften, Anstalten und Behörden (Leistungsträger). Die Abgrenzung ihrer Zuständigkeit ergibt sich aus den besonderen Teilen dieses Gesetzbuchs.

§ 13 Aufklärung

Die Leistungsträger, ihre Verbände und die sonstigen in diesem Gesetzbuch genannten öffentlich-rechtlichen Vereinigungen sind verpflichtet, im Rahmen ihrer Zuständigkeit die Bevölkerung über die Rechte und Pflichten nach diesem Gesetzbuch aufzuklären.

---

[1] § 10 geändert durch Gesetz vom 24. 7. 1986 (BGBl. I S. 1110).

§ 14 Beratung

Jeder hat Anspruch auf Beratung über seine Rechte und Pflichten nach diesem Gesetzbuch. Zuständig für die Beratung sind die Leistungsträger, denen gegenüber die Rechte geltend zu machen oder die Pflichten zu erfüllen sind.

§ 15 Auskunft

(1) Die nach Landesrecht zuständigen Stellen sowie die Träger der gesetzlichen Krankenversicherung sind verpflichtet, über alle sozialen Angelegenheiten nach diesem Gesetzbuch Auskünfte zu erteilen.

(2) Die Auskunftspflicht erstreckt sich auf die Benennung der für die Sozialleistungen zuständigen Leistungsträger sowie auf alle Sach- und Rechtsfragen, die für die Auskunftsuchenden von Bedeutung sein können und zu deren Beantwortung die Auskunftsstelle imstande ist.

(3) Die Auskunftsstellen sind verpflichtet, untereinander und mit den anderen Leistungsträgern mit dem Ziel zusammenzuarbeiten, eine möglichst umfassende Auskunftserteilung durch eine Stelle sicherzustellen.

§ 16 Antragstellung

(1) Anträge auf Sozialleistungen sind beim zuständigen Leistungsträger zu stellen. Sie werden auch von allen anderen Leistungsträgern, von allen Gemeinden und bei Personen, die sich im Ausland aufhalten, auch von den amtlichen Vertretungen der Bundesrepublik Deutschland im Ausland entgegengenommen.

(2) Anträge, die bei einem unzuständigen Leistungsträger, bei einer für die Sozialleistung nicht zuständigen Gemeinde oder bei einer amtlichen Vertretung der Bundesrepublik Deutschland im Ausland gestellt werden, sind unverzüglich an den zuständigen Leistungsträger weiterzuleiten. Ist die Sozialleistung von einem Antrag abhängig, gilt der Antrag als zu dem Zeitpunkt gestellt, in dem er bei einer der in Satz 1 genannten Stellen eingegangen ist.

(3) Die Leistungsträger sind verpflichtet, darauf hinzuwirken, daß unverzüglich klare und sachdienliche Anträge gestellt und unvollständige Angaben ergänzt werden.

§ 17[1] Ausführung der Sozialleistungen

(1) Die Leistungsträger sind verpflichtet, darauf hinzuwirken, daß

1. jeder Berechtigte die ihm zustehenden Sozialleistungen in zeitgemäßer Weise, umfassend und schnell erhält,
2. die zur Ausführung von Sozialleistungen erforderlichen sozialen Dienste und Einrichtungen rechtzeitig und ausreichend zur Verfügung stehen und
3. der Zugang zu den Sozialleistungen möglichst einfach gestaltet wird, insbesondere durch Verwendung allgemein verständlicher Antragsvordrucke.

(2) *(aufgehoben)*

(3) In der Zusammenarbeit mit gemeinnützigen und freien Einrichtungen und Organisationen wirken die Leistungsträger darauf hin, daß sich ihre Tätigkeit und die der genannten Einrichtungen und Organisationen zum Wohl der Leistungsempfänger wirksam ergänzen. Sie haben dabei deren Selbständigkeit in Zielsetzung und Durchführung ihrer Aufgaben zu achten. Die Nachprüfung zweckentsprechender Verwendung bei der Inanspruchnahme öffentlicher Mittel bleibt unberührt. Im übrigen ergibt sich ihr Verhältnis zueinander aus den besonderen Teilen dieses Gesetzbuchs; § 97 Abs. 2 des Zehnten Buches findet keine Anwendung.

Zweiter Titel. Einzelne Sozialleistungen und zuständige Leistungsträger

§ 18[1] Leistungen der Ausbildungsförderung

(1) Nach dem Recht der Ausbildungsförderung können Zuschüsse und Darlehen für den Lebensunterhalt und die Ausbildung in Anspruch genommen werden.

(2) Zuständig sind die Ämter und die Landesämter für Ausbildungsförderung nach Maßgabe der §§ 39, 40, 40a und 45 des Bundesausbildungsförderungsgesetzes.

---

[1] § 17 Abs. 2 aufgehoben, Abs. 3 Satz 4 Halbsatz 2 angefügt, § 18 Abs. 1 geändert durch Gesetz vom 4. 11. 1982 (BGBl. I S. 1450).

1. Buch. Allgemeiner Teil §§ 19, 19a SGB I

§ 19[1] Leistungen der Arbeitsförderung

(1) Nach dem Recht der Arbeitsförderung können in Anspruch genommen werden:
1. Berufsberatung einschließlich der Beratung über Ausbildungsfragen sowie Vermittlung in berufliche Ausbildungsstellen,
2. Arbeitsberatung und Arbeitsvermittlung,
3. Zuschüsse und Darlehen zur Förderung
   a) der beruflichen Ausbildung, Fortbildung und Umschulung,
   b) der Arbeitsaufnahme,
   c) der beruflichen Eingliederung Behinderter,
   d) des Winterbaus,
   e) von Maßnahmen zur Arbeitsbeschaffung,
4. Kurzarbeitergeld und Schlechtwettergeld,
5. Arbeitslosengeld, Arbeitslosenhilfe und Konkursausfallgeld,
6. ergänzende Leistungen, insbesondere Beiträge zur gesetzlichen Kranken- und Rentenversicherung.

(2) Zuständig sind die Arbeitsämter und die sonstigen Dienststellen der Bundesanstalt für Arbeit.

§ 19a[2] Vorruhestandsleistungen

(1) Nach dem Recht der Förderung von Vorruhestandsleistungen können in Anspruch genommen werden:
1. Zuschüsse an Arbeitgeber zu den Aufwendungen für das Vorruhestandsgeld und für die Beiträge zur Pflichtversicherung der Bezieher von Vorruhestandsgeld in der gesetzlichen Krankenversicherung und in der gesetzlichen Rentenversicherung,
2. Vorruhestandsgeld an Arbeitnehmer bei Zahlungseinstellung durch den Arbeitgeber.

(2) Zuständig sind die Arbeitsämter und die sonstigen Dienststellen der Bundesanstalt für Arbeit.

---

[1] § 19 Abs. 1 Nr. 6 angefügt durch Gesetz vom 23. 7. 1979 (BGBl. I S. 1189), Nr. 1 bis 5 geändert durch Gesetz vom 4. 11. 1982 (BGBl. I S. 1450).
[2] § 19a eingefügt durch Gesetz vom 13. 4. 1984 (BGBl. I S. 601).

§ 19 b[1] Leistungen bei gleitendem Übergang älterer Arbeitnehmer in den Ruhestand

(1) Nach dem Recht der Förderung eines gleitenden Übergangs älterer Arbeitnehmer in den Ruhestand können in Anspruch genommen werden:
1. Erstattung der Beiträge zur Höherversicherung in der gesetzlichen Rentenversicherung für ältere Arbeitnehmer, die ihre Arbeitszeit auf Teilzeit verkürzt haben.
2. Erstattung der Aufstockungsbeträge zum Arbeitsentgelt für die Altersteilzeitarbeit.

(2) Zuständig sind die Arbeitsämter und die sonstigen Dienststellen der Bundesanstalt für Arbeit.

§ 20[2] Zusätzliche Leistungen für Schwerbehinderte

(1) Nach dem Schwerbehindertenrecht können in Anspruch genommen werden:
1. zusätzliche Hilfen zur Beschaffung eines angemessenen Arbeitsplatzes,
2. zusätzliche Hilfen zur Erhaltung des Arbeitsplatzes,
3. begleitende Hilfe im Arbeitsleben.

(2) Zuständig sind die Arbeitsämter und die Hauptfürsorgestellen.

§ 21[2] Leistungen der gesetzlichen Krankenversicherung

(1) Nach dem Recht der gesetzlichen Krankenversicherung können in Anspruch genommen werden:
1. Leistungen zur Förderung der Gesundheit, zur Verhütung und zur Früherkennung von Krankheiten,
2. bei Krankheit Krankenbehandlung, insbesondere
   a) ärztliche und zahnärztliche Behandlung,

---

[1] § 19b eingefügt durch Gesetz vom 20. 12. 1988 (BGBl. I S. 2343).

[2] § 20 Abs. 1 Nr. 1 bis 3 und § 21 Abs. 1 Nr. 1 bis 8 geändert sowie § 21 Abs. 1 Nr. 4a eingefügt durch Gesetz vom 4. 11. 1982 (BGBl. I S. 1450), § 20 Abs. 1 Nr. 3 geändert durch Gesetz vom 24. 7. 1986 (BGBl. I S. 1110), § 21 Abs. 1 Nr. 1 bis 4 und 5 bis 7 werden durch Nr. 1 bis 4 ersetzt, Nr. 8 wird Nr. 5 durch Gesundheits-Reformgesetz vom 20. 12. 1988 (BGBl. I S. 2477).

1. Buch. Allgemeiner Teil § 22 **SGB I 13**

    b) Versorgung mit Arznei-, Verband-, Heil- und Hilfsmitteln,
    c) häusliche Krankenpflege und Haushaltshilfe,
    d) Krankenhausbehandlung,
    e) medizinische und ergänzende Leistungen zur Rehabilitation,
    f) Betriebshilfe für Landwirte,
    g) Krankengeld,
3. bei Schwerpflegebedürftigkeit häusliche Pflegehilfe,
4. bei Schwangerschaft und Mutterschaft ärztliche Betreuung, Hebammenhilfe, stationäre Entbindung, häusliche Pflege, Haushaltshilfe, Betriebshilfe für Landwirte, Mutterschaftsgeld, Entbindungsgeld,
4a. Hilfe zur Familienplanung und Leistungen bei nicht rechtswidriger Sterilisation und bei nicht rechtswidrigem Schwangerschaftsabbruch,
5. Sterbegeld.

(2) Zuständig sind die Orts-, Betriebs- und Innungskrankenkassen, die See-Krankenkasse, die landwirtschaftlichen Krankenkassen, die Bundesknappschaft und die Ersatzkassen.

§ 22[1] Leistungen der gesetzlichen Unfallversicherung

(1) Nach dem Recht der gesetzlichen Unfallversicherung können in Anspruch genommen werden:

1. Maßnahmen zur Verhütung und zur Ersten Hilfe bei Arbeitsunfällen, bei gleichgestellten Unfällen und bei Berufskrankheiten sowie Maßnahmen zur Früherkennung von Berufskrankheiten,
2. Heilbehandlung, Berufsförderung und andere Leistungen zur Erhaltung, Besserung und Wiederherstellung der Erwerbsfähigkeit sowie zur Erleichterung der Verletzungsfolgen einschließlich wirtschaftlicher Hilfen,
3. Renten wegen Minderung der Erwerbsfähigkeit,
4. Renten an Hinterbliebene, Sterbegeld und Beihilfen,

---

[1] § 22 Abs. 1 Nr. 1 bis 7 geändert durch Gesetz vom 4. 11. 1982 (BGBl. I S. 1450), Abs. 2 Nr. 1 bis 3 geändert durch Gesetz vom 27. 7. 1984 (BGBl. I S. 1029).

13 SGB I § 23   Sozialgesetzbuch

5. Rentenabfindungen,
6. Haushaltshilfe,
7. Betriebshilfe für Landwirte.

(2) Zuständig sind
1. in der allgemeinen Unfallversicherung die gewerblichen Berufsgenossenschaften, Gemeindeunfallversicherungsverbände, Feuerwehrunfallversicherungskassen, Unfallkassen sowie die Ausführungsbehörden des Bundes, der Länder und der zu Versicherungsträgern bestimmten Gemeinden,
2. in der landwirtschaftlichen Unfallversicherung die landwirtschaftlichen Berufsgenossenschaften, die Unfallkassen sowie die Ausführungsbehörden des Bundes und der Länder,
3. in der See-Unfallversicherung die See-Berufsgenossenschaft, die Unfallkassen sowie die Ausführungsbehörden des Bundes und der Länder.

§ 23[1] Leistungen der gesetzlichen Rentenversicherung einschließlich der Altershilfe für Landwirte

(1) Nach dem Recht der gesetzlichen Rentenversicherung einschließlich der Altershilfe für Landwirte können in Anspruch genommen werden:

Fassung Abs. 1 Nr. 1 bis 31. 12. 1991:

1. in der gesetzlichen Rentenversicherung:
   a) Heilbehandlung, Berufsförderung und andere Leistungen zur Erhaltung, Besserung und Wiederherstellung der Erwerbsfähigkeit einschließlich wirtschaftlicher Hilfen,
   b) Renten wegen Berufsunfähigkeit, Erwerbsunfähigkeit und Alters sowie Bergmannsrente und Knappschaftsausgleichsleistung,
   c) Renten an Hinterbliebene,

---

[1] § 23 Abs. 1 Nr. 1 Buchst. e neu gefaßt durch Gesetz vom 22. 12. 1983 (BGBl. I S. 1532) und Buchst. g angefügt durch Gesetz vom 12. 7. 1987 (BGBl. I S. 1585), Abs. 1 Nr. 2 neu gefaßt durch Gesetz vom 9. 7. 1980 (BGBl. I S. 905), Abs. 1 Nr. 1 und 2 geändert durch Gesetz vom 4. 11. 1982 (BGBl. I S. 1450), Abs. 1 Nr. 2 geändert durch Gesetz vom 20. 12. 1985 (BGBl. I S. 2475), Abs. 1 Nr. 1 geändert mit Wirkung vom 1. 1. 1992 durch das Rentenreformgesetz 1992 vom 18. 12. 1989 (BGBl. I S. 2261).

1. Buch. Allgemeiner Teil §23 **SGB I 13**

    d) Witwen- und Witwerrentenabfindungen sowie Beitragserstattungen,
    e) Zuschüsse zu den Aufwendungen für die Krankenversicherung,
    f) Zuschüsse und andere Leistungen zur Förderung der Gesundheit der Versicherten und ihrer Angehörigen,
    g) Leistungen für Kindererziehung,

Fassung Abs. 1 Nr. 1 ab 1. 1. 1992:

1. in der gesetzlichen Rentenversicherung:
    a) Heilbehandlung, Berufsförderung und andere Leistungen zur Erhaltung, Besserung und Wiederherstellung der Erwerbsfähigkeit einschließlich wirtschaftlicher Hilfen,
    b) Renten wegen Alters, Renten wegen verminderter Erwerbsfähigkeit und Knappschaftsausgleichsleistung,
    c) Renten wegen Todes,
    d) Witwen- und Witwerrentenabfindungen sowie Beitragserstattungen,
    e) Zuschüsse zu den Aufwendungen für die Krankenversicherung,
    f) Leistungen für Kindererziehung,

2. in der Altershilfe für Landwirte:
    a) Heilbehandlung und andere Leistungen zur Erhaltung, Besserung und Wiederherstellung der Erwerbsfähigkeit einschließlich Betriebs- oder Haushaltshilfe,
    b) Altersgeld bei Erwerbsunfähigkeit und Alter, an Witwen und Witwer sowie Waisengeld,
    c) Hinterbliebenengeld bei Kindererziehung oder Vollendung des 45. Lebensjahres,
    d) Übergangshilfe an Witwen und Witwer,
    e) Betriebs- oder Haushaltshilfe zur Aufrechterhaltung des Betriebes im Falle des Todes des landwirtschaftlichen Unternehmers,
    f) Zuschuß zum Beitrag,
    g) Zuschüsse zur Nachentrichtung von Beiträgen zur gesetzlichen Rentenversicherung,

h) Zuschüsse und andere Leistungen zur Förderung der Gesundheit der beitragspflichtigen landwirtschaftlichen Unternehmer.

(2) Zuständig sind
1. in der Rentenversicherung der Arbeiter die Landesversicherungsanstalten, die Seekasse und die Bundesbahn-Versicherungsanstalt,
2. in der Rentenversicherung der Angestellten die Bundesversicherungsanstalt für Angestellte,
3. in der knappschaftlichen Rentenversicherung die Bundesknappschaft,
4. in der Altershilfe für Landwirte die landwirtschaftlichen Alterskassen.

§ 24[1] Versorgungsleistungen bei Gesundheitsschäden

(1) Nach dem Recht der sozialen Entschädigung bei Gesundheitsschäden können in Anspruch genommen werden:
1. Heil- und Krankenbehandlung sowie andere Leistungen zur Erhaltung, Besserung und Wiederherstellung der Leistungsfähigkeit einschließlich wirtschaftlicher Hilfen,
2. besondere Hilfen im Einzelfall einschließlich Berufsförderung,
3. Renten wegen Minderung der Erwerbsfähigkeit,
4. Renten an Hinterbliebene, Bestattungsgeld und Sterbegeld,
5. Kapitalabfindung, insbesondere zur Wohnraumbeschaffung.

(2) Zuständig sind die Versorgungsämter, die Landesversorgungsämter und die orthopädischen Versorgungsstellen, für die besonderen Hilfen im Einzelfall die Kreise und kreisfreien Städte sowie die Hauptfürsorgestellen. Bei der Durchführung der Heil- und Krankenbehandlung wirken die Träger der gesetzlichen Krankenversicherung mit.

---

[1] § 24 Abs. 1 Nr. 1 bis 5 geändert durch Gesetz vom 4. 11. 1982 (BGBl. I S. 1450).

1. Buch. Allgemeiner Teil §§ 25–27 SGB I 13

§ 25[1] Kindergeld und Erziehungsgeld

(1) Nach dem Kindergeldrecht kann grundsätzlich für jedes Kind Kindergeld in Anspruch genommen werden.

(2) Nach dem Recht des Erziehungsgeldes kann grundsätzlich für jedes Kind Erziehungsgeld in Anspruch genommen werden.

(3) Für die Ausführung des Absatzes 1 sind die Arbeitsämter und die in § 45 Abs. 1 Buchstabe a Satz 1 des Bundeskindergeldgesetzes genannten Stellen, für die Ausführung des Absatzes 2 sind die nach § 10 des Bundeserziehungsgeldgesetzes bestimmten Stellen zuständig.

§ 26[2] Wohngeld

(1) Nach dem Wohngeldrecht kann als Zuschuß zur Miete oder als Zuschuß zu den Aufwendungen für den eigengenutzten Wohnraum Wohngeld in Anspruch genommen werden.

(2) Zuständig sind die durch Landesrecht bestimmten Behörden.

§ 27[3] Leistungen der Kinder- und Jugendhilfe

(1) Nach dem Recht der Kinder- und Jugendhilfe können in Anspruch genommen werden:

1. Angebote der Jugendarbeit, der Jugendsozialarbeit und des erzieherischen Jugendschutzes,
2. Angebote zur Förderung der Erziehung in der Familie,
3. Angebote zur Förderung von Kindern in Tageseinrichtungen und in Tagespflege,
4. Hilfe zur Erziehung und ergänzende Leistungen für Kinder und Jugendliche sowie Hilfe für junge Volljährige einschließlich der Nachbetreuung.

(2) Zuständig sind die Kreise und die kreisfreien Städte, nach Maßgabe des Landesrechts auch kreisangehörige Gemeinden; sie arbeiten mit der freien Jugendhilfe zusammen.

---

[1] § 25 Abs. 1 geändert durch Gesetz vom 4. 11. 1982 (BGBl. I S. 1450), Überschrift neu gefaßt, neuer Abs. 2 eingefügt, bisheriger Abs. 2 wurde Abs. 3 und neu gefaßt durch Gesetz vom 6. 12. 1985 (BGBl. I S. 2154), Abs. 3 geändert durch Gesetz vom 20. 7. 1988 (BGBl. I S. 1046).

[2] § 26 Abs. 1 geändert durch Gesetz vom 4. 11. 1982 (BGBl. I S. 1450).

[3] § 27 neu gefaßt mit Wirkung vom 1. 1. 1991 durch Gesetz vom 26. 6. 1990 (BGBl. I S. 1163).

§ 28[1] Leistungen der Sozialhilfe

(1) Nach dem Recht der Sozialhilfe können in Anspruch genommen werden:
1. Hilfe zum Lebensunterhalt,
2. Hilfe in besonderen Lebenslagen; sie umfaßt
   a) Hilfe zum Aufbau oder zur Sicherung der Lebensgrundlage,
   b) vorbeugende Gesundheitshilfe, Krankenhilfe, Hilfe bei nicht rechtswidrigem Schwangerschaftsabbruch und bei nicht rechtswidriger Sterilisation, Hilfe zur Familienplanung und Hilfe für werdende Mütter und Wöchnerinnen,
   c) Eingliederungshilfe für Behinderte, insbesondere auch Hilfe zur Teilnahme am Leben in der Gemeinschaft,
   d) *(aufgehoben)*
   e) Blindenhilfe, Hilfe zur Pflege und Hilfe zur Weiterführung des Haushalts,
   f) Hilfe zur Überwindung besonderer sozialer Schwierigkeiten,
   g) Altenhilfe,
   h) Hilfe in anderen besonderen Lebenslagen,
3. Beratung Behinderter oder ihrer Personensorgeberechtigten,
4. Hilfe bei der Beschaffung und Erhaltung einer Wohnung.

(2) Zuständig sind die Kreise und kreisfreien Städte, die überörtlichen Träger der Sozialhilfe und für besondere Aufgaben die Gesundheitsämter; sie arbeiten mit den Trägern der freien Wohlfahrtspflege zusammen.

§ 29[2] Leistungen zur Eingliederung Behinderter

(1) Nach dem Recht der Eingliederung Behinderter können in Anspruch genommen werden:

---

[1] § 28 Abs. 1 Nr. 1 bis 4, Nr. 2 Buchst. a und b geändert durch Gesetz vom 4. 11. 1982 (BGBl. I S. 1450), Abs. 1 Nr. 2 Buchst. d aufgehoben durch Gesetz vom 16. 12. 1986 (BGBl. I S. 2441).

[2] § 29 Abs. 1 geändert durch Gesetz vom 9. 7. 1980 (BGBl. I S. 905), durch Gesetz vom 4. 11. 1982 (BGBl. I S. 1450) und Nr. 1e geändert durch Gesundheits-Reformgesetz vom 20. 12. 1988 (BGBl. I S. 2477), Abs. 1 Nr. 2 geändert mit Wirkung vom 1. 1. 1992 durch das Rentenreformgesetz 1992 vom 18. 12. 1989 (BGBl. I S. 2261).

1. Buch. Allgemeiner Teil § 29 SGB I 13

1. medizinische Leistungen, insbesondere
   a) ärztliche und zahnärztliche Behandlung,
   b) Arznei- und Verbandmittel,
   c) Heilmittel einschließlich Krankengymnastik, Bewegungs-, Sprach- und Beschäftigungstherapie,
   d) Körperersatzstücke, orthopädische und andere Hilfsmittel,
   e) Belastungserprobung und Arbeitstherapie,
   auch in Krankenhäusern und Vorsorge- oder Rehabilitationseinrichtungen,
2. berufsfördernde Leistungen, insbesondere
   a) Hilfen zur Erhaltung oder Erlangung eines Arbeitsplatzes,

   Fassung Abs. 1 Nr. 2 Buchst. b bis 31. 12. 1991:
   b) Berufsfindung, Arbeitserprobung und Berufsvorbereitung,

   Fassung Abs. 1 Nr. 2 Buchst. b ab 1. 1. 1992:
   b) Berufsvorbereitung,
   c) berufliche Anpassung, Ausbildung, Fortbildung und Umschulung,
   d) sonstige Hilfen zur Förderung einer Erwerbs- oder Berufstätigkeit auf dem allgemeinen Arbeitsmarkt oder in einer Werkstatt für Behinderte,
3. Leistungen zur allgemeinen sozialen Eingliederung, insbesondere Hilfen
   a) zur Entwicklung der geistigen und körperlichen Fähigkeiten vor Beginn der Schulpflicht,
   b) zur angemessenen Schulbildung einschließlich der Vorbereitung hierzu,
   c) für Behinderte, die nur praktisch bildbar sind, zur Ermöglichung einer Teilnahme am Leben in der Gemeinschaft,
   d) zur Ausübung einer angemessenen Tätigkeit, soweit berufsfördernde Leistungen nicht möglich sind,
   e) zur Ermöglichung und Erleichterung der Verständigung mit der Umwelt,
   f) zur Erhaltung, Besserung und Wiederherstellung der körperlichen und geistigen Beweglichkeit sowie des seelischen Gleichgewichts,
   g) zur Ermöglichung und Erleichterung der Besorgung des Haushalts,

h) zur Verbesserung der wohnungsmäßigen Unterbringung,
i) zur Freizeitgestaltung und zur sonstigen Teilnahme am gesellschaftlichen und kulturellen Leben,

4. ergänzende Leistungen, insbesondere
   a) Übergangs- oder Krankengeld,
   b) sonstige Hilfen zum Lebensunterhalt,
   c) Beiträge zur gesetzlichen Kranken-, Unfall- und Rentenversicherung sowie zur Bundesanstalt für Arbeit,
   d) Übernahme der mit einer berufsfördernden Leistung zusammenhängenden Kosten,
   e) Übernahme der Reisekosten,
   f) Behindertensport in Gruppen unter ärztlicher Betreuung,
   g) Haushaltshilfe.

(2) Zuständig sind die in den §§ 19 bis 24 und 28 genannten Leistungsträger.

Dritter Abschnitt. Gemeinsame Vorschriften für alle Sozialleistungsbereiche dieses Gesetzbuchs

Erster Titel. Allgemeine Grundsätze

§ 30[1] Geltungsbereich

(1) Die Vorschriften dieses Gesetzbuchs gelten für alle Personen, die ihren Wohnsitz oder gewöhnlichen Aufenthalt in seinem Geltungsbereich haben.

(2) Regelungen des über- und zwischenstaatlichen Rechts bleiben unberührt.

(3) Einen Wohnsitz hat jemand dort, wo er eine Wohnung unter Umständen innehat, die darauf schließen lassen, daß er die Wohnung beibehalten und benutzen wird. Den gewöhnlichen Aufenthalt hat jemand dort, wo er sich unter Umständen aufhält, die erkennen lassen, daß er an diesem Ort oder in diesem Gebiet nicht nur vorübergehend verweilt.

§ 31 Vorbehalt des Gesetzes

Rechte und Pflichten in den Sozialleistungsbereichen dieses Gesetzbuchs dürfen nur begründet, festgestellt, geändert oder

---

[1] § 30 Abs. 2 geändert durch Gesetz vom 4. 11. 1982 (BGBl. I S. 1450).

aufgehoben werden, soweit ein Gesetz es vorschreibt oder zuläßt.

§ 32 Verbot nachteiliger Vereinbarungen

Privatrechtliche Vereinbarungen, die zum Nachteil des Sozialleistungsberechtigten von Vorschriften dieses Gesetzbuchs abweichen, sind nichtig.

§ 33 Ausgestaltung von Rechten und Pflichten

Ist der Inhalt von Rechten oder Pflichten nach Art oder Umfang nicht im einzelnen bestimmt, sind bei ihrer Ausgestaltung die persönlichen Verhältnisse des Berechtigten oder Verpflichteten, sein Bedarf und seine Leistungsfähigkeit sowie die örtlichen Verhältnisse zu berücksichtigen, soweit Rechtsvorschriften nicht entgegenstehen. Dabei soll den Wünschen des Berechtigten oder Verpflichteten entsprochen werden, soweit sie angemessen sind.

§ 34[1] Begrenzung von Rechten und Pflichten

(1) Soweit Rechte und Pflichten nach diesem Gesetzbuch ein familienrechtliches Rechtsverhältnis voraussetzen, reicht ein Rechtsverhältnis, das gemäß Internationalem Privatrecht dem Recht eines anderen Staates unterliegt und nach diesem Recht besteht, nur aus, wenn es dem Rechtsverhältnis im Geltungsbereich dieses Gesetzbuchs entspricht.

Fassung § 34 Abs. 2 bis 31. 12. 1991:

(2) Ansprüche mehrerer verwitweter Ehegatten auf Hinterbliebenenrente werden anteilig und endgültig aufgeteilt.

Fassung § 34 Abs. 2 ab 1. 1. 1992:

(2) Ansprüche mehrerer Ehegatten auf Witwenrente oder Witwerrente werden anteilig und endgültig aufgeteilt.

---

[1] § 34 eingefügt durch Gesetz vom 25. 7. 1986 (BGBl. I S. 1142), Abs. 2 geändert mit Wirkung vom **1. 1. 1992** durch das Rentenreformgesetz 1992 vom 18. 12. 1989 (BGBl. I S. 2261).

§ 35[1] Sozialgeheimnis

Fassung § 35 Abs. 1 bis 31. 12. 1991:

(1) Jeder hat Anspruch darauf, daß Einzelangaben über seine persönlichen und sachlichen Verhältnisse (personenbezogene Daten) von den Leistungsträgern als Sozialgeheimnis gewahrt und nicht unbefugt offenbart werden. Der Anspruch richtet sich auch gegen die Verbände und Arbeitsgemeinschaften der Leistungsträger, die in diesem Gesetzbuch genannten öffentlich-rechtlichen Vereinigungen, die Künstlersozialkasse, die Deutsche Bundespost, soweit sie mit der Berechnung oder Auszahlung von Sozialleistungen betraut ist, und die aufsichts-, rechnungsprüfungs- oder weisungsberechtigten Behörden.

Fassung § 35 Abs. 1 ab 1. 1. 1992:

(1) Jeder hat Anspruch darauf, daß Einzelangaben über seine persönlichen und sachlichen Verhältnisse (personenbezogene Daten) von den Leistungsträgern als Sozialgeheimnis gewahrt und nicht unbefugt offenbart werden. Die Wahrung des Sozialgeheimnisses umfaßt auch die Verpflichtung, die technischen und organisatorischen Maßnahmen einschließlich Dienstanweisungen zu treffen, die erforderlich sind, um sicherzustellen, daß dem Sozialgeheimnis unterliegende personenbezogene Daten nur Befugten zugänglich sind. Personenbezogene Daten der Beschäftigten und deren Angehörigen sollen, wenn diese Daten Leistungs- und Versicherungsdaten sind, solchen Personen, die Personalentscheidungen treffen oder daran mitwirken können, nicht zugänglich sein oder diesen Personen von Zugriffsberechtigten offenbart werden. Der Anspruch richtet sich auch gegen die Verbände und Arbeitsgemeinschaften der Leistungsträger, die in diesem Gesetzbuch genannten öffentlich-rechtlichen Vereinigungen, die Künstlersozialkasse, die Deutsche Bundespost, soweit sie mit der Berechnung oder Auszahlung von Sozialleistungen betraut ist, und die aufsichts-, rechnungsprüfungs- oder weisungsberechtigten Behörden.

(2) Eine Offenbarung ist nur unter den Voraussetzungen der §§ 67 bis 77 des Zehnten Buches zulässig.

---

[1] § 35 neu gefaßt durch Sozialgesetzbuch – Verwaltungsverfahren – vom 18. 8. 1980 (BGBl. I S. 1469), Abs. 1 Satz 2 eingefügt durch das Rentenreformgesetz 1992 vom 18. 12. 1989 (BGBl. I S. 2261) mit Wirkung vom **1. 1. 1992.**

(3) Soweit eine Offenbarung nicht zulässig ist, besteht keine Auskunftspflicht, keine Zeugnispflicht und keine Pflicht zur Vorlegung oder Auslieferung von Schriftstücken, Akten, Dateien und sonstigen Datenträgern.

(4) Betriebs- und Geschäftsgeheimnisse stehen personenbezogenen Daten gleich.

§ 36 Handlungsfähigkeit

(1) Wer das fünfzehnte Lebensjahr vollendet hat, kann Anträge auf Sozialleistungen stellen und verfolgen sowie Sozialleistungen entgegennehmen. Der Leistungsträger soll den gesetzlichen Vertreter über die Antragstellung und die erbrachten Sozialleistungen unterrichten.

(2) Die Handlungsfähigkeit nach Absatz 1 Satz 1 kann vom gesetzlichen Vertreter durch schriftliche Erklärung gegenüber dem Leistungsträger eingeschränkt werden. Die Rücknahme von Anträgen, der Verzicht auf Sozialleistungen und die Entgegennahme von Darlehen bedürfen der Zustimmung des gesetzlichen Vertreters.

§ 37[1] Vorbehalt abweichender Regelungen

Das Erste und Zehnte Buch gelten für alle Sozialleistungsbereiche dieses Gesetzbuches, soweit sich aus dem Zweiten bis Neunten Buch nichts Abweichendes ergibt; Artikel II § 1 bleibt unberührt. Der Vorbehalt gilt nicht für die §§ 1 bis 17, 31 bis 36 und für das Zweite Kapitel des Zehnten Buches.

Zweiter Titel. Grundsätze des Leistungsrechts

§ 38 Rechtsanspruch

Auf Sozialleistungen besteht ein Anspruch, soweit nicht nach den besonderen Teilen dieses Gesetzbuchs die Leistungsträger ermächtigt sind, bei der Entscheidung über die Leistung nach ihrem Ermessen zu handeln.

---

[1] § 37 neu gefaßt durch Gesetz vom 4. 11. 1982 (BGBl. I S. 1450) und Satz 1 neu gefaßt durch Gesundheits-Reformgesetz vom 20. 12. 1988 (BGBl. I S. 2477).

§ 39 Ermessensleistungen

(1) Sind die Leistungsträger ermächtigt, bei der Entscheidung über Sozialleistungen nach ihrem Ermessen zu handeln, haben sie ihr Ermessen entsprechend dem Zweck der Ermächtigung auszuüben und die gesetzlichen Grenzen des Ermessens einzuhalten. Auf pflichtgemäße Ausübung des Ermessens besteht ein Anspruch.

(2) Für Ermessensleistungen gelten die Vorschriften über Sozialleistungen, auf die ein Anspruch besteht, entsprechend, soweit sich aus den Vorschriften dieses Gesetzbuchs nichts Abweichendes ergibt.

§ 40 Entstehen der Ansprüche

(1) Ansprüche auf Sozialleistungen entstehen, sobald ihre im Gesetz oder auf Grund eines Gesetzes bestimmten Voraussetzungen vorliegen.

(2) Bei Ermessensleistungen ist der Zeitpunkt maßgebend, in dem die Entscheidung über die Leistung bekanntgegeben wird, es sei denn, daß in der Entscheidung ein anderer Zeitpunkt bestimmt ist.

§ 41 Fälligkeit

Soweit die besonderen Teile dieses Gesetzbuchs keine Regelung enthalten, werden Ansprüche auf Sozialleistungen mit ihrem Entstehen fällig.

§ 42[1] Vorschüsse

(1) Besteht ein Anspruch auf Geldleistungen dem Grunde nach und ist zur Feststellung seiner Höhe voraussichtlich längere Zeit erforderlich, kann der zuständige Leistungsträger Vorschüsse zahlen, deren Höhe er nach pflichtgemäßem Ermessen bestimmt. Er hat Vorschüsse nach Satz 1 zu zahlen, wenn der Berechtigte es beantragt; die Vorschußzahlung beginnt spätestens nach Ablauf eines Kalendermonats nach Eingang des Antrags.

---

[1] § 42 Abs. 2 Satz 3 angefügt durch Gesetz vom 4. 11. 1982 (BGBl. I S. 1450).

1. Buch. Allgemeiner Teil §§ 43, 44 SGB I

(2) Die Vorschüsse sind auf die zustehende Leistung anzurechnen. Soweit sie diese übersteigen, sind sie vom Empfänger zu erstatten. § 50 Abs. 4 des Zehnten Buches gilt entsprechend.

(3) Der Erstattungsanspruch ist

1. gegen angemessene Verzinsung und in der Regel gegen Sicherheitsleistung zu stunden, wenn die sofortige Einziehung mit erheblichen Härten für den Leistungsempfänger verbunden wäre und der Anspruch durch die Stundung nicht gefährdet wird,
2. niederzuschlagen, wenn feststeht, daß die Einziehung keinen Erfolg haben wird oder wenn die Kosten der Einziehung außer Verhältnis zur Höhe des Anspruchs stehen,
3. zu erlassen, wenn die Einziehung nach Lage des einzelnen Falles für den Leistungsempfänger eine besondere Härte bedeuten würde.

§ 43[1] Vorläufige Leistungen

(1) Besteht ein Anspruch auf Sozialleistungen und ist zwischen mehreren Leistungsträgern streitig, wer zur Leistung verpflichtet ist, kann der unter ihnen zuerst angegangene Leistungsträger vorläufig Leistungen erbringen, deren Umfang er nach pflichtgemäßem Ermessen bestimmt. Er hat Leistungen nach Satz 1 zu erbringen, wenn der Berechtigte es beantragt; die vorläufigen Leistungen beginnen spätestens nach Ablauf eines Kalendermonats nach Eingang des Antrags.

(2) Für die Leistungen nach Absatz 1 gilt § 42 Abs. 2 und 3 entsprechend. Ein Erstattungsanspruch gegen den Empfänger steht nur dem zur Leistung verpflichteten Leistungsträger zu.

(3) *(aufgehoben)*

§ 44 Verzinsung

(1) Ansprüche auf Geldleistungen sind nach Ablauf eines Kalendermonats nach dem Eintritt ihrer Fälligkeit bis zum Ablauf des Kalendermonats vor der Zahlung mit vier vom Hundert zu verzinsen.

---

[1] § 43 Abs. 3 aufgehoben durch Gesetz vom 4. 11. 1982 (BGBl. I S. 1450).

(2) Die Verzinsung beginnt frühestens nach Ablauf von sechs Kalendermonaten nach Eingang des vollständigen Leistungsantrags beim zuständigen Leistungsträger, beim Fehlen eines Antrags nach Ablauf eines Kalendermonats nach der Bekanntgabe der Entscheidung über die Leistung.

(3) Verzinst werden volle Deutsche-Mark-Beträge. Dabei ist der Kalendermonat mit dreißig Tagen zugrunde zu legen.

§ 45[1] Verjährung

(1) Ansprüche auf Sozialleistungen verjähren in vier Jahren nach Ablauf des Kalenderjahrs, in dem sie entstanden sind.

(2) Für die Hemmung, die Unterbrechung und die Wirkung der Verjährung gelten die Vorschriften des Bürgerlichen Gesetzbuchs sinngemäß.

(3) Die Verjährung wird auch durch schriftlichen Antrag auf die Sozialleistung oder durch Erhebung eines Widerspruchs unterbrochen. Die Unterbrechung dauert bis zur Bekanntgabe der Entscheidung über den Antrag oder den Widerspruch.

(4) *(aufgehoben)*

§ 46 Verzicht

(1) Auf Ansprüche auf Sozialleistungen kann durch schriftliche Erklärung gegenüber dem Leistungsträger verzichtet werden; der Verzicht kann jederzeit mit Wirkung für die Zukunft widerrufen werden.

(2) Der Verzicht ist unwirksam, soweit durch ihn andere Personen oder Leistungsträger belastet oder Rechtsvorschriften umgangen werden.

§ 47 Auszahlung von Geldleistungen

Soweit die besonderen Teile dieses Gesetzbuchs keine Regelung enthalten, sollen Geldleistungen kostenfrei auf ein Konto des Empfängers bei einem Geldinstitut überwiesen oder, wenn der Empfänger es verlangt, kostenfrei an seinen Wohnsitz übermittelt werden.

---

[1] § 45 Abs. 4 aufgehoben durch Gesetz vom 4. 11. 1982 (BGBl. I S. 1450).

§ 48[1] Auszahlung bei Verletzung der Unterhaltspflicht

(1) Laufende Geldleistungen, die der Sicherung des Lebensunterhalts zu dienen bestimmt sind, können in angemessener Höhe an den Ehegatten oder die Kinder des Leistungsberechtigten ausgezahlt werden, wenn er ihnen gegenüber seiner gesetzlichen Unterhaltspflicht nicht nachkommt. Kindergeld, Kinderzuschläge und vergleichbare Rentenbestandteile (Geldleistungen für Kinder) können an Kinder, die bei der Festsetzung der Geldleistungen berücksichtigt werden, bis zur Höhe des Betrages, der sich bei entsprechender Anwendung des § 54 Abs. 4 Satz 2 ergibt, ausgezahlt werden. Für das Kindergeld gilt dies auch dann, wenn der Kindergeldberechtigte mangels Leistungsfähigkeit nicht unterhaltspflichtig ist oder nur Unterhalt in Höhe eines Betrages zu leisten braucht, der geringer ist als das für die Auszahlung in Betracht kommende Kindergeld. Die Auszahlung kann auch an die Person oder Stelle erfolgen, die dem Ehegatten oder den Kindern Unterhalt gewährt.

(2) Absatz 1 Satz 1, 2 und 4 gilt entsprechend, wenn unter Berücksichtigung von Kindern, denen gegenüber der Leistungsberechtigte nicht kraft Gesetzes unterhaltspflichtig ist, Geldleistungen erbracht werden und der Leistungsberechtigte diese Kinder nicht unterhält.

§ 49[1] Auszahlung bei Unterbringung

(1) Ist ein Leistungsberechtigter auf Grund richterlicher Anordnung länger als einen Kalendermonat in einer Anstalt oder Einrichtung untergebracht, sind laufende Geldleistungen, die der Sicherung des Lebensunterhalts zu dienen bestimmt sind, an die Unterhaltsberechtigten auszuzahlen, soweit der Leistungsberechtigte kraft Gesetzes unterhaltspflichtig ist und er oder die Unterhaltsberechtigten es beantragen.

(2) Absatz 1 gilt entsprechend, wenn für Kinder, denen gegenüber der Leistungsberechtigte nicht kraft Gesetzes unterhaltspflichtig ist, Geldleistungen erbracht werden.

(3) § 48 Abs. 1 Satz 3 bleibt unberührt.

---

[1] § 48 Abs. 1 Satz 2 eingefügt, Abs. 2 und § 49 Abs. 3 geändert durch Gesetz vom 20. 7. 1988 (BGBl. I S. 1046); § 48 Abs. 1 Satz 3 eingefügt, Abs. 2 geändert durch Gesetz vom 30. 6. 1989 (BGBl. I S. 1294).

§ 50[1] Überleitung bei Unterbringung

(1) Ist der Leistungsberechtigte untergebracht (§ 49 Abs. 1), kann die Stelle, der die Kosten der Unterbringung zur Last fallen, seine Ansprüche auf laufende Geldleistungen, die der Sicherung des Lebensunterhalts zu dienen bestimmt sind, durch schriftliche Anzeige an den zuständigen Leistungsträger auf sich überleiten.

(2) Die Anzeige bewirkt den Anspruchsübergang nur insoweit, als die Leistung nicht an Unterhaltsberechtigte oder die in § 49 Abs. 2 genannten Kinder zu zahlen ist, der Leistungsberechtigte die Kosten der Unterbringung zu erstatten hat und die Leistung auf den für die Erstattung maßgebenden Zeitraum entfällt.

(3) Die Absätze 1 und 2 gelten entsprechend, wenn für ein Kind (§ 56 Abs. 1 Satz 1 Nr. 2, Abs. 2), das untergebracht ist (§ 49 Abs. 1), ein Anspruch auf eine laufende Geldleistung besteht.

§ 51[2] Aufrechnung

(1) Gegen Ansprüche auf Geldleistungen kann der zuständige Leistungsträger mit Ansprüchen gegen den Berechtigten aufrechnen, soweit die Ansprüche auf Geldleistungen nach § 54 Abs. 2 und 3 pfändbar sind.

(2) Mit Ansprüchen auf Erstattung zu Unrecht erbrachter Sozialleistungen und mit Beitragsansprüchen nach diesem Gesetzbuch kann der zuständige Leistungsträger gegen Ansprüche auf laufende Geldleistungen bis zu deren Hälfte aufrechnen, soweit der Leistungsberechtigte dadurch nicht hilfebedürftig im Sinne der Vorschriften des Bundessozialhilfegesetzes über die Hilfe zum Lebensunterhalt wird.

§ 52 Verrechnung

Der für eine Geldleistung zuständige Leistungsträger kann mit Ermächtigung eines anderen Leistungsträgers dessen Ansprüche gegen den Berechtigten mit der ihm obliegenden Geld-

---

[1] § 50 Abs. 3 geändert durch Gesetz vom 24. 6. 1985 (BGBl. I S. 1144).

[2] § 51 Abs. 2 Halbsatz 2 angefügt durch Sozialgesetzbuch – Verwaltungsverfahren – vom 18. 8. 1980 (BGBl. I S. 1469).

1. Buch. Allgemeiner Teil

leistung verrechnen, soweit nach § 51 die Aufrechnung zulässig ist.

§ 53[1] Übertragung und Verpfändung

(1) Ansprüche auf Dienst- und Sachleistungen können weder übertragen noch verpfändet werden.

(2) Ansprüche auf Geldleistungen können übertragen und verpfändet werden

1. zur Erfüllung oder zur Sicherung von Ansprüchen auf Rückzahlung von Darlehen und auf Erstattung von Aufwendungen, die im Vorgriff auf fällig gewordene Sozialleistungen zu einer angemessenen Lebensführung gegeben oder gemacht worden sind oder,
2. wenn der zuständige Leistungsträger feststellt, daß die Übertragung oder Verpfändung im wohlverstandenen Interesse des Berechtigten liegt.

(3) Ansprüche auf laufende Geldleistungen, die der Sicherung des Lebensunterhalts zu dienen bestimmt sind, können in anderen Fällen übertragen und verpfändet werden, soweit sie den für Arbeitseinkommen geltenden unpfändbaren Betrag übersteigen.

(4) Der Leistungsträger ist zur Auszahlung an den neuen Gläubiger nicht vor Ablauf des Monats verpflichtet, der dem Monat folgt, in dem er von der Übertragung oder Verpfändung Kenntnis erlangt hat.

(5) Eine Übertragung oder Verpfändung von Ansprüchen auf Geldleistungen steht einer Aufrechnung oder Verrechnung auch dann nicht entgegen, wenn der Leistungsträger beim Erwerb des Anspruchs von der Übertragung oder Verpfändung Kenntnis hatte.

§ 54[1] Pfändung

(1) Ansprüche auf Dienst- und Sachleistungen können nicht gepfändet werden.

---

[1] § 53 Abs. 4, 5 und § 54 Abs. 4 und 5 angefügt durch Gesetz vom 20. 7. 1988 (BGBl. I S. 1046).

13 SGB I § 54 — Sozialgesetzbuch

(2) Ansprüche auf einmalige Geldleistungen können nur gepfändet werden, soweit nach den Umständen des Falles, insbesondere nach den Einkommens- und Vermögensverhältnissen des Leistungsberechtigten, der Art des beizutreibenden Anspruchs sowie der Höhe und der Zweckbestimmung der Geldleistung, die Pfändung der Billigkeit entspricht.

(3) Ansprüche auf laufende Geldleistungen können wie Arbeitseinkommen gepfändet werden

1. wegen gesetzlicher Unterhaltsansprüche,
2. wegen anderer Ansprüche nur, soweit die in Absatz 2 genannten Voraussetzungen vorliegen und der Leistungsberechtigte dadurch nicht hilfebedürftig im Sinne der Vorschriften des Bundessozialhilfegesetzes über die Hilfe zum Lebensunterhalt wird.

(4) Ein Anspruch des Leistungsberechtigten auf Geldleistungen für Kinder (§ 48 Abs. 1 Satz 2) kann nur wegen gesetzlicher Unterhaltsansprüche eines Kindes, das bei der Festsetzung der Geldleistungen berücksichtigt wird, gepfändet werden. Für die Höhe des pfändbaren Betrages bei Kindergeld gilt:

1. Gehört das unterhaltsberechtigte Kind zum Kreis der Kinder, für die dem Leistungsberechtigten Kindergeld gezahlt wird, so ist eine Pfändung bis zu dem Betrag möglich, der bei gleichmäßiger Verteilung des Kindergeldes auf jedes dieser Kinder entfällt. Ist das Kindergeld durch die Berücksichtigung eines weiteren Kindes erhöht, für das einer dritten Person Kindergeld oder dieser oder dem Leistungsberechtigten eine andere Geldleistung für Kinder zusteht, so bleibt der Erhöhungsbetrag bei der Bestimmung des pfändbaren Betrages des Kindergeldes nach Satz 1 außer Betracht.
2. Der Erhöhungsbetrag (Nummer 1 Satz 2) ist zugunsten jedes bei der Festsetzung des Kindergeldes berücksichtigten unterhaltsberechtigten Kindes zu dem Anteil pfändbar, der sich bei gleichmäßiger Verteilung auf alle Kinder, die bei der Festsetzung des Kindergeldes zugunsten des Leistungsberechtigten berücksichtigt werden, ergibt.

(5) Ein Anspruch auf Erziehungsgeld und ein Anspruch auf vergleichbare Leistungen der Länder können nicht gepfändet werden.

1. Buch. Allgemeiner Teil §55 SGB I 13

(6) Kommt es für die Zulässigkeit einer Pfändung eines Anspruchs auf Geldleistungen darauf an, ob die Pfändung der Billigkeit entspricht und ob der Leistungsberechtigte durch die Pfändung nicht hilfebedürftig im Sinne der Vorschriften des Bundessozialhilfegesetzes über die Hilfe zum Lebensunterhalt wird, sollen der Leistungsberechtigte und der Gläubiger vor der Entscheidung über die Pfändung unter Hinweis auf die Rechtsfolgen aus Satz 2 und 3 innerhalb einer zu bestimmenden Frist gehört werden. Trägt der Leistungsberechtigte innerhalb der bestimmten Frist keine Tatsachen vor, die gegen die Billigkeit der Pfändung sprechen oder die die Annahme rechtfertigen, daß er durch die Pfändung hilfebedürftig im Sinne der Vorschriften des Bundessozialhilfegesetzes über die Hilfe zum Lebensunterhalt wird, kann davon ausgegangen werden, daß die Pfändung zulässig ist. Eine Verfügung des Leistungsberechtigten über den Anspruch nach dem Zeitpunkt, zu dem ihm vom Vollstreckungsgericht oder von der Vollstreckungsbehörde Gelegenheit gegeben worden ist, sich zu erklären, ist dem Gläubiger gegenüber bis zur Pfändung unwirksam; sie bleibt auch bis zum Eintritt der Unanfechtbarkeit der die Pfändung ablehnenden Entscheidung oder sonstigen Erledigung des Verfahrens, die dem Leistungsberechtigten mitzuteilen ist, unwirksam. Die Entgegennahme fälliger Beträge bleibt hiervon unberührt.

§ 55 Kontenpfändung und Pfändung von Bargeld

(1) Wird eine Geldleistung auf das Konto des Berechtigten bei einem Geldinstitut überwiesen, ist die Forderung, die durch die Gutschrift entsteht, für die Dauer von sieben Tagen seit der Gutschrift der Überweisung unpfändbar. Eine Pfändung des Guthabens gilt als mit der Maßgabe ausgesprochen, daß sie das Guthaben in Höhe der in Satz 1 bezeichneten Forderung während der sieben Tage nicht erfaßt.

(2) Das Geldinstitut ist dem Schuldner innerhalb der sieben Tage zur Leistung aus dem nach Absatz 1 Satz 2 von der Pfändung nicht erfaßten Guthaben nur soweit verpflichtet, als der Schuldner nachweist oder als dem Geldinstitut sonst bekannt ist, daß das Guthaben von der Pfändung nicht erfaßt ist. Soweit das Geldinstitut hiernach geleistet hat, gilt Absatz 1 Satz 2 nicht.

(3) Eine Leistung, die das Geldinstitut innerhalb der sieben Tage aus dem nach Absatz 1 Satz 2 von der Pfändung nicht

erfaßten Guthaben an den Gläubiger bewirkt, ist dem Schuldner gegenüber unwirksam. Das gilt auch für eine Hinterlegung.

(4) Bei Empfängern laufender Geldleistungen sind die in Absatz 1 genannten Forderungen nach Ablauf von sieben Tagen seit der Gutschrift sowie Bargeld insoweit nicht der Pfändung unterworfen, als ihr Betrag dem unpfändbaren Teil der Leistungen für die Zeit von der Pfändung bis zum nächsten Zahlungstermin entspricht.

§ 56[1] Sonderrechtsnachfolge

(1) Fällige Ansprüche auf laufende Geldleistungen stehen beim Tode des Berechtigten nacheinander

1. dem Ehegatten,
2. den Kindern,
3. den Eltern,
4. dem Haushaltsführer

zu, wenn diese mit dem Berechtigten zur Zeit seines Todes in einem gemeinsamen Haushalt gelebt haben oder von ihm wesentlich unterhalten worden sind. Mehreren Personen einer Gruppe stehen die Ansprüche zu gleichen Teilen zu.

(2) Als Kinder im Sinne des Absatzes 1 Nr. 2 gelten auch

1. Stiefkinder und Enkel, die in den Haushalt des Berechtigten aufgenommen sind,
2. Pflegekinder (Personen, die mit dem Berechtigten durch ein auf längere Dauer angelegtes Pflegeverhältnis mit häuslicher Gemeinschaft wie Kinder mit Eltern verbunden sind),
3. Geschwister des Berechtigten, die in seinen Haushalt aufgenommen worden sind.

(3) Als Eltern im Sinne des Absatzes 1 Nr. 3 gelten auch

1. sonstige Verwandte der geraden aufsteigenden Linie,
2. Stiefeltern,
3. Pflegeeltern (Personen, die den Berechtigten als Pflegekind aufgenommen haben).

---

[1] § 56 Abs. 2 und 3 neu gefaßt durch Gesetz vom 24. 6. 1985 (BGBl. I S. 1144).

1. Buch. Allgemeiner Teil §§ 57–59 SGB I **13**

(4) Haushaltsführer im Sinne des Absatzes 1 Nr. 4 ist derjenige Verwandte oder Verschwägerte, der an Stelle des verstorbenen oder geschiedenen oder an der Führung des Haushalts durch Krankheit, Gebrechen oder Schwäche dauernd gehinderten Ehegatten den Haushalt des Berechtigten mindestens ein Jahr lang vor dessen Tode geführt hat und von ihm überwiegend unterhalten worden ist.

§ 57 Verzicht und Haftung des Sonderrechtsnachfolgers

(1) Der nach § 56 Berechtigte kann auf die Sonderrechtsnachfolge innerhalb von sechs Wochen nach ihrer Kenntnis durch schriftliche Erklärung gegenüber dem Leistungsträger verzichten. Verzichtet er innerhalb dieser Frist, gelten die Ansprüche als auf ihn nicht übergegangen. Sie stehen den Personen zu, die ohne den Verzichtenden nach § 56 berechtigt wären.

(2) Soweit Ansprüche auf den Sonderrechtsnachfolger übergegangen sind, haftet er für die nach diesem Gesetzbuch bestehenden Verbindlichkeiten des Verstorbenen gegenüber dem für die Ansprüche zuständigen Leistungsträger. Insoweit entfällt eine Haftung des Erben. Eine Aufrechnung und Verrechnung nach den §§ 51 und 52 ist ohne die dort genannten Beschränkungen der Höhe zulässig.

§ 58 Vererbung

Soweit fällige Ansprüche auf Geldleistungen nicht nach den §§ 56 und 57 einem Sonderrechtsnachfolger zustehen, werden sie nach den Vorschriften des Bürgerlichen Gesetzbuchs vererbt. Der Fiskus als gesetzlicher Erbe kann die Ansprüche nicht geltend machen.

§ 59 Ausschluß der Rechtsnachfolge

Ansprüche auf Dienst- und Sachleistungen erlöschen mit dem Tode des Berechtigten. Ansprüche auf Geldleistungen erlöschen nur, wenn sie im Zeitpunkt des Todes des Berechtigten weder festgestellt sind noch ein Verwaltungsverfahren über sie anhängig ist.

Dritter Titel. Mitwirkung des Leistungsberechtigten

§ 60[1] Angabe von Tatsachen

(1) Wer Sozialleistungen beantragt oder erhält, hat
1. alle Tatsachen anzugeben, die für die Leistung erheblich sind, und auf Verlangen des zuständigen Leistungsträgers der Erteilung der erforderlichen Auskünfte durch Dritte zuzustimmen,
2. Änderungen in den Verhältnissen, die für die Leistung erheblich sind oder über die im Zusammenhang mit der Leistung Erklärungen abgegeben worden sind, unverzüglich mitzuteilen,
3. Beweismittel zu bezeichnen und auf Verlangen des zuständigen Leistungsträgers Beweisurkunden vorzulegen oder ihrer Vorlage zuzustimmen. Satz 1 gilt entsprechend für denjenigen, der Leistungen zu erstatten hat.

(2) Soweit für die in Absatz 1 Nr. 1 und 2 genannten Angaben Vordrucke vorgesehen sind, sollen diese benutzt werden.

§ 61 Persönliches Erscheinen

Wer Sozialleistungen beantragt oder erhält, soll auf Verlangen des zuständigen Leistungsträgers zur mündlichen Erörterung des Antrags oder zur Vornahme anderer für die Entscheidung über die Leistung notwendiger Maßnahmen persönlich erscheinen.

§ 62 Untersuchungen

Wer Sozialleistungen beantragt oder erhält, soll sich auf Verlangen des zuständigen Leistungsträgers ärztlichen und psychologischen Untersuchungsmaßnahmen unterziehen, soweit diese für die Entscheidung über die Leistung erforderlich sind.

§ 63 Heilbehandlung

Wer wegen Krankheit oder Behinderung Sozialleistungen beantragt oder erhält, soll sich auf Verlangen des zuständigen

---

[1] § 60 Abs. 1 Satz 2 angefügt durch Gesetz vom 6. 12. 1985 (BGBl. I S. 2154).

Leistungsträgers einer Heilbehandlung unterziehen, wenn zu erwarten ist, daß sie eine Besserung seines Gesundheitszustands herbeiführen oder eine Verschlechterung verhindern wird.

§ 64 Berufsfördernde Maßnahmen

Wer wegen Minderung der Erwerbsfähigkeit oder wegen Arbeitslosigkeit Sozialleistungen beantragt oder erhält, soll auf Verlangen des zuständigen Leistungsträgers an berufsfördernden Maßnahmen teilnehmen, wenn bei angemessener Berücksichtigung seiner beruflichen Neigung und seiner Leistungsfähigkeit zu erwarten ist, daß sie seine Erwerbs- oder Vermittlungsfähigkeit auf Dauer fördern oder erhalten werden.

§ 65[1] Grenzen der Mitwirkung

(1) Die Mitwirkungspflichten nach den §§ 60 bis 64 bestehen nicht, soweit

1. ihre Erfüllung nicht in einem angemessenen Verhältnis zu der in Anspruch genommenen Sozialleistung oder ihrer Erstattung steht oder
2. ihre Erfüllung dem Betroffenen aus einem wichtigen Grund nicht zugemutet werden kann oder
3. der Leistungsträger sich durch einen geringeren Aufwand als der Antragsteller oder Leistungsberechtigte die erforderlichen Kenntnisse selbst beschaffen kann.

(2) Behandlungen und Untersuchungen,

1. bei denen im Einzelfall ein Schaden für Leben oder Gesundheit nicht mit hoher Wahrscheinlichkeit ausgeschlossen werden kann,
2. die mit erheblichen Schmerzen verbunden sind oder
3. die einen erheblichen Eingriff in die körperliche Unversehrtheit bedeuten,

können abgelehnt werden.

(3) Angaben, die dem Antragsteller, dem Leistungsberechtigten oder ihnen nahestehende Personen (§ 383 Abs. 1 Nr. 1 bis 3 der Zivilprozeßordnung) die Gefahr zuziehen würde, wegen

---

[1] § 65 Abs. 3 neu gefaßt durch Gesetz vom 4. 11. 1982 (BGBl. I S. 1450), Abs. 1 Satz 1 geändert durch Gesetz vom 6. 12. 1985 (BGBl. I S. 2154).

einer Straftat oder einer Ordnungswidrigkeit verfolgt zu werden, können verweigert werden.

§ 65a[1] Aufwendungsersatz

(1) Wer einem Verlangen des zuständigen Leistungsträgers nach den §§ 61 oder 62 nachkommt, kann auf Antrag Ersatz seiner notwendigen Auslagen und seines Verdienstausfalles in angemessenem Umfang erhalten. Bei einem Verlangen des zuständigen Leistungsträgers nach § 61 sollen Aufwendungen nur in Härtefällen ersetzt werden.

(2) Absatz 1 gilt auch, wenn der zuständige Leistungsträger ein persönliches Erscheinen oder eine Untersuchung nachträglich als notwendig anerkennt.

§ 66 Folgen fehlender Mitwirkung

(1) Kommt derjenige, der eine Sozialleistung beantragt oder erhält, seinen Mitwirkungspflichten nach den §§ 60 bis 62, 65 nicht nach und wird hierdurch die Aufklärung des Sachverhalts erheblich erschwert, kann der Leistungsträger ohne weitere Ermittlungen die Leistung bis zur Nachholung der Mitwirkung ganz oder teilweise versagen oder entziehen, soweit die Voraussetzungen der Leistung nicht nachgewiesen sind. Dies gilt entsprechend, wenn der Antragsteller oder Leistungsberechtigte in anderer Weise absichtlich die Aufklärung des Sachverhalts erheblich erschwert.

(2) Kommt derjenige, der eine Sozialleistung wegen Arbeitsunfähigkeit, wegen Gefährdung oder Minderung der Erwerbsfähigkeit oder wegen Arbeitslosigkeit beantragt oder erhält, seinen Mitwirkungspflichten nach den §§ 62 bis 65 nicht nach und ist unter Würdigung aller Umstände mit Wahrscheinlichkeit anzunehmen, daß deshalb die Arbeits-, Erwerbs- oder Vermittlungsfähigkeit beeinträchtigt oder nicht verbessert wird, kann der Leistungsträger die Leistung bis zur Nachholung der Mitwirkung ganz oder teilweise versagen oder entziehen.

(3) Sozialleistungen dürfen wegen fehlender Mitwirkung nur versagt oder entzogen werden, nachdem der Leistungsberech-

---

[1] § 65a eingefügt durch Sozialgesetzbuch – Verwaltungsverfahren – vom 18. 8. 1980 (BGBl. I S. 1469).

tigte auf diese Folge schriftlich hingewiesen worden ist und seiner Mitwirkungspflicht nicht innerhalb einer ihm gesetzten angemessenen Frist nachgekommen ist.

§ 67 Nachholung der Mitwirkung

Wird die Mitwirkung nachgeholt und liegen die Leistungsvoraussetzungen vor, kann der Leistungsträger Sozialleistungen, die er nach § 66 versagt oder entzogen hat, nachträglich ganz oder teilweise erbringen.

Artikel II. Übergangs- und Schlußvorschriften

Erster Abschnitt. Besondere Teile des Sozialgesetzbuchs

§ 1[1]

Bis zu ihrer Einordnung in das Sozialgesetzbuch gelten die nachfolgenden Gesetze mit den zu ihrer Ergänzung und Änderung erlassenen Gesetzen als besondere Teile des Sozialgesetzbuchs:

Fassung bis 31. 12. 1991:

1.–3. *(vom Abdruck wurde abgesehen)*

4. die Reichsversicherungsordnung,

5. das Angestelltenversicherungsgesetz,

6. das Reichsknappschaftsgesetz,

7.–14. *(vom Abdruck wurde abgesehen)*

15. das Bundessozialhilfegesetz,

16.–18. *(vom Abdruck wurde abgesehen)*

19. das Vorruhestandsgesetz,

20. der Erste Abschnitt des Bundeserziehungsgeldgesetzes,

21. das Gesetz zur Förderung eines gleitenden Übergangs älterer Arbeitnehmer in den Ruhestand.

---

[1] Art. II § 1 Nr. 19 angefügt durch Gesetz vom 13. 4. 1984 (BGBl. I S. 601), Nr. 20 angefügt durch Gesetz vom 6. 12. 1985 (BGBl. I S. 2154), Nr. 21 angefügt durch Gesetz vom 20. 12. 1988 (BGBl. I S. 2343). § 1 geändert mit Wirkung vom 1. 1. 1992 durch das Rentenreformgesetz 1992 vom 18. 12. 1989 (BGBl. I S. 2261).

Fassung ab 1. 1. 1992:

1.–3. *(vom Abdruck wurde abgesehen)*
4. die Reichsversicherungsordnung,
5.–7. *(gestrichen)*
8., 9. *(vom Abdruck wurde abgesehen)*
10. *(gestrichen)*
11.–14. *(vom Abdruck wurde abgesehen)*
15. das Bundessozialhilfegesetz,
16.–18. *(vom Abdruck wurde abgesehen)*
19. das Vorruhestandsgesetz,
20. der Erste Abschnitt des Bundeserziehungsgeldgesetzes,
21. das Gesetz zur Förderung eines gleitenden Übergangs älterer Arbeitnehmer in den Ruhestand.

Zweiter Abschnitt. Änderung von Gesetzen

§§ 2–16 *(vom Abdruck wurde abgesehen)*

Dritter Abschnitt. Überleitungsvorschriften

§ 17 Verjährung

Artikel I § 45 gilt auch für die vor dem Inkrafttreten dieses Gesetzes fällig gewordenen, noch nicht verjährten Ansprüche.

§ 18[1] Übertragung, Verpfändung und Pfändung

(1) Artikel I §§ 53 und 54 gilt nur für die nach dem Inkrafttreten dieses Gesetzes fällig werdenden Ansprüche; im übrigen gelten insoweit die bisherigen Regelungen weiter.

(2) Artikel I § 53 Abs. 4 gilt nur für eine Übertragung oder Verpfändung, die nach dem Inkrafttreten dieses Gesetzes vorgenommen wird. Artikel I § 53 Abs. 5 gilt nur für die nach dem 31. Dezember 1988 fällig werdenden Ansprüche.

(3) Eine vor dem 1. Januar 1989 ausgebrachte Pfändung von Ansprüchen auf Geldleistungen für Kinder, die nach Artikel I § 54 Abs. 3 beurteilt worden ist, richtet sich hinsichtlich der Leistungen, die nach dem 31. Dezember 1988 fällig werden, nach Artikel I § 54 Abs. 4. Auf Antrag des Leistungsberechtig-

---

[1] Art. II § 18 Abs. 2 und 3 angefügt durch Gesetz vom 20. 7. 1988 (BGBl. I S. 1046).

1. Buch. Allgemeiner Teil   **Art. II 19–22   SGB I 13**

ten oder des Gläubigers ist der Pfändungsbeschluß entsprechend zu berichtigen. Der Leistungsträger ist verpflichtet, eine Berichtigung zu beantragen. Bei der Pfändungsverfügung einer Behörde muß die Berichtigung von Amts wegen erfolgen, soweit die Vollstreckungsbehörde erkennen kann, daß zuviel gepfändet worden ist. Der Leistungsträger kann nach dem Inhalt des früheren Pfändungsbeschlusses mit befreiender Wirkung leisten, bis ihm ein Berichtigungsbeschluß zugestellt wird; entsprechendes gilt bei der Pfändungsverfügung einer Behörde.

§ 19 Sonderrechtsnachfolge und Vererbung

Artikel I §§ 56 bis 59 gilt nur, wenn der Sozialleistungsberechtigte nach dem Inkrafttreten dieses Gesetzes gestorben ist; im übrigen gelten insoweit die bisherigen Regelungen weiter.

§ 20 Bestimmungen und Bezeichnungen in anderen Vorschriften

Soweit in anderen Vorschriften auf Bestimmungen verwiesen wird oder Bezeichnungen verwendet werden, die durch dieses Gesetz geändert oder aufgehoben werden, treten an ihre Stelle die entsprechenden Bestimmungen und Bezeichnungen dieses Gesetzes.

Vierter Abschnitt. Schlußvorschriften

§ 21 Stadtstaaten-Klausel

Die Senate der Länder Berlin, Bremen und Hamburg werden ermächtigt, die Vorschriften dieses Gesetzes über die Zuständigkeit von Behörden dem besonderen Verwaltungsaufbau ihrer Länder anzupassen.

§ 22 Berlin-Klausel

Dieses Gesetz gilt nach Maßgabe des § 13 Abs. 1 des Dritten Überleitungsgesetzes vom 4. Januar 1952 (Bundesgesetzbl. I S. 1) auch im Land Berlin.[1] Rechtsverordnungen, die auf Grund dieses Gesetzes erlassen werden, gelten im Land Berlin nach § 14 des Dritten Überleitungsgesetzes.

---

[1] In **Berlin** übernommen durch Gesetz vom 18. 12. 1975 (GVBl. S. 3029, 3032).

§ 23 Inkrafttreten

(1) Dieses Gesetz tritt am 1. Januar 1976 in Kraft. Artikel II § 4 Nr. 2 tritt mit Wirkung vom 1. Oktober 1975, für eingeschriebene Studenten der staatlichen und der staatlich anerkannten Fachhochschulen mit Wirkung vom 1. September 1975 in Kraft.

(2) Artikel I § 44 tritt am 1. Januar 1978 in Kraft. Die Regelung gilt auch für die vor diesem Zeitpunkt fällig gewordenen, noch nicht verjährten Ansprüche auf Geldleistungen, soweit das Verwaltungsverfahren hierüber zu diesem Zeitpunkt noch nicht abgeschlossen ist.

14. Sozialgesetzbuch (SGB)
– Verwaltungsverfahren –

§§ 1 bis 85 vom 18. August 1980 (BGBl. I S. 1469, ber. S. 2218)
§§ 86 bis 119 vom 4. November 1982 (BGBl. I S. 1450)

(BGBl. III 86–7–3 und 86–7–4)

Zuletzt geändert durch Gesundheits-Reformgesetz vom 20. 12. 1988 (BGBl. I S. 2477), Gesetz vom 6. 10. 1989 (BGBl. I S. 1822), Rentenreformgesetz 1992 vom 18. 12. 1989 (BGBl. I S. 2261) und Gesetz vom 26. 6. 1990 (BGBl. I S. 1163)

Der Bundestag hat mit Zustimmung des Bundesrates das folgende Gesetz beschlossen:

Artikel I. Zehntes Buch (X)
Verwaltungsverfahren, Schutz der Sozialdaten, Zusammenarbeit der Leistungsträger und ihre Beziehungen zu Dritten

Erstes Kapitel. Verwaltungsverfahren

Erster Abschnitt. Anwendungsbereich, Zuständigkeit, Amtshilfe

§ 1[1] **Anwendungsbereich**

(1) Die Vorschriften dieses Kapitels gelten für die öffentlich-rechtliche Verwaltungstätigkeit der Behörden, die nach diesem Gesetzbuch ausgeübt wird. Für die öffentlich-rechtliche Verwaltungstätigkeit der Behörden der Länder, der Gemeinden und Gemeindeverbände, der sonstigen der Aufsicht des Landes unterstehenden juristischen Personen des öffentlichen Rechts zur Ausführung von besonderen Teilen dieses Gesetzbuchs, die

---

[1] § 1 Abs. 1 Satz 1 geändert durch Art. II § 17 Nr. 1 Gesetz vom 4. 11. 1982 (BGBl. I S. 1450).

nach Inkrafttreten der Vorschriften dieses Kapitels Bestandteil des Sozialgesetzbuchs werden, gilt dies nur, soweit diese besonderen Teile mit Zustimmung des Bundesrates die Vorschriften dieses Kapitels für anwendbar erklären. Die Vorschriften gelten nicht für die Verfolgung und Ahndung von Ordnungswidrigkeiten.

(2) Behörde im Sinne dieses Gesetzbuchs ist jede Stelle, die Aufgaben der öffentlichen Verwaltung wahrnimmt.

§ 2[1] Örtliche Zuständigkeit

(1) Sind mehrere Behörden örtlich zuständig, entscheidet die Behörde, die zuerst mit der Sache befaßt worden ist, es sei denn, die gemeinsame Aufsichtsbehörde bestimmt, daß eine andere örtlich zuständige Behörde zu entscheiden hat. Diese Aufsichtsbehörde entscheidet ferner über die örtliche Zuständigkeit, wenn sich mehrere Behörden für zuständig oder für unzuständig halten oder wenn die Zuständigkeit aus anderen Gründen zweifelhaft ist. Fehlt eine gemeinsame Aufsichtsbehörde, treffen die Aufsichtsbehörden die Entscheidung gemeinsam.

(2) Ändern sich im Lauf des Verwaltungsverfahrens die die Zuständigkeit begründenden Umstände, kann die bisher zuständige Behörde das Verwaltungsverfahren fortführen, wenn dies unter Wahrung der Interessen der Beteiligten der einfachen und zweckmäßigen Durchführung des Verfahrens dient und die nunmehr zuständige Behörde zustimmt.

(3) Hat die örtliche Zuständigkeit gewechselt, muß die bisher zuständige Behörde die Leistungen noch solange erbringen, bis sie von der nunmehr zuständigen Behörde fortgesetzt werden. Diese hat der bisher zuständigen Behörde die nach dem Zuständigkeitswechsel noch erbrachten Leistungen auf Anforderung zu erstatten. § 102 Abs. 2 gilt entsprechend.

(4) Bei Gefahr im Verzug ist für unaufschiebbare Maßnahmen jede Behörde örtlich zuständig, in deren Bezirk der Anlaß für die Amtshandlung hervortritt. Die nach den besonderen Teilen dieses Gesetzbuchs örtlich zuständige Behörde ist unverzüglich zu unterrichten.

---

[1] § 2 Abs. 3 Satz 3 neu gefaßt durch Art. II § 17 Nr. 2 Gesetz vom 4. 11. 1982 (BGBl. I S. 1450).

§ 3 Amtshilfepflicht

(1) Jede Behörde leistet anderen Behörden auf Ersuchen ergänzende Hilfe (Amtshilfe).

(2) Amtshilfe liegt nicht vor, wenn

1. Behörden einander innerhalb eines bestehenden Weisungsverhältnisses Hilfe leisten,
2. die Hilfeleistung in Handlungen besteht, die der ersuchten Behörde als eigene Aufgabe obliegen.

§ 4 Voraussetzungen und Grenzen der Amtshilfe

(1) Eine Behörde kann um Amtshilfe insbesondere dann ersuchen, wenn sie

1. aus rechtlichen Gründen die Amtshandlung nicht selbst vornehmen kann,
2. aus tatsächlichen Gründen, besonders weil die zur Vornahme der Amtshandlung erforderlichen Dienstkräfte oder Einrichtungen fehlen, die Amtshandlung nicht selbst vornehmen kann,
3. zur Durchführung ihrer Aufgaben auf die Kenntnis von Tatsachen angewiesen ist, die ihr unbekannt sind und die sie selbst nicht ermitteln kann,
4. zur Durchführung ihrer Aufgaben Urkunden oder sonstige Beweismittel benötigt, die sich im Besitz der ersuchten Behörde befinden,
5. die Amtshandlung nur mit wesentlich größerem Aufwand vornehmen könnte als die ersuchte Behörde.

(2) Die ersuchte Behörde darf Hilfe nicht leisten, wenn

1. sie hierzu aus rechtlichen Gründen nicht in der Lage ist,
2. durch die Hilfeleistung dem Wohl des Bundes oder eines Landes erhebliche Nachteile bereitet würden.

Die ersuchte Behörde ist insbesondere zur Vorlage von Urkunden oder Akten sowie zur Erteilung von Auskünften nicht verpflichtet, wenn die Vorgänge nach einem Gesetz oder ihrem Wesen nach geheimgehalten werden müssen.

(3) Die ersuchte Behörde braucht Hilfe nicht zu leisten, wenn

1. eine andere Behörde die Hilfe wesentlich einfacher oder mit wesentlich geringerem Aufwand leisten kann,
2. sie die Hilfe nur mit unverhältnismäßig großem Aufwand leisten könnte,
3. sie unter Berücksichtigung der Aufgaben der ersuchenden Behörde durch die Hilfeleistung die Erfüllung ihrer eigenen Aufgaben ernstlich gefährden würde.

(4) Die ersuchte Behörde darf die Hilfe nicht deshalb verweigern, weil sie das Ersuchen aus anderen als den in Absatz 3 genannten Gründen oder weil sie die mit der Amtshilfe zu verwirklichende Maßnahme für unzweckmäßig hält.

(5) Hält die ersuchte Behörde sich zur Hilfe nicht für verpflichtet, teilt sie der ersuchenden Behörde ihre Auffassung mit. Besteht diese auf der Amtshilfe, entscheidet über die Verpflichtung zur Amtshilfe die gemeinsame Aufsichtsbehörde oder, sofern eine solche nicht besteht, die für die ersuchte Behörde zuständige Aufsichtsbehörde.

§ 5 Auswahl der Behörde

Kommen für die Amtshilfe mehrere Behörden in Betracht, soll nach Möglichkeit eine Behörde der untersten Verwaltungsstufe des Verwaltungszweiges ersucht werden, dem die ersuchende Behörde angehört.

§ 6 Durchführung der Amtshilfe

(1) Die Zulässigkeit der Maßnahme, die durch die Amtshilfe verwirklicht werden soll, richtet sich nach dem für die ersuchende Behörde, die Durchführung der Amtshilfe nach dem für die ersuchte Behörde geltenden Recht.

(2) Die ersuchende Behörde trägt gegenüber der ersuchten Behörde die Verantwortung für die Rechtmäßigkeit der zu treffenden Maßnahme. Die ersuchte Behörde ist für die Durchführung der Amtshilfe verantwortlich.

§ 7 Kosten der Amtshilfe

(1) Die ersuchende Behörde hat der ersuchten Behörde für die Amtshilfe keine Verwaltungsgebühr zu entrichten. Auslagen hat sie der ersuchten Behörde auf Anforderung zu erstatten,

wenn sie im Einzelfall fünfzig Deutsche Mark, bei Amtshilfe zwischen Versicherungsträgern einhundertfünfzig Deutsche Mark übersteigen. Abweichende Vereinbarungen werden dadurch nicht berührt. Leisten Behörden desselben Rechtsträgers einander Amtshilfe, werden die Auslagen nicht erstattet.

(2) Nimmt die ersuchte Behörde zur Durchführung der Amtshilfe eine kostenpflichtige Amtshandlung vor, stehen ihr die von einem Dritten hierfür geschuldeten Kosten (Verwaltungsgebühren, Benutzungsgebühren und Auslagen) zu.

Zweiter Abschnitt. Allgemeine Vorschriften über das Verwaltungsverfahren

Erster Titel. Verfahrensgrundsätze

§ 8 Begriff des Verwaltungsverfahrens

Das Verwaltungsverfahren im Sinne dieses Gesetzbuchs ist die nach außen wirkende Tätigkeit der Behörden, die auf die Prüfung der Voraussetzungen, die Vorbereitung und den Erlaß eines Verwaltungsaktes oder auf den Abschluß eines öffentlich-rechtlichen Vertrages gerichtet ist; es schließt den Erlaß des Verwaltungsaktes oder den Abschluß des öffentlich-rechtlichen Vertrages ein.

§ 9 Nichtförmlichkeit des Verwaltungsverfahrens

Das Verwaltungsverfahren ist an bestimmte Formen nicht gebunden, soweit keine besonderen Rechtsvorschriften für die Form des Verfahrens bestehen. Es ist einfach und zweckmäßig durchzuführen.

§ 10 Beteiligungsfähigkeit

Fähig, am Verfahren beteiligt zu sein, sind
1. natürliche und juristische Personen,
2. Vereinigungen, soweit ihnen ein Recht zustehen kann,
3. Behörden.

§ 11 Vornahme von Verfahrenshandlungen

(1) Fähig zur Vornahme von Verfahrenshandlungen sind
1. natürliche Personen, die nach bürgerlichem Recht geschäftsfähig sind,
2. natürliche Personen, die nach bürgerlichem Recht in der Geschäftsfähigkeit beschränkt sind, soweit sie für den Gegenstand des Verfahrens durch Vorschriften des bürgerlichen Rechts als geschäftsfähig oder durch Vorschriften des öffentlichen Rechts als handlungsfähig anerkannt sind,
3. juristische Personen und Vereinigungen (§ 10 Nr. 2) durch ihre gesetzlichen Vertreter oder durch besonders Beauftragte,
4. Behörden durch ihre Leiter, deren Vertreter oder Beauftragte.

(2) Die §§ 53 und 55 der Zivilprozeßordnung gelten entsprechend.

§ 12 Beteiligte

(1) Beteiligte sind
1. Antragsteller und Antragsgegner,
2. diejenigen, an die die Behörde den Verwaltungsakt richten will oder gerichtet hat,
3. diejenigen, mit denen die Behörde einen öffentlich-rechtlichen Vertrag schließen will oder geschlossen hat,
4. diejenigen, die nach Absatz 2 von der Behörde zu dem Verfahren hinzugezogen worden sind.

(2) Die Behörde kann von Amts wegen oder auf Antrag diejenigen, deren rechtliche Interessen durch den Ausgang des Verfahrens berührt werden können, als Beteiligte hinzuziehen. Hat der Ausgang des Verfahrens rechtsgestaltende Wirkung für einen Dritten, ist dieser auf Antrag als Beteiligter zu dem Verfahren hinzuzuziehen; soweit er der Behörde bekannt ist, hat diese ihn von der Einleitung des Verfahrens zu benachrichtigen.

(3) Wer anzuhören ist, ohne daß die Voraussetzungen des Absatzes 1 vorliegen, wird dadurch nicht Beteiligter.

§ 13 Bevollmächtigte und Beistände

(1) Ein Beteiligter kann sich durch einen Bevollmächtigten vertreten lassen. Die Vollmacht ermächtigt zu allen das Verwaltungsverfahren betreffenden Verfahrenshandlungen, sofern sich aus ihrem Inhalt nicht etwas anderes ergibt. Der Bevollmächtigte hat auf Verlangen seine Vollmacht schriftlich nachzuweisen. Ein Widerruf der Vollmacht wird der Behörde gegenüber erst wirksam, wenn er ihr zugeht.

(2) Die Vollmacht wird weder durch den Tod des Vollmachtgebers noch durch eine Veränderung in seiner Handlungsfähigkeit oder seiner gesetzlichen Vertretung aufgehoben; der Bevollmächtigte hat jedoch, wenn er für den Rechtsnachfolger im Verwaltungsverfahren auftritt, dessen Vollmacht auf Verlangen schriftlich beizubringen.

(3) Ist für das Verfahren ein Bevollmächtigter bestellt, muß sich die Behörde an ihn wenden. Sie kann sich an den Beteiligten selbst wenden, soweit er zur Mitwirkung verpflichtet ist. Wendet sich die Behörde an den Beteiligten, muß der Bevollmächtigte verständigt werden. Vorschriften über die Zustellung an Bevollmächtigte bleiben unberührt.

(4) Ein Beteiligter kann zu Verhandlungen und Besprechungen mit einem Beistand erscheinen. Das von dem Beistand Vorgetragene gilt als von dem Beteiligten vorgebracht, soweit dieser nicht unverzüglich widerspricht.

(5) Bevollmächtigte und Beistände sind zurückzuweisen, wenn sie geschäftsmäßig fremde Rechtsangelegenheiten besorgen, ohne dazu befugt zu sein. Befugt im Sinne des Satzes 1 sind auch die in § 73 Abs. 6 Satz 3 des Sozialgerichtsgesetzes bezeichneten Personen, sofern sie kraft Satzung oder Vollmacht zur Vertretung im Verwaltungsverfahren ermächtigt sind.

(6) Bevollmächtigte und Beistände können vom schriftlichen Vortrag zurückgewiesen werden, wenn sie hierzu ungeeignet sind; vom mündlichen Vortrag können sie zurückgewiesen werden, wenn sie zum sachgemäßen Vortrag nicht fähig sind. Nicht zurückgewiesen werden können Personen, die zur geschäftsmäßigen Besorgung fremder Rechtsangelegenheiten befugt sind.

(7) Die Zurückweisung nach den Absätzen 5 und 6 ist auch dem Beteiligten, dessen Bevollmächtigter oder Beistand zu-

rückgewiesen wird, schriftlich mitzuteilen. Verfahrenshandlungen des zurückgewiesenen Bevollmächtigten oder Beistandes, die dieser nach der Zurückweisung vornimmt, sind unwirksam.

§ 14 Bestellung eines Empfangsbevollmächtigten

Ein Beteiligter ohne Wohnsitz oder gewöhnlichen Aufenthalt, Sitz oder Geschäftsleitung im Geltungsbereich dieses Gesetzbuchs hat der Behörde auf Verlangen innerhalb einer angemessenen Frist einen Empfangsbevollmächtigten im Geltungsbereich dieses Gesetzbuchs zu benennen. Unterläßt er dies, gilt ein an ihn gerichtetes Schriftstück am siebenten Tag nach der Aufgabe zur Post als zugegangen, es sei denn, daß feststeht, daß das Schriftstück den Empfänger nicht oder zu einem späteren Zeitpunkt erreicht hat. Auf die Rechtsfolgen der Unterlassung ist der Beteiligte hinzuweisen.

§ 15 Bestellung eines Vertreters von Amts wegen

(1) Ist ein Vertreter nicht vorhanden, hat das Vormundschaftsgericht auf Ersuchen der Behörde einen geeigneten Vertreter zu bestellen
1. für einen Beteiligten, dessen Person unbekannt ist,
2. für einen abwesenden Beteiligten, dessen Aufenthalt unbekannt ist oder der an der Besorgung seiner Angelegenheiten verhindert ist,
3. für einen Beteiligten ohne Aufenthalt im Geltungsbereich dieses Gesetzbuchs, wenn er der Aufforderung der Behörde, einen Vertreter zu bestellen, innerhalb der ihm gesetzten Frist nicht nachgekommen ist,
4. für einen Beteiligten, der infolge körperlicher oder geistiger Gebrechen nicht in der Lage ist, in dem Verwaltungsverfahren selbst tätig zu werden.

(2) Für die Bestellung des Vertreters ist in den Fällen des Absatzes 1 Nr. 4 das Vormundschaftsgericht zuständig, in dessen Bezirk der Beteiligte seinen Wohnsitz oder bei Fehlen eines solchen seinen gewöhnlichen Aufenthalt hat; im übrigen ist das Vormundschaftsgericht zuständig, in dessen Bezirk die ersuchende Behörde ihren Sitz hat.

10. Buch § 16 SGB X 14

(3) Der Vertreter hat gegen den Rechtsträger der Behörde, die um seine Bestellung ersucht hat, Anspruch auf eine angemessene Vergütung und auf die Erstattung seiner baren Auslagen. Die Behörde kann von dem Vertretenen Ersatz ihrer Aufwendungen verlangen. Sie bestimmt die Vergütung und stellt die Auslagen und Aufwendungen fest.

(4) Im übrigen gelten für die Bestellung und für das Amt des Vertreters die Vorschriften über die Pflegschaft entsprechend.

§ 16 Ausgeschlossene Personen

(1) In einem Verwaltungsverfahren darf für eine Behörde nicht tätig werden,

1. wer selbst Beteiligter ist,
2. wer Angehöriger eines Beteiligten ist,
3. wer einen Beteiligten kraft Gesetzes oder Vollmacht allgemein oder in diesem Verwaltungsverfahren vertritt oder als Beistand zugezogen ist,
4. wer Angehöriger einer Person ist, die einen Beteiligten in diesem Verfahren vertritt,
5. wer bei einem Beteiligten gegen Entgelt beschäftigt ist oder bei ihm als Mitglied des Vorstandes, des Aufsichtsrates oder eines gleichartigen Organs tätig ist; dies gilt nicht für den, dessen Anstellungskörperschaft Beteiligte ist, und nicht für Beschäftigte bei Betriebskrankenkassen,
6. wer außerhalb seiner amtlichen Eigenschaft in der Angelegenheit ein Gutachten abgegeben hat oder sonst tätig geworden ist.

Dem Beteiligten steht gleich, wer durch die Tätigkeit oder durch die Entscheidung einen unmittelbaren Vorteil oder Nachteil erlangen kann. Dies gilt nicht, wenn der Vor- oder Nachteil nur darauf beruht, daß jemand einer Berufs- oder Bevölkerungsgruppe angehört, deren gemeinsame Interessen durch die Angelegenheit berührt werden.

(2) Absatz 1 gilt nicht für Wahlen zu einer ehrenamtlichen Tätigkeit und für die Abberufung von ehrenamtlich Tätigen. Absatz 1 Nr. 3 und 5 gilt auch nicht für das Verwaltungsverfahren auf Grund der Beziehungen zwischen Ärzten, Zahnärzten und Krankenkassen.

(3) Wer nach Absatz 1 ausgeschlossen ist, darf bei Gefahr im Verzug unaufschiebbare Maßnahmen treffen.

(4) Hält sich ein Mitglied eines Ausschusses oder Beirats für ausgeschlossen oder bestehen Zweifel, ob die Voraussetzungen des Absatzes 1 gegeben sind, ist dies dem Ausschuß oder Beirat mitzuteilen. Der Ausschuß oder Beirat entscheidet über den Ausschluß. Der Betroffene darf an dieser Entscheidung nicht mitwirken. Das ausgeschlossene Mitglied darf bei der weiteren Beratung und Beschlußfassung nicht zugegen sein.

(5) Angehörige im Sinne des Absatzes 1 Nr. 2 und 4 sind

1. der Verlobte,
2. der Ehegatte,
3. Verwandte und Verschwägerte gerader Linie,
4. Geschwister,
5. Kinder der Geschwister,
6. Ehegatten der Geschwister und Geschwister der Ehegatten,
7. Geschwister der Eltern,
8. Personen, die durch ein auf längere Dauer angelegtes Pflegeverhältnis mit häuslicher Gemeinschaft wie Eltern und Kind miteinander verbunden sind (Pflegeeltern und Pflegekinder).

Angehörige sind die in Satz 1 aufgeführten Personen auch dann, wenn

1. in den Fällen der Nummern 2, 3 und 6 die die Beziehung begründende Ehe nicht mehr besteht,
2. in den Fällen der Nummern 3 bis 7 die Verwandtschaft oder Schwägerschaft durch Annahme als Kind erloschen ist,
3. im Falle der Nummer 8 die häusliche Gemeinschaft nicht mehr besteht, sofern die Personen weiterhin wie Eltern und Kind miteinander verbunden sind.

§ 17 Besorgnis der Befangenheit

(1) Liegt ein Grund vor, der geeignet ist, Mißtrauen gegen eine unparteiische Amtsausübung zu rechtfertigen, oder wird von einem Beteiligten das Vorliegen eines solchen Grundes behauptet, hat, wer in einem Verwaltungsverfahren für eine Behörde tätig werden soll, den Leiter der Behörde oder den von diesem Beauftragten zu unterrichten und sich auf dessen An-

ordnung der Mitwirkung zu enthalten. Betrifft die Besorgnis der Befangenheit den Leiter der Behörde, trifft diese Anordnung die Aufsichtsbehörde, sofern sich der Behördenleiter nicht selbst einer Mitwirkung enthält. Bei den Geschäftsführern der Versicherungsträger und bei dem Präsidenten der Bundesanstalt für Arbeit tritt an die Stelle der Aufsichtsbehörde der Vorstand.

(2) Für Mitglieder eines Ausschusses oder Beirats gilt § 16 Abs. 4 entsprechend.

§ 18 Beginn des Verfahrens

Die Behörde entscheidet nach pflichtgemäßem Ermessen, ob und wann sie ein Verwaltungsverfahren durchführt. Dies gilt nicht, wenn die Behörde auf Grund von Rechtsvorschriften

1. von Amts wegen oder auf Antrag tätig werden muß,
2. nur auf Antrag tätig werden darf und ein Antrag nicht vorliegt.

§ 19 Amtssprache

(1) Die Amtssprache ist deutsch.

(2) Werden bei einer Behörde in einer fremden Sprache Anträge gestellt oder Eingaben, Belege, Urkunden oder sonstige Schriftstücke vorgelegt, soll die Behörde unverzüglich die Vorlage einer Übersetzung innerhalb einer von ihr zu setzenden angemessenen Frist verlangen, sofern sie nicht in der Lage ist, die Anträge oder Schriftstücke zu verstehen. In begründeten Fällen kann die Vorlage einer beglaubigten oder von einem öffentlich bestellten oder beeidigten Dolmetscher oder Übersetzer angefertigten Übersetzung verlangt werden. Wird die verlangte Übersetzung nicht innerhalb der gesetzten Frist vorgelegt, kann die Behörde eine Übersetzung beschaffen und hierfür Ersatz ihrer Aufwendungen in angemessenem Umfang verlangen. Falls die Behörde Dolmetscher oder Übersetzer herangezogen hat, werden sie auf Antrag in entsprechender Anwendung des Gesetzes über die Entschädigung von Zeugen und Sachverständigen entschädigt; mit Dolmetschern oder Übersetzern kann die Behörde eine Entschädigung vereinbaren.

(3) Soll durch eine Anzeige, einen Antrag oder die Abgabe einer Willenserklärung eine Frist in Lauf gesetzt werden, inner-

halb deren die Behörde in einer bestimmten Weise tätig werden muß, und gehen diese in einer fremden Sprache ein, beginnt der Lauf der Frist erst mit dem Zeitpunkt, in dem der Behörde eine Übersetzung vorliegt.

(4) Soll durch eine Anzeige, einen Antrag oder eine Willenserklärung, die in fremder Sprache eingehen, zugunsten eines Beteiligten eine Frist gegenüber der Behörde gewahrt, ein öffentlich-rechtlicher Anspruch geltend gemacht oder eine Sozialleistung begehrt werden, gelten die Anzeige, der Antrag oder die Willenserklärung als zum Zeitpunkt des Eingangs bei der Behörde abgegeben, wenn die Behörde in der Lage ist, die Anzeige, den Antrag oder die Willenserklärung zu verstehen, oder wenn innerhalb der gesetzten Frist eine Übersetzung vorgelegt wird. Anderenfalls ist der Zeitpunkt des Eingangs der Übersetzung maßgebend. Auf diese Rechtsfolge ist bei der Fristsetzung hinzuweisen.

§ 20 Untersuchungsgrundsatz

(1) Die Behörde ermittelt den Sachverhalt von Amts wegen. Sie bestimmt Art und Umfang der Ermittlungen; an das Vorbringen und an die Beweisanträge der Beteiligten ist sie nicht gebunden.

(2) Die Behörde hat alle für den Einzelfall bedeutsamen, auch die für die Beteiligten günstigen Umstände zu berücksichtigen.

(3) Die Behörde darf die Entgegennahme von Erklärungen oder Anträgen, die in ihren Zuständigkeitsbereich fallen, nicht deshalb verweigern, weil sie die Erklärung oder den Antrag in der Sache für unzulässig oder unbegründet hält.

§ 21 Beweismittel

(1) Die Behörde bedient sich der Beweismittel, die sie nach pflichtgemäßem Ermessen zur Ermittlung des Sachverhalts für erforderlich hält. Sie kann insbesondere
1. Auskünfte jeder Art einholen,
2. Beteiligte anhören, Zeugen und Sachverständige vernehmen oder die schriftliche Äußerung von Beteiligten, Sachverständigen und Zeugen einholen,
3. Urkunden und Akten beiziehen,
4. den Augenschein einnehmen.

(2) Die Beteiligten sollen bei der Ermittlung des Sachverhalts mitwirken. Sie sollen insbesondere ihnen bekannte Tatsachen und Beweismittel angeben. Eine weitergehende Pflicht, bei der Ermittlung des Sachverhalts mitzuwirken, insbesondere eine Pflicht zum persönlichen Erscheinen oder zur Aussage, besteht nur, soweit sie durch Rechtsvorschrift besonders vorgesehen ist.

(3) Für Zeugen und Sachverständige besteht eine Pflicht zur Aussage oder zur Erstattung von Gutachten, wenn sie durch Rechtsvorschrift vorgesehen ist. Eine solche Pflicht besteht auch dann, wenn die Aussage oder die Erstattung von Gutachten im Rahmen von § 407 der Zivilprozeßordnung zur Entscheidung über die Entstehung, Erbringung, Fortsetzung, das Ruhen, die Entziehung oder den Wegfall einer Sozialleistung sowie deren Höhe unabweisbar ist. Die Vorschriften der Zivilprozeßordnung über das Recht, ein Zeugnis oder ein Gutachten zu verweigern, über die Ablehnung von Sachverständigen sowie über die Vernehmung von Angehörigen des öffentlichen Dienstes als Zeugen oder Sachverständige gelten entsprechend. Falls die Behörde Zeugen und Sachverständige herangezogen hat, werden sie auf Antrag in entsprechender Anwendung des Gesetzes über die Entschädigung von Zeugen und Sachverständigen entschädigt; mit Sachverständigen kann die Behörde eine Entschädigung vereinbaren.

(4) Die Finanzbehörden haben, soweit es im Verfahren nach diesem Gesetzbuch erforderlich ist, Auskunft über die ihnen bekannten Einkommens- oder Vermögensverhältnisse des Antragstellers, Leistungsempfängers, Erstattungspflichtigen, Unterhaltsverpflichteten, Unterhaltsberechtigten oder der zum Haushalt rechnenden Familienmitglieder zu erteilen.

§ 22 Vernehmung durch das Sozial- oder Verwaltungsgericht

(1) Verweigern Zeugen oder Sachverständige in den Fällen des § 21 Abs. 3 ohne Vorliegen eines der in den §§ 376, 383 bis 385 und 408 der Zivilprozeßordnung bezeichneten Gründe die Aussage oder die Erstattung des Gutachtens, kann die Behörde je nach dem gegebenen Rechtsweg das für den Wohnsitz oder den Aufenthaltsort des Zeugen oder des Sachverständigen zuständige Sozial- oder Verwaltungsgericht um die Vernehmung

ersuchen. Befindet sich der Wohnsitz oder der Aufenthaltsort des Zeugen oder des Sachverständigen nicht am Sitz eines Sozial- oder Verwaltungsgerichts oder einer Zweigstelle eines Sozialgerichts oder einer besonders errichteten Kammer eines Verwaltungsgerichts, kann auch das zuständige Amtsgericht um die Vernehmung ersucht werden. In dem Ersuchen hat die Behörde den Gegenstand der Vernehmung darzulegen sowie die Namen und Anschriften der Beteiligten anzugeben. Das Gericht hat die Beteiligten von den Beweisterminen zu benachrichtigen.

(2) Hält die Behörde mit Rücksicht auf die Bedeutung der Aussage eines Zeugen oder des Gutachtens eines Sachverständigen oder zur Herbeiführung einer wahrheitsgemäßen Aussage die Beeidigung für geboten, kann sie das nach Absatz 1 zuständige Gericht um die eidliche Vernehmung ersuchen.

(3) Das Gericht entscheidet über die Rechtmäßigkeit einer Verweigerung des Zeugnisses, des Gutachtens oder der Eidesleistung.

(4) Ein Ersuchen nach Absatz 1 oder 2 an das Gericht darf nur von dem Behördenleiter, seinem allgemeinen Vertreter oder einem Angehörigen des öffentlichen Dienstes gestellt werden, der die Befähigung zum Richteramt hat oder die Voraussetzungen des § 110 Satz 1 des Deutschen Richtergesetzes erfüllt.

Fassung bis 31. 12. 1991:

§ 23 Versicherung an Eides Statt

(1) Die Behörde darf bei der Ermittlung des Sachverhalts eine Versicherung an Eides Statt nur verlangen und abnehmen, wenn die Abnahme der Versicherung über den betreffenden Gegenstand und in dem betreffenden Verfahren durch Gesetz oder Rechtsverordnung vorgesehen und die Behörde durch Rechtsvorschrift für zuständig erklärt worden ist. Eine Versicherung an Eides Statt soll nur gefordert werden, wenn andere Mittel zur Erforschung der Wahrheit nicht vorhanden sind, zu keinem Ergebnis geführt haben oder einen unverhältnismäßigen Aufwand erfordern. Von eidesunfähigen Personen im Sinne des § 393 der Zivilprozeßordnung darf eine eidesstattliche Versicherung nicht verlangt werden.

(2) Wird die Versicherung an Eides Statt von einer Behörde zur Niederschrift aufgenommen, sind zur Aufnahme nur der Behördenleiter, sein allgemeiner Vertreter sowie Angehörige des öffentlichen Dienstes befugt, welche die Befähigung zum Richteramt haben oder die Voraussetzungen des § 110 Satz 1 des Deutschen Richtergesetzes erfüllen. Andere Angehörige des öffentlichen Dienstes kann der Behördenleiter oder sein allgemeiner Vertreter hierzu allgemein oder im Einzelfall schriftlich ermächtigen.

(3) Die Versicherung besteht darin, daß der Versichernde die Richtigkeit seiner Erklärung über den betreffenden Gegenstand bestätigt und erklärt: „Ich versichere an Eides Statt, daß ich nach bestem Wissen die reine Wahrheit gesagt und nichts verschwiegen habe." Bevollmächtigte und Beistände sind berechtigt, an der Aufnahme der Versicherung an Eides Statt teilzunehmen.

(4) Vor der Aufnahme der Versicherung an Eides Statt ist der Versichernde über die Bedeutung der eidesstattlichen Versicherung und die strafrechtlichen Folgen einer unrichtigen oder unvollständigen eidesstattlichen Versicherung zu belehren. Die Belehrung ist in der Niederschrift zu vermerken.

(5) Die Niederschrift hat ferner die Namen der anwesenden Personen sowie den Ort und den Tag der Niederschrift zu enthalten. Die Niederschrift ist demjenigen, der die eidesstattliche Versicherung abgibt, zur Genehmigung vorzulesen oder auf Verlangen zur Durchsicht vorzulegen. Die erteilte Genehmigung ist zu vermerken und von dem Versichernden zu unterschreiben. Die Niederschrift ist sodann von demjenigen, der die Versicherung an Eides Statt aufgenommen hat, sowie von dem Schriftführer zu unterschreiben.

Fassung ab 1. 1. 1992:

§ 23[1] Glaubhaftmachung, Versicherung an Eides Statt

(1) Sieht eine Rechtsvorschrift vor, daß für die Feststellung der erheblichen Tatsachen deren Glaubhaftmachung genügt, kann auch die Versicherung an Eides Statt zugelassen werden.

---

[1] § 23 Überschrift neu gefaßt, Abs. 1 eingefügt, bisherige Abs. 1 bis 5 werden 2 mit 6 **mit Wirkung vom 1. 1. 1992** durch Rentenreformgesetz 1992 vom 18. 12. 1989 (BGBl. I S. 2261).

(2) Die Behörde darf bei der Ermittlung des Sachverhalts eine Versicherung an Eides Statt nur verlangen und abnehmen, wenn die Abnahme der Versicherung über den betreffenden Gegenstand und in dem betreffenden Verfahren durch Gesetz oder Rechtsverordnung vorgesehen und die Behörde durch Rechtsvorschrift für zuständig erklärt worden ist. Eine Versicherung an Eides Statt soll nur gefordert werden, wenn andere Mittel zur Erforschung der Wahrheit nicht vorhanden sind, zu keinem Ergebnis geführt haben oder einen unverhältnismäßigen Aufwand erfordern. Von eidesunfähigen Personen im Sinne des § 393 der Zivilprozeßordnung darf eine eidesstattliche Versicherung nicht verlangt werden.

(3) Wird die Versicherung an Eides Statt von einer Behörde zur Niederschrift aufgenommen, sind zur Aufnahme nur der Behördenleiter, sein allgemeiner Vertreter sowie Angehörige des öffentlichen Dienstes befugt, welche die Befähigung zum Richteramt haben oder die Voraussetzungen des § 110 Satz 1 des Deutschen Richtergesetzes erfüllen. Andere Angehörige des öffentlichen Dienstes kann der Behördenleiter oder sein allgemeiner Vertreter hierzu allgemein oder im Einzelfall schriftlich ermächtigen.

(4) Die Versicherung besteht darin, daß der Versichernde die Richtigkeit seiner Erklärung über den betreffenden Gegenstand bestätigt und erklärt: „Ich versichere an Eides Statt, daß ich nach bestem Wissen die reine Wahrheit gesagt und nichts verschwiegen habe." Bevollmächtigte und Beistände sind berechtigt, an der Aufnahme der Versicherung an Eides Statt teilzunehmen.

(5) Vor der Aufnahme der Versicherung an Eides Statt ist der Versichernde über die Bedeutung der eidesstattlichen Versicherung und die strafrechtlichen Folgen einer unrichtigen oder unvollständigen eidesstattlichen Versicherung zu belehren. Die Belehrung ist in der Niederschrift zu vermerken.

(6) Die Niederschrift hat ferner die Namen der anwesenden Personen sowie den Ort und den Tag der Niederschrift zu enthalten. Die Niederschrift ist demjenigen, der die eidesstattliche Versicherung abgibt, zur Genehmigung vorzulesen oder auf Verlangen zur Durchsicht vorzulegen. Die erteilte Genehmigung ist zu vermerken und von dem Versichernden zu unterschreiben. Die Niederschrift ist sodann von demjenigen, der die

Versicherung an Eides Statt aufgenommen hat, sowie von dem Schriftführer zu unterschreiben.

§ 24 Anhörung Beteiligter

(1) Bevor ein Verwaltungsakt erlassen wird, der in Rechte eines Beteiligten eingreift, ist diesem Gelegenheit zu geben, sich zu den für die Entscheidung erheblichen Tatsachen zu äußern.

(2) Von der Anhörung kann abgesehen werden, wenn

1. eine sofortige Entscheidung wegen Gefahr im Verzug oder im öffentlichen Interesse notwendig erscheint,
2. durch die Anhörung die Einhaltung einer für die Entscheidung maßgeblichen Frist in Frage gestellt würde,
3. von den tatsächlichen Angaben eines Beteiligten, die dieser in einem Antrag oder einer Erklärung gemacht hat, nicht zu seinen Ungunsten abgewichen werden soll,
4. Allgemeinverfügungen oder gleichartige Verwaltungsakte in größerer Zahl erlassen werden sollen,
5. einkommensabhängige Leistungen den geänderten Verhältnissen angepaßt werden sollen oder
6. Maßnahmen in der Verwaltungsvollstreckung getroffen werden sollen.

§ 25 Akteneinsicht durch Beteiligte

(1) Die Behörde hat den Beteiligten Einsicht in die das Verfahren betreffenden Akten zu gestatten, soweit deren Kenntnis zur Geltendmachung oder Verteidigung ihrer rechtlichen Interessen erforderlich ist. Satz 1 gilt bis zum Abschluß des Verwaltungsverfahrens nicht für Entwürfe zu Entscheidungen sowie die Arbeiten zu ihrer unmittelbaren Vorbereitung.

(2) Soweit die Akten Angaben über gesundheitliche Verhältnisse eines Beteiligten enthalten, kann die Behörde statt dessen den Inhalt der Akten dem Beteiligten durch einen Arzt vermitteln lassen. Sie soll den Inhalt der Akten durch einen Arzt vermitteln lassen, soweit zu befürchten ist, daß die Akteneinsicht dem Beteiligten einen unverhältnismäßigen Nachteil, insbesondere an der Gesundheit, zufügen würde. Soweit die Akten Angaben enthalten, die die Entwicklung und Entfaltung der Persönlichkeit des Beteiligten beeinträchtigen können, gelten die

Sätze 1 und 2 mit der Maßgabe entsprechend, daß der Inhalt der Akten auch durch einen Bediensteten der Behörde vermittelt werden kann, der durch Vorbildung sowie Lebens- und Berufserfahrung dazu geeignet und befähigt ist. Das Recht nach Absatz 1 wird nicht beschränkt.

(3) Die Behörde ist zur Gestattung der Akteneinsicht nicht verpflichtet, soweit die Vorgänge wegen der berechtigten Interessen der Beteiligten oder dritter Personen geheimgehalten werden müssen.

(4) Die Akteneinsicht erfolgt bei der Behörde, die die Akten führt. Im Einzelfall kann die Einsicht auch bei einer anderen Behörde oder bei einer diplomatischen oder berufskonsularischen Vertretung der Bundesrepublik Deutschland im Ausland erfolgen; weitere Ausnahmen kann die Behörde, die die Akten führt, gestatten.

(5) Soweit die Akteneinsicht zu gestatten ist, können die Beteiligten Auszüge oder Abschriften selbst fertigen oder sich Ablichtungen durch die Behörde erteilen lassen. Die Behörde kann Ersatz ihrer Aufwendungen in angemessenem Umfang verlangen.

Zweiter Titel. Fristen, Termine, Wiedereinsetzung

§ 26 Fristen und Termine

(1) Für die Berechnung von Fristen und für die Bestimmung von Terminen gelten die §§ 187 bis 193 des Bürgerlichen Gesetzbuchs entsprechend, soweit nicht durch die Absätze 2 bis 5 etwas anderes bestimmt ist.

(2) Der Lauf einer Frist, die von einer Behörde gesetzt wird, beginnt mit dem Tag, der auf die Bekanntgabe der Frist folgt, außer wenn dem Betroffenen etwas anderes mitgeteilt wird.

(3) Fällt das Ende einer Frist auf einen Sonntag, einen gesetzlichen Feiertag oder einen Sonnabend, endet die Frist mit dem Ablauf des nächstfolgenden Werktages. Dies gilt nicht, wenn dem Betroffenen unter Hinweis auf diese Vorschrift ein bestimmter Tag als Ende der Frist mitgeteilt worden ist.

(4) Hat eine Behörde Leistungen nur für einen bestimmten Zeitraum zu erbringen, endet dieser Zeitraum auch dann mit dem Ablauf seines letzten Tages, wenn dieser auf einen Sonntag, einen gesetzlichen Feiertag oder einen Sonnabend fällt.

(5) Der von einer Behörde gesetzte Termin ist auch dann einzuhalten, wenn er auf einen Sonntag, gesetzlichen Feiertag oder Sonnabend fällt.

(6) Ist eine Frist nach Stunden bestimmt, werden Sonntage, gesetzliche Feiertage oder Sonnabende mitgerechnet.

(7) Fristen, die von einer Behörde gesetzt sind, können verlängert werden. Sind solche Fristen bereits abgelaufen, können sie rückwirkend verlängert werden, insbesondere wenn es unbillig wäre, die durch den Fristablauf eingetretenen Rechtsfolgen bestehen zu lassen. Die Behörde kann die Verlängerung der Frist nach § 32 mit einer Nebenbestimmung verbinden.

§ 27 Wiedereinsetzung in den vorigen Stand

(1) War jemand ohne Verschulden verhindert, eine gesetzliche Frist einzuhalten, ist ihm auf Antrag Wiedereinsetzung in den vorigen Stand zu gewähren. Das Verschulden eines Vertreters ist dem Vertretenen zuzurechnen.

(2) Der Antrag ist innerhalb von zwei Wochen nach Wegfall des Hindernisses zu stellen. Die Tatsachen zur Begründung des Antrages sind bei der Antragstellung oder im Verfahren über den Antrag glaubhaft zu machen. Innerhalb der Antragsfrist ist die versäumte Handlung nachzuholen. Ist dies geschehen, kann Wiedereinsetzung auch ohne Antrag gewährt werden.

(3) Nach einem Jahr seit dem Ende der versäumten Frist kann die Wiedereinsetzung nicht mehr beantragt oder die versäumte Handlung nicht mehr nachgeholt werden, außer wenn dies vor Ablauf der Jahresfrist infolge höherer Gewalt unmöglich war.

(4) Über den Antrag auf Wiedereinsetzung entscheidet die Behörde, die über die versäumte Handlung zu befinden hat.

(5) Die Wiedereinsetzung ist unzulässig, wenn sich aus einer Rechtsvorschrift ergibt, daß sie ausgeschlossen ist.

§ 28 Wiederholte Antragstellung

Hat ein Leistungsberechtigter von der Stellung eines Antrages auf eine Sozialleistung abgesehen, weil ein Anspruch auf eine andere Sozialleistung geltend gemacht worden ist, und wird diese Leistung versagt oder ist sie zu erstatten, wirkt der nunmehr nachgeholte Antrag bis zu einem Jahr zurück, wenn er innerhalb von sechs Monaten nach Ablauf des Monats gestellt ist, in dem die Ablehnung oder Erstattung der anderen Leistung bindend geworden ist. Satz 1 gilt auch dann, wenn der rechtzeitige Antrag auf eine andere Leistung aus Unkenntnis über deren Anspruchsvoraussetzung unterlassen wurde und die zweite Leistung gegenüber der ersten Leistung, wenn diese erbracht worden wäre, nachrangig gewesen wäre.

Dritter Titel. Amtliche Beglaubigung

§ 29 Beglaubigung von Abschriften, Ablichtungen, Vervielfältigungen und Negativen

(1) Jede Behörde ist befugt, Abschriften von Urkunden, die sie selbst ausgestellt hat, zu beglaubigen. Darüber hinaus sind die von der Bundesregierung durch Rechtsverordnung bestimmten Behörden des Bundes, der bundesunmittelbaren Körperschaften, Anstalten und Stiftungen des öffentlichen Rechts und die nach Landesrecht zuständigen Behörden befugt, Abschriften zu beglaubigen, wenn die Urschrift von einer Behörde ausgestellt ist oder die Abschrift zur Vorlage bei einer Behörde benötigt wird, sofern nicht durch Rechtsvorschrift die Erteilung beglaubigter Abschriften aus amtlichen Registern und Archiven anderen Behörden ausschließlich vorbehalten ist; die Rechtsverordnung bedarf nicht der Zustimmung des Bundesrates.

(2) Abschriften dürfen nicht beglaubigt werden, wenn Umstände zu der Annahme berechtigen, daß der ursprüngliche Inhalt des Schriftstückes, dessen Abschrift beglaubigt werden soll, geändert worden ist, insbesondere wenn dieses Schriftstück Lücken, Durchstreichungen, Einschaltungen, Änderungen, unleserliche Wörter, Zahlen oder Zeichen, Spuren der Beseitigung von Wörtern, Zahlen und Zeichen enthält oder wenn der Zusammenhang eines aus mehreren Blättern bestehenden Schriftstückes aufgehoben ist.

(3) Eine Abschrift wird beglaubigt durch einen Beglaubigungsvermerk, der unter die Abschrift zu setzen ist. Der Vermerk muß enthalten

1. die genaue Bezeichnung des Schriftstückes, dessen Abschrift beglaubigt wird,

2. die Feststellung, daß die beglaubigte Abschrift mit dem vorgelegten Schriftstück übereinstimmt,
3. den Hinweis, daß die beglaubigte Abschrift nur zur Vorlage bei der angegebenen Behörde erteilt wird, wenn die Urschrift nicht von einer Behörde ausgestellt worden ist,
4. den Ort und den Tag der Beglaubigung, die Unterschrift des für die Beglaubigung zuständigen Bediensteten und das Dienstsiegel.

(4) Die Absätze 1 bis 3 gelten entsprechend für die Beglaubigung von

1. Ablichtungen, Lichtdrucken und ähnlichen in technischen Verfahren hergestellten Vervielfältigungen,
2. auf fototechnischem Wege von Schriftstücken hergestellten Negativen, die bei einer Behörde aufbewahrt werden,
3. mit Datenverarbeitungsanlagen, insbesondere Schnelldruckern, hergestellten Ausdrucken von auf Datenträgern gespeicherten Daten.

Die nach den Nummern 1 bis 3 hergestellten Unterlagen stehen, sofern sie beglaubigt sind, beglaubigten Abschriften gleich.

§ 30 Beglaubigung von Unterschriften

(1) Die von der Bundesregierung durch Rechtsverordnung bestimmten Behörden des Bundes, der bundesunmittelbaren Körperschaften, Anstalten und Stiftungen des öffentlichen Rechts und die nach Landesrecht zuständigen Behörden sind befugt, Unterschriften zu beglaubigen, wenn das unterzeichnete Schriftstück zur Vorlage bei einer Behörde oder bei einer sonstigen Stelle, der auf Grund einer Rechtsvorschrift das unterzeichnete Schriftstück vorzulegen ist, benötigt wird. Dies gilt nicht für

1. Unterschriften ohne zugehörigen Text,
2. Unterschriften, die der öffentlichen Beglaubigung (§ 129 des Bürgerlichen Gesetzbuchs) bedürfen.

(2) Eine Unterschrift soll nur beglaubigt werden, wenn sie in Gegenwart des beglaubigenden Bediensteten vollzogen oder anerkannt wird.

(3) Der Beglaubigungsvermerk ist unmittelbar bei der Unterschrift, die beglaubigt werden soll, anzubringen. Er muß enthalten

1. die Bestätigung, daß die Unterschrift echt ist,
2. die genaue Bezeichnung desjenigen, dessen Unterschrift beglaubigt wird, sowie die Angabe, ob sich der für die Beglaubigung zuständige Bedienstete Gewißheit über diese Person verschafft hat und ob die Unterschrift in seiner Gegenwart vollzogen oder anerkannt worden ist,
3. den Hinweis, daß die Beglaubigung nur zur Vorlage bei der angegebenen Behörde oder Stelle bestimmt ist,
4. den Ort und den Tag der Beglaubigung, die Unterschrift des für die Beglaubigung zuständigen Bediensteten und das Dienstsiegel.

(4) Die Absätze 1 bis 3 gelten für die Beglaubigung von Handzeichen entsprechend.

(5) Die Rechtsverordnungen nach den Absätzen 1 und 4 bedürfen nicht der Zustimmung des Bundesrates.

Dritter Abschnitt. Verwaltungsakt

Erster Titel. Zustandekommen des Verwaltungsaktes

§ 31 Begriff des Verwaltungsaktes

Verwaltungsakt ist jede Verfügung, Entscheidung oder andere hoheitliche Maßnahme, die eine Behörde zur Regelung eines Einzelfalles auf dem Gebiet des öffentlichen Rechts trifft und die auf unmittelbare Rechtswirkung nach außen gerichtet ist. Allgemeinverfügung ist ein Verwaltungsakt, der sich an einen nach allgemeinen Merkmalen bestimmten oder bestimmbaren Personenkreis richtet oder die öffentlich-rechtliche Eigenschaft einer Sache oder ihre Benutzung durch die Allgemeinheit betrifft.

§ 32 Nebenbestimmungen zum Verwaltungsakt

(1) Ein Verwaltungsakt, auf den ein Anspruch besteht, darf mit einer Nebenbestimmung nur versehen werden, wenn sie

durch Rechtsvorschrift zugelassen ist oder wenn sie sicherstellen soll, daß die gesetzlichen Voraussetzungen des Verwaltungsaktes erfüllt werden.

(2) Unbeschadet des Absatzes 1 darf ein Verwaltungsakt nach pflichtgemäßem Ermessen erlassen werden mit

1. einer Bestimmung, nach der eine Vergünstigung oder Belastung zu einem bestimmten Zeitpunkt beginnt, endet oder für einen bestimmten Zeitraum gilt (Befristung),
2. einer Bestimmung, nach der der Eintritt oder der Wegfall einer Vergünstigung oder einer Belastung von dem ungewissen Eintritt eines zukünftigen Ereignisses abhängt (Bedingung),
3. einem Vorbehalt des Widerrufs

oder verbunden werden mit

4. einer Bestimmung, durch die dem Begünstigten ein Tun, Dulden oder Unterlassen vorgeschrieben wird (Auflage),
5. einem Vorbehalt der nachträglichen Aufnahme, Änderung oder Ergänzung einer Auflage.

(3) Eine Nebenbestimmung darf dem Zweck des Verwaltungsaktes nicht zuwiderlaufen.

§ 33 Bestimmtheit und Form des Verwaltungsaktes

(1) Ein Verwaltungsakt muß inhaltlich hinreichend bestimmt sein.

(2) Ein Verwaltungsakt kann schriftlich, mündlich oder in anderer Weise erlassen werden. Ein mündlicher Verwaltungsakt ist schriftlich zu bestätigen, wenn hieran ein berechtigtes Interesse besteht und der Betroffene dies unverzüglich verlangt.

(3) Ein schriftlicher Verwaltungsakt muß die erlassende Behörde erkennen lassen und die Unterschrift oder die Namenswiedergabe des Behördenleiters, seines Vertreters oder seines Beauftragten enthalten.

(4) Bei einem schriftlichen Verwaltungsakt, der mit Hilfe automatischer Einrichtungen erlassen wird, können abweichend von Absatz 3 Unterschrift und Namenswiedergabe fehlen. Zur Inhaltsangabe können Schlüsselzeichen verwendet werden, wenn derjenige, für den der Verwaltungsakt bestimmt ist oder der von ihm betroffen wird, auf Grund der dazu gege-

benen Erläuterungen den Inhalt des Verwaltungsaktes eindeutig erkennen kann.

§ 34 Zusicherung

(1) Eine von der zuständigen Behörde erteilte Zusage, einen bestimmten Verwaltungsakt später zu erlassen oder zu unterlassen (Zusicherung), bedarf zu ihrer Wirksamkeit der schriftlichen Form. Ist vor dem Erlaß des zugesicherten Verwaltungsaktes die Anhörung Beteiligter oder die Mitwirkung einer anderen Behörde oder eines Ausschusses auf Grund einer Rechtsvorschrift erforderlich, darf die Zusicherung erst nach Anhörung der Beteiligten oder nach Mitwirkung dieser Behörde oder des Ausschusses gegeben werden.

(2) Auf die Unwirksamkeit der Zusicherung finden, unbeschadet des Absatzes 1 Satz 1, § 40, auf die Heilung von Mängeln bei der Anhörung Beteiligter und der Mitwirkung anderer Behörden oder Ausschüsse § 41 Abs. 1 Nr. 3 bis 6 sowie Abs. 2, auf die Rücknahme §§ 44 und 45, auf den Widerruf, unbeschadet des Absatzes 3, §§ 46 und 47 entsprechende Anwendung.

(3) Ändert sich nach Abgabe der Zusicherung die Sach- oder Rechtslage derart, daß die Behörde bei Kenntnis der nachträglich eingetretenen Änderung die Zusicherung nicht gegeben hätte oder aus rechtlichen Gründen nicht hätte geben dürfen, ist die Behörde an die Zusicherung nicht mehr gebunden.

§ 35 Begründung des Verwaltungsaktes

(1) Ein schriftlicher oder schriftlich bestätigter Verwaltungsakt ist schriftlich zu begründen. In der Begründung sind die wesentlichen tatsächlichen und rechtlichen Gründe mitzuteilen, die die Behörde zu ihrer Entscheidung bewogen haben. Die Begründung von Ermessensentscheidungen muß auch die Gesichtspunkte erkennen lassen, von denen die Behörde bei der Ausübung ihres Ermessens ausgegangen ist.

(2) Einer Begründung bedarf es nicht,
1. soweit die Behörde einem Antrag entspricht oder einer Erklärung folgt und der Verwaltungsakt nicht in Rechte eines anderen eingreift,

2. soweit demjenigen, für den der Verwaltungsakt bestimmt ist oder der von ihm betroffen wird, die Auffassung der Behörde über die Sach- und Rechtslage bereits bekannt oder auch ohne schriftliche Begründung für ihn ohne weiteres erkennbar ist,
3. wenn die Behörde gleichartige Verwaltungsakte in größerer Zahl oder Verwaltungsakte mit Hilfe automatischer Einrichtungen erläßt und die Begründung nach den Umständen des Einzelfalles nicht geboten ist,
4. wenn sich dies aus einer Rechtsvorschrift ergibt,
5. wenn eine Allgemeinverfügung öffentlich bekanntgegeben wird.

(3) In den Fällen des Absatzes 2 Nr. 1 bis 3 ist der Verwaltungsakt schriftlich zu begründen, wenn der Beteiligte, dem der Verwaltungsakt bekanntgegeben ist, es innerhalb eines Jahres seit Bekanntgabe verlangt.

§ 36 Rechtsbehelfsbelehrung

Erläßt die Behörde einen schriftlichen Verwaltungsakt oder bestätigt sie schriftlich einen Verwaltungsakt, ist der durch ihn beschwerte Beteiligte über den Rechtsbehelf und die Behörde oder das Gericht, bei denen der Rechtsbehelf anzubringen ist, deren Sitz, die einzuhaltende Frist und die Form schriftlich zu belehren.

§ 37 Bekanntgabe des Verwaltungsaktes

(1) Ein Verwaltungsakt ist demjenigen Beteiligten bekanntzugeben, für den er bestimmt ist oder der von ihm betroffen wird. Ist ein Bevollmächtigter bestellt, kann die Bekanntgabe ihm gegenüber vorgenommen werden.

(2) Ein schriftlicher Verwaltungsakt, der durch die Post im Geltungsbereich dieses Gesetzbuchs übermittelt wird, gilt mit dem dritten Tag nach der Aufgabe zur Post als bekanntgegeben, außer wenn er nicht oder zu einem späteren Zeitpunkt zugegangen ist; im Zweifel hat die Behörde den Zugang des Verwaltungsaktes und den Zeitpunkt des Zugangs nachzuweisen.

(3) Ein Verwaltungsakt darf öffentlich bekanntgegeben werden, wenn dies durch Rechtsvorschrift zugelassen ist. Eine Allgemeinverfügung darf auch dann öffentlich bekanntgegeben werden, wenn eine Bekanntgabe an die Beteiligten untunlich ist.

(4) Die öffentliche Bekanntgabe eines schriftlichen Verwaltungsaktes wird dadurch bewirkt, daß sein verfügender Teil in der jeweils vorgeschriebenen Weise entweder ortsüblich oder in der sonst für amtliche Veröffentlichungen vorgeschriebenen Art bekanntgemacht wird. In der Bekanntmachung ist anzugeben, wo der Verwaltungsakt und seine Begründung eingesehen werden können. Der Verwaltungsakt gilt zwei Wochen nach der Bekanntmachung als bekanntgegeben. In einer Allgemeinverfügung kann ein hiervon abweichender Tag, jedoch frühestens der auf die Bekanntmachung folgende Tag bestimmt werden.

(5) Vorschriften über die Bekanntgabe eines Verwaltungsaktes mittels Zustellung bleiben unberührt.

§ 38 Offenbare Unrichtigkeiten im Verwaltungsakt

Die Behörde kann Schreibfehler, Rechenfehler und ähnliche offenbare Unrichtigkeiten in einem Verwaltungsakt jederzeit berichtigen. Bei berechtigtem Interesse des Beteiligten ist zu berichtigen. Die Behörde ist berechtigt, die Vorlage des Schriftstückes zu verlangen, das berichtigt werden soll.

Zweiter Titel. Bestandskraft des Verwaltungsaktes

§ 39 Wirksamkeit des Verwaltungsaktes

(1) Ein Verwaltungsakt wird gegenüber demjenigen, für den er bestimmt ist oder der von ihm betroffen wird, in dem Zeitpunkt wirksam, in dem er ihm bekanntgegeben wird. Der Verwaltungsakt wird mit dem Inhalt wirksam, mit dem er bekanntgegeben wird.

(2) Ein Verwaltungsakt bleibt wirksam, solange und soweit er nicht zurückgenommen, widerrufen, anderweitig aufgehoben oder durch Zeitablauf oder auf andere Weise erledigt ist.

(3) Ein nichtiger Verwaltungsakt ist unwirksam.

§ 40 Nichtigkeit des Verwaltungsaktes

(1) Ein Verwaltungsakt ist nichtig, soweit er an einem besonders schwerwiegenden Fehler leidet und dies bei verständiger Würdigung aller in Betracht kommenden Umstände offenkundig ist.

(2) Ohne Rücksicht auf das Vorliegen der Voraussetzungen des Absatzes 1 ist ein Verwaltungsakt nichtig,
1. der schriftlich erlassen worden ist, die erlassende Behörde aber nicht erkennen läßt,
2. der nach einer Rechtsvorschrift nur durch die Aushändigung einer Urkunde erlassen werden kann, aber dieser Form nicht genügt,
3. den aus tatsächlichen Gründen niemand ausführen kann,
4. der die Begehung einer rechtswidrigen Tat verlangt, die einen Straf- oder Bußgeldtatbestand verwirklicht,
5. der gegen die guten Sitten verstößt.

(3) Ein Verwaltungsakt ist nicht schon deshalb nichtig, weil
1. Vorschriften über die örtliche Zuständigkeit nicht eingehalten worden sind,
2. eine nach § 16 Abs. 1 Satz 1 Nr. 2 bis 6 ausgeschlossene Person mitgewirkt hat,
3. ein durch Rechtsvorschrift zur Mitwirkung berufener Ausschuß den für den Erlaß des Verwaltungsaktes vorgeschriebenen Beschluß nicht gefaßt hat oder nicht beschlußfähig war,
4. die nach einer Rechtsvorschrift erforderliche Mitwirkung einer anderen Behörde unterblieben ist.

(4) Betrifft die Nichtigkeit nur einen Teil des Verwaltungsaktes, ist er im ganzen nichtig, wenn der nichtige Teil so wesentlich ist, daß die Behörde den Verwaltungsakt ohne den nichtigen Teil nicht erlassen hätte.

(5) Die Behörde kann die Nichtigkeit jederzeit von Amts wegen feststellen; auf Antrag ist sie festzustellen, wenn der Antragsteller hieran ein berechtigtes Interesse hat.

§ 41 Heilung von Verfahrens- und Formfehlern

(1) Eine Verletzung von Verfahrens- oder Formvorschriften, die nicht den Verwaltungsakt nach § 40 nichtig macht, ist unbeachtlich, wenn

1. der für den Erlaß des Verwaltungsaktes erforderliche Antrag nachträglich gestellt wird,
2. die erforderliche Begründung nachträglich gegeben wird,
3. die erforderliche Anhörung eines Beteiligten nachgeholt wird,
4. der Beschluß eines Ausschusses, dessen Mitwirkung für den Erlaß des Verwaltungsaktes erforderlich ist, nachträglich gefaßt wird,
5. die erforderliche Mitwirkung einer anderen Behörde nachgeholt wird,
6. die erforderliche Hinzuziehung eines Beteiligten nachgeholt wird.

(2) Handlungen nach Absatz 1 Nr. 2 bis 6 dürfen nur bis zum Abschluß eines Vorverfahrens oder, falls ein Vorverfahren nicht stattfindet, bis zur Erhebung der Klage nachgeholt werden.

(3) Fehlt einem Verwaltungsakt die erforderliche Begründung oder ist die erforderliche Anhörung eines Beteiligten vor Erlaß des Verwaltungsaktes unterblieben und ist dadurch die rechtzeitige Anfechtung des Verwaltungsaktes versäumt worden, gilt die Versäumung der Rechtsbehelfsfrist als nicht verschuldet. Das für die Wiedereinsetzungsfrist maßgebende Ereignis tritt im Zeitpunkt der Nachholung der unterlassenen Verfahrenshandlung ein.

§ 42 Folgen von Verfahrens- und Formfehlern

Die Aufhebung eines Verwaltungsaktes, der nicht nach § 40 nichtig ist, kann nicht allein deshalb beansprucht werden, weil er unter Verletzung von Vorschriften über das Verfahren, die Form oder die örtliche Zuständigkeit zustande gekommen ist, wenn keine andere Entscheidung in der Sache hätte getroffen werden können. Satz 1 gilt nicht, wenn die erforderliche Anhörung unterblieben oder nicht wirksam nachgeholt ist.

§ 43 Umdeutung eines fehlerhaften Verwaltungsaktes

(1) Ein fehlerhafter Verwaltungsakt kann in einen anderen Verwaltungsakt umgedeutet werden, wenn er auf das gleiche Ziel gerichtet ist, von der erlassenden Behörde in der geschehenen Verfahrensweise und Form rechtmäßig hätte erlassen werden können und wenn die Voraussetzungen für dessen Erlaß erfüllt sind.

(2) Absatz 1 gilt nicht, wenn der Verwaltungsakt, in den der fehlerhafte Verwaltungsakt umzudeuten wäre, der erkennbaren Absicht der erlassenden Behörde widerspräche oder seine Rechtsfolgen für den Betroffenen ungünstiger wären als die des fehlerhaften Verwaltungsaktes. Eine Umdeutung ist ferner unzulässig, wenn der fehlerhafte Verwaltungsakt nicht zurückgenommen werden dürfte.

(3) Eine Entscheidung, die nur als gesetzlich gebundene Entscheidung ergehen kann, kann nicht in eine Ermessensentscheidung umgedeutet werden.

(4) § 24 ist entsprechend anzuwenden.

§ 44 Rücknahme eines rechtswidrigen nicht begünstigenden Verwaltungsaktes

(1) Soweit sich im Einzelfall ergibt, daß bei Erlaß eines Verwaltungsaktes das Recht unrichtig angewandt oder von einem Sachverhalt ausgegangen worden ist, der sich als unrichtig erweist, und soweit deshalb Sozialleistungen zu Unrecht nicht erbracht oder Beiträge zu Unrecht erhoben worden sind, ist der Verwaltungsakt, auch nachdem er unanfechtbar geworden ist, mit Wirkung für die Vergangenheit zurückzunehmen. Dies gilt nicht, wenn der Verwaltungsakt auf Angaben beruht, die der Betroffene vorsätzlich in wesentlicher Beziehung unrichtig oder unvollständig gemacht hat.

(2) Im übrigen ist ein rechtswidriger nicht begünstigender Verwaltungsakt, auch nachdem er unanfechtbar geworden ist, ganz oder teilweise mit Wirkung für die Zukunft zurückzunehmen. Er kann auch für die Vergangenheit zurückgenommen werden.

(3) Über die Rücknahme entscheidet nach Unanfechtbarkeit des Verwaltungsaktes die zuständige Behörde; dies gilt auch

dann, wenn der zurückzunehmende Verwaltungsakt von einer anderen Behörde erlassen worden ist.

(4) Ist ein Verwaltungsakt mit Wirkung für die Vergangenheit zurückgenommen worden, werden Sozialleistungen nach den Vorschriften der besonderen Teile dieses Gesetzbuchs längstens für einen Zeitraum bis zu vier Jahren vor der Rücknahme erbracht. Dabei wird der Zeitpunkt der Rücknahme von Beginn des Jahres an gerechnet, in dem der Verwaltungsakt zurückgenommen wird. Erfolgt die Rücknahme auf Antrag, tritt bei der Berechnung des Zeitraumes, für den rückwirkend Leistungen zu erbringen sind, anstelle der Rücknahme der Antrag.

§ 45[1] Rücknahme eines rechtswidrigen begünstigenden Verwaltungsaktes

(1) Soweit ein Verwaltungsakt, der ein Recht oder einen rechtlich erheblichen Vorteil begründet oder bestätigt hat (begünstigender Verwaltungsakt), rechtswidrig ist, darf er, auch nachdem er unanfechtbar geworden ist, nur unter den Einschränkungen der Absätze 2 bis 4 ganz oder teilweise mit Wirkung für die Zukunft oder für die Vergangenheit zurückgenommen werden.

(2) Ein rechtswidriger begünstigender Verwaltungsakt darf nicht zurückgenommen werden, soweit der Begünstigte auf den Bestand des Verwaltungsaktes vertraut hat und sein Vertrauen unter Abwägung mit dem öffentlichen Interesse an einer Rücknahme schutzwürdig ist. Das Vertrauen ist in der Regel schutzwürdig, wenn der Begünstigte erbrachte Leistungen verbraucht oder eine Vermögensdisposition getroffen hat, die er nicht mehr oder nur unter unzumutbaren Nachteilen rückgängig machen kann. Auf Vertrauen kann sich der Begünstigte nicht berufen, soweit

1. er den Verwaltungsakt durch arglistige Täuschung, Drohung oder Bestechung erwirkt hat,

2. der Verwaltungsakt auf Angaben beruht, die der Begünstigte vorsätzlich oder grob fahrlässig in wesentlicher Beziehung unrichtig oder unvollständig gemacht hat, oder

---

[1] § 45 Abs. 3 Satz 3 Nr. 1 geändert durch Gesetz vom 20. 7. 1988 (BGBl. I S. 1046).

3. er die Rechtswidrigkeit des Verwaltungsaktes kannte oder infolge grober Fahrlässigkeit nicht kannte; grobe Fahrlässigkeit liegt vor, wenn der Begünstigte die erforderliche Sorgfalt in besonders schwerem Maße verletzt hat.

(3) Ein rechtswidriger begünstigender Verwaltungsakt mit Dauerwirkung kann nach Absatz 2 nur bis zum Ablauf von zwei Jahren nach seiner Bekanntgabe zurückgenommen werden. Satz 1 gilt nicht, wenn Wiederaufnahmegründe entsprechend § 580 der Zivilprozeßordnung vorliegen. Bis zum Ablauf von zehn Jahren nach seiner Bekanntgabe kann ein rechtswidriger begünstigender Verwaltungsakt mit Dauerwirkung nach Absatz 2 zurückgenommen werden, wenn

1. die Voraussetzungen des Absatzes 2 Satz 3 Nr. 2 oder 3 gegeben sind oder

2. der Verwaltungsakt mit einem zulässigen Vorbehalt des Widerrufs erlassen wurde.

(4) Nur in den Fällen von Absatz 2 Satz 3 und Absatz 3 Satz 2 wird der Verwaltungsakt mit Wirkung für die Vergangenheit zurückgenommen. Die Behörde muß dies innerhalb eines Jahres seit Kenntnis der Tatsachen tun, welche die Rücknahme eines rechtswidrigen begünstigenden Verwaltungsaktes für die Vergangenheit rechtfertigen.

(5) § 44 Abs. 3 gilt entsprechend.

§ 46 Widerruf eines rechtmäßigen nicht begünstigenden Verwaltungsaktes

(1) Ein rechtmäßiger nicht begünstigender Verwaltungsakt kann, auch nachdem er unanfechtbar geworden ist, ganz oder teilweise mit Wirkung für die Zukunft widerrufen werden, außer wenn ein Verwaltungsakt gleichen Inhalts erneut erlassen werden müßte oder aus anderen Gründen ein Widerruf unzulässig ist.

(2) § 44 Abs. 3 gilt entsprechend.

14 SGB X §§ 47, 48

§ 47[1] Widerruf eines rechtmäßigen begünstigenden Verwaltungsaktes

(1) Ein rechtmäßiger begünstigender Verwaltungsakt darf, auch nachdem er unanfechtbar geworden ist, ganz oder teilweise mit Wirkung für die Zukunft nur widerrufen werden, soweit

1. der Widerruf durch Rechtsvorschrift zugelassen oder im Verwaltungsakt vorbehalten ist,
2. mit dem Verwaltungsakt eine Auflage verbunden ist und der Begünstigte diese nicht oder nicht innerhalb einer ihm gesetzten Frist erfüllt hat.

(2) § 44 Abs. 3 gilt entsprechend.

§ 48[2] Aufhebung eines Verwaltungsaktes mit Dauerwirkung bei Änderung der Verhältnisse

(1) Soweit in den tatsächlichen oder rechtlichen Verhältnissen, die beim Erlaß eines Verwaltungsaktes mit Dauerwirkung vorgelegen haben, eine wesentliche Änderung eintritt, ist der Verwaltungsakt mit Wirkung für die Zukunft aufzuheben. Der Verwaltungsakt soll mit Wirkung vom Zeitpunkt der Änderung der Verhältnisse aufgehoben werden, soweit

1. die Änderung zugunsten des Betroffenen erfolgt,
2. der Betroffene einer durch Rechtsvorschrift vorgeschriebenen Pflicht zur Mitteilung wesentlicher für ihn nachteiliger Änderungen der Verhältnisse vorsätzlich oder grob fahrlässig nicht nachgekommen ist,
3. nach Antragstellung oder Erlaß des Verwaltungsaktes Einkommen oder Vermögen erzielt worden ist, das zum Wegfall oder zur Minderung des Anspruchs geführt haben würde, oder
4. der Betroffene wußte oder nicht wußte, weil er die erforderliche Sorgfalt in besonders schwerem Maße verletzt hat, daß der sich aus dem Verwaltungsakt ergebende Anspruch kraft Gesetzes zum Ruhen gekommen oder ganz oder teilweise weggefallen ist.

---

[1] § 47 Abs. 2 geändert durch Art. II § 17 Nr. 3 Gesetz vom 4. 11. 1982 (BGBl. I S. 1450).

[2] § 48 Abs. 4 Satz 2 geändert durch Art. II § 17 Nr. 4 Gesetz vom 4. 11. 1982 (BGBl. I S. 1450).

Als Zeitpunkt der Änderung der Verhältnisse gilt in Fällen, in denen Einkommen oder Vermögen auf einen zurückliegenden Zeitraum auf Grund der besonderen Teile dieses Gesetzbuchs anzurechnen ist, der Beginn des Anrechnungszeitraumes.

(2) Der Verwaltungsakt ist im Einzelfall mit Wirkung für die Zukunft auch dann aufzuheben, wenn der zuständige oberste Gerichtshof des Bundes in ständiger Rechtsprechung nachträglich das Recht anders auslegt als die Behörde bei Erlaß des Verwaltungsaktes und sich dieses zugunsten des Berechtigten auswirkt; § 44 bleibt unberührt.

(3) Kann ein rechtswidriger begünstigender Verwaltungsakt nach § 45 nicht zurückgenommen werden und ist eine Änderung nach Absatz 1 oder 2 zugunsten des Betroffenen eingetreten, darf die neu festzustellende Leistung nicht über den Betrag hinausgehen, wie er sich der Höhe nach ohne Berücksichtigung der Bestandskraft ergibt.

(4) § 44 Abs. 3, § 45 Abs. 3 Satz 3 und Abs. 4 gelten entsprechend. § 45 Abs. 4 Satz 2 gilt nicht im Fall des Absatzes 1 Satz 2 Nr. 1.

§ 49 Rücknahme und Widerruf im Rechtsbehelfsverfahren

§ 45 Abs. 1 bis 4, §§ 47 und 48 gelten nicht, wenn ein begünstigender Verwaltungsakt, der von einem Dritten angefochten worden ist, während des Vorverfahrens oder während des sozial- oder verwaltungsgerichtlichen Verfahrens aufgehoben wird, soweit dadurch dem Widerspruch abgeholfen oder der Klage stattgegeben wird.

§ 50[1] Erstattung zu Unrecht erbrachter Leistungen

(1) Soweit ein Verwaltungsakt aufgehoben worden ist, sind bereits erbrachte Leistungen zu erstatten. Sach- und Dienstleistungen sind in Geld zu erstatten.

(2) Soweit Leistungen ohne Verwaltungsakt zu Unrecht erbracht worden sind, sind sie zu erstatten. §§ 45 und 48 gelten entsprechend.

---

[1] § 50 Abs. 1 Satz 2 angefügt und Abs. 2 Satz 2 geändert durch Art. II § 17 Nr. 5 Gesetz vom 4. 11. 1982 (BGBl. I S. 1450).

(3) Die zu erstattende Leistung ist durch schriftlichen Verwaltungsakt festzusetzen. Die Festsetzung soll, sofern die Leistung auf Grund eines Verwaltungsaktes erbracht worden ist, mit der Aufhebung des Verwaltungsaktes verbunden werden.

(4) Der Erstattungsanspruch verjährt in vier Jahren nach Ablauf des Kalenderjahres, in dem der Verwaltungsakt nach Absatz 3 unanfechtbar geworden ist. Für die Hemmung, die Unterbrechung und die Wirkung der Verjährung gelten die Vorschriften des Bürgerlichen Gesetzbuchs[1] sinngemäß. § 52 bleibt unberührt.

(5) Die Absätze 1 bis 4 gelten bei Berichtigungen nach § 38 entsprechend.

§ 51 Rückgabe von Urkunden und Sachen

Ist ein Verwaltungsakt unanfechtbar widerrufen oder zurückgenommen oder ist seine Wirksamkeit aus einem anderen Grund nicht oder nicht mehr gegeben, kann die Behörde die auf Grund dieses Verwaltungsaktes erteilten Urkunden oder Sachen, die zum Nachweis der Rechte aus dem Verwaltungsakt oder zu deren Ausübung bestimmt sind, zurückfordern. Der Inhaber und, sofern er nicht der Besitzer ist, auch der Besitzer dieser Urkunden oder Sachen sind zu ihrer Herausgabe verpflichtet. Der Inhaber oder der Besitzer kann jedoch verlangen, daß ihm die Urkunden oder Sachen wieder ausgehändigt werden, nachdem sie von der Behörde als ungültig gekennzeichnet sind; dies gilt nicht bei Sachen, bei denen eine solche Kennzeichnung nicht oder nicht mit der erforderlichen Offensichtlichkeit oder Dauerhaftigkeit möglich ist.

Dritter Titel. Verjährungsrechtliche Wirkungen
des Verwaltungsaktes

§ 52 Unterbrechung der Verjährung durch Verwaltungsakt

(1) Ein Verwaltungsakt, der zur Durchsetzung des Anspruchs eines öffentlich-rechtlichen Rechtsträgers erlassen wird, unterbricht die Verjährung dieses Anspruchs. Die Unterbrechung dauert fort, bis der Verwaltungsakt unanfechtbar geworden ist oder das Verwaltungsverfahren, das zu seinem Erlaß geführt hat, anderweitig erledigt ist. Die §§ 212 und 217 des Bürgerlichen Gesetzbuchs gelten entsprechend.

(2) Ist ein Verwaltungsakt im Sinne des Absatzes 1 unanfechtbar geworden, gilt § 218 des Bürgerlichen Gesetzbuchs entsprechend.

Vierter Abschnitt. Öffentlich-rechtlicher Vertrag

§ 53 Zulässigkeit des öffentlich-rechtlichen Vertrages

(1) Ein Rechtsverhältnis auf dem Gebiet des öffentlichen Rechts kann durch Vertrag begründet, geändert oder aufgehoben werden (öffentlich-rechtlicher Vertrag), soweit Rechtsvorschriften nicht entgegenstehen. Insbesondere kann die Behörde, anstatt einen Verwaltungsakt zu erlassen, einen öffentlich-rechtlichen Vertrag mit demjenigen schließen, an den sie sonst den Verwaltungsakt richten würde.

(2) Ein öffentlich-rechtlicher Vertrag über Sozialleistungen kann nur geschlossen werden, soweit die Erbringung der Leistungen im Ermessen des Leistungsträgers steht.

§ 54 Vergleichsvertrag

(1) Ein öffentlich-rechtlicher Vertrag im Sinne des § 53 Abs. 1 Satz 2, durch den eine bei verständiger Würdigung des Sachverhalts oder der Rechtslage bestehende Ungewißheit durch gegenseitiges Nachgeben beseitigt wird (Vergleich), kann geschlossen werden, wenn die Behörde den Abschluß des Vergleichs zur Beseitigung der Ungewißheit nach pflichtgemäßem Ermessen für zweckmäßig hält.

(2) § 53 Abs. 2 gilt im Fall des Absatzes 1 nicht.

§ 55 Austauschvertrag

(1) Ein öffentlich-rechtlicher Vertrag im Sinne des § 53 Abs. 1 Satz 2, in dem sich der Vertragspartner der Behörde zu einer Gegenleistung verpflichtet, kann geschlossen werden, wenn die Gegenleistung für einen gestimmten Zweck im Vertrag vereinbart wird und der Behörde zur Erfüllung ihrer öffentlichen Aufgaben dient. Die Gegenleistung muß den gesamten Umständen nach angemessen sein und im sachlichen Zusammenhang mit der vertraglichen Leistung der Behörde stehen.

(2) Besteht auf die Leistung der Behörde ein Anspruch, kann nur eine solche Gegenleistung vereinbart werden, die bei Erlaß eines Verwaltungsaktes Inhalt einer Nebenbestimmung nach § 32 sein könnte.

(3) § 53 Abs. 2 gilt in den Fällen der Absätze 1 und 2 nicht.

§ 56 Schriftform

Ein öffentlich-rechtlicher Vertrag ist schriftlich zu schließen, soweit nicht durch Rechtsvorschrift eine andere Form vorgeschrieben ist.

§ 57 Zustimmung von Dritten und Behörden

(1) Ein öffentlich-rechtlicher Vertrag, der in Rechte eines Dritten eingreift, wird erst wirksam, wenn der Dritte schriftlich zustimmt.

(2) Wird anstatt eines Verwaltungsaktes, bei dessen Erlaß nach einer Rechtsvorschrift die Genehmigung, die Zustimmung oder das Einvernehmen einer anderen Behörde erforderlich ist, ein Vertrag geschlossen, so wird dieser erst wirksam, nachdem die andere Behörde in der vorgeschriebenen Form mitgewirkt hat.

§ 58 Nichtigkeit des öffentlich-rechtlichen Vertrages

(1) Ein öffentlich-rechtlicher Vertrag ist nichtig, wenn sich die Nichtigkeit aus der entsprechenden Anwendung von Vorschriften des Bürgerlichen Gesetzbuchs ergibt.

(2) Ein Vertrag im Sinne des § 53 Abs. 1 Satz 2 ist ferner nichtig, wenn

1. ein Verwaltungsakt mit entsprechendem Inhalt nichtig wäre,
2. ein Verwaltungsakt mit entsprechendem Inhalt nicht nur wegen eines Verfahrens- oder Formfehlers im Sinne des § 42 rechtswidrig wäre und dies den Vertragschließenden bekannt war,
3. die Voraussetzungen zum Abschluß eines Vergleichsvertrages nicht vorlagen und ein Verwaltungsakt mit entsprechendem Inhalt nicht nur wegen eines Verfahrens- oder Formfehlers im Sinne des § 42 rechtswidrig wäre,

4. sich die Behörde eine nach § 55 unzulässige Gegenleistung versprechen läßt.

(3) Betrifft die Nichtigkeit nur einen Teil des Vertrages, so ist er im ganzen nichtig, wenn nicht anzunehmen ist, daß er auch ohne den nichtigen Teil geschlossen worden wäre.

§ 59 Anpassung und Kündigung in besonderen Fällen

(1) Haben die Verhältnisse, die für die Festsetzung des Vertragsinhalts maßgebend gewesen sind, sich seit Abschluß des Vertrages so wesentlich geändert, daß einer Vertragspartei das Festhalten an der ursprünglichen vertraglichen Regelung nicht zuzumuten ist, so kann diese Vertragspartei eine Anpassung des Vertragsinhalts an die geänderten Verhältnisse verlangen oder, sofern eine Anpassung nicht möglich oder einer Vertragspartei nicht zuzumuten ist, den Vertrag kündigen. Die Behörde kann den Vertrag auch kündigen, um schwere Nachteile für das Gemeinwohl zu verhüten oder zu beseitigen.

(2) Die Kündigung bedarf der Schriftform, soweit nicht durch Rechtsvorschrift eine andere Form vorgeschrieben ist. Sie soll begründet werden.

§ 60 Unterwerfung unter die sofortige Vollstreckung

(1) Jeder Vertragschließende kann sich der sofortigen Vollstreckung aus einem öffentlich-rechtlichen Vertrag im Sinne des § 53 Abs. 1 Satz 2 unterwerfen. Die Behörde muß hierbei von dem Behördenleiter, seinem allgemeinen Vertreter oder einem Angehörigen des öffentlichen Dienstes, der die Befähigung zum Richteramt hat oder die Voraussetzungen des § 110 Satz 1 des Deutschen Richtergesetzes erfüllt, vertreten werden. Die Unterwerfung unter die sofortige Vollstreckung ist nur wirksam, wenn sie von der Aufsichtsbehörde der vertragschließenden Behörde genehmigt worden ist. Die Genehmigung ist nicht erforderlich, wenn die Unterwerfung von oder gegenüber einer obersten Bundes- oder Landesbehörde erklärt wird.

(2) Auf öffentlich-rechtliche Verträge im Sinne des Absatzes 1 Satz 1 ist § 66 entsprechend anzuwenden. Will eine natürliche oder juristische Person des Privatrechts oder eine nichtrechtsfähige Vereinigung die Vollstreckung wegen einer Geldforderung betreiben, so ist § 170 Abs. 1 bis 3 der Verwaltungs-

14 SGB X §§ 61–63

gerichtsordnung entsprechend anzuwenden. Richtet sich die Vollstreckung wegen der Erzwingung einer Handlung, Duldung oder Unterlassung gegen eine Behörde, ist § 172 der Verwaltungsgerichtsordnung entsprechend anzuwenden.

§ 61 Ergänzende Anwendung von Vorschriften

Soweit sich aus den §§ 53 bis 60 nichts Abweichendes ergibt, gelten die übrigen Vorschriften dieses Gesetzbuchs. Ergänzend gelten die Vorschriften des Bürgerlichen Gesetzbuchs entsprechend.

Fünfter Abschnitt. Rechtsbehelfsverfahren

§ 62 Rechtsbehelfe gegen Verwaltungsakte

Für förmliche Rechtsbehelfe gegen Verwaltungsakte gelten, wenn der Sozialrechtsweg gegeben ist, das Sozialgerichtsgesetz, wenn der Verwaltungsrechtsweg gegeben ist, die Verwaltungsgerichtsordnung und die zu ihrer Ausführung ergangenen Rechtsvorschriften, soweit nicht durch Gesetz etwas anderes bestimmt ist; im übrigen gelten die Vorschriften dieses Gesetzbuchs.

§ 63 Erstattung von Kosten im Vorverfahren

(1) Soweit der Widerspruch erfolgreich ist, hat der Rechtsträger, dessen Behörde den angefochtenen Verwaltungsakt erlassen hat, demjenigen, der Widerspruch erhoben hat, die zur zweckentsprechenden Rechtsverfolgung oder Rechtsverteidigung notwendigen Aufwendungen zu erstatten. Dies gilt auch, wenn der Widerspruch nur deshalb keinen Erfolg hat, weil die Verletzung einer Verfahrens- oder Formvorschrift nach § 41 unbeachtlich ist. Aufwendungen, die durch das Verschulden eines Erstattungsberechtigten entstanden sind, hat dieser selbst zu tragen; das Verschulden eines Vertreters ist dem Vertretenen zuzurechnen.

(2) Die Gebühren und Auslagen eines Rechtsanwalts oder eines sonstigen Bevollmächtigten im Vorverfahren sind erstattungsfähig, wenn die Zuziehung eines Bevollmächtigten notwendig war.

(3) Die Behörde, die die Kostenentscheidung getroffen hat, setzt auf Antrag den Betrag der zu erstattenden Aufwendungen fest; hat ein Ausschuß oder Beirat die Kostenentscheidung getroffen, obliegt die Kostenfestsetzung der Behörde, bei der der Ausschuß oder Beirat gebildet ist. Die Kostenentscheidung bestimmt auch, ob die Zuziehung eines Rechtsanwalts oder eines sonstigen Bevollmächtigten notwendig war.

Sechster Abschnitt.
Kosten, Zustellung und Vollstreckung

§ 64[1] Kostenfreiheit

(1) Für das Verfahren bei den Behörden nach diesem Gesetzbuch werden keine Gebühren und Auslagen erhoben.

(2) Geschäfte und Verhandlungen, die aus Anlaß der Beantragung, Erbringung oder der Erstattung einer Sozialleistung nötig werden, sind kostenfrei. Dies gilt auch für die in der Kostenordnung bestimmten Gerichtskosten. Von Beurkundungs- und Beglaubigungskosten sind befreit Urkunden, die

1. in der Sozialversicherung bei den Versicherungsträgern und Versicherungsbehörden erforderlich werden, um die Rechtsverhältnisse zwischen den Versicherungsträgern einerseits und den Arbeitgebern, Versicherten oder ihren Hinterbliebenen andererseits abzuwickeln,

2. im Sozial- und im Kinder- und Jugendhilferecht aus Anlaß der Beantragung, Erbringung oder Erstattung einer nach dem Bundessozialhilfegesetz oder dem Achten Buch vorgesehenen Leistung benötigt werden,

3. im Schwerbehindertenrecht von der zuständigen Stelle im Zusammenhang mit der Verwendung der Ausgleichsabgabe für erforderlich gehalten werden,

4. im Recht der sozialen Entschädigung bei Gesundheitsschäden für erforderlich gehalten werden,

5. im Kindergeldrecht für erforderlich gehalten werden.

(3) Absatz 2 Satz 1 gilt auch für gerichtliche Verfahren, auf die das Gesetz über die Angelegenheiten der freiwilligen Gerichtsbarkeit anzuwenden ist. Im Verfahren nach der Zivilpro-

---

[1] § 64 Abs. 2 Nr. 2 geändert mit Wirkung vom 1. 1. 1991 durch Gesetz vom 26. 6. 1990 (BGBl. I S. 1163).

zeßordnung sowie im Verfahren vor Gerichten der Sozial- und Finanzgerichtsbarkeit sind die Träger der Sozialhilfe, der Jugendhilfe und der Kriegsopferfürsorge von den Gerichtskosten befreit.

§ 65[1] Zustellung

(1) Soweit Zustellungen durch Behörden des Bundes, der bundesunmittelbaren Körperschaften, Anstalten und Stiftungen des öffentlichen Rechts vorgeschrieben sind, gelten die §§ 2 bis 15 des Verwaltungszustellungsgesetzes.[1] Diese Vorschriften gelten auch, soweit Zustellungen durch Verwaltungsbehörden der Kriegsopferversorgung vorgeschrieben sind.

(2) Für die übrigen Behörden gelten die jeweiligen landesrechtlichen Vorschriften über das Zustellungsverfahren.

§ 66[2] Vollstreckung

(1) Für die Vollstreckung zugunsten der Behörden des Bundes, der bundesunmittelbaren Körperschaften, Anstalten und Stiftungen des öffentlichen Rechts gilt das Verwaltungs-Vollstreckungsgesetz. In Angelegenheiten des § 51 des Sozialgerichtsgesetzes ist für die Anordnung der Ersatzzwangshaft das Sozialgericht zuständig. Die oberste Verwaltungsbehörde kann bestimmen, daß die Aufsichtsbehörde nach Anhören der in Satz 1 genannten Behörden die geschäftsleitenden Bediensteten als Vollstreckungsbeamte und sonstige Bedienstete dieser Behörde als Vollziehungsbeamte bestellen darf.

(2) Absatz 1 gilt auch für die Vollstreckung durch Verwaltungsbehörden der Kriegsopferversorgung; das Land bestimmt die Vollstreckungsbehörde.

(3) Für die Vollstreckung zugunsten der übrigen Behörden gelten die jeweiligen landesrechtlichen Vorschriften über das Verwaltungsvollstreckungsverfahren. Absatz 1 Satz 2 und 3 gilt entsprechend.

(4) Aus einem Verwaltungsakt kann auch die Zwangsvollstreckung in entsprechender Anwendung der Zivilprozeßordnung stattfinden. Der Vollstreckungsschuldner soll vor Beginn

---

[1] § 65 Abs. 1 Satz 1 geändert durch Art. II § 17 Nr. 6 Gesetz vom 4. 11. 1982 (BGBl. I S. 1450).

[2] § 66 Abs. 1 Satz 1 und Abs. 4 Satz 3 geändert durch Art. II § 17 Nr. 7 Gesetz vom 4. 11. 1982 (BGBl. I S. 1450).

der Vollstreckung mit einer Zahlungsfrist von einer Woche gemahnt werden. Die vollstreckbare Ausfertigung erteilt der Behördenleiter, sein allgemeiner Vertreter oder ein anderer auf Antrag eines Leistungsträgers von der Aufsichtsbehörde ermächtigter Angehöriger des öffentlichen Dienstes. Bei den Versicherungsträgern und der Bundesanstalt für Arbeit tritt in Satz 3 an die Stelle der Aufsichtsbehörden der Vorstand.

Zweites Kapitel. Schutz der Sozialdaten

Erster Abschnitt. Geheimhaltung

§ 67 Grundsatz

Eine Offenbarung von personenbezogenen Daten oder Betriebs- oder Geschäftsgeheimnissen ist nur zulässig,

1. soweit der Betroffene im Einzelfall eingewilligt hat oder
2. soweit eine gesetzliche Offenbarungsbefugnis nach §§ 68 bis 77 vorliegt.

Die Einwilligung bedarf der Schriftform, soweit nicht wegen besonderer Umstände eine andere Form angemessen ist; wird die Einwilligung zusammen mit anderen Erklärungen schriftlich erteilt, ist der Betroffene hierauf schriftlich besonders hinzuweisen.

§ 68 Offenbarung im Rahmen der Amtshilfe

(1) Im Rahmen der Amtshilfe sind Vor- und Familiennamen, Geburtsdatum, Geburtsort, derzeitige Anschrift des Betroffenen sowie Namen und Anschriften seines derzeitigen Arbeitgebers zu offenbaren, soweit kein Grund zur Annahme besteht, daß dadurch schutzwürdige Belange des Betroffenen beeinträchtigt werden. Die ersuchte Stelle ist abweichend von § 4 Abs. 3 zur Offenbarung auch dann nicht verpflichtet, wenn sich die ersuchende Stelle die Angaben auf andere Weise beschaffen kann.

(2) Über das Offenbarungsersuchen entscheidet der Leiter der ersuchten Stelle, sein allgemeiner Stellvertreter oder ein besonders bevollmächtigter Bediensteter.

§ 69[1] Offenbarung für die Erfüllung sozialer Aufgaben

(1) Eine Offenbarung personenbezogener Daten ist zulässig, soweit sie erforderlich ist

1. für die Erfüllung einer gesetzlichen Aufgabe nach diesem Gesetzbuch durch eine in § 35 des Ersten Buches genannte Stelle oder für die Durchführung eines damit zusammenhängenden gerichtlichen Verfahrens einschließlich eines Strafverfahrens,
2. für die Verarbeitung personenbezogener Daten im Auftrag, wenn sie für die Erfüllung einer gesetzlichen Aufgabe nach diesem Gesetzbuch durch eine in § 35 des Ersten Buches genannte Stelle nach § 80 zulässig ist, oder
3. für die Richtigstellung unwahrer Tatsachenbehauptungen des Betroffenen im Zusammenhang mit einem Verfahren über die Erbringung von Sozialleistungen; die Offenbarung bedarf der vorherigen Genehmigung durch die zuständige oberste Bundes- oder Landesbehörde.

(2) Für die Erfüllung einer gesetzlichen oder sich aus einem Tarifvertrag ergebenden Aufgabe sind den in § 35 des Ersten Buches genannten Stellen gleichgestellt

1. die Stellen, die Leistungen nach dem Lastenausgleichsgesetz, dem Bundesentschädigungsgesetz, dem Gesetz über die Entschädigung für Strafverfolgungsmaßnahmen, dem Unterhaltssicherungsgesetz, dem Beamtenversorgungsgesetz und den Vorschriften, die auf das Beamtenversorgungsgesetz verweisen, dem Soldatenversorgungsgesetz und den Vorschriften der Länder über die Gewährung von Blinden- und Pflegegeldleistungen zu erbringen haben und deren aufsichts-, rechnungsprüfungs- oder weisungsberechtigte Behörden,
2. die gemeinsamen Einrichtungen der Tarifvertragsparteien im Sinne des § 4 Abs. 2 des Tarifvertragsgesetzes, die Zusatzversorgungseinrichtungen des öffentlichen Dienstes und die öffentlich-rechtlichen Zusatzversorgungseinrichtungen.

---

[1] § 69 Abs. 2 Nr. 1 und 2 geändert durch Gesetz vom 20. 12. 1988 (BGBl. I S. 2341).

§ 70[1] Offenbarung für die Durchführung des Arbeitsschutzes

Eine Offenbarung personenbezogener Daten ist zulässig, soweit sie zur Erfüllung der gesetzlichen Aufgaben der Unfallversicherungsträger, der Gewerbeaufsichtsämter oder der Bergbehörden bei der Durchführung des Arbeitsschutzes erforderlich ist und schutzwürdige Belange des Betroffenen nicht beeinträchtigt werden oder das öffentliche Interesse an der Durchführung des Arbeitsschutzes das Geheimhaltungsinteresse des Betroffenen erheblich überwiegt.

§ 71[2] Offenbarung für die Erfüllung besonderer gesetzlicher Pflichten und Mitteilungsbefugnisse

(1) Eine Offenbarung personenbezogener Daten ist zulässig, soweit sie erforderlich ist für die Erfüllung der gesetzlichen Mitteilungspflichten

1. zur Abwendung geplanter Straftaten nach § 138 des Strafgesetzbuchs,
2. zum Schutz der öffentlichen Gesundheit nach § 4 Abs. 1 Nr. 1 bis 4 und Abs. 2 des Bundes-Seuchengesetzes, nach § 11 Abs. 2, §§ 12 bis 14 Abs. 1 des Gesetzes zur Bekämpfung von Geschlechtskrankheiten,
3. zur Sicherung des Steueraufkommens nach den §§ 93, 97, 105, 111 Abs. 1 und 5 und § 116 der Abgabenordnung oder
4. zur Wehrüberwachung nach § 24 Abs. 8 des Wehrpflichtgesetzes,

soweit diese Vorschriften unmittelbar anwendbar sind. Eine Offenbarung personenbezogener Daten ist zulässig, soweit sie erforderlich ist für die Erfüllung der gesetzlichen Pflichten zur Sicherung und Nutzung von Archivgut nach den §§ 2 und 5 des Bundesarchivgesetzes oder gesetzlichen Vorschriften der Länder, die die Schutzfristen dieses Gesetzes nicht unterschreiten.

(2) Eine Offenbarung personenbezogener Daten eines Ausländers ist zulässig, soweit es nach pflichtgemäßem Ermessen

---

[1] § 70 geändert durch Gesetz vom 20. 7. 1988 (BGBl. I S. 1046).
[2] § 71 neu gefaßt durch Art. II § 17 Nr. 8 Gesetz vom 4. 11. 1982 (BGBl. I S. 1450), Überschrift geändert sowie Abs. 1 Satz 2 angefügt durch Gesetz vom 6. 1. 1988 (BGBl. I S. 62).

eines Leistungsträgers erforderlich ist, den Ausländerbehörden ausländerrechtlich zulässige Maßnahmen auf Grund der in § 10 Abs. 1 Nr. 7, 9 und 10 und § 11 des Ausländergesetzes bezeichneten Umstände zu ermöglichen. Während der ersten sechs Monate eines Bezugs von Sozialhilfe soll von einer Offenbarung der in § 10 Abs. 1 Nr. 10 des Ausländergesetzes bezeichneten Umstände abgesehen werden.

§ 72 Offenbarung für den Schutz der inneren und äußeren Sicherheit

(1) Eine Offenbarung personenbezogener Daten ist zulässig, soweit sie im Einzelfall für die rechtmäßige Erfüllung der in der Zuständigkeit der Behörden für Verfassungsschutz, des Bundesnachrichtendienstes, des Militärischen Abschirmdienstes und des Bundeskriminalamtes liegenden Aufgaben erforderlich ist. Die Offenbarung ist auf Angaben über Vor- und Familiennamen, Geburtsdatum, Geburtsort, derzeitige und frühere Anschriften des Betroffenen sowie Namen und Anschriften seiner derzeitigen und früheren Arbeitgeber beschränkt.

(2) Über die Erforderlichkeit des Offenbarungsersuchens entscheidet ein vom Leiter der ersuchenden Stelle bestimmter Beauftragter, der die Befähigung zum Richteramt haben oder die Voraussetzungen des § 110 des Deutschen Richtergesetzes erfüllen soll. Wenn eine oberste Bundes- oder Landesbehörde für die Aufsicht über die ersuchende Stelle zuständig ist, ist sie über die gestellten Offenbarungsersuchen zu unterrichten. Bei der ersuchten Stelle entscheidet über das Offenbarungsersuchen der Behördenleiter oder sein allgemeiner Stellvertreter.

§ 73 Offenbarung für die Durchführung eines Strafverfahrens

Eine Offenbarung personenbezogener Daten ist zulässig, soweit sie auf richterliche Anordnung erforderlich ist

1. zur Aufklärung eines Verbrechens oder
2. zur Aufklärung eines Vergehens, soweit sich das Auskunftsersuchen auf die in § 72 Abs. 1 Satz 2 genannten Angaben und auf Angaben über erbrachte oder demnächst zu erbringende Geldleistungen beschränkt.

§ 74[1] Offenbarung bei Verletzung der Unterhaltspflicht und beim Versorgungsausgleich

Eine Offenbarung personenbezogener Daten ist zulässig, soweit sie erforderlich ist

1. für die Durchführung

   a) eines gerichtlichen Verfahrens oder eines Vollstreckungsverfahrens wegen eines gesetzlichen oder vertraglichen Unterhaltsanspruchs oder des an seine Stelle getretenen Ersatzanspruchs oder

   Fassung der Nr. 1 Buchst. b bis 31. 12. 1991:

   b) eines Verfahrens über den Versorgungsausgleich nach § 53b des Gesetzes über die Angelegenheiten der freiwilligen Gerichtsbarkeit oder

   Fassung der Nr. 1 Buchst. b ab 1. 1. 1992:

   b) eines Verfahrens über den Versorgungsausgleich nach § 53b des Gesetzes über die Angelegenheiten der freiwilligen Gerichtsbarkeit oder nach § 11 Abs. 2 des Gesetzes zur Regelung von Härten im Versorgungsausgleich oder

2. für die Geltendmachung

   a) eines gesetzlichen oder vertraglichen Unterhaltsanspruchs außerhalb eines Verfahrens nach Nummer 1 Buchstabe a, soweit der Betroffene nach den Vorschriften des bürgerlichen Rechts, insbesondere nach § 1605 oder nach § 1361 Abs. 4 Satz 4, § 1580 Satz 2, § 1615a oder § 1615 l Abs. 3 Satz 1 in Verbindung mit § 1605 des Bürgerlichen Gesetzbuchs, zur Auskunft verpflichtet ist, oder

   Fassung der Nr. 2 Buchst. b bis 31. 12. 1991:

   b) eines Ausgleichsanspruchs im Rahmen des Versorgungsausgleichs außerhalb eines Verfahrens nach Nummer 1 Buchstabe b, soweit der Betroffene nach § 1587e Abs. 1 oder § 1587k Abs. 1 in Verbindung mit § 1580 des Bürgerlichen Gesetzbuchs zur Auskunft verpflichtet ist,

---

[1] § 74 Nr. 1 Buchst. b und Nr. 2 Buchst. b geändert mit Wirkung vom 1. 1. 1992 durch Rentenreformgesetz 1992 vom 18. 12. 1989 (BGBl. I S. 2261).

14 SGB X § 75 Sozialgesetzbuch

Fassung der Nr. 2 Buchst. b ab 1. 1. 1992:

b) eines Ausgleichsanspruchs im Rahmen des Versorgungsausgleichs außerhalb eines Verfahrens nach Nummer 1 Buchstabe b, soweit der Betroffene nach § 1587e Abs. 1 oder § 1587k Abs. 1 in Verbindung mit § 1580 des Bürgerlichen Gesetzbuchs oder nach § 3a Abs. 8 oder § 10a Abs. 11 des Gesetzes zur Regelung von Härten im Versorgungsausgleich zur Auskunft verpflichtet ist,

und diese Pflicht innerhalb angemessener Frist, nachdem er unter Hinweis auf die in diesem Gesetzbuch enthaltene Offenbarungsbefugnis der in § 35 des Ersten Buches genannten Stellen gemahnt wurde, nicht oder nicht vollständig erfüllt hat.

§ 75 Offenbarung für die Forschung oder Planung

(1) Eine Offenbarung personenbezogener Daten ist zulässig, soweit sie erforderlich ist

1. für die wissenschaftliche Forschung im Sozialleistungsbereich oder
2. für die Planung im Sozialleistungsbereich durch eine öffentliche Stelle im Rahmen ihrer Aufgaben

und schutzwürdige Belange des Betroffenen nicht beeinträchtigt werden oder das öffentliche Interesse an der Forschung oder Planung das Geheimhaltungsinteresse des Betroffenen erheblich überwiegt. Eine Offenbarung nach Satz 1 ist nicht zulässig, soweit es zumutbar ist, die Einwilligung des Betroffenen nach § 67 einzuholen oder den Zweck der Forschung oder Planung auf andere Weise zu erreichen.

(2) Die Offenbarung bedarf der vorherigen Genehmigung durch die zuständige oberste Bundes- oder Landesbehörde. Die Genehmigung darf im Hinblick auf den Schutz des Sozialgeheimnisses nur versagt werden, wenn die Voraussetzungen des Absatzes 1 nicht vorliegen. Sie muß

1. den Empfänger,
2. die Art der zu offenbarenden personenbezogenen Daten und den Kreis der Betroffenen,
3. die Forschung oder Planung, zu der die offenbarten personenbezogenen Daten verwendet werden dürfen, und

4. den Tag, bis zu dem die offenbarten personenbezogenen Daten aufbewahrt werden dürfen,

genau bezeichnen und steht auch ohne besonderen Hinweis unter dem Vorbehalt der nachträglichen Aufnahme, Änderung oder Ergänzung einer Auflage.

§ 76[1] Einschränkung der Offenbarungsbefugnis bei besonders schutzwürdigen personenbezogenen Daten

(1) Die Offenbarung personenbezogener Daten, die einer in § 35 des Ersten Buches genannten Stelle von einem Arzt oder einer anderen in § 203 Abs. 1 und 3 des Strafgesetzbuchs genannten Person zugänglich gemacht worden sind, ist nur unter den Voraussetzungen zulässig, unter denen diese Person selbst offenbarungsbefugt wäre.

(2) Absatz 1 gilt nicht

1. im Rahmen des § 69 Abs. 1 Nr. 1 für personenbezogene Daten, die im Zusammenhang mit einer Begutachtung wegen der Erbringung von Sozialleistungen oder wegen der Ausstellung einer Bescheinigung zugänglich gemacht worden sind, es sei denn, daß der Betroffene der Offenbarung widerspricht,

2. im Rahmen des § 71 Abs. 1 Satz 2.

§ 77 Einschränkung der Offenbarungsbefugnis über die Grenze

Eine Offenbarung personenbezogener Daten gegenüber Personen oder Stellen außerhalb des Geltungsbereichs dieses Gesetzbuchs ist zudem nicht zulässig, soweit Grund zur Annahme besteht, daß dadurch schutzwürdige Belange des Betroffenen beeinträchtigt werden.

§ 78 Zweckbindung und Geheimhaltungspflicht des Empfängers

Personen oder Stellen, denen personenbezogene Daten oder Betriebs- und Geschäftsgeheimnisse offenbart worden sind, dürfen diese nur zu dem Zweck verwenden, zu dem sie ihnen befugt offenbart worden sind. Im übrigen haben sie die Daten

---

[1] § 76 Abs. 2 neu gefaßt durch Gesetz vom 6. 1. 1988 (BGBl. I S. 62).

in demselben Umfang geheimzuhalten wie die in § 35 des Ersten Buches genannten Stellen.

Zweiter Abschnitt. Schutz der Sozialdaten bei der Datenverarbeitung

§ 79[1] Geltung des Bundesdatenschutzgesetzes

(1) Die in § 35 des Ersten Buches genannten Stellen unterliegen, soweit sie personenbezogene Daten oder Betriebs- oder Geschäftsgeheimnisse in Dateien verarbeiten, nach Maßgabe der §§ 80 bis 85 den Vorschriften des Ersten und Zweiten Abschnitts sowie den §§ 41, 42 Abs. 1 Nr. 2 und § 45 des Bundesdatenschutzgesetzes; die §§ 28 und 29 des Bundesdatenschutzgesetzes sind entsprechend anzuwenden. Für die Zulässigkeit der Datenspeicherung, -veränderung und -nutzung durch die in § 35 des Ersten Buches genannten Stellen ergeben sich die Zwecke aus den diesen Stellen nach diesem Gesetzbuch jeweils vorgeschriebenen oder zugelassenen Aufgaben.

(2) Für Krankenhäuser und Einrichtungen zur Eingliederung Behinderter gelten abweichend vom § 7 Abs. 1 Satz 2 und Abs. 2 Satz 2 auch die §§ 8, 9 und 12 bis 14 des Bundesdatenschutzgesetzes.

(3) Die Vorschriften des Zweiten Abschnitts des Bundesdatenschutzgesetzes gelten abweichend von § 7 Abs. 2 Satz 1 des Bundesdatenschutzgesetzes auch, soweit der Datenschutz durch Landesgesetz geregelt ist. An die Stelle des Bundesbeauftragten für den Datenschutz treten insoweit die nach Landesrecht zuständigen Stellen.

§ 80[2] Verarbeitung personenbezogener Daten im Auftrag

(1) Für die Verarbeitung personenbezogener Daten im Auftrag gelten neben § 8 Abs. 1 und 3 des Bundesdatenschutzgesetzes die Absätze 2 bis 5.

---

[1] § 79 Abs. 1 Satz 2 angefügt durch Gesetz vom 20. 12. 1988 (BGBl. I S. 2477).

[2] § 80 Abs. 3 Nr. 1 geändert durch Art. II § 17 Nr. 9 Gesetz vom 4. 11. 1982 (BGBl. I S. 1450).

(2) Eine Auftragserteilung ist nur zulässig, wenn der Datenschutz beim Auftragnehmer nach der Art der zu verarbeitenden Daten den Anforderungen genügt, die für den Auftraggeber gelten. Der Auftraggeber ist verpflichtet, erforderlichenfalls Weisungen zur Ergänzung der beim Auftragnehmer vorhandenen technischen und organisatorischen Maßnahmen (§ 6 Abs. 1 des Bundesdatenschutzgesetzes) zu erteilen. Ist auf den Auftragnehmer der Zweite Abschnitt des Bundesdatenschutzgesetzes[1] nicht anzuwenden, setzt die Auftragserteilung außerdem voraus, daß sich der Auftragnehmer schriftlich damit einverstanden erklärt hat, daß der Auftraggeber jederzeit berechtigt ist, mit den in § 30 Abs. 2 und 3 des Bundesdatenschutzgesetzes genannten Mitteln die Einhaltung der Vorschriften über den Datenschutz und der ergänzenden Weisungen nach Satz 2 zu überwachen.

(3) Der Auftraggeber hat seiner Aufsichtsbehörde rechtzeitig vor der Auftragserteilung

1. den Auftragnehmer, die bei diesem vorhandenen technischen und organisatorischen Maßnahmen und ergänzenden Weisungen nach Absatz 2 Satz 2,
2. die Art der Daten, die im Auftrag verarbeitet werden sollen, und den Kreis der Betroffenen sowie
3. die Aufgabe, zu deren Erfüllung die Verarbeitung der Daten im Auftrag erfolgen soll,

anzuzeigen. Ist auf den Auftragnehmer der Zweite Abschnitt des Bundesdatenschutzgesetzes anzuwenden, hat er die Anzeige auch an dessen Aufsichtsbehörde zu richten.

(4) Der Auftragnehmer darf die zur Datenverarbeitung überlassenen Daten nicht anderweitig verwenden und nicht länger aufbewahren, als der Auftraggeber bestimmt.

(5) Die Verarbeitung personenbezogener Daten im Auftrag durch nicht-öffentliche Stellen ist nur zulässig, wenn anders Störungen im Betriebsablauf nicht vermieden oder Teilvorgänge der automatischen Datenverarbeitung hierdurch erheblich kostengünstiger besorgt werden können.

§ 81 Datenübermittlung

(1) Die §§ 10 und 11 des Bundesdatenschutzgesetzes gelten nicht für die Offenbarung personenbezogener Daten nach §§ 69 bis 77.

(2) Die Übermittlung personenbezogener Daten auf maschinell verwertbaren Datenträgern oder im Wege der Datenfernübertragung ist auch über Vermittlungsstellen zulässig, wenn auf diese der Zweite Abschnitt des Bundesdatenschutzgesetzes anzuwenden ist. § 80 Abs. 2 Satz 1, Abs. 3 und 4 gilt entsprechend.

§ 82 Veröffentlichung über die gespeicherten Daten

Die Bundesregierung wird ermächtigt, statt der in § 12 Abs. 3 des Bundesdatenschutzgesetzes vorgesehenen Rechtsverordnungen für die in § 35 des Ersten Buches genannten Stellen mit Zustimmung des Bundesrates eine einheitliche Rechtsverordnung zu erlassen und darin zu bestimmen, daß auch veröffentlicht wird, an welche Stellen regelmäßig welche Daten übermittelt werden.

§ 83 Auskunft an den Betroffenen

Für die nach § 13 des Bundesdatenschutzgesetzes zu erteilende Auskunft gilt § 25 Abs. 2 entsprechend.

§ 84[1] Löschen von Daten

Ist die Kenntnis personenbezogener Daten für die speichernde Stelle zur rechtmäßigen Erfüllung der in ihrer Zuständigkeit liegenden Aufgaben nicht mehr erforderlich und besteht kein Grund zu der Annahme, daß durch die Löschung schutzwürdige Belange des Betroffenen beeinträchtigt werden, besteht abweichend von § 14 Abs. 3 Satz 1 des Bundesdatenschutzgesetzes eine Pflicht zur Löschung; § 71 Abs. 1 Satz 2 bleibt unberührt.

§ 85 Ordnungswidrigkeiten

(1) Ordnungswidrig handelt, wer vorsätzlich oder fahrlässig entgegen § 80 Abs. 4, auch soweit § 81 Abs. 2 Satz 2 auf diese Vorschrift verweist, personenbezogene Daten oder Betriebs- oder Geschäftsgeheimnisse anderweitig verwendet oder länger aufbewahrt, als nach diesen Vorschriften bestimmt worden ist.

---

[1] § 84 geändert durch Gesetz vom 6. 1. 1988 (BGBl. I S. 62).

(2) Die Ordnungswidrigkeit kann mit einer Geldbuße bis zu fünfzigtausend Deutsche Mark geahndet werden.

Drittes Kapitel[1].
Zusammenarbeit der Leistungsträger und ihre Beziehungen zu Dritten

Erster Abschnitt.
Zusammenarbeit der Leistungsträger untereinander und mit Dritten

Erster Titel. Allgemeine Vorschriften

§ 86 Zusammenarbeit

Die Leistungsträger, ihre Verbände und die in diesem Gesetzbuch genannten öffentlich-rechtlichen Vereinigungen sind verpflichtet, bei der Erfüllung ihrer Aufgaben nach diesem Gesetzbuch eng zusammenzuarbeiten.

Zweiter Titel. Zusammenarbeit der Leistungsträger untereinander

§ 87 Beschleunigung der Zusammenarbeit

(1) Ersucht ein Leistungsträger einen anderen Leistungsträger um Verrechnung mit einer Nachzahlung und kann er die Höhe des zu verrechnenden Anspruchs noch nicht bestimmen, ist der ersuchte Leistungsträger dagegen bereits in der Lage, die Nachzahlung zu erbringen, ist die Nachzahlung spätestens innerhalb von zwei Monaten nach Zugang des Verrechnungsersuchens zu leisten. Soweit die Nachzahlung nach Auffassung der beteiligten Leistungsträger die Ansprüche der ersuchenden Leistungsträger übersteigt, ist sie unverzüglich auszuzahlen.

(2) Ist ein Anspruch auf eine Geldleistung auf einen anderen Leistungsträger übergegangen und ist der Anspruchsübergang

---

[1] Drittes Kapitel (§§ 86 bis 119) eingefügt durch Art. I Gesetz vom 4. 11. 1982 (BGBl. I S. 1450).

sowohl diesem als auch dem verpflichteten Leistungsträger bekannt, hat der verpflichtete Leistungsträger die Geldleistung nach Ablauf von zwei Monaten seit dem Zeitpunkt, in dem die Auszahlung frühestens möglich ist, an den Berechtigten auszuzahlen, soweit ihm bis zu diesem Zeitpunkt nicht bekannt ist, in welcher Höhe der Anspruch dem anderen Leistungsträger zusteht. Die Auszahlung hat gegenüber dem anderen Leistungsträger befreiende Wirkung. Absatz 1 Satz 2 gilt entsprechend.

§ 88 Auftrag

(1) Ein Leistungsträger (Auftraggeber) kann ihm obliegende Aufgaben durch einen anderen Leistungsträger oder seinen Verband (Beauftragter) mit dessen Zustimmung wahrnehmen lassen, wenn dies

1. wegen des sachlichen Zusammenhangs der Aufgaben vom Auftraggeber und Beauftragten,
2. zur Durchführung der Aufgaben und
3. im wohlverstandenen Interesse der Betroffenen

zweckmäßig ist. Satz 1 gilt nicht im Recht der Ausbildungsförderung, der Kriegsopferfürsorge, des Kindergeldes, der Unterhaltsvorschüsse und Unterhaltsausfalleistungen, im Wohngeldrecht sowie im Recht der Jugendhilfe und der Sozialhilfe.

(2) Der Auftrag kann für Einzelfälle sowie für gleichartige Fälle erteilt werden. Ein wesentlicher Teil des gesamten Aufgabenbereichs muß beim Auftraggeber verbleiben.

(3) Verbände dürfen Verwaltungsakte nur erlassen, soweit sie hierzu durch Gesetz oder auf Grund eines Gesetzes berechtigt sind. Darf der Verband Verwaltungsakte erlassen, ist die Berechtigung in der für die amtlichen Veröffentlichungen des Verbandes sowie der Mitglieder vorgeschriebenen Weise bekanntzumachen.

(4) Der Auftraggeber hat einen Auftrag für gleichartige Fälle in der für seine amtlichen Veröffentlichungen vorgeschriebenen Weise bekanntzumachen.

§ 89 Ausführung des Auftrags

(1) Verwaltungsakte, die der Beauftragte zur Ausführung des Auftrags erläßt, ergehen im Namen des Auftraggebers.

(2) Durch den Auftrag wird der Auftraggeber nicht von seiner Verantwortung gegenüber dem Betroffenen entbunden.

(3) Der Beauftragte hat dem Auftraggeber die erforderlichen Mitteilungen zu machen, auf Verlangen über die Ausführung des Auftrags Auskunft zu erteilen und nach der Ausführung des Auftrags Rechenschaft abzulegen.

(4) Der Auftraggeber ist berechtigt, die Ausführung des Auftrags jederzeit zu prüfen.

(5) Der Auftraggeber ist berechtigt, den Beauftragten an seine Auffassung zu binden.

§ 90 Anträge und Widerspruch beim Auftrag

Der Beteiligte kann auch beim Beauftragten Anträge stellen. Erhebt der Beteiligte gegen eine Entscheidung des Beauftragten Widerspruch und hilft der Beauftragte diesem nicht ab, erläßt den Widerspruchsbescheid die für den Auftraggeber zuständige Widerspruchsstelle.

§ 91 Erstattung von Aufwendungen

(1) Erbringt ein Beauftragter Sozialleistungen für einen Auftraggeber, ist dieser zur Erstattung verpflichtet. Sach- und Dienstleistungen sind in Geld zu erstatten. Eine Erstattungspflicht besteht nicht, soweit Sozialleistungen zu Unrecht erbracht worden sind und den Beauftragten hierfür ein Verschulden trifft.

(2) Die bei der Ausführung des Auftrags entstehenden Kosten sind zu erstatten. Absatz 1 Satz 3 gilt entsprechend.

(3) Für die zur Ausführung des Auftrags erforderlichen Aufwendungen hat der Auftraggeber dem Beauftragten auf Verlangen einen angemessenen Vorschuß zu zahlen.

(4) Abweichende Vereinbarungen, insbesondere über pauschalierte Erstattungen, sind zulässig.

§ 92 Kündigung des Auftrags

Der Auftraggeber oder der Beauftragte kann den Auftrag kündigen. Die Kündigung darf nur zu einem Zeitpunkt erfolgen, der es ermöglicht, daß der Auftraggeber für die Erledigung der Aufgabe auf andere Weise rechtzeitig Vorsorge treffen und der Beauftragte sich auf den Wegfall des Auftrags in angemessener Zeit einstellen kann. Liegt ein wichtiger Grund vor, kann mit sofortiger Wirkung gekündigt werden. § 88 Abs. 4 gilt entsprechend.

§ 93 Gesetzlicher Auftrag

Handelt ein Leistungsträger auf Grund gesetzlichen Auftrags für einen anderen, gelten § 89 Abs. 3 und 5 sowie § 91 Abs. 1 und 3 entsprechend.

§ 94 Arbeitsgemeinschaften

(1) Die Leistungsträger und ihre Verbände können zur gemeinsamen Wahrnehmung von Aufgaben zur Eingliederung Behinderter Arbeitsgemeinschaften bilden.

(2) Die Arbeitsgemeinschaften unterliegen staatlicher Aufsicht, die sich auf die Beachtung von Gesetz und sonstigem Recht erstreckt, das für die Arbeitsgemeinschaften, die Leistungsträger und ihre Verbände maßgebend ist; die §§ 88 und 90 des Vierten Buches gelten entsprechend. Fehlt ein Zuständigkeitsbereich im Sinne von § 90 des Vierten Buches, führen die Aufsicht die für die Sozialversicherung zuständige oberste Verwaltungsbehörde oder die von ihr bestimmten Behörden des Landes, in dem sie ihren Sitz haben; diese Aufsichtsbehörde kann mit den Aufsichtsbehörden der beteiligten Versicherungsträger Abweichendes vereinbaren.

(3) Soweit erforderlich, stellt eine Arbeitsgemeinschaft unter entsprechender Anwendung von § 67 des Vierten Buches einen Haushaltsplan auf.

(4) § 88 Abs. 1 Satz 1 und Abs. 2 gilt entsprechend.

§ 95 Zusammenarbeit bei Planung und Forschung

(1) Die in § 86 genannten Stellen sollen

1. Planungen, die auch für die Willensbildung und Durchführung von Aufgaben der anderen von Bedeutung sind, im Benehmen miteinander abstimmen sowie
2. gemeinsame örtliche und überörtliche Pläne in ihrem Aufgabenbereich über soziale Dienste und Einrichtungen, insbe-

sondere deren Bereitstellung und Inanspruchnahme, anstreben.

Die jeweiligen Gebietskörperschaften sowie die gemeinnützigen und freien Einrichtungen und Organisationen sollen insbesondere hinsichtlich der Bedarfsermittlung beteiligt werden.

(2) Die in § 86 genannten Stellen sollen Forschungsvorhaben über den gleichen Gegenstand aufeinander abstimmen.

§ 96[1] Ärztliche Untersuchungen, psychologische Eignungsuntersuchungen

(1) Veranlaßt ein Leistungsträger eine ärztliche Untersuchungsmaßnahme oder eine psychologische Eignungsuntersuchungsmaßnahme, um festzustellen, ob die Voraussetzungen für eine Sozialleistung vorliegen, sollen die Untersuchungen in der Art und Weise vorgenommen und deren Ergebnisse so festgehalten werden, daß sie auch bei der Prüfung der Voraussetzungen anderer Sozialleistungen verwendet werden können. Der Umfang der Untersuchungsmaßnahme richtet sich nach der Aufgabe, die der Leistungsträger, der die Untersuchung veranlaßt hat, zu erfüllen hat. Die Untersuchungsbefunde sollen bei der Feststellung, ob die Voraussetzungen einer anderen Sozialleistung vorliegen, verwertet werden.

(2) Durch Vereinbarungen haben die Leistungsträger sicherzustellen, daß Untersuchungen unterbleiben, soweit bereits verwertbare Untersuchungsergebnisse vorliegen. Für den Einzelfall sowie nach Möglichkeit für eine Vielzahl von Fällen haben die Leistungsträger zu vereinbaren, daß bei der Begutachtung der Voraussetzungen von Sozialleistungen die Untersuchungen nach einheitlichen und vergleichbaren Grundlagen, Maßstäben und Verfahren vorgenommen und die Ergebnisse der Untersuchungen festgehalten werden. Sie können darüber hinaus vereinbaren, daß sich der Umfang der Untersuchungsmaßnahme nach den Aufgaben der beteiligten Leistungsträger richtet; soweit die Untersuchungsmaßnahme hierdurch erweitert ist, ist die Zustimmung des Betroffenen erforderlich.

(3) Die Bildung einer Zentraldatei mehrerer Leistungsträger für Daten der ärztlich untersuchten Leistungsempfänger ist

---

[1] § 96 Abs. 3 Sätze 2 und 3 angefügt durch Gesetz vom 20. 12. 1988 (BGBl. I S. 2344).

nicht zulässig. Satz 1 gilt nicht für Träger der gesetzlichen Unfallversicherung, soweit sie Aufgaben der Gesundheitsvorsorge, der Rehabilitation und der Forschung wahrnehmen, die dem Ziel dienen, gesundheitliche Schäden bei Versicherten zu verhüten oder zu beheben. § 76 bleibt unberührt.

Dritter Titel. Zusammenarbeit der Leistungsträger mit Dritten

§ 97 Durchführung von Aufgaben durch Dritte

(1) Kann ein Leistungsträger oder eine Arbeitsgemeinschaft von einem Dritten Aufgaben wahrnehmen lassen, muß sichergestellt sein, daß der Dritte die Gewähr für eine sachgerechte, die Rechte und Interessen des Betroffenen wahrende Erfüllung der Aufgaben bietet.

(2) § 89 Abs. 3 bis 5, § 91 Abs. 1 bis 3 sowie § 92 gelten entsprechend.

§ 98[1] Auskunftspflicht des Arbeitgebers

(1) Soweit es in der Sozialversicherung einschließlich der Arbeitslosenversicherung im Einzelfall für die Erbringung von Sozialleistungen erforderlich ist, hat der Arbeitgeber auf Verlangen dem Leistungsträger oder der zuständigen Einzugsstelle Auskunft über die Art und Dauer der Beschäftigung, den Beschäftigungsort und das Arbeitsentgelt zu erteilen. Wegen der Entrichtung von Beiträgen hat der Arbeitgeber über alle Tatsachen Auskunft zu geben, die für die Erhebung der Beiträge notwendig sind. Der Arbeitgeber hat die Geschäftsbücher, Listen oder andere Unterlagen, aus denen die Angaben über die Beschäftigung hervorgehen, während der Betriebszeit nach seiner Wahl den in Satz 1 bezeichneten Stellen entweder in deren oder in seinen eigenen Geschäftsräumen zur Einsicht vorzulegen. Das Wahlrecht nach Satz 3 entfällt, wenn besondere Gründe eine Prüfung in den Geschäftsräumen des Arbeitgebers gerechtfertigt erscheinen lassen. Satz 4 gilt nicht gegenüber Arbeitgebern des öffentlichen Dienstes.

---

[1] § 98 Abs. 1 Satz 4 und 5 angefügt und Abs. 3 Satz 1 sowie Abs. 5 Satz 1 und 3 geändert durch Gesetz vom 20. 12. 1988 (BGBl. I S. 2330), Abs. 5 Satz 1 und 3 geändert durch Gesetz vom 6. 10. 1989 (BGBl. I S. 1822).

(2) Wird die Auskunft wegen der Erbringung von Sozialleistungen verlangt, gilt § 65 Abs. 1 des Ersten Buches entsprechend. Auskünfte auf Fragen, deren Beantwortung dem Arbeitgeber selbst oder einer ihm nahestehenden Person (§ 383 Abs. 1 Nr. 1 bis 3 der Zivilprozeßordnung) die Gefahr zuziehen würde, wegen einer Straftat oder einer Ordnungswidrigkeit verfolgt zu werden, können verweigert werden.

(3) Hinsichtlich des Absatzes 1 Satz 2 und 3 sowie des Absatzes 2 stehen einem Arbeitgeber die Personen gleich, die wie ein Arbeitgeber Beiträge für eine kraft Gesetzes versicherte Person zu entrichten haben. Absatz 5 Satz 1 und 2 findet keine Anwendung.

(4) Der Bundesminister für Arbeit und Sozialordnung kann durch Rechtsverordnung mit Zustimmung des Bundesrates das Nähere über die Durchführung der in Absatz 1 genannten Mitwirkung bestimmen.

(5) Ordnungswidrig handelt, wer vorsätzlich oder leichtfertig der Auskunfts- oder Vorlagepflicht nicht nachkommt. Die Ordnungswidrigkeit kann mit einer Geldbuße bis zu 5000 Deutsche Mark geahndet werden. Die Sätze 1 und 2 gelten auch für den Entleiher, wenn er seiner Auskunfts- und Vorlagepflicht nach Absatz 1 Satz 2 und 3 vorsätzlich oder leichtfertig nicht nachkommt.

§ 99 Auskunftspflicht von Angehörigen, Unterhaltspflichtigen oder sonstigen Personen

Ist nach dem Recht der Sozialversicherung einschließlich der Arbeitslosenversicherung oder dem sozialen Entschädigungsrecht

1. das Einkommen oder das Vermögen von Angehörigen des Leistungsempfängers oder sonstiger Personen bei einer Sozialleistung oder ihrer Erstattung zu berücksichtigen oder
2. die Sozialleistung oder ihre Erstattung von der Höhe eines Unterhaltsanspruchs abhängig, der dem Leistungsempfänger gegen einen Unterhaltspflichtigen zusteht,

gelten für diese Personen § 60 Abs. 1 Nr. 1 und 3 sowie § 65 Abs. 1 des Ersten Buches entsprechend. Das gleiche gilt für den in Satz 1 genannten Anwendungsbereich in den Fällen, in denen Unterhaltspflichtige, Angehörige, der frühere Ehegatte oder

Erben zum Ersatz der Aufwendungen des Leistungsträgers herangezogen werden. Auskünfte auf Fragen, deren Beantwortung einem nach Satz 1 oder Satz 2 Auskunftspflichtigen oder einer ihm nahestehenden Person (§ 383 Abs. 1 Nr. 1 bis 3 der Zivilprozeßordnung) die Gefahr zuziehen würde, wegen einer Straftat oder einer Ordnungswidrigkeit verfolgt zu werden, können verweigert werden.

§ 100[1] Auskunftspflicht des Arztes oder Angehörigen eines anderen Heilberufs

(1) Der Arzt oder Angehörige eines anderen Heilberufs ist verpflichtet, dem Leistungsträger im Einzelfall auf Verlangen Auskunft zu erteilen, soweit es für die Durchführung von dessen Aufgaben nach diesem Gesetzbuch erforderlich und

1. es gesetzlich zugelassen ist oder
2. der Betroffene im Einzelfall eingewilligt hat.

Die Einwilligung bedarf der Schriftform, soweit nicht wegen besonderer Umstände eine andere Form angemessen ist. Die Sätze 1 und 2 gelten entsprechend für Krankenhäuser sowie für Vorsorge- oder Rehabilitationseinrichtungen.

(2) Auskünfte auf Fragen, deren Beantwortung dem Arzt, dem Angehörigen eines anderen Heilberufs oder ihnen nahestehenden Personen (§ 383 Abs. 1 Nr. 1 bis 3 der Zivilprozeßordnung) die Gefahr zuziehen würde, wegen einer Straftat oder einer Ordnungswidrigkeit verfolgt zu werden, können verweigert werden.

§ 101 Auskunftspflicht der Leistungsträger

Die Leistungsträger haben auf Verlangen eines behandelnden Arztes Untersuchungsbefunde, die für die Behandlung von Bedeutung sein können, mitzuteilen, sofern der Betroffene im Einzelfall in die Mitteilung eingewilligt hat. § 100 Abs. 1 Satz 2 gilt entsprechend.

---

[1] § 100 Abs. 1 Satz 3 geändert durch Gesundheits-Reformgesetz vom 20. 12. 1988 (BGBl. I S. 2477).

Zweiter Abschnitt. Erstattungsansprüche der Leistungsträger untereinander

§ 102 Anspruch des vorläufig leistenden Leistungsträgers

(1) Hat ein Leistungsträger auf Grund gesetzlicher Vorschriften vorläufig Sozialleistungen erbracht, ist der zur Leistung verpflichtete Leistungsträger erstattungspflichtig.

(2) Der Umfang des Erstattungsanspruchs richtet sich nach den für den vorleistenden Leistungsträger geltenden Rechtsvorschriften.

§ 103 Anspruch des Leistungsträgers, dessen Leistungsverpflichtung nachträglich entfallen ist

(1) Hat ein Leistungsträger Sozialleistungen erbracht und ist der Anspruch auf diese nachträglich ganz oder teilweise entfallen, ist der für die entsprechende Leistung zuständige Leistungsträger erstattungspflichtig, soweit dieser nicht bereits selbst geleistet hat, bevor er von der Leistung des anderen Leistungsträgers Kenntnis erlangt hat.

(2) Der Umfang des Erstattungsanspruchs richtet sich nach den für den zuständigen Leistungsträger geltenden Rechtsvorschriften.

(3) Die Absätze 1 und 2 gelten gegenüber den Trägern der Sozialhilfe, der Kriegsopferfürsorge und der Jugendhilfe nur von dem Zeitpunkt ab, von dem ihnen bekannt war, daß die Voraussetzungen für ihre Leistungspflicht vorlagen.

§ 104[1] Anspruch des nachrangig verpflichteten Leistungsträgers

(1) Hat ein nachrangig verpflichteter Leistungsträger Sozialleistungen erbracht, ohne daß die Voraussetzungen von § 103 Abs. 1 vorliegen, ist der Leistungsträger erstattungspflichtig, gegen den der Berechtigte vorrangig einen Anspruch hat oder hatte, soweit der Leistungsträger nicht bereits selbst geleistet hat, bevor er von der Leistung des anderen Leistungsträgers

---

[1] § 104 neuer Abs. 2 eingefügt, bisherige Abs. 2 und 3 wurden Abs. 3 und 4 durch Gesetz vom 22. 12. 1983 (BGBl. I S. 1532).

Kenntnis erlangt hat. Nachrangig verpflichtet ist ein Leistungsträger, soweit dieser bei rechtzeitiger Erfüllung der Leistungsverpflichtung eines anderen Leistungsträgers selbst nicht zur Leistung verpflichtet gewesen wäre. Ein Erstattungsanspruch besteht nicht, soweit der nachrangige Leistungsträger seine Leistungen auch bei Leistung des vorrangig verpflichteten Leistungsträgers hätte erbringen müssen. Satz 1 gilt entsprechend, wenn von den Trägern der Sozialhilfe, der Kriegsopferfürsorge und der Jugendhilfe Aufwendungsersatz geltend gemacht oder ein Kostenbeitrag erhoben werden kann; Satz 3 gilt in diesen Fällen nicht.

(2) Absatz 1 gilt auch dann, wenn von einem nachrangig verpflichteten Leistungsträger für einen Angehörigen Sozialleistungen erbracht worden sind und ein anderer mit Rücksicht auf diesen Angehörigen einen Anspruch auf Sozialleistungen, auch auf besonders bezeichnete Leistungsteile, gegenüber einem vorrangig verpflichteten Leistungsträger hat oder hatte.

(3) Der Umfang des Erstattungsanspruchs richtet sich nach den für den vorrangig verpflichteten Leistungsträger geltenden Rechtsvorschriften.

(4) Sind mehrere Leistungsträger vorrangig verpflichtet, kann der Leistungsträger, der die Sozialleistung erbracht hat, Erstattung nur von dem Leistungsträger verlangen, für den er nach § 107 Abs. 2 mit befreiender Wirkung geleistet hat.

§ 105[1] Anspruch des unzuständigen Leistungsträgers

(1) Hat ein unzuständiger Leistungsträger Sozialleistungen erbracht, ohne daß die Voraussetzungen von § 102 Abs. 1 vorliegen, ist der zuständige oder zuständig gewesene Leistungsträger erstattungspflichtig, soweit dieser nicht bereits selbst geleistet hat, bevor er von der Leistung des anderen Leistungsträgers Kenntnis erlangt hat. § 104 Abs. 2 gilt entsprechend.

(2) Der Umfang des Erstattungsanspruchs richtet sich nach den für den zuständigen Leistungsträger geltenden Rechtsvorschriften.

---

[1] § 105 Abs. 1 Satz 2 angefügt durch Gesetz vom 22. 12. 1983 (BGBl. I S. 1532).

(3) Die Absätze 1 und 2 gelten gegenüber den Trägern der Sozialhilfe, der Kriegsopferfürsorge und der Jugendhilfe nur von dem Zeitpunkt ab, von dem ihnen bekannt war, daß die Voraussetzungen für ihre Leistungspflicht vorlagen.

§ 106 Rangfolge bei mehreren Erstattungsberechtigten

(1) Ist ein Leistungsträger mehreren Leistungsträgern zur Erstattung verpflichtet, sind die Ansprüche in folgender Rangfolge zu befriedigen:
1. der Anspruch nach § 8 Abs. 3 Satz 2 des Bundeskindergeldgesetzes,
2. der Anspruch des vorläufig leistenden Leistungsträgers nach § 102,
3. der Anspruch des Leistungsträgers, dessen Leistungsverpflichtung nachträglich entfallen ist, nach § 103,
4. der Anspruch des nachrangig verpflichteten Leistungsträgers nach § 104,
5. der Anspruch des unzuständigen Leistungsträgers nach § 105.

(2) Treffen ranggleiche Ansprüche von Leistungsträgern zusammen, sind diese anteilsmäßig zu befriedigen. Machen mehrere Leistungsträger Ansprüche nach § 104 geltend, ist zuerst derjenige zu befriedigen, der im Verhältnis der nachrangigen Leistungsträger untereinander einen Erstattungsanspruch nach § 104 hätte.

(3) Der Erstattungspflichtige muß insgesamt nicht mehr erstatten, als er nach den für ihn geltenden Erstattungsvorschriften einzeln zu erbringen hätte.

§ 107 Erfüllung

(1) Soweit ein Erstattungsanspruch besteht, gilt der Anspruch des Berechtigten gegen den zur Leistung verpflichteten Leistungsträger als erfüllt.

(2) Hat der Berechtigte Ansprüche gegen mehrere Leistungsträger, gilt der Anspruch als erfüllt, den der Träger, der die Sozialleistung erbracht hat, bestimmt. Die Bestimmung ist dem Berechtigten gegenüber unverzüglich vorzunehmen und den übrigen Leistungsträgern mitzuteilen.

§ 108 Erstattung in Geld

Sach- und Dienstleistungen sind in Geld zu erstatten.

§ 109 Verwaltungskosten und Auslagen

Verwaltungskosten sind nicht zu erstatten. Auslagen sind auf Anforderung zu erstatten, wenn sie im Einzelfall 200 Deutsche Mark übersteigen. Die Bundesregierung kann durch Rechtsverordnung mit Zustimmung des Bundesrates den in Satz 2 genannten Betrag entsprechend der jährlichen Steigerung der monatlichen Bezugsgröße nach § 18 des Vierten Buches anheben und dabei auf zehn Deutsche Mark nach unten oder oben runden.

§ 110 Pauschalierung

Die Leistungsträger haben ihre Erstattungsansprüche pauschal abzugelten, soweit dies zweckmäßig ist. Beträgt im Einzelfall ein Erstattungsanspruch voraussichtlich weniger als 50 Deutsche Mark, erfolgt keine Erstattung. Die Leistungsträger können abweichend von Satz 2 höhere Beträge vereinbaren. Die Bundesregierung kann durch Rechtsverordnung mit Zustimmung des Bundesrates den in Satz 2 genannten Betrag entsprechend der jährlichen Steigerung der monatlichen Bezugsgröße nach § 18 des Vierten Buches anheben und dabei auf zehn Deutsche Mark nach unten oder oben runden.

§ 111 Ausschlußfrist

Der Anspruch auf Erstattung ist ausgeschlossen, wenn der Erstattungsberechtigte ihn nicht spätestens zwölf Monate nach Ablauf des letzten Tages, für den die Leistung erbracht wurde, geltend macht. Der Lauf der Frist beginnt frühestens mit Entstehung des Erstattungsanspruchs.

§ 112 Rückerstattung

Soweit eine Erstattung zu Unrecht erfolgt ist, sind die gezahlten Beträge zurückzuerstatten.

§ 113 Verjährung

(1) Erstattungs- und Rückerstattungsansprüche verjähren in vier Jahren nach Ablauf des Kalenderjahres, in dem sie entstanden sind.

(2) Für die Hemmung, die Unterbrechung und die Wirkung der Verjährung gelten die Vorschriften des Bürgerlichen Gesetzbuchs sinngemäß.

§ 114 Rechtsweg

Für den Erstattungsanspruch ist derselbe Rechtsweg wie für den Anspruch auf die Sozialleistung gegeben. Maßgebend ist im Falle des § 102 der Anspruch gegen den vorleistenden Leistungsträger und im Falle der §§ 103 bis 105 der Anspruch gegen den erstattungspflichtigen Leistungsträger.

Dritter Abschnitt. Erstattungs- und Ersatzansprüche der Leistungsträger gegen Dritte

§ 115 Ansprüche gegen den Arbeitgeber

(1) Soweit der Arbeitgeber den Anspruch des Arbeitnehmers auf Arbeitsentgelt nicht erfüllt und deshalb ein Leistungsträger Sozialleistungen erbracht hat, geht der Anspruch des Arbeitnehmers gegen den Arbeitgeber auf den Leistungsträger bis zur Höhe der erbrachten Sozialleistungen über.

(2) Der Übergang wird nicht dadurch ausgeschlossen, daß der Anspruch nicht übertragen, verpfändet oder gepfändet werden kann.

(3) An Stelle der Ansprüche des Arbeitnehmers auf Sachbezüge tritt im Falle des Absatzes 1 der Anspruch auf Geld; die Höhe bestimmt sich nach den nach § 17 Satz 1 Nr. 3 des Vierten Buches festgelegten Werten der Sachbezüge.

§ 116[1] Ansprüche gegen Schadensersatzpflichtige

Fassung Abs. 1 bis 31. 12. 1991:

(1) Ein auf anderen gesetzlichen Vorschriften beruhender Anspruch auf Ersatz eines Schadens geht auf den Versicherungsträ-

---

[1] § 116 Abs. 1 Satz 2 angefügt **mit Wirkung vom 1. 1. 1992** durch Rentenreformgesetz vom 18. 12. 1989 (BGBl. I S. 2261).

ger oder Träger der Sozialhilfe über, soweit dieser auf Grund des Schadensereignisses Sozialleistungen zu erbringen hat, die der Behebung eines Schadens der gleichen Art dienen und sich auf denselben Zeitraum wie der vom Schädiger zu leistende Schadensersatz beziehen.

Fassung Abs. 1 ab 1. 1. 1992:

(1) Ein auf anderen gesetzlichen Vorschriften beruhender Anspruch auf Ersatz eines Schadens geht auf den Versicherungsträger oder Träger der Sozialhilfe über, soweit dieser auf Grund des Schadensereignisses Sozialleistungen zu erbringen hat, die der Behebung eines Schadens der gleichen Art dienen und sich auf denselben Zeitraum wie der vom Schädiger zu leistende Schadensersatz beziehen. Dazu gehören auch die Beiträge, die von Sozialleistungen zu zahlen sind.

(2) Ist der Anspruch auf Ersatz eines Schadens durch Gesetz der Höhe nach begrenzt, geht er auf den Versicherungsträger oder Träger der Sozialhilfe über, soweit er nicht zum Ausgleich des Schadens des Geschädigten oder seiner Hinterbliebenen erforderlich ist.

(3) Ist der Anspruch auf Ersatz eines Schadens durch ein mitwirkendes Verschulden oder eine mitwirkende Verantwortlichkeit des Geschädigten begrenzt, geht auf den Versicherungsträger oder Träger der Sozialhilfe von dem nach Absatz 1 bei unbegrenzter Haftung übergehenden Ersatzanspruch der Anteil über, welcher dem Vomhundertsatz entspricht, für den der Schädiger ersatzpflichtig ist. Dies gilt auch, wenn der Ersatzanspruch durch Gesetz der Höhe nach begrenzt ist. Der Anspruchsübergang ist ausgeschlossen, soweit der Geschädigte oder seine Hinterbliebenen dadurch hilfebedürftig im Sinne der Vorschriften des Bundessozialhilfegesetzes werden.

(4) Stehen der Durchsetzung der Ansprüche auf Ersatz eines Schadens tatsächliche Hindernisse entgegen, hat die Durchsetzung der Ansprüche des Geschädigten und seiner Hinterbliebenen Vorrang vor den übergegangenen Ansprüchen nach Absatz 1.

(5) Hat ein Versicherungsträger oder Träger der Sozialhilfe auf Grund des Schadensereignisses dem Geschädigten oder seinen Hinterbliebenen keine höheren Sozialleistungen zu erbringen als vor diesem Ereignis, geht in den Fällen des Absatzes 3

Satz 1 und 2 der Schadensersatzanspruch nur insoweit über, als der geschuldete Schadensersatz nicht zur vollen Deckung des eigenen Schadens des Geschädigten oder seiner Hinterbliebenen erforderlich ist.

(6) Ein Übergang nach Absatz 1 ist bei nicht vorsätzlichen Schädigungen durch Familienangehörige, die im Zeitpunkt des Schadensereignisses mit dem Geschädigten oder seinen Hinterbliebenen in häuslicher Gemeinschaft leben, ausgeschlossen. Ein Ersatzanspruch nach Absatz 1 kann dann nicht geltend gemacht werden, wenn der Schädiger mit dem Geschädigten oder einem Hinterbliebenen nach Eintritt des Schadensereignisses die Ehe geschlossen hat und in häuslicher Gemeinschaft lebt.

(7) Haben der Geschädigte oder seine Hinterbliebenen von dem zum Schadensersatz Verpflichteten auf einen übergegangenen Anspruch mit befreiender Wirkung gegenüber dem Versicherungsträger oder Träger der Sozialhilfe Leistungen erhalten, haben sie insoweit dem Versicherungsträger oder Träger der Sozialhilfe die erbrachten Leistungen zu erstatten. Haben die Leistungen gegenüber dem Versicherungsträger oder Träger der Sozialhilfe keine befreiende Wirkung, haften der zum Schadensersatz Verpflichtete und der Geschädigte oder dessen Hinterbliebene dem Versicherungsträger oder Träger der Sozialhilfe als Gesamtschuldner.

(8) Weist der Versicherungsträger oder Träger der Sozialhilfe nicht höhere Leistungen nach, sind vorbehaltlich der Absätze 2 und 3 je Schadensfall für nicht stationäre ärztliche Behandlung und Versorgung mit Arznei- und Verbandmitteln fünf vom Hundert der monatlichen Bezugsgröße nach § 18 des Vierten Buches zu ersetzen.

(9) Die Vereinbarung einer Pauschalierung der Ersatzansprüche ist zulässig.

§ 117 Schadensersatzansprüche mehrerer Leistungsträger

Haben im Einzelfall mehrere Leistungsträger Sozialleistungen erbracht und ist in den Fällen des § 116 Abs. 2 und 3 der übergegangene Anspruch auf Ersatz des Schadens begrenzt, sind die Leistungsträger Gesamtgläubiger. Untereinander sind sie im Verhältnis der von ihnen erbrachten Sozialleistungen zum Ausgleich verpflichtet. Soweit jedoch eine Sozialleistung allein von einem Leistungsträger erbracht ist, steht der Ersatzanspruch im Innenverhältnis nur diesem zu. Die Leistungsträger können ein anderes Ausgleichsverhältnis vereinbaren.

§ 118 Bindung der Gerichte

Hat ein Gericht über einen nach § 116 übergegangenen Anspruch zu entscheiden, ist es an eine unanfechtbare Entscheidung gebunden, daß und in welchem Umfang der Leistungsträger zur Leistung verpflichtet ist.

Fassung bis 31. 12. 1991:

§ 119 Übergang von Beitragsansprüchen

Soweit der Schadensersatzanspruch eines Sozialversicherten, der der Versicherungspflicht unterliegt, den Anspruch auf Ersatz von Beiträgen zur Sozialversicherung umfaßt, geht dieser auf den Leistungsträger über; dies gilt nicht, wenn und soweit der Arbeitgeber das Arbeitsentgelt fortzahlt oder sonstige der Beitragspflicht unterliegende Leistungen erbringt. Die eingegangenen Beiträge gelten in der Rentenversicherung als Pflichtbeiträge, wenn der Geschädigte im Zeitpunkt des Schadensereignisses pflichtversichert war. Durch den Übergang des Anspruchs auf Ersatz von Beiträgen darf der Sozialversicherte nicht schlechter gestellt werden, als er ohne den Schadensersatzanspruch gestanden hätte.

Fassung ab 1. 1. 1992:

§ 119[1] Übergang von Beitragsansprüchen

(1) Soweit der Schadensersatzanspruch eines Sozialversicherten, der der Versicherungspflicht unterliegt, den Anspruch auf Ersatz von Beiträgen zur Sozialversicherung umfaßt, geht dieser auf den Versicherungsträger über; dies gilt nicht, wenn und soweit der Arbeitgeber das Arbeitsentgelt fortzahlt oder sonstige der Beitragspflicht unterliegende Leistungen erbringt. Der Übergang des Anspruchs auf Ersatz von Beiträgen nach § 116 geht dem Übergang nach dieser Vorschrift vor.

---

[1] § 119 neugefaßt **mit Wirkung vom 1. 1. 1992** durch Rentenreformgesetz 1992 vom 18. 12. 1989 (BGBl. I S. 2261).

(2) Der Versicherungsträger, auf den ein Teil des Anspruchs auf Ersatz von Beiträgen zur Rentenversicherung nach § 116 übergeht, hat den von ihm festgestellten Sachverhalt dem Träger der Rentenversicherung auf einem einheitlichen Meldevordruck zu übermitteln. Das Nähere über den Inhalt des Meldevordrucks und das Mitteilungsverfahren haben die Spitzenverbände der Sozialversicherungsträger zu bestimmen.

(3) Die eingegangenen Beiträge oder Beitragsanteile gelten in der Rentenversicherung als Pflichtbeiträge, wenn der Geschädigte im Zeitpunkt des Schadensereignisses pflichtversichert war. Durch den Übergang des Anspruchs auf Ersatz von Beiträgen darf der Sozialversicherte nicht schlechter gestellt werden, als er ohne den Schadensersatzanspruch gestanden hätte.

Artikel II des Gesetzes vom 18. 8. 1980 (BGBl. I S. 1469, ber. S. 2218). Übergangs- und Schlußvorschriften zum Zehnten Buch Sozialgesetzbuch sowie weitere Änderungen von Gesetzen

Erster Abschnitt. Änderung von Gesetzen

§§ 1–36 *(vom Abdruck wurde abgesehen)*

Zweiter Abschnitt. Überleitungsvorschriften

§ 37 Überleitung von Verfahren

(1) Bereits begonnene Verfahren sind nach den Vorschriften dieses Gesetzes zu Ende zu führen.

(2) Fristen, deren Lauf vor Inkrafttreten dieses Gesetzes begonnen hat, werden nach den bisher geltenden Rechtsvorschriften berechnet.

(3) Für die Erstattung von Kosten im Vorverfahren gelten die Vorschriften dieses Gesetzes, wenn das Vorverfahren vor Inkrafttreten dieses Gesetzes noch nicht abgeschlossen worden ist.

(4) Mit dem Inkrafttreten von Artikel II § 15 Nr. 3 und 7 erlöschen die den Versehrtensportgemeinschaften nach bisher geltendem Recht erteilten Anerkennungen.

(5) Sofern nach dem 31. Dezember 1980 bisher anerkannte Versehrtensportgemeinschaften Versehrtenleibesübungen durchführen, sind ihnen die Aufwendungen nach dem bis zum 31. Dezember 1980 geltenden Recht bis zum Abschluß vertraglicher Regelungen im Sinne von § 11a Abs. 3 des Bundesversorgungsgesetzes, längstens jedoch bis zum 30. Juni 1981, zu erstatten.

§ 38 Leibesfrucht

Die durch Artikel II § 4 Nr. 12, 14 und 15 vorgenommenen Änderungen gelten auch für Arbeitsunfälle, die in der Zeit vom 24. Mai 1949 bis zum 31. Oktober 1977 eingetreten sind. Leistungen sind vom 1. November 1977 an zu erbringen, wenn der Anspruch innerhalb eines Jahres nach dem Ende des Monats, in dem dieses Gesetz verkündet worden ist, geltend gemacht wird, sonst vom Ersten des Antragsmonats an. Ist der Anspruch vor dem 1. November 1977 geltend gemacht worden und bis zu diesem Zeitpunkt keine unanfechtbare Entscheidung ergangen, sind die Leistungen auch für die Zeit vor dem 1. November 1977 zu erbringen.

Dritter Abschnitt. Schlußvorschriften

§ 39 Berlin-Klausel

Dieses Gesetz gilt nach Maßgabe des § 13 Abs. 1 des Dritten Überleitungsgesetzes auch im Land Berlin. Rechtsverordnungen, die auf Grund dieses Gesetzes erlassen werden, gelten im Land Berlin nach § 14 des Dritten Überleitungsgesetzes.

§ 40 Inkrafttreten, Außerkrafttreten

(1) Dieses Gesetz tritt am 1. Januar 1981 in Kraft, soweit in den Absätzen 2 bis 7 nichts anderes bestimmt ist. Mit dem Inkrafttreten treten alle entgegenstehenden oder gleichlautenden Vorschriften außer Kraft, insbesondere

1. die Verordnung über Geschäftsgang und Verfahren der Versicherungsämter in der im Bundesgesetzblatt Teil III, Gliederungsnummer 827–1, veröffentlichten bereinigten Fassung,
2. die Verfahrensordnung für die Ausschüsse der Angestelltenversicherung in der im Bundesgesetzblatt Teil III, Gliederungsnummer 827–2, veröffentlichten bereinigten Fassung,

3. die Verordnung zu § 157 des Arbeitsförderungsgesetzes vom 23. Februar 1973 (BGBl. I S. 133), zuletzt geändert durch die Zweite Verordnung vom 28. Juli 1975 (BGBl. I S. 2084).

(2) Artikel I §§ 44 bis 49 ist erstmals anzuwenden, wenn nach dem 31. Dezember 1980 ein Verwaltungsakt aufgehoben wird. Dies gilt auch dann, wenn der aufzuhebende Verwaltungsakt vor dem 1. Januar 1981 erlassen worden ist. Ausgenommen sind jedoch solche Verwaltungsakte in der Sozialversicherung, die bereits bestandskräftig waren und bei denen auch nach § 1744 der Reichsversicherungsordnung in der vor dem 1. Januar 1981 geltenden Fassung eine neue Prüfung nicht vorgenommen werden konnte.

(3) Artikel II § 4 Nr. 12, 14 und 15 tritt mit Wirkung vom 1. November 1977 in Kraft.

(4) Artikel II § 4 Nr. 18 bis 23 sowie die Streichung der §§ 815, 820, 821, 823, 824, 826 und 827 der Reichsversicherungsordnung treten mit Beginn des vierten auf die Verkündung folgenden Kalenderjahres in Kraft.

(5) Artikel II § 28 Nr. 4 tritt am Tage nach der Verkündung in Kraft.

(6) Artikel II § 12 Nr. 1 tritt mit Wirkung vom 1. Juli 1978, Artikel II § 29 Nr. 1 und die Streichung des § 1569 b der Reichsversicherungsordnung treten mit Wirkung vom 1. Juli 1977 in Kraft.

(7) Artikel II § 34 Nr. 3 tritt mit Wirkung vom 1. Juli 1979 in Kraft. Artikel II § 34 Nr. 4 gilt nur für die Fälle, in denen Ausgleichsleistungen erstmals für Zeiten nach dem 30. Juni 1980 bewilligt werden.

Artikel II des Gesetzes vom 4. 11. 1982 (BGBl. I S. 1450). Übergangs- und Schlußvorschriften zum Zehnten Buch Sozialgesetzbuch sowie weitere Änderungen von Gesetzen

Erster Abschnitt. Änderung von Gesetzen

§§ 1–20 *(vom Abdruck wurde abgesehen)*

---

[1] § 22 bisheriger Text wird Abs. 1, Abs. 2 angefügt durch Rentenreformgesetz 1992 vom 18. 12. 1989 (BGBl. I S. 2261).

Zweiter Abschnitt. Überleitungsvorschriften

§ 21 Überleitung von Verfahren

Bereits begonnene Verfahren sind nach den Vorschriften dieses Gesetzes zu Ende zu führen.

§ 22[1] Verfahren bei Schadensfällen

(1) Artikel I §§ 116 bis 119 sind nur auf die Schadensfälle anzuwenden, die sich nach dem 30. Juni 1983 ereignen. Für Schadensfälle vor dem 1. Juli 1983 gilt das bisherige Recht weiter.

(2) Für Versicherte, die vor dem 1. Juli 1983 einen Schadensersatzanspruch wegen Minderung der Erwerbsfähigkeit hatten und nach dem Schadensereignis Beiträge zur Rentenversicherung entrichtet haben, gelten diese Beiträge in entsprechender Anwendung von Artikel I § 119 auf Antrag als Pflichtbeiträge, wenn der Versicherte im Zeitpunkt des Schadensereignisses in der Rentenversicherung pflichtversichert war.

§ 23 Neubekanntmachung des Bundessozialhilfegesetzes

Der Bundesminister für Jugend, Familie und Gesundheit macht den Wortlaut des Bundessozialhilfegesetzes in der vom 1. Juli 1983 an geltenden Fassung im Bundesgesetzblatt bekannt.

Dritter Abschnitt. Schlußvorschriften

§ 24 Berlin-Klausel

Dieses Gesetz gilt nach Maßgabe des § 13 Abs. 1 des Dritten Überleitungsgesetzes auch im Land Berlin. Rechtsverordnungen, die auf Grund dieses Gesetzes erlassen werden, gelten im Land Berlin nach § 14 des Dritten Überleitungsgesetzes.

§ 25 Inkrafttreten

(1) Dieses Gesetz tritt mit Ausnahme der in den Absätzen 2 bis 4 genannten Bestimmungen am 1. Juli 1983 in Kraft.

---

[1] § 22 bisheriger Text wird Abs. 1, Abs. 2 angefügt durch Rentenreformgesetz 1992 vom 18. 12. 1989 (BGBl. I S. 2261).

(2) Artikel II § 14 Nr. 5 und 7 tritt mit Wirkung vom 1. Januar 1982 in Kraft.

(3) Artikel II § 14 Nr. 3 und 6 und Artikel II § 16 treten am ersten Tage des zweiten auf die Verkündung folgenden Monats in Kraft.

(4) Artikel II § 3 Nr. 15, Artikel II § 5 Nr. 5, Artikel II § 6 Nr. 4 und Artikel II § 10 Nr. 3 treten am 1. Januar 1983 in Kraft.

(5) Die Vorschriften des Artikels I §§ 88 bis 94 gelten auch für bereits bestehende Auftragsverhältnisse und Arbeitsgemeinschaften zur gemeinsamen Wahrnehmung von Aufgaben zur Eingliederung Behinderter.

(6) Die Arbeitsgemeinschaft für Krebsbekämpfung der Träger der gesetzlichen Kranken- und Rentenversicherung im Lande Nordrhein-Westfalen, die Rheinische Arbeitsgemeinschaft zur Rehabilitation Suchtkranker, die Westfälische Arbeitsgemeinschaft zur Rehabilitation Suchtkranker, die Arbeitsgemeinschaft zur Rehabilitation Suchtkranker im Lande Hessen sowie die Arbeitsgemeinschaft für Heimdialyse im Lande Hessen sind berechtigt, Verwaltungsakte zu erlassen zur Erfüllung der Aufgaben, die ihnen am 1. Juli 1981 übertragen waren.

15. *nicht belegt*

16. Gesetz zur Bekämpfung der Geschlechtskrankheiten

Vom 23. Juli 1953 (BGBl. I S. 700)[1]

(BGBl. III 2126–4)

Geändert durch Art. 25 Gesetz vom 24. 5. 1968 (BGBl. I S. 503), Gesetz vom 25. 8. 1969 (BGBl. I S. 1351), Art. 66 Gesetz vom 2. 3. 1974 (BGBl. I S. 469), Art. 43 Gesetz vom 18. 3. 1975 (BGBl. I S. 705) und Gesetz vom 19. 12. 1986 (BGBl. I S. 2555)

(Auszug)

Der Bundestag hat mit Zustimmung des Bundesrates das folgende Gesetz beschlossen:

Erster Abschnitt. Begriffsbestimmungen, Aufgaben des Gesetzes

§ 1 [Geschlechtskrankheiten]

Geschlechtskrankheiten im Sinne dieses Gesetzes sind

1. Syphilis (Lues),
2. Tripper (Gonorrhoe),
3. Weicher Schanker (Ulcus molle),
4. Venerische Lymphknotenentzündung (Lymphogranulomatosis inguinalis Nicolas und Favre)

ohne Rücksicht darauf, an welchen Körperteilen die Krankheitserscheinungen auftreten.

§ 2 [Bekämpfung der Geschlechtskrankheiten]

(1) Die Bekämpfung der Geschlechtskrankheiten umfaßt Maßnahmen zur Verhütung, Feststellung, Erkennung und Heilung der Erkrankung sowie die vorbeugende und nachgehende Gesundheitsfürsorge. Zu diesem Zweck werden die Grundrechte auf körperliche Unversehrtheit (Artikel 2 Abs. 2 Satz 1

---

[1] Siehe auch die 1. DVO vom 28. 12. 1954 (BGBl. I S. 523) – abgedruckt unter Nr. **17** – und die 2. DVO vom 5. 7. 1955 (BGBl. I S. 402).

des Grundgesetzes) und auf Freiheit der Person (Artikel 2 Abs. 2 Satz 2 des Grundgesetzes) eingeschränkt.

(2) Die Durchführung dieser Aufgabe obliegt den Gesundheitsämtern. Die gesetzlichen Aufgaben der *Fürsorgeverbände* und der Jugendämter werden hierdurch nicht berührt.

Vierter Abschnitt. Aufgaben des Gesundheitsamtes und der öffentlichen und privaten Fürsorge

§ 14 [Aufgaben der Gesundheitsämter und der Träger der Sozialhilfe]

(1) Die Gesundheitsämter haben bei der Bekämpfung der Geschlechtskrankheiten mit den *Fürsorgeverbänden,* den Jugendämtern, den Versicherungsträgern und der Freien Wohlfahrtspflege zusammenzuarbeiten.

(2) Die *Fürsorgeverbände* und Jugendämter sollen alle durch das Gesundheitsamt erfaßten Personen, die verwahrlost sind oder zu verwahrlosen drohen, in fürsorgerische Betreuung übernehmen und versuchen, sie in das Arbeits- und Gemeinschaftsleben wieder einzugliedern.

(3) Zur Durchführung dieser Aufgaben sollen in den Ländern Einrichtungen für gefährdete Personen gefördert und erforderlichenfalls aus öffentlichen Mitteln geschaffen werden.

§ 15 [Betreuung Geschlechtskranker]

(1) Die Gesundheitsämter müssen geeignete Maßnahmen treffen, um geschlechtskranke Personen und solche, bei denen die begründete Befürchtung besteht, daß sie angesteckt werden und Geschlechtskrankheiten weiterverbreiten, festzustellen und gesundheitsfürsorgerisch zu beraten und zu betreuen. Dies soll in Zusammenarbeit mit den behandelnden Ärzten geschehen.

(2) Zur Feststellung, Untersuchung und Beratung geschlechtskranker Personen sowie zur Sicherung der Behandlung dieser Personen haben sie Beratungsstellen für Geschlechtskranke einzurichten oder ihre Errichtung sicherzustellen. Sie können diese Beratungsstellen auch durch Arbeitsgemeinschaften in Zusammenarbeit mit Versicherungsträgern und Organen der öffentlichen und privaten Fürsorge einrichten

16 GeschlKrG §§ 16, 17 Gesetz zur Bekämpfung

und unterhalten. Werden Arbeitsgemeinschaften in den unteren Verwaltungsbezirken mit der Durchführung der Aufgaben der Beratungsstellen betraut, so führt in ihnen der Leiter des Gesundheitsamtes den Vorsitz. Die Gesundheitsämter bleiben für die Durchführung der den Beratungsstellen obliegenden Aufgaben verantwortlich.

(3) Aufgabe der Gesundheitsämter ist außerdem die Aufklärung und Belehrung der Bevölkerung, insbesondere der älteren Jugend in Schulen, Betrieben und Vereinigungen, über das Geschlechtsleben des Menschen und das Wesen und die Gefahren der Geschlechtskrankheiten.

§ 16[1] *(aufgehoben)*

Fünfter Abschnitt.[2] Zwangsmaßnahmen

§ 17 [Zwangsmaßnahmen]

(1) Die Befolgung der Vorschriften der §§ 3 bis 5 und 8 kann nach Maßgabe der landesrechtlichen Bestimmungen mit Zwangsmitteln durchgesetzt werden. Soweit in diesen Fällen andere Mittel zur Durchführung der Behandlung und zur Verhütung der Ansteckung nicht ausreichen, ist die Anwendung unmittelbaren Zwanges zulässig. § 18 bleibt unberührt.

(2) Ärztliche Eingriffe, die mit erheblicher Gefahr für Leben oder Gesundheit verbunden sind, dürfen nur mit Einwilligung des Kranken vorgenommen werden. Bei welchen ärztlichen Eingriffen diese Voraussetzungen vorliegen, bestimmt der Bundesminister für Jugend, Familie und Gesundheit[3] mit Zustimmung des Bundesrates durch Rechtsverordnung.[4]

---

[1] Früherer Fünfter Abschnitt (§ 16) aufgehoben durch Art. 66 Nr. 4 Einführungsgesetz zum Strafgesetzbuch vom 2. 3. 1974 (BGBl. I S. 469).
[2] Bisheriger Sechster Abschnitt wurde Fünfter Abschnitt durch Gesetz vom 2. 3. 1974 (BGBl. I S. 469).
[3] Amtsbezeichnung gemäß Art. 43 Gesetz vom 18. 3. 1975 (BGBl. I S. 705).
[4] Siehe hierzu die 2. DVO vom 5. 7. 1955 (BGBl. I S. 402).

§ 18[1] [Vorführung Geschlechtskranker; Strafbestimmung]

(1) Das Gesundheitsamt kann durch die zuständige Verwaltungsbehörde vorführen lassen:
1. einen Geschlechtskranken, der sich weigert, sich untersuchen oder behandeln zu lassen oder sich auf Anordnung des Gesundheitsamtes in ein Krankenhaus zu begeben (§ 3 Abs. 1);
2. eine Person, die dringend verdächtig ist, geschlechtskrank zu sein und Geschlechtskrankheiten weiterzuverbreiten, wenn sie sich weigert, ein Zeugnis über ihren Gesundheitszustand vorzulegen oder sich zur Beobachtung in ein Krankenhaus zu begeben (§ 4 Abs. 1und 2), oder wenn sie keinen festen Wohnsitz hat.

(2) Ergibt die sofort vorzunehmende Untersuchung keinen Krankheitsbefund und keinen Verdacht auf Geschlechtskrankheit, so ist die Person unverzüglich in Freiheit zu setzen. Ergibt sich die Notwendigkeit einer Behandlung oder Beobachtung, so hat das Gesundheitsamt den Geschlechtskranken oder Krankheitsverdächtigen aufzufordern, sich in einem Krankenhaus aufnehmen zu lassen. Weigert er sich, dieser Anordnung Folge zu leisten, so ist er sofort, spätestens am Tage nach der Festnahme, dem Amtsgericht mit dem Antrag auf zwangsweise Einweisung in ein Krankenhaus vorzuführen.

(3) Wer zur Beobachtung oder Behandlung in ein Krankenhaus zwangsweise eingewiesen ist und dieses, sei es auch auf kurze Zeit, ohne Erlaubnis des leitenden Arztes verläßt, wird mit Freiheitsstrafe bis zu einem Jahr oder mit Geldstrafe bestraft. Die Tat wird nur auf Antrag des Gesundheitsamtes oder des leitenden Arztes verfolgt.

§ 19

Die Polizeibehörden haben Personen, die sie in Verwahrung genommen oder vorläufig festgenommen haben und bei denen nach ihren Lebensumständen der hinreichende Verdacht einer Geschlechtskrankheit und der Weiterverbreitung von Geschlechtskrankheiten begründet ist, vor ihrer Freilassung dem Gesundheitsamt zur Untersuchung zuzuführen.

---

[1] § 18 Abs. 3 Satz 1 geändert und Satz 2 neu gefaßt durch Art. 66 Nr. 5 Einführungsgesetz zum Strafgesetzbuch vom 2. 3. 1974 (BGBl. I S. 469).

16 GeschlKrG §§ 20–22

Sechster Abschnitt.[1] Heilmittel, Krankenhausbehandlung, Kostenregelung

§ 20[2] [Inverkehrbringen von Heilmitteln]

(1) Gegenstände, die zur Verhütung, Heilung oder Linderung von Geschlechtskrankheiten oder von Krankheiten oder Leiden der Geschlechtsorgane dienen sollen, dürfen nur mit Genehmigung des Bundesgesundheitsamtes in den Verkehr gebracht werden. Die Genehmigung ist zu versagen, wenn der Gegenstand für den genannten Zweck ungeeignet oder seine Verwendung gesundheitsschädlich ist.

(2) Wer die in Absatz 1 bezeichneten Gegenstände ohne Genehmigung in Verkehr bringt, wird mit Freiheitsstrafe zu bis zwei Jahren oder mit Geldstrafe bestraft.

(3) Gegenstände, auf die sich die Straftat bezieht, können eingezogen werden.

§ 21 [Werbung für Heilmittel]

Für Mittel, Gegenstände, Verfahren und Behandlungen, die zur Heilung oder Linderung von Geschlechtskrankheiten oder von Krankheiten oder Leiden der Geschlechtsorgane bestimmt sind, darf nur bei Ärzten, Apothekern und Personen, die mit solchen Mitteln oder Gegenständen erlaubterweise Handel treiben, sowie in Fachzeitschriften, die sich an die genannten Berufskreise richten, geworben werden, es sei denn, daß das Bundesgesundheitsamt eine andere Form der Werbung zuläßt.

§ 22 [Kostentragung der Untersuchung und Heilung]

(1) Die Kosten der Untersuchung einer Person, die glaubt, an einer Geschlechtskrankheit zu leiden, sowie die Kosten der notwendigen Krankenpflege Geschlechtskranker werden getragen:
1. gemäß §§ 182 bis 184 der Reichsversicherungsordnung von dem Träger der Krankenversicherung, falls die Person einer

---

[1] Bisheriger Siebenter Abschnitt wurde Sechster Abschnitt durch Gesetz vom 2. 3. 1974 (BGBl. I S. 469).

[2] § 20 Abs. 3 neu gefaßt durch Art. 25 Gesetz vom 24. 5. 1968 (BGBl. I S. 503).

der Geschlechtskrankheiten § 22 **GeschlKrG 16**

Krankenkasse der Reichsversicherungsordung als Pflichtmitglied oder freiwilliges Mitglied angehört;
2. von dem zuständigen Rentenversicherungsträger, wenn die Inanspruchnahme einer Krankenkasse durch eine versicherte Person die Untersuchung oder Heilbehandlung erschweren würde; der Bundesminister für Arbeit kann bestimmen, daß zwischen den Versicherungsanstalten und den Krankenkassen ein Ausgleich stattfindet;
3. im übrigen aus öffentlichen Mitteln, falls die Person die Kosten der Untersuchung oder Behandlung nicht selbst tragen kann. Des Nachweises des Unvermögens bedarf es nicht, wenn dieses offensichtlich ist oder die Gefahr besteht, daß die Inanspruchnahme anderer Zahlungspflichtiger die Durchführung der Untersuchung oder Behandlung erschweren würde.

(2) Zu den Kosten der Untersuchung und der notwendigen Krankenpflege gehören auch die Kosten für Arzneien, Verbandzeug, kleinere Heil- und Hilfsmittel sowie für bakteriologische und serologisch-diagnostische Untersuchungen und Beobachtungen im vollen Umfange.

(3) Die Kostenträger nach Absatz 1 Nummern 1 und 2 tragen die Kosten einer stationären Krankenhausbehandlung nur, wenn und solange diese zur Heilung der Krankheit erforderlich ist. Bei Krankenhausunterbringung zur Ansteckungsverhütung gilt Absatz 1 Nummer 3 entsprechend.

(4) Die Bestimmungen der Absätze 1 und 2 gelten auch für die Familienkrankenpflege im Rahmen des § 205 der Reichsversicherungsordnung.

(5) Wird eine Person auf Anordnung des Gesundheitsamtes untersucht oder beobachtet und ergibt der Befund, daß keine Behandlung erforderlich ist, so werden die Kosten der Untersuchung und Beobachtung aus öffentlichen Mitteln aufgebracht.

(6) Wird eine an Syphilis leidende Person zur Sicherung der Fortführung der Behandlung in der Zeit zwischen den Kuren und während der Fortsetzung der Behandlung in einem Heim aufgenommen, so werden die notwendigen Kosten aus öffentlichen Mitteln aufgebracht, soweit der Kranke sie offensichtlich nicht selbst tragen kann.

(7) Die Zuständigkeit anderer Kostenträger für alle weiteren

Aufgaben der vorbeugenden und nachgehenden Fürsorge wird durch diese Regelung nicht berührt.

(8) Auf die aus öffentlichen Mitteln aufzubringenden Kosten der Untersuchung, Behandlung und Pflege finden die *§§ 21a, 25 und 25a der Verordnung über die Fürsorgepflicht*[1] keine Anwendung ...[2]

(9) Wenn bei der Feststellung der Behandlungsbedürftigkeit der Kostenträger noch nicht feststeht, werden die Behandlungskosten einstweilen auf öffentliche Mittel übernommen. Der endgültige Kostenträger ist zur Rückerstattung verpflichtet.

(10) Der Kranke ist nur dem Gesundheitsamt gegenüber verpflichtet, die Voraussetzungen für die Übernahme der Kosten der Untersuchung oder Behandlung auf öffentliche Mittel nachzuweisen.

§ 23 [Infektions- und Fachabteilungen]

(1) Die Landesregierung kann im Bedarfsfalle bestimmen, daß Gemeinden und Gemeindeverbände besondere Krankenhausfachabteilungen unterhalten oder errichten und mit angemessenen Einrichtungen zur Behandlung und Isolierung von Geschlechtskranken ausstatten (geschlossene Infektionsabteilung). Die für die Errichtung und Unterhaltung dieser Abteilungen erforderlichen zusätzlichen Kosten trägt das Land. Bisher bestehende geschlossene Infektionsabteilungen dürfen nur mit Genehmigung der zuständigen obersten Landesbehörde aufgelöst werden. Durch geeignete Aufgliederung dieser Abteilungen nach dem einzuweisenden Personenkreis muß eine sittliche Gefährdung, insbesondere von Jugendlichen vermieden werden.

(2) In Anstalten der allgemeinen, der Jugend- oder Gefährdetenfürsorge oder des Strafvollzuges können Fachabteilungen für geschlechtskranke Insassen gebildet werden. Die oberste Landesbehörde kann außerdem zur Unterbringung nach § 22 Abs. 6 andere Anstalten den Krankenhausfachabteilungen gleichstellen.

---

[1] Nunmehr §§ 90, 91 und 92 Bundessozialhilfegesetz; abgedruckt unter Nr. 1.

[2] Gegenstandslose Änderungsvorschrift.

der Geschlechtskrankheiten § 24 **GeschlKrG 16**

(3) Die Fachabteilungen für Geschlechtskranke sind verpflichtet, alle Geschlechtskranken oder einer Geschlechtskrankheit verdächtigen Personen aufzunehmen, die ihnen das zuständige Gesundheitsamt im Rahmen seiner Befugnisse zuweist. Sie müssen während des Aufenthalts der Kranken mit dem Gesundheitsamt in der fürsorgerischen Betreuung der Kranken zusammenarbeiten.

(4) Offene Abteilungen der Krankenhäuser zur freiwilligen Behandlung von Geschlechtskrankheiten werden durch die Vorschriften der Absätze 1 bis 3 nicht betroffen.

§ 24 [Regelung durch Ländergesetze]

Durch Landesgesetz[1] wird geregelt, wer die in § 5 Abs. 2, § 14 Abs. 3, § 22 Abs. 1 Nr. 3, Abs. 5, 6 und 9 und § 26 bezeichneten öffentlichen Mittel aufbringt.

---

[1] Hierzu sind folgende Länderbestimmungen erlassen worden: **Baden-Württemberg:** Ausführungsgesetz vom 26. 7. 1954 (GBl. S. 109) mit Änderung durch Gesetz vom 25. 7. 1972 (GBl. S. 400) und Gesetz vom 19. 3. 1985 (GBl. S. 71) sowie Durchführungsverordnung vom 12. 3. 1955 (GBl. S. 51) mit Änderung durch Verordnung vom 10. 8. 1971 (GBl. S. 379) und vom 14. 10. 1974 (GBl. S. 438). **Bayern:** Gesetz über den öffentlichen Gesundheitsdienst – GDG – vom 12. 7. 1986 (GVBl. S. 120). **Berlin:** Gesetz vom 5. 4. 1976 (GVBl. S. 721). **Bremen:** Ausführungsgesetz vom 7. 2. 1956 (GBl. S. 7). **Hamburg:** Anordnung vom 1. 6. 1965 (Amtl. Anz. S. 624). **Hessen:** Gesetz vom 2. 6. 1954 (GVBl. S. 102) mit Änderung durch Gesetz vom 26. 3. 1959 (GVBl. S. 7). **Niedersachsen:** Gesetz vom 9. 11. 1955 (GVBl. Sb. I S. 355) mit Durchführungsverordnung vom 9. 1. 1956 (GVBl. Sb. I S. 355) mit Änderung durch Verordnung vom 24. 9. 1971 (GVBl. S. 14) sowie 2. Durchführungsverordnung vom 10. 3. 1958 (GVBl. Sb. I S. 355). **Nordrhein-Westfalen:** Gesetz, vom 24. 11. 1981 (GV NW S. 669), geändert durch Gesetz vom 26. 6. 1984 (GV NW S. 370). **Rheinland-Pfalz:** Ausführungsgesetz vom 29. 10. 1955 (GVBl. S. 103) mit Änderung durch Gesetz vom 15. 7. 1971 (GVBl. S. 180) sowie Verordnung vom 11. 6. 1956 (GVBl. S. 73) mit Änderung durch Verordnung vom 30. 10. 1973 (GVBl. S. 315) und Verordnung vom 31. 5. 1978 (GVBl. S. 374). **Saarland:** Gesetz vom 14. 2. 1958 (Amtsbl. S. 293) sowie Durchführungsverordnung vom 3. 3. 1958 (Amtsbl. S. 293) mit Änderung durch Verordnung vom 23. 8. 1971 (Amtsbl. S. 606). **Schleswig-Holstein:** Gesetz vom 23. 9. 1955 (GVOBl. S. 153) mit Durchführungsverordnung vom 2. 12. 1955 (GVOBl. S. 172) mit Änderung durch Verordnung vom 17. 7. 1962 (GVOBl. S. 342).

17. Erste Verordnung zur Durchführung des Gesetzes zur Bekämpfung der Geschlechtskrankheiten

Vom 28. Dezember 1954 (BGBl. I S. 523)

(BGBl. III 2126–4–1)

Auf Grund des § 25 des Gesetzes zur Bekämpfung der Geschlechtskrankheiten vom 23. Juli 1953 (Bundesgesetzbl. I S. 700) wird mit Zustimmung des Bundesrates verordnet:

§ 1 Ärztliche Zeugnisse

(1) Ärztliche Zeugnisse über den Gesundheitszustand nach § 4 Abs. 1 des Gesetzes sind unter Verwendung des Formblattes 1 *(Anlage 1)*[1] auszustellen. Sie müssen den nach § 4 Abs. 3 des Gesetzes vorgesehenen Befundbericht einschließlich eines nicht länger als 30 Tage zurückliegenden serologischen Befundes enthalten.

(2) Für die Unbedenklichkeitszeugnisse nach § 6 Abs. 2 des Gesetzes kann das gleiche Formblatt verwendet werden. Die Zeugnisse sind mit dem Zusatz zu versehen „Gegen die Eheschließung bestehen keine Bedenken".

(3) Die ärztlichen Zeugnisse nach § 8 Abs. 1 und 2 des Gesetzes müssen die in Absatz 1 geforderten Angaben enthalten.

(4) Die ärztlichen Zeugnisse sollen sich auf das Vorliegen von Geschlechtskrankheiten beschränken. Sie müssen alle in § 1 des Gesetzes genannten Geschlechtskrankheiten berücksichtigen. Das gilt auch, wenn eine Person, die als Ansteckungsquelle angegeben worden ist, nur einer bestimmten Geschlechtskrankheit verdächtigt wird.

§ 2 Aufzeichnungen des Arztes

(1) Die Aufzeichnungen des behandelnden Arztes nach § 10 Abs. 1 des Gesetzes müssen enthalten:

---

[1] Die Anlage ist nicht mit abgedruckt.

§ 3 DVO GeschlKrG 17

1. Name, Vorname, Geburtstag und -ort, Anschrift und Beruf des Geschlechtskranken,
2. Angaben über die Vorgeschichte,
3. Datum und Arten der Untersuchung sowie den Untersuchungsbefund einschließlich des mikroskopischen und serologischen Befundes,
4. Angaben über die Behandlungsmethode, die Behandlungsdaten einschließlich verabreichter Dosis,
5. Angaben über die Einweisung in ein Krankenhaus oder die Überweisung an einen anderen Arzt,
6. Angaben über die Entlassung aus der Behandlung und den Schlußbefund.

(2) Ferner hat der Arzt für jeden in seiner Behandlung stehenden Geschlechtskranken ein numeriertes Stammblatt nach Formblatt 2 *(Anlage 2)*[1] anzulegen.

(3) Das Stammblatt ist fünf Jahre aufzubewahren.

§ 3 Merkblätter

(1) Das nach § 11 Abs. 1 des Gesetzes auszuhändigende Merkblatt hat die aus Formblatt 3 *(Anlage 3)*[1] sich ergebende Fassung. Das Merkblatt ist dem Geschlechtskranken bei Beginn der Behandlung auszuhändigen. Jugendlichen unter 15 Jahren wird in der Regel das Merkblatt nicht ausgehändigt.

(2) Der Geschlechtskranke hat den Empfang des Merkblattes und die durch den Arzt erfolgte mündliche Belehrung nach § 11 Abs. 1 des Gesetzes auf dem Stammblatt (§ 2 Abs. 2) zu bestätigen. Bei Minderjährigen und Entmündigten hat der Arzt auf dem Stammblatt zu vermerken, ob die Eltern oder Erziehungsberechtigten oder der gesetzliche Vertreter nach § 11 Abs. 2 des Gesetzes von dem Krankheitsfall unterrichtet und über dessen Ausheilung belehrt worden sind.

(3) Wird ein Syphiliskranker aus der Behandlung entlassen, so ist ihm ein Entlassungsmerkblatt nach Formblatt 4 *(Anlage 4)*[1] auszuhändigen.

---

[1] Die Anlagen sind nicht mit abgedruckt.

§ 4 Namentliche Meldung

Die namentliche Meldung eines Geschlechtskranken auf Grund des § 12 Abs. 1 des Gesetzes ist von dem behandelnden Arzt auf dem Formblatt 5 *(Anlage 5)*[1], die namentliche Meldung der Ansteckungsquelle und der gefährdeten Personen auf Grund des § 13 des Gesetzes auf dem Formblatt 6 *(Anlage 6)*[1] zu erstatten. Die Meldungen sind an das für den Wohnsitz des behandelnden Arztes zuständige Gesundheitsamt zu richten. Wohnt die gemeldete Person in dem Bezirk eines anderen Gesundheitsamtes oder hat sie dort ihren gewöhnlichen Aufenthalt, so hat das Gesundheitsamt die Meldung an das für den Wohnort oder den gewöhnlichen Aufenthalt dieser Person zuständige Gesundheitsamt weiterzuleiten.

§ 5 Mahnung des Geschlechtskranken

Wenn ein Geschlechtskranker ohne Angabe eines Grundes die vom Arzt verordnete Behandlung unterbricht oder sich der vom Arzt verordneten Nachuntersuchung entzieht (§ 12 Abs. 1 Nr. 1 des Gesetzes), so soll ihn der Arzt zunächst zur Wiederaufnahme der Behandlung oder zum Erscheinen zur Nachuntersuchung schriftlich ermahnen. Der Kranke ist unverzüglich dem Gesundheitsamt zu melden, wenn er dieser Mahnung ohne triftigen Grund nicht folgt.

§ 6[2] *(außer Kraft)*

§ 7 Übersendung der Meldungen an das Gesundheitsamt

(1) Sämtliche Meldungen und sonstige Mitteilungen auf Grund des Gesetzes und dieser Verordnung hat der behandelnde Arzt dem Gesundheitsamt in einem verschlossenen Umschlage zu übersenden, der die Aufschrift „Vertraulich, nur von einem Arzt zu öffnen" trägt. Die Umschläge dürfen nur von einem Arzt des Gesundheitsamtes geöffnet werden.

(2) Das Gesundheitsamt stellt den Ärzten auf ihren Antrag die von ihnen benötigten Formblätter und Umschläge kosten-

---

[1] Die Anlagen sind nicht mit abgedruckt.
[2] § 6 ist nach § 10 Abs. 2 durch Fristablauf außer Kraft getreten.

los zur Verfügung. Es trägt auch die Portokosten für die Übersendung der Meldungen nach §§ 4 und 6 dieser Verordnung.

§ 8 Ordnungswidrigkeiten

Verstöße gegen § 1 Abs. 1 und Abs. 4 Satz 2, § 2, § 4 Satz 1, § 6 Satz 1 und § 7 Abs. 1 dieser Verordnung werden nach § 27 des Gesetzes geahndet.[1]

§ 9 Geltung in Berlin

Nach § 14 des Dritten Überleitungsgesetzes vom 4. Januar 1952 (Bundesgesetzbl. I S. 1) in Verbindung mit § 30 des Gesetzes zur Bekämpfung der Geschlechtskrankheiten vom 23. Juli 1953 (Bundesgesetzbl. I S. 700) gilt diese Verordnung auch im Land Berlin.[2]

§ 10 Inkrafttreten

(1) Diese Verordnung tritt einen Monat nach der Verkündung in Kraft.[3]

(2) § 6 dieser Verordnung tritt drei Jahre nach dem Inkrafttreten dieser Verordnung außer Kraft.

---

[1] Danach können Ordnungswidrigkeiten mit Geldbußen bis zu tausend Deutsche Mark geahndet werden.
[2] In **Berlin** übernommen durch Verordnung vom 16. 3. 1955 (GVBl. S. 231).
[3] Die Verordnung wurde am 30. 12. 1954 verkündet.

18. Gesetz über den Lastenausgleich (Lastenausgleichsgesetz – LAG –)

In der Fassung der Bekanntmachung vom 1. Oktober 1969 (BGBl. I S. 1909)★

(BGBl. III 621–1)

Zuletzt geändert durch die 15. Unterhaltshilfe-Anpassungsverordnung – LAG – (15. UhAnpV) vom 24. 6. 1988 (BGBl. I S. 912), 16. Unterhaltshilfe-Anpassungsverordnung vom 13. 6. 1989 (BGBl. I S. 1092), Rentenreformgesetz 1992 vom 18. 12. 1989 (BGBl. I S. 2261) und die 17. Unterhaltshilfe-Anpassungsverordnung vom 27. Juni 1990 (BGBl. I S. 1262)

(Auszug)

Fünfter Abschnitt. Kriegsschadenrente

Zweiter Titel. Unterhaltshilfe

§ 267[1] Einkommenshöchstbetrag

(1) Unterhaltshilfe wird gewährt, wenn die Einkünfte des Berechtigten (§ 261) insgesamt 688 Deutsche Mark monatlich nicht übersteigen. Dieser Betrag erhöht sich

1. für den nicht dauernd von dem Berechtigten getrennt lebenden Ehegatten um 459 Deutsche Mark monatlich,
2. für jedes Kind im Sinne des § 265 Abs. 2, sofern es von dem Berechtigten überwiegend unterhalten wird, um 233 Deutsche Mark monatlich,

---

★ Neubekanntmachung des Gesetzes über den Lastenausgleich (Lastenausgleichsgesetz – LAG) vom 14. 8. 1952 (BGBl. I S. 446).

[1] § 267 Abs. 1 Satz 1, 2 und 6 sowie Abs. 2 Nr. 2 Buchst. c und d geändert durch 25. ÄndG LAG vom 24. 8. 1972 (BGBl. I S. 1521), Abs. 1 Satz 1, 2 und 6 geändert durch 17. Unterhaltshilfe-Anpassungsverordnung – LAG vom 27. 6. 1990 (BGBl. I S. 1262), Abs. 1 Satz 2 Nr. 3 geändert und neue Nr. 4 eingefügt durch 29. ÄndG LAG vom 16. 2. 1979 (BGBl. I S. 181), Abs. 2 Nr. 2 Buchst. b und Nr. 6 Satz 1 geändert durch 3. Unterhaltshilfe-Anpassungsgesetz vom 27. 4. 1971 (BGBl. I S. 361), Abs. 2 Nr. 5 früherer Satz 2 aufgehoben durch Gesetz vom 21. 12. 1974 (BGBl. I S. 3656), Abs. 2 Nr. 4 geändert, Nr. 3 Satz 2 und Nr. 5 neu gefaßt, nach Nr. 8 neuer Satz angefügt durch 29. ÄndG LAG vom 16. 2. 1979 (BGBl. I S. 181), Abs. 3 Satz 2 angefügt durch Gesetz vom 1. 12. 1981 (BGBl. I S. 1205).

Lastenausgleichsgesetz § 267 LAG 18

3. um den Selbständigenzuschlag nach § 269a,
4. um den Sozialzuschlag nach § 269b.

Der Einkommenshöchstbetrag erhöht sich ferner um eine Pflegezulage von 50, bei Heimunterbringung von 20 Deutsche Mark monatlich, wenn der alleinstehende Berechtigte oder bei nicht dauernd getrennt lebenden Ehegatten beide Ehegatten spätestens im Zeitpunkt der Entscheidung über die Pflegezulage infolge körperlicher oder geistiger Gebrechen so hilflos sind, daß sie nicht ohne fremde Wartung und Pflege bestehen können. Das gleiche gilt, wenn der eine Ehegatte infolge körperlicher Behinderung spätestens in dem in Satz 1 genannten Zeitpunkt nicht in der Lage ist, die Wartung und Pflege des hilflosen anderen Ehegatten zu übernehmen. Voraussetzung für die Pflegezulage ist, daß eine Pflegeperson zu ständiger Wartung und Pflege zur Verfügung steht. Die Pflegezulage von 50 Deutsche Mark monatlich erhöht sich, wenn Pflegezulage oder Pflegegeld nach anderen Vorschriften nicht gewährt wird, um 231 Deutsche Mark monatlich.

(2) Als Einkünfte[1] gelten alle Bezüge in Geld oder Geldeswert, die dem Berechtigten und seinem nicht dauernd von ihm getrennt lebenden Ehegatten sowie seinen Kindern im Sinne des Absatzes 1 Nr. 2 nach Abzug der Aufwendungen verbleiben, die nach den Grundsätzen des Einkommensteuerrechts als Werbungskosten zu berücksichtigen sind; hiervon gelten jedoch folgende Ausnahmen:

1. Gesetzliche und freiwillige Unterhaltsleistungen von Verwandten sowie karitative Leistungen sind nicht als Einkünfte anzusehen. Das gleiche gilt für Ehrengaben des Bundespräsidenten und der Ministerpräsidenten der Länder sowie sonstige Ehrengaben, die aus öffentlichen Mitteln als Belohnung für Rettung aus Gefahr, als Treueprämie, aus Anlaß von Ehe- oder Altersjubiläen oder von Patenschaften oder aus ähnlichen Anlässen gewährt werden.
2. Zweckgebundene Sonderleistungen einmaliger oder laufender Art, wie Pflegezulagen, Pflegegelder, Ersatz der außergewöhnlichen Kosten für erhöhten Kleider- und Wäschever-

---

[1] Siehe hierzu die 3. LeistungsDV-LA i.d.F. der Bek. vom 14. 6. 1977 (BGBl. I S. 850); abgedruckt unter Nr. **19.**

schleiß, Unterhaltsbeträge für einen Blindenführhund, bleiben unberücksichtigt. Ferner werden nachstehenden Personen wegen der Aufwendungen, die ihnen unmittelbar durch ihre besonderen Verhältnisse erwachsen, Freibeträge gewährt, und zwar

a) Kriegsbeschädigten, Kriegerwitwen und Kriegerwitwern, die Renten nach dem Bundesversorgungsgesetz beziehen,
 Freibeträge in Höhe ihrer Grundrente sowie ihrer Schwerstbeschädigtenzulage,

 Kriegsbeschädigten, die Pflegezulage nach dem Bundesversorgungsgesetz beziehen, jedoch mindestens
 ein Freibetrag von 75 DM monatlich;

b) Personen, die infolge Unfalls oder infolge von Schäden, die sie als Verfolgte im Sinne der Gesetze zur Wiedergutmachung nationalsozialistischen Unrechts an Körper oder Gesundheit erlitten haben, erwerbsbeschränkt sind, folgende Freibeträge:
 bei einer Erwerbsbeschränkung
 von 30 bis 60 v. H. = 87 DM monatlich,
 über 60 bis 80 v. H. = 93 DM monatlich,
 über 80 v. H. = 103 DM monatlich;

c) Personen, die weder eine Pflegezulage nach dem Bundesversorgungsgesetz noch ein Pflegegeld nach der Reichsversicherungsordnung beziehen, aber infolge körperlicher oder geistiger Gebrechen so hilflos sind, daß sie nicht ohne fremde Wartung und Pflege bestehen können, stets
 ein Freibetrag von 75 DM monatlich, vermindert um einen nach Absatz 1 Satz 6 gewährten Erhöhungsbetrag zur Pflegezulage;

d) Eltern oder Elternteilen, die eine Elternrente nach dem Bundesversorgungsgesetz, nach den Gesetzen zur Wiedergutmachung nationalsozialistischen Unrechts oder aus Anlaß des durch Unfall verursachten Todes von Kindern beziehen,
 ein Freibetrag in Höhe von 30 vom Hundert des Satzes der Elternrente nach § 51 Abs. 1 des Bundesversorgungsgesetzes in der am 1. Januar 1972 geltenden Fassung;
 dieser Betrag erhöht sich um die Beträge, um die sich die Elternrente nach dem Bundesversorgungsgesetz in der am

Lastenausgleichsgesetz § 267 **LAG 18**

1. Januar 1972 geltenden Fassung wegen des Verlustes mehrerer, aller oder mindestens dreier Kinder, des einzigen oder des letzten Kindes erhöht. Der Freibetrag darf den Auszahlungsbetrag der Elternrente nicht übersteigen.

3. Einkünfte aus Land- und Forstwirtschaft, aus Gewerbebetrieb, aus selbständiger Arbeit und aus einem gegenwärtigen Arbeitsverhältnis werden zur Hälfte angesetzt. Dies gilt nicht bei Einkünften bis zu den Sätzen der Unterhaltshilfe nach den §§ 269, 269a; in diesen Fällen wird ein Freibetrag in Höhe der Hälfte dieser Sätze gewährt. Einkünfte, die bis zu dem Zeitpunkt, in dem über die Zuerkennung der Unterhaltshilfe entschieden wird, unter nachhaltiger Schädigung der Gesundheit erzielt worden sind, werden nicht angesetzt.

4. Staatliche Gratiale, die nicht nach Nummer 1 Satz 2 unberücksichtigt bleiben, sowie freiwillige Leistungen, die mit Rücksicht auf ein früheres Dienst- oder Arbeitsverhältnis oder eine frühere selbständige Berufstätigkeit oder als zusätzliche Versorgungsleistung einer berufsständischen Organisation gewährt werden, gelten nur, wenn sie die Hälfte der Sätze der Unterhaltshilfe nach den §§ 269, 269a übersteigen, und zwar mit 50 v. H. des Mehrbetrags als Einkünfte; dies gilt auch dann, wenn auf Grund betrieblicher Übung oder einer längere Zeit hindurch erfolgten Gewährung nach der Rechtsprechung ein Rechtsanspruch angenommen wird.

5. Zulagen für Kinder, insbesondere Kindergeld, Kinderzuschlag und Kinderzuschuß, gelten nicht als Einkünfte, soweit sie den Zuschlag nach Absatz 1 Nr. 2 zuzüglich des Erhöhungsbetrags zum Sozialzuschlag nach § 269b Abs. 2 Nr. 2 übersteigen.

6. Renten aus der gesetzlichen Rentenversicherung sind mit den um folgende Freibeträge gekürzten Beträgen als Einkünfte anzusetzen:

bei Bezug von Versichertenrenten	87 DM monatlich,
bei Bezug von Hinterbliebenenrenten, die nicht Waisenrenten sind,	64 DM monatlich,
bei Bezug von Waisenrenten	31 DM monatlich.

Bei vergleichbaren sonstigen Versorgungsbezügen werden entsprechende Freibeträge gewährt, sofern nicht bereits Nummer 2 Buchstabe a, b und d oder Nummer 4 eine Regelung enthält.

7. Für Einkünfte aus Vermietung und Verpachtung wird ein Freibetrag in Höhe von 50 Deutsche Mark monatlich, höchstens jedoch in Höhe dieser Einkünfte gewährt.

8. Für Einkünfte aus Kapitalvermögen wird ein Freibetrag in Höhe von 40 Deutsche Mark monatlich, höchstens jedoch in Höhe dieser Einkünfte gewährt. Die nach § 252 Abs. 2 ausgezahlten Zinszuschläge gelten nicht als Einkünfte.

Die Freibeträge und Vergünstigungen nach Nummer 2 Buchstaben a bis d, Nummern 3, 4, 6 bis 8, ausgenommen Freibeträge für Grundrente und Schwerstbeschädigtenzulage nach dem Bundesversorgungsgesetz, werden nur gewährt, soweit sie den Sozialzuschlag nach § 269b übersteigen.

(3) Durch Rechtsverordnung kann Näheres über die Abgrenzung und Berechnung der Einkünfte und Freibeträge bestimmt werden. Dabei ist mit Wirkung vom 1. Januar 1983 ab die Minderung der Einkünfte durch den Abzug von Beiträgen zur gesetzlichen Krankenversicherung sowie in angemessenem Umfang zu einer privaten Krankenversicherung zu regeln.

§ 268[1] *(aufgehoben)*

§ 269[2] Höhe der Unterhaltshilfe

(1) Die Unterhaltshilfe beträgt für den Berechtigten monatlich 688 Deutsche Mark.

(2) Die Unterhaltshilfe erhöht sich um monatlich 459 Deutsche Mark für den nicht dauernd getrennt lebenden Ehegatten und um monatlich 233 Deutsche Mark für jedes Kind im Sinne des § 265 Abs. 2, sofern es von dem Berechtigten überwiegend unterhalten wird; im Falle des § 267 Abs. 1 Sätze 3 bis 6 erhöht sich die Unterhaltshilfe um die Pflegezulage.

§ 269a Selbständigenzuschlag

(1) Die nach § 269 sich ergebende Unterhaltshilfe erhöht sich für ehemals Selbständige im Sinne des § 273 Abs. 5 Nr. 1 und 2 um einen Selbständigenzuschlag.

---

[1] § 268 aufgehoben durch 25. ÄndG LAG vom 24. 8. 1972 (BGBl. I S. 1521).

[2] § 269 Abs. 1 und 2 sowie § 269a Abs. 2 und 3 geändert durch 17. Unterhaltshilfe-Anpassungsverordnung – LAG vom 27. 6. 1990 (BGBl. I S. 1262).

Lastenausgleichsgesetz § 269a LAG 18

(2) Der Selbständigenzuschlag beträgt

in Stufe	bei einem Endgrundbetrag der Hauptentschädigung (§ 273 Abs. 5 Nr. 2 Sätze 1 und 2)	bei Durchschnittsjahreseinkünften aus selbständiger Erwerbstätigkeit nach § 239 (§ 273 Abs. 5 Nr. 2 Satz 3)	monatlich
1	–	bis 4000 RM	157 DM
2	bis 4600 DM	bis 5200 RM	199 DM
3	bis 5600 DM	bis 6500 RM	238 DM
4	bis 7600 DM	bis 9000 RM	265 DM
5	bis 9600 DM	bis 12000 RM	291 DM
6	über 9600 DM	über 12000 RM	319 DM

(3) Der Selbständigenzuschlag erhöht sich für den nicht dauernd getrennt lebenden Ehegatten

in Zuschlagsstufe	um monatlich
1	83 DM
2	95 DM
3	107 DM
4	119 DM
5	137 DM
6	162 DM.

(4) Beziehen der Berechtigte und seine zuschlagsberechtigten Angehörigen (§ 269 Abs. 2) Rentenleistungen im Sinne des § 267 Abs. 2 Nr. 6, erhöht sich der Selbständigenzuschlag

1. bei Bezug von Versichertenrenten und vergleichbaren sonstigen Versorgungsbezügen um 60 DM monatlich,

2. bei Bezug von Hinterbliebenenrenten, die nicht Waisenrenten sind, und vergleichbaren sonstigen Versorgungsbezügen um 44 DM monatlich,

3. bei Bezug von Waisenrenten und vergleichbaren sonstigen Versorgungsbezügen um 21 DM monatlich,

höchstens jedoch um den Betrag, um den die Rentenleistung im Fall der Nummer 1 monatlich 27 DM, im Fall der Nummer 2 monatlich 20 DM und im Fall der Nummer 3 monatlich 10 DM übersteigt. Die Gewährung von Freibeträgen nach § 267 Abs. 2 Nr. 6 entfällt, soweit die Freibeträge den Selbständigenzuschlag nicht übersteigen.

§ 269 b[1] Sozialzuschlag

(1) Die nach den §§ 269, 269a sich ergebende Unterhaltshilfe erhöht sich um einen Sozialzuschlag.

(2) Der Sozialzuschlag beträgt für den Berechtigten 95 Deutsche Mark monatlich. Er erhöht sich

1. für den nicht dauernd von dem Berechtigten getrennt lebenden Ehegatten um 119 Deutsche Mark monatlich,
2. für jedes Kind im Sinne des § 265 Abs. 2, sofern es von dem Berechtigten überwiegend unterhalten wird und das siebente Lebensjahr vollendet hat, um 149 Deutsche Mark monatlich.

(3) Der Sozialzuschlag wird nur gewährt, soweit er den Selbständigenzuschlag nach § 269a übersteigt.

§ 270[2] Anrechnung von Einkünften

(1) Rentenleistungen und sonstige Einkünfte werden auf die Unterhaltshilfe insoweit angerechnet, als sie nach § 267 Abs. 2 als Einkünfte gelten. Der Anrechnungsbetrag wird auf volle Deutsche Mark nach unten abgerundet. Sinkt der Freibetrag nach § 267 Abs. 2 Nr. 2 Buchstabe d, weil sich die Elternrente infolge der Gewährung oder Erhöhung anderer Einkünfte verringert hat, so sind die anzurechnenden Einkünfte um denjenigen Betrag zu kürzen, um den die Summe der Einkünfte nach Absatz 2 und der Unterhaltshilfe wegen des Absinkens des Frei-

---

[1] § 269b eingefügt durch 29. ÄndG LAG vom 16. 2. 1979 (BGBl. I S. 181), Abs. 2 Satz 1 und Satz 2 Nr. 1 und 2 geändert durch 17. Unterhaltshilfe-Anpassungsverordnung – LAG vom 27. 6. 1990 (BGBl. I S. 1262).
[2] § 270 Abs. 2 geändert durch 29. ÄndG LAG vom 16. 2. 1979 (BGBl. I S. 181).

betrags hinter den vorherigen Gesamteinkünften zurückbleiben würde; die Kürzung der anzurechnenden Einkünfte entfällt, sobald und soweit eine Erhöhung der Gesamteinkünfte eintritt.

(2) Betragen die Gesamteinkünfte nach § 267 Abs. 2 unter Hinzurechnung derjenigen Beträge, die nach § 267 Abs. 2 Nr. 2 Satz 2, Nr. 3, 4, 5, 6, 7 und 8 von der Anrechnung freizustellen sind, zusammen mit der nach §§ 269 bis 269b und nach Absatz 1 sich ergebenden Unterhaltshilfe mehr als das Doppelte des Einkommenshöchstbetrags nach § 267 Abs. 1, so wird die Unterhaltshilfe um den das Doppelte des Einkommenshöchstbetrags übersteigenden Betrag gekürzt.

(3) Rentenleistungen, die für zurückliegende Monate bewilligt werden, sind auf die für diese Monate gewährte Unterhaltshilfe nachträglich anzurechnen.

(4) Unterhaltshilfe wird nicht gewährt, wenn sich nach den Absätzen 1 bis 3 ein Auszahlungsbetrag von weniger als zwei Deutsche Mark monatlich ergeben würde.

§ 270a[1] *(aufgehoben)*

§ 271 Dauer der Unterhaltshilfe

Die Unterhaltshilfe wird auf Lebenszeit oder auf Zeit gewährt.

§ 272 Unterhaltshilfe auf Lebenszeit

(1) Unterhaltshilfe auf Lebenszeit wird gewährt, wenn durch die Schädigung die Existenzgrundlage des Berechtigten auf die Dauer vernichtet worden ist. Diese Voraussetzung gilt stets dann als gegeben, wenn der Schaden als Verlust der beruflichen oder sonstigen Existenzgrundlage festgelegt ist und sich dieser Verlust noch auswirkt. Bei Vermögensschäden wird die dauernde Vernichtung der Existenzgrundlage des Berechtigten vermutet, wenn der Berechtigte Vertriebener ist; bei Kriegssachgeschädigten, Ostgeschädigten und Sparern ist das Vorliegen dieser Voraussetzungen stets dann anzunehmen, wenn der nach § 266 sich ergebende Grundbetrag 5600 Deutsche Mark erreicht.

---

[1] § 270a geändert durch 29. ÄndG LAG vom 16. 2. 1979 (BGBl. I S. 181).

(2) Im Falle des Todes des Berechtigten endet die Zahlung mit dem letzten Tage des auf den Todestag folgenden Monats. Vom Beginn des auf den Todestag folgenden übernächsten Monats ab tritt an die Stelle des Berechtigten ohne neuen Antrag sein von ihm nicht dauernd getrennt lebender Ehegatte. Voraussetzung dafür ist, daß

1. die Ehe mindestens ein Jahr oder bereits in dem Zeitpunkt bestanden hat, von dem ab Unterhaltshilfe nach diesem Gesetz zuerkannt worden ist, und

2. der überlebende Ehegatte im Zeitpunkt des Todes des bisher Berechtigten das 65. (die Ehefrau das 45.) Lebensjahr vollendet hat oder in diesem Zeitpunkt erwerbsunfähig im Sinne des § 265 Abs. 1 ist; der Erwerbsunfähigkeit steht es gleich, wenn und solange eine Witwe für mindestens ein im Zeitpunkt des Todes des Ehegatten zu ihrem Haushalt gehörendes Kind im Sinne des § 265 Abs. 2 zu sorgen hat.

Die Sätze 2 und 3 gelten unter den Voraussetzungen des § 261 Abs. 2 Satz 2 für eine alleinstehende Tochter entsprechend; § 266 Abs. 2 Satz 3 und Abs. 3 Satz 2 ist mit der Maßgabe anzuwenden, daß der Antrag, die Grundbeträge oder die verlorenen Einkünfte nicht zusammenzurechnen, bis zum Ablauf eines Jahres nach Rechtskraft des Bescheids, mit dem die Unterhaltshilfe auf die alleinstehende Tochter umgestellt wird, gestellt werden muß.

(3) Bezieht ein Empfänger von Unterhaltshilfe im Zeitpunkt seines Todes Zuschläge für Kinder und werden diese durch den Todesfall Vollwaisen, so treten sie an die Stelle des Verstorbenen, solange die Voraussetzungen des § 265 Abs. 2 Satz 3 Nr. 1 und 2 erfüllt sind; sie erhalten die in § 275 festgesetzten Beträge. Absatz 2 Satz 1 gilt entsprechend.

§ 273[1] Unterhaltshilfe auf Zeit

(1) Unterhaltshilfe auf Zeit wird gewährt, wenn die besonderen Voraussetzungen für die Gewährung auf Lebenszeit nach § 272 nicht vorliegen.

---

[1] § 273 Abs. 5 Satz 1 und Nr. 2 Satz 2 geändert durch 23. ÄndG LAG vom 23. 12. 1970 (BGBl. I S. 1870) sowie Abs. 7 angefügt durch 25. ÄndG LAG vom 24. 8. 1972 (BGBl. I S. 1521), Abs. 5 Nr. 2 Satz 1 geändert durch 28. ÄndG LAG vom 27. 1. 1975 (BGBl. I S. 401).

Lastenausgleichsgesetz **§ 273 LAG 18**

(2) Unterhaltshilfe auf Zeit wird so lange gewährt, bis die Summe der anzurechnenden Zahlungen den Grundbetrag (§ 266 Abs. 2) erreicht hat; anzurechnen sind

1. für die Zeit bis zum 31. März 1952 gewährte Leistungen an Unterhaltshilfe nach dem Soforthilfegesetz mit den Beträgen nach § 38 des Soforthilfegesetzes,
2. für die Zeit vom 1. April 1952 bis zum 31. März 1957 geleistete Zahlungen (Unterhaltshilfe nach diesem Gesetz und nach dem Soforthilfegesetz, Teuerungszuschläge nach dem Soforthilfeanpassungsgesetz) mit 50 vom Hundert,
3. für die Zeit vom 1. April 1957 bis zum 31. Mai 1961 geleistete Zahlungen (Unterhaltshilfe nach diesem Gesetz und nach dem Soforthilfegesetz) mit 40 vom Hundert,
4. für die Zeit vom 1. Juni 1961 bis zum 31. Mai 1965 geleistete Zahlungen (Unterhaltshilfe nach diesem Gesetz und nach dem Soforthilfegesetz) mit 20 vom Hundert,
5. für die Zeit vom 1. Juni 1965 ab geleistete Zahlungen mit 10 vom Hundert,
6. Unterhaltszuschuß nach § 37 des Soforthilfegesetzes stets mit dem vollen Betrag.

Die Unterhaltshilfe wird längstens bis zum Tode des Berechtigten oder im Falle der Rechtsnachfolge nach § 272 Abs. 2 Satz 2 bis 4 bis zum Tode des Ehegatten oder der alleinstehenden Tochter, im Falle des § 272 Abs. 3 bis zum Tode der Vollwaise, längstens bis zur Erreichung der Altersgrenzen gewährt.

(3) Empfänger von Unterhaltszuschuß nach § 37 des Soforthilfegesetzes erhalten, soweit sie nicht Unterhaltshilfe nach diesem Gesetz beziehen, Unterhaltszuschuß weiter, bis der aus § 33 des Soforthilfegesetzes sich ergebende Gesamtbetrag der Leistungen erreicht ist.

(4) Personen, die auf Grund der nach § 357 Abs. 1 erlassenen Vorschriften Unterhaltshilfe nach Soforthilferecht bis zum 30. Juni 1953 erhalten haben, aber die Voraussetzungen für die Gewährung von Kriegsschadenrente nach diesem Gesetz nicht erfüllen, wird Unterhaltshilfe über den 30. Juni 1953 hinaus weitergewährt, wenn die Bewilligung wegen Verlustes von Hausrat erfolgt und der Höchstbetrag der Leistungen nach § 33 des Soforthilfegesetzes am 30. Juni 1953 nicht erreicht war. Die

18 LAG § 273 Lastenausgleichsgesetz

Unterhaltshilfe wird, ab 1. Juli 1953 unter voller Anrechnung des Auszahlungsbetrags einschließlich der Teuerungszuschläge, so lange weitergewährt, bis der am 30. Juni 1953 noch nicht verbrauchte Teil des Höchstbetrags nach § 33 des Soforthilfegesetzes durch die Summe der ab 1. Juli 1963 anzurechnenden Zahlungen erreicht wird.

(5) Ist der Geschädigte nach dem 31. Dezember 1889 (eine Frau nach dem 31. Dezember 1894) und vor dem 1. Januar 1907 (eine Frau vor dem 1. Januar 1912) geboren oder spätestens am 31. Dezember 1971 erwerbsunfähig im Sinne des § 265 Abs. 1 geworden, wird unter folgenden Voraussetzungen Unterhaltshilfe auf Zeit gewährt:

1. Die Existenzgrundlage des unmittelbar Geschädigten und seines nach § 266 Abs. 2 Satz 2 zu berücksichtigenden Ehegatten muß im Zeitpunkt des Schadenseintritts überwiegend beruht haben
   a) auf der Ausübung einer selbständigen Erwerbstätigkeit oder
   b) auf Ansprüchen und anderen Gegenwerten aus der Übertragung, sonstigen Verwertung oder Verpachtung des einer solchen Tätigkeit dienenden Vermögens oder
   c) auf einer Altersversorgung, die aus den Erträgen einer solchen Tätigkeit begründet worden war.

2. Für die Schäden des unmittelbar Geschädigten und seines nach § 266 Abs. 2 Satz 2 zu berücksichtigenden Ehegatten muß ein Anspruch auf Hauptentschädigung mit einem Endgrundbetrag von mindestens 3600 Deutsche Mark zuerkannt worden sein; hierbei bleibt vorbehaltlich der Rechtsverordnung nach § 261 Abs. 4 der auf Zonenschäden beruhende Grundbetrag oder Zonenschaden-Teilgrundbetrag (§ 250 Abs. 7 Satz 2) außer Ansatz. Sind für diese Schäden mehrere Ansprüche auf Hauptentschädigung entstanden, sind die Endgrundbeträge zusammenzurechnen; dies gilt auch dann, wenn vor dem 1. April 1952 an die Stelle des unmittelbar Geschädigten oder seines Ehegatten ein Erbe getreten ist. Der Zuerkennung eines Anspruchs auf Hauptentschädigung mit einem Endgrundbetrag von mindestens 3600 Deutsche Mark steht es gleich, wenn ein Schaden durch Verlust der beruflichen oder sonstigen Existenzgrundlage mit Durchschnittsjahreseinkünften aus selbständiger Erwerbstätigkeit

Lastenausgleichsgesetz **§ 273 LAG 18**

von mindestens 2000 Reichsmark nach § 239 festgestellt ist; diese Voraussetzung gilt auch dann als erfüllt, wenn neben der selbständigen Erwerbstätigkeit eine andere bezahlte Tätigkeit nicht oder nur in geringem Umfang ausgeübt und der Lebensunterhalt nicht oder nur unwesentlich aus anderen Einkünften mit bestritten wurde.

Die Unterhaltshilfe auf Zeit wird so lange gewährt, bis die Summe der anzurechnenden Zahlungen (Absatz 2) den Endgrundbetrag der Hauptentschädigung (Nummer 2) erreicht. Die Unterhaltshilfe wird in entsprechender Anwendung der Vorschriften über die Unterhaltshilfe auf Lebenszeit gewährt, wenn der Endgrundbetrag der Hauptentschädigung (Nummer 2 Sätze 1 und 2) 5600 Deutsche Mark erreicht oder wenn ihm Schäden an Vermögen zugrunde liegen, auf dem die Existenzgrundlage (Nummer 1) beruhte, oder wenn die Voraussetzung der Nummer 2 Satz 3 vorliegt.

(6) Unter den Jahrgangs- und Erwerbsunfähigkeitsvoraussetzungen des Absatzes 5 Satz 1 wird Unterhaltshilfe in entsprechender Anwendung der Vorschriften über die Unterhaltshilfe auf Lebenszeit gewährt

1. an Personen, welche die Voraussetzungen des § 284 Abs. 2 Satz 1 erfüllen,
2. an Personen, deren durch die Schädigung verlorene Existenzgrundlage darauf beruhte, daß sie vor der Schädigung mit einem Familienangehörigen, der die Voraussetzungen des Absatzes 5 Nr. 1 und 2 erfüllt, in Haushaltsgemeinschaft gelebt haben und von ihm wirtschaftlich abhängig waren.

(7) Ist der Geschädigte nach dem 31. Dezember 1906 (eine Frau nach dem 31. Dezember 1911) geboren oder nach dem 31. Dezember 1971 erwerbsunfähig im Sinne des § 265 Abs. 1 geworden, wird Unterhaltshilfe nach Absatz 5 und Absatz 6 Nr. 2 gewährt, wenn eine Existenzgrundlage im Sinne dieser Vorschriften nach Vollendung des 16. Lebensjahres bis zum Verlust dieser Existenzgrundlage insgesamt mindestens 10 Jahre bestand. Beim Verlust einer Existenzgrundlage im Sinne des Absatzes 5 Nr. 1 werden auch Zeiten des Bestehens einer Existenzgrundlage im Sinne des Absatzes 6 Nr. 2 und beim Verlust einer Existenzgrundlage im Sinne des Absatzes 6 Nr. 2 auch Zeiten des Bestehens einer Existenzgrundlage im Sinne des Absatzes 5 Nr. 1 berücksichtigt.

§ 274[1] Sonderregelung bei Wegfall öffentlicher Renten

(1) Beruht der Anspruch des Berechtigten auf einem Sparerschaden, der durch Nichtumstellung von Ansprüchen auf Bezug oder Wiederbezug von Vorzugsrente oder durch Einstellung der Zahlung von Liquidationsrenten des Ersten Weltkriegs oder von Reichszuschüssen an Kleinrentner entstanden ist (§ 15 Abs. 3), und übersteigen die Einkünfte des Berechtigten (§ 267 Abs. 2) nicht den Einkommenshöchstbetrag nach § 279 Abs. 1 Sätze 1 bis 3, so wird Unterhaltshilfe auf Lebenszeit gewährt. Die Berechnung eines Schadensbetrags und eines Grundbetrags entfällt.

(2) Der Berechtigte erhält Unterhaltshilfe in Höhe der weggefallenen monatlichen Zahlung und eines Zuschlags in Höhe von 816 vom Hundert, höchstens jedoch in Höhe der Sätze der Unterhaltshilfe nach § 269; hierbei wird, falls der Berechtigte eine einfache Vorzugsrente bezogen hat, die weggefallene monatliche Zahlung mit 125 vom Hundert, oder, falls er am Währungsstichtag über 65 Jahre alt war, mit 150 vom Hundert angesetzt. Durch Inanspruchnahme der Unterhaltshilfe erlischt die der Vorzugsrente zugrunde liegende Anleiheablösungsschuld mit Auslosungsrechten. Als weggefallene Zahlung gilt bei Kleinrentnern ein Betrag von monatlich 20 Reichsmark für den Alleinstehenden und von 30 Reichsmark für den Verheirateten. § 270 findet keine Anwendung; jedoch darf der Gesamtbetrag der Einkünfte einschließlich der Unterhaltshilfe den Einkommenshöchstbetrag nach Absatz 1 Satz 1 nicht übersteigen. Die Unterhaltshilfe wird auf volle Deutsche Mark aufgerundet; sie wird nicht gewährt, wenn sich ein Auszahlungsbetrag von weniger als zwei Deutsche Mark monatlich ergeben würde.

(3) Trifft mit einem Sparerschaden der in Absatz 1 genannten Art ein anderer Schaden, der einen Anspruch auf Unterhaltshilfe begründet, zusammen, so hat der Berechtigte die Wahl, ob er wegen seiner anderen Schäden Kriegsschadenrente nach den allgemeinen Vorschriften oder wegen der in Absatz 1 genannten Schäden die Sonderregelung nach den Absätzen 1 und 2 in Anspruch nehmen will.

---

[1] § 274 Abs. 2 Satz 1 geändert durch 17. Unterhaltshilfe-Anpassungsverordnung – LAG vom 27. 6. 1990 (BGBl. I S. 1262).

Lastenausgleichsgesetz **§§ 275, 276 LAG 18**

§ 275[1] Unterhaltshilfe für Vollwaisen

(1) Unmittelbar geschädigte Vollwaisen im Sinne des § 265 Abs. 2 erhalten Unterhaltshilfe auf Zeit nach den Vorschriften dieses Abschnitts. An die Stelle des in § 267 Abs. 1 und in § 269 Abs. 1 bestimmten Betrags tritt ein Satz von monatlich 379 Deutsche Mark. § 269b ist nur auf Vollwaisen anzuwenden, die das 15. Lebensjahr vollendet haben; als Sozialzuschlag ist ein Betrag von 55 Deutsche Mark monatlich anzusetzen.

(2) Die Gewährung der Unterhaltshilfe endet mit dem Ende des Monats, in dem die Voraussetzungen des § 265 Abs. 2 Satz 3 Nr. 1 und 2 wegfallen, sofern sich nicht aus § 273 Abs. 2 ein früherer Zeitpunkt ergibt.

§ 276[2] Krankenversorgung

(1) Empfänger von Unterhaltshilfe erhalten als zusätzliche Leistung im Falle der Krankheit ambulante ärztliche und zahnärztliche Behandlung einschließlich Zahnersatz, Arzneien, Verband-, Heil- und Hilfsmittel sowie Krankenhausbehandlung nach Art, Form und Maß der Leistungen nach dem Bundessozialhilfegesetz; Personen, die ihren ständigen Aufenthalt im Ausland haben, erhalten Krankenversorgung nur, wenn ihnen bei Einkommens- und Vermögenslosigkeit Sozialhilfe nach dem Bundessozialhilfegesetz gewährt würde. Die Krankenversorgung nach Satz 1 umfaßt auch die Angehörigen, für die nach § 269 Abs. 2 Zuschläge gewährt werden, im Falle des § 274 den nicht dauernd getrennt lebenden Ehegatten. Die Krankenversorgung entfällt, solange Krankenhilfe nach den Vorschriften der Sozialversicherung oder anderen gesetzlichen Vorschriften gewährt wird oder wenn nach dem Bundesversorgungsgesetz mit Ausnahme der Vorschriften über die Kriegsopferfürsorge ein Anspruch auf entsprechende Leistungen besteht; ist in den

---

[1] § 275 Abs. 1 neu gefaßt durch 4. Unterhaltshilfe-Anpassungsgesetz vom 7. 7. 1972 (BGBl. I S. 1161), geändert durch 17. Unterhaltshilfe-Anpassungsverordnung – LAG vom 27. 6. 1990 (BGBl. I S. 1262) und Satz 3 geändert durch 29. ÄndG LAG vom 16. 2. 1979 (BGBl. I S. 181).

[2] § 276 Abs. 2 Satz 1 geändert und Abs. 6 neu gefaßt durch 25. ÄndG – LAG vom 24. 8. 1972 (BGBl. I S. 1521), Abs. 4 Sätze 1 und 5 geändert durch 17. Unterhaltshilfe-Anpassungsverordnung – LAG vom 27. 6. 1990 (BGBl. I S. 1262).

18 LAG § 276   Lastenausgleichsgesetz

genannten Vorschriften bestimmt, daß Leistungen nach anderen Gesetzen vorgehen, so gilt dies nicht im Verhältnis zur Krankenversorgung nach diesem Gesetz.

(2) Soweit der Empfänger von Unterhaltshilfe mit seinen in Absatz 1 genannten Angehörigen freiwillig bei einer gesetzlichen Krankenkasse, bei einer Ersatzkasse oder bei einem Unternehmen der privaten Krankenversicherung gegen Krankheit versichert ist, kann er beantragen, daß an Stelle der Krankenversorgung zur Fortsetzung der Versicherung Beiträge und Prämienzuschläge bis zu 113[1] Deutsche Mark monatlich je versicherte Person erstattet werden. Hat der Empfänger von Unterhaltshilfe auf Lebenszeit seine freiwillige Krankenversicherung nach dem erstmaligen Bezug von Unterhaltshilfe nach diesem Gesetz aufgegeben und wird die Unterhaltshilfe eingestellt oder das Ruhen angeordnet, wird die Krankenversorgung nach Absatz 1 auch nach Einstellung oder während des Ruhens der Unterhaltshilfe weitergewährt.

(3) Die Krankenversorgung obliegt den Trägern der Sozialhilfe, die auch die Kosten der Krankenversorgung tragen. Der Ausgleichsfonds erstattet von diesen Kosten 25 vom Hundert; der verbleibende Betrag wird vom Bund, den Ländern einschließlich des Landes Berlin und den Gemeinden (Gemeindeverbänden) in dem Verhältnis übernommen, in dem die im Rahmen der Kriegsfolgenhilfe anfallenden Fürsorgekosten verrechnet werden. Die für die Sozialhilfe geltenden Vorschriften über die Zuständigkeit und die Kostenerstattung zwischen den Trägern der Sozialhilfe finden entsprechende Anwendung.

(4) Wird Krankenhausbehandlung gewährt und dauert diese länger als 30 Tage, so werden von der Unterhaltshilfe von dem auf das Ende dieses Zeitraumes folgenden Monatsersten ab bis zur Höhe des tatsächlichen Aufwands des Trägers der Sozialhilfe bei einem untergebrachten alleinstehenden Berechtigten 218 Deutsche Mark, bei untergebrachten nicht dauernd getrennt lebenden Ehegatten je 161 Deutsche Mark, bei untergebrachten Kindern und Vollwaisen je 101 Deutsche Mark monatlich, höchstens jedoch der Auszahlungsbetrag der Unterhaltshilfe einbehalten und an die Träger der Sozialhilfe (Ab-

---

[1] Mit Wirkung vom 1. 1. 1989 wurde dieser Betrag auf 206 DM monatlich erhöht; vgl. 6. AnpV zu § 276 Abs. 2 LAG vom 13. 6. 1989 (BGBl. I S. 1092).

Lastenausgleichsgesetz § 276a **LAG 18**

satz 3) überwiesen. Bei Entlassung in der ersten Hälfte des Kalendermonats wird für diesen ein Betrag nicht einbehalten; bei Entlassung in der zweiten Hälfte des Kalendermonats ermäßigt sich der Einbehaltungsbetrag auf die Hälfte. Die Vorschriften des Bundessozialhilfegesetzes über die Inanspruchnahme von anderen Einkünften gelten entsprechend, soweit die in den Sätzen 1 und 2 genannten Beträge den Auszahlungsbetrag der Unterhaltshilfe übersteigen. Die Kosten der Krankenversorgung (Absatz 3) vermindern sich um die einbehaltenen oder sonst nach dem Bundessozialhilfegesetz in Anspruch genommenen Beträge. Im Falle des § 274 können die Unterhaltshilfe oder die sonstigen Einkünfte bis zum Betrag von 274 Deutsche Mark monatlich nicht in Anspruch genommen werden. In Härtefällen kann das Ausgleichsamt mit Zustimmung des zuständigen Trägers der Sozialhilfe von der Einbehaltung nach Satz 1 ganz oder zum Teil absehen; ebenso kann der Träger der Sozialhilfe bei der Inanspruchnahme von sonstigen Einkünften nach Satz 3 verfahren.

(5) Für die Anfechtung der Entscheidungen der Träger der Sozialhilfe über Art, Form und Maß der Leistungen der Krankenversorgung gilt die Verwaltungsgerichtsordnung; § 96 Abs. 1 Satz 2 und Abs. 2 Satz 2 des Bundessozialhilfegesetzes ist anzuwenden.

(6) Durch Rechtsverordnung kann der in Absatz 2 Satz 1 bestimmte Betrag der Entwicklung der Beiträge zur freiwilligen Krankenversicherung angepaßt werden.

§ 276a[1] Maßnahmen zur Früherkennung von Krankheiten

(1) Personen, denen nach § 276 Abs. 1 Krankenversorgung gewährt wird, haben als weitere zusätzliche Leistung zur Sicherung ihrer Gesundheit Anspruch auf die in § 181 der Reichsversicherungsordnung und in einer Rechtsverordnung zu § 181a der Reichsversicherungsordnung vorgesehenen Maßnahmen zur Früherkennung von Krankheiten.

(2) § 276 Abs. 3 und 5 ist entsprechend anzuwenden.

---

[1] § 276a eingefügt durch 25. ÄndG LAG vom 24. 8. 1972 (BGBl. I S. 1521).

§ 277 Sterbegeld

(1) Empfänger von Unterhaltshilfe können beantragen, daß ihnen im Fall ihres Todes oder des Todes ihres Ehegatten ein Sterbegeld von je 500 Deutsche Mark gewährt wird. Zu den entstehenden Kosten tragen der Unterhaltshilfeempfänger monatlich eine Deutsche Mark, sein Ehegatte 0,50 Deutsche Mark bei; diese Beträge werden von den laufenden Zahlungen an Kriegsschadenrente einbehalten. Im übrigen trägt die Kosten der Ausgleichsfonds.

(2) Bei Empfängern von Unterhaltshilfe auf Lebenszeit bleibt die Sterbevorsorge aufrechterhalten, auch wenn nach § 287 Abs. 2 das Ruhen der Unterhaltshilfe angeordnet oder diese eingestellt wird; die während des Ruhens oder nach der Einstellung der Unterhaltshilfe fälligen Beträge werden vom Sterbegeld einbehalten, soweit sie nicht von laufenden Zahlungen an Entschädigungsrente einbehalten werden können. Entsprechendes gilt für Empfänger von Unterhaltshilfe auf Zeit einschließlich der Fälle des § 265 Abs. 2, sofern sie nicht bei Ausscheiden beantragen, daß ihnen die geleisteten Beiträge zurückerstattet werden.

(3) Der Antrag nach Absatz 1 kann nur bis zum Ablauf eines Jahres nach Rechtskraft des Bescheids über die Gewährung von Unterhaltshilfe gestellt werden. Von den in § 272 Abs. 2 Sätze 2 bis 4 genannten Personen kann die Gewährung von Sterbegeld noch bis zum Ablauf eines Jahres nach Rechtskraft des Bescheids, mit dem die Unterhaltshilfe auf sie umgestellt wird, beantragt werden.

(4) Das Sterbegeld wird an diejenige Person ausgezahlt, die der Unterhaltshilfeempfänger als empfangsberechtigt erklärt hat, im Zweifel an diejenige Person, die nachweislich die Bestattungskosten getragen hat.

(5) Das Sterbegeld ist auf vergleichbare Leistungen nicht anzurechnen.

Lastenausgleichsgesetz § 277a LAG 18

§ 277a[1] Anpassung der Unterhaltshilfe

Fassung § 277a Abs. 1 bis 31. 12. 1991:

(1) Die Unterhaltshilfe wird jährlich zum 1. Juli durch Rechtsverordnung[2] entsprechend dem Hundertsatz angepaßt, um den die Renten aus der Arbeiterrentenversicherung nach § 1272 Abs. 1 der Reichsversicherungsordnung nach Abzug des Krankenversicherungsbeitrags der Rentner jeweils verändert werden.

Fassung § 277a Abs. 1 ab 1. 1. 1992:

(1) Die Unterhaltshilfe wird jährlich zum 1. Juli durch Rechtsverordnung[2] entsprechend dem Hundertsatz angepaßt, um den die Renten der gesetzlichen Rentenversicherung ohne Berücksichtigung der Veränderung der Belastung bei Renten jeweils anzupassen gewesen wären.

(2) Anzupassen sind

1. die Beträge in § 267 Abs. 1 Satz 1, 2 und 6, § 269 Abs. 1 und 2 (Einkommenshöchstbetrag und Sätze der Unterhaltshilfe), § 269a Abs. 2 und 3 (Sätze des Selbständigenzuschlags), § 269b Abs. 2 (Sätze des Sozialzuschlags), § 275 Abs. 1 (Satz der Unterhaltshilfe und des Sozialzuschlags für Vollwaisen) sowie in § 276 Abs. 4 Satz 1 und 5 (Einbehaltungsbeträge bei längerdauernder Krankenhausbehandlung und Schonbetrag für Empfänger von Rentnerunterhaltshilfe),

2. der Hundertsatz in § 274 Abs. 2 Satz 1 erster Halbsatz (Zuschlag zur weggefallenen monatlichen Zahlung bei der Rentnerunterhaltshilfe).

Auf- und Abrundungen auf volle Deutsche Mark und einen vollen Hundertsatz sind zulässig.

---

[1] § 277a eingefügt durch 25. ÄndG LAG vom 24. 8. 1972 (BGBl. I S. 1521), bisheriger Satz 1 wurde mit Neufassung Abs. 1, bisherige Sätze 2 und 3 wurden Abs. 2 durch 27. ÄndG LAG vom 13. 2. 1974 (BGBl. I S. 177), Abs. 2 Nr. 1 geändert durch 29. ÄndG LAG vom 16. 2. 1979 (BGBl. I S. 181), Abs. 1 neu gefaßt durch Gesetz vom 20. 12. 1982 (BGBl. I S. 1857), Abs. 1 zweiter Halbsatz neu gefaßt mit Wirkung vom 1. 1. 1992 durch das Rentenreformgesetz 1992 vom 18. 12. 1989 (BGBl. I S. 2261).
[2] Zwölfte Verordnung zur Anpassung der Unterhaltshilfe nach dem Lastenausgleichsgesetz (12. Unterhaltshilfe-Anpassungsverordnung – LAG – 12. UhAnpV) vom 1. 7. 1985 (BGBl. I S. 1256).

§ 278 Verhältnis zur Entschädigungsrente

(1) Der nach § 266 Abs. 2 ermittelte Grundbetrag gilt durch die Gewährung von Unterhaltshilfe auf Lebenszeit in folgender Höhe als in Anspruch genommen (Sperrbetrag):

Vollendetes Lebensjahr in dem nach Absatz 2 maßgebenden Zeitpunkt	Monatlicher Auszahlungsbetrag der Unterhaltshilfe in dem nach Absatz 2 maßgebenden Zeitraum				
	bis 15 DM DM	bis 30 DM DM	bis 50 DM DM	bis 100 DM DM	über 100 DM DM
80	600	1200	2000	3300	3900
75	800	1700	2800	3900	4500
70	1100	2300	3900	4500	5100
65	1500	3000	4500	5100	5500
60	1900	3900	5500	5500	5500
55	2400	4800	5500	5500	5500
50	3700	5500	5500	5500	5500
unter 50	5500	5500	5500	5500	5500

(2) Für die Höhe des Sperrbetrags sind maßgebend

1. das Lebensalter des Berechtigten in dem Zeitpunkt, von dem ab ihm erstmalig Unterhaltshilfe nach diesem Gesetz zuerkannt worden ist und
2. der Auszahlungsbetrag der Unterhaltshilfe
   a) bei Berechtigten, die mit Wirkung vom 1. Januar 1955 oder von einem früheren Zeitpunkt ab erstmalig Unterhaltshilfe erhalten haben, im Durchschnitt der ersten drei Monate des Kalenderjahres 1955 oder, wenn die Unterhaltshilfe in einem dieser Monate geruht hat, der drei nach Wiederaufnahme der Zahlungen nächstfolgenden Monate,
   b) bei Berechtigten, die mit Wirkung von einem späteren Zeitpunkt als dem 1. Januar 1955 ab in die Unterhaltshilfe erstmalig eingewiesen worden sind oder werden, in der bei der erstmaligen Einweisung sich ergebenden Höhe.

Lastenausgleichsgesetz § 278a **LAG 18**

§ 278 a[1] Verhältnis zur Entschädigungsrente

(1) Auf den Grundbetrag der Hauptentschädigung werden die dem Berechtigten und den an seine Stelle tretenden Personen geleisteten Zahlungen wie folgt angerechnet:

1. Für die Zeit bis zum 31. März 1952 gewährte Leistungen an Unterhaltshilfe nach dem Soforthilfegesetz mit den Beträgen nach § 38 des Soforthilfegesetzes,

2. für die Zeit vom 1. April 1952 bis zum 31. März 1957 geleistete Zahlungen (Unterhaltshilfe nach diesem Gesetz und nach dem Soforthilfegesetz, Teuerungszuschläge nach dem Soforthilfeanpassungsgesetz) mit 50 vom Hundert,

3. für die Zeit vom 1. April 1957 bis zum 31. Mai 1961 geleistete Zahlungen (Unterhaltshilfe nach diesem Gesetz und nach dem Soforthilfegesetz) mit 40 vom Hundert,

4. für die Zeit vom 1. Juni 1961 bis zum 31. Mai 1965 geleistete Zahlungen (Unterhaltshilfe nach diesem Gesetz und nach dem Soforthilfegesetz) mit 20 vom Hundert,

5. für die Zeit vom 1. Juni 1965 ab geleistete Zahlungen einschließlich des Sozialzuschlags (§ 269 b) mit 10 vom Hundert,

6. Unterhaltszuschuß nach § 37 des Soforthilfegesetzes stets mit dem vollen Betrag,

7. Beihilfe zum Lebensunterhalt aus dem Härtefonds (§§ 301, 301 a) und nach dem Flüchtlingshilfegesetz mit dem sich aus den Nummern 2 bis 5 ergebenden Hundertsatz,

8. Unterhaltshilfe nach dem Reparationsschädengesetz sowie Unterhaltsbeihilfe nach dem Allgemeinen Kriegsfolgengesetz und § 10 des Vierzehnten Gesetzes zur Änderung des Lastenausgleichsgesetzes mit dem sich aus den Nummern 3 bis 5 ergebenden Hundertsatz, soweit diese Leistungen nicht auf die Entschädigung nach dem Reparationsschädengesetz angerechnet werden können.

---

[1] § 278a Abs. 1 Nr. 5 geändert durch 4. Unterhaltshilfe-Anpassungsgesetz vom 7. 7. 1972 (BGBl. I S. 1161), Abs. 6 früherer letzter Satz aufgehoben durch 23. ÄndG LAG vom 23. 12. 1970 (BGBl. I S. 1870), Abs. 1 Satz 2 neu gefaßt durch 28. ÄndG LAG vom 27. 1. 1975 (BGBl. I S. 401), Abs. 1 Nr. 5 und Abs. 6 Nr. 1 Satz 4 geändert durch 29. ÄndG LAG vom 16. 2. 1979 (BGBl. I S. 181).

§ 278a

Die Anrechnung ist vorzunehmen, wenn sie unter Berücksichtigung sonstiger Erfüllungsbeträge zur vollen Erfüllung des Anspruchs auf Hauptentschädigung führt oder wenn die Unterhaltshilfe vorher für dauernd endet oder nach § 291 Abs. 2 eingestellt wird oder der Berechtigte, um die Erfüllung des Anspruchs auf Hauptentschädigung zu ermöglichen, auf die Weitergewährung der Unterhaltshilfe verzichtet.

(2) Anzurechnen nach Absatz 1 ist auf die Grundbeträge der Hauptentschädigung, die zuerkannt worden sind

1. für die Schäden des unmittelbar Geschädigten,
2. für die Schäden seines nach § 266 Abs. 2 Satz 2 zu berücksichtigenden Ehegatten,
3. für die nach § 266 Abs. 2 Satz 3, § 272 Abs. 2 Satz 4 zu berücksichtigenden Schäden einer alleinstehenden Tochter;

dies gilt auch dann, wenn die Ansprüche auf Hauptentschädigung in der Person von Erben entstanden sind, die vor dem 1. April 1952 an die Stelle des unmittelbar Geschädigten oder seines Ehegatten getreten sind. Ist hiernach auf mehrere Grundbeträge der Hauptentschädigung anzurechnen, erfolgt die Anrechnung nach dem Verhältnis dieser Grundbeträge; werden nach durchgeführter Anrechnung Grundbeträge der Hauptentschädigung zuerkannt oder geändert, ist die Anrechnung nach dem sich daraus ergebenden Verhältnis der Grundbeträge zueinander zu ändern.

(3) Der auf den angerechneten Betrag entfallende Zinszuschlag zur Hauptentschädigung nach § 250 gilt durch die Gewährung der Unterhaltshilfe vom Beginn desjenigen Kalendervierteljahres ab als erfüllt, das dem Zeitpunkt folgt, von dem ab Unterhaltshilfe zuerkannt worden ist.

(4) Ohne Rücksicht darauf, ob die Unterhaltshilfe gezahlt wird, ruht oder eingestellt ist, werden Ansprüche auf Hauptentschädigung, auf die nach den Absätzen 1 bis 3 anzurechnen ist, bei Grundbeträgen

von 2000 bis 2999 Deutsche Mark
                        in Höhe von 300 Deutsche Mark,
von 3000 bis 3999 Deutsche Mark
                        in Höhe von 400 Deutsche Mark,
von 4000 bis 4999 Deutsche Mark
                        in Höhe von 550 Deutsche Mark,

von 5000 bis 5599 Deutsche Mark
>in Höhe von 700 Deutsche Mark,

von 5600 bis 6530 Deutsche Mark
>in Höhe des 4900 Deutsche Mark übersteigenden Teils des Grundbetrags,

von mehr als 6530 Deutsche Mark
>in Höhe von 25 vom Hundert des Grundbetrags

erfüllt (Mindesterfüllungsbetrag); ist nach Absatz 2 auf mehrere Grundbeträge der Hauptentschädigung anzurechnen, so ist der Mindesterfüllungsbetrag aus der Summe dieser Grundbeträge zu berechnen und im Verhältnis der Grundbeträge zueinander aufzuteilen. Über den Mindesterfüllungsbetrag hinaus können die Ansprüche auf Hauptentschädigung, solange die Unterhaltshilfe gezahlt wird oder ruht, nur insoweit erfüllt werden, als offensichtlich eine Überzahlung der Hauptentschädigung nicht zu erwarten ist. Soweit hiernach die Ansprüche auf Hauptentschädigung vor der Anrechnung nicht erfüllt werden können, sind sie durch die Gewährung von Unterhaltshilfe vorläufig in Anspruch genommen.

(5) Unterhaltshilfe kann nicht mehr zuerkannt werden, nachdem die Ansprüche auf Hauptentschädigung, auf die im Falle der Zuerkennung nach den Absätzen 1 bis 3 anzurechnen wäre, erfüllt sind; nach teilweiser Erfüllung dieser Ansprüche über den Mindesterfüllungsbetrag (Absatz 4) hinaus kann Unterhaltshilfe nur noch insoweit zuerkannt werden, als offensichtlich eine Überzahlung der Hauptentschädigung nicht zu erwarten ist.

(6) Unterhaltshilfe auf Lebenszeit kann jedoch auch nach Erfüllung von Ansprüchen auf Hauptentschädigung nach Maßgabe der folgenden Vorschriften zuerkannt werden:

1. Sind Ansprüche auf Hauptentschädigung durch Barzahlung, Eintragung von Schuldbuchforderungen, Aushändigung von Schuldverschreibungen, Begründung von Spareinlagen oder Verrechnung erfüllt worden und sind danach die Voraussetzungen für die Zuerkennung von Unterhaltshilfe durch Erweiterung des § 273 geschaffen worden, wird die Erfüllung auf Antrag rückgängig gemacht, soweit sie nach Absatz 5 der Zuerkennung von Unterhaltshilfe auf Lebenszeit entgegen-

steht. Der Erfüllungsbetrag ist, sofern dies zumutbar ist, binnen eines Jahres nach Antragstellung an den Ausgleichsfonds zurückzuzahlen. Die Unterhaltshilfe kann frühestens von dem Monatsersten ab zuerkannt werden, der dem Zeitpunkt des Antrags, die Erfüllung rückgängig zu machen, folgt; die Zahlung der Unterhaltshilfe beginnt mit dem Ersten des Monats, der auf die Rückzahlung des Erfüllungsbetrags folgt. Ist die Rückzahlung des Erfüllungsbetrags binnen eines Jahres nicht zumutbar, kann Unterhaltshilfe auf Lebenszeit mit der Maßgabe zuerkannt werden, daß der Auszahlungsbetrag der Unterhaltshilfe um den Anrechnungsbetrag (Absatz 1) so lange gekürzt wird, bis die Summe der Kürzungsbeträge den der Zuerkennung von Unterhaltshilfe auf Lebenszeit entgegenstehenden Erfüllungsbetrag erreicht.

2. Sind Ansprüche auf Hauptentschädigung durch Anrechnung von Darlehen im Sinne des § 291 Abs. 1 erfüllt oder sind Erfüllungsbeträge für ein Vorhaben im Sinne des § 291 Abs. 1 nachweislich verwendet worden, gilt Nummer 1 Sätze 1 bis 3. Ist eine Rückzahlung des Erfüllungsbetrags, soweit er der Zuerkennung von Unterhaltshilfe auf Lebenszeit entgegensteht, nicht zumutbar und lag eine Existenzgrundlage im Sinne des § 273 Abs. 5 Nr. 1 vor, kann Unterhaltshilfe nach Nummer 1 Satz 4 gewährt werden, wenn die Schaffung oder Sicherung der Lebensgrundlage nicht erreicht wurde, weil
   a) ein landwirtschaftliches Pachtverhältnis ausgelaufen ist oder
   b) der Empfänger der Leistung verstorben ist oder es ihm durch schwere körperliche oder geistige Gebrechen vorzeitig unmöglich gemacht wurde, selbst oder mit Hilfe seiner Angehörigen das Vorhaben fortzuführen.

3. Sind Ansprüche auf Hauptentschädigung durch Anrechnung von Darlehen im Sinne des § 291 Abs. 3 erfüllt oder sind Erfüllungsbeträge für ein Vorhaben im Sinne des § 291 Abs. 3 nachweislich verwendet worden, gilt Nummer 1 Sätze 1 und 2. Ist eine Rückzahlung des Erfüllungsbetrags insoweit, als sie der Zuerkennung von Unterhaltshilfe auf Lebenszeit entgegensteht, nicht zumutbar, gilt folgendes:
   a) Ist ein Aufbaudarlehen angerechnet worden, wird mit Wirkung vom Zeitpunkt der Anrechnung das Darlehen in

Lastenausgleichsgesetz § 278a LAG 18

    Höhe des nicht zurückgezahlten Betrags wiederhergestellt.
- b) Ist ein Erfüllungsbetrag für ein Vorhaben im Sinne des § 291 Abs. 3 verwendet worden, wird in Höhe des nicht zurückgezahlten Betrags ein Darlehensverhältnis mit Wirkung vom Zeitpunkt der Erfüllung ab neu begründet.
- c) Die durch die Wiederherstellung oder Neubegründung eines Darlehensverhältnisses entstehenden Rückstände an Zins- und Tilgungsleistungen sind mit der Unterhaltshilfe vom Wirksamwerden ihrer Zuerkennung ab zu verrechnen.

    Die Unterhaltshilfe kann frühestens von dem Monatsersten ab zuerkannt werden, der dem Zeitpunkt des Antrags, die Erfüllung rückgängig zu machen, folgt; die Zahlung der Unterhaltshilfe beginnt mit dem Ersten des Monats, der auf die Rückzahlung des Erfüllungsbetrags oder auf den Abschluß der Verrechnung der rückständigen Beträge (Buchstabe c) folgt.

4. Sind Ansprüche auf Hauptentschädigung durch Anrechnung von Darlehen zur Förderung einer landwirtschaftlichen Vollerwerbsstelle erfüllt worden, mußte der Darlehensempfänger wegen vorgeschrittenen Lebensalters oder Erwerbsunfähigkeit den Betrieb auf einen Abkömmling oder anderen Geschädigten übertragen, und ist wegen der wirtschaftlichen Lage des Betriebs die mit einer Hofübergabe verbundene Altersversorgung in diesem Zeitpunkt nicht zu verwirklichen, gilt Nummer 1 Sätze 1 bis 3. Ist eine Rückzahlung des Erfüllungsbetrags nicht zumutbar, so wird bei Einverständnis des Übernehmers die Erfüllung, soweit sie der Zuerkennung der Unterhaltshilfe auf Lebenszeit entgegensteht, auf Antrag in der Weise rückgängig gemacht, daß das Darlehensverhältnis gegenüber dem Übernehmer mit Wirkung vom Zeitpunkt der Anrechnung ab wiederhergestellt wird; hierfür gilt Nummer 3 Satz 2 Buchstabe c und Satz 3.

5. Sind Ansprüche auf Hauptentschädigung für Schäden eines verstorbenen unmittelbar Geschädigten erfüllt worden, bevor bei seinem überlebenden Ehegatten die Voraussetzungen des § 230 für den Antrag auf Kriegsschadenrente vorlagen, wird die Erfüllung auf Antrag rückgängig gemacht, soweit sie nach Absatz 5 der Zuerkennung von Unterhaltshilfe auf

351

18 LAG § 292   Lastenausgleichsgesetz

Lebenszeit entgegensteht und wenn sie nicht nach den Nummern 2 bis 4 rückgängig gemacht werden kann. Nummer 1 Sätze 2 bis 4 ist anzuwenden.

(7) Das Nähere über die Erfüllung von Ansprüchen auf Hauptentschädigung neben der Weitergewährung von Unterhaltshilfe (Absatz 4) und über die Zuerkennung von Unterhaltshilfe nach voller oder teilweiser Erfüllung der Ansprüche auf Hauptentschädigung (Absätze 5 und 6) wird durch Rechtsverordnung bestimmt. Dabei ist hinsichtlich der Absätze 4 und 5 von dem Auszahlungsbetrag der Unterhaltshilfe sowie von der Lebenserwartung des Berechtigten auszugehen. Für die Anwendung des Absatzes 6 kann insbesondere auch die Berücksichtigung des Mindesterfüllungsbetrags, der Zeitpunkt der Zuerkennung und Zahlung von Unterhaltshilfe, die Höhe des Kürzungsbetrags der Unterhaltshilfe und die Verzinsung des Anspruchs auf Hauptentschädigung bei Rückzahlung von Erfüllungsbeträgen geregelt werden.

§ 292[1] Verhältnis zur Sozialhilfe, zur Kriegsopferfürsorge sowie zur Arbeitslosenversicherung und zur Arbeitslosenhilfe

(1) Für Berechtigte, bei denen trotz Bezugs von Kriegsschadenrente die Voraussetzungen für die Gewährung von Sozialhilfe oder Kriegsopferfürsorge vorliegen, gelten ergänzend die Vorschriften des Bundessozialhilfegesetzes oder die Vorschriften des Bundesversorgungsgesetzes über die Kriegsopferfürsorge.

(2) Als Teil eines Vermögens, von dessen Verbrauch oder Verwertung die Gewährung von Sozialhilfe oder Kriegsopferfürsorge nicht abhängig gemacht werden darf, gilt

1. die nach § 274 gewährte Unterhaltshilfe, höchstens jedoch monatlich 274 Deutsche Mark,

---

[1] § 292 Abs. 2, 3 und 4 geändert durch 17. Unterhaltshilfe-Anpassungsverordnung – LAG vom 27. 6. 1990 (BGBl. I S. 1262), Abs. 7 angefügt durch 25. ÄndG LAG vom 24. 8. 1972 (BGBl. I S. 1521), Abs. 4 Nr. 1 geändert durch 4. Unterhaltshilfe-Anpassungsgesetz vom 7. 7. 1972 (BGBl. I S. 1161) und Satz 1 Halbsatz 2 geändert durch 29. ÄndG LAG vom 16. 2. 1979 (BGBl. I S. 181), Abs. 7 geändert durch 27. ÄndG LAG vom 13. 2. 1974 (BGBl. I S. 177).

Lastenausgleichsgesetz **§ 292 LAG 18**

2. der vier vom Hundert des Grundbetrags übersteigende Teil der Entschädigungsrente nach § 280 oder
3. die Hälfte des Auszahlungsbetrags der Entschädigungsrente nach § 284.

(3) Auf Nachzahlungen an Unterhaltshilfe für zurückliegende Monate wird für den gleichen Zeitraum nach Abschnitt 2 des Bundessozialhilfegesetzes oder nach den Vorschriften über die Kriegsopferfürsorge gewährte Hilfe zum Lebensunterhalt angerechnet; dies gilt nicht für einmalige Leistungen außerhalb von Anstalten, Heimen oder gleichartigen Einrichtungen. Bei Unterhaltshilfe nach § 274 ist die Anrechnung auf den 274 Deutsche Mark monatlich übersteigenden Betrag beschränkt. Der Anspruch auf Nachzahlung geht in Höhe der angerechneten Beträge auf den Träger der Sozialhilfe oder den Träger der Kriegsopferfürsorge über. Entsprechendes gilt für den nicht unter Absatz 2 Nr. 2 oder 3 fallenden Teil der Entschädigungsrente. Ist die Hilfe zum Lebensunterhalt in einer Anstalt, einem Heim oder einer gleichartigen Einrichtung gewährt worden, hat der Träger der Sozialhilfe oder der Träger der Kriegsopferfürsorge für den Nachzahlungszeitraum das Taschengeld nach den Sätzen des Absatzes 4 zu gewähren.

(4) Wird für den Berechtigten oder seine nach § 269 Abs. 2 zuschlagsberechtigten Angehörigen, im Falle des § 274 für den nicht dauernd von ihm getrennt lebenden Ehegatten, Hilfe zum Lebensunterhalt nach Abschnitt 2 des Bundessozialhilfegesetzes oder ergänzende Hilfe zum Lebensunterhalt nach den Vorschriften über die Kriegsopferfürsorge in einer Anstalt, einem Heim oder einer gleichartigen Einrichtung gewährt, kann der Träger der Sozialhilfe oder der Träger der Kriegsopferfürsorge zum Ersatz seiner Aufwendungen laufende Zahlungen an Kriegsschadenrente wie folgt auf sich überleiten:

1. Wird Unterhaltshilfe gewährt, kann der Anspruch bis zur vollen Höhe des für die untergebrachte Person oder die untergebrachten Ehegatten in Betracht kommenden Satzes der Unterhaltshilfe zuzüglich Sozialzuschlag, im Falle des Absatzes 2 Nr. 1 jedoch nur in Höhe des 274 Deutsche Mark übersteigenden Betrags, übergeleitet werden; bei nicht dauernd getrennt lebenden Ehegatten gilt als Satz der Unterhaltshilfe der Zuschlagsbetrag nach § 269 Abs. 2 und als Sozialzuschlag der in § 269b Abs. 2 Nr. 1 bestimmte Betrag auch dann,

wenn der Berechtigte selbst, nicht jedoch sein Ehegatte die Hilfe zum Lebensunterhalt in einer Anstalt, einem Heim oder einer gleichartigen Einrichtung erhält. Bis zur Höhe des Selbständigenzuschlags nach § 269a kann der Anspruch auf Unterhaltshilfe nur übergeleitet werden, wenn die Hilfe zum Lebensunterhalt einem alleinstehenden Berechtigten oder gleichzeitig untergebrachten Ehegatten gewährt wird; ist von nicht dauernd getrennt lebenden Ehegatten nur ein Ehegatte untergebracht, kann nur der Erhöhungsbetrag nach § 269a Abs. 3 übergeleitet werden.

2. Wird Entschädigungsrente allein oder neben Unterhaltshilfe gewährt, kann der nicht unter Absatz 2 Nr. 2 und 3 fallende Teil der Entschädigungsrente, bei Vorauszahlungen auf Entschädigungsrente nach § 281 der Betrag von 20 Deutsche Mark übergeleitet werden.

Der Träger der Sozialhilfe oder der Träger der Kriegsopferfürsorge gewährt, soweit nicht schon ein entsprechender Betrag aus nicht in Anspruch genommenen Teilen der Kriegsschadenrente oder sonstiger Einkünfte zur Verfügung steht, der untergebrachten Person zur Deckung kleinerer persönlicher Bedürfnisse ein monatliches Taschengeld in folgender Höhe:

für untergebrachte alleinstehende Berechtigte oder untergebrachte jeweilige Ehegatten
von 100 auf 103 Deutsche Mark,
für gemeinsam untergebrachte Ehegatten
von 172 auf 177 Deutsche Mark,
für untergebrachte Kinder und Vollwaisen
von 34 auf 35 Deutsche Mark.

Ist der Auszahlungsbetrag der Kriegsschadenrente geringer als das Taschengeld, so erstattet der Ausgleichsfonds dem Träger der Sozialhilfe oder dem Träger der Kriegsopferfürsorge für den Berechtigten oder seinen Ehegatten 5 Deutsche Mark, für Ehepaare 7,50 Deutsche Mark und für Kinder oder Vollwaisen je 2 Deutsche Mark monatlich.

(5) Für die Gewährung von der Unterhaltshilfe vergleichbaren Leistungen an Hilfe in besonderen Lebenslagen nach Abschnitt 3 des Bundessozialhilfegesetzes gelten die Absätze 3 und 4 entsprechend, soweit nach § 28 in Verbindung mit Abschnitt 4 des Bundessozialhilfegesetzes dem Hilfesuchenden,

seinem Ehegatten und seinen Eltern der Einsatz des Einkommens zuzumuten ist. Entsprechendes gilt für Leistungen nach den §§ 26, 27, 27a Abs. 2 und § 27b des Bundesversorgungsgesetzes.[1]

(6) Das Arbeitslosengeld und die Arbeitslosenhilfe sind Einkünfte im Sinne des § 267 Abs. 2 und Rentenleistungen im Sinne dieses Abschnitts.

(7) Durch Rechtsverordnung nach § 277a sind die Beträge in Absatz 2 Nr. 1, Absatz 3 Satz 2 und Absatz 4 Nr. 1 (Schonbetrag für Empfänger von Rentnerunterhaltshilfe) sowie im vorletzten Satz des Absatzes 4 (Taschengeldsätze) jeweils anzupassen.

§ 363 Schutz gegen Inanspruchnahme aus Leistungen der Sozialhilfe oder der Arbeitslosenhilfe

Ist der Unterhaltsanspruch eines Unterhaltsberechtigten, dem Sozialhilfe nach dem Bundessozialhilfegesetz oder Arbeitslosenhilfe gewährt worden ist, auf den Träger der Sozialhilfe oder auf das Arbeitsamt übergegangen, darf wegen dieses Anspruchs die Zwangsvollstreckung gegen den Unterhaltsverpflichteten nicht betrieben werden, wenn dieser Vertriebener oder Kriegssachgeschädigter ist und wenn durch die Zwangsvollstreckung die Neubegründung oder Sicherung seiner Existenz gefährdet würde.

---

[1] Abgedruckt unter Nr. **10**.

19. Dritte Verordnung über Ausgleichsleistungen nach dem Lastenausgleichsgesetz (3. LeistungsDV-LA)

In der Fassung der Bekanntmachung vom 14. Juni 1977
(BGBl. I S. 850)

(BGBl. III 621–1–LDV 3)

Geändert durch 6. Unterhaltshilfe-Anpassungsverordnung – LAG vom 8. 5. 1979 (BGBl. I S. 533), Verordnung vom 23. 11. 1979 (BGBl. I S. 1982), 8. Unterhaltshilfe-Anpassungsverordnung – LAG vom 11. 12. 1980 (BGBl. I S. 2259), Verordnung vom 9. 12. 1982 (BGBl. I S. 1624), 10. Unterhaltshilfe-Anpassungsverordnung – LAG vom 20. 5.1983 (BGBl. I S. 605), 11. Unterhaltshilfe-Anpassungsverordnung – LAG vom 17. 7. 1984 (BGBl. I S. 945), 13. Unterhaltshilfe-Anpassungsverordnung – LAG vom 26. 6. 1986 (BGBl. I S. 937) und Verordnung vom 24. 2. 1988 (BGBl. I S. 201)

(Auszug)

Artikel I. Einkünfte

§ 1[1] Ermittlungsgrundlage

Einkünfte im Sinne des § 267 des Gesetzes sind, soweit sich aus dieser Verordnung nichts anderes ergibt, die in § 2 Abs. 4 des Einkommensteuergesetzes (EStG) in der Fassung vom 15. September 1953 (BGBl. I S. 1355) bezeichneten Einkünfte aus den in § 2 Abs. 3 Ziff. 1 bis 7 des Einkommensteuergesetzes genannten Einkunftsarten; das gilt ohne Rücksicht darauf, ob die Einkünfte der Einkommensteuer unterliegen. § 2 Abs. 2 des Einkommensteuergesetzes ist bei der Errechnung der Einkünfte nicht anzuwenden; ebenso bleiben vorbehaltlich des § 15b Ausgaben nach § 12 sowie außergewöhnliche Belastungen nach § 33 und Freibeträge für besondere Fälle nach § 33a des Einkommensteuergesetzes unberücksichtigt.

---

[1] § 1 geändert durch Gesetz vom 9. 12. 1982 (BGBl. I S. 1624).

Artikel II. Einkunftsarten

§ 7[1] Einkünfte aus Land- und Forstwirtschaft

(1) Als Einkünfte aus Land- und Forstwirtschaft im Sinne des § 13 Abs. 1 und 2 des Einkommensteuergesetzes ist die Summe der nach den Absätzen 2 bis 8 ermittelten Einnahmen und einnahmegleichen Werte, vermindert um die nach Absatz 9 abzugsfähigen Belastungen und Ausgaben anzusetzen.

(2) Als monatliche Einnahmen und einnahmegleiche Werte sind zusammenzufassen

1. der Wert der Arbeitsleistung (Absatz 3),
2. der Zuschlag für die Betriebsleitung (Absatz 4),
3. der Reinertrag (Absatz 5),
4. die sonstigen mit dem Betrieb einer Land- und Forstwirtschaft verbundenen Einnahmen (Absatz 8).

(3) Als Wert der Arbeitsleistung ist monatlich ein Betrag in Höhe des dreieinhalbfachen jeweils maßgebenden Satzes der Unterhaltshilfe für den Berechtigten (§ 269 Abs. 1 des Lastenausgleichsgesetzes) anzusetzen. Ist die selbstbewirtschaftete Fläche der landwirtschaftlichen Nutzung einschließlich der nach Absatz 6 einzubeziehenden Flächen kleiner als 14 Hektar, so ist je Hektar ein Vierzehntel des Wertes nach Satz 1 anzusetzen; dabei sind Flächen von Almen und Hutungen mit einem Viertel der auf diese entfallenden Gesamtfläche zu berücksichtigen. Teile von weniger als 0,5 Hektar sind auf volle Hektar nach unten und Teile von 0,5 Hektar an auf volle Hektar nach oben zu runden. Der Wertansatz ist bei einer selbstbewirtschafteten Fläche der landwirtschaftlichen Nutzung

       bis 4 Hektar um 30 vom Hundert,
von 5 bis 8 Hektar um 20 vom Hundert,
von 9 bis 11 Hektar um 10 vom Hundert

zu kürzen. Von dem nach den Sätzen 1 bis 4 ermittelten Betrag sind, jedoch nicht über diesen Betrag hinaus, abzuziehen

---

[1] § 7 Abs. 2 Nr. 4 aufgehoben, Nr. 5 wird Nr. 4, Abs. 7 wird aufgehoben, Abs. 8 bis 12 werden 7 bis 11 durch Verordnung vom 24. 2. 1988 (BGBl. I S. 201).

bei einer Minderung der Erwerbsfähigkeit um
50 bis 65 vom Hundert

10 vom Hundert des Betrags, mindestens jedoch 70 Deutsche Mark,

mehr als 65 bis 85 vom Hundert

15 vom Hundert des Betrags, mindestens jedoch 90 Deutsche Mark,

mehr als 85 vom Hundert

25 vom Hundert des Betrags, mindestens jedoch 130 Deutsche Mark.

(4) Der Zuschlag für die Betriebsleitung ist monatlich mit 0,4 vom Hundert des Vergleichswerts der landwirtschaftlichen Nutzung einschließlich der nach Absatz 6 einzubeziehenden Flächen anzusetzen.

(5) Der Reinertrag der landwirtschaftlichen Nutzung einschließlich der nach Absatz 6 einzubeziehenden Flächen ist monatlich mit 0,7 vom Hundert der Vergleichswerte dieser Nutzungen anzusetzen. Betreiben der Berechtigte und die nach § 5 zur Familieneinheit gehördenden Personen die Land- und Forstwirtschaft infolge des Beteiligungsrechts eines Dritten nicht allein, so ist ein ihrem Anteil am Unternehmen entsprechender Teilbetrag anzusetzen.

(6) Bei der Ermittlung der Einkünfte nach den Absätzen 2 bis 5 sind Flächen des Gartenbaues, des Weinbaues oder von Sonderkulturen nur dann einzubeziehen, wenn der Gewinn für diese Flächen bei der Veranlagung zur Einkommensteuer nicht gesondert festgestellt wird oder im Falle einer solchen Veranlagung nicht gesondert festzustellen wäre (Absatz 8 Satz 2).

(7) Als sonstige mit dem Betrieb einer Land- und Forstwirtschaft verbundene Einnahmen gilt monatlich ein Zwölftel der steuerrechtlich zu den Einkünften aus Land- und Forstwirtschaft gehörenden Pachtzinsen. Zu den sonstigen Einnahmen gehören auch bei der Veranlagung zur Einkommensteuer festgestellte oder im Falle einer solchen Veranlagung festzustellende Gewinne aus nachhaltigen oder einmaligen Betriebseinnahmen (zum Beispiel aus Forstwirtschaft, Gartenbau, Weinbau, Sonderkulturen, übernormaler Tierhaltung, Zuchtviehverkäufen, Fuhrleistungen oder Nebenbetrieben). Außerdem ist ein

bei der Veräußerung oder Entnahme von Grund und Boden entstandener Gewinn ohne Abzug von Freibeträgen mit einem Zwölftel anzusetzen. Absatz 5 Satz 2 gilt entsprechend.

(8) Von der Summe der Einnahmen und einnahmegleichen Werte sind abzuziehen

1. ein Zwölftel der im Kalenderjahr verausgabten reinen Pachtzinsen bis zur Höhe des sich aus Absatz 5 für die gepachtete Nutzfläche ergebenden Betrags, ferner ein Zwölftel der Altenteilslasten sowie derjenigen Schuldzinsen und anderen dauernden Lasten, die Betriebsausgaben sind,
2. bei außergewöhnlichen Umständen, die das Einkommen nur in einzelnen Jahren beeinflussen (insbesondere bei Mißernten, Viehseuchen oder ähnlichen Schäden infolge höherer Gewalt), ein Betrag, der aus den Werten nach den Absätzen 3 bis 5 nach einem im Benehmen mit den zuständigen Finanzbehörden festzusetzenden Hundertsatz zu berechnen ist.

Soweit Altenteilslasten oder andere dauernde Lasten als Sachleistung erbracht werden, gilt für deren Bewertung § 4 entsprechend.

(9) Die Summe der Einnahmen und einnahmegleichen Werte ist auf volle Deutsche Mark nach unten, die Summe der abzugsfähigen Belastungen und Ausgaben auf volle Deutsche Mark nach oben zu runden.

(10) Bei der Wertermittlung nach den Absätzen 4 und 5 ist vom durchschnittlichen landwirtschaftlichen Hektarwert der Gemeinde auszugehen, in der die Hofstelle liegt, wenn der Einheitswert 1964 fortzuschreiben ist, jedoch der Einheitswert auf den Fortschreibungszeitpunkt noch nicht vorliegt. Dies gilt auch für zugepachtete Nutzflächen.

(11) Wird der Berechtigte zur Einkommensteuer veranlagt, so sind die hierbei festgestellten Einkünfte zugrunde zu legen, es sei denn, daß der Gewinn auf Grund von Durchschnittssätzen ermittelt worden ist. Die nach dieser Verordnung nicht abzugsfähigen Betriebsausgaben sind diesen Einkünften wieder hinzuzurechnen. Mit Freibeträgen nach § 13 Abs. 3 bis 5 des Einkommensteuergesetzes ist entsprechend zu verfahren. Die Sätze 1 bis 3 sind auch anzuwenden, wenn die Einkünfte nach § 180 der Abgabenordnung einheitlich und gesondert festgestellt werden.

§ 15 b[1] Abzug von Krankenversicherungsbeiträgen

(1) Pflichtbeiträge zur gesetzlichen Krankenversicherung einschließlich der Krankenversicherung der Landwirte sind von denjenigen Einkünften abzuziehen, deren Bezug die Beitragspflicht begründet.

(2) Freiwillige Beiträge zur gesetzlichen Krankenversicherung einschließlich der Krankenversicherung der Landwirte sind in nachstehender Reihenfolge abzuziehen:

1. von Einkünften im Sinne des § 267 Abs. 2 Nr. 3 des Gesetzes,
2. von Einkünften im Sinne des § 267 Abs. 2 Nr. 4 des Gesetzes,
3. von Einkünften im Sinne des § 267 Abs. 2 Nr. 6 des Gesetzes,
4. von Einkünften im Sinne des § 267 Abs. 2 Nr. 7 des Gesetzes,
5. von Einkünften im Sinne des § 267 Abs. 2 Nr. 8 des Gesetzes,
6. von den Einkünften, die nicht zu den in § 267 Abs. 2 Nr. 2 Satz 2 Buchstabe d, Nr. 3, 4 und 6 bis 8 des Gesetzes bezeichneten Einkunftsarten gehören,
7. von Einkünften im Sinne des § 267 Abs. 2 Nr. 2 Satz 2 Buchstabe d des Gesetzes.

Der Abzug nach den Nummern 1, 2 und 4 bis 6 ist jeweils von den zusammengefaßten Einkünften des Berechtigten und der nach § 5 zu seiner Familieneinheit gehörenden Personen vorzunehmen, höchstens jedoch in Höhe der Einkünfte aus der jeweiligen Einkunftsart. Sind im Falle der Nummer 3 mehrere Renten oder Versorgungsbezüge vorhanden, ist der Krankenversicherungsbeitrag im Verhältnis der Bezüge zueinander aufzuteilen. Entsprechendes gilt im Falle der Nummer 7.

(3) Absatz 2 gilt auch für Beiträge zu einer privaten Krankenversicherung, soweit Gegenstand des Versicherungsvertrages Leistungen sind, die denjenigen der gesetzlichen Krankenversicherung der Rentner entsprechen.

(4) Der Abzug der Beiträge zur Krankenversicherung von den Einkünften ist vorzunehmen, bevor Freibeträge und Ver-

---

[1] § 15b eingefügt durch Gesetz vom 9. 12. 1982 (BGBl. I S. 1624).

günstigungen nach § 267 Abs. 2 Nr. 2 Satz 2, Nr. 3, 4 und 6 bis 8 des Gesetzes berücksichtigt werden.

(5) Beiträge zur Krankenversicherung sind nicht von den Einkünften abzuziehen, soweit ein Beitragszuschuß oder eine Beitragserstattung gewährt wird. Beitragszuschüsse und -erstattungen gehören nicht zu den Einkünften im Sinne dieser Verordnung.

§ 16 Leistungen der Sozialhilfe, der öffentlichen Jugendhilfe und der Kriegsopferfürsorge

Leistungen nach dem Bundessozialhilfegesetz und dem Gesetz für Jugendwohlfahrt sowie Leistungen der Kriegsopferfürsorge nach dem Bundesversorgungsgesetz gehören nicht zu den Einkünften im Sinne dieser Verordnung.

Artikel III. Freibeträge und Vergünstigungen nach § 267 Abs. 2 des Gesetzes

§ 17 Unterhaltsleistungen

Gesetzliche und freiwillige Unterhaltsleistungen im Sinne des § 267 Abs. 2 Nr. 1 des Gesetzes bleiben bei der Errechnung von Einkünften unberücksichtigt, wenn sie von Verwandten im Sinne des § 1589 des Bürgerlichen Gesetzbuchs gewährt werden.

§ 18 Karitative Leistungen

Karitative Leistungen im Sinne des § 267 Abs. 2 Nr. 1 des Gesetzes bleiben bei der Errechnung von Einkünften auch dann unberücksichtigt, wenn es sich nicht um Zuwendungen von Organisationen und Verbänden der Wohlfahrtspflege handelt.

§ 19[1] Zweckgebundene Sonderleistungen

(1) Zweckgebundene Sonderleistungen im Sinne des § 267 Abs. 2 Nr. 2 Satz 1 des Gesetzes sind, vorbehaltlich des Absatzes 3, insbesondere

---

[1] § 19 Abs. 1 Nr. 1 und 2 geändert, Nr. 3, 4 und 6 neu gefaßt, Nr. 7 geändert, Abs. 3 Nr. 1 und 2 neu gefaßt, Nr. 3 geändert, Nr. 4 neu gefaßt durch Verordnung vom 23. 11. 1979 (BGBl. I S. 1982).

19 3. LeistDV-LA § 19   3. LeistungsDV-LA

1. Leistungen der Krankenhilfe, der Mutterschaftshilfe, der Familienhilfe und das Sterbegeld nach den Vorschriften des Zweiten Buches der Reichsversicherungsordnung und des Gesetzes über die Krankenversicherung der Landwirte,
2. Leistungen der Mutterschaftshilfe nach dem Mutterschutzgesetz,
3. Leistungen der Heilbehandlung, der Berufshilfe und ergänzende Leistungen zur Heilbehandlung und Berufshilfe sowie besondere Unterstützungen durch die Träger der gesetzlichen Unfallversicherung nach den Vorschriften des Dritten Buches der Reichsversicherungsordnung, die Übergangsleistung nach § 3 Abs. 2 und § 9 Abs. 3 der Berufskrankheiten-Verordnung vom 20. Juni 1968 (BGBl. I S. 721), geändert durch die Verordnung vom 8. Dezember 1976 (BGBl. I S. 3329), die laufende Übergangsleistung jedoch nur, soweit sie nicht zum Ausgleich der Minderung eines Verdienstes gewährt wird; Leistungen der Träger der gesetzlichen Rentenversicherung nach den §§ 1237, 1237a Abs. 1, § 1237b Abs. 1 Nr. 2 bis 6 und § 1305 der Reichsversicherungsordnung, den §§ 14, 14a Abs. 1, § 14b Abs. 1 Nr. 2 bis 6 und § 84 des Angestelltenversicherungsgesetzes sowie den §§ 36, 36a Abs. 1, § 36b Abs. 1 Nr. 2 bis 6 und § 97 des Reichsknappschaftsgesetzes; Leistungen der Träger der Altershilfe für Landwirte nach § 7 Abs. 2 und § 9 des Gesetzes über eine Altershilfe für Landwirte,
4. Leistungen zur Heilbehandlung nach den §§ 10 bis 13, 17 Satz 1, § 18 Abs. 1, 2, 4 und 5, § 18a Abs. 8, §§ 22 und 24 des Bundesversorgungsgesetzes, auch soweit sie auf Grund anderer Gesetze in entsprechender Anwendung dieser Vorschriften gewährt werden,
5. Leistungen der Berufsfürsorge einschließlich der Ausbildungsbeihilfen nach § 10 des Heimkehrergesetzes,
6. Leistungen nach dem Bundesausbildungsförderungsgesetz sowie Stipendien, die für den gleichen Zweck sonst aus öffentlichen Mitteln oder aus Stiftungen oder anderen Förderungseinrichtungen gewährt werden, wenn deren Gewährung oder Höhe durch die Unterhaltshilfe und vergleichbare Leistungen beeinflußt wird, und Berufsausbildungsbeihilfen nach § 40 des Arbeitsförderungsgesetzes,

7. Wohngeld nach dem Wohngeldgesetz und vergleichbare Leistungen im Sinne des § 21 dieses Gesetzes.

(2) Zu den zweckgebundenen Sonderleistungen im Sinne des Absatzes 1 gehören auch gleichartige vertragliche Leistungen.

(3) Zu den zweckgebundenen Sonderleistungen gehören nicht

1. das Krankengeld aus der gesetzlichen Krankenversicherung einschließlich der Krankenversicherung der Landwirte sowie das Übergangsgeld nach den §§ 560 bis 562, 568 und 568a der Reichsversicherungsordnung,
2. das Mutterschaftsgeld nach den §§ 200 bis 200b der Reichsversicherungsordnung, den §§ 27 bis 29 des Gesetzes über die Krankenversicherung der Landwirte sowie den §§ 13 und 14 des Mutterschutzgesetzes,
3. das Übergangsgeld nach § 1240 der Reichsversicherungsordnung, § 17 des Angestelltenversicherungsgesetzes und § 39 des Reichsknappschaftsgesetzes,
4. das Mutterschaftsgeld nach § 10 Abs. 6 des Bundesversorgungsgesetzes, das Übergangsgeld nach den §§ 16 bis 16f und 18 Abs. 3 des Bundesversorgungsgesetzes, die Beihilfe nach § 17 Satz 2 des Bundesversorgungsgesetzes sowie die Entschädigung für entgangenen Arbeitsverdienst nach § 24 Abs. 3 des Bundesversorgungsgesetzes, auch soweit diese Leistungen aufgrund anderer Gesetze in entsprechender Anwendung dieser Vorschriften gewährt werden.

20. Gesetz über die Angelegenheiten der Vertriebenen und Flüchtlinge (Bundesvertriebenengesetz – BVFG)

In der Fassung der Bekanntmachung vom 3. September 1971
(BGBl. I S. 1565, ber. S. 1807)*

(BGBl. III 240–1)

Zuletzt geändert durch Gesetz vom 28. 6. 1990 (BGBl. I S. 1221)

(Auszug)

Vierter Abschnitt. Einzelne Rechtsverhältnisse

Zweiter Titel. Sozialrechtliche Angelegenheiten

§ 90 Sozialversicherung

(1) Vertriebene und Sowjetzonenflüchtlinge werden in der Sozialversicherung und Arbeitslosenversicherung den Berechtigten im Geltungsbereich des Gesetzes gleichgestellt.

(2) Vertriebene und Sowjetzonenflüchtlinge können Ansprüche und Anwartschaften, die sie bei nicht mehr vorhandenen oder nicht erreichbaren Trägern der deutschen Sozialversicherung oder bei nichtdeutschen Trägern der Sozialversicherung erworben haben, unter Zugrundelegung der bundesrechtlichen Vorschriften über Sozialversicherung bei Trägern der Sozialversicherung im Geltungsbereich des Gesetzes geltend machen.

(3) Das Nähere regelt ein Bundesgesetz.[1]

---

* Neubekanntmachung des Gesetzes über die Angelegenheiten der Vertriebenen und Flüchtlinge (Bundesvertriebenengesetz – BVFG –) vom 19. 5. 1953 (BGBl. I S. 201).

[1] Siehe hierzu das Fremdrenten- und Auslandsrenten-Neuregelungsgesetz vom 25. 2. 1960 (BGBl. I S. 93).

§ 91[1] Ersatz von Kosten der Sozialhilfe

(1), (2) *(aufgehoben)*

(3) Ein nach bürgerlichem Recht unterhaltspflichtiger Vertriebener oder Sowjetzonenflüchtling ist, soweit es sich um eine Person handelt, auf die sich die Vorschrift des § 1603 Abs. 1 des Bürgerlichen Gesetzbuchs bezieht, nach den §§ 90 und 91 des Bundessozialhilfegesetzes während der ersten zehn Jahre nach der erstmaligen Begründung eines gewöhnlichen Aufenthalts im Geltungsbereich dieses Gesetzes in der Regel nicht in Anspruch zu nehmen. Dasselbe gilt für die Inanspruchnahme nach § 82 des Gesetzes für Jugendwohlfahrt.

21., 22. *nicht belegt*

---

[1] § 91 Abs. 1 und 2 aufgehoben, Abs. 3 Satz 1 geändert durch Gesetz vom 28. 6. 1990 (BGBl. I S. 1221).

23. Gesetz zu dem Europäischen Fürsorgeabkommen vom 11. Dezember 1953 und dem Zusatzprotokoll zu dem Europäischen Fürsorgeabkommen

Vom 15. Mai 1956 (BGBl. II S. 563)

Der Bundestag hat mit Zustimmung des Bundesrates das folgende Gesetz beschlossen:

Art. 1

Dem in Paris am 11. Dezember 1953 unterzeichneten Europäischen Fürsorgeabkommen sowie dem gleichzeitig unterzeichneten Zusatzprotokoll zu dem Europäischen Fürsorgeabkommen wird zugestimmt. Das Abkommen und das Zusatzprotokoll werden nachstehend veröffentlicht.

Art. 2

Dieses Gesetz gilt auch im Land Berlin, sofern das Land Berlin die Anwendung dieses Gesetzes feststellt.[1]

Art. 3

(1) Dieses Gesetz tritt am Tage nach seiner Verkündung in Kraft.[2]

(2) Der Tag, an dem das Abkommen gemäß seinem Artikel 21 Abs. c und das Zusatzprotokoll gemäß seinem Artikel 5 Nr. 4 für die Bundesrepublik Deutschland in Kraft treten, ist im Bundesgesetzblatt bekanntzugeben.[3]

---

[1] In Berlin anzuwenden gemäß Gesetz vom 4. 10. 1956 (GVBl. S. 1067).

[2] Das Gesetz wurde am 18. 5. 1956 verkündet.

[3] Bek. vom 8. 1. 1958 (BGBl. II S. 18): Für die Bundesrepublik sind das Europäische Fürsorgeabkommen und das Zusatzprotokoll am 1. 9. 1956 in Kraft getreten. Abkommen und Zusatzprotokoll gelten außerdem gemäß Bek. vom 15. 5. 1968 (BGBl. II S. 528), Bek. vom 2. 12. 1968 (BGBl. II S. 1127, ber. 1970 II S. 1020), Bek. vom 10. 2. 1977 (BGBl. II S. 255), Bek. vom 15. 9.

Europäisches Fürsorgeabkommen
Vom 11. Dezember 1953 (BGBl. 1956 II S. 564)
(Übersetzung)

Die unterzeichneten Regierungen, Mitglieder des Europarates, sind,

In der Erwägung, daß der Europarat die Herstellung einer engeren Verbindung zwischen seinen Mitgliedern zur Aufgabe hat, insbesondere um ihren sozialen Fortschritt zu fördern,

In dem Willen, zur Erreichung dieses Zieles ihre Zusammenarbeit auf das soziale Gebiet auszudehnen, unter Festlegung des Grundsatzes der Gleichbehandlung der Staatsangehörigen ihrer Länder auf dem Gebiet der Fürsorgegesetzgebung,

In dem Wunsche, zu diesem Zweck ein Abkommen abzuschließen, wie folgt übereingekommen:

Teil I. Allgemeine Bestimmungen

Art. 1

Jeder der Vertragschließenden verpflichtet sich, den Staatsangehörigen der anderen Vertragschließenden, die sich in irgendeinem Teil seines Gebietes, auf das dieses Abkommen Anwendung findet, erlaubt aufhalten und nicht über ausreichende Mittel verfügen, in gleicher Weise wie seinen eigenen Staatsangehörigen und unter den gleichen Bedingungen die Leistungen der sozialen und Gesundheitsfürsorge (im folgenden als „Für-

---

Forts. von Seite 366

1978 (BGBl. II S. 1242) und Bek. vom 8. 4. 1984 (BGBl. II S. 205) für folgende Staaten: Dänemark (seit 1. 7. 1954), Irland (seit 1. 7. 1954), Norwegen (seit 1. 10. 1954), Vereinigtes Königreich von Großbritannien und Nordirland (seit 1. 10. 1954), Niederlande (seit 1. 8. 1955), Schweden (seit 1. 10. 1955), Belgien (seit 1. 8. 1956), Frankreich (seit 1. 11. 1957), Italien (seit 1. 8. 1958), Luxemburg (seit 1. 12. 1958), Griechenland (seit 1. 7. 1960), Island (seit 1. 1. 1965), Malta (seit 1. 6. 1969), Türkei (seit 1. 1. 1977), Portugal (seit 1. 8. 1978) und Spanien (seit 1. 12. 1983) mit Ergänzung durch Bek. vom 27. 11. 1985 II 1709.

Beachte auch Gesetz zu dem Abkommen vom 17. Januar 1966 zwischen der Bundesrepublik Deutschland und der Republik Österreich über Fürsorge und Jugendwohlfahrtspflege vom 28. 12. 1968 (BGBl. 1969 II S. 1) mit Bek. der Vereinbarung zur Durchführung des Abkommens vom 28. 5. 1969 (BGBl. II S. 1285).

sorge" bezeichnet) zu gewähren, die in der in diesem Teil seines Gebietes geltenden Gesetzgebung vorgesehen sind.

Art. 2

(a) Im Sinne dieses Abkommens haben die Ausdrücke „Fürsorge", „Staatsangehörige", „Gebiet" und „Heimatstaat" folgende Bedeutung:

(i) Als „Fürsorge" wird jede Fürsorge bezeichnet, die jeder der Vertragschließenden nach den in dem jeweiligen Teile seines Gebietes geltenden Rechtsvorschriften gewährt und wonach Personen ohne ausreichende Mittel die Mittel für ihren Lebensbedarf sowie die Betreuung erhalten, die ihre Lage erfordert. Ausgenommen sind beitragsfreie Renten und Leistungen zugunsten der Kriegsopfer und der Besatzungsgeschädigten.

(ii) Die Ausdrücke „Staatsangehörige" und „Gebiet" eines Vertragschließenden haben die Bedeutung, die dieser Vertragschließende ihnen in einer Erklärung gibt, die an den Generalsekretär des Europarates zu richten ist. Dieser hat sie allen anderen Vertragschließenden bekanntzugeben. Es ist jedoch ausdrücklich festgelegt, daß ehemalige Staatsangehörige eines Staates, die ihre Staatsangehörigkeit verloren haben, ohne daß sie ihnen aberkannt wurde, und die dadurch staatenlos geworden sind, bis zum Erwerb einer neuen Staatsangehörigkeit weiterhin wie Staatsangehörige zu behandeln sind.

(iii) Als „Heimatstaat" wird der Staat bezeichnet, dessen Staatsangehörigkeit eine Person, auf die sich die Bestimmungen dieses Abkommens beziehen, besitzt.

(b) Die Rechtsvorschriften, die in den Gebieten der Vertragschließenden, auf die dieses Abkommen Anwendung findet, in Kraft sind, sowie die von den Vertragschließenden formulierten Vorbehalte sind in Anhang I und II aufgeführt.

Art. 3

Der Nachweis der Staatsangehörigkeit richtet sich nach den einschlägigen Bestimmungen der Gesetzgebung des Heimatstaates.

Art. 4

Die Kosten der Fürsorge für Staatsangehörige eines Vertragschließenden werden von dem Vertragschließenden getragen, der die Fürsorge gewährt.

Art. 5

Die Vertragschließenden verpflichten sich, sich gegenseitig die nach ihrer Gesetzgebung zulässige Hilfe zu gewähren, um den Ersatz der Fürsorgekosten durch Dritte, die dem Unterstützten gegenüber finanzielle Verpflichtungen haben, oder durch Personen, die dem Beteiligten gegenüber unterhaltspflichtig sind, so weit wie möglich zu erleichtern.

Teil II. Rückschaffung

Art. 6

(a) Ein Vertragschließender darf einen Staatsangehörigen eines anderen Vertragschließenden, der in seinem Gebiet erlaubt seinen gewöhnlichen Aufenthalt hat, nicht allein aus dem Grunde der Hilfsbedürftigkeit rückschaffen.

(b) Die Vorschriften dieses Abkommens stehen in keiner Weise dem Recht zur Ausweisung aus einem anderen als dem im vorstehenden Absatz erwähnten Grund entgegen.

Art. 7

(a) Abweichend von den Bestimmungen des Artikels 6 Abs. (a) kann ein Vertragschließender einen Staatsangehörigen eines anderen Vertragschließenden, der in seinem Gebiet seinen gewöhnlichen Aufenthalt hat, allein aus dem in Artikel 6 Abs. (a) erwähnten Grunde rückschaffen, wenn die folgenden Bedingungen erfüllt sind:

(i) Der Beteiligte hat seinen gewöhnlichen Aufenhalt im Gebiet dieses Vertragschließenden, falls er vor Vollendung des 55. Lebensjahres in dieses Gebiet gekommen ist, ununterbrochen seit weniger als fünf Jahren, oder, falls er nach Erreichung dieses Alters in das Gebiet gekommen ist, ununterbrochen seit weniger als zehn Jahren;

(ii) er ist nach seinem Gesundheitszustand transportfähig;

(iii) er hat keine engen Bindungen in dem Land seines gewöhnlichen Aufenthaltes.

(b) Die Vertragschließenden vereinbaren, daß sie nur mit großer Zurückhaltung zur Rückschaffung schreiten und nur dann, wenn Gründe der Menschlichkeit dem nicht entgegenstehen.

(c) In gleichem Geiste sind die Vertragschließenden darüber einig, daß bei der Rückschaffung eines Unterstützten seinem Ehegatten und seinen Kindern jede Möglichkeit gegeben werden soll, ihn zu begleiten.

Art. 8

(a) Der Vertragschließende, der einen Staatsangehörigen auf Grund der Vorschriften des Artikels 7 rückschafft, hat die Kosten der Rückschaffung bis zur Grenze des Gebietes zu tragen, in das der Staatsangehörige rückgeschafft wird.

(b) Jeder Vertragschließende verpflichtet sich, jeden seiner Staatsangehörigen zu übernehmen, der auf Grund der Vorschriften des Artikels 7 rückgeschafft wird.

(c) Jeder Vertragschließende verpflichtet sich, allen gemäß Artikel 7 rückgeschafften Personen die Durchreise durch sein Gebiet zu gestatten.

Art. 9

Erkennt der Staat, dessen Staatsangehörigkeit der Unterstützte nach seinen Angaben besitzt, diesen nicht als seinen Staatsangehörigen an, so hat dieser Staat die notwendige Begründung dem Aufenthaltsstaat innerhalb von 30 Tagen oder innerhalb der kürzestmöglichen Frist mitzuteilen.

Art. 10

(a) Ist die Rückschaffung beschlossen, so sind die diplomatischen oder konsularischen Behörden des Heimatstaates möglichst drei Wochen im voraus von der Rückschaffung ihres Staatsangehörigen in Kenntnis zu setzen.

(b) Die Behörden des Heimatstaates haben hiervon die Behörden des Durchreiselandes oder der Durchreiseländer zu verständigen.

(c) Die Orte für die Übergabe sind durch eine Vereinbarung zwischen den zuständigen Behörden des Aufenthaltsstaates und des Heimatstaates zu bestimmen.

Teil III. Aufenthalt

Art. 11

(a) Der Aufenthalt eines Ausländers im Gebiet eines der Vertragschließenden gilt solange als erlaubt im Sinne dieses Abkommens, als der Beteiligte im Besitz einer gültigen Aufenthaltserlaubnis oder einer anderen in den Rechtsvorschriften des betreffenden Staates vorgesehenen Erlaubnis ist, auf Grund welcher ihm der Aufenthalt in diesem Gebiet gestattet ist. Die Fürsorge darf nicht deswegen versagt werden, weil die Verlängerung einer solchen Erlaubnis lediglich infolge einer Nachlässigkeit des Beteiligten unterblieben ist.

(b) Der Aufenthalt gilt als nicht erlaubt von dem Tage an, mit dem eine gegen den Beteiligten erlassene Anordnung zum Verlassen des Landes wirksam wird, sofern nicht ihre Durchführung ausgesetzt ist.

Art. 12

Der Zeitpunkt des Beginns der in Artikel 7 festgelegten Dauer des gewöhnlichen Aufenthaltes wird in jedem Land, vorbehaltlich des Nachweises des Gegenteils, entweder auf Grund des Ergebnisses behördlicher Ermittlungen oder durch die in Anhang III aufgeführten Urkunden oder durch Urkunden, die nach den Rechtsvorschriften des Staates als Nachweis des gewöhnlichen Aufenthaltes anerkannt werden, bestimmt.

Art. 13

(a) Der ununterbrochene gewöhnliche Aufenthalt wird durch alle im Aufenhaltsland üblichen Beweismittel nachgewiesen, insbesondere durch den Nachweis der beruflichen Tätigkeit oder die Vorlage von Mietquittungen.

(b) (i) Der gewöhnliche Aufenthalt gilt auch bei Abwesenheit von weniger als drei Monaten als ununterbrochen, sofern die Abwesenheit nicht auf Rückschaffung oder Ausweisung beruht.

(ii) Bei Abwesenheit von mindestens sechs Monaten gilt der gewöhnliche Aufenthalt als unterbrochen.

(iii) Bei der Prüfung, ob bei Abwesenheit von mindestens drei und weniger als sechs Monaten der gewöhnliche Aufenthalt als unterbrochen gilt, sind die Absicht des Beteiligten, in das Land des gewöhnlichen Aufenthaltes zurückzukehren, und das Maß, in dem er seine Bindungen zu diesem Lande während seiner Abwesenheit aufrechterhalten hat, zu berücksichtigen.

(iv) Durch den Dienst auf Schiffen, die im Schiffsregister des Landes des gewöhnlichen Aufenthaltes eingetragen sind, wird der gewöhnliche Aufenthalt nicht unterbrochen. Auf den Dienst auf anderen Schiffen finden die Vorschriften der vorstehenden Nummern (i) bis (iii) entsprechende Anwendung.

Art. 14

Bei der Berechnung der Dauer des gewöhnlichen Aufenthaltes werden solche Zeiten nicht berücksichtigt, für die der Beteiligte Fürsorgeleistungen aus öffentlichen Mitteln auf Grund der in Anhang I aufgeführten Bestimmungen erhalten hat, ausgenommen ärztliche Behandlung bei akuter Krankheit oder kurzfristige Behandlung.

Teil IV. Sonstige Bestimmungen

Art. 15

Die diplomatischen und konsularischen Verwaltungsstellen der Vertragschließenden gewähren sich gegenseitig bei der Durchführung dieses Abkommens jede mögliche Hilfe.

Art. 16

(a) Die Vertragschließenden haben den Generalsekretär des Europarates über jede Änderung ihrer Gesetzgebung zu unterrichten, die den Inhalt von Anhang I und III berührt.

(b) Jeder Vertragschließende hat dem Generalsekretär des Europarates alle neuen Rechtsvorschriften mitzuteilen, die in Anhang I noch nicht aufgeführt sind. Gleichzeitig mit dieser Mitteilung kann der Vertragschließende Vorbehalte hinsichtlich der

Anwendung dieser neuen Rechtsvorschriften auf die Staatsangehörigen der anderen Vertragschließenden machen.

(c) Der Generalsekretär des Europarates hat den übrigen Vertragschließenden alle Mitteilungen, die ihm nach den Bestimmungen der Absätze (a) und (b) zugehen, zur Kenntnis zu bringen.

Art. 17

Die Vertragschließenden können durch zweiseitige Vereinbarungen Übergangsregelungen für diejenigen Fälle treffen, in denen vor dem Inkrafttreten dieses Abkommens Fürsorgeleistungen gewährt worden sind.

Art. 18

Die Bestimmungen dieses Abkommens stehen in keiner Weise den Vorschriften der innerstaatlichen Gesetzgebung, der internationalen Übereinkommen oder der zwei- oder mehrseitigen Abkommen entgegen, die für den Beteiligten günstiger sind.

Art. 19

Die Anhänge I, II und III sind Bestandteil dieses Abkommens.

Art. 20

(a) Alle Streitfragen, die sich bei der Auslegung oder Durchführung dieses Abkommens ergeben, sollen von den zuständigen Behörden der Vertragschließenden auf dem Verhandlungswege geregelt werden.

(b) Wird eine Streitfrage nicht innerhalb von drei Monaten auf diesem Wege geregelt, so ist sie einer Schiedsstelle zu unterbreiten, deren Zusammensetzung und Verfahren von den beteiligten Vertragschließenden vereinbart werden. Kommt innerhalb einer weiteren Frist von drei Monaten hierüber keine Einigung zustande, so ist der Streitfall einem Schiedsrichter zu unterbreiten, der auf Antrag eines der beteiligten Vertragschließenden von dem Präsidenten des Internationalen Gerichtshofs bestellt wird. Besitzt dieser die Staatsangehörigkeit einer der am Streitfall beteiligten Parteien, so fällt diese Aufgabe dem Vizepräsidenten des Gerichtshofs oder dem nach dem Dienstalter nächstfolgenden Richter zu, der nicht Staatsangehöriger einer der am Streitfall beteiligten Parteien ist.

(c) Die Entscheidung der Schiedsstelle oder des Schiedsrichters soll im Einklang mit den Grundsätzen und im Geiste dieses Abkommens ergehen; sie ist verbindlich und endgültig.

Art. 21

(a) Dieses Abkommen wird zur Unterzeichnung durch die Mitglieder des Europarates aufgelegt. Es bedarf der Ratifizierung. Die Ratifikationsurkunden sind beim Generalsekretär des Europarates zu hinterlegen.

(b) Dieses Abkommen tritt mit dem ersten Tage des Monats in Kraft, der auf die Hinterlegung der zweiten Ratifikationsurkunde folgt.

(c) Für jeden Unterzeichner, der dieses Abkommen in der Folge ratifiziert, tritt es mit dem ersten Tage des Monats in Kraft, der auf die Hinterlegung seiner Ratifikationsurkunde folgt.[1]

Art. 22

(a) Das Ministerkomitee des Europarates kann jeden Staat, der nicht Mitglied des Rates ist, einladen, diesem Abkommen beizutreten.

(b) Der Beitritt erfolgt durch Hinterlegung einer Beitrittserklärung beim Generalsekretär des Europarates, die mit dem ersten Tage des darauffolgenden Monats wirksam wird.

(c) Zugleich mit der Hinterlegung einer Beitrittserklärung nach den Bestimmungen dieses Artikels sind die Angaben mitzuteilen, die in Anhang I und III dieses Abkommens enthalten sein würden, wenn die Regierung dieses Staates am Tage des Beitritts Unterzeichner dieses Abkommens gewesen wäre.

(d) Jede Mitteilung gemäß Absatz (c) gilt für die Anwendung dieses Abkommens als Bestandteil des Anhangs, in dem sie enthalten sein würde, wenn die Regierung dieses Staates Unterzeichner dieses Abkommens wäre.

---

[1] Vgl. Anm. 3 auf S. 357.

Art. 23

Der Generalsektretär des Europarates bringt den Mitgliedern des Rates zur Kenntnis

(a) den Zeitpunkt des Inkrafttretens dieses Abkommens und die Namen der Mitglieder, die es ratifiziert haben oder in der Folge ratifizieren;
(b) die Hinterlegung jeder Beitrittserklärung gemäß Artikel 22 und den Eingang der gleichzeitig übermittelten Angaben;
(c) jede gemäß Artikel 24 eingegangene Erklärung und den Zeitpunkt, mit dem sie wirksam wird.

Art. 24

Dieses Abkommen wird für die Dauer von 2 Jahren abgeschlossen, gerechnet vom Zeitpunkt seines Inkrafttretens gemäß Artikel 21 Abs. (b). Seine Geltungsdauer verlängert sich sodann von Jahr zu Jahr für diejenigen Vertragschließenden, die es nicht wenigstens sechs Monate vor dem Ablauf der ursprünglichen Zweijahresfrist oder einer späteren Jahresfrist durch eine an den Generalsekretär des Europarates zu richtende Erklärung gekündigt haben. Diese Erklärung wird mit dem Ablauf dieser Frist wirksam.

Zu Urkund dessen haben die hierzu in gehöriger Form ermächtigten Unterzeichneten dieses Abkommen unterzeichnet.

Geschehen zu Paris, am 11. Dezember 1953, in englischer und französischer Sprache, wobei beide Fassungen gleichermaßen authentisch sind, in einem einzigen Exemplar, das im Archiv des Europarates zu hinterlegen ist. Der Generalsekretär übermittelt allen Unterzeichnern beglaubigte Ausfertigungen.

Das Abkommen wurde von folgenden Staaten unterzeichnet: Belgien, Dänemark, Frankreich, Bundesrepublik Deutschland, Griechenland, Island, Irland, Italien, Luxemburg, Niederlande, Norwegen, Saargebiet, Schweden, Türkei, Großbritannien und Nordirland.

Anhänge zum Europäischen Fürsorgeabkommen samt Protokoll

Stand: 1. Dezember 1982

Anhang I[1]
Fürsorgegesetzgebung im Sinne des Artikels 1 des Abkommens

(Übersetzung)

Belgien:

Gesetz vom 27. Juni 1956 über den Sonderfürsorgefonds.
Gesetz vom 2. April 1965 über öffentliche Fürsorge.
Königliche Verordnung Nr. 81 vom 10. November 1967 zur Schaffung eines Fonds für ärztliche, soziale und Erziehungsleistungen für Behinderte.
Gesetz vom 8. Juli 1964 über ärztliche Hilfe in dringenden Fällen.
Gesetz vom 7. August 1974 zur Begründung des Rechts auf ein Existenzminimum.
Gesetz vom 8. Juli 1976 zur Einrichtung von öffentlichen Sozialhilfezentren.

Dänemark:

Sozialhilfegesetz vom 19. Juni 1974 in der geänderten Fassung.

Frankreich:

Familien- und Fürsorgekodex:
(Verordnung Nr. 56-149 vom 24. Januar 1956).
Kinderfürsorge
Teil II – Kapitel II

Fürsorge einschließlich Krankenhilfe
Teil III (mit Ausnahme der Artikel 162 und 171):

---

[1] Anhang I in der am 1. 12. 1982 gültigen Fassung gemäß Bek. vom 6. 5. 1983 (BGBl. II S. 337).

Fürsorgeabkommen **Anh. I EuropFürsAbk. 23**

- Fürsorge: Familienfürsorge, Altersfürsorge und Fürsorge für Gebrechliche, Blinde und Schwerbeschädigte, Beihilfen zum Ausgleich von Mietsteigerungen. Regelung der Unterbringung in Sonderfällen.
- Krankenhilfe für Kranke, Tuberkulöse und Geisteskranke.

Bundesrepublik Deutschland:

a) Bundessozialhilfegesetz in der Fassung der Bekanntmachung vom 13. Februar 1976 (BGBl. I S. 289, 1150), zuletzt geändert durch Artikel II § 14 des Gesetzes vom 4. November 1982 (BGBl. I S. 1450),*
b) § 6 in Verbindung mit § 5 Absatz 1 und § 4 Nr. 3 in Verbindung mit §§ 62, 64 des Gesetzes für Jugendwohlfahrt in der Fassung der Bekanntmachung vom 25. April 1977 (BGBl. I S. 633, 795), geändert durch Artikel II § 26 des Gesetzes vom 18. August 1980 (BGBl. I S. 1469, 1499),
c) §§ 14, 15, 22 des Gesetzes zur Bekämpfung der Geschlechtskrankheiten vom 23. Juli 1953 (BGBl. I S. 700), zuletzt geändert durch Artikel 66 des Einführungsgesetzes zum Strafgesetzbuch vom 2. März 1974 (BGBl. I S. 469).

Griechenland:

Die griechische Gesetzgebung sieht eine öffentliche Armenfürsorge vor. Sozialhilfe wird gewährt in Form von wirtschaftlicher Hilfe, ärztlich-pharmazeutischer Versorgung und Krankenhauspflege sowie sonstiger Leistungen. Nach Gesetzesdekret Nr. 57/1973 wird diese Hilfe aufgrund eines Beschlusses zur Feststellung der wirtschaftlichen Schwäche gewährt, den der zuständige Präfekt in bezug auf Personen faßt, die im Rahmen einer Sozialumfrage als bedürftig ermittelt wurden.

a) Kinderfürsorge
  i) Gesetz 4051 vom 11. Mai 1960 ,,Leistung für Kinder, die keinen Unterhalt erhalten" (Amtsblatt A' Nr. 68 vom 20. Mai 1960). Präsidialdekret 856/81 (Amtsblatt 218/81 Bd. A').
  ii) Rundschreiben des Ministeriums für soziale Fürsorge Nr. 817/7338 vom 10. Januar 1952 ,,Unentgeltliche Auf-

---

* Das Bundessozialhilfegesetz wurde am 20. 1. 1987 (BGBl. I S. 494) neu bekanntgemacht.

nahme von Kindern mit Drüsenentzündungen in Heilstätten".
iii) Rundschreiben des Ministeriums für soziale Fürsorge Nr. 85216 vom 9. August 1951 ,,Unentgeltliche Aufnahme in die nationalen Waisenhäuser". Die Reihenfolge der Aufnahme erfolgt nach dem Grad der Bedürftigkeit und dem Gesamtzustand der Waisen.
iv) Gesetz 4227 vom 17. März 1962 ,,Einrichtung von Tageskrippen und Aufnahme von Kleinkindern, die von ihren Familien keinen Unterhalt erhalten" (Amtsblatt A' Nr. 49 vom 24. März 1962).

b) Erwachsenenfürsorge
  i) Rundschreiben des Ministeriums für soziale Fürsorge Nr. 374/9505 vom 30. Juli 1956 ,,Krankenhauspflege und ärztliche und pharmazeutische Versorgung". Diese Versorgung wird Bedürftigen sowie Berechtigten in anderen Sondergruppen gewährt.
  ii) Rundschreiben des Ministeriums für die Handelsmarine Nr. 14931 vom 7. März 1950 ,,Freifahrten".
  Auf den griechischen Schiffen in der Küstenschiffahrt ist Bedürftigen eine gewisse Anzahl von Freiplätzen vorbehalten.
  iii) Gesetz 2603 von 1953 zur Ratifizierung des Beschlusses Nr. 487 des Ministerrats vom 13. Mai 1952 über die Zahlung der Reisekosten für bedürftige entlassene Gefangene bei der Rückkehr an ihren Wohnort durch den Staat.
  iv) Kostenbefreiung bei Rechtsstreitigkeiten nach den Artikeln 220 bis 224 der Zivilprozeßordnung.
  Diese Befreiung wird Ausländern auf der Grundlage der Gegenseitigkeit gewährt.

Island:

Sozialfürsorgegesetz Nr. 80 vom 5. Juni 1947.

Irland:

Blindenfürsorgegesetz von 1920.
Gesetz über die öffentliche Fürsorge von 1939.
Gesetz über die Behandlung von Geisteskrankheiten von 1945.
Gesetz über die öffentliche Gesundheitspflege von 1953.

Gesetz über die öffentliche Gesundheitspflege und die Behandlung von Geisteskranken von 1957.

Änderungsgesetz zum Gesetz über die öffentliche Gesundheitspflege und die Behandlung von Geisteskranken von 1958.

Gesetz über die öffentliche Gesundheitspflege von 1970.

Italien:

a) Neufassung der Gesetze über die öffentliche Ordnung vom 18. Juni 1931, Nr. 773, Art. 142 ff. über den Aufenthalt der Ausländer in Italien.
b) Gesetz über die Einrichtungen der öffentlichen Fürsorge und Wohlfahrt vom 17. Juli 1890, Nr. 6972, Artikel 76 und 77, und Verwaltungsbestimmung Nr. 99 vom 5. Februar 1891, Artikel 112 und 116 betreffend die Gebrechlichen und die hilfsbedürftigen Personen im allgemeinen.
c) Gesetz betreffend die Geisteskranken vom 14. Februar 1904, Nr. 36, Artikel 6, und Verordnung vom 16. August 1909, Nr. 615, Artikel 55, 56, 75, 76 und 77.
d) Gesetz über die Einrichtung des Nationalen Gesundheitsdienstes vom 23. Dezember 1978, Nr. 833, Artikel 6. 33. 34. 35.
e) Gesetzesdekret vom 30. Dezember 1979, Nr. 663 (Artikel 5), umgewandelt in Gesetz vom 29. Februar 1980, Nr. 33, Artikel 1.

Luxemburg:

Gesetz über den Unterstützungswohnsitz vom 28. Mai 1897.

Gesetz über den obligatorischen Unterricht der Blinden und Taubstummen vom 7. August 1923.

Gesetz vom 30. Juli 1960 über die Gründung eines nationalen Solidaritätsfonds.

Gesetz vom 14. März 1973 zur Schaffung von Einrichtungen und Diensten zur differenzierten Erziehung.

Malta:

Gesetz über die staatliche Fürsorge von 1956, zuletzt geändert durch Gesetz XLII von 1981.

Niederlande:

Gesetz vom 13. Juni 1963 zur Einführung neuer Vorschriften über die Gewährung von Fürsorge durch Behörden – Allgemeines Fürsorgegesetz – („Staatsblad", Bulletin der Gesetze und Königlichen Dekrete 1963, Nr. 284), in Kraft getreten am 1. Januar 1965, einschließlich der durch folgende Gesetze vorgenommenen Änderungen und Ergänzungen:

Gesetz vom 3. April 1969, Stb.* Nr. 167;
Gesetz vom 6. August 1970, Stb. 421;
Gesetz vom 10. September 1970, Stb. 447;
Gesetz vom 30. September 1970, Stb. 435;
Gesetz vom 24. Dezember 1970, Stb. 612;
Gesetz vom 6. Mai 1971, Stb. 291;
Gesetz vom 22. November 1972, Stb. 675;
Gesetz vom 17. Januar 1973, Stb. 32;
Gesetz vom 8. April 1976, Stb. 229;
Gesetz vom 19. Oktober 1977, Stb. 578;
Gesetz vom 16. Februar 1978, Stb. 127;
Gesetz vom 6. September 1978, Stb. 490;
Gesetz vom 20. Dezember 1979, Stb. 711.

Folgende Verwaltungsverordnungen (Königliche Dekrete), erlassen aufgrund des Allgemeinen Fürsorgegesetzes:
– Nationale Verordnung über Hilfe für Umsiedler;
– Nationale Verordnung über Hilfe für Ambonesen;
– Nationale Verordnung über Hilfe für arbeitslose Arbeitnehmer;
– Nationale Verordnung über Hilfe für Selbständige;
– Dekret über kommunale Hilfe für Selbständige in der Binnenschiffahrt;
– Nationale Verordnung über Hilfe für ältere Selbständige;
– Nationale Verordnung über Hilfe für mittellose Sondergruppen zur Erhaltung ihrer bereits geschaffenen steuerfreien Altersrücklagen;
– Nationale Verordnung über Hilfe für Obdachlose;
– Nationale Verordnung über Hilfe für Wohnwagenbewohner;
– Vorläufiges Dekret über kommunale Hilfe für Wohnwagenbewohner;
– Dekret über nationale Normen;
– Dekret über Kreditsicherung durch Grundpfandrechte;
    sowie verschiedene Änderungen der obengenannten Verwaltungsverordnungen;

---

* Stb. = Staatsblad, Bulletin der Gesetze und Königlichen Dekrete.

– Nationale Verordnung über nationale Bemessungsgrundlagen (bei der Gewährung von Hilfe für zusätzliche Unterhaltskosten).

Verschiedene Ministerialerlasse (sowie Änderungen dieser Erlasse) zur Ausführung und/oder Präzisierung der obengenannten Verwaltungsverordnungen.

Norwegen:

Gesetz vom 5. Juni 1964 über Sozialhilfe.

Portugal:

Verfassung der Portugiesischen Republik, Artikel 63 und 64.
Rechtsverordnung Nr. 48357 vom 27. April 1968.
Rechtsverordnung Nr. 413/71 vom 27. September 1971.
Rechtsverordnung Nr. 396/72 vom 17. Oktober 1972.
Ministerialerlaß vom 20. Juli 1978, veröffentlicht im Amtsblatt der Republik, Teil II, Nr. 173, vom 29. Juli 1978.

Schweden:

Gesetz Nr. 620 über die sozialen Dienste vom 19. Juni 1980.

Spanien:

Rahmengesetz vom 22. November 1944 über das staatliche Gesundheitswesen.

Gesetz Nr. 37 vom 21. Juli 1961 über die Krankenhaus-Koordinierung.

Allgemeines Gesetz vom 30. Mai 1974 über die Soziale Sicherheit.

Verordnung Nr. 2176 vom 25. August 1978 über die Tätigkeiten im Rahmen des Nationalen Plans zur Verhütung von Geisteskrankheiten.

Königliche Rechtsverordnung Nr. 276 vom 16. November 1978 über die institutionelle Verwaltung der Sozialen Sicherheit, des Gesundheits- und Beschäftigungswesens.

Königliche Verordnung Nr. 1949 vom 31. Juli 1980 über die Übertragung der staatlichen Dienstleistungen auf die Generalitat de Catalunya (Regierung der autonomen Region Katalonien) in den Bereichen Gesundheitswesen, Sozialleistungen und Sozialfürsorge.

Königliche Verordnung Nr. 2768 vom 26. September 1980

über die Übertragung der staatlichen Dienstleistungen auf die Comunidad Autónoma del Pais Vasco (Autonome Region Baskenland) in den Bereichen Gesundheitswesen, Sozialleistungen und Sozialfürsorge.

Königliche Verordnung Nr. 620 vom 5. Februar 1981 über das vereinheitlichte staatliche Behindertenfürsorgesystem.

Königliche Verordnung Nr. 2620 vom 24. Juli 1981, Regelung über die Gewährung von Leistungen aus dem Nationalen Sozialfürsorgefonds für Alte, Kranke und Gebrechliche.

Königliche Verordnung Nr. 2347 vom 2. Oktober 1981, Regelung des Generalsekretariats für Sozialfürsorge.

Königliche Verordnung Nr. 2346 vom 8. Oktober 1981 über Aufbau und Aufgaben des Nationalen Sozialfürsorgeinstituts.

Königliche Verordnung Nr. 251 vom 15. Januar 1982 über die Übertragung der Befugnisse, Aufgaben und Leistungen der Staatsverwaltung auf präautonome Körperschaften im Bereich der Sozialleistungen und Sozialfürsorge.

Entschließungen der Generaldirektion Soziale Aktion vom 30. Januar 1982 über die Gewährung von Sozialfürsorge
- an Drogenabhängige und Alkoholiker;
- zur Unterhaltung der Hilfseinrichtungen und -leistungen für Randgruppen und alte Menschen sowie zur Unterstützung der Tätigkeiten von Vereinen und Verbänden;
- zur Unterhaltung von Fürsorgeeinrichtungen für Kleinkinder;
- an Bedürftige als Einzelmaßnahme in Einzelfällen;
- an Leprakranke;
- für Kauf, Bau, Erweiterung, Renovierung und Ausstattung von Altenheimen und Heimen für Randgruppen.

Erlaß vom 16. Februar 1982 über die Errichtung zentral verwalteter Einrichtungen des Nationalen Sozialfürsorgeinstituts.

Erlaß vom 5. März 1982 zu der Verordnung Nr. 620.

Türkei:

Gesetz über das öffentliche Gesundheitswesen Nr. 1593, Artikel 72/2, 99, 105 und 117.

Gesetz Nr. 7402 über die Malariabekämpfung, Artikel 3/B.

Gesetz Nr. 6972, Krankenanstaltsordnung, Artikel 57/E und 79.

Fürsorgeabkommen **Anh. II EuropFürsAbk. 23**

Vereinigtes Königreich Großbritannien und Nordirland:
Großbritannien:
 Gesetz über Zusatzleistungen von 1976 und Ausführungsverordnungen.
Nordirland:
 Verordnung über Zusatzleistungen (Nordirland) von 1977 und Ausführungsverordnungen.
Gesetze und Rechtsverordnungen für Großbritannien, Nordirland und die Insel Man zur Einrichtung von staatlichen Gesundheitsdiensten.

Anhang II[1]

Vorbehalte der Vertragschließenden

1. Die Regierung von Belgien hat folgenden Vorbehalt gemacht:
Die belgische Regierung behält sich das Recht vor, die Staatsangehörigen der Vertragsparteien von der Anwendung der Rechtsvorschriften über das Existenzminimum auszuschließen.

2. Die Regierung der Bundesrepublik Deutschland hat folgenden Vorbehalt gemacht:
Die Regierung der Bundesrepublik Deutschland übernimmt keine Verpflichtung, die in dem Bundessozialhilfegesetz in der jeweils geltenden Fassung vorgesehene Hilfe zum Aufbau oder zur Sicherung der Lebensgrundlage und Hilfe zur Überwindung besonderer sozialer Schwierigkeiten an Staatsangehörige der übrigen Vertragsstaaten in gleicher Weise und unter den gleichen Bedingungen wie den eigenen Staatsangehörigen zuzuwenden, ohne jedoch auszuschließen, daß auch diese Hilfen in geeigneten Fällen gewährt werden.

3. Die Regierung von Luxemburg hat folgende Vorbehalte gemacht:
a) Unbeschadet der Bestimmungen des Artikels 18 behält sich die luxemburgische Regierung vor, das Abkommen hin-

---
[1] Anhang II in der am 1. 12. 1982 gültigen Fassung gemäß Bek. vom 6. 5. 1983 (BGBl. II S. 337).

sichtlich der Bestimmung des Artikels 7 nur unter der Bedingung eines Mindestaufenthalts von zehn Jahren anzuwenden.
b) Die Regierung von Luxemburg macht einen allgemeinen De-jure-Vorbehalt hinsichtlich der Erstreckung der Vergünstigungen des Gesetzes vom 30. Juli 1960 über die Gründung eines nationalen Solidaritätsfonds auf Ausländer.
Jedoch bestimmt Artikel 2 Absatz 3 des genannten Gesetzes die Fälle, in denen es auch auf Staatenlose und Ausländer Anwendung findet, und in den in dem Gesetz selbst festgelegten Fällen beabsichtigt die Regierung von Luxemburg, es de facto anzuwenden.

4. Die Regierung der Niederlande hat folgenden Vorbehalt gemacht:

Hinsichtlich der Nationalen Verordnung über Hilfe für Wohnwagenbewohner betrachten die Niederlande sich als berechtigt, jedoch nicht als verpflichtet, den Staatsangehörigen anderer Vertragsparteien Hilfe zum Erwerb von Wohnwagen zu gewähren.

5. Die Regierung von Norwegen hat folgenden Vorbehalt gemacht:

Norwegen und die Bundesrepublik Deutschland vereinbarten durch Notenwechsel (2. bis 6. September 1965), die Artikel 7 und 14 des Europäischen Fürsorgeabkommens vom 11. Dezember 1953 nicht anzuwenden.

6. Die Regierung des Vereinigten Königreichs hat folgenden Vorbehalt gemacht:

Die Regierung Ihrer Majestät behält sich vor, sich der Verpflichtung nach Artikel 1 zu entziehen, soweit es sich dabei um Personen handelt, die in Anwendung der Bestimmungen des Artikels 7 rückgeschafft werden können, jedoch von den ihnen für ihre Rückschaffung gebotenen Möglichkeiten (einschließlich der unentgeltlichen Reise bis zur Grenze ihres Heimatlandes) keinen Gebrauch machen.

Anhang III[1]

Verzeichnis der Urkunden, die als Nachweis des Aufenthalts im Sinne des Artikels 11 des Abkommens anerkannt werden

Belgien:

Personalausweis für Ausländer oder Bescheinigung über die Eintragung in das Ausländerregister oder Aufenthaltskarte für Angehörige eines EWG-Mitgliedstaats.

Dänemark:

Auszug aus dem Ausländerregister oder dem Einwohnermelderegister.
Krankenversicherungsnachweis.

Frankreich:

Aufenthaltskarte für Ausländer.

Bundesrepublik Deutschland:

Aufenthaltserlaubnis oder Aufenthaltsberechtigung, auf besonderem Blatt erteilt oder im Ausweis eingetragen. Beantragung einer Aufenthaltserlaubnis, nachgewiesen durch eine entsprechende Bescheinigung oder durch Eintragung im Ausweis: „Ausländerbehördlich erfaßt".

Griechenland:

Die Ausländereigenschaft wird im allgemeinen durch den Paß nachgewiesen. Personalausweise werden vom Fremdenamt für Ausländer, die sich in Griechenland niederlassen, innerhalb eines Monats nach ihrer Ankunft ausgestellt. In allen anderen Fällen erhalten Ausländer eine Aufenthaltsgenehmigung.

Island:

Auszug aus dem Ausländerregister der Einwanderungsbehörden oder Auszug aus dem Volkszählungsregister.

---

[1] Anhang III in der am 1. 12. 1982 gültigen Fassung gemäß Bek. vom 6. 5. 1983 (BGBl. II S. 337).

Irland:

Eintragung des Justizministeriums im Paß oder in den Reisepapieren und entsprechende Eintragungen in die polizeilichen Ausweispapiere durch die Polizei.

Italien:

Personenstandsbescheinigungen in Verbindung mit anderen Urkunden jeder Art, einschließlich eines oder mehrerer in üblicher Form ausgestellter Personalpapiere.

Luxemburg:

Personalausweis für Ausländer.

Malta:

Eintragung im Reisepaß oder in der Aufenthaltsgenehmigung.

Niederlande:

Auszug aus dem Ausländerregister oder dem Einwohnermelderegister.

Norwegen:

Auszug aus dem Ausländerregister.

Portugal:

Aufenthaltsgenehmigung nach Artikel 6 Buchstabe b der Rechtsverordnung Nr. 494-A/76 vom 23. Juni 1976.

Schweden:

Aufenthaltsgenehmigung.

Spanien:

Verzeichnis der Urkunden, die als Nachweis des Aufenthalts im Sinne des Artikels 11 des Abkommens anerkannt werden.

Im Reisepaß oder Personalausweis eingetragene Aufenthaltsgenehmigung, ausgestellt vom Zivilgouverneur der Provinz.

Verordnung Nr. 522 vom 14. Februar 1974;

Königliche Verordnung Nr. 1775 vom 24. Juli 1981.

Aufenthaltskarte und Arbeitserlaubnis in einer einzigen Urkunde.

Königliche Verordnung Nr. 1031 vom 3. Mai 1980.

Urkunde aufgrund des Erlasses vom 16. Mai 1979, vorläufige Regelung über die Anerkennung des Flüchtlingsstatus in Spanien.

Türkei:

Aufenthaltsgenehmigung für Ausländer.

Vereinigtes Königreich Großbritannien und Nordirland:

Eintragung im Reisepaß oder in anderen Reisepapieren; Aufenthaltsgenehmigung für Angehörige der EWG-Mitgliedstaaten oder polizeiliche Meldebescheinigung.

B. Landesrechtliche Vorschriften

Baden-Württemberg

24. Gesetz zur Ausführung des Bundessozialhilfegesetzes

Vom 23. April 1963 (GBl. S. 33, ber. S. 54)

Geändert durch Gesetz vom 30. 3. 1971 (GBl. S. 95), Gesetz vom 14. 3. 1972 (GBl. S. 65) und Gesetz vom 3. 3. 1976 (GBl. S. 235)

Der Landtag hat zur Ausführung des Bundessozialhilfegesetzes (BSHG) vom 30. Juni 1961 (BGBl. I S. 815) am 28. März 1963 das folgende Gesetz beschlossen, das hiermit verkündet wird:

§ 1 Örtliche Träger der Sozialhilfe

Örtliche Träger der Sozialhilfe sind die Stadtkreise und die Landkreise; sie führen die Sozialhilfe als Selbstverwaltungsangelegenheit (weisungsfreie Pflichtaufgabe) durch.

§ 2 Überörtliche Träger der Sozialhilfe

Überörtliche Träger der Sozialhilfe sind die Landeswohlfahrtsverbände.

§ 3 Weitere sachliche Zuständigkeit der überörtlichen Träger der Sozialhilfe

Die überörtlichen Träger der Sozialhilfe sind sachlich zuständig auch für die Hilfe zum Lebensunterhalt oder in besonderen Lebenslagen außerhalb einer Anstalt, eines Heimes oder einer gleichartigen Einrichtung, wenn die Hilfe dazu bestimmt ist, Nichtseßhafte seßhaft zu machen.

§ 4[1] Heranziehung kreisangehöriger Gemeinden

(1) Die Landkreise können die Durchführung der ihnen als

---

[1] § 4 Abs. 1 Satz 1 neu gefaßt durch Gesetz vom 3. 3. 1976 (GBl. S. 235).

§§ 5, 6 Baden-Württemberg

örtlichen Trägern der Sozialhilfe obliegenden Aufgaben kreisangehörigen Gemeinden oder vereinbarten Verwaltungsgemeinschaften durch Satzung ganz oder teilweise als Weisungsaufgabe im Sinne von § 2 Abs. 3 der Gemeindeordnung übertragen, sofern die Gemeinde oder die erfüllende Gemeinde mit Zustimmung von zwei Dritteln aller Stimmen des gemeinsamen Ausschusses einwilligt und die Gewähr für die ordnungsgemäße Erfüllung der Aufgabe bietet. Die Satzung bestimmt, in welchem Umfang der Landkreis als Fachaufsichtsbehörde Weisungen erteilen kann.

(2) Die Landkreise können kreisangehörige Gemeinden beauftragen, den örtlichen Trägern der Sozialhilfe obliegende Aufgaben im Einzelfall durchzuführen.

§ 5[1] Heranziehung örtlicher Träger der Sozialhilfe und kreisangehöriger Gemeinden

(1) Die überörtlichen Träger der Sozialhilfe können die Durchführung der ihnen obliegenden Aufgaben den örtlichen Trägern der Sozialhilfe sowie im Einverständnis mit dem Landkreis kreisangehörigen Gemeinden oder vereinbarten Verwaltungsgemeinschaften durch Satzung ganz oder teilweise als Weisungsaufgabe im Sinne von § 2 Abs. 4 der Landkreisordnung und § 2 Abs. 3 der Gemeindeordnung übertragen, sofern die Gemeinde oder die erfüllende Gemeinde mit Zustimmung von zwei Dritteln aller Stimmen des gemeinsamen Ausschusses einwilligt und die Gewähr für die ordnungsgemäße Erfüllung der Aufgabe bietet. Die Satzung bestimmt, in welchem Umfang der überörtliche Träger Weisungen erteilen kann.

(2) Die überörtlichen Träger der Sozialhilfe können die örtlichen Träger der Sozialhilfe beauftragen, dem überörtlichen Träger der Sozialhilfe obliegende Aufgaben im Einzelfall durchzuführen.

§ 6 Kosten der Sozialhilfe

Die Träger der Sozialhilfe tragen die Kosten für die ihnen obliegenden Aufgaben. Ihnen stehen die damit zusammenhän-

---

[1] Überschrift des § 5 neu gefaßt durch Gesetz vom 30. 3. 1971 (GBl. S. 95), § 5 Abs. 1 Satz 1 neu gefaßt durch Gesetz vom 3. 3. 1976 (GBl. S. 235).

24 Baden-Württemberg §§ 7–9

genden Einnahmen zu. Persönliche oder sächliche Verwaltungskosten werden in den Fällen der §§ 4 und 5 vom Träger der Sozialhilfe nicht übernommen.

§ 7 Zusammenarbeit der Träger der Sozialhilfe und der freien Wohlfahrtspflege

(1) Die Zusammenarbeit der Träger der Sozialhilfe mit den Kirchen, sonstigen Religionsgesellschaften des öffentlichen Rechts und Verbänden der freien Wohlfahrtspflege soll durch Arbeitsgemeinschaften gefördert werden. Arbeitsgemeinschaften sollen für das ganze Land (Landesarbeitsgemeinschaft), für die Landeswohlfahrtsverbände als überörtliche Träger der Sozialhilfe und für die Stadtkreise und die Landkreise als örtliche Träger der Sozialhilfe gebildet werden.

(2) In den Arbeitsgemeinschaften sollen wichtige Fragen der Sozialhilfe, die bei der Zusammenarbeit der Träger der öffentlichen Sozialhilfe und der freien Wohlfahrtspflege auftreten, beraten werden.

§ 8[1]

(1) Die Träger der Sozialhilfe bestimmen das Nähere über die Beteiligung sozial erfahrener Personen (§ 114 Abs. 1 BSHG) bei der Aufstellung allgemeiner Verwaltungsvorschriften und bei der Entscheidung über einen Widerspruch gegen die Ablehnung der Sozialhilfe oder gegen die Festsetzung ihrer Art und Höhe.

(2) Absatz 1 gilt für kreisangehörige Gemeinden und Verwaltungsgemeinschaften entsprechend, wenn und soweit diese nach § 4 Aufgaben der Sozialhilfe durchführen.

§ 9[2] Allgemeine Einkommensgrenze

Das Arbeits- und Sozialministerium kann durch Rechtsverordnung bestimmen, daß für bestimmte Arten der Hilfe in besonderen Lebenslagen der Einkommensgrenze ein höherer Grundbetrag und ein höherer Familienzuschlag als nach § 79 Abs. 1 bis 3 des Bundessozialhilfegesetzes zugrunde zu legen

---

[1] § 8 Abs. 2 geändert durch Gesetz vom 3. 3. 1976 (GBl. S. 235).
[2] § 9 geändert durch Gesetz vom 14. 3. 1972 (GBl. S. 65).

ist, wenn dies erforderlich ist, um eine gleichmäßige und ausreichende Hilfe zu gewährleisten.

§§ 10–12[1] *(gegenstandslos)*

§ 13[2] Entgegennahme und Weiterleitung von Anträgen

(1) Wird ein Antrag auf Sozialhilfe bei der kreisangehörigen Gemeinde gestellt, in welcher der Hilfesuchende sich tatsächlich aufhält, so hat die Gemeinde den Antrag entgegenzunehmen und ihn, soweit sie nicht selbst nach § 4 Abs. 1 die Aufgaben der Sozialhilfe durchführt, unverzüglich dem örtlichen Träger der Sozialhilfe oder der Verwaltungsgemeinschaft, die nach § 4 Abs. 1 die Aufgaben der Sozialhilfe durchführt, zuzuleiten.

(2) Der örtliche Träger der Sozialhilfe hat einen Antrag, über den der überörtliche Träger der Sozialhilfe zu entscheiden hat, unverzüglich diesem zuzuleiten.

§ 14 Vorläufige Hilfeleistung

(1) Der örtliche Träger der Sozialhilfe, in dessen Bereich der Hilfesuchende sich tatsächlich aufhält, hat vorläufig Hilfe zu leisten, wenn und solange

1. nicht feststeht, welcher Träger der Sozialhilfe sachlich zuständig ist oder
2. der überörtliche Träger der Sozialhilfe nicht selbst tätig werden kann

und wenn die Gewährung der Hilfe keinen Aufschub duldet. Der örtliche Träger der Sozialhilfe hat den überörtlichen Träger der Sozialhilfe unverzüglich über seine Maßnahmen zu unterrichten. Der überörtliche Träger der Sozialhilfe hat die aufgewendeten Kosten, mit Ausnahme der persönlichen und sächlichen Verwaltungskosten, zu erstatten.

(2) Die kreisangehörigen Gemeinden haben, soweit sie nicht selbst nach § 4 Abs. 1 die Aufgaben der Sozialhilfe durchführen, unverzüglich notwendige Maßnahmen zu treffen, wenn und

---

[1] §§ 10 bis 12 gegenstandslos durch die Aufhebung der §§ 23 und 76 BSHG.
[2] § 13 Abs. 1 geändert durch Gesetz vom 3. 3. 1976 (GBl. S. 235).

solange der Träger der Sozialhilfe nicht selbst tätig werden kann und wenn die Gewährung der Hilfe keinen Aufschub duldet. Absatz 1 Satz 2 und 3 gilt entsprechend.

§ 15 Bestimmungen und Bezeichnungen in anderen Vorschriften

(1) Soweit in anderen Vorschriften auf Bestimmungen verwiesen wird oder Bezeichnungen verwendet werden, die durch dieses Gesetz aufgehoben oder geändert werden, treten an ihre Stelle die entsprechenden Bestimmungen und Bezeichnungen dieses Gesetzes.

(2) Soweit nach anderen Vorschriften die Fürsorgeverbände Aufgaben durchzuführen haben, treten an ihre Stelle die Träger der Sozialhilfe.

§§ 16–18[1] *(gegenstandslos)*

§ 19 Inkrafttreten

(1) Dieses Gesetz tritt am Tage nach seiner Verkündung[2] in Kraft.

(2) Gleichzeitig treten alle Vorschriften, die diesem Gesetz entsprechen oder widersprechen, außer Kraft.

---

[1] §§ 16 bis 18 gegenstandslos infolge Zeitablaufs und Vollzugs.
[2] Verkündet am 25. 4. 1963.

24a. Verordnung des Innenministeriums zur Durchführung des Bundessozialhilfegesetzes

Vom 29. November 1962 (GBl. S. 227)

Geändert durch Verordnung vom 3. 12. 1974 (GBl. S. 524) und Verordnung vom 19. 3. 1984 (GBl. S. 281)

Auf Grund des § 5 Abs. 2 und 3 des Landesverwaltungsgesetzes vom 7. November 1955 (GesBl. S. 225) und des § 73 Abs. 1 des Gesetzes über Ordnungswidrigkeiten vom 25. März 1952 (BGBl. I S. 177) in Verbindung mit § 1 des Gesetzes über Rechtsverordnungen im Bereich der Gerichtsbarkeit vom 1. Juli 1960 (BGBl. I S. 481) und des § 1 Abs. 2 der Verordnung der Landesregierung über Rechtsverordnungen nach § 73 Abs. 1 des Gesetzes über Ordnungswidrigkeiten vom 28. Februar 1961 (GBl. S. 43) wird verordnet:

§ 1[1]

Für die Anerkennung abgeschlossener Anstalten nach § 26 Abs. 1 Satz 1 des Bundessozialhilfegesetzes vom 30. Juni 1961 (BGBl. I S. 815) und für die Anerkennung von Anstalten, Heimen oder gleichartigen Einrichtungen nach § 73 Abs. 2 Satz 3 des Bundessozialhilfegesetzes ist das Regierungspräsidium zuständig.

§ 2

Zuständige Behörde im Sinne des § 112 Satz 3 des Bundessozialhilfegesetzes ist das Regierungspräsidium, in dessen Bereich der Träger der Sozialhilfe seinen Sitz hat.

§ 3[2] *(aufgehoben)*

§ 4

Diese Verordnung tritt am Tage nach ihrer Verkündung[3] in Kraft.

---

[1] § 1 geändert durch Verordnung vom 19. 3. 1984 (GBl. S. 281).
[2] § 3 aufgehoben durch Verordnung vom 3. 12. 1974 (GBl. S. 524).
[3] Verkündet am 14. 12. 1962.

Bayern

25. Gesetz zur Ausführung des Bundessozialhilfegesetzes (AGBSHG)

In der Fassung der Bekanntmachung vom 21. September 1982
(BayRS 2170–1–A)

Geändert durch Gesetz vom 20. 12. 1983 (GVBl. S. 1107)

Teil I. Träger der Sozialhilfe

Abschnitt 1. Örtliche Träger der Sozialhilfe

Art. 1 Örtliche Träger der Sozialhilfe

(1) Örtliche Träger der Sozialhilfe sind die kreisfreien Gemeinden und die Landkreise (§ 96 Abs. 1 Satz 1 des Bundessozialhilfegesetzes). Die Sozialhilfe ist Aufgabe ihres eigenen Wirkungskreises. Die Träger sollen persönlich und fachlich geeignete Kräfte in ausreichender Zahl beschäftigen.

(2) Soweit in diesem Gesetz nichts anderes bestimmt ist, sind die Vorschriften der Gemeindeordnung und der Landkreisordnung anzuwenden.

Art. 2 Sozialhilfeausschuß

(1) Bei dem örtlichen Träger ist ein Sozialhilfeausschuß als ständiger beschließender Ausschuß zu bilden. Er nimmt die grundsätzlichen und die allgemeinen Angelegenheiten der Sozialhilfe wahr; die übrigen Geschäfte führt der Oberbürgermeister oder der Landrat.

(2) Dem Ausschuß gehören an

a) als beschließende Mitglieder
   1. der Oberbürgermeister oder der Landrat oder der von diesen bestellte Vertreter als Vorsitzender,
   2. sechs bis zwölf Mitglieder des Gemeinderats oder des Kreistags,

b) als beratende Mitglieder
sozial erfahrene Personen, insbesondere Vertreter von
1. Verbänden der freien Wohlfahrtspflege,
2. in der kreisfreien Gemeinde oder im Landkreis wirkenden Kirchen und sonstigen Religionsgemeinschaften, die Körperschaften des öffentlichen Rechts sind,
3. Vereinigungen von Sozialleistungsempfängern,

c) als Sachverständiger
der Leiter des Gesundheitsamts oder der von ihm bestellte Vertreter.

(3) Die beratenden Mitglieder nach Absatz 2 Buchst. b müssen nach dem Gemeindewahlgesetz oder dem Landkreiswahlgesetz wählbar sein; sie brauchen jedoch ihren Aufenthalt nicht im Bereich des örtlichen Trägers zu haben.

(4) Die Zahl der Mitglieder des Ausschusses wird durch die Geschäftsordnung des Gemeinderats oder des Kreistags bestimmt.

Art. 3 Berufung der Mitglieder des Sozialhilfeausschusses

(1) Die Mitglieder des Sozialhilfeausschusses nach Art. 2 Abs. 2 Buchst. a Nr. 2 und Buchst. b werden vom Gemeinderat oder Kreistag berufen.

(2) Vor der Berufung der beratenden Mitglieder hat der Gemeinderat oder der Kreistag von den in Art. 2 Abs. 2 Buchst. b genannten Stellen, soweit sie örtlich wirken, Vorschläge anzufordern. Bei der Berufung hat der Gemeinderat oder der Kreistag die genannten Stellen nach Umfang und Bedeutung ihres örtlichen sozialen Wirkens zu berücksichtigen.

Art. 4 Beschlüsse des Sozialhilfeausschusses

(1) Der Sozialhilfeausschuß ist beschlußfähig, wenn alle Mitglieder ordnungsgemäß geladen sind und außer dem Vorsitzenden mindestens die Hälfte der beschließenden Mitglieder anwesend und stimmberechtigt ist und wenn mindestens zwei beratende Mitglieder anwesend sind.

(2) Beschlüsse des Ausschusses, deren Vollzug eine Änderung der Haushaltsansätze voraussetzt, sind nur rechtswirksam, wenn sie vom Gemeinderat oder Kreistag genehmigt werden.

(3) In der Geschäftsordnung des Gemeinderats oder des Kreistags kann bestimmt werden, daß die Rechtswirksamkeit von Beschlüssen des Sozialhilfeausschusses auch in anderen Angelegenheiten von der Genehmigung des Gemeinderats oder des Kreistags abhängt.

Abschnitt 2. Überörtliche Träger der Sozialhilfe

Art. 5 Überörtliche Träger der Sozialhilfe

(1) Überörtliche Träger der Sozialhilfe sind die Bezirke; die Sozialhilfe ist Aufgabe ihres eigenen Wirkungskreises. Art. 1 Abs. 1 Satz 3 gilt entsprechend.

(2) Die Aufsicht über die Bezirke als überörtliche Träger der Sozialhilfe obliegt den Regierungen.

(3) Soweit in diesem Gesetz nichts anderes bestimmt ist, sind die Vorschriften der Bezirksordnung anzuwenden.

Art. 6 Sozialhilfeausschuß

(1) Beim überörtlichen Träger der Sozialhilfe ist ein Sozialhilfeausschuß als ständiger beschließender Ausschuß zu bilden. Er nimmt die grundsätzlichen und die allgemeinen Angelegenheiten der Sozialhilfe wahr.

(2) Den Vorsitz im Sozialhilfeausschuß führt der Bezirkstagspräsident oder der von ihm bestellte Vertreter. Als Sachverständiger gehört dem Ausschuß ein von der Regierung bestimmter Arzt des öffentlichen Gesundheitsdienstes an. Im übrigen gelten für den Sozialhilfeausschuß beim überörtlichen Träger Art. 2 Abs. 2 Buchst. a Nr. 2, Buchst. b, Abs. 3, Abs. 4 und die Art. 3 und 4 entsprechend.

(3) Der leitende Beamte der Sozialhilfeverwaltung muß die Befähigung für den höheren Verwaltungsdienst oder für das Richteramt besitzen.

Art. 7 Sachliche Zuständigkeit

(1) Die überörtlichen Träger sind außer für die Aufgaben nach § 100 des Bundessozialhilfegesetzes sachlich auch zuständig

a) für alle Hilfen, die in Anstalten, Heimen oder gleichartigen

Einrichtungen und in Einrichtungen zur teilstationären Betreuung gewährt werden,
b) für alle Hilfen an
1. Ausländer im Sinne des Ausländergesetzes,
2. Aussiedler im Sinne des Bundesvertriebenengesetzes und Zuwanderer aus den in § 3 Abs. 1 Nr. 2 der Ersten Durchführungsverordnung zum Ersten Überleitungsgesetz genannten Gebieten in staatlichen Lagern oder lagerähnlichen Wohnheimen bis zur dauernden Unterbringung in einer Wohnung; die Zuständigkeit bleibt bestehen, bis eine Verpflichtung zur Kostenerstattung nach § 103 Abs. 3 des Bundessozialhilfegesetzes enden würde.

(2) Die Zuständigkeit des überörtlichen Trägers nach Absatz 1 Buchst. a erstreckt sich auf alle Leistungen an den Hilfeempfänger, für welche die Voraussetzungen nach dem Bundessozialhilfegesetz gleichzeitig vorliegen, und auf die Hilfe nach § 15 des Bundessozialhilfegesetzes; dies gilt nicht, wenn die Hilfe in einer Einrichtung zur teilstationären Betreuung gewährt wird.

Art. 8 Vorläufiges Eintreten des örtlichen Trägers

(1) Steht nicht fest, ob ein überörtlicher Träger der Sozialhilfe sachlich zuständig ist, so hat, bis die sachliche Zuständigkeit geklärt ist, der nach § 97 des Bundessozialhilfegesetzes zuständige örtliche Träger einzutreten. Er teilt das dem überörtlichen Träger, zu dessen Bereich er gehört, alsbald mit. Der überörtliche Träger hat dem örtlichen Träger die aufgewendeten Kosten zu erstatten, sobald seine Zuständigkeit feststeht. § 111 Abs. 1, Abs. 2 Satz 2, Abs. 3 und § 113 des Bundessozialhilfegesetzes gelten entsprechend.

(2) Der örtliche Träger hat auch dann vorläufig einzutreten, wenn die Hilfe so dringlich ist, daß der überörtliche Träger sie nicht rechtzeitig leisten kann; er hat den überörtlichen Träger über seine Maßnahmen unverzüglich zu unterrichten. Geschieht das, so hat dieser dem örtlichen Träger die aufgewendeten Kosten zu erstatten. § 111 Abs. 1, Abs. 2 Satz 2, Abs. 3 und § 113 des Bundessozialhilfegesetzes gelten entsprechend.

Abschnitt 3. Mitwirkung kreisangehöriger Gemeinden und örtlicher Träger

Art. 9 Heranziehung kreisangehöriger Gemeinden

(1) Die kreisangehörigen Gemeinden sind verpflichtet, auf Anfordern der Landkreise bei der Feststellung und Prüfung der für die Gewährung von Sozialhilfe erforderlichen Voraussetzungen, insbesondere der persönlichen und wirtschaftlichen Verhältnisse von Hilfesuchenden und Hilfeempfängern, und bei der Auszahlung von Sozialhilfeleistungen mitzuwirken.

(2) Die Landkreise können auf Antrag kreisangehöriger Gemeinden oder auf Antrag aller Mitgliedsgemeinden einer Verwaltungsgemeinschaft durch Verordnung bestimmen, daß diese Gemeinden Aufgaben, die den Landkreisen als örtlichen Trägern obliegen, durchführen und dabei entscheiden. Für die Durchführung dieser Aufgaben können die Landkreise Richtlinien erlassen; sie können auch Einzelweisungen erteilen, wenn das Wohl der Allgemeinheit oder berechtigte Ansprüche einzelner das zwingend erfordern.

(3) Die Heranziehung einer kreisangehörigen Gemeinde nach Absatz 2 ist auf deren Antrag aufzuheben.

Art. 10 Heranziehung örtlicher Träger

(1) Die örtlichen Träger sind verpflichtet, auf Anfordern der überörtlichen Träger bei der Feststellung und Prüfung der für die Gewährung von Sozialhilfe erforderlichen Voraussetzungen, insbesondere der persönlichen und wirtschaftlichen Verhältnisse von Hilfesuchenden und Hilfeempfängern, und bei der Auszahlung von Sozialhilfeleistungen mitzuwirken.

(2) Die überörtlichen Träger können durch Verordnung bestimmen, daß die örtlichen Träger folgende den überörtlichen Trägern obliegende Aufgaben durchführen und dabei entscheiden:

1. Hilfe in Altenheimen und Hilfe in Altenwohnheimen im Sinne des § 103 Abs. 5 des Bundessozialhilfegesetzes mit Ausnahme der Hilfe in Pflegeabteilungen,
2. vorbeugende Gesundheitshilfe nach § 36 des Bundessozialhilfegesetzes,

Art. 10 Bayern 25

3. Krankenhilfe nach § 37 des Bundessozialhilfegesetzes mit Ausnahme der Hilfe in psychiatrischen Fachkrankenhäusern, Fachabteilungen und Spezialeinrichtungen,
4. Hilfe nach § 37a und Hilfe nach § 38 des Bundessozialhilfegesetzes,
5. Hilfe nach § 40 Abs. 1 Nr. 1 des Bundessozialhilfegesetzes mit Ausnahme der Hilfe in Fachkrankenhäusern für Behinderte sowie der Hilfe in psychiatrischen Fachkrankenhäusern, Fachabteilungen und Spezialeinrichtungen,
6. ambulant zu gewährende Heilbehandlung nach § 49 des Bundessozialhilfegesetzes,
7. Sonderleistungen nach § 56 Abs. 1 und § 56 Abs. 2 Nr. 2 des Bundessozialhilfegesetzes,
8. vorbeugende Hilfe nach § 57 des Bundessozialhilfegesetzes,
9. Hilfe in Einrichtungen zur teilstationären Betreuung mit Ausnahme der Hilfe in Werkstätten für Behinderte und in Tag- oder Nachtkliniken,
10. Altenhilfe nach § 75 des Bundessozialhilfegesetzes,
11. ambulant zu gewährende Hilfe nach § 100 Abs. 1 Nr. 2 des Bundessozialhilfegesetzes mit Ausnahme der Hilfe zur Beschaffung von Kraftfahrzeugen,
12. Hilfe nach Art. 7 Abs. 1 Buchst. b dieses Gesetzes,
13. Hilfen, die nach § 100 Abs. 2 des Bundessozialhilfegesetzes und nach Art. 7 Abs. 2 dieses Gesetzes gleichzeitig mit den vorstehend genannten Hilfen zu gewähren sind.

Für die Hilfen nach Nummern 1 bis 5 und 10 bis 12 sollen die überörtlichen Träger bestimmen, daß die örtlichen Träger sie durchführen und dabei entscheiden; das gilt auch für die nach Nummer 13 gleichzeitig zu gewährenden Hilfen.

(3) Der örtliche Träger, der nach Absatz 2 Aufgaben durchführt, hat auch den Kostenbeitrag, Aufwendungsersatz, Kostenersatz und Kostenerstattungsanspruch geltend zu machen, den Übergang von Ansprüchen gegen Dritte zu bewirken und die Beträge einzuziehen. Er verfährt dabei nach den Grundsätzen, die für ihn selbst gelten.

(4) Für die Durchführung der Aufgaben nach Absatz 2 können die überörtlichen Träger Richtlinien erlassen; sie können auch Einzelweisungen erteilen, wenn das Wohl der Allgemein-

25 Bayern Art. 11–12a

heit oder berechtigte Ansprüche einzelner das zwingend erfordern.

Art. 11 Mitteilungspflicht

(1) Wird bei einer kreisangehörigen Gemeinde, in der ein Hilfesuchender sich tatsächlich aufhält, die Notwendigkeit der Gewährung von Sozialhilfe bekannt oder ein Antrag auf Sozialhilfe gestellt, so ist die Gemeinde, soweit sie nicht selbst nach Art. 9 Abs. 2 die Aufgaben durchführt, verpflichtet, die genannten Voraussetzungen dem örtlichen Träger unverzüglich mitzuteilen oder ihm den Antrag unverzüglich zuzuleiten. Satz 1 gilt entsprechend zwischen dem örtlichen Träger und einer kreisangehörigen Gemeinde, die Aufgaben nach Art. 9 Abs. 2 durchführt.

(2) Absatz 1 gilt entsprechend für die Träger der Sozialhilfe untereinander.

Abschnitt 4. Kosten der Sozialhilfe

Art. 12 Träger der Kosten

(1) Die Träger der Sozialhilfe tragen die Kosten für die Sozialhilfeaufgaben, die ihnen nach dem Bundessozialhilfegesetz, nach diesem Gesetz oder nach einer Rechtsverordnung auf Grund dieses Gesetzes obliegen.

(2) Werden Aufgaben nach Art. 9 Abs. 2 von kreisangehörigen Gemeinden durchgeführt, so hat der Landkreis die aufgewendeten Kosten zu ersetzen und auf Antrag angemessene Vorschüsse zu leisten. Persönliche und sächliche Verwaltungskosten werden nicht erstattet.

(3) Werden Aufgaben nach Art. 10 Abs. 2 von örtlichen Trägern durchgeführt, so hat der überörtliche Träger die aufgewendeten Kosten zu ersetzen und auf Antrag angemessene Vorschüsse zu leisten. Absatz 2 Satz 2 gilt entsprechend.

Art. 12a Einrichtungen und Dienste

Die Verpflichtungen nach § 17 Abs. 1 Nr. 2 des Ersten Buches Sozialgesetzbuch und § 93 Abs. 1 des Bundessozialhilfegesetzes obliegen für Einrichtungen der Altenhilfe den örtlichen

Trägern, für ambulante psychiatrische Dienste und Einrichtungen den überörtlichen Trägern der Sozialhilfe; im übrigen obliegen diese Verpflichtungen dem Träger der Sozialhilfe, der für die Hilfe sachlich zuständig ist.

Art. 13[1] Beteiligung des Staates

(1) Der Staat gewährt nach Maßgabe des Finanzausgleichsgesetzes einen Ausgleich zu den Aufwendungen, die den Bezirken als überörtlichen Trägern der Sozialhilfe insgesamt erwachsen.

(2) Der Staat beteiligt sich nach Bestimmung des Staatshaushalts an der Förderung allgemeiner Einrichtungen der Sozialhilfe.

(3) Der Staat unterstützt ferner nach Bestimmung des Staatshaushalts die Spitzenverbände der freien Wohlfahrtspflege in Bayern bei ihren zentralen Aufgaben im Zusammenhang mit dem Vollzug des Bundessozialhilfegesetzes.

Teil II. Sonstige Ausführungsbestimmungen

Art. 14 Zusammenarbeit der Träger der Sozialhilfe mit der freien Wohlfahrtspflege
(zu § 10 Abs. 2 und Abs. 3 Satz 1 BSHG)

(1) Die Zusammenarbeit der Träger der Sozialhilfe mit den Kirchen, sonstigen Religionsgemeinschaften, die Körperschaften des öffentlichen Rechts sind, und Verbänden der freien Wohlfahrtspflege soll durch Arbeitsgemeinschaften gefördert werden. In den Arbeitsgemeinschaften sollen insbesondere wichtige Fragen der Sozialhilfe, die bei der Zusammenarbeit der Träger der Sozialhilfe und der freien Wohlfahrtspflege auftreten, beraten werden.

(2) Arbeitsgemeinschaften sollen für das ganze Land (Landesarbeitsgemeinschaft), für die Bezirke als überörtliche Träger (Bezirksarbeitsgemeinschaft) und für die kreisfreien Gemeinden

---

[1] Art. 13 Abs. 1 neu gefaßt, Abs. 2 aufgehoben und Abs. 3 und 4 wurden Abs. 2 und 3 durch Gesetz vom 20. 12. 1983 (GVBl. S. 1107).

25 Bayern Art. 15, 16

und Landkreise als örtliche Träger (Kreisarbeitsgemeinschaft) gebildet werden.

(3) Die Landesarbeitsgemeinschaft bildet sich aus Vertretern der Kirchen und der sonstigen Religionsgemeinschaften, die Körperschaften des öffentlichen Rechts sind, aus Vertretern der kommunalen Spitzenverbände und der Spitzenverbände der freien Wohlfahrtspflege in Bayern. Die Bezirks- und Kreisarbeitsgemeinschaften bilden sich aus Vertretern der Kirchen und der sonstigen Religionsgemeinschaften, die Körperschaften des öffentlichen Rechts sind, aus Vertretern der Verbände der freien Wohlfahrtspflege und aus beschließenden Mitgliedern des Sozialhilfeausschusses beim überörtlichen oder örtlichen Träger der Sozialhilfe. Den Arbeitsgemeinschaften können weitere Mitglieder angehören. Die Zahl der Vertreter der öffentlichen Sozialhilfe soll die Zahl der übrigen Mitglieder der Arbeitsgemeinschaften nicht überschreiten.

Art. 15 Leistungsbescheid über Kostenbeitrag, Aufwendungs- und Kostenersatz
(zu § 11 Abs. 2 und 3, §§ 29, 43, 58, 84, 85, 92a, 92c BSHG)

In einem Leistungsbescheid im Sinne des Art. 23 des Bayerischen Verwaltungszustellungs- und Vollstreckungsgesetzes, in dem regelmäßig wiederkehrende Leistungen als Kostenbeitrag, Aufwendungs- oder Kostenersatz gefordert werden, kann zugleich mit der Pfändung wegen fälliger Ansprüche auch künftig fällig werdendes Arbeitseinkommen wegen der dann jeweils fällig werdenden Ansprüche gepfändet und überwiesen werden.

Art. 16 Festsetzung der Regelsätze
(zu § 22 Abs. 3 BSHG)

Zuständige Landesbehörde für die Festsetzung der Regelsätze sind die örtlichen Träger. Das Staatsministerium für Arbeit und Sozialordnung bestimmt im Einvernehmen mit dem Staatsministerium des Innern Mindestbeträge; diese dürfen nicht unterschritten werden.

Art. 17 Festsetzung des Taschengeldes
(zu § 21 Abs. 3 BSHG)

Zuständige Landesbehörden für die Festsetzung der Höhe des Taschengeldes nach § 21 Abs. 3 des Bundessozialhilfegesetzes sind die überörtlichen Träger. Das Staatsministerium für Arbeit und Sozialordnung gibt im Einvernehmen mit dem Staatsministerium des Innern Regelwerte für das Taschengeld bekannt. Die Höhe des Taschengeldes bemißt sich nach den für den Aufenthaltsort des Hilfeempfängers festgesetzten Sätzen.

Art. 18 Erhöhung der Einkommensgrenze
(zu § 79 Abs. 4 BSHG)

Das Staatsministerium für Arbeit und Sozialordnung kann im Einvernehmen mit dem Staatsministerium des Innern durch Rechtsverordnung bestimmen, daß für bestimmte Arten der Hilfe in besonderen Lebenslagen der Einkommensgrenze ein höherer Grundbetrag zugrunde gelegt wird, wenn es erforderlich ist, um eine gleichmäßige und ausreichende Hilfe zu gewährleisten. Die Befugnisse der Träger der Sozialhilfe nach § 79 Abs. 4 des Bundessozialhilfegesetzes bleiben unberührt.

Art. 19 Zuständigkeit für die Anmeldung des Erstattungsanspruchs
(zu § 112 BSHG)

Zuständige Behörde für die Entgegennahme der Anmeldung des Erstattungsanspruchs ist die Regierung.

Art. 20 Beteiligung sozial erfahrener Personen
(zu § 114 Abs. 2 BSHG)

Sozial erfahrene Personen, die nach § 114 Abs. 2 des Bundessozialhilfegesetzes zu beteiligen sind, beruft der Sozialhilfeausschuß. Ist für die Entscheidung über den Widerspruch ein Träger der Sozialhilfe zuständig, so hat er vor Erlaß des Widerspruchsbescheids mindestens zwei dieser Personen beratend zu beteiligen; es ist schriftlich festzustellen, daß das geschehen ist. Ist der Träger der Sozialhilfe nicht selbst für die Entscheidung über den Widerspruch zuständig (Art. 119 Nr. 1 der Gemeindeordnung, Art. 105 Nr. 1 der Landkreisordnung), so sind diese sozial erfahrenen Personen bei der Prüfung nach § 72 der Verwaltungsgerichtsordnung beratend zu beteiligen; es ist schriftlich festzustellen, daß das geschehen ist.

Art. 21 Bestellung der Landesärzte (zu § 126a BSHG)

Die Landesärzte werden vom Staatsministerium für Arbeit und Sozialordnung im Einvernehmen mit dem Staatsministerium des Innern oder von der von diesen Ministerien bestimmten Behörde bestellt.

Art. 22 Tuberkulosehilfe für Angehörige des öffentlichen Dienstes

(1) § 127 des Bundessozialhilfegesetzes gilt entsprechend für die Bediensteten und Versorgungsempfänger des Staates, der Gemeinden, Gemeindeverbände und der sonstigen unter der Aufsicht des Staates stehenden Körperschaften, Anstalten und Stiftungen des öffentlichen Rechts und für die Ehegatten sowie für die nach § 2 des Bundeskindergeldgesetzes oder beim Auslandskinderzuschlag zu berücksichtigenden Kinder der genannten Personen.

(2) Zuständig für die Durchführung der Tuberkulosehilfe in den Verwaltungen und Betrieben des Staates ist das Staatsministerium der Finanzen. Es kann durch Rechtsverordnung diese Aufgaben nachgeordneten Behörden übertragen.[1]

(3) Das Staatsministerium der Finanzen kann im Einvernehmen mit dem Staatsministerium des Innern durch Rechtsverordnung Bestimmungen über eine Versicherung der Gemeinden, Gemeindeverbände, und der sonstigen unter der Aufsicht des Staates stehenden Körperschaften, Anstalten und Stiftungen des öffentlichen Rechts hinsichtlich der sich nach Absatz 1 ergebenden Aufwendungen treffen.

---

[1] Verordnung über die Zuständigkeit zur Durchführung der Tuberkulosehilfe in den Verwaltungen und Betrieben des Freistaates Bayern vom 23. 1. 1963 (BayRS 2030-3-5-4-F).

Art. 23 Antrag auf Entmündigung wegen Verschwendung, Trunksucht oder Rauschgiftsucht (zu § 680 Abs. 5 ZPO)

Die Träger der Sozialhilfe können die Entmündigung wegen Verschwendung, Trunksucht oder Rauschgiftsucht beantragen, wenn zu befürchten ist, daß dem zu Entmündigenden oder dessen Unterhaltsberechtigten Sozialhilfe gewährt werden muß.

Teil III. Aufgaben der Bezirke außerhalb der Sozialhilfe

Art. 24 Vollzug strafgerichtlicher Entscheidungen nach §§ 63, 64 StGB, § 126a StPO

(1) Die Bezirke haben auf Ersuchen der Vollstreckungsbehörden die Unterbringung von Personen in einem psychiatrischen Krankenhaus oder in einer Entziehungsanstalt auf Grund einer strafgerichtlichen Entscheidung zu vollziehen.

(2) Örtlich zuständig ist der Bezirk, in dessen Bereich der Unterzubringende seinen Wohnsitz oder mangels eines solchen seinen Aufenthalt hat; unterhält ein Bezirk eine Einrichtung für alle Bezirke oder für mehrere Bezirke gemeinsam, so ist dieser Bezirk örtlich zuständig. Ist der Unterzubringende behördlich verwahrt, so ist für die Zuständigkeit der Verwahrungsort maßgebend; in diesem Fall ist auf das Ersuchen des Staatsministeriums der Justiz auch der Bezirk zur Unterbringung verpflichtet, in dessen Bereich der Unterzubringende wohnt.

(3) Über die Verlegung in ein anderes psychiatrisches Krankenhaus oder in eine andere Entziehungsanstalt entscheidet der Bezirk, in dem die Unterbringung vollzogen wird. Soll die Verlegung in ein Krankenhaus oder eine Entziehungsanstalt eines anderen Bezirks vorgenommen werden, bedarf sie der Zustimmung des aufnehmenden Bezirks. Die Vollstreckungsbehörde ist zu hören.

(4) Die Kosten der Überführung in das Krankenhaus oder in die Anstalt und die Kosten der Unterbringung trägt der Staat.

Teil IV. Übergangs- und Schlußbestimmungen

Art. 25 Vollzug von Vorschriften der öffentlichen Fürsorge

(1) Soweit nicht durch Bundesrecht Besonderes bestimmt ist, wird die Staatsregierung ermächtigt, durch Rechtsverordnung die zum Vollzug von Vorschriften der öffentlichen Fürsorge (Art. 74 Nr. 7 Grundgesetz) zuständigen Behörden zu bestimmen und das Verfahren zu regeln.

(2) Die Staatsregierung kann die Ermächtigung nach Absatz 1 auf bestimmte Staatsministerien übertragen.

Art. 26 Ausführungsvorschriften

Das Staatsministerium für Arbeit und Sozialordnung erläßt die zur Ausführung dieses Gesetzes erforderlichen Vorschriften.

Art. 27* Inkrafttreten

Dieses Gesetz ist dringlich. Es tritt am 1. Juni 1962, Art. 13 Abs. 1 und 2 jedoch mit Wirkung vom 1. Januar 1963 in Kraft.

---

* Diese Vorschrift betrifft das Inkrafttreten des Gesetzes in der ursprünglichen Fassung vom 26. 10. 1962 (GVBl. S. 272). Der Zeitpunkt des Inkrafttretens der späteren Änderungen ergibt sich aus den jeweiligen Änderungsgesetzen.

Berlin

26. Gesetz zur Ausführung des Bundessozialhilfegesetzes

Vom 21. Mai 1962 (GVBl. S. 471)

Das Abgeordnetenhaus hat das folgende Gesetz beschlossen:

§ 1 Träger der Sozialhilfe

Örtlicher und überörtlicher Träger der Sozialhilfe im Sinne des § 96 des Bundessozialhilfegesetzes (BSHG) vom 30. Juni 1961 (BGBl. I S. 815/GVBl. S. 888) ist das Land Berlin.

§ 2 Erhöhung des Grundbetrages und des Familienzuschlages

Das für das Sozialwesen zuständige Mitglied des Senats kann im Einvernehmen mit dem Senator für Finanzen und, soweit es sich um Hilfe für Minderjährige handelt, im Einvernehmen mit dem für das Jugendwesen zuständigen Mitglied des Senats und, soweit gesundheitliche Hilfe in Betracht kommt, im Einvernehmen mit dem für das Gesundheitswesen zuständigen Mitglied des Senats nach § 79 Abs. 4 BSHG bestimmen, daß für bestimmte Arten der Hilfe in besonderen Lebenslagen der Einkommensgrenze ein höherer Grundbetrag und ein höherer Familienzuschlag zugrunde gelegt wird. Kommt eine Einigung unter den zuständigen Mitgliedern des Senats nicht zustande, entscheidet der Senat.

§ 3 Erlaß von Ausführungsvorschriften

Die zuständigen Mitglieder des Senats werden ermächtigt, für ihren Geschäftsbereich Ausführungsvorschriften zum Bundessozialhilfegesetz und zu diesem Gesetz in den jeweils geltenden Fassungen im Benehmen mit dem für das Sozialwesen zuständigen Mitglied des Senats zu erlassen.[1]

---

[1] Ausführungsvorschriften über die Anerkennung eines Mehrbedarfs wegen kostenaufwendiger Ernährung nach § 23 Abs. 4 Nr. 2 des Bundessozialhilfegesetzes vom 18. 6. 1986 (ABl. S. 1151). Ausführungsvorschriften über

26 Berlin § 4

§ 4 Inkrafttreten

Dieses Gesetz tritt am 1. Juni 1962 in Kraft.

Bestattungskosten in der Sozialhilfe (§ 15 BSHG) vom 17. 12. 1976 (ABl. 1977 S. 291, ber. S. 550). Ausführungsvorschriften für die Gewährung von Vorsorgeuntersuchungen zur Früherkennung von Krankheiten nach dem BSHG vom 25. 7. 1977 (ABl. S. 1248) mit Änderung durch VV vom 14. 2. 1978 (ABl. S. 364) und VV vom 9. 2. 1981 (ABl. S. 580). Ausführungsvorschriften über Krankentransporte und Notfallrettungs-Einsätze nach dem BSHG vom 22. 2. 1984 (ABl. S. 722). Ausführungsvorschriften über das Verhältnis der Sozialhilfe und der Kriegsopferfürsorge zum LAG vom 23. 5. 1973 (ABl. S. 870) mit Änderung durch VV vom 18. 7. 1978 (ABl. S. 1480). Ausführungsvorschriften über den Einsatz des Einkommens bei Unterbringung von Hilfeempfängern in bestimmten Einrichtungen vom 19. 12. 1975 (ABl. 1976 S. 134). Ausführungsvorschriften über die Einkommensgrenze bei stationärer oder teilstationärer Eingliederungshilfe für Behinderte vom 21. 4. 1975 (ABl. S. 1243). Ausführungsvorschriften über die Gewährung von Weihnachtsbeihilfe vom 30. 10. 1989 (ABl. S. 2274). Ausführungsvorschriften über das Verhältnis der Sozialhilfe zum Blinden- und Hilflosenpflegegeldgesetz vom 8. 8. 1977 (ABl. S. 1448) mit Änderung durch VV vom 4. 10. 1979 (ABl. S. 1846). Ausführungsvorschriften über die Gewährung von Sozialhilfe an asylsuchende Ausländer nach § 120 Abs. 2 des Bundessozialhilfegesetzes (BSHG) und ihre Heranziehung zu gemeinnützigen Arbeiten nach § 19 in Verbindung mit § 18 Abs. 2 Satz 2 BSHG vom 3. 7. 1986 (ABl. S. 1161), mit Änd. vom 6. 11. 1987 (ABl. S. 1670). Gemeinsame Ausführungsvorschriften über eine Hilfe für werdende Mütter und Wöchnerinnen vom 11. 4. 1979 (ABl. S. 760) mit Änderung durch VV vom 9. 4. 1981 (ABl. S. 930). Ausführungsvorschriften über die Betreuung aus Freiheitsentziehung Entlassener nach § 72 BSHG (AV-HE-Hilfe) vom 10. 8. 1979 (ABl. S. 1644) mit Änderung durch VV vom 30. 8. 1982 (ABl. S. 1470) und durch VV vom 14. 12. 1983 (ABl. 1984 S. 41). Ausführungsvorschriften über die Gewährung von Hilfe nach dem Bundessozialhilfegesetz (BSHG) an Ausländer (AV-SH Ausl.) vom 19. 12. 1979 (ABl. 1980 S. 334), zuletzt geändert durch VV vom 18. 6. 1986 (ABl. S. 1052). Ausführungsvorschriften über den Einsatz des Einkommens nach dem Bundessozialhilfegesetz vom 18. 8. 1980 (ABl. S. 1342), zuletzt geändert durch VV vom 6. 10. 1987 (ABl. S. 1547). Ausführungsvorschriften über den Einsatz des Vermögens nach dem Bundessozialhilfegesetz – AV-VSH – vom 18. 8. 1980 (ABl. S. 1348), zuletzt geändert durch AV vom 23. 2. 1982 (ABl. S. 525). Ausführungsvorschriften über den Einsatz des Einkommens bei stationärer und teilstationärer Unterbringung von Hilfempfängern in Heimen und vergleichbaren Einrichtungen als Maßnahme nach §§ 39ff. und 72 des Bundessozialhilfegesetzes vom 4. 6. 1984 (ABl. S. 1082). Reisezuschußvorschriften – RZV vom 15. 3. 1985 (ABl. S. 885) mit Änderung vom 6. 6. 1989 (ABl. S. 1298). AV über die Inanspruchnahme von Drittverpflichteten durch den Träger der Sozialhilfe Berlin vom 25. 3. 1985 (ABl. S. 950) mit Änderung durch AV vom 19. 6. 1989 (ABl. S. 1402).

Bremen

27. Bremisches Ausführungsgesetz zum Bundessozialhilfegesetz – BrAGBSHG –

Vom 5. Juni 1962 (SaBremR 2161–a–1)

Geändert durch Gesetz vom 1. 10. 1968 (GBl. S. 148), Gesetz vom 30. 6. 1970 (GBl. S. 68), Bekanntmachung über die Änderung von Zuständigkeiten vom 20. 11. 1973 (GBl. S. 235), Bekanntmachung vom 2. 7. 1984 (GBl. S. 173), Gesetz vom 24. 3. 1987 (GBl. S. 59) und Gesetz vom 16. 8. 1988 (GBl. S. 223)

Der Senat verkündet das nachstehende von der Bürgerschaft (Landtag) beschlossene Gesetz:

Abschnitt I. Träger der Sozialhilfe, Aufgaben, Deckung des Finanzbedarfs

§ 1[1]

Örtliche Träger der Sozialhilfe sind die Stadtgemeinden Bremen und Bremerhaven; sie führen die Sozialhilfe als Selbstverwaltungsangelegenheit durch.

§ 2

Überörtlicher Träger der Sozialhilfe ist die Freie Hansestadt Bremen (Land Bremen).

§ 3

Der Senat kann durch Rechtsverordnung bestimmen, daß der überörtliche Träger der Sozialhilfe über die ihm nach dem Bundessozialhilfegesetz übertragenen Aufgaben hinaus für weitere Aufgaben der Sozialhilfe zuständig ist, wenn eine überörtliche Wahrnehmung dieser Aufgaben geboten ist.

---

[1] § 1 geändert durch Gesetz vom 1. 10. 1968 (GBl. S. 148).

27 Bremen §§ 4, 5

§ 4

(1) Die zuständigen Behörden zur Durchführung der dem örtlichen Träger der Sozialhilfe obliegenden und nach diesem Gesetz übertragenen Aufgaben werden in Bremen durch den Senat, in Bremerhaven durch den Magistrat bestimmt.[1]

(2) Die Beteiligung sozial erfahrener Personen bei dem Erlaß allgemeiner Verwaltungsvorschriften und bei der Festsetzung der Regelsätze sowie bei dem Erlaß von Widerspruchsbescheiden (§ 114 BSHG) werden in Bremen durch den Senat, in Bremerhaven durch den Magistrat geregelt.

§ 5[2]

(1) Den örtlichen Trägern der Sozialhilfe wird als Auftragsangelegenheit übertragen:

1. die Versorgung Behinderter mit Körperersatzstücken, größeren orthopädischen und größeren anderen Hilfsmitteln im Sinne des § 81 Abs. 1 Nr. 3 BSHG,
2. die Blindenhilfe nach § 67 BSHG, soweit nicht nach § 100 Abs. 1 Nr. 1 BSHG der überörtliche Träger der Sozialhilfe zuständig ist,
3. die Hilfe zur Überwindung besonderer sozialer Schwierigkeiten nach § 72 BSHG, wenn es erforderlich ist, die Hilfe in einer Anstalt, einem Heim oder einer gleichartigen Einrichtung oder in einer Einrichtung zur teilstationären Betreuung zu gewähren,
4. die Hilfe zum Besuch einer Hochschule im Rahmen der Eingliederungshilfe für Behinderte,
5. die Hilfe für Behinderte im Sinne des § 100 Abs. 1 Nr. 1 BSHG, soweit sie in einer Einrichtung zur teilstationären Betreuung zu gewähren ist.

---

[1] Verordnung zur Ausführung des § 4 des Bremischen Ausführungsgesetzes zum BSHG vom 19. 6. 1962 (SaBremR 2161-a-2) mit Änderung durch Verordnung vom 21. 11. 1972 (GBl. S. 250), Bek. über die Änderung von Zuständigkeiten vom 20. 11. 1973 (GBl. S. 235), Bek. vom 2. 7. 1984 (GBl. S. 173) und Verordnung vom 10. 3. 1987 (GBl. S. 59).
[2] § 5 Abs. 1 neu gefaßt, neuer Abs. 2 eingefügt und alter Abs. 2 wurde Abs. 3 durch Gesetz vom 24. 3 1987 (GBl. S. 59).

(2) Der Stadtgemeinde Bremen werden die übrigen Angaben nach § 100 BSHG als Auftragsangelegenheit übertragen.

(3) Der überörtliche Träger kann zur Sicherstellung eines einheitlichen Verfahrens Einzelweisungen erteilen.

§ 6

(1) Die Träger der Sozialhilfe tragen die Kosten für die Aufgaben, die ihnen nach dem Bundessozialhilfegesetz, nach diesem Gesetz oder nach einer in Ausführung dieses Gesetzes ergangenen Rechtsverordnung obliegen.

(2) Für die nach § 5 Absatz 1 von örtlichen Trägern durchzuführenden Aufgaben hat das Land die aufgewendeten Kosten zu erstatten. Persönliche und sächliche Verwaltungskosten bleiben außer Ansatz.

Abschnitt II. Sonstige Aufgaben und Zuständigkeiten

§ 7

Der Senat bestimmt die zur Festsetzung der Regelsätze zuständigen Stellen (§ 22 Absatz 3 BSHG).[1]

§ 8[2]

Für die Stadtgemeinde Bremen kann der Senat und für die Stadtgemeinde Bremerhaven kann der Magistrat nach § 79 Absatz 4 BSHG bestimmen, daß für bestimmte Arten der Hilfe in besonderen Lebenslagen der Einkommensgrenze ein höherer Grundbetrag zugrunde gelegt wird.

---

[1] Verordnung über die Festsetzung der Regelsätze der Sozialhilfe sowie über die Ahndung von Ordnungswidrigkeiten nach § 116 Abs. 4 BSHG vom 19. 6. 1962 (SaBremR 2161–a–3), geändert durch Verordnung vom 10. 3. 1987 (GBl. S. 60).

[2] § 8 geändert durch Gesetz vom 24. 3. 1987 (GBl. S. 59).

27 Bremen §§ 9–17

§ 9[1] *(aufgehoben)*

§ 10[2]

Zuständige Behörde für die Anmeldung des Erstattungsanspruches im Sinne des § 112 Satz 3 BSHG ist der Senator für Jugend und Soziales.

§ 11[2]

Der Landesarzt im Sinne des § 125 BSHG wird von dem Senator für Gesundheit und Sport im Einvernehmen mit dem Senator für Jugend bestellt.

§§ 12–14[1] *(aufgehoben)*

Abschnitt III. Verfahren

§ 15[1] *(aufgehoben)*

§ 16

Steht nicht fest, welcher Träger der Sozialhilfe sachlich zuständig ist, hat der örtliche Träger, in dessen Bereich der Hilfesuchende sich tatsächlich aufhält, vorläufig einzutreten. Das gilt auch, wenn der überörtliche Träger nicht rechtzeitig tätig werden kann, die Gewährung der Hilfe aber keinen Aufschub duldet. Der örtliche Träger hat den überörtlichen Träger unverzüglich über seine Maßnahmen zu unterrichten. Dieser hat die aufgewendeten Kosten zu erstatten.

§ 17

Die im § 118 BSHG angeordnete Kostenfreiheit erstreckt sich auch auf Kosten, die nach landesrechtlichen Vorschriften erhoben werden.

---

[1] § 9 sowie §§ 13 bis 15 aufgehoben durch Gesetz vom 24. 3. 1987 (GBl. S. 59), § 12 aufgehoben durch Gesetz vom 1. 10. 1968 (GBl. S. 148).

[2] §§ 10 und 11 geändert durch Bek. über die Änderung von Zuständigkeiten vom 20. 11. 1973 (GBl. S. 235), Bek. vom 2. 7. 1984 (GBl. S. 173), und Bek. vom 16. 8. 1988 (GBl. S. 223).

Abschnitt IV. Übergangs- und Schlußbestimmungen

§ 18

(1) Soweit in anderen Vorschriften auf Bestimmungen verwiesen wird oder Bezeichnungen verwendet werden, die durch dieses Gesetz aufgehoben oder geändert werden, treten an ihre Stelle die entsprechenden Bestimmungen und Bezeichnungen dieses Gesetzes.

(2) Soweit nach anderen Vorschriften die Fürsorgeverbände Aufgaben durchzuführen haben, treten an ihre Stelle die Träger der Sozialhilfe.

§ 19[1]

Beiträge zu den Kosten der Sozialhilfe und Ansprüche auf Ersatz von Kosten werden im Verwaltungsverfahren festgesetzt und im Verwaltungszwangsverfahren beigetrieben. Die Anwendung der §§ 90, 91 BSHG bleibt unberührt.

§ 20

(1) Dieses Gesetz tritt am 1. Juni 1962 in Kraft.

(2) Mit dem Inkrafttreten dieses Gesetzes treten alle entgegenstehenden Vorschriften außer Kraft, besonders
a)–k) ...[2]

---

[1] § 19 neu gefaßt durch Gesetz vom 1. 10. 1968 (GBl. S. 148).
[2] Vom Abdruck wurde abgesehen.

Hamburg

28. Anordnung zur Durchführung des Bundessozialhilfegesetzes

Vom 14. Dezember 1971 (Amtl. Anz. S. 1697)

Geändert durch Anordnung vom 9. 3. 1976 (Amtl. Anz. S. 279), vom 19. 2. 1980 (Amtl. Anz. S. 326), vom 25. 3. 1980 (Amtl. Anz. S. 545), vom 30. 12. 1983 (Amtl. Anz. 1984 S. 25) und Anordnung vom 28. 4. 1989 (Amtl. Anz. S. 909)

Auf Grund des § 151 des Bundessozialhilfegesetzes in der Fassung vom 18. September 1969 (Bundesgesetzblatt I Seite 1688) wird bestimmt:

I.[1]

(1) Zuständig für die Aufgaben der Freien und Hansestadt Hamburg als Träger der Sozialhilfe sind, soweit nachstehend nichts anderes bestimmt ist,

die Bezirksämter.

(2) Sie sind auch zuständig für die Aufgaben

1. des Gesundheitsamtes, soweit in Absatz 3 und Abschnitt V nichts anderes bestimmt ist,

2. der Gemeinde nach § 63.

(3) Zuständig für die Aufgaben des Gesundheitsamts im Rahmen der Sonderfürsorge für Knochen- und Gelenktuberkulose ist

das Bezirksamt Hamburg-Mitte.

II.[2]

(1) Zuständig für

1. Sozialhilfe für Personen, die in der Freien und Hansestadt Hamburg nicht gemäß § 12 Absatz 1 des Hamburgischen

---

[1] Früherer Abschnitt I aufgehoben durch Anordnung vom 19. 2. 1980 (Amtl. Anz. S. 326), Abschnitt II neu gefaßt durch Anordnung vom 9. 3. 1976 (Amtl. Anz. S. 279), wurde Abschnitt I sowie Abs. 2 Nr. 1 geändert durch Anordnung vom 19. 2. 1980 (Amtl. Anz. S. 326).

[2] Früherer Abschnitt III neu gefaßt durch Anordnung vom 9. 3. 1976

Hamburg 28

Meldegesetzes vom 19. Mai 1982 (Hamburgisches Gesetz- und Verordnungsblatt Seite 133) gemeldet sind oder in einer Übernachtungsstätte oder in einer vergleichbaren Einrichtung der Behörde für Arbeit, Jugend und Soziales ihre Unterkunft haben; dies gilt nicht für

   a) Personen mit besuchsweisem Aufenthalt, zum Beispiel bei Verwandten, Bekannten, Kollegen,
   b) Binnenschiffer,
   c) Angehörige von Zirkussen oder Schaustellerbetrieben auf genehmigten Standplätzen,

2. Hilfe zum Lebensunterhalt für Minderjährige, die nicht nur vorübergehend außerhalb der Freien und Hansestadt Hamburg bei anderen Personen als ihren Eltern untergebracht sind,
3. Hilfe zum Lebensunterhalt für die nach Nummer 12 betreuten Personen zur Überbrückung einer dringenden Notlage, solange die nach Abschnitt I zuständigen Dienststellen für den Hilfeempfänger nicht erreichbar sind,
4. überbrückende Hilfe zum Lebensunterhalt für aus Freiheitsentziehung Entlassene längstens für eine Woche,
5. Hilfe zur Arbeit nach den §§ 19 und 20,
6. Heil- und Genesungsmaßnahmen für Kinder und Jugendliche nach § 36, soweit nicht die Behörde für Schule und Berufsbildung nach Abschnitt III Nummer 1 zuständig ist, sowie für Kuren nach § 37 und § 40 Absatz 1 Nummern 1 und 2a mit Ausnahme der Heranziehung zu einem Kostenbeitrag,
7. Krankenhilfe für Minderjährige und junge Volljährige, denen durch die Behörde für Arbeit, Jugend und Soziales öffentliche Erziehungshilfe oder fortgesetzte Jugendhilfe auf Grund des Gesetzes für Jugendwohlfahrt in der Fassung vom 25. April 1977 mit den Änderungen vom 18. Juli 1979 und 18. August 1980 (Bundesgesetzblatt I 1977 Seiten 634

(Amtl. Anz. S. 279), wurde Abschnitt II durch Anordnung vom 19. 2. 1980 (Amtl. Anz. S. 326). Abschnitt II neu gefaßt durch Anordnung vom 30. 12. 1983 (Amtl. Anz. S. 25) und geändert durch Anordnung vom 28. 4. 1989 (Amtl. Anz. S. 909).

28 Hamburg

und 795, 1979 Seite 1061, 1980 Seite 1469), Hilfe zum Lebensunterhalt nach Nummer 2 oder Eingliederungshilfe nach Nummer 10 gewährt wird, einschließlich der notwendigen Krankenhilfe in einem Krankenhaus,

8. stationäre Krankenhilfe und Heimpflege für Personen, die ihren gewöhnlichen Aufenthalt nicht in der Freien und Hansestadt Hamburg haben,

9. Eingliederungshilfe mit Ausnahme der Heranziehung zum Kostenbeitrag nach § 40 Absatz 1 Nummern 4 bis 6 und 7 und Absatz 2, wenn die Hilfe in Werkstätten für Behinderte oder vergleichbaren Einrichtungen durchgeführt wird, sowie Hilfen in Tagesstätten bereits bestehender Einrichtungen,

10. Eingliederungshilfe für seelisch behinderte Minderjährige, denen deshalb Hilfe durch Unterbringung außerhalb der eigenen Familie gewährt wird,

11. Pflege in Alten- und Pflegeheimen der Freien und Hansestadt Hamburg,

12. Hilfe zur Überwindung besonderer sozialer Schwierigkeiten nach § 72, jedoch Hilfen nach §§ 8 und 10 der Verordnung zur Durchführung des § 72 des Bundessozialhilfegesetzes vom 9. Juni 1976 (Bundesgesetzblatt I Seite 1469) nur, wenn gleichzeitig persönliche Hilfe zu gewähren ist oder Maßnahmen der Ausbildung von der Behörde für Arbeit, Jugend und Soziales selbst durchgeführt werden,

13. die Fälle des § 100 Absatz 1 Nummer 1 mit Ausnahme
    a) der stationären Behandlung derjenigen Personen, die nicht psychiatrische Dauerfälle sind, in Krankenanstalten in der Freien und Hansestadt Hamburg,
    b) der Hilfe in den übrigen teilstationären Einrichtungen und der Unterbringung in nichtstaatlichen Alten- und Pflegeheimen in der Freien und Hansestadt Hamburg,

14. die Fälle des § 100 Absatz 1 Nummer 3 für stationäre Heilbehandlung von Personen, die ihren gewöhnlichen Aufenthalt nicht in der Freien und Hansestadt Hamburg haben,

15. die Aufgaben nach § 10 Absatz 3 Satz 2 sowie nach § 10 Absatz 5, §§ 93, 95, 101 und 119,

Hamburg 28

16. streitige Auseinandersetzungen über Kostenerstattung mit anderen Trägern der Sozialhilfe und für die Entscheidung über die Übernahme von Sozialhilfeempfängern,
17. streitige Auseinandersetzungen mit Trägern anderer Leistungen, insbesondere über Ersatzansprüche,
18. den Abschluß von Teilungsabkommen mit Versicherungen sowie die gerichtliche Geltendmachung von Ansprüchen aus ihnen

ist

    die Behörde für Arbeit, Gesundheit und Soziales.

(2) Sie ist auch Behörde im Sinne des § 112 Satz 3.

III.[1]

Zuständig für

1. Maßnahmen der vorbeugenden Gesundheitshilfe nach § 36 für Schüler in Heimen des Hamburger Schulvereins,
2. Beförderung von Schülern, die im Sinne des § 39 behindert sind, zur Schule und nach Hause

ist

    die Behörde für Schule, Jugend und Berufsbildung.

IV.[1]

Zuständig für die Festsetzung der Regelsätze nach § 22 Absatz 3 ist

    der Senat.

V.[1]

(1) Landesarzt im Sinne des § 126a ist

    die Gesundheitsbehörde.

(2) Sie nimmt die Aufgaben des Gesundheitsamtes hinsichtlich der in § 124 Absatz 4 Nummer 3 genannten Personen wahr.

---

[1] Frühere Abschnitte IV, V und VI neu gefaßt durch Anordnung vom 9. 3. 1976 (Amtl. Anz. S. 279) wurden Abschnitte III, IV und V sowie neuer Abschnitt III neu gefaßt durch Anordnung vom 19. 2. 1980 (Amtl. Anz. S. 326).

28 Hamburg

VI.[1]

Fachbehörde nach § 5 des Bezirksverwaltungsgesetzes vom 22. Mai 1978 (Hamburgisches Gesetz- und Verordnungsblatt Seite 178) ist die Behörde für Arbeit, Gesundheit und Soziales.

VII.[1]

Auf Grund des § 7 Absatz 2 des Gesetzes vom 29. März 1960 zur Ausführung der Verwaltungsgerichtsordnung vom 21. Januar 1960 (Hamburgisches Gesetz- und Verordnungsblatt Seite 291) wird bestimmt:

Beisitzer der Widerspruchsausschüsse, die in den Fällen des § 114 Absatz 2 entscheiden, müssen sozial erfahrene Personen sein.

---

[1] Frühere Abschnitte VII und VIII wurden Abschnitte VI und VII sowie Abschnitt VI neu gefaßt durch Anordnung vom 28. 4. 1989 (Amtl. Anz. S. 709).

Hessen

29. Hessisches Ausführungsgesetz zum Bundessozialhilfegesetz (HAG/BSHG)

In der Fassung der Bekanntmachung vom 16. September 1970
(GVBl. I S. 573)

Geändert durch Gesetz vom 5. 10. 1970 (GVBl. I S. 598), Gesetz vom 15. 5. 1974 (GVBl. I S. 241) und Gesetz vom 10. 7. 1979 (GVBl. I S. 179)

§ 1 Örtliche Träger der Sozialhilfe

Örtliche Träger der Sozialhilfe sind die kreisfreien Städte und die Landkreise; sie führen die Sozialhilfe als Selbstverwaltungsangelegenheit durch.

§ 2 Überörtlicher Träger der Sozialhilfe

Überörtlicher Träger der Sozialhilfe ist der Landeswohlfahrtsverband Hessen; er führt die Sozialhilfe als Selbstverwaltungsangelegenheit durch.

§ 3 Sachliche Zuständigkeit des überörtlichen Trägers

(1) Der überörtliche Träger ist außer für die Aufgaben nach § 100 des Bundessozialhilfegesetzes auch sachlich zuständig

1. bei Nichtseßhaften für die Hilfe zum Lebensunterhalt oder in besonderen Lebenslagen außerhalb einer Anstalt, eines Heimes oder einer gleichartigen Einrichtung, wenn die Hilfe zur Seßhaftmachung bestimmt ist,

2. bei Krebskranken für die Krankenhilfe, die Hilfe zur Pflege und die Hilfe zur Weiterführung des Haushalts.

(2) Die Landesregierung kann durch Rechtsverordnung bestimmen, daß der überörtliche Träger für weitere Aufgaben der Sozialhilfe sachlich zuständig ist, wenn eine überörtliche Wahrnehmung dieser Aufgaben angeboten ist.

Hessen §§ 4–6

§ 4[1] Heranziehung kreisangehöriger Gemeinden durch die Landkreise

(1) Die Landkreise können auf Antrag kreisangehöriger Gemeinden mit mehr als 5000 Einwohnern bestimmen, daß diese Gemeinden den Landkreisen als örtlichen Trägern obliegende Aufgaben ganz oder teilweise durchführen und dabei selbständig entscheiden. Zur Durchführung aller Aufgaben sollen in der Regel nur Gemeinden mit mehr als 7500 Einwohnern herangezogen werden. Den kreisangehörigen Gemeinden mit mehr als 50 000 Einwohnern gelten alle Aufgaben als übertragen. Die Landkreise können für die Durchführung der Aufgaben Weisungen erteilen. Die Weisungen sollen sich auf allgemeine Anordnungen beschränken und in der Regel nicht in die Einzelausführung eingreifen.

(2) Über die Heranziehung von kreisangehörigen Gemeinden beschließt der Kreisausschuß; der Beschluß ist wie eine Satzung (§ 5 Abs. 3 HKO) öffentlich bekanntzumachen.

(3) Die Heranziehung einer kreisangehörigen Gemeinde ist auf deren Antrag aufzuheben. Die Heranziehung kreisangehöriger Gemeinden mit mehr als 50 000 Einwohnern kann nur mit deren Zustimmung aufgehoben werden.

§ 5 Heranziehung örtlicher Träger durch den überörtlichen Träger

(1) Der überörtliche Träger kann mit Zustimmung des Sozialministers und des Ministers des Innern bestimmen, daß örtliche Träger dem überörtlichen Träger obliegende Aufgaben ganz oder teilweise durchführen und dabei selbständig entscheiden. § 4 Abs. 1 Satz 3 und 4 gilt entsprechend.

(2) Über die Heranziehung von örtlichen Trägern beschließt die Verwaltungsbehörde des überörtlichen Trägers; der Beschluß ist im Staats-Anzeiger für das Land Hessen bekanntzumachen.

§ 6 Entgegennahme und Weiterleitung von Anträgen

(1) Ein Antrag auf Sozialhilfe kann außer bei dem zuständigen Träger auch bei der kreisangehörigen Gemeinde gestellt

---

[1] § 4 Abs. 1 neu gefaßt und Abs. 3 Satz 2 angefügt durch Gesetz vom 10. 7. 1979 (GVBl. S. 179).

werden, in welcher der Hilfesuchende sich tatsächlich aufhält. Die Gemeinde leitet den Antrag unverzüglich dem örtlichen Träger zu, falls sie nicht selbst nach § 4 die Aufgabe durchführt.

(2) Der örtliche Träger leitet einen Antrag, über den der überörtliche Träger zu entscheiden hat, unverzüglich diesem zu.

§ 7 Vorläufige Hilfeleistung

(1) Steht nicht fest, welcher Träger der Sozialhilfe sachlich zuständig ist, hat der örtliche Träger, in dessen Bereich der Hilfesuchende sich tatsächlich aufhält, bis zur Klärung der sachlichen Zuständigkeit einzutreten. Das gilt auch, wenn der überörtliche Träger nicht rechtzeitig tätig werden kann, die Gewährung der Hilfe aber keinen Aufschub duldet. Der örtliche Träger hat den überörtlichen Träger unverzüglich über seine Maßnahmen zu unterrichten. Dieser hat die aufgewendeten Kosten zu erstatten.

(2) Die kreisangehörigen Gemeinden haben vorläufig die unerläßlich notwendigen Maßnahmen zu treffen, wenn der Träger der Sozialhilfe nicht rechtzeitig tätig werden kann, die Gewährung der Hilfe aber keinen Aufschub duldet. Sie haben den Träger der Sozialhilfe unverzüglich über ihre Maßnahmen zu unterrichten. Der Träger der Sozialhilfe hat die aufgewendeten Kosten zu erstatten.

§ 8 Kostenträger

(1) Die Träger der Sozialhilfe tragen die Kosten für die Aufgaben, die ihnen nach dem Bundessozialhilfegesetz, nach diesem Gesetz oder nach einer Rechtsverordnung auf Grund dieser Gesetze obliegen.

(2) Werden Aufgaben nach § 4 von kreisangehörigen Gemeinden durchgeführt, so hat der Landkreis die aufgewendeten Kosten zu erstatten. Verwaltungskosten werden nicht erstattet.

(3) Werden Aufgaben nach § 5 von örtlichen Trägern durchgeführt, gilt Abs. 2 entsprechend.

§ 9 Ausschluß des gewöhnlichen Aufenthalts

Die Voraussetzungen für die Begründung eines gewöhnlichen Aufenthalts gelten bei einem Aufenthalt im Notaufnahme-

29 Hessen §§ 10–14

lager Gießen oder in den Hessischen Flüchtlingswohnheimen (Landesdurchgangslagern) als nicht erfüllt.

§ 10 Festsetzung der Regelsätze

Zuständige Landesbehörde im Sinne des § 22 Abs. 3 des Bundessozialhilfegesetzes ist der Sozialminister. Er setzt die Regelsätze im Einvernehmen mit dem Minister des Innern und dem Minister der Finanzen fest.

§ 11 Erhöhung der Einkommensgrenze

Der Sozialminister kann durch Rechtsverordnung im Einvernehmen mit dem Minister des Innern und dem Minister der Finanzen bestimmen, daß für bestimmte Arten der Hilfe in besonderen Lebenslagen der Einkommensgrenze ein höherer Grundbetrag und ein höherer Familienzuschlag zugrunde gelegt wird.[1]

§ 12 Anerkennung von Heimen, Anstalten oder gleichartigen Einrichtungen

Zuständige Landesbehörde im Sinne des § 26 Abs. 1 des Bundessozialhilfegesetzes ist der Sozialminister.

§ 13 Anmeldung des Erstattungsanspruchs

Zuständige Behörde im Sinne des § 112 des Bundessozialhilfegesetzes ist für die Anmeldung des Erstattungsanspruchs
1. der örtlichen Träger der Regierungspräsident,
2. des überörtlichen Trägers der Sozialminister.

§ 14 Bestellung des Landesarztes

Der Landesarzt im Sinne des § 126a des Bundessozialhilfegesetzes wird von dem Sozialminister oder der von ihm bestimmten Behörde bestellt.

---

[1] Verordnung über die Erhöhung der Einkommensgrenzen des BSHG bei der Eingliederungshilfe für geistig oder seelisch Behinderte und der Krebskrankenhilfe vom 9. 9. 1964 (GVBl. I S. 155) mit Änderung durch Verordnung vom 16. 9. 1965 (GVBl. I S. 208).

§ 15 Errichtung und Unterhaltung von Arbeitseinrichtungen

Zuständig für die Errichtung und Unterhaltung oder die Bereitstellung der erforderlichen Arbeitseinrichtungen im Sinne des § 26 des Bundessozialhilfegesetzes ist der überörtliche Träger.

§ 16 Unterbringung in einer Arbeitseinrichtung

(1) Zuständige Verwaltungsbehörde im Sinne der §§ 3 und 8 des Gesetzes über das gerichtliche Verfahren bei Freiheitsentziehungen für die Unterbringung zur Arbeitsleistung nach § 26 des Bundessozialhilfegesetzes ist die Behörde des Trägers, der infolge der Arbeitsverweigerung Hilfe zum Lebensunterhalt zu gewähren hat.

(2) Die Kosten der Überführung und Unterbringung hat der Träger, dessen Behörde den Antrag auf Unterbringung gestellt hat, zu tragen. Für die Rechte des Trägers der Sozialhilfe aus Ansprüchen des Untergebrachten gegen andere und für den Einsatz des Einkommens und Vermögens finden die Vorschriften des Bundessozialhilfegesetzes, die für die Hilfe zum Lebensunterhalt gelten, entsprechende Anwendung.

§ 17[1] Ordnungswidrigkeiten

Zuständige Verwaltungsbehörde für die Verfolgung und Ahndung einer Ordnungswidrigkeit nach § 116 Abs. 4 des Bundessozialhilfegesetzes ist

1. in kreisfreien Städten und in Gemeinden, die nach § 4 Abs. 1 Sozialhilfeaufgaben durchführen, der Gemeindevorstand,
2. in Landkreisen der Kreisausschuß,
3. beim Landeswohlfahrtsverband Hessen der Verwaltungsausschuß.

§ 18 Landesbeirat für Sozialhilfe

(1) Beim Sozialminister ist ein Landesbeirat für Sozialhilfe zu bilden. Er setzt sich zusammen je zur Hälfte aus

---

[1] § 17 geändert durch Gesetz vom 5. 10. 1970 (GVBl. I S. 598).

1. Vertretern der kommunalen Spitzenverbände und des Landeswohlfahrtsverbandes Hessen,
2. Vertretern der Verbände der freien Wohlfahrtspflege und Personen aus dem Kreis der Empfänger von Sozialhilfe oder aus Vereinigungen von Sozialleistungsempfängern.

Das Nähere regelt der Sozialminister.

(2) Der Landesbeirat für Sozialhilfe ist vor dem Erlaß allgemeiner Verwaltungsvorschriften und der Festsetzung der Regelsätze zu hören.

§ 19 Sozialhilfekommission beim überörtlichen Träger

Der überörtliche Träger der Sozialhilfe hat nach § 16 des Gesetzes über die Mittelstufe der Verwaltung und den Landeswohlfahrtsverband Hessen eine Sozialhilfekommission (Deputation) zu bilden, der sozial erfahrene Personen, insbesondere aus Vereinigungen, die Bedürftige betreuen, oder aus Vereinigungen von Sozialleistungsempfängern als sachkundige Bürger angehören müssen. Die Sozialhilfekommission soll vor dem Erlaß allgemeiner Verwaltungsvorschriften gehört werden.

§ 20 Sozialhilfekommission bei den örtlichen Trägern

(1) Die örtlichen Träger der Sozialhilfe haben Sozialhilfekommissionen (Deputationen) nach § 72 der Hessischen Gemeindeordnung oder § 43 der Hessischen Landkreisordnung zu bilden, denen sozial erfahrene Personen, insbesondere aus Vereinigungen, die Bedürftige betreuen, oder aus Vereinigungen von Sozialleistungsempfängern als sachkundige Bürger angehören müssen. Die Sozialhilfekommission soll vor dem Erlaß allgemeiner Verwaltungsvorschriften gehört werden.

(2) Abs. 1 gilt entsprechend für kreisangehörige Gemeinden, die nach § 4 Abs. 1 zur Durchführung aller Aufgaben der Sozialhilfe herangezogen werden.

§ 21 Beteiligung sozial erfahrener Personen beim Widerspruchsverfahren

Der Sozialminister bestimmt durch Rechtsverordnung im Einvernehmen mit dem Minister des Innern Näheres über die beratende Beteiligung sozial erfahrener Personen vor dem Erlaß des Bescheids über einen Widerspruch gegen die Ablehnung der Sozialhilfe oder gegen die Festsetzung ihrer Art und Höhe.

§ 22 Bestimmungen und Bezeichnungen in anderen Vorschriften

(1) Soweit in anderen Vorschriften auf Bestimmungen verwiesen wird oder Bezeichnungen verwendet werden, die durch dieses Gesetz aufgehoben oder geändert werden, treten an ihre Stelle die entsprechenden Bestimmungen und Bezeichnungen dieses Gesetzes.

(2) Soweit nach anderen Vorschriften die Fürsorgeverbände Aufgaben durchzuführen haben, treten an ihre Stelle die Träger der Sozialhilfe.

§ 23[1] Inkrafttreten

Dieses Gesetz tritt am 1. Juni 1962 in Kraft.

---

[1] Die Vorschrift betrifft das Inkrafttreten des Gesetzes in der ursprünglichen Fassung vom 28. 5. 1962 (GVBl. I S. 273).

Niedersachsen

30. Niedersächsisches Gesetz zur Ausführung des Bundessozialhilfegesetzes (Nds. AG BSHG)

In der Fassung der Bekanntmachung vom 12. November 1987
(GVBl. S. 206)

Abschnitt I. Träger der Sozialhilfe, Aufgaben und Zuständigkeiten

§ 1 Eigener Wirkungskreis der örtlichen Träger der Sozialhilfe

Die Aufgaben, die die kreisfreien Städte und die Landkreise als örtliche Träger der Sozialhilfe erfüllen, gehören zu ihrem eigenen Wirkungskreis.

§ 2 Überörtlicher Träger der Sozialhilfe

Überörtlicher Träger der Sozialhilfe ist das Land.

§ 3 Sachliche Zuständigkeit

(1) Der überörtliche Träger ist, über die Aufgaben nach § 100 Abs. 1 Nr. 5 des Bundessozialhilfegesetzes hinaus, auch für die Hilfe zum Lebensunterhalt und für die Hilfe in besonderen Lebenslagen außerhalb einer Anstalt, eines Heimes oder einer gleichartigen Einrichtung sachlich zuständig, wenn die Hilfe dazu bestimmt ist, Nichtseßhaften bei der Überwindung ihrer besonderen sozialen Schwierigkeiten zu helfen.

(2) Die örtlichen Träger sind bei Hilfeempfängern, die das 60. Lebensjahr vollendet haben, auch in den Fällen des § 100 des Bundessozialhilfegesetzes sachlich zuständig, und zwar vom Beginn des auf die Vollendung des 60. Lebensjahres folgenden Monats an. Für diese Hilfeempfänger erstreckt sich die Zuständigkeit der örtlichen Träger auch auf die in Absatz 1 genannten Aufgaben.

§ 4[1] Heranziehung

(1) Die Landkreise können zur Durchführung der ihnen als örtlichen Trägern der Sozialhilfe obliegenden Aufgaben durch Satzung oder öffentlich-rechtlichen Vertrag kreisangehörige Gemeinden und Samtgemeinden heranziehen.

(2) Der für die Sozialhilfe zuständige Minister wird ermächtigt, durch Verordnung die örtlichen Träger der Sozialhilfe sowie diesen zugehörige Gemeinden und Samtgemeinden zur Durchführung der dem Land als überörtlichem Träger der Sozialhilfe obliegenden Aufgaben heranzuziehen. Die Verwaltungskosten werden im Rahmen des kommunalen Finanzausgleichs abgegolten.

§ 5 Zweck und Umfang der Heranziehung

(1) Die Heranziehung soll eine möglichst ortsnahe Durchführung der Aufgaben sicherstellen und dabei die Einflußnahme des zuständigen Trägers der Sozialhilfe auf die inhaltliche Gestaltung der Hilfen entsprechend ihrer jeweiligen Bedeutung in dem erforderlichen Umfang erhalten. Bei der Heranziehung von Gemeinden und Samtgemeinden soll deren unterschiedliche Verwaltungskraft berücksichtigt werden. Die herangezogene kommunale Körperschaft entscheidet im Namen des zuständigen Trägers der Sozialhilfe. Dieser kann für die Durchführung der Aufgaben Weisungen erteilen.

(2) In der nach § 4 zu treffenden Regelung über die Heranziehung sind die Aufgaben im einzelnen zu bezeichnen. Für bestimmte Aufgaben oder Fallgruppen kann vorgesehen werden, daß dem Träger der Sozialhilfe

1. die Anerkennung seiner sachlichen Zuständigkeit,
2. die Entscheidung über den Inhalt der Hilfe dem Grunde nach oder
3. die Genehmigung der beabsichtigten Hilfe

vorbehalten bleibt oder daß er einen derartigen Vorbehalt im Einzelfall aussprechen kann. In der Verordnung nach § 4 Abs. 2

---

[1] Beachte hierzu Verordnung über die Heranziehung örtlicher Träger der Sozialhilfe und kreisangehöriger Gemeinden durch den überörtlichen Träger zur Durchführung von Aufgaben nach dem Bundessozialhilfegesetz (Heranziehungsverordnung – BSHG) vom 18. 8. 1986 (GVBl. S. 296).

30 Niedersachsen §§ 6, 6a

ist für alle Aufgaben des überörtlichen Trägers der Sozialhilfe vorzusehen, daß die herangezogenen kommunalen Körperschaften zumindest die persönlichen und wirtschaftlichen Verhältnisse der Hilfesuchenden sowie die Ansprüche gegen Hilfesuchende und Drittverpflichtete ermitteln und die von diesen geschuldeten Beträge geltend machen.

§ 6 Erhöhung der Einkommensgrenze

Der für die Sozialhilfe zuständige Minister kann durch Verordnung bestimmen, daß gemäß § 79 Abs. 4 des Bundessozialhilfegesetzes für bestimmte Arten der Hilfe in besonderen Lebenslagen der Einkommensgrenze ein höherer Grundbetrag zugrunde gelegt wird.

§ 6a Vorschriften über Pflegesätze

(1) Der für die Sozialhilfe zuständige Minister wird ermächtigt, durch Verordnung zu bestimmen, in welchem Umfang Kosten für die Inanspruchnahme von gewerblichen, kommunalen und freigemeinnützigen Einrichtungen von den Trägern der Sozialhilfe als Pflegesätze zu erstatten sind; er kann das Festsetzungsverfahren sowie die Rechnungs-, Buchführungs- und Prüfungspflichten für die Träger dieser Einrichtungen regeln. Die Verordnung gilt nicht für Einrichtungen der Altenhilfe und nur, sofern Vereinbarungen nach § 93 Abs. 2 des Bundessozialhilfegesetzes mit dem Träger der Einrichtung oder seinem Verband nicht bestehen oder nach der Besonderheit des Einzelfalles die Kosten zu übernehmen sind, um angemessenen Wünschen des Hilfeempfängers (§ 3 Abs. 2 und 3 des Bundessozialhilfegesetzes) zu entsprechen.

(2) Bei der Bestimmung der zu erstattenden Pflegesätze sind hinsichtlich der Kostenbestandteile und der Kostenhöhe insbesondere folgende Grundsätze zu beachten:

1. Die Pflegesätze sollen die nachgewiesenen, notwendigen Personal- und Sachkosten der Einrichtung (Selbstkosten) decken, die bei einer sachgerechten und sparsamen Wirtschaftsführung entstehen und zur Gewährung der Sozialhilfe erforderlich sind. Dazu gehört eine angemessene Fremdkapitalverzinsung.

§ 6b Niedersachsen 30

2. Die Personalkosten sollen die gesetzlichen oder tarifvertraglichen Leistungen des öffentlichen Dienstes nicht überschreiten.
3. Bei Abschreibungen werden die Anschaffungs- oder Herstellungskosten (Anschaffungswert) zugrunde gelegt.
4. Ein veranschlagter Gewinn wird nicht berücksichtigt.

(3) Die Absätze 1 und 2 gelten nicht für Einrichtungen oder Einrichtungsteile, die der Bundespflegesatzverordnung vom 25. April 1973 (Bundesgesetzbl. I S. 333), zuletzt geändert durch Artikel 2 der Verordnung vom 20. Dezember 1984 (Bundesgesetzbl. I S. 1680), unterliegen.

§ 6b Ausgleichsleistungen des Landes

(1) Für die Erfüllung der in § 3 Abs. 2 genannten Aufgaben gewährt das Land den örtlichen Trägern der Sozialhilfe Finanzzuweisungen nach den folgenden Vorschriften.

(2) Der jährliche Gesamtbetrag der Finanzzuweisungen ist wie folgt festzulegen:

1. Für das Jahr 1986 ist er nach der Summe der im Jahre 1985 geleisteten Nettoausgaben für die in § 3 Abs. 2 genannten Hilfeempfänger zu bestimmen; diese Summe ist um 8 vom Hundert zu erhöhen. Die im Jahre 1985 geleisteten Nettoausgaben sind von den örtlichen Trägern zu ermitteln.
2. Für das Jahr 1987 und die folgenden Jahre ist der Gesamtbetrag der Finanzzuweisungen jeweils gegenüber dem Vorjahr zu verändern, und zwar entsprechend der Entwicklung
   a) der Zahl der Einwohner Niedersachsens, die das 60. Lebensjahr vollendet haben, sowie
   b) eines Kostenmeßwerts, der zu sieben Zehnteln nach den Personalkosten für eine examinierte Pflegekraft und zu drei Zehnteln nach den Lebenshaltungskosten von Renten- und Sozialhilfeempfängern zu berechnen ist.
3. Für das Jahr 1989 ist der Gesamtbetrag der Finanzzuweisungen in der Weise zu bestimmen, daß der Gesamtbetrag für das Jahr 1986 entsprechend der Entwicklung der Ausgaben der Sozialhilfe in Niedersachsen während der Jahre 1986 bis 1988, jedoch ohne Berücksichtigung der Ausgaben für die Hilfe zum Lebensunterhalt außerhalb von Einrichtungen und

30 Niedersachsen § 6b

der Ausgaben für die Eingliederungshilfe, verändert wird. In entsprechender Weise ist der Gesamtbetrag auch für jedes fünfte der folgenden Jahre zu bestimmen. Dabei ist jeweils von dem Gesamtbetrag des fünftletzten der voraufgegangenen Jahre auszugehen und die Ausgabenentwicklung während der fünf voraufgegangenen Jahre zu berücksichtigen. Die Sätze 1 bis 3 sind nicht anzuwenden, wenn sich nach Nummer 2 ein höherer Gesamtbetrag ergibt.

(3) Der Gesamtbetrag der Finanzzuweisungen ist wie folgt an die örtlichen Träger zu verteilen:

1. Vorab erhalten die einzelnen Träger einen Betrag in Höhe der Nettoausgaben, die ihnen in einem früheren einjährigen Zeitraum durch Gewährung folgender Hilfen an Personen entstanden sind, die das 60. Lebensjahr vollendet hatten:
   a) Hilfen in den Fällen des § 3 Abs. 1 in Verbindung mit Abs. 2,
   b) Hilfen in den Fällen des § 100 Abs. 1 Nr. 5 des Bundessozialhilfegesetzes,
   c) Hilfen in den Fällen des § 103 in Verbindung mit § 106 des Bundessozialhilfegesetzes.

2. Der verbleibende Betrag ist an die einzelnen Träger zu verteilen, und zwar
   a) teils nach dem Verhältnis ihrer für ein Stichjahr ermittelten Nettoausgaben für diejenigen der in § 3 Abs. 2 genannten Hilfeempfänger, die keine nach Nummer 1 zu berücksichtigenden Hilfen erhalten (Kostenstruktur-Schlüssel),
   b) teils nach dem Verhältnis der Zahl dieser Hilfeempfänger, die sich in einer Anstalt, einem Heim oder einer gleichartigen Einrichtung befinden, erhöht um 3 vom Tausend der Einwohner im Gebiet des Trägers, die das 60. Lebensjahr vollendet haben (Personen-Schlüssel).

Das Verhältnis des Betrages, der nach dem Kostenstruktur-Schlüssel zu verteilen ist, zu demjenigen, der nach dem Personen-Schlüssel zu verteilen ist, verändert sich von 100:0 im Jahre 1986 in jährlich gleichen Schritten auf 50:50 im Jahre 1991. Für die dann folgenden Jahre verbleibt es bei dem Verhältnis von 50:50.

§§ 7–12 Niedersachsen 30

(4) Das Landesministerium wird ermächtigt, durch Verordnung die Bemessung der Finanzzuweisungen sowie das Verfahren nach den Absätzen 2 und 3 näher zu regeln.

Abschnitt II. Verfahren

§ 7 *(aufgehoben)*

§ 8 Vorläufige Hilfeleistung

(1) Steht nicht fest, welcher Träger der Sozialhilfe sachlich zuständig ist, hat der örtliche Träger bis zur Klärung der sachlichen Zuständigkeit einzutreten. Das gilt auch, wenn der überörtliche Träger nicht rechtzeitig tätig werden kann, die Gewährung der Hilfe aber keinen Aufschub duldet. Der örtliche Träger hat den zuständigen Träger unverzüglich über seine Maßnahmen zu unterrichten. Dieser hat die aufgewendeten Kosten mit Ausnahme der Verwaltungskosten zu erstatten.

(2) Die kreisangehörigen Gemeinden haben vorläufig die unerläßlich notwendigen Maßnahmen zu treffen, wenn der Träger der Sozialhilfe nicht rechtzeitig tätig werden kann, die Gewährung der Hilfe aber keinen Aufschub duldet. Sie haben den Träger der Sozialhilfe unverzüglich über ihre Maßnahmen zu unterrichten. Der Träger der Sozialhilfe hat die aufgewendeten Kosten mit Ausnahme der Verwaltungskosten zu erstatten.

Abschnitt III. Übergangs- und Schlußbestimmungen

§§ 9 bis 11 *(aufgehoben)*

§ 12 Inkrafttreten*

(1) Dieses Gesetz tritt am 1. Juni 1962 in Kraft.

(2) *(aufgehoben)*

---

* Die Vorschrift betrifft das Inkrafttreten des Gesetzes in der ursprünglichen Fassung vom 29. Juni 1962 (Nieders. GVBl. S. 69). Der Zeitpunkt des Inkrafttretens der späteren Änderungen ergibt sich aus den in der Bekanntmachung vom 19. Januar 1976 (Nieders. GVBl. S. 5) und den in der vorangestellten Bekanntmachung näher bezeichneten Gesetzen.

Nordrhein-Westfalen

31. Gesetz zur Ausführung des Bundessozialhilfegesetzes (AG-BSHG)

Vom 25. Juni 1962 (GV NW S. 344)

Geändert durch Gesetz vom 21. 12. 1976 (GV NW S. 438), Gesetz vom 13. 12. 1977 (GV NW S. 490), Gesetz vom 24. 11. 1981 (GV NW S. 669) und Gesetz vom 18. 12. 1984 (GV NW 1985 S. 14)

Der Landtag hat das folgende Gesetz beschlossen, das hiermit verkündet wird:

Abschnitt I. Träger der Sozialhilfe, Aufgaben, Deckung des Finanzbedarfs

§ 1 Träger der Sozialhilfe

(1) Örtliche Träger der Sozialhilfe sind nach § 96 Abs. 1 Bundessozialhilfegesetz (BSHG) vom 30. Juni 1961 (BGBl. I S. 815) die kreisfreien Städte und die Landkreise.

(2) Überörtliche Träger der Sozialhilfe sind die Landschaftsverbände; sie führen die Sozialhilfe als Selbstverwaltungsangelegenheit durch.

§ 2[1] Zuständigkeit der überörtlichen Träger

(1) Die überörtlichen Träger sind außer für die in § 100 BSHG genannten Aufgaben sachlich zuständig für:
1. die Eingliederungshilfe für die in § 39 Abs. 1 BSHG genannten Personen in Einrichtungen aller Art, die vom Arbeits- und Sozialminister als geeignet anerkannt worden sind,
2. die Eingliederungshilfe nach § 40 Abs. 1 BSHG, wenn die Hilfe zum Besuch einer Hochschule gewährt wird,
3. die Ausbildungshilfe und die Eingliederungshilfe zum Besuch einer höheren Fachschule,
4. die Hilfe zum Lebensunterhalt oder die Hilfe in besonderen Lebenslagen außerhalb einer Anstalt, eines Heimes oder einer

---

[1] § 2 Abs. 2 neu gefaßt durch Gesetz vom 18. 12. 1984 (GV NW 1985 S. 14).

gleichartigen Einrichtung, wenn die Hilfe dazu bestimmt ist, Nichtseßhafte seßhaft zu machen.

(2) Die überörtlichen Träger sind ferner zuständig für die Unterbringung von Personen auf Grund des Gesetzes über Hilfen und Schutzmaßnahmen bei psychischen Krankheiten (PsychKG) vom 2. Dezember 1969 (GV NW S. 872), zuletzt geändert durch Gesetz vom 3. Dezember 1974 (GV NW S. 1504), und nach der Strafprozeßordnung in dafür geeigneten Einrichtungen.

(3) Der Arbeits- und Sozialminister kann im Einvernehmen mit dem Innenminister und nach Anhörung des zuständigen Fachausschusses des Landtags durch Rechtsverordnung bestimmen, daß überörtliche Träger für weitere Aufgaben der Sozialhilfe sachlich zuständig sind, wenn eine überörtliche Wahrnehmung dieser Aufgaben geboten ist.[1]

§ 3 Heranziehung von Ämtern und amtsfreien Gemeinden durch die Landkreise

(1) Die Landkreise können durch Satzung bestimmen, daß ihnen zugehörige Ämter und amtsfreie Gemeinden Aufgaben, die den Landkreisen als örtlichen Trägern obliegen, ganz oder teilweise durchführen und dabei in eigenem Namen entscheiden. Für die Durchführung dieser Aufgaben können die Landkreise Weisungen erteilen.

(2) Die Landkreise können kreisangehörige Gemeinden und Ämter für Einzelfälle beauftragen, Aufgaben, die den Landkreisen als örtlichen Trägern obliegen, durchzuführen und dabei im Namen des Landkreises zu entscheiden.

§ 4 Heranziehung örtlicher Träger durch die überörtlichen Träger[2]

Die überörtlichen Träger können durch Satzung bestimmen, daß örtliche Träger Aufgaben, die den überörtlichen Trägern

---

[1] Dritte Ausführungsverordnung zum Gesetz zur Ausführung des BSHG vom 28. 6. 1971 (GV NW S. 188).

[2] Vgl. Satzung des Landschaftsverbandes Rheinland über die Heranziehung der örtlichen Träger der Sozialhilfe zur Durchführung von Aufgaben des überörtlichen Trägers der Sozialhilfe (Sozialhilfesatzung – SH-Satzung) vom 19. 3.

31 Nordrhein-Westfalen §§ 5–8

obliegen, ganz oder teilweise durchführen und dabei in eigenem Namen entscheiden. § 3 Abs. 1 Satz 2 gilt entsprechend.

§ 5[1] Kostenträger

(1) Die Träger der Sozialhilfe tragen die Kosten für die Aufgaben, die ihnen nach dem Bundessozialhilfegesetz, nach diesem Gesetz oder nach einer Rechtsverordnung auf Grund dieses Gesetzes obliegen.

(2) Werden nach § 3 Aufgaben von kreisangehörigen Gemeinden und Ämtern durchgeführt, hat der Landkreis die aufgewendeten Kosten, außer den persönlichen und sächlichen Verwaltungskosten, zu erstatten.

(3) Werden nach § 4 Aufgaben von örtlichen Trägern durchgeführt, gilt Absatz 2 entsprechend.

§ 6[2] *(aufgehoben)*

Abschnitt II. Sonstige Aufgaben und Zuständigkeiten

§ 7[3] Festsetzung der Regelsätze

Die Höhe der Regelsätze wird nach Anhörung des zuständigen Fachausschusses des Landtags durch Rechtsverordnung festgesetzt.[4]

§ 8 Erhöhung der Einkommensgrenze

Der Arbeits- und Sozialminister kann im Einvernehmen mit dem Innenminister und nach Anhörung des zuständigen Fachausschusses des Landtags durch Rechtsverordnung[5] bestim-

---

Fortsetzung von S. 423:
1984 (GV NW S. 227) und Satzung des Landschaftsverbandes Westfalen-Lippe vom 10. 7. 1974 (GV NW S. 683).

[1] § 5 Abs. 1 Satz 2 aufgehoben durch Gesetz vom 18. 12. 1984 (GV NW 1985 S. 14).

[2] § 6 aufgehoben durch Gesetz vom 24. 11. 1981 (GV NW S. 669).

[3] § 7 neu gefaßt durch Gesetz vom 13. 12. 1977 (GV NW S. 490).

[4] Zweite Ausführungsverordnung zum Gesetz zur Ausführung des BSHG vom 13. 6. 1984 (GV NW S. 404).

[5] Dritte Ausführungsverordnung zum Gesetz zur Ausführung des BSHG vom 28. 6. 1971 (GV NW S. 188).

men, daß für bestimmte Arten der Hilfe in besonderen Lebenslagen der Einkommensgrenze ein höherer Grundbetrag und ein höherer Familienzuschlag zugrunde gelegt wird (§ 79 Abs. 4 BSHG).

§ 9 Bestellung des Landesarztes

Der Landesarzt im Sinne des *§ 125*[1] BSHG wird von dem überörtlichen Träger bestellt.

§§ 10, 11[2] *(gegenstandslos)*

Abschnitt III. Verfahren

§ 12 Mitwirkung kreisangehöriger Gemeinden und örtlicher Träger

(1) Wird ein Antrag auf Sozialhilfe bei einer kreisangehörigen Gemeinde gestellt, in welcher der Hilfesuchende sich tatsächlich aufhält, so leitet die Gemeinde, soweit sie nicht selbst oder das zuständige Amt nach § 3 Abs. 1 die Aufgaben durchführt, den Antrag unverzüglich dem örtlichen Träger zu. Wird ein Antrag bei einem Amt gestellt, das nicht selbst nach § 3 Abs. 1 die Aufgaben durchführt, findet Satz 1 entsprechende Anwendung.

(2) Der örtliche Träger leitet einen Antrag, über den der überörtliche Träger zu entscheiden hat, unverzüglich an diesen weiter.

§ 13 Vorläufige Hilfeleistung

(1) Solange nicht feststeht, ob der örtliche oder der überörtliche Träger sachlich zuständig ist, hat der örtliche Träger, in dessen Bereich der Hilfeempfänger sich tatsächlich aufhält, die erforderliche Hilfe zu gewähren. Sobald feststeht, daß der überörtliche Träger sachlich zuständig ist, hat der örtliche Träger ihn unverzüglich über seine Maßnahmen zu unterrichten. Der überörtliche Träger hat unverzüglich die erforderliche Hilfe zu gewähren und die Kosten, außer den persönlichen und sächli-

---

[1] Jetzt § 126a BSHG.
[2] §§ 10 und 11 gegenstandslos durch die Aufhebung der §§ 26 und 73 BSHG.

31 Nordrhein-Westfalen §§ 14–16

chen Verwaltungskosten, zu erstatten. Hält sich der Hilfeempfänger im Bereich eines Amtes oder einer amtsfreien Gemeinde auf und führt das Amt oder die Gemeinde nach § 3 Abs. 1 Aufgaben der Sozialhilfe durch, gelten Satz 1 bis 3 entsprechend.

(2) Kann der überörtliche Träger nicht rechtzeitig tätig werden, hat der örtliche Träger die notwendigen Maßnahmen zu treffen. Er hat den überörtlichen Träger unverzüglich über seine Maßnahmen zu unterrichten. Absatz 1 Satz 3 gilt ensprechend.

(3) Kann der örtliche Träger nicht rechtzeitig tätig werden, haben kreisangehörige Gemeinden und Ämter die unaufschiebbaren notwendigen Maßnahmen zu treffen. Sie haben den örtlichen Träger unverzüglich über ihre Maßnahmen zu unterrichten. Absatz 1 Satz 3 gilt entsprechend.

§ 14[1] *(aufgehoben)*

Abschnitt IV. Übergangs- und Schlußbestimmungen

§ 15

(1) Soweit in anderen Vorschriften auf Bestimmungen verwiesen wird oder Bezeichnungen verwendet werden, die durch das Bundessozialhilfegesetz aufgehoben oder geändert worden sind, treten an ihre Stelle die entsprechenden Bestimmungen und Bezeichnungen des Bundessozialhilfegesetzes.

(2) Soweit nach anderen Vorschriften die Fürsorgeverbände Aufgaben durchzuführen haben, treten an ihre Stelle die Träger der Sozialhilfe.

§ 16

Soweit die kreisangehörigen Gemeinden an den Kosten von Fürsorgeaufgaben der Landkreise beteiligt waren, verbleibt es für die Kostenbeteiligung an entsprechenden Aufgaben nach dem Bundessozialhilfegesetz bis zum 31. Dezember 1962 bei der bisherigen Regelung. Gleiches gilt für die Beteiligung der kreisfreien Städte und Landkreise an den Kosten der außeror-

---

[1] § 14 aufgehoben durch Gesetz vom 21. 12. 1976 (GV NW S. 438).

dentlichen Anstaltsfürsorge. Näheres hierzu wird durch Rechtsverordnung des Arbeits- und Sozialministers im Einvernehmen mit dem Innenminister bestimmt.

§ 17

(1) Dieses Gesetz tritt am 1. Juni 1962 in Kraft.

(2) Mit dem Inkrafttreten dieses Gesetzes treten alle entgegenstehenden oder inhaltlich übereinstimmenden Vorschriften außer Kraft, besonders

1.–7. ...[1]

---

[1] Vom Abdruck wurde abgesehen.

32. Verordnung über Zuständigkeiten nach dem Bundessozialhilfegesetz

Vom 18. März 1975 (GV NW S. 269)

Geändert durch Verordnung vom 19. 1. 1978 (GV NW S. 16), Verordnung vom 30. 3. 1982 (GV NW S. 177) und Verordnung vom 26. 4. 1983 (GV NW S. 160)

Auf Grund des § 5 Abs. 1 des Ersten Vereinfachungsgesetzes vom 23. Juli 1957 (GV. NW. S. 189), zuletzt geändert durch Gesetz vom 3. Dezember 1974 (GV. NW. S. 1504), – insoweit nach Anhörung des Ausschusses für Arbeit, Soziales, Gesundheit und Angelegenheiten der Vertriebenen und Flüchtlinge und des kommunalpolitischen Ausschusses des Landtags – und des § 36 Abs. 2 Satz 1 des Gesetzes über Ordnungswidrigkeiten (OWiG) in der Fassung der Bekanntmachung vom 2. Januar 1975 (BGBl. I S. 80), wird verordnet:

§ 1[1]

Zuständige Landesbehörde im Sinne des § 21 Abs. 3 Satz 3 des Bundessozialhilfegesetzes in der Fassung der Bekanntmachung vom 13. Februar 1976 (BGBl. I S. 289), zuletzt geändert durch Gesetz vom 20. Dezember 1982 (BGBl. I S. 1857), ist der Minister für Arbeit, Gesundheit und Soziales.

§ 2[2]

Zuständig für die Festsetzung der Höhe der Regelsätze nach § 22 Abs. 3 des Bundessozialhilfegesetzes ist der Minister für Arbeit, Gesundheit und Soziales.

§ 3[3]

Zuständig für die Entgegennahme der Anmeldung nach § 112 Satz 3 des Bundessozialhilfegesetzes ist der Landschaftsverband als überörtlicher Träger der Sozialhilfe.

---

[1] § 1 neu gefaßt durch Verordnung vom 26. 4. 1983 (GV NW S. 160).
[2] § 2 neu gefaßt durch Verordnung vom 19. 1. 1978 (GV NW S. 16).
[3] § 3 neu gefaßt durch Verordnung vom 30. 3. 1982 (GV NW S. 177).

§ 4

Die Zuständigkeit für die Verfolgung und Ahndung von Ordnungswidrigkeiten nach § 116 Abs. 4 des Bundessozialhilfegesetzes wird den örtlichen Trägern der Sozialhilfe übertragen.

§ 5

Zuständige Landesbehörde im Sinne des § 5 Abs. 1 Satz 1 der Verordnung zur Durchführung des § 76 des Bundessozialhilfegesetzes vom 28. November 1962 (BGBl. I S. 692) ist der Minister für Arbeit, Gesundheit und Soziales.

§ 6

(1) Die Verordnung tritt am Tage nach der Verkündung[1] in Kraft.

(2) Gleichzeitig treten die Verordnung über Zuständigkeiten nach dem Bundessozialhilfegesetz vom 6. Juli 1971 (GV. NW. S. 202) und die Zweite Verordnung zur Ausführung des Bundessozialhilfegesetzes vom 29. Oktober 1963 (GV. NW. S. 318) außer Kraft.

---

[1] Verkündet am 7. 4. 1975.

Rheinland-Pfalz

33. Landesgesetz zur Ausführung des Bundessozialhilfegesetzes (BSHG) vom 30. Juni 1961 (BGBl. I S. 815) – AGBSHG –

Vom 8. März 1963 (GVBl. S. 79)

Geändert durch Landesgesetz vom 20. 11. 1969 (GVBl. S. 179), Landesgesetz vom 24. 2. 1971 (GVBl. S. 68), Landesgesetz vom 15. 12. 1972 (GVBl. S. 374), Landesgesetz vom 5. 11. 1974 (GVBl. S. 469), Gesetz vom 7. 2. 1983 (GVBl. S. 17), Gesetz vom 23. 9. 1986 (GVBl. S. 223) und Gesetz vom 22. 7. 1988 (GVBl. S. 140)

Der Landtag von Rheinland-Pfalz hat das folgende Gesetz beschlossen, das hiermit verkündet wird.

Abschnitt I.
Träger der Sozialhilfe und ihre Aufgaben

§ 1 Örtliche Träger der Sozialhilfe

Örtliche Träger der Sozialhilfe sind die kreisfreien Städte und die Landkreise; sie führen die Sozialhilfe als Selbstverwaltungsangelegenheit durch.

§ 2[1] Überörtliche Träger der Sozialhilfe

(1) Überörtlicher Träger der Sozialhilfe ist das Land.

(2) Die Aufgaben des überörtlichen Trägers der Sozialhilfe werden vom Landesamt für Jugend und Soziales als oberer Landesbehörde durchgeführt.

§ 3[2] Sachliche Zuständigkeit des überörtlichen Trägers

(1) Der überörtliche Träger der Sozialhilfe ist außer für die Aufgaben nach § 100 BSHG auch sachlich zuständig:

---

[1] § 2 Abs. 2 geändert durch Landesgesetz vom 15. 12. 1972 (GVBl. S. 374).
[2] § 3 Abs. 2 neu gefaßt durch Landesgesetz vom 23. 9. 1986 (GVBl. S. 223).

§ 4 Rheinland-Pfalz 33

1. bei Krebskrankheit für die vorbeugende Gesundheitshilfe und für die Krankenhilfe, sowie für die Hilfe zur Pflege und die Hilfe zur Weiterführung des Haushalts, sofern diese Hilfen während oder nach einem Aufenthalt wegen Krebserkrankung in einer Anstalt, einem Heim oder einer gleichartigen Einrichtung zu gewähren sind,
2. bei Nichtseßhaften für die Hilfe zum Lebensunterhalt oder die Hilfe in besonderen Lebenslagen außerhalb einer Anstalt eines Heimes oder einer gleichartigen Einrichtung, wenn die Hilfe dazu bestimmt ist, sie seßhaft zu machen.

(2) Der überörtliche Träger der Sozialhilfe ist ferner zuständig für die Unterbringung von geisteskranken, geistesschwachen, rauschgift- oder alkoholsüchtigen Personen auf Grund des Unterbringungsgesetzes vom 19. Februar 1959 (GVBl. S. 91, 114, BS 2012-2) in den dafür geeigneten Anstalten, sofern der Untergebrachte die Kosten nicht oder nicht ausreichend aus eigenen Kräften und Mitteln beschaffen kann und sie auch nicht von anderer Seite erhält. Die §§ 90 bis 92c BSHG und die §§ 102 bis 119 des Zehnten Buches Sozialgesetzbuch gelten entsprechend.

(3) Die Landesregierung kann durch Rechtsverordnung bestimmen, daß der überörtliche Träger der Sozialhilfe für weitere Aufgaben der Sozialhilfe sachlich zuständig ist, wenn eine überörtliche Wahrnehmung dieser Aufgaben geboten ist.

§ 4[1] Heranziehung von Verbandsgemeinden und verbandsfreien Gemeinden durch die Landkreise

(1) Die Landkreise können bestimmen, daß Verbandsgemeinden oder verbandsfreie Gemeinden solche Aufgaben, die den Landkreisen als örtlichen Trägern der Sozialhilfe obliegen, ganz oder teilweise durchführen und dabei in eigenem Namen entscheiden. Die Verbandsgemeinden oder verbandsfreien Gemeinden sind vorher zu hören. Für die Durchführung dieser Aufgaben können die Landkreise Richtlinien erlassen und Weisungen erteilen. Die Weisungen sollen sich in der Regel auf allgemeine Anordnung beschränken.

---

[1] § 4 Abs. 1 Satz 1 und 2 geändert durch Art. 5 § 5 Landesgesetz vom 16. 7. 1968 (GVBl. S. 132), Abs. 1 Satz 1 und 2 sowie Abs. 2 geändert durch Landesgesetz vom 24. 2. 1971 (GVBl. S. 68).

33 Rheinland-Pfalz §§ 5–7

(2) Die Landkreise können Verbandsgemeinden oder verbandsfreie Gemeinden auf deren Antrag beauftragen, Aufgaben, die den Landkreisen als örtlichen Trägern der Sozialhilfe obliegen, durchzuführen und dabei im Namen des Landkreises zu entscheiden.

§ 5[1,2] Heranziehung örtlicher Träger durch den überörtlichen Träger

Der Minister für Soziales und Familie kann im Einvernehmen mit dem Minister des Innern und dem Landessozialbeirat bestimmen, daß die örtlichen Träger der Sozialhilfe sowie die Verbandsgemeinden und verbandsfreien Gemeinden Aufgaben, die dem Land als überörtlichem Träger der Sozialhilfe obliegen, ganz oder teilweise durchführen und dabei in eigenem Namen entscheiden. § 4 Abs. 1 Satz 2 bis 4 gilt entsprechend.

Abschnitt II. Kostentragung und Kostenbeteiligung

§ 6 Kostenträger

(1) Die Träger der Sozialhilfe tragen die Kosten für die Aufgaben, die ihnen nach dem Bundessozialhilfegesetz, nach diesem Gesetz oder nach einer Rechtsverordnung auf Grund dieses Gesetzes obliegen.

(2) Werden Aufgaben nach den §§ 4 oder 5 durchgeführt, hat der zuständige Träger der Sozialhilfe die Aufwendungen zu erstatten; § 8 Abs. 1 bleibt unberührt. Verwaltungskosten werden nicht erstattet.

§ 7[3] Beteiligung der örtlichen Träger der Sozialhilfe an den Aufwendungen des Landes

(1) Die örtlichen Träger der Sozialhilfe werden an den Aufwendungen des Landes als überörtlichem Träger der Sozialhilfe mit 50 v. H. beteiligt.

---

[1] § 5 Satz 1 geändert durch Landesgesetz vom 24. 2. 1971 (GVBl. S. 68).

[2] Vierte Landesverordnung zur Durchführung des Landesgesetzes zur Ausführung des BSHG vom 26. 4. 1967 (GVBl. S. 149) mit Änderung durch Landesverordnung vom 14. 9. 1974 (GVBl. S. 447).

[3] § 7 Abs. 2 neu gefaßt durch Landesgesetz vom 23. 9. 1986 (GVBl. S. 223).

§§ 8–10 Rheinland-Pfalz 33

(2) Von der Kostenbeteiligung sind die Verwaltungskosten des überörtlichen Trägers der Sozialhilfe ausgenommen

(3) Zur Kostenbeteiligung ist der örtliche Träger der Sozialhilfe verpflichtet, in dessen Bereich der Hilfeempfänger seinen gewöhnlichen Aufenthalt hat oder bei einer Aufnahme in eine Anstalt, ein Heim oder eine gleichartige Einrichtung oder in eine Wohngemeinschaft in den beiden Monaten vor der Aufnahme zuletzt gehabt hat.

§ 8 Beteiligung kreisangehöriger Gemeinden an den Kosten der Landkreise

(1) Die kreisangehörigen Gemeinden erstatten dem Landkreis 25 v. H. der Aufwendungen für die Hilfe zum Lebensunterhalt nach Abschnitt 2 des BSHG. Ausgenommen hiervon bleiben die Leistungen nach § 13 des BSHG. Eine Verbandsgemeinde kann anstelle der Ortsgemeinden die Aufwendungen nach Satz 1 erstatten, wenn alle ihr angehörenden Ortsgemeinden zustimmen

(2) Die Vorschrift des § 7 Abs. 3 gilt entsprechend.

Abschnitt III.
Sonstige Aufgaben und Zuständigkeiten

§ 9 Förderung von Maßnahmen und Einrichtungen

(1) Das Land gewährt im Rahmen der im Landeshaushalt veranschlagten Mittel Zuschüsse oder Darlehen zur Förderung von Maßnahmen und Einrichtungen der Sozialhilfe.

(2) Maßnahmen und Einrichtungen der Träger der freien Wohlfahrtspflege sollen entsprechend ihrer Leistungsfähigkeit von den örtlichen Trägern der Sozialhilfe angemessen unterstützt werden, und zwar, soweit die örtlichen Träger selbst gleichartige Einrichtungen unterhalten, auch in angemessenem Verhältnis zu den entsprechenden Leistungen der örtlichen Träger.

§ 10 Festsetzung der Regelsätze

Die Regelsätze nach § 22 BSHG werden vom Minister für Soziales und Familie durch Rechtsverordnung festgesetzt.

33 Rheinland-Pfalz §§ 11–18

§ 11 Erhöhung der Einkommensgrenze

Für die Festsetzung höherer Grundbeträge nach § 79 Abs. 4 BSHG ist das Land zuständig. Der Sozialminister wird ermächtigt, durch Rechtsverordnung die Erhöhung festzusetzen.

§ 12[1] *(aufgehoben)*

§ 13[2] Anmeldung des Erstattungsanspruchs

Zuständige Behörden im Sinne des § 112 Satz 3 BSHG sind für die Anmeldung des Erstattungsanspruchs

a) der örtlichen Träger der Sozialhilfe die Bezirksregierungen,
b) des Landesamtes für Jugend und Soziales das Ministerium für Soziales und Familie.

§ 14 Bestellung des Landesarztes

Die Landesärzte im Sinne des § 126a BSHG werden durch das Ministerium für Soziales und Familie im Einvernehmen mit dem Ministerium für Umwelt und Gesundheit bestellt.

§ 15–17[1] *(aufgehoben)*

§ 18[3] Ordnungswidrigkeiten

Für die Ahndung von Ordnungswidrigkeiten nach § 116 Abs. 4 BSHG ist zuständige Verwaltungsbehörde im Sinne des § 36 Abs. 1 Nr. 1 des Gesetzes über Ordnungswidrigkeiten die Behörde des Trägers der Sozialhilfe, dem gegenüber die Pflicht zur Auskunft besteht.

---

[1] §§ 12 und 15 bis 17 aufgehoben durch Gesetz vom 7. 2. 1983 (GVBl. S. 17).
[2] § 13 Buchst. b geändert durch Landesgesetz vom 15. 12. 1972 (GVBl. S. 374).
[3] § 18 geändert durch Gesetz vom 20. 11. 1969 (GVBl. S. 179).

Abschnitt IV.
Sozialhilfeausschüsse und Landessozialbeirat

§ 19 Sozialhilfeausschüsse bei den örtlichen Trägern

Die örtlichen Träger der Sozialhilfe haben Sozialhilfeausschüsse zu bilden, denen sozial erfahrene Personen, besonders aus Vereinigungen, die Bedürftige betreuen, oder aus Vereinigungen von Sozialleistungsempfängern angehören müssen. Die Sozialhilfeausschüsse sind vor dem Erlaß allgemeiner Verwaltungsvorschriften zu hören.

§ 20 Landessozialbeirat

(1) Beim Ministerium für Soziales und Familie ist ein Landessozialbeirat zu bilden, dem sozial erfahrene Personen besonders aus Vereinigungen, die Bedürftige betreuen, oder aus Vereinigungen von Sozialleistungsempfängern angehören müssen. Der Landessozialbeirat besteht aus dem Vorsitzenden und 18 Mitgliedern, wovon acht Vertreter der kreisfreien Städte und Landkreise und acht Vertreter der Spitzenverbände der freien Wohlfahrtspflege sein müssen. Die Amtsdauer der Mitglieder beträgt vier Jahre. Den Vorsitz führt der Sozialminister oder ein von ihm bestimmter Vertreter.

(2) Der Landessozialbeirat ist vor dem Erlaß allgemeiner Verwaltungsvorschriften und Richtlinien sowie vor der Festsetzung der Regelsätze zu hören. Er hat ferner die Aufgabe, das Ministerium für Soziales und Familie in grundsätzlichen Fragen der Sozialhilfe zu beraten und die Zusammenarbeit der Behörden und der Vereinigungen, die Bedürftige oder Sozialleistungsempfänger betreuen, zu fördern.

(3) Das Nähere über die Zusammensetzung und das Verfahren sowie über die Berufung und Entschädigung seiner Mitglieder regelt der Minister für Soziales und Familie.

Abschnitt V. Verfahrensvorschriften

§ 21[1] Geltendmachung von Ansprüchen

(1) Ein Anspruch auf Sozialhilfe kann außer bei dem zuständigen Träger der Sozialhilfe auch bei der Verbandsgemeinde oder der verbandsfreien Gemeinde geltend gemacht werden, in der sich der Hilfesuchende tatsächlich aufhält. Soweit die Verbandsgemeinde oder die verbandsfreie Gemeinde die in Betracht kommende Aufgabe nicht nach den §§ 4 oder 5 selbst durchführt, hat sie unverzüglich die zuständige Stelle über die Geltendmachung zu unterrichten und die Unterlagen an diese weiterzuleiten.

(2) Der örtliche Träger der Sozialhilfe hat unverzüglich das Landesamt für Jugend und Soziales über die Geltendmachung von Ansprüchen auf Sozialhilfe, die in dessen Zuständigkeit fallen, zu unterrichten und die Unterlagen an dieses weiterzuleiten.

§ 22[2] Vorläufige Hilfeleistung

(1) Steht nicht fest, welcher Träger der Sozialhilfe sachlich zuständig ist, hat der örtliche Träger der Sozialhilfe, in dessen Bereich der Hilfesuchende sich tatsächlich aufhält, bis zur Klärung der sachlichen Zuständigkeit einzutreten. Das gilt auch, wenn das Landesamt für Jugend und Soziales nicht rechtzeitig tätig werden kann, die Gewährung der Hilfe aber keinen Aufschub duldet. Der örtliche Träger der Sozialhilfe hat das Landesamt für Jugend und Soziales unverzüglich über seine Maßnahmen zu unterrichten. Dieses hat die aufgewendeten Kosten zu erstatten.

(2) Die Verbandsgemeinden oder die verbandsfreien Gemeinden, in denen sich der Hilfesuchende tatsächlich aufhält, haben vorläufig die unerläßlich notwendigen Maßnahmen zu treffen, wenn der Träger der Sozialhilfe nicht rechtzeitig tätig

---

[1] § 21 neu gefaßt durch Gesetz vom 22. 7. 1988 (GVBl. S. 140).
[2] § 22 Abs. 1 Satz 2 und 3 geändert durch Landesgesetz vom 15. 12. 1972 (GVBl. S. 374), Abs. 2 geändert durch Art. 5 § 5 Landesgesetz vom 16. 7. 1968 (GVBl. S. 132).

werden kann, die Gewährung der Hilfe aber keinen Aufschub duldet. Sie haben den Träger der Sozialhilfe unverzüglich über ihre Maßnahmen zu unterrichten. Der Träger der Sozialhilfe hat die aufgewendeten Kosten zu erstatten.

§ 23 Beteiligung sozial erfahrener Personen beim Widerspruchsverfahren

Die Landesregierung bestimmt durch Rechtsverordnung, in welcher Weise vor dem Erlaß eines Bescheides über einen Widerspruch gegen die Ablehnung der Sozialhilfe oder gegen die Festsetzung ihrer Art und Höhe sozial erfahrene Personen beratend zu beteiligen sind.[1]

Abschnitt VI. Übergangs- und Schlußbestimmungen

§ 24[2] *(aufgehoben)*

§ 25 Bestimmungen und Bezeichnungen in anderen Vorschriften

(1) Soweit in anderen landesrechtlichen Vorschriften auf Bestimmungen verwiesen wird oder Bezeichnungen verwendet werden, die durch dieses Gesetz aufgehoben oder geändert werden, treten an ihre Stelle die entsprechenden Bestimmungen und Bezeichnungen dieses Gesetzes.

(2) Soweit nach anderen Vorschriften die Fürsorgeverbände Aufgaben durchzuführen haben, treten an ihre Stelle die Träger der Sozialhilfe.

§ 26 Durchführungsvorschriften

Die zur Durchführung dieses Gesetzes erforderlichen Rechts- und Verwaltungsvorschriften erläßt der Minister für Soziales und Familie, soweit erforderlich im Einvernehmen mit dem Minister des Innern und für Sport und dem Minister für Finanzen.

---

[1] Zweite Landesverordnung zur Durchführung des Landesgesetzes zur Ausführung des BSHG vom 21. 4. 1965 (GVBl. S. 65) und Dritte Landesverordnung vom 26. 7. 1965 (GVBl. S. 174).
[2] § 24 aufgehoben durch Gesetz vom 7. 2. 1983 (GVBl. S. 17).

33 Rheinland-Pfalz § 27

§ 27[1] Inkrafttreten

(1) Dieses Gesetz tritt am 1. Juni 1962 in Kraft.

(2) *(aufgehoben)*

(3) Mit Inkrafttreten dieses Gesetzes treten alle entgegenstehenden und inhaltsgleichen Vorschriften außer Kraft; insbesondere
1.–13. ....[2]

---

[1] § 27 Abs. 2 aufgehoben durch Gesetz vom 7. 2. 1983 (GVBl. S. 17).
[2] Vom Abdruck wurde abgesehen.

Saarland

34. Gesetz zur Ausführung des Bundessozialhilfegesetzes

In der Fassung vom 1. Juni 1974 (Amtsbl. S. 586, ber. S. 685)

Der Landtag des Saarlandes hat folgendes Gesetz beschlossen, das hiermit verkündet wird:

Abschnitt I. Träger der Sozialhilfe, Aufgaben, Deckung des Finanzbedarfs

§ 1 Örtliche Träger der Sozialhilfe

Örtliche Träger der Sozialhilfe sind die kreisfreien Städte und die Landkreise (§ 96 Abs. 1 Satz 1 BSHG). Sie führen die Sozialhilfe als Selbstverwaltungsangelegenheit durch.

§ 2 Überörtlicher Träger der Sozialhilfe

Überörtlicher Träger der Sozialhilfe ist das Saarland. Seine Aufgaben werden von dem Minister für Familie, Gesundheit und Sozialordnung wahrgenommen.

§ 3 Zuständigkeit des überörtlichen Trägers

(1) Der überörtliche Träger ist außer für die Aufgaben nach § 100 und gemäß § 119 Abs. 5 BSHG auch zuständig für:

1. die Hilfe zum Lebensunterhalt oder in besonderen Lebenslagen außerhalb einer Anstalt, eines Heimes oder einer gleichartigen Einrichtung, wenn die Hilfe dazu bestimmt ist, Nichtseßhafte seßhaft zu machen,
2. die nach ärztlichem Gutachten im Einzelfall erforderlichen Maßnahmen der Erholung für Kinder im schulpflichtigen Alter (§ 36 Abs. 2 BSHG),
3. die Unterbringung von geisteskranken, geistesschwachen, rauschgift- oder alkoholsüchtigen Personen in geeigneten

Anstalten, wenn die Unterbringung aus Gründen der öffentlichen Sicherheit oder Ordnung oder der Gefährdung des Lebens oder der Gesundheit dieser Personen erfolgt.

(2) Der überörtliche Träger übernimmt die in § 22 Abs. 1 Nr. 3, Absätze 5, 6 und 9 des Gesetzes zur Bekämpfung der Geschlechtskrankheiten vom 23. Juli 1953 (Bundesgesetzbl. I S. 700) bezeichneten Kosten, soweit und solange diese Kosten aus öffentlichen Mitteln aufzubringen sind.

§ 4 Heranziehung von kreisangehörigen Gemeinden durch die Landkreise

(1) Die Landkreise können durch Satzung mit Genehmigung der Kommunalaufsichtsbehörde bestimmen, daß Gemeinden Aufgaben, die den Landkreisen als örtlichen Trägern obliegen, ganz oder teilweise durchführen und dabei selbständig entscheiden. Die betroffenen Gemeinden sind vorher zu hören. Für die Durchführung dieser Aufgaben können die Landkreise Weisungen auch im Einzelfalle erteilen.

(2) Die Landkreise können Gemeinden in Einzelfällen beauftragen, Aufgaben, die den Landkreisen als örtlichen Trägern obliegen, durchzuführen und dabei im Namen des Landkreises zu entscheiden.

§ 5 Heranziehung örtlicher Träger durch den überörtlichen Träger

(1) Der Minister für Familie, Gesundheit und Sozialordnung kann im Einvernehmen mit dem Minister des Innern und dem Minister der Finanzen durch Rechtsverordnung bestimmen, daß örtliche Träger der Sozialhilfe sowie diesen zugehörige Gemeinden Aufgaben, die dem überörtlichen Träger der Sozialhilfe obliegen, ganz oder teilweise durchführen und dabei selbständig entscheiden.[1] § 4 Abs. 1 Satz 3 gilt entsprechend.

(2) Der überörtliche Träger kann örtliche Träger und Gemeinden in Einzelfällen beauftragen, Aufgaben, die dem über-

---

[1] Rechtsverordnung über die Heranziehung der örtlichen Träger der Sozialhilfe sowie diesen zugehörigen Gemeinden zur Durchführung von Aufgaben des überörtlichen Trägers der Sozialhilfe (Heranziehungs-VO) vom 2. 7. 1974 (Amtsbl. S. 630).

örtlichen Träger obliegen, durchzuführen und dabei in seinem Namen entscheiden.

§ 6 Kostenträger

(1) Die Träger der Sozialhilfe tragen die Kosten für die Aufgaben, die ihnen nach dem Bundessozialhilfegesetz, nach diesem Gesetz oder nach einer Rechtsverordnung auf Grund dieses Gesetzes obliegen.

(2) Werden Aufgaben nach § 4 von Gemeinden durchgeführt, hat der Landkreis die aufgewendeten Kosten, außer den persönlichen und sächlichen Verwaltungskosten, zu erstatten.

(3) Werden Aufgaben nach § 5 von örtlichen Trägern durchgeführt, gilt Absatz 2 entsprechend.

Abschnitt II. Sonstige Aufgaben und Zuständigkeiten

§ 7 Festsetzung der Regelsätze

Zuständige Landesbehörde im Sinne des § 22 Abs. 3 BSHG ist der Minister für Familie, Gesundheit und Sozialordnung. Er setzt die Höhe der Regelsätze im Einvernehmen mit dem Minister des Innern und dem Minister der Finanzen fest.[1]

§ 8 Erhöhung der Einkommensgrenze

Der Minister für Familie, Gesundheit und Sozialordnung kann im Einvernehmen mit dem Minister des Innern und dem Minister der Finanzen im Rahmen des § 79 Abs. 4 BSHG durch Rechtsverordnung für bestimmte Arten der Hilfe in besonderen Lebenslagen höhere Grundbeträge und höhere Familienzuschläge für die Einkommensgrenze festlegen.[2]

§ 9 Anmeldung des Erstattungsanspruchs

Zuständige Behörde im Sinne des § 112 Satz 3 BSHG für die

---

[1] Erlaß über die Regelsätze in der Sozialhilfe vom 23. 6. 1987 (Amtsbl. S. 877).

[2] Verordnung über die Erhöhung der Einkommensgrenze nach § 79 des Bundessozialhilfegesetzes vom 1. 2. 1971 (Amtsbl. S. 98) mit Änderung durch Verordnung vom 12. 2. 1973 (Amtsbl. S. 139).

34 Saarland §§ 10–14

Anmeldung des Erstattungsanspruchs ist der Minister für Familie, Gesundheit und Sozialordnung.

§ 10 Bestellung des Landesarztes

Der Landesarzt im Sinne des § 125 BSHG wird von dem Minister für Familie, Gesundheit und Sozialordnung bestellt.

§ 11 Kostenbeteiligung bei Unterbringung nach § 3 Abs. 1 Nr. 3

Im Falle der Unterbringung nach § 3 Abs. 1 Nr. 3 finden für die Rechte des überörtlichen Trägers aus Ansprüchen des Untergebrachten gegen andere und für den Einsatz des Einkommens und Vermögens die Vorschriften des Bundessozialhilfegesetzes, die für die Hilfe in besonderen Lebenslagen gelten, entsprechende Anwendung.

§ 12 Ordnungswidrigkeiten

Zuständige Verwaltungsbehörde im Sinne des § 36 Abs. 1 Nr. 1 des Gesetzes über Ordnungswidrigkeiten ist zur Verfolgung und Ahndung von Ordnungswidrigkeiten nach § 116 Abs. 4 BSHG die Gemeinde.

Abschnitt III. Verfahren

§ 13 Entgegennahme und Weiterleitung von Anträgen

(1) Wird ein Antrag auf Sozialhilfe bei einer kreisangehörigen Gemeinde gestellt, in welcher der Hilfesuchende sich tatsächlich aufhält, so leitet die Gemeinde, soweit sie nicht selbst nach §§ 4 Abs. 1 und 5 Abs. 1 die Aufgaben durchführt, den Antrag unverzüglich dem örtlichen Träger zu.

(2) Der örtliche Träger leitet einen Antrag, über den der überörtliche Träger zu entscheiden hat, unverzüglich diesem zu.

§ 14 Vorläufige Hilfeleistung

(1) Solange nicht feststeht, ob der örtliche oder der überörtliche Träger sachlich zuständig ist, hat der örtliche Träger, in dessen Bereich der Hilfeempfänger sich tatsächlich aufhält, die

erforderliche Hilfe zu gewähren. Sobald feststeht, daß der überörtliche Träger sachlich zuständig ist, hat der örtliche Träger ihn unverzüglich über seine Maßnahmen zu unterrichten. Der überörtliche Träger hat unverzüglich die erforderliche Hilfe zu gewähren und die Kosten, außer den persönlichen und sächlichen Verwaltungskosten, zu erstatten. Hält sich der Hilfeempfänger im Bereich einer Gemeinde auf und führt die Gemeinde Aufgaben nach § 4 Abs. 1 durch, gelten die Sätze 1 bis 3 entsprechend.

(2) Kann der überörtliche Träger nicht rechtzeitig tätig werden, hat der örtliche Träger die notwendigen Maßnahmen zu treffen. Er hat den überörtlichen Träger unverzüglich über seine Maßnahmen zu unterrichten. Absatz 1 Satz 3 gilt entsprechend.

(3) Kann der örtliche Träger nicht rechtzeitig tätig werden, haben kreisangehörige Gemeinden die unaufschiebbaren notwendigen Maßnahmen zu treffen. Sie haben den örtlichen Träger unverzüglich über ihre Maßnahmen zu unterrichten. Absatz 1 Satz 3 gilt entsprechend.

§ 15 Widerspruchsverfahren in Angelegenheiten der Sozialhilfe

Über den Widerspruch gegen die Ablehnung der Sozialhilfe oder gegen die Festsetzung ihrer Art und Höhe entscheiden die örtlichen Träger, soweit der Verwaltungsakt Aufgaben betrifft, die ihnen nach dem Bundessozialhilfegesetz oder nach diesem Gesetz obliegen. Die Mitwirkung der Rechtsausschüsse im Widerspruchsverfahren ist in diesen Fällen ausgeschlossen.

Abschnitt IV. Beteiligung sozial erfahrener Personen

§ 16 Beiräte für Sozialhilfe bei den örtlichen Trägern

(1) Die örtlichen Träger haben Beiräte für Sozialhilfe zu bilden, denen Mitglieder des Gemeinderates oder Kreisrates und sozial erfahrene Personen, besonders aus Vereinigungen, die

34 Saarland §§ 17, 18

Bedürftige betreuen, oder aus Vereinigungen von Sozialleistungsempfängern angehören. Die Beiräte sind vor dem Erlaß allgemeiner Verwaltungsvorschriften zu hören.

(2) Das Nähere über die Zahl der Mitglieder der Beiräte und ihre Berufung bestimmt der Minister für Familie, Gesundheit und Sozialordnung im Einvernehmen mit dem Minister des Innern durch Rechtsverordnung.[1]

§ 17 Landesbeirat für Sozialhilfe

(1) Der Minister für Familie, Gesundheit und Sozialordnung hat einen Landesbeirat für Sozialhilfe zu bilden, der sich zusammensetzt aus:

1. Vertretern von Landkreisen und kreisfreien Städten,
2. sozial erfahrenen Personen, besonders aus Vereinigungen, die Bedürftige betreuen, oder aus Vereinigungen von Sozialleistungsempfängern,
3. einem Vertreter des überörtlichen Trägers und
4. einem Arzt des öffentlichen Gesundheitsdienstes.

Der Landesbeirat für Sozialhilfe ist vor dem Erlaß allgemeiner Verwaltungsvorschriften sowie vor der Festsetzung der Regelsätze zu hören.

(2) § 16 Abs. 2 gilt entsprechend.

§ 18 Beteiligung sozial erfahrener Personen beim Widerspruchsverfahren

Der Minister für Familie, Gesundheit und Sozialordnung bestimmt im Einvernehmen mit dem Minister des Innern durch Rechtsverordnung[1] Näheres über die beratende Beteiligung sozial erfahrener Personen vor dem Erlaß eines Bescheides über den Widerspruch gegen die Ablehnung der Sozialhilfe oder gegen die Festsetzung ihrer Art und Höhe.

---

[1] Verordnung über die Beiräte für Sozialhilfe und die Beteiligung sozial erfahrener Personen beim Widerspruchsverfahren vom 8. 5. 1963 (Amtsbl. S. 243).

Abschnitt V. Übergangs- und Schlußbestimmungen

§ 19 Bestimmungen und Bezeichnungen in anderen Vorschriften

(1) Soweit in anderen Vorschriften auf Bestimmungen verwiesen wird oder Bezeichnungen verwendet werden, die durch das Bundessozialhilfegesetz oder durch dieses Gesetz aufgehoben oder geändert worden sind, treten an ihre Stelle die entsprechenden Bestimmungen oder Bezeichnungen des Bundessozialhilfegesetzes und dieses Gesetzes.

(2) Soweit nach anderen Vorschriften die Fürsorgeverbände Aufgaben zu erfüllen haben, treten an ihre Stelle die Träger der Sozialhilfe.

§ 20 Kostenbeteiligung

(1) Soweit kreisangehörige Gemeinden an den Kosten von Fürsorgeaufgaben der Landkreise beteiligt waren, verbleibt es für die Kostenbeteiligung an entsprechenden Aufgaben nach dem Bundessozialhilfegesetz bis zum 31. Dezember 1962 bei der bisherigen Regelung. Nach dem 31. Dezember 1962 eingehende Beträge, die zum Ersatz von Fürsorgeaufwendungen oder von Aufwendungen nach dem Bundessozialhilfegesetz bestimmt sind, an denen kreisangehörige Gemeinden gemäß Satz 1 beteiligt waren, stehen den Landkreisen in vollem Umfange zu.

(2) Absatz 1 gilt entsprechend für die Beteiligung der kreisfreien Städte und Landkreise an den Kosten der außerordentlichen Anstaltsfürsorge sowie für eingehende Erstattungsbeträge. Die Erstattungsbeträge stehen dem Saarland zu.

§ 21[1] Inkrafttreten

(1) Dieses Gesetz tritt am 1. Juni 1962 in Kraft.

(2) *(nicht abgedruckt; vollzogene Aufhebungen)*

---

[1] Die Vorschrift betrifft das Inkrafttreten des Gesetzes vom 6. 2. 1963 (Amtsbl. S. 143). Der Zeitpunkt des Inkrafttretens der späteren Änderungen ergibt sich aus den Gesetzen vom 4. 4. 1968 (Amtsbl. S. 205), vom 10. 12. 1969 (Amtsbl. 1970 S. 22), vom 13. 3. 1970 (Amtsbl. S. 267) und vom 5. 12. 1973 (Amtsbl. 1974 S. 33).

Schleswig-Holstein

35. Gesetz zur Ausführung des Bundessozialhilfegesetzes (AG-BSHG)

In der Fassung der Bekanntmachung vom 21. Januar 1985 (GVOBl. S. 26)

§ 1 Örtliche Träger der Sozialhilfe

Örtliche Träger der Sozialhilfe sind die Kreise und kreisfreien Städte (§ 96 Abs. 1 Satz 1 des Bundessozialhilfegesetzes – BSHG –); sie führen die Sozialhilfe als Selbstverwaltungsangelegenheit durch.

§ 2 Überörtlicher Träger der Sozialhilfe

(1) Überörtlicher Träger der Sozialhilfe ist das Land Schleswig-Holstein.

(2) Die Behörde des überörtlichen Trägers wird beim Sozialminister errichtet.

§ 3 Sachliche Zuständigkeit

Abweichend von § 100 Abs. 1 BSHG sind die örtlichen Träger auch sachlich zuständig in Fällen des § 100 Abs. 1 Nr. 1 BSHG bei Hilfeempfängern, die das 60. Lebensjahr vollendet haben; zugrunde zu legen ist das Lebensalter der Hilfeempfänger zu Beginn eines jeden Kalendermonats.

§ 4 Heranziehung von kreisangehörigen Städten, Ämtern und amtsfreien Gemeinden durch die Kreise

(1) Die Kreise können bestimmen, daß kreisangehörige Städte, Ämter und amtsfreie Gemeinden den Kreisen als örtlichen Trägern obliegende Aufgaben durchführen und dabei in eigenem Namen entscheiden. Für die Durchführung der Aufgaben können die Kreise Richtlinien erlassen und Weisungen erteilen.

(2) Die Kreise können kreisangehörige Städte, Ämter und amtsfreie Gemeinden auch beauftragen, dem örtlichen Träger

obliegende Aufgaben durchzuführen und dabei im Namen des Kreises zu entscheiden.

§ 5 Heranziehung örtlicher Träger durch den überörtlichen Träger

(1) Die Landesregierung kann durch Verordnung bestimmen, daß die örtlichen Träger Aufgaben des überörtlichen Trägers durchführen und dabei in eigenem Namen entscheiden. Für die Durchführung der Aufgaben kann die Behörde des überörtlichen Trägers Richtlinien erlassen.[1] Sie ist insoweit Fachaufsichtsbehörde.

(2) Der überörtliche Träger kann örtliche Träger auch beauftragen, ihm obliegende Aufgaben durchzuführen und dabei in seinem Namen zu entscheiden.

§ 6 Kostenträger

Die Träger der Sozialhilfe tragen die Kosten für die Aufgaben, die ihnen nach dem Bundessozialhilfegesetz oder nach landesrechtlicher Regelung obliegen. Unberührt bleibt die Verpflichtung zur Kostenerstattung nach § 29 des Finanzausgleichsgesetzes in der Fassung der Bekanntmachung vom 16. Januar 1984 (GVOBl. Schl.-H. S. 26), geändert durch Gesetz vom 29. November 1984 (GVOBl. Schl.-H. S. 246).

§ 7 Festsetzung der Regelsätze

Zuständige Landesbehörde im Sinne des § 22 Abs. 3 Satz 1 BSHG ist der Sozialminister. Er setzt die Regelsätze im Einvernehmen mit dem Innenminister und dem Finanzminister fest.[2]

§ 8 Erhöhung der Einkommensgrenze

Der Sozialminister kann nach § 79 Abs. 4 BSHG im Einvernehmen mit dem Innenminister und dem Finanzminister durch Verordnung bestimmen, daß für bestimmte Arten der Hilfe in

---

[1] Landesverordnung über die Durchführung von Aufgaben des überörtlichen Trägers der Sozialhilfe durch die örtlichen Träger der Sozialhilfe (Aufgabendurchführungsverordnung (Bundessozialhilfegesetz – AufgabenDVO BSHG –) vom 6. 12. 1989 (GVOBl. S. 176).

[2] Runderlaß über die Regelsätze nach dem BSHG. Die Höhe der Regelsätze ist abgedruckt unter Nr. **2a**.

besonderen Lebenslagen der Einkommensgrenze ein höherer Grundbetrag zugrunde gelegt wird.

§ 9 Anmeldung des Erstattungsanspruchs

Zuständige Behörde im Sinne des § 112 Satz 3 BSHG ist der Sozialminister.

§ 10 Bestellung von Landesärzten

Landesärzte im Sinne des § 126a BSHG werden vom Sozialminister bestellt.

§ 11 Ordnungswidrigkeiten

Zuständige Verwaltungsbehörden für die Verfolgung einer Ordnungswidrigkeit nach § 116 Abs. 4 BSHG sind die Behörden der Träger, die die Auskunft gefordert haben; das gleiche gilt für die Behörden der Gemeinden und Ämter, die nach § 4 Aufgaben der Sozialhilfe durchführen.

§ 12 Entgegennahme und Weiterleitung von Anträgen

(1) Ein Antrag auf Sozialhilfe kann auch bei kreisangehörigen Städten, Ämtern oder amtsfreien Gemeinden gestellt werden, in deren Bereich sich der Hilfesuchende tatsächlich aufhält; in dringenden Fällen sind auch amtsangehörige Gemeinden verpflichtet, Anträge entgegenzunehmen. Die Städte, Ämter und Gemeinden leiten den Antrag unverzüglich dem örtlichen Träger zu, falls sie nicht selbst nach § 4 die Aufgabe durchführen.

(2) Der örtliche Träger leitet einen Antrag, über den der überörtliche Träger zu entscheiden hat, unverzüglich an diesen weiter.

§ 13 Vorläufige Hilfeleistung

(1) Bei Zweifeln über die sachliche Zuständigkeit hat der örtliche Träger, in dessen Bereich der Hilfesuchende sich tatsächlich aufhält, vorläufig einzutreten. Das gilt auch, wenn der überörtliche Träger nicht rechtzeitig tätig werden kann, die Gewährung der Hilfe aber keinen Aufschub duldet. Der örtliche Träger hat den überörtlichen Träger unverzüglich über seine Maßnahmen zu unterrichten. Dieser hat die aufgewendeten Ko-

sten zu erstatten, soweit die Hilfe dem Bundessozialhilfegesetz entspricht.

(2) Die kreisangehörigen Gemeinden und Ämter haben vorläufig die notwendigen Maßnahmen zu treffen, wenn der Träger der Sozialhilfe nicht rechtzeitig tätig werden kann, die Gewährung der Hilfe aber keinen Aufschub duldet. Sie haben den Träger der Sozialhilfe unverzüglich über ihre Maßnahmen zu unterrichten. Der Träger der Sozialhilfe hat die aufgewendeten Kosten zu erstatten, soweit die Hilfe dem Bundessozialhilfegesetz entspricht.

§ 14 Bestimmungen und Bezeichnungen in anderen Vorschriften

(1) *Gegenstandslos.*

(2) Soweit nach anderen Vorschriften die Fürsorgeverbände Aufgaben durchzuführen haben, treten an ihre Stelle die Träger der Sozialhilfe.

§ 15 Inkrafttreten

(1) Dieses Gesetz tritt am 1. Juni 1962 in Kraft.[1]

(2) *Aufhebungsvorschrift.*

---

[1] Das Datum betrifft das Inkrafttreten der ursprünglichen Fassung vom 6. 7. 1962 (GVOBl. S. 271).

C. Verwaltungsabkommen

36. Fürsorgerechtsvereinbarung

Vom 26. Mai 1965

Die Träger der Sozialhilfe und der öffentlichen Jugendhilfe vereinbaren mit Wirkung vom 1. Januar 1966 die folgende Neufassung der Fürsorgerechtsvereinbarung vom 18. September 1947 in der Fassung vom 3. Mai 1949:

Teil 1. Kostenerstattung

§ 1 Hilfen zur Erziehung

Werden Hilfen zur Erziehung nach § 6 des Jugendwohlfahrtsgesetzes – JWG – gewährt, so werden auf die Kostenerstattung die §§ 103 bis 113 des Bundessozialhilfegesetzes – BSHG – entsprechend angewendet.

§ 2 Pauschalabrechnung

Soweit ärztliche und zahnärztliche Leistungen, Arzneikosten und sonstige ärztlich verordnete Sachleistungen pauschal abgerechnet oder gebucht werden, sind die entsprechenden Pauschal- oder Durchschnittsbeträge zu erstatten.

§ 3 Rückwirkung

Ein Träger, der die von einer Anstalt, einem Heim oder einer gleichartigen Einrichtung gewährte Hilfe rückwirkend als Sozialhilfe oder Hilfe zur Erziehung anerkannt und für die dafür entstandenen Aufwendungen übernommen hat, kann von dem kostenerstattungspflichtigen Träger Erstattung auch der Aufwendungen verlangen, die in den zwei Monaten vor Eingang des an ihn gerichteten Antrages auf Kostenübernahme entstanden sind.

Teil 2. Schiedsgerichtliches Verfahren

Abschnitt 1. Gegenstand

§ 4 Entscheidung von Streitigkeiten

Im schiedsgerichtlichen Verfahren werden durch Spruchstellen Streitigkeiten zwischen Partnern dieser Vereinbarung entschieden, die sich ergeben aus der Gewährung

a) von Sozialhilfe und Leistungen nach dem früheren Fürsorgerecht oder
b) von Hilfen zur Erziehung nach § 6 JWG oder
c) von anderen Leistungen, wenn das Erstattungsrecht des BSHG anzuwenden ist.

Abschnitt 2. Spruchstellen für Fürsorgestreitigkeiten

Unterabschnitt 1. Verfassung

§ 5 Spruchstellen für Fürsorgestreitigkeiten

Spruchstellen für Fürsorgestreitigkeiten im Sinne dieser Vereinbarung sind die regionalen Spruchstellen und die Zentrale Spruchstelle.

§ 6 Regionale Spruchstellen

Je eine regionale Spruchstelle besteht

a) für das Land Baden-Württemberg
b) für das Land Bayern
c) für die Länder Berlin, Hamburg und Schleswig-Holstein
d) für die Länder Bremen und Niedersachsen
e) für die Länder Hessen, Rheinland-Pfalz und Saarland
f) für das Land Nordrhein-Westfalen.

§ 7 Zusammensetzung der regionalen Spruchstellen

(1) Die Mitglieder der regionalen Spruchstellen werden vom Vorsitzenden der Zentralen Spruchstelle für höchstens drei Jahre bestellt. Sie werden ihm von den überörtlichen Trägern der Sozialhilfe im Einvernehmen mit den Landesjugendämtern und den beteiligten kommunalen Landesverbänden benannt.

(2) Die Mitglieder der regionalen Spruchstellen sollen im Sozialhilferecht oder im Jugendwohlfahrtsrecht erfahren sein. Die

verschiedenen Träger und alle Sachgebiete sollen angemessen vertreten sein.

§ 8 Zusammensetzung der Zentralen Spruchstelle

(1) Mitglieder der Zentralen Spruchstelle sind

a) die Vorsitzenden der regionalen Spruchstellen
b) je ein weiteres Mitglied der regionalen Spruchstellen
c) das für das Land Berlin bestellte Mitglied der regionalen Spruchstelle für die Länder Berlin, Hamburg und Schleswig-Holstein und
d) ein weiteres Mitglied, das von der Bundesarbeitsgemeinschaft der Landesjugendämter und überörtlichen Erziehungsbehörden benannt wird.

(2) Das jeweilige weitere Mitglied nach Abs. 1 Buchst. b wird von der einzelnen regionalen Spruchstelle gewählt. Es soll Bediensteter eines örtlichen Trägers sein, wenn der Vorsitzende dies nicht ist. § 7 Abs. 2 Satz 2 gilt entsprechend.

§ 9 Vorsitz

(1) Die Mitglieder der Spruchstellen wählen aus ihrer Mitte den Vorsitzenden und einen oder mehrere Stellvertreter.

(2) Die Vorsitzenden und die Stellvertreter müssen zum Richteramt befähigt sein; sie sollen bei ihrer Wahl mindestens ein Jahr Mitglied einer regionalen Spruchstelle gewesen sein. Der Befähigung zum Richteramt steht die Befähigung zum höheren Verwaltungsdienst gleich, wenn die Voraussetzungen des § 110 des Deutschen Richtergesetzes vom 8. 9. 1961 erfüllt sind.

§ 10 Besetzung

(1) Die regionalen Spruchstellen entscheiden durch mindestens drei Mitglieder. Die Zentrale Spruchstelle entscheidet durch mindestens fünf Mitglieder.

(2) Die Spruchstellen entscheiden mit Stimmenmehrheit.

Unterabschnitt 2. Zuständigkeit

§ 11 Sachliche Zuständigkeit

(1) Über Streitigkeiten nach § 4 entscheiden im ersten Rechtszug die regionalen Spruchstellen.

Fürsorgerechtsvereinbarung §§ 12–16 **FRV 36**

(2) Die Zentrale Spruchstelle entscheidet über die Berufung (§ 22).

(3) Der Vorsitzende der Zentralen Spruchstelle entscheidet über die Beschwerde (§ 23).

§ 12 Örtliche Zuständigkeit

(1) Örtlich zuständig ist die regionale Spruchstelle, in deren Bereich der Antragsgegner seinen Sitz hat. Bei mehreren Antragsgegnern ist der Sitz des zuerst genannten maßgebend.

(2) Wenn eine örtlich zuständige regionale Spruchstelle wegen Befangenheit von Mitgliedern (§ 17) nicht nach § 10 Abs. 1 besetzt werden kann, wird die Streitigkeit vom Vorsitzenden der Zentralen Spruchstelle einer anderen regionalen Spruchstelle zur Entscheidung zugewiesen.

Abschnitt 3. Verfahren

Unterabschnitt 1. Allgemeine Vorschriften

§ 13 Beteiligte

Beteiligte am Verfahren sind
a) der Antragsteller
b) die Antragsgegner
c) die Beigeladenen.

§ 14 Beiladung

Für die Beiladung gelten § 65 Abs. 1 und 3 sowie § 66 der Verwaltungsgerichtsordnung – VwGO – mit der Maßgabe, daß der Vorsitzende über die Beiladung entscheidet.

§ 15 Gütliche Einigung

Die Spruchstellen sollen darauf hinwirken, daß die Beteiligten sich einigen.

§ 16 Rechtliches Gehör

Die Spruchstellen müssen den Beteiligten Gelegenheit geben, schriftlich zu den Äußerungen der anderen Beteiligten und zum Ergebnis von Ermittlungen Stellung zu nehmen.

§ 17 Befangenheit

(1) Bei der Entscheidung dürfen Mitglieder nicht mitwirken, die zu einem am Verfahren Beteiligten in einem Verhältnis stehen, das sie befangen macht.

(2) Bei der Entscheidung über die Berufung dürfen Mitglieder der Spruchstelle des ersten Rechtszuges nicht mitwirken.

§ 18 Beschleunigung des Verfahrens

(1) Der Vorsitzende hat dafür zu sorgen, daß das Verfahren ohne Verzögerung durchgeführt wird.

(2) Die Spruchstellen können nach Lage der Akten entscheiden, wenn dies den säumigen Beteiligten mindestens drei Wochen vor der Entscheidung angekündigt worden ist.

§ 19 Auskunftspflicht

Auf Verlangen der Spruchstellen haben auch Partner dieser Vereinbarung, die nicht am Verfahren beteiligt sind, Auskünfte zu erteilen, sowie Akten und Urkunden zu übersenden.

§ 20 Verfahrensordnung[1]

(1) Die Zentrale Spruchstelle beschließt mit einer Mehrheit von zwei Dritteln ihrer Mitglieder eine Verfahrensordnung, die weitere Verfahrensbestimmungen enthält.

(2) Die Verfahrensordnung ist in den Mitteilungsorganen der kommunalen Spitzenverbände und im Nachrichtendienst des Deutschen Vereins für öffentliche und private Fürsorge zu veröffentlichen.

Unterabschnitt 2. Inhalt der Entscheidung

§ 21 Schiedsspruch

(1) Die Spruchstellen entscheiden durch Schiedsspruch.

(2) Der Schiedsspruch enthält:

a) die Bezeichnung der Beteiligten

---

[1] Verfahrensordnung der Spruchstellen für Fürsorgestreitsachen vom 9. 12. 1965 (abgedruckt unter Nr. **37**).

Fürsorgerechtsvereinbarung §§ 22–25 **FRV 36**

b) die Bezeichnung der Spruchstelle und die Namen der Mitglieder, die bei der Entscheidung mitgewirkt haben
c) die Entscheidungsformel einschließlich des Kostenausspruchs und der Entscheidung über die Zulassung der Berufung (§ 22)
d) den Tatbestand
e) die Entscheidungsgründe
f) die Rechtsmittelbelehrung.

Unterabschnitt 3. Rechtsmittel

§ 22 Berufung

(1) Gegen den Schiedsspruch können die Beteiligten Berufung einlegen, wenn diese zugelassen ist oder wesentliche Mängel des Verfahrens gerügt werden (§ 133 VwGO).

(2) Die Berufung ist zuzulassen, wenn

a) die Sicherung einer einheitlichen Spruchpraxis es erfordert oder
b) es sich um eine Rechtsfrage von grundsätzlicher Bedeutung handelt oder
c) die finanzielle Bedeutung des einzelnen Falles es erfordert oder
d) der Schiedsspruch in der Hauptsache Beteiligte beschwert, die ihren Sitz nicht im Bereich der Spruchstelle haben.

§ 23 Beschwerde

Gegen die Nichtzulassung der Berufung können die Beteiligten Beschwerde erheben. Wird der Beschwerde stattgegeben, so gilt sie als Berufung.

§ 24 Frist

Die Rechtsmittel müssen innerhalb eines Monats nach Zustellung des Schiedsspruchs schriftlich bei der Spruchstelle des ersten Rechtszuges eingelegt werden. Die Frist ist auch gewahrt, wenn die Rechtsmittelschrift vor Ablauf der Frist bei der Zentralen Spruchstelle eingeht.

§ 25 Nachsicht

Fristen für Rechtsmittel gelten als gewahrt, wenn glaubhaft

gemacht ist, daß sie wegen eines unabwendbaren Ereignisses nicht eingehalten werden konnten und das Rechtsmittel nach Wegfall des Hindernisses unverzüglich eingelegt worden ist.

Abschnitt 4. Kosten

§ 26 Kostenpflicht

Bei der Entscheidung über die Kosten des Verfahrens sind die §§ 154 ff. VwGO entsprechend anzuwenden.

§ 27 Kosten des Verfahrens

(1) Kosten des Verfahrens sind Gebühren und Auslagen.

(2) Die Gebühr wird in jedem Rechtszug nach Abschluß des Verfahrens vom Vorsitzenden festgesetzt.

(3) Die Höhe der Gebühren beträgt im Verfahren des ersten Rechtszuges 50 bis 100 DM und im Berufungsverfahren 100 bis 200 DM. Die Gebühr bei Zurückweisung einer Beschwerde nach § 23 beträgt 50 DM. Bei gütlicher Einigung innerhalb des ersten Rechtszuges kann eine Gebühr bis zu 20 DM festgesetzt werden.

§ 28 Kostenvorschuß

Die Spruchstellen können einen angemessenen Kostenvorschuß verlangen.

Teil 3. Beitritt und Kündigung

§ 29 Beitritt

Der Beitritt zu dieser Vereinbarung steht allen Trägern der Sozialhilfe und der öffentlichen Jugendhilfe offen.

§ 30 Kündigung

Die Vereinbarung kann unter Einhaltung einer Frist von drei Monaten zum Schluß eines Kalenderjahres gekündigt werden.

§ 31 Erklärung

Beitritt und Kündigung sind gegenüber der Hauptgeschäfts-

Fürsorgerechtsvereinbarung §§ 32–35 **FRV 36**

stelle des Deutschen Städtetages, 5 Köln-Marienburg, Lindenallee 11, als der Geschäftsstelle der Arbeitsgemeinschaft der Sozialhilfeträger schriftlich zu erklären.

§ 32 Veröffentlichung

Diese Vereinbarung sowie Beitritt und Kündigung sind in den Mitteilungsorganen der kommunalen Spitzenverbände und im Nachrichtendienst des Deutschen Vereins für öffentliche und private Fürsorge zu veröffentlichen.

Teil 4. Übergangs- und Schlußvorschriften

§ 33 Bisherige Spruchstellen und anhängige Verfahren

(1) Die bestehenden Spruchstellen für Sozialhilfestreitsachen sind Spruchstellen im Sinne des § 5.

(2) Soweit die Besetzung einer regionalen Spruchstelle nicht den Voraussetzungen des § 7 Abs. 2 Satz 2 entspricht, ist sie auf Antrag eines Landesjugendamtes bis zum 1. Januar 1967 entsprechend zu ergänzen.

(3) Anhängige Verfahren werden nach den Vorschriften dieser Vereinbarung weitergeführt.

§ 34 Weitergeltung der Verfahrensordnung

Die Verfahrensordnung der Spruchstellen für Sozialhilfestreitsachen vom 13. April 1962 gilt, soweit sie dieser Vereinbarung nicht widerspricht, bis zum Inkrafttreten der nach § 20 zu erlassenden Verfahrensordnung weiter.

§ 35 Weitergeltung der Vereinbarung über die Kostenerstattung

Für die Träger der Sozialhilfe und der öffentlichen Jugendhilfe, die sich der Vereinbarung über die Kostenerstattung im Jugendwohlfahrtsrecht angeschlossen haben, gilt Ziffer 3 dieser Vereinbarung weiter.

37. Verfahrensordnung der Spruchstellen für Fürsorgestreitigkeiten

Vom 9. Dezember 1965

Auf Grund von § 20 Abs. 1 der Fürsorgerechtsvereinbarung (FRV) in der Fassung vom 26. Mai 1965[1] beschließt die Zentrale Spruchstelle für Fürsorgestreitigkeiten:

Abschnitt 1. Gegenstand des schiedsgerichtlichen Verfahrens

§ 1

(1) Im schiedsgerichtlichen Verfahren nach der Fürsorgerechtsvereinbarung werden Streitigkeiten zwischen Partnern dieser Vereinbarung entschieden, die sich ergeben aus der Gewährung:
a) von Sozialhilfe und Leistungen nach dem früheren Fürsorgerecht oder
b) von Hilfen zur Erziehung nach § 6 Jugendwohlfahrtsgesetz oder
c) von anderen Leistungen, wenn das Erstattungsrecht des Bundessozialhilfegesetzes anzuwenden ist.

(2) Im schiedsgerichtlichen Verfahren nach der Fürsorgerechtsvereinbarung werden ferner Streitigkeiten zwischen Partnern dieser Vereinbarung entschieden, die sich aus anderen Vereinbarungen ergeben, wenn nach diesen die Vorschriften der Fürsorgerechtsvereinbarung über das schiedsgerichtliche Verfahren anzuwenden sind.

Abschnitt 2. Zuständigkeit

§ 2 Sachliche Zuständigkeit

(1) Die regionalen Spruchstellen entscheiden im ersten Rechtszug.

---

[1] Abgedruckt unter Nr. **36**.

(2) Die Zentrale Spruchstelle entscheidet über die Berufung (§ 17).

(3) Der Vorsitzende der Zentralen Spruchstelle entscheidet über die Beschwerde (§ 18).

(4) *(aufgehoben)*

§ 3 Örtliche Zuständigkeit

(1) Örtlich zuständig ist die regionale Spruchstelle, in deren Bereich der Antragsgegner seinen Sitz hat. Bei mehreren Antragsgegnern ist der Sitz des zuerst genannten maßgebend.

(2) Wenn eine örtlich zuständige regionale Spruchstelle wegen Befangenheit von Mitgliedern (§ 17 FRV) nicht nach § 10 Abs. 1 der Fürsorgerechtsvereinbarung besetzt werden kann, wird die Streitigkeit vom Vorsitzenden der Zentralen Spruchstelle einer anderen regionalen Spruchstelle zur Entscheidung zugewiesen.

Abschnitt 3. Verfahren im ersten Rechtszug

§ 4 Antrag auf Entscheidung

(1) Die Entscheidung ist bei der regionalen Spruchstelle schriftlich zu beantragen.

(2) Der Antrag muß enthalten:
a) die Bezeichnung des Antragstellers und des (der) Antragsgegner(s),
b) einen bestimmten Antrag.

(3) Die zur Begründung dienenden Tatsachen und Beweismittel sollen angegeben werden.

(4) Dem Antrag und allen Schriftsätzen müssen Abschriften für die Beteiligten (§ 6) beigefügt werden.

§ 5 Verbindung mehrerer Ansprüche; Widerantrag

(1) Mehrere Ansprüche des Antragstellers gegen den (die) gleichen Antragsgegner können in einem Antrag verbunden werden, wenn sie auf dem gleichen Grund beruhen.

(2) Ein Widerantrag kann gestellt werden, wenn der Gegenanspruch mit dem im Antrag geltend gemachten Anspruch oder mit den gegen diesen vorgebrachten Verteidigungsmitteln zusammenhängt.

§ 6 Beteiligte

Beteiligt am Verfahren sind:
a) der Antragsteller,
b) die Antragsgegner,
c) die Beigeladenen (§ 7).

§ 7 Beiladung

(1) Partner der Fürsorgerechtsvereinbarung, deren rechtliche Interessen durch die Entscheidung berührt werden, können beigeladen werden.

(2) Für die Beiladung gelten § 65 Abs. 1 und 3 sowie § 66 der Verwaltungsgerichtsordnung mit der Maßgabe, daß der Vorsitzende über die Beiladung entscheidet.

§ 8 Ermittlung des Sachverhalts

(1) Die Spruchstelle ermittelt den Sachverhalt; die Beteiligten sind verpflichtet, dabei mitzuwirken. Die Spruchstelle ist an das Vorbringen und an die Beweisanträge der Beteiligten nicht gebunden.

(2) Auf Verlangen der Spruchstelle haben auch Partner der Fürsorgerechtsvereinbarung, die nicht am Verfahren beteiligt sind, Auskünfte zu erteilen sowie Akten und Urkunden zu übersenden.

(3) Der Vorsitzende kann Beweis erheben sowie schriftliche Gutachten und Auskünfte einholen. Er kann ein anderes Mitglied der Spruchstelle damit beauftragen.

§ 9 Rechtliches Gehör

(1) Die Spruchstelle gibt den Beteiligten Gelegenheit, zu den Äußerungen der anderen Beteiligten und zum Ergebnis der Ermittlungen schriftlich Stellung zu nehmen.

(2) Die Spruchstelle kann auch Partnern der Fürsorgerechtsvereinbarung, die nicht am Verfahren beteiligt sind, deren

rechtliche Interessen aber durch die Entscheidung berührt werden, Gelegenheit zur schriftlichen Stellungnahme (Abs. 1) geben.

§ 10 Beschleunigung des Verfahrens

(1) Die Spruchstelle sorgt dafür, daß das Verfahren ohne Verzögerung durchgeführt wird.

(2) Die Spruchstelle kann nach Lage der Akten entscheiden, wenn dies den säumigen Beteiligten mindestens drei Wochen vor der Entscheidung angekündigt worden ist.

§ 11 Gütliche Einigung

Die Spruchstelle soll darauf hinwirken, daß die Beteiligten sich einigen.

§ 12 Mündliche Verhandlung

Die Spruchstelle entscheidet ohne mündliche Verhandlung. Der Vorsitzende kann im einzelnen Fall bestimmen, daß mündlich verhandelt wird.

§ 13 Form und Inhalt der Entscheidung

(1) Die Spruchstelle entscheidet durch Schiedsspruch.

(2) Der Schiedsspruch enthält:
a) die Bezeichnung der Beteiligten,
b) die Bezeichnung der Spruchstelle und die Namen der Mitglieder, die bei der Entscheidung mitgewirkt haben,
c) die Entscheidungsformel (einschließlich der Entscheidung über die Kosten des Verfahrens und über die Zulassung der Berufung),
d) den Tatbestand,
e) die Entscheidungsgründe,
f) die Rechtsmittelbelehrung.

§ 14 Kosten des Verfahrens

Bei der Entscheidung über die Kosten des Verfahrens werden die §§ 154 ff. Verwaltungsgerichtsordnung entsprechend angewendet.

§ 15 Zulassung der Berufung

(1) Die Berufung wird zugelassen, wenn

a) die Sicherung einer einheitlichen Spruchpraxis es erfordert oder
b) es sich um eine Rechtsfrage von grundsätzlicher Bedeutung handelt oder
c) die finanzielle Bedeutung des einzelnen Falles es erfordert oder
d) der Schiedsspruch in der Hauptsache Beteiligte beschwert, die ihren Sitz nicht im Bereich der Spruchstelle haben.

(2) In anderen Fällen kann die Berufung zugelassen werden.

§ 16 Zustellung

Der Schiedsspruch wird nach dem Verwaltungszustellungsgesetz zugestellt.

Abschnitt 4. Rechtsmittel

§ 17 Berufung

(1) Gegen den Schiedsspruch können die Beteiligten Berufung einlegen, wenn

a) diese zugelassen worden ist oder
b) wesentliche Mängel des Verfahrens gerügt werden (§ 133 Verwaltungsgerichtsordnung).

(2) Die Berufung ist innerhalb eines Monats nach der Zustellung des Schiedsspruchs schriftlich bei der Spruchstelle des ersten Rechtszugs einzulegen. Die Frist ist auch gewahrt, wenn die Berufungsschrift vor dem Ablauf der Frist bei der Zentralen Spruchstelle eingeht. § 4 Abs. 2 bis 4 wird entsprechend angewendet.

(3) Über die Berufung entscheidet die Zentrale Spruchstelle.

(4) Auf das Berufungsverfahren werden die §§ 6 bis 14 und 16 entsprechend angewendet.

§ 18 Beschwerde gegen die Nichtzulassung der Berufung

(1) Gegen die Nichtzulassung der Berufung können die Beteiligten Beschwerde erheben.

(2) Die Beschwerde ist innerhalb eines Monats nach der Zustellung des Schiedsspruchs schriftlich bei der Spruchstelle des ersten Rechtszugs zu erheben. Die Frist ist auch gewahrt, wenn die Beschwerdeschrift vor dem Ablauf der Frist bei der Zentralen Spruchstelle eingeht. § 4 Abs. 2 bis 4 wird entsprechend angewendet.

(3) Über die Beschwerde entscheidet der Vorsitzende der Zentralen Spruchstelle. Will er der Beschwerde nicht stattgeben, entscheidet die Zentrale Spruchstelle.

(4) Wird der Beschwerde stattgegeben, so gilt sie als Berufung.

§ 19 Wahrung von Rechtsmittelfristen (Nachsicht)

Fristen für Rechtsmittel gelten als gewahrt, wenn
a) glaubhaft gemacht ist, daß sie wegen eines unabwendbaren Ereignisses nicht eingehalten werden konnten, und
b) das Rechtsmittel nach dem Wegfall des Hindernisses unverzüglich eingelegt worden ist.

Abschnitt 5. Gebühren und Auslagen

§ 20 Gebühren

(1) Die Gebühr beträgt:

a) im ersten Rechtszug	50 bis 100 DM,
b) in der Berufung	100 bis 200 DM,
c) in der Beschwerde nach § 18 bei deren Zurückweisung	50 DM.

Bei gütlicher Einigung innerhalb des ersten Rechtszugs kann eine Gebühr bis zu 20 DM festgesetzt werden.

(2) Die Gebühr wird in jedem Rechtszug nach dem Abschluß des Verfahrens vom Vorsitzenden festgesetzt.

§ 21 Vorschuß

Die Spruchstellen können einen angemessenen Vorschuß auf Gebühren und Auslagen verlangen.

Abschnitt 6. Schluß- und Übergangsvorschriften

§ 22 Ergänzende Vorschriften

Soweit die Fürsorgerechtsvereinbarung und diese Verfahrensordnung keine Vorschriften über das Verfahren enthalten, wird die Verwaltungsgerichtsordnung entsprechend angewendet. Dies gilt nicht, wenn die Eigenart des schiedsgerichtlichen Verfahrens entgegensteht. Die §§ 7 und 14 bleiben unberührt.

§ 23 Gegenseitige Hilfeleistung

Die Spruchstellen leisten sich gegenseitig Hilfe.

§ 24 Anhängige Verfahren

Anhängige Verfahren werden nach den Vorschriften dieser Verfahrensordnung weitergeführt.

§ 25 Inkrafttreten

(1) Diese Verfahrensordnung tritt am 1. Januar 1966 in Kraft.

(2) Gleichzeitig tritt die Verfahrensordnung der Spruchstellen für Sozialhilfestreitsachen vom 13. April 1962 außer Kraft.

Anlage *(aufgehoben)*

---

[1] Abgedruckt unter Nr. **36.**

Sachverzeichnis

Die **fetten** Zahlen bezeichnen die Ordnungsnummern der Gesetze in dieser Ausgabe, die mageren deren Paragraphen.

Magere Zahlen ohne vorangestellte fette Zahlen bedeuten die Paragraphen des Bundessozialhilfegesetzes

Abkommen, Europäisches Fürsorgeabkommen **23**
Absehen von der Heranziehung zum Kostenersatz 92, 92a, 92c
Abwendung einer drohenden Notlage durch Sozialhilfe 6
Allgemeine Verwaltungsvorschriften, Erlaß 114
Altenhilfe 27, 75
Alterssicherung, Übernahme von Kosten 14
Amtshilfe 14 3–7, Verfahren zur Unterhaltssicherung **2** 21
Anfallkranke, sachliche Zuständigkeit 100
Angabe von Tatsachen **13** 60
Angehörige, Rücksichtnahme bei arbeitsscheuen Hilfesuchenden 25; von Wehrpflichtigen, Gesetz über die Sicherung des Unterhalts **12**
Anhörung Beteiligter **13** 34
Anpassung des Familienzuschlages an die Entwicklung der Regelsätze 79
Anrechnung von Einkünften auf die Unterhaltshilfe nach dem LAG **18** 270
Anregung zur Selbsthilfe 7

Anspruch auf Erstattung der Leistungsträger gegen Dritte **14** 115–119; der Leistungsträger untereinander **14** 102–114; auf Hilfe, Ausschluß 25; auf Kostenerstattung, Frist zur Geltendmachung 112; auf Sozialhilfe 4; Übergang kraft Gesetzes **10** 71, 71b; Übergang auf Träger der Sozialhilfe 90, 91
Ansprüche, Entstehen **13** 40
Anspruchsvoraussetzungen auf Leistungen zur Unterhaltssicherung **12** 4
Anstalt, Kostenerstattung bei Geburt 105; gesetzlicher Übergang der Versorgungsbezüge bei gerichtlich angeordneter Unterbringung in – **10** 71a
Anstaltsaufenthalt, Kostenerstattung 103
Anstaltsunterbringung, Behinderte 43
Antrag auf Leistungen der Kriegsopferfürsorge **11** 29; auf Leistungen zur Unterhaltssicherung **12** 8; auf Sozialleistungen **13** 16
Antragstellung 13 16

Sachverzeichnis

fette Zahlen = Gesetzesnummern

Anwendung des Sozialhilferechts bei Kriegsopferfürsorge **10** 27 b

Anzeige des Übergangs von Ansprüchen auf Träger der Sozialhilfe 90, 91; der Überleitung von Ansprüchen bei Kriegsopferfürsorge **10** 27 e

Arbeit, Beschaffung des Lebensunterhalts 18; Gewöhnung des Hilfesuchenden 20; Zumutbarkeit für Hilfesuchenden 18

Arbeitgeber, Auskunftspflichten 116, bei Leistungen zur Unterhaltssicherung **12** 20

Arbeitsämter, Zusammenarbeit zur Beschaffung von Arbeitsgelegenheit 18

Arbeitsbereitschaft, Prüfung des Hilfesuchenden 20

Arbeitseinkommen und Regelsätze für laufende Leistungen 22; **2**

Arbeitsfördernde Maßnahmen für Behinderte 40

Arbeitsförderung 13 3; Leistungen **13** 19

Arbeitsgelegenheiten, . Schaffung 19

Arbeitsgemeinschaften der Träger der Sozialhilfe 95

Arbeitsplatz, Hilfe zur Erlangung für Behinderte 40; Sicherung als Berufsfürsorge **10** 26; **11** 13

Arbeitsscheu, Ausschluß des Anspruchs auf Hilfe zum Lebensunterhalt 25

Arbeitsschutz bei gemeinnützigen Arbeiten 19

Arbeitsstelle, Verlassen ohne wichtigen Grund 25

Arbeitsverhältnis bei Heranziehung zu gemeinnütziger Arbeit 19

Arbeitsverweigerung, Folgen 25

Art der Kriegsopferfürsorge **11** 1; der Sozialhilfe 3

Arten der Hilfe in besonderen Lebenslagen 27

Ärztliche Maßnahmen für Körperbehinderte 124, 125

Arztwahl, freie – bei Krankenhilfe 37

Aufbau, Hilfe zum – der Lebensgrundlage 27, 30; der Regelsätze für laufende Leistungen 22; **2**

Aufenthalt in einer Anstalt, Kostenerstattung 103; des Hilfesuchenden, Zuständigkeit des Trägers der Sozialhilfe 97

Aufgaben der Altenhilfe 75; der bisherigen Arbeit, Einschränkung der Hilfe 25; der Eingliederungshilfe 39; **4;** der Hilfe für Gefährdete 72, zur Weiterführung des Haushalts 70; der Kriegsopferfürsorge **10** 25; **11** 1; des Sozialgesetzbuches **13** 1; der Sozialhilfe 1; Übertragung auf Verbände der freien Wohlfahrtspflege 10

Aufhebung eines Verwaltungsaktes **14** 48

Aufklärung durch Leistungsträger **13** 13

Aufrechnung 13 51

Aufschiebende Wirkung, keine – bei Rechtsmittel gegen Überleitungsanzeige 90

magere Zahlen = Paragraphen   **Sachverzeichnis**

Aufstellung des Gesamtplans für Eingliederungshilfe für Behinderte 46
Aufstieg im Beruf, Hilfe bei Kriegsopferfürsorge **11** 7a
Aufwendungen, Erstattung bei Eilfällen 121
Aufwendungsersatz bei erweiterter Hilfe in besonderen Lebenslagen 29; für Träger der Sozialhilfe 140; für Wehrpflichtige **12** 7
Ausbildung, Berufsfürsorge 10 26; **11** 7
Ausbildungsförderung, Leistungen **13** 18
Ausbildungsstätte, Ausbildungshilfe zum Besuch 31
Ausführungsgesetze zum BSHG **24–35**
Ausgestaltung sozialer Rechte **13** 33
Ausgleich von Härten bei Unterhaltssicherung **12** 23
Auskunft über Einkommens- und Vermögensverhältnisse 117; Pflicht zur – 116; durch Sozialleistungsträger **13** 15
Auskunftspflicht 14 98–101; bei Unterhaltssicherung **12** 20
Ausland, Kostenerstattung bei Übertritt aus dem – 108; Sozialhilfe für Deutsche 119
Ausländer, Sozialhilfe 120
Auslandsaufenthalt, Berufsförderung **11** 11
Ausmaß der Kriegsopferfürsorge **11** 1
Ausschluß des Anspruchs auf Hilfe 25; der Rechtsnachfolge **13** 59

Auszahlung von Geldleistungen **13** 47; bei Unterbringung **13** 49; bei Verletzung der Unterhaltspflicht **13** 48
Auszubildender Hilfe zum Lebensunterhalt 26

Baden-Württemberg, landesrechtliche Vorschriften **24; 24a**
Barbeträge, Verwertung 88; **7**
Bargeld, Unpfändbarkeit von – **10** 70a
Bayern, landesrechtliche Vorschriften **25**
Bedürftigkeit für Erziehungsbeihilfen **10** 27; **11** 22, 23
Beerdigung, Übernahme der Kosten 15
Beginn der Leistungen der Kriegsopferfürsorge **11** 29; der Sozialhilfe 5
Beglaubigungen 14 29, 30; Kostenfreiheit 118
Behinderte, Eingliederung 123–126c; **13** 10, 29; Eingliederungshilfe 27, 39–47; **4**
Beihilfe, Hilfe zum Aufbau oder zur Sicherung der Lebensgrundlage 30; bei Hilfe zur Pflege 69; als Leistung der Kriegsopferfürsorge **10** 25a
Bekämpfung der Geschlechtskrankheiten, Gesetz (Auszug) **16;** DVO **17**
Bekenntnis, Berücksichtigung bei Sozialhilfe 3
Bemessung der Regelsätze für laufende Leistungen 22; **2**
Bemessungsgrundlage für Leistungen zur Unterhaltssicherung **12** 10, 11

Sachverzeichnis

fette Zahlen = Gesetzesnummern

Beratung in sozialen Angelegenheiten als Sozialhilfe 8; Anspruch auf – **13** 14

Berechnung der Einkommensgrenze 79 ff.

Berichtigungsbescheid und Kriegsopferfürsorge **11** 29

Berlin, landesrechtliche Vorschriften **26**

Berufsausbildung, Weigerung 25

Berufsfachschule, Ausbildungshilfe zum Besuch 31

Berufsfördernde Maßnahmen 13 64; für Behinderte 40; **4** 12 ff.

Berufsfortbildung, Kriegsopferfürsorge **10,** 26; **11** 5

Berufsfürsorge, Anspruch, Art der Maßnahmen, Zweck und Dauer **10** 26; **11** 5–19

Beschädigte, Berufsfürsorge **10** 26; **11** 5–19; Erholungsfürsorge **10** 27a; **11** 24; Kriegsopferfürsorge **10** 25 ff.; **11;** Wohnungsfürsorge **10** 27a; **11** 25

Beschaffung des Lebensunterhalts durch Arbeit 18

Beschäftigungsverhältnis bei Heranziehung zu gemeinnütziger Arbeit 19

Beseitigung einer Notlage, nachgehende Sozialhilfe 6

Besondere Einkommensgrenze 81; **6**

Besondere Härte, Absehen von Inanspruchnahme eines Unterhaltspflichtigen 91

Besondere Teile des Sozialgesetzbuches **13** Art. II § 1

Bestattungskosten, Übernahme 15

Beteiligte, Anhörung **13** 34; im Verwaltungsverfahren **14** 12, 16, 24, 25

Beteiligung der Verbände der freien Wohlfahrtspflege an Aufgaben der Sozialhilfe 10

Betreuung von Geschlechtskranken **16** 15; von Haushaltsangehörigen bei Hilfe von Weiterführung des Haushalts 70; von Hilfeempfängern durch Geistliche 3

Beurkundungen, Kostenfreiheit 118

Bildung von Arbeitsgemeinschaften der Träger der Sozialhilfe 95; der Schiedsstelle 108, 147

Bildungsförderung 13 3

Blinde, Eingliederungshilfe 39 ff.; **4;** Mehrbedarf 24; Sonderfürsorge **10** 27c; **11** 27

Blindenhilfe 27, 67; sachliche Zuständigkeit 100

Blindheit, Begriff 24

Bremen, landesrechtliche Vorschriften **27**

Bürgerliches Gesetzbuch, entsprechende Anwendung von Vorschriften **13** 45

Bund, Erstes Gesetz zur Überleitung von Lasten und Deckungsmitteln **9; 9a** Tragung der Kosten von Leistungen zur Unterhaltssicherung **12** 19

Bundesanstalt für Arbeit, Aufgaben 35, 46

Bundesdatenschutzgesetz, Geltung **14** 79, 85

magere Zahlen = Paragraphen

Sachverzeichnis

Bundesversorgungsgesetz, (Auszug) **10**; VO zur Kriegsopferfürsorge **11**
Bundesvertriebenengesetz (Auszug) **20**
Bundesverwaltungsamt, Zuständigkeit **8**

Darlehen, bei Einsatz des Vermögens 89; Hilfe zum Aufbau oder zur Sicherung der Lebensgrundlage 30; als Leistung der Kriegsopferfürsorge **10** 25a; bei vorübergehender Notlage 15b; Übertragung, Verpfändung und Pfändung der Rente **10** 67
Daten, Schutz von Sozialdaten **14** 79–85
Dauer der Berufsförderung **11** 10; der Gewährung von Erziehungsbeihilfen **10** 27; der Kriegsopferfürsorge **11** 1; von Leistungen zur Unterhaltssicherung **12** 18; der Unterhaltshilfe nach dem LAG **18** 271 ff.
Deutsche im Ausland, Sozialhilfe 119
Durchführung der Hilfe für Behinderte 46, 47; **4**

Eheähnliche Gemeinschaft, Verbot der Besserstellung gegenüber Ehegatten 122
Ehefrau, Leistungen zur Unterhaltssicherung **12** 9
Ehegatte, Kriegsopferfürsorge **11** 4
Eilfälle, Erstattung von Aufwendungen 121
Eingliederung in das Arbeitsleben für Behinderte 123–126c; **13** 10; Leistungen **13** 29

Eingliederungshilfe für Behinderte 27, 39–47; **4**; Einsatz des Einkommens 86
Eingliederungshilfe-Verordnung 4
Eingliederungsplan bei Berufsförderung **11** 16
Einkommen, Begriff 76 ff.; **5**; Anrechnung bei Leistungen zur Unterhaltssicherung **12** 11; Berücksichtigung bei Hilfe zum Lebensunterhalt 11; Einsatz 76–89; allgemeine Grenze 79
Einkommensgrenze für Hilfe in besonderen Lebenslagen 79 ff.; für Leistungen aus der Kriegsopferfürsorge **10** 25a; **11** 2; Zusammentreffen mehrerer – 83
Einkommenshöchstbetrag für Unterhaltshilfe nach dem LAG **18** 267
Einkünfte, Anrechnung auf die Unterhaltshilfe nach dem LAG **18** 270; Begriff **5** 1 ff.
Einmalige Leistungen, Gewährung 21
Einrichtungen der Sozialhilfe 93
Einsatz der Arbeitskraft zur Beschaffung des Lebensunterhalts 18; des Einkommens und des Vermögens 76–89
Einschränkung der Hilfe zum Lebensunterhalt 25
Einsetzen der Sozialhilfe 5
Einwanderung, Kostenerstattung bei – 108
Einzelleistungen zur Unterhaltssicherung **12** 6
Empfänger einer Pflegezulage, Sonderfürsorge **10** 27c; **11** 27

Sachverzeichnis

fette Zahlen = Gesetzesnummern

Empfangsberechtigte für Leistungen zur Unterhaltssicherung **12** 9
Entbindungsgeld 38
Entbindungsheim, Aufnahme 38
Entbindungskostenbeitrag 38
Entschädigung für gemeinnützige Arbeiten 19
Entziehungsanstalt, gesetzlicher Übergang der Versorgungsbezüge bei Unterbringung **10** 71a
Erben, Verpflichtung zum Ersatz der Kosten der Sozialhilfe 92c
Ergänzende Hilfe zum Lebensunterhalt **10** 27a; **11** 24, 25
Ergänzung der Sozialhilfe durch Tätigkeit der freien Wohlfahrtspflege 10
Erholung, vorbeugende Gesundheitshilfe 36
Erholungsfürsorge für Beschädigte und Hinterbliebene **10** 27a; **11** 24
Erlaß allgemeiner Verwaltungsvorschriften 114
Ermessen bei Form und Maß der Sozialhilfe 4
Ermessensleistungen 13 39
Ernährung, notwendiger Lebensunterhalt 12
Ernährungszulage für werdende Mütter und Wöchnerinnen 38
Ersatz von Aufwendungen bei erweiterter Hilfe in besonderen Lebenslagen 29, für Wehrpflichtige **12** 7; der Kosten der Sozialhilfe 92–92c, Evakuierte **21** 19, Vertriebene **20** 91
Erstattung von Aufwendungen in Eilfällen 121, von Kosten bei vorläufiger Hilfeleistung 59, zwischen den Trägern der Sozialhilfe 103–113
Erstes Überleitungsgesetz 9; DVO **9a**
Erweiterte Hilfe für Behinderte 43; in besonderen Lebenslagen 29
Erwerbstätige, Mehrbedarf 23
Erwerbsunfähige, Mehrbedarf 23
Erziehungsbeihilfen für Waisen und Kinder von Beschädigten **10** 27; **11** 20–23; Zuständigkeit für Gewährung **11** 28
Europäisches Fürsorgeabkommen 23
Evakuierte, Kostenerstattung 145

Fachkräfte für Sozialhilfe 102
Fachoberschule, Ausbildungshilfe zum Besuch 31
Fälligkeit der Ansprüche auf Sozialleistungen **13** 41
Familienangehörige, Unterhaltssicherung **12** 3, 4, 5 ff.
Familienaufwand 13 6
Familiengerechte Sozialhilfe 11
Familienmitglieder, Kriegsopferfürsorge **11** 4
Familienplanung, Hilfe 37b
Familienverhältnisse, Berücksichtigung bei Sozialhilfe 7
Familienzuschlag und Einkommensgrenze 79 ff.
Festsetzung der Regelsätze 22; **2** 2
Feststellung der Sozialleistungen 91a

magere Zahlen = Paragraphen

Sachverzeichnis

Förderungsmaßnahmen bei Berufsfürsorge **10** 26; **11** 5–19
Form der Leistungen 21 ff.; der Sozialhilfe 3, 8
Fortbildung im Beruf, Kriegsopferfürsorge **10** 26; **11** 5; Verweigerung 25
Fortbildungshilfe für Behinderte 40; **4** 13, 14
Frauen, Zumutbarkeit von Arbeit 18
Freie Arztwahl bei Krankenhilfe 37
Freie Wohlfahrtspflege, Ergänzung der Sozialhilfe 10; s. Verbände der freien Wohlfahrtspflege
Freiheitsstrafe, gesetzlicher Forderungsübergang **10** 71, örtliche Zuständigkeit für Sozialhilfegewährung 98
Frist 14 26; zur Geltendmachung des Anspruchs auf Kostenerstattung 112
Fürsorgeabkommen, Europäisches – **23**
Fürsorgekosten, Tragung durch den Bund **9** 7 ff.; **9a** 7 ff.
Fürsorgerechtsvereinbarung 36
Fürsorgeverbände, Bekämpfung der Geschlechtskrankheiten **16** 14, 15; s. auch Träger der Sozialhilfe

Geburt in einer Anstalt, Kostenerstattung 105
Geburtsort, Zuständigkeit des Trägers der Sozialhilfe 119
Gefährdete, Hilfe für – 27, 72
Geheimhaltung 13 35

Geisteskranke, sachliche Zuständigkeit 100
Geldbeträge, Verwertung 88; **7**
Geldleistung als Form der Sozialhilfe 8; bei Hilfe zum Aufbau oder zur Sicherung der Lebensgrundlage 30; als Leistung der Kriegsopferfürsorge **10** 25a
Geltendmachung des Anspruchs auf Kostenerstattung 112
Geltungsbereich des Sozialgesetzbuches **13**
Gemeinnützige Arbeiten, Entschädigung 19
Gesamtplan für Eingliederungshilfe für Behinderte 46
Geschlechtskrankheiten, Begriff **16** 1; Bekämpfung **16** 2
Gesetz zur Bekämpfung der Geschlechtskrankheiten (Auszug) **16**; DVO **17**; zu dem Europäischen Fürsorgeabkommen und dem Zusatzprotokoll **23**; über den Lastenausgleich (Auszug) **18**
Gestaltung der Hilfe für Nichtseßhafte 17
Gesundheitsamt, Aufgaben 126; Bekämpfung der Geschlechtskrankheiten **16** 2, 14 ff.; Beteiligung bei Tuberkulosehilfe 63, 64
Gesundheitshilfe, vorbeugende Gesundheitshilfe 27, 36
Gewährung von Ausbildungshilfe 31 ff.; von Eingliederungshilfe für Behinderte 39 ff.; **4**; von Erziehungsbeihilfen **10** 27; **11** 20–23; von Hilfe zum Lebensunterhalt 11 ff.; zur Pflege 68; für werdende Mütter und

31 BSHG 24. A.   481

Sachverzeichnis

fette Zahlen = Gesetzesnummern

Wöchnerinnen 27, 36; von Krankenhilfe 37; von Leistungen der Kriegsopferfürsorge **10** 25a; von Unterhaltshilfe nach dem LAG **18** 267ff.
Gewerbebetrieb, Berechnung der Einkünfte **5** 4, **5**
Gewöhnlicher Aufenthalt, Kostenerstattungspflicht beim Fehlen eines – 106, 109
Gewöhnung an Arbeit als Hilfe zum Lebensunterhalt 20
Greise, Mehrbedarf 23
Grenzen der Mitwirkung **13** 65
Grundbetrag für Berechnung der Einkommensgrenze 79, 81

Haftung des Sonderrechtsnachfolgers **13** 57
Hamburg, landesrechtliche Vorschriften **28**
Handlungen, pflichtwidrige; Kostenerstattung 107
Handlungsfähigkeit 13 36
Härteausgleich bei Leistungen zur Unterhaltssicherung **12** 23
Hauptfürsorgestellen, Gewährung von Sonderfürsorge **10** 27c; **11** 28
Haushalt, Hilfe zur Weiterführung 27, 70, 71
Häusliche Pflege, Gewährung 69
Haushaltsangehörige, anderweitige Unterbringung bei Hilfe zur Weiterführung des Haushalts 71
Haushaltsgemeinschaft, Hilfe zum Lebensunterhalt 16
Haushaltsvorstand, Festsetzung der Regelsätze **2** 2

Hausrat, notwendiger Lebensunterhalt 12
Hebammenhilfe, Gewährung 38
Heil- und Pflegeanstalt, gesetzlicher Übergang der Versorgungsbezüge bei Unterbringung in – **10** 71a
Heilung von Geschlechtskranken, Kostentragung **16** 22
Heim, Kostenerstattung bei Geburt 105
Heimaufenthalt, Kostenerstattung 103
Heimunterbringung, Behinderte 43
Heizung, notwendiger Lebensunterhalt 12; laufende Leistungen **2** 3
Hessen, landesrechtliche Vorschriften **29**
Hilfe, Übernahme 110; zum Aufbau oder zur Sicherung der Lebensgrundlage 27, 30; für Behinderte, Versagung 45; zur Familienplanung 37b; für Gefährdete 27, 72; sachliche Zuständigkeit 100; Krankenhilfe, sonstige Hilfe 37, 37a; für werdende Mütter und Wöchnerinnen 27, 38; zur Weiterführung des Haushalts 27, 70, 71
Hilfe zur Arbeit 18–20
Hilfe in besonderen Lebenslagen 1, 27–75; sachliche Zuständigkeit 100
Hilfe zum Lebensunterhalt 1, 11–25; Personenkreis 11; Ersatz der Kosten 92–92c; **20** 91; **21** 19; sachliche Zuständigkeit 100
Hilfe zur Pflege 27, 68, 69

magere Zahlen = Paragraphen

Sachverzeichnis

Hilfeempfänger, Berücksichtigung von Wünschen 3

Hilfesuchender, Einsatz der Arbeitskraft 18; in Haushaltsgemeinschaft, Hilfe zum Lebensunterhalt 16; Schaffung von Arbeitsgelegenheiten 19

Hinterbliebene, Erholungsfürsorge 10 27a; 11 24; Kriegsopferfürsorge 10 25ff.; 11; Wohnungsfürsorge 10 27a; 11 25

Hirnbeschädigte, Sonderfürsorge 10 27c; 11 27

Höchstbetrag des Einkommens bei Unterhaltshilfe 18 267

Höhe der Barbeträge, die zu verwerten sind 88; 7; der Unterhaltshilfe nach dem LAG 18 269

Inhalt der Sozialhilfe 1

Inkrafttreten des BSHG 153

Internationale Abkommen, Europäisches Fürsorgeabkommen 23

Jugendhilfe 13 8; Leistungen **13** 27

Jugendlicher, Kosten der Unterbringung in anderer Familie 104

Kapitalvermögen, Berechnung der Einkünfte **5** 6

Kinder, Erziehungsbeihilfen **10** 27; **11** 20–23; Kosten der Unterbringung in anderer Familie 104; Kriegsopferfürsorge **11** 4; Mehrbedarf für laufende Leistungen 23

Kindergeld 13 25, 48, 54

Kirchen, Stellung in der Sozialhilfe 10

Kleidung, notwendiger Lebensunterhalt 12

Kontenpfändung 13 55

Körperbehinderte, Eingliederungshilfe 39 ff.; **4**; Einleitung ärztlicher Maßnahmen 124; Sonderbestimmungen 123–126c

Körperersatzstücke für Behinderte 40; **4** 10; sachliche Zuständigkeit für Versorgung 100

Körperpflege, notwendiger Lebensunterhalt 12

Kosten der Bestattung, Übernahme 15; Tragung bei Leistungen zur Unterhaltssicherung **12** 19

Kostenersatz bei Sozialhilfe 92–92c

Kostenersatzpflichtige, Auskunftspflicht 116

Kostenerstattung bei Evakuierten 145; bei vorläufiger Hilfeleistung 59; zwischen den Trägern der Sozialhilfe 103–113; Übergangsregelung 144

Kostentragung für Untersuchung und Heilung von Geschlechtskranken **16** 22

Krankenhilfe 27, 37; Unterhaltssicherung **12** 7

Krankenversicherung, Leistungen **13** 21

Krankenversicherungsbeiträge, Übernahme 13; für Wehrpflichtige **12** 7

Krankenversorgung, Empfänger von Unterhaltshilfe nach dem LAG **18** 276

31*

483

Sachverzeichnis

fette Zahlen = Gesetzesnummern

Kreisfreie Städte, örtliche Träger der Sozialhilfe 96
Kriegsblinde, Sonderfürsorge **10** 27c; **11** 27
Kriegsopferfürsorge 10 25ff.; Aufgaben **10** 25; Leistungsvoraussetzungen **10** 25a; **11** 2; VO zur – **11**

Länder, Bestimmungen der zuständigen Behörden 151
Landesarzt, Aufgaben 46; für Behinderte 126a
Landesrecht zum BSHG **24–35**
Landkreise, örtliche Träger der Sozialhilfe 96
Landwirtschaft, Berechnung der Einkünfte **5** 4, 5
Lastenausgleichsgesetz (Auszug) **18**; Auszug aus der 3. LeistungsDV-LA **19**
Laufende Leistungen, Gewährung 21 ff.; **2**
Lebensgrundlage, Hilfe zum Aufbau oder zur Sicherung 27, 30
Lebensunterhalt Beschaffung durch Arbeit 18; Hilfe für Auszubildende 26; notwendiger –, Begriff 12; s. Hilfe zum Lebensunterhalt
Lebensversicherung, Übernahme von Kosten 14
Lebenszeit, Unterhaltshilfe auf – nach dem LAG **18** 272
Leistungen zur Eingliederung Behinderter **13** 29; der Jugendhilfe **13** 27; der gesetzlichen Krankenversicherung **13** 21; der gesetzlichen Rentenversicherung und Altershilfe für Landwirte **13** 23; der Sozialhilfe **13** 28; der gesetzlichen Unfallversicherung **13** 22; zur Unterhaltssicherung **12** 1ff., Antrag **12** 8
Leistungsarten im Sozialgesetzbuch **13** 11; bei Unterhaltssicherung **12** 2
Leistungsträger 13 12; Erstattungsansprüche **14** 102–114; Zusammenarbeit untereinander und mit Dritten **14** 86–101

Maß der Leistungen 21 ff.; der Sozialhilfe 3
Maßnahmen der Altenhilfe 75; der Eingliederungshilfe für Behinderte 40
Maßregel der Besserung und Sicherung, Rechtsübergang beim Vollzug **10** 71
Mehrbedarf für laufende Leistungen 23, 24
Mehrfacher Bedarf, Einsatz des Einkommens 87
Mietbeihilfe, Unterhaltssicherung **12** 7
Mietzuschuß, Unterhaltssicherung **12** 7
Mitteilung über Geltendmachung der Kostenerstattung 112
Mitteilungspflicht bei Kriegsopferfürsorge **11** 30; bei Leistungen zur Unterhaltssicherung **12** 20
Mitwirkung, Folgen fehlender – **13** 66; Grenzen der – **13** 65; Nachholung der – **13** 67
Mitwirkungspflicht 13 60–64
Müttergenesungsheim, vorbeugende Gesundheitshilfe 36

magere Zahlen = Paragraphen

Sachverzeichnis

Nachbarschaftshilfe und Hilfe zur Pflege 69
Nachgehende Sozialhilfe 6
Nachlaß, Haftung für Kostenersatz 92c
Nachrang der Sozialhilfe 2
Nichtseßhafte, Hilfe zum Lebensunterhalt 17
Niedersachsen, landesrechtliche Bestimmungen 30
Nordrhein-Westfalen, landesrechtliche Bestimmungen 31; 32
Notlage, Abwendung durch Sozialhilfe 6; Darlehen bei vorübergehender – 15b; Sozialhilfe nach Beseitigung 6
Notwendiger Lebensunterhalt, Begriff 12

Offenbarung von Sozialdaten 14 67–78
Öffentlich-rechtlicher Vertrag 14 53–61
Ohnhänder, Sonderfürsorge 10 27c; 11 27
Ordnungswidrigkeiten bei Auskünften 116; nach dem USG 12 24
Orthopädische Hilfsmittel für Behinderte 40; 4 10
Örtliche Träger der Sozialhilfe 9, 96ff.
Örtliche Zuständigkeit der Träger der Sozialhilfe 97, 119

Persönliche Bedürfnisse und notwendiger Lebensunterhalt 12
Persönliche Hilfe als Form der Sozialhilfe 8; als Leistung der Kriegsopferfürsorge 10 25a

Persönliches Erscheinen 13 61
Personenkreis der Empfänger von Eingliederungshilfe für Behinderte 39; 4 1–5; für Hilfe in besonderen Lebenslagen 28, zum Lebensunterhalt 11
Pfändbarkeit des Anspruchs auf Sozialhilfe 4
Pfändung von Ansprüchen 13 54; von Bargeld 13 55; von Guthaben auf Konten 13 55
Pflegegeld, Gewährung 69
Pflegekraft bei Hilfe zur Pflege 69
Pflicht zur Auskunft 116
Pflichtwidrige Handlungen, Kostenerstattungspflicht 107
Prüfung der Arbeitsbereitschaft des Hilfesuchenden 20

Querschnittgelähmte, Sonderfürsorge 10 27c; 11 27

Rechtsanspruch auf Sozialhilfe 4; auf Sozialleistungen 13 38
Rechtsbehelfsbelehrung 14 36
Rechtsbehelfsverfahren 14 62–66
Rechtsnachfolge, Ausschluß 13 59
Rechtsübergang bei Vollzug von Maßnahmen 10 71–71 b
Rechtsverordnung zur Durchführung des BSHG 22, 47, 76, 81, 93, 120
Rechtsweg bei Streit über Leistungen zur Unterhaltssicherung 12 22
Regelbedarf für laufende Leistungen 22; 2
Regelsätze und Arbeitseinkommen 22; 2; Festsetzung 114, al-

Sachverzeichnis

fette Zahlen = Gesetzesnummern

ler Bundesländer **2a**; für den Grundbetrag 79
Reisegeld, Kostenerstattung 107
Religionsgesellschaften, Stellung in der Sozialhilfe 10
Rente, Übertragung, Verpfändung und Pfändung **10** 67ff.
Rheinland-Pfalz, landesrechtliche Vorschriften 33
Rückerstattung von Leistungen der Kriegsopferfürsorge **11** 32, zur Unterhaltssicherung **12** 16
Rücknahme von Verwaltungsakten **14** 44, 45
Rücksicht auf Angehörige von arbeitsscheuen Hilfesuchenden 25
Ruhen der Leistungen zur Unterhaltssicherung **12** 14

Saarland, landesrechtliche Bestimmungen 34
Sachbezugsverordnung 5a
Sachleistung als Form der Sozialhilfe 8; als Leistung der Kriegsopferfürsorge **10** 27b; **11** 26
Sachliche Zuständigkeit der Träger der Sozialhilfe 99, 100
Schaffung von Arbeitsgelegenheiten 19
Schiedsstelle, Zuständigkeit 108, 147
Schleswig-Holstein, landesrechtliche Bestimmungen 35
Schriftliche Anzeige des Übergangs von Ansprüchen auf Träger der Sozialhilfe 90, 91
Schulausbildung, Kriegsopferfürsorge **10** 26; **11** 12
Schutz der Sozialdaten **14** 67–85

Schwangere, Mehrbedarf 23
Schwangerschaft, Hilfe 37a
Schwerbehinderte, zusätzliche Leistungen **13** 20
Schwerhörige, Eingliederungshilfe 39ff.
Schwerstbeschädigte, Sonderfürsorge **10** 27c; **11** 27
Selbsthilfe, Anregung durch Sozialhilfe 7
Selbstverwaltungsangelegenheit der kreisfreien Städte und Landkreise, Sozialhilfe 96
Sicherung der Lebensgrundlage, Hilfe 27, 30; des Unterhalts von Wehrpflichtigen **12** 1ff.
Sonderbestimmungen für Körperbehinderte 123–126c
Sonderfürsorge für Schwerstbeschädigte **10** 27c; **11** 27
Sonderleistungen zur Unterhaltssicherung **12** 7
Sonderrechtsnachfolge 13 56, 57
Sonstige Hilfen, Kriegsopferfürsorge **10** 27b; **11** 26
Sowjetzonenflüchtlinge, Ersatz von Kosten der Sozialhilfe **20** 91
Soziale Entschädigung bei Gesundheitsschäden **13** 5
Soziale Rechte 13 2
Sozialgesetzbuch, Allgemeiner Teil **13**; Allgemeines über Sozialleistungen und Leistungsträger **13** 11–17; Aufgaben und soziale Rechte **13** 1–10; Besondere Teile des SGB **13** Art. II § 1; Grundsätze des Leistungsrechts **13** 38–59; Mitwir-

486

magere Zahlen = Paragraphen

Sachverzeichnis

kung des Leistungsberechtigten **13** 60–67; Schlußvorschriften **13** Art. II §§ 21–23; einzelne Sozialleistungen und zuständige Leistungsträger **13** 18–29; Überleitungsvorschriften **13** Art. II §§ 17–20; gemeinsame Vorschriften für alle Sozialleistungsbereiche, allgemeine Grundsätze **13** 30–37

Sozialdaten, Schutz **14** 67–85

Sozialhilfe für Ausländer und Staatenlose 120; für Deutsche im Ausland 119; Anwendung der Vorschriften auf Kriegsopferfürsorge **10** 27b; Kostenersatz 92–92c; **20** 91; **21** 19; Kostenerstattung 103–113; Leistungen **13** 28; Übernahme 110; Verfahrensordnung der Spruchstellen **37;** Verhältnis der Unterhaltshilfe nach LAG zur – **18** 292, Zuständigkeit 98

Sozialleistungen 13 11, Feststellung 91 a

Sozialversicherung, Recht auf Zugang zur – **13** 4

Sozialversicherungsansprüche, gesetzlicher Forderungsübergang **10** 71 b

Sozialversicherungsträger, Tuberkulosebekämpfung 132–137

Sprechbehinderte, Eingliederungshilfe 39 ff.; **4** 3

Spruchstellen, Verfahrensordnung der – in Fürsorgestreitsachen **37**

Staatenlose, Sozialhilfe 120

Stationäre Behandlung von Tuberkulosekranken 49

Sterbegeld, Empfänger von Unterhaltshilfe nach dem LAG **18** 277; Übernahme von Kosten 14

Sterilisation, Hilfe bei – 37a

Steuerfreiheit der Leistungen zur Unterhaltssicherung **12** 15

Stillgeld 38

Streitsachen der Sozialhilfe, Verfahrensordnung der Spruchstellen **37**

Subsidiarität der Sozialhilfe 2

Suchtkranke, sachliche Zuständigkeit 100

Tabellensätze für Leistungen zur Unterhaltssicherung **12** 5

Taschengeld für Blinde 24; bei Hilfe zum Lebensunterhalt 21

Tätigkeit der freien Wohlfahrtspflege, Ergänzung der Sozialhilfe 10

Tatsachen, Angabe von – **13** 60

Träger der Sozialhilfe 9, 96–102; Arbeitsgemeinschaften 95; Auskunftsrecht 115, 116; Kostenerstattung 103–112; Krankenversorgung für Empfänger von Unterhaltshilfe nach dem LAG **18** 276; Übergang von Ansprüchen 90, 91; Übernahme der Aufgaben der Fürsorgeverbände 139; Zusammenarbeit mit Kirchen, Religionsgesellschaften und Verbänden der freien Wohlfahrtspflege 10

Träger von Sozialleistungen, Amtshilfe 117

Tragung der Kosten für Untersuchung und Heilung von Geschlechtskranken **16** 22

Sachverzeichnis

fette Zahlen = Gesetzesnummern

Trinkerheilanstalt, gesetzlicher Übergang der Versorgungsbezüge bei Unterbringung in – **10** 71a

Übergang von Ansprüchen kraft Gesetzes **10** 71–71b, auf Träger der Sozialhilfe 90, 91; bei Leistungen der Kriegsopferfürsorge **10** 27e; von Schadensersatzansprüchen bei Leistungen zur Unterhaltssicherung **12** 12

Übergangsbestimmungen des BSHG 139ff.; des BVG **10** 27h

Überleitung von Ansprüchen auf den Träger der Kriegsopferfürsorge **10** 27e; von Sozialleistungen **13** 50

Überleitungsgesetz, Erstes – **9**; DVO **9a**

Übernahme der Kosten bei Hilfe zur Weiterführung des Haushalts 71; von Krankenversicherungsbeiträgen 13; der Sozialhilfe 110

Überörtliche Träger der Sozialhilfe 9, 96, 100, 101; Kostenerstattungspflicht 106; Zuständigkeit 119

Übertragbarkeit des Anspruchs auf Sozialhilfe 4

Übertragung von Ansprüchen **13** 53, kraft Gesetzes **10** 71, 71b; von Aufgaben der Sozialhilfe an Verbände der freien Wohlfahrtspflege 10

Übertritt aus dem Ausland, Kostenerstattung 108

Überzahlungen von Leistungen zur Unterhaltssicherung **12** 16

Umfang der Hilfe für werdende Mütter und Wöchnerinnen 38; der Kostenerstattung 111; der Krankenhilfe 37; der Kriegsopferfürsorge **10** 25; **11** 3; der Sozialhilfe 1

Umschulung, Berufsfürsorge **10** 26; **11** 6; Verweigerung 25

Unpfändbarkeit, teilweise – von Versorgungsbezügen, von Bargeld **10** 70a

Unterbringung, Auszahlung und Überleitung von Sozialleistungen bei – **13** 49, 50; in einer anderen Familie, Kostenerstattung 104; von Hilfeempfängern in Einrichtungen seines Bekenntnisses 3; laufende Leistungen bei – **2** 3

Unterhaltsbeitrag zur Sicherung des Lebensunterhalts während Berufsförderung **11** 18

Unterhaltshilfe nach dem LAG **18** 267 ff.; Verhältnis zur Sozialhilfe **18** 292

Unterhaltspflichtige, Auskunftspflicht 116; Inanspruchnahme von Evakuierten **21** 19; von Vertriebenen **20** 91; Übergang von Ansprüchen gegen einen – 91

Unterhaltssicherung, Antrag auf Leistungen **12** 8

Unterhaltssicherungsgesetz 12

Unterhaltsverpflichtungen, Nachrang der Sozialhilfe 2

Unterkunft, Kosten und Einkommensgrenze 79; laufende Leistungen **2** 3; notwendiger Lebensunterhalt 12

magere Zahlen = Paragraphen

Sachverzeichnis

Unterstützung der Verbände der freien Wohlfahrtspflege durch Träger der Sozialhilfe 10

Untersuchung, ärztliche und psychologische – **13** 62; von Geschlechtskranken, Kostentragung **16** 22; Gewährung von Vorsorgeuntersuchungen 36, 38

Untersuchungsgrundsatz 14 20

Unübertragbarkeit des Anspruchs auf Sozialhilfe 4

Verbände der freien Wohlfahrtspflege, Beratung in sozialen Angelegenheiten 8; Stellung in der Sozialhilfe 10; Unterstützung durch Träger der Sozialhilfe 10

Verdienstausfallentschädigung als Leistung der Unterhaltssicherung **12** 13

Vereinbarungen, Verbot nachteiliger – **13** 32

Vererbung 13 58

Verfahrensbestimmungen 114–118

Verfahrensordnung der Spruchstellen für Fürsorgestreitsachen **37**

Verhältnis der Sozialhilfe zur freien Wohlfahrtspflege 10; der Unterhaltshilfe nach dem LAG zur Sozialhilfe **18** 292

Verjährung 14 113; des Anspruchs auf Ersatz der Kosten der Sozialhilfe 92a, 92c, auf Sozialleistungen **13** 45; Unterbrechung durch Verwaltungsakt **14** 52

Verletztengeld 10 26 a

Vermietung, Berechnung der Einkünfte **5** 7

Vermögen, Berücksichtigung bei Hilfe zum Lebensunterhalt 11; bei Kriegsopferfürsorge **10** 25a; **11** 2; Einsatz 88, 89

Vermögensgrenze für Leistung von Unterhaltshilfe nach dem LAG **18** 268

Verpachtung, Berechnung der Einkünfte **5** 7

Verpfändung von Ansprüchen **13** 53

Verpflichtung zum Kostenersatz bei Sozialhilfe 92–92c; **20** 91

Verrechnung von Ansprüchen zwischen Leistungsträgern **13** 52; von Fürsorgekosten **9** 7ff.; **9a** 7ff.

Versorgungsbezüge, Unpfändbarkeit von überwiesenen – **10** 70a

Versorgungskrankengeld 10 26a

Versorgungsleistungen bei Gesundheitsschäden **13** 24

Vertrag, öffentlich-rechtlicher V. **14** 53–61

Vertretung im Verwaltungsverfahren **14** 13–15

Vertriebene, Ersatz von Kosten der Sozialhilfe **20** 91

Verwaltungsabkommen, Fürsorgerechtsvereinbarung **36;** Verfahrensordnung der Spruchstellen **37**

Verwaltungsakt 14 31–52; Rechtsbehelfsverfahren **14** 62–66; Übergang von Ansprüchen auf Träger der Sozialhilfe 90

Sachverzeichnis

fette Zahlen = Gesetzesnummern

Verwaltungsbehörden, Amtshilfe 117

Verwaltungsgerichtsordnung, Anwendung nach dem USG **12** 22

Verwaltungsvereinbarung für Bildung der Schiedsstelle 108

Verwaltungsverfahren 14 1 ff.

Verwaltungsvorschriften, Erlaß 114

Verwertung eines Vermögens 88, 89

Verzicht des Sonderrechtsnachfolgers **13** 57; auf Sozialleistungen **13** 46

Verzinsung 13 44

Vollstreckung, sofortige V. **14** 60

Vollwaisen, Unterhaltshilfe nach dem LAG **18** 275

Voraussetzungen für Ausbildungshilfe 32; für Gewährung von Erziehungsbeihilfen **10** 27; **11** 20–23; für Leistungen aus der Kriegsopferfürsorge **10** 25a

Vorbeugende Gesundheitshilfe 27, 36

Vorbeugende Sozialhilfe 6

Vorläufige Hilfeleistung für Behinderte 44

Vorläufige Leistungen 13 43

Vorschüsse auf Geldleistungen **13** 42

Vorsorgeuntersuchungen, Gewährung 36, 38

Waisen, Erziehungsbeihilfen **10** 27; **11** 20–23

Waisenbeihilfen, Übertragung, Verpfändung und Pfändung **10** 67 ff.

Waisenrente, Übertragung, Verpfändung und Pfändung **10** 67 ff.

Wehrpflichtige, Antrag auf Leistungen zur Unterhaltssicherung **12** 8; Gesetz über die Sicherung des Unterhalts **12;** Verdienstausfallentschädigung **12** 13

Wehrübungen, Verdienstausfallentschädigung **12** 13

Weigerung der Leistung von Arbeit, Ausschluß des Anspruchs auf Hilfe 25

Weiterbestehen der Zuständigkeit zur Tuberkulosebekämpfung 135

Weiterführung des Haushalts, Hilfe zur – 27, 70, 71

Werdende Mütter, Hilfe 27, 38; Mehrbedarf 23

Widerruf eines Verwaltungsaktes **14** 46, 47

Widerspruchsbescheid, beratend Beteiligte 114; Erlaß in besonderen Fällen 96

Wiedereinsetzung 14 27

Witwen, Förderungsmaßnahmen im Beruf **11** 19

Witwenbeihilfen, Übertragung, Verpfändung und Pfändung **10** 67 ff.

Witwenrente, Übertragung, Verpfändung und Pfändung **10** 67 ff.

Wöchnerinnen, Hilfe 27, 38

Wohngeld 13 26

Wohnungsfürsorge für Beschädigte und Hinterbliebene **10** 27 a; **11** 25

magere Zahlen = Paragraphen

Sachverzeichnis

Wünsche des Hilfeempfängers, Berücksichtigung 3

Zahlung von Leistungen zur Unterhaltssicherung **12** 18

Zeit, Unterhaltshilfe auf – nach dem LAG **18** 273

Zumutbarkeit der Aufbringung von Mitteln über der Einkommensgrenze 84 ff.

Zurückzahlung von Leistungen der Kriegsopferfürsorge **11** 32

Zusammenarbeit der Träger der Sozialhilfe mit Kirchen, Religionsgesellschaften und Verbänden der freien Wohlfahrtspflege 10

Zusammentreffen mehrerer Einkommensgrenzen 83

Zusatzprotokoll zum Europäischen Fürsorgeabkommen 23

Zuschüsse für angemessene Wohnung **13** 7

Zuständigkeit des Bundesverwaltungsamtes **8;** der Landesbehörden beim Vollzug des BSHG 151; für Leistungen der Kriegsopferfürsorge **11** 28; zur Unterhaltssicherung **12** 17, Schiedsstelle 108, 147; örtliche – der Träger der Sozialhilfe 97, 98; örtliche Z. im Verwaltungsverfahren **14** 2; sachliche – der Träger der Sozialhilfe 99, 100

Zuwendungen der freien Wohlfahrtspflege 78

Zweck der Kriegsopferfürsorge **10** 25; **11** 1

Zweckbestimmte Leistungen und Einkommen 77

Oestreicher/Schelter/Kunz
Bundessozialhilfegesetz
mit Recht der Kriegsopferfürsorge

Loseblatt-Kommentar. Herausgegeben von Dr. Ernst Oestreicher, Präsident des Verwaltungsgerichts a. D., München, Dr. Kurt Schelter, Ministerialdirigent, Dr. Eduard Kunz, Vizepräsident des Landesversorgungsamts Bayern

3. Auflage. Stand: 20. März 1990
Rund 2340 Seiten. Im Plastikordner DM 98,–
ISBN 3-406-09849-5

- Fernsehgerät als „Hilfe zum Lebensunterhalt"?
- Gutscheine oder Bargeld für Asylbewerber?
- Häusliche Pflege oder Heimunterbringung?

Solche und ähnliche Fragen beherrschen die sozialhilferechtliche Praxis.

Der Oestreicher/Schelter/Kunz behandelt all diese Fragen **eingehend, zuverlässig und praxisgerecht.**

Eine dogmatisch fundierte, systematisch aufgebaute **Einleitung** gibt Hilfestellung bei der Beantwortung von **Grundsatzfragen** und enthält – grafisch und tabellarisch aufbereitet – die wichtigsten **Grund- und Leistungsdaten** aus dem Bereich der Sozialhilfe sowie aktuelle Hinweise auf die **rechtspolitische Entwicklung.**

Mit dem umfassenden **Textteil,** der alle wichtigen Rechtsgrundlagen enthält, und seiner eingehenden **Kommentierung** zum Bundessozialhilfegesetz sowie zum Bundesversorgungsgesetz ist der **Oestreicher/Schelter/Kunz** mehr denn je das zuverlässige Handbuch für alle, die mit dem Vollzug von BSHG und BVG befaßt sind.

Verlag C. H. Beck München